平 成 28 年

医師・歯科医師・薬剤師調査

厚生労働省政策統括官（統計・情報政策担当）編
一般財団法人　厚生労働統計協会

ま　え　が　き

　本報告書は、平成28年医師・歯科医師・薬剤師調査の結果を取りまとめたものです。

　本調査は、医師、歯科医師及び薬剤師について、就業の状況や分布等を把握し厚生労働行政の基礎資料を得ることを目的として、昭和29年から実施しているものです。

　本報告書が厚生労働行政の基礎資料としてばかりでなく、関係各方面においても幅広く活用されれば幸いです。

　終わりに、本調査に御協力いただいた関係各位に深く感謝するとともに、今後一層の御協力をお願いする次第です。

平成30年３月

　　　　　　　　　　厚生労働省政策統括官（統計・情報政策担当）

　　　　　　　　　　　　　　　　酒　光　一　章

調査担当係
　政策統括官付参事官付保健統計室
　　医師・歯科医師・薬剤師統計係
　　電話 03(5253)1111 内線 7523
　　URL (http://www.mhlw.go.jp/toukei/list/33-20.html)

平 成 28 年

医師・歯科医師・薬剤師調査

目　次

まえがき

Ⅰ　調査の概要 ·· 13

Ⅱ　結果の概要 ·· 21

　1　医　師 ·· 23

　　（1）施設・業務の種別にみた医師数 ································· 23

　　（2）医療施設に従事する医師数 ····································· 24

　　　1）性・年齢階級別にみた医師数 ································· 24

　　　2）施設の種別にみた医師数 ····································· 25

　　　3）診療科別にみた医師数 ······································· 27

　　　4）取得している広告可能な医師の専門性に関する資格名

　　　　　及び麻酔科の標榜資格別にみた医師数 ····················· 31

　　　5）都道府県（従業地）別にみた人口10万対医師数 ············· 33

　2　歯科医師 ·· 35

　　（1）施設・業務の種別にみた歯科医師数 ····························· 35

　　（2）医療施設に従事する歯科医師数 ································· 36

　　　1）性・年齢階級別にみた歯科医師数 ····························· 36

　　　2）施設の種別にみた歯科医師数 ································· 37

　　　3）診療科別にみた歯科医師数 ································· 39

　　　4）取得している広告可能な歯科医師の専門性に関する資格名別にみた歯科医師数 ··· 40

　　　5）都道府県（従業地）別にみた人口10万対歯科医師数 ··········· 40

　3　薬　剤　師 ·· 41

　　（1）施設・業務の種別にみた薬剤師数 ····························· 41

　　（2）薬局・医療施設に従事する薬剤師数 ··························· 42

　　　1）施設の種別にみた薬剤師数 ································· 42

　　　2）性・年齢階級別にみた薬剤師数 ····························· 43

　　　3）都道府県（従業地）別にみた人口10万対薬剤師数 ··········· 44

参考1　施設の種別・年齢別にみた医師数・歯科医師数・薬剤師数 ·················· 45

参考2　医療施設従事医師数の年次推移，主たる診療科別 ························· 46

参考3　医療施設従事医師数の年次推移，診療科（複数回答）別 ····················· 47

参考4 人口10万対医療施設従事医師数，従業地による都道府県、主たる診療科
（小児科・産婦人科・産科・外科）・専門性資格（小児科専門医・
産婦人科専門医・外科の専門医）別 ･･････････････････････････････ 48
参考5 臨床研修医の2年後の動き ････････････････････････････････････ 49

Ⅲ 統計表 ･･･ 51

統計表一覧 ･･ 52
閲覧表一覧 ･･ 56

1 年次推移

第 1 表 医師数の年次推移，主たる業務の種別 ･･･････････････････ 58
第 2 表 医師数構成割合の年次推移，主たる業務の種別 ･･････････ 58
第 3 表 人口10万対医師数の年次推移，主たる業務の種別 ･･･････ 60
第 4 表 医療施設従事医師・歯科医師数の年次推移，主たる診療科、
病院－診療所別 ････････････････････････････････････ 62
第 5 表 医療施設従事医師・歯科医師数の年次推移，診療科
（複数回答）別 ････････････････････････････････････ 64
第 6 表 歯科医師数の年次推移，主たる業務の種別 ･･････････････ 66
第 7 表 歯科医師数構成割合の年次推移，主たる業務の種別 ･･････ 66
第 8 表 人口10万対歯科医師数の年次推移，主たる業務の種別 ･･･ 68
第 9 表 薬剤師数の年次推移，業務の種別 ･････････････････････ 68
第 10 表 薬剤師数構成割合の年次推移，業務の種別 ･････････････ 70
第 11 表 人口10万対薬剤師数の年次推移，業務の種別 ･･･････････ 70
第 12 表 医師数及び構成割合の年次推移，年齢階級、性別 ･･･････ 72
第 13 表 歯科医師数及び構成割合の年次推移，年齢階級、性別 ･･･ 73
第 14 表 薬剤師数及び構成割合の年次推移，年齢階級、性別 ･････ 74
第 15 表 医師数の年次推移，病院－診療所、性別 ･･･････････････ 75
第 16 表 歯科医師数の年次推移，病院－診療所、性別 ･･･････････ 76
第 17 表 薬剤師数の年次推移，薬局－医療施設－病院・診療所（再掲）、
性別 ･･ 77
第 18 表 人口10万対医療施設従事医師数の年次推移，主たる従業地による
都道府県－指定都市・特別区・中核市（再掲）別 ･･････････ 78
第 19 表 人口10万対医療施設従事歯科医師数の年次推移，主たる従業地による
都道府県－指定都市・特別区・中核市（再掲）別 ･･････････ 80
第 20 表 人口10万対薬局・医療施設従事薬剤師数の年次推移，従業地による
都道府県－指定都市・特別区・中核市（再掲）別 ･･････････ 82
第 21 表 医療施設従事医師数の年次推移，病院－診療所、年齢階級別 ･････ 84
第 22 表 医療施設従事歯科医師数の年次推移，病院－診療所、年齢階級別 ･･･ 85
第 23 表 薬局・医療施設従事薬剤師数の年次推移，薬局－医療施設－
病院・診療所（再掲）、年齢階級別 ････････････････････ 86
第 24 表 医師・歯科医師・薬剤師の平均年齢の年次推移，業務の種別 ･･････ 87

2 平成28年結果表

第 25 表 医師・歯科医師・薬剤師数，都道府県－指定都市・特別区・
中核市（再掲）、住所地－従業地別 ････････････････････ 88

（1）　医　　師

第 26 表	医師数、平均年齢，年齢階級、性、主たる業務の種別　…………	90
第 27 表	医師数，主たる従業地による都道府県－指定都市・特別区・中核市（再掲）、主たる業務の種別　………………………	92
第 28 表	人口10万対医師数，主たる従業地による都道府県－指定都市・特別区・中核市（再掲）、主たる業務の種別　…………………	96
第 29 表	医師数、平均年齢，性、主たる従業地による都道府県－指定都市・特別区・中核市（再掲）、年齢階級別　………………………	100
第 30 表	医療施設従事医師数、平均年齢，性、主たる従業地による都道府県－指定都市・特別区・中核市（再掲）、年齢階級別　………………	112
第 31 表	医療施設従事医師数、平均年齢，病院－診療所、主たる従業地による都道府県－指定都市・特別区・中核市（再掲）、年齢階級別　……	124
第 32 表	医師数、構成割合，主たる業務内容、主たる業務の種別　……	136
第 33 表	医師数，年齢階級、性、主たる業務内容別　…………………	138
第 34 表	医療施設従事医師数，主たる診療科、主たる業務の種別　……	139
第 35 表	主たる業務の種別医療施設従事医師数の構成割合，主たる診療科別　・	140
第 36 表	主たる診療科別医療施設従事医師数の構成割合，主たる業務の種別　・	141
第 37 表	医療施設従事医師数，診療科（複数回答）、主たる業務の種別　……	142
第 38 表	診療科（複数回答）別医師数の医療施設従事医師数に対する割合，主たる業務の種別　………………………………………	143
第 39 表	医療施設従事医師数、平均年齢，病院－診療所、年齢階級、性、主たる診療科別　…………………………………………	144
第 40 表	医療施設従事医師数、平均年齢，病院－診療所、年齢階級、性、診療科（複数回答）別　…………………………………	156
第 41 表	医療施設従事医師数，病院－診療所、主たる従業地による都道府県－指定都市・特別区・中核市（再掲）、主たる診療科別　…………	168
第 42 表	人口10万対医療施設従事医師数，主たる従業地による都道府県－指定都市・特別区・中核市（再掲）、主たる診療科別　…………	192
第 43 表	医療施設従事医師数，病院－診療所、主たる従業地による都道府県－指定都市・特別区・中核市（再掲）、診療科（複数回答）別　………	200
第 44 表	人口10万対医療施設従事医師数，主たる従業地による都道府県－指定都市・特別区・中核市（再掲）、診療科（複数回答）別　………	224
第 45 表	医師数，取得している広告可能な医師の専門性に関する資格名及び麻酔科の標榜資格（複数回答）、主たる業務の種別　…………	232
第 46 表	取得している広告可能な医師の専門性に関する資格名及び麻酔科の標榜資格（複数回答）別医師数の医師数に対する割合，主たる業務の種別　………………………………	234
第 47 表	医師数、平均年齢，年齢階級、性、取得している広告可能な医師の専門性に関する資格名及び麻酔科の標榜資格（複数回答）別　………	236
第 48 表	医師数－（再掲）医療施設従事医師数，主たる従業地による都道府県－指定都市・特別区・中核市（再掲）、取得している広告可能な医師の専門性に関する資格名及び麻酔科の標榜資格（複数回答）別　………	242
第 49 表	人口10万対医師数－（再掲）人口10万対医療施設従事医師数，主たる従業地による都道府県－指定都市・特別区・中核市（再掲）、取得している広告可能な医師の専門性に関する資格名及び麻酔科の標榜資格（複数回答）別　……………………	266

第 50 表　医療施設従事医師数、平均年齢，病院－診療所、年齢階級、性、
　　　　　取得している広告可能な医師の専門性に関する資格名
　　　　　及び麻酔科の標榜資格（複数回答）別 ･･････････････････････････ 290
第 51 表　外国人医師数，年齢階級、性、主たる業務の種別 ････････････････ 308
第 52 表　外国人医師数，主たる従業地による都道府県－指定都市・
　　　　　特別区・中核市（再掲）、主たる業務の種別 ･･･････････････････ 310

（2）　歯科医師

第 53 表　歯科医師数、平均年齢，年齢階級、性、主たる業務の種別 ････････ 314
第 54 表　歯科医師数，主たる従業地による都道府県－指定都市・特別区・
　　　　　中核市（再掲）、主たる業務の種別 ･･･････････････････････････ 316
第 55 表　人口10万対歯科医師数，主たる従業地による都道府県－
　　　　　指定都市・特別区・中核市（再掲）、主たる業務の種別 ･･･････････ 320
第 56 表　歯科医師数、平均年齢，性、主たる従業地による都道府県－
　　　　　指定都市・特別区・中核市（再掲）、年齢階級別 ･･･････････････ 324
第 57 表　医療施設従事歯科医師数、平均年齢，性、主たる従業地による
　　　　　都道府県－指定都市・特別区・中核市（再掲）、年齢階級別 ･･･････ 336
第 58 表　医療施設従事歯科医師数、平均年齢，病院－診療所、
　　　　　主たる従業地による都道府県－指定都市・特別区・中核市（再掲）、
　　　　　年齢階級別 ･･ 348
第 59 表　歯科医師数、構成割合，主たる業務内容、主たる業務の種別 ･･････ 360
第 60 表　歯科医師数，年齢階級、性、主たる業務内容別 ････････････････ 362
第 61 表　医療施設従事歯科医師数、構成割合，診療科（主たる－
　　　　　複数回答）、主たる業務の種別 ･････････････････････････････ 363
第 62 表　医療施設従事歯科医師数、平均年齢，年齢階級、性、
　　　　　病院－診療所、主たる診療科別 ･････････････････････････････ 364
第 63 表　医療施設従事歯科医師数、平均年齢，年齢階級、性、
　　　　　病院－診療所、診療科（複数回答）別 ･･･････････････････････ 366
第 64 表　医療施設従事歯科医師数，主たる従業地による都道府県－指定都市・
　　　　　特別区・中核市（再掲）、診療科（主たる－複数回答）別 ････････ 368
第 65 表　人口10万対医療施設従事歯科医師数，主たる従業地による
　　　　　都道府県－指定都市・特別区・中核市（再掲）、
　　　　　診療科（主たる－複数回答）別 ･････････････････････････････ 370
第 66 表　歯科医師数，取得している広告可能な歯科医師の専門性に
　　　　　関する資格名（複数回答）、主たる業務の種別 ････････････････ 372
第 67 表　取得している広告可能な歯科医師の専門性に関する資格名（複数回答）
　　　　　別歯科医師数の歯科医師数に対する割合，主たる業務の種別 ･････ 372
第 68 表　歯科医師数、平均年齢，年齢階級、性、取得している広告可能な
　　　　　歯科医師の専門性に関する資格名（複数回答）別 ･･････････････ 374
第 69 表　歯科医師数－（再掲）医療施設従事歯科医師数，主たる従業地に
　　　　　よる都道府県－指定都市・特別区・中核市（再掲）、取得している
　　　　　広告可能な歯科医師の専門性に関する資格名（複数回答）別 ･･････ 376
第 70 表　人口10万対歯科医師数－（再掲）人口10万対医療施設従事歯科医師数，
　　　　　主たる従業地による都道府県－指定都市・特別区・中核市（再掲）、
　　　　　取得している広告可能な歯科医師の専門性に関する資格名
　　　　　（複数回答）別 ･･ 378

第 71 表	医療施設従事歯科医師数、平均年齢，年齢階級、性、病院－診療所、取得している広告可能な歯科医師の専門性に関する資格名（複数回答）別 ･････････････････････････ 380
第 72 表	外国人歯科医師数，年齢階級、性、主たる業務の種別 ････････････････ 382
第 73 表	外国人歯科医師数，主たる従業地による都道府県－指定都市・特別区・中核市（再掲）、主たる業務の種別 ･････････････ 384

（3）　薬　剤　師

第 74 表	薬剤師数、平均年齢，年齢階級、性、業務の種別 ･･･････････････ 388
第 75 表	薬剤師数，従業地による都道府県－指定都市・特別区・中核市（再掲）、業務の種別 ･･････････････････････ 390
第 76 表	人口10万対薬剤師数，従業地による都道府県－指定都市・特別区・中核市（再掲）、業務の種別 ･････････････ 394
第 77 表	薬剤師数、平均年齢，性、従業地による都道府県－指定都市・特別区・中核市（再掲）、年齢階級別 ･･･････････････ 398
第 78 表	薬局・医療施設従事薬剤師数、平均年齢，性、従業地による都道府県－指定都市・特別区・中核市（再掲）、年齢階級別 ･･････････ 410
第 79 表	薬局・医療施設従事薬剤師数、平均年齢，薬局－医療施設－病院・診療所（再掲）、従業地による都道府県－指定都市・特別区・中核市（再掲）、年齢階級別 ･･････････････････ 422
第 80 表	外国人薬剤師数，年齢階級、性、業務の種別 ･･････････････ 442
第 81 表	外国人薬剤師数，従業地による都道府県－指定都市・特別区・中核市（再掲）、業務の種別 ･････････････････ 444

Ⅳ　参考	･･･ 449
1　用語の解説	･････････････････････････････････････ 450
2　人口10万対比率算出に用いた人口	･･･････････････････････ 451

【閲覧可能な統計表一覧】

本報告書に掲載しないが、政府統計の総合窓口（e-Stat）にて閲覧可能な統計表は下記のとおりである。

（URL: https://www.e-stat.go.jp/）

閲覧第1表　医師数、平均年齢, 主たる従業地による地域、年齢階級、性、主たる業務の種別

閲覧第2表　医師数、平均年齢, 従たる従業地による地域、年齢階級、性、従たる業務の種別

閲覧第3表　医師数, 性、年齢、主たる業務の種別

閲覧第4表　医師数、平均年齢, 主たる従業地による都道府県－指定都市・特別区・中核市
　　　　　　（再掲）、年齢階級、性、主たる業務の種別・休業の取得別

閲覧第5表　医師数、平均年齢, 従たる従業地による都道府県－指定都市・特別区・中核市
　　　　　　（再掲）、年齢階級、性、従たる業務の種別

閲覧第6表　医師数, 主たる従業地による都道府県－指定都市・特別区・中核市（再掲）、
　　　　　　就業形態、主たる業務の種別

閲覧第7表　医療施設従事医師数, 主たる従業地による都道府県－指定都市・特別区・
　　　　　　中核市（再掲）、就業形態、主たる診療科別

閲覧第8表　医師数, 主たる従業地による二次医療圏、市区町村、主たる業務の種別

閲覧第9表　医師数, 従たる従業地による二次医療圏、市区町村、従たる業務の種別

閲覧第10表　医師数, 主たる従業地による二次医療圏、市区町村、従たる従業地による
　　　　　　二次医療圏、市区町村別

閲覧第11表　医療施設従事医師数, 主たる従業地による二次医療圏、市区町村、主たる診療科別

閲覧第12表　医療施設従事医師数, 主たる従業地による二次医療圏、市区町村、診療科
　　　　　　（複数回答）別

閲覧第13表　医療施設従事医師数, 主たる診療科、診療科（複数回答）別

閲覧第14表　医師数－（再掲）医療施設従事医師数, 主たる従業地による二次医療圏、市区町村、
　　　　　　取得している広告可能な医師の専門性に関する資格名及び麻酔科の標榜資格
　　　　　　（複数回答）別

閲覧第15表　医療施設従事医師数, 病院－診療所、主たる診療科、取得している広告可能な医師
　　　　　　の専門性に関する資格名及び麻酔科の標榜資格（複数回答）別

閲覧第16表　医療施設従事医師数, 病院－診療所、診療科（複数回答）、取得している
　　　　　　広告可能な医師の専門性に関する資格名及び麻酔科の標榜資格（複数回答）別

閲覧第17表　医師数、登録年別

閲覧第18表　歯科医師数、平均年齢, 主たる従業地による地域、年齢階級、性、主たる業務の
　　　　　　種別

閲覧第19表　歯科医師数、平均年齢, 従たる従業地による地域、年齢階級、性、従たる業務の
　　　　　　種別

閲覧第20表　歯科医師数, 性、年齢、主たる業務の種別

閲覧第21表　歯科医師数、平均年齢, 主たる従業地による都道府県－指定都市・特別区・
　　　　　　中核市（再掲）、年齢階級、性、主たる業務の種別・休業の取得別

閲覧第22表　歯科医師数、平均年齢, 従たる従業地による都道府県－指定都市・特別区・
　　　　　　中核市（再掲）、年齢階級、性、従たる業務の種別

閲覧第23表　歯科医師数, 主たる従業地による都道府県－指定都市・特別区・中核市（再掲）、
　　　　　　就業形態、主たる業務の種別

閲覧第24表　医療施設従事歯科医師数，主たる従業地による都道府県－指定都市・特別区・
　　　　　　中核市（再掲）、就業形態、主たる診療科別
閲覧第25表　歯科医師数，主たる従業地による二次医療圏、市区町村、主たる業務の種別
閲覧第26表　歯科医師数，従たる従業地による二次医療圏、市区町村、従たる業務の種別
閲覧第27表　歯科医師数，主たる従業地による二次医療圏、市区町村、従たる従業地による
　　　　　　二次医療圏、市区町村別
閲覧第28表　医療施設従事歯科医師数，主たる従業地による二次医療圏、市区町村、
　　　　　　診療科（主たる－複数回答）別
閲覧第29表　歯科医師数－（再掲）医療施設従事歯科医師数，主たる従業地による二次医療圏、
　　　　　　市区町村、取得している広告可能な歯科医師の専門性に関する資格名
　　　　　　（複数回答）別
閲覧第30表　医療施設従事歯科医師数，病院－診療所、主たる診療科、取得している広告可能な
　　　　　　歯科医師の専門性に関する資格名（複数回答）別
閲覧第31表　医療施設従事歯科医師数，病院－診療所、診療科（複数回答）、取得している
　　　　　　広告可能な歯科医師の専門性に関する資格名（複数回答）別
閲覧第32表　歯科医師数、登録年別
閲覧第33表　薬剤師数、平均年齢，従業地による地域、年齢階級、性、業務の種別
閲覧第34表　薬剤師数，性、従業地による都道府県－指定都市・特別区・中核市（再掲）、
　　　　　　業務の種別
閲覧第35表　薬剤師数，性、年齢、業務の種別
閲覧第36表　薬剤師数、平均年齢，従業地による都道府県－指定都市・特別区・中核市（再掲）、
　　　　　　年齢階級、性、業務の種別・休業の取得別
閲覧第37表　薬剤師数，従業地による都道府県－指定都市・特別区・中核市（再掲）、就業形態、
　　　　　　業務の種別
閲覧第38表　薬剤師数，従業地による二次医療圏、市区町村、業務の種別
閲覧第39表　薬剤師数，登録年別

I 調査の概要

1 調査の目的

　この調査は、医師、歯科医師及び薬剤師について、性、年齢、業務の種別、従事場所及び診療科名（薬剤師を除く。）等による分布を明らかにし、厚生労働行政の基礎資料を得ることを目的とするものであり、昭和29年から昭和57年までは毎年、同年以降は2年ごとに実施している。

2 調査の期日

　平成28年12月31日現在

3 調査の対象及び客体

　日本国内に住所があって、医師法第6条第3項により届け出た医師、歯科医師法第6条第3項により届け出た歯科医師及び薬剤師法第9条により届け出た薬剤師の各届出票を調査の客体とした。

4 調査の事項

（1）住所　　　　　　（6）従事先の所在地　　　　　（11）取得している広告可能
（2）性別　　　　　　（7）就業形態　　　　　　　　　　な医師・歯科医師の専
（3）生年月日　　　　（8）主たる業務内容（薬剤師を除く）　門性に関する資格名
（4）登録年月日　　　（9）休業の取得　　　　　　　　　（薬剤師を除く）
（5）業務の種別　　　（10）従事する診療科名（薬剤師を除く）

等

5 調査の方法及び系統

（1）調査の方法
　　　届出義務者である医師、歯科医師及び薬剤師から提出された届出票を、保健所で取りまとめ厚生労働大臣に提出する。

（2）調査の系統

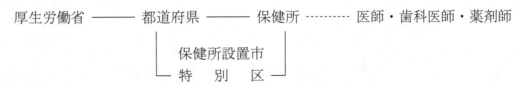

6 結果の集計

　厚生労働省政策統括官（統計・情報政策担当）において行った。

7　利用上の注意

（1）本調査における診療科名は、医療法において広告が認められている診療科名である。
　　医療機関が標榜する診療科名については、従来、医療法施行令に具体的名称を限定列挙して規定していたところであるが、平成20年4月1日から適切な医療機関の選択と受診を支援する観点から、身体の部位や患者の疾患等、一定の性質を有する名称を診療科名とする柔軟な方式に改められたため、年次推移の単純な比較はできない。
　　（参照：平成20年3月31日医政発第0331042号医政局長通知「広告可能な診療科名の改正について」）
　　ＵＲＬ(http://www.mhlw.go.jp/topics/bukyoku/isei/kokokukisei/dl/koukokukanou.pdf)

（2）「広告可能な医師・歯科医師の専門性に関する資格名」は、「医療法第六条の五第一項及び第六条の七第一項の規定に基づく医業、歯科医業若しくは助産師の業務又は病院、診療所若しくは助産所に関して広告することができる事項」（平成19年厚生労働省告示第108号）第1条第2号に基づき広告することができる医師・歯科医師の専門性に関する資格名（同告示で定める基準を満たすものとして厚生労働大臣に届出がなされた団体の認定する資格名）である。
　　なお、Ⅱ結果の概要においては「専門性資格」という。

8 届出票

医

H28 医

医 師 届 出 票

（平成28年12月31日現在）

第二号書式（第六条関係）

(1) 住　　　　所	〒 □□□-□□□□ 　都道府県		

	ふりがな		電　　話
(2) 氏　　　　名		市外局番（　　-　　-　　）	

(3) 性　　　　別	1　男　・　2　女	(4) 生年月日	1 平成 2 昭和 3 大正 4 明治　　年　　月　　日
(5) 医籍登録番号	第□□□□□□号	(6) 医籍登録年月日	1 平成 2 昭和 3 大正 4 明治　　年　　月　　日

(7) 従事している施設及び業務の種別

回答欄	施設の種別	業　務　の　種　別
01～17のうち1つを記入すること。 主たる施設・業務の種別（1つ） □ 複数の施設に従事している場合で2番目に長時間従事している施設について01～16のうち1つを記入すること。 従たる施設・業務の種別（1つ） □	診療所	01　診療所の開設者又は法人の代表者 02　診療所の勤務者
	病院 （医育機関附属の病院を除く。）	03　病院の開設者又は法人の代表者 04　病院の勤務者
	医育機関 （医学部を有する大学又はその附属機関）	05　医育機関の臨床系の教官又は教員 06　医育機関の臨床系の大学院生 07　医育機関の臨床系の勤務者で05及び06以外の者（医員、臨床研修医、その他） 08　医育機関の臨床系以外の大学院生 09　医育機関の臨床系以外の勤務者で08以外の者（教官、教員、その他）
	介護老人保健施設	10　介護老人保健施設の開設者又は法人の代表者 11　介護老人保健施設の勤務者
	上記以外の施設	12　医育機関以外の教育機関又は研究機関の勤務者 13　行政機関の従事者 14　12及び13以外の産業医 15　上記以外の保健衛生業務の従事者
	その他	16　その他の業務の従事者 17　無職の者

(8) 主たる従事先　　（(7)欄の「主たる施設・業務の種別」に01～15のいずれかを記入した場合の従事先について記入すること。）

	ふりがな		電　　話
名　　称		市外局番（　　-　　-　　）	
所在地	〒 □□□-□□□□	都道府県　　市郡	区　　町村

(9) 従たる従事先　　（複数の施設に従事している場合、(7)欄の「従たる施設・業務の種別」に01～15のいずれかを記入した場合の従事先について記入すること。）

	ふりがな		電　　話
名　　称		市外局番（　　-　　-　　）	
所在地	〒 □□□-□□□□	都道府県　　市郡	区　　町村

主たる従事先の状況
（以下の(10)～(12)欄は、(7)欄の「主たる施設・業務の種別」に01～05、07及び09～15のいずれかを記入した者のみが記入すること。）

(10) 就業形態	1・2いずれかを○で囲むこと。 　1　常勤　　2　非常勤	※「常勤」とは原則として施設で定めた勤務時間のすべてを勤務している者（ただし、勤務時間が1週間あたり32時間未満の者は含まない。）。「非常勤」とは「常勤」以外の者。
(11) 主たる業務内容	最も長時間従事している業務内容の番号を○で囲むこと。 　1　診療　　　2　教育・研究　　　3　管理　　　4　産業医業務　　　5　その他	
(12) 休業の取得	以下を取得中の者は番号を○で囲むこと。 　1　産前・産後休業　　　2　育児休業　　　3　介護休業	

裏面へ続く

15

医　　　　　　　　　　　　　　　　　　　　　　　　　H28　医

(13) 従事する診療科名等

((7)欄の「主たる施設・業務の種別」に01～07のいずれかを記入した者のみが記入すること。)

従事するすべての診療科名の番号を○で囲むこと。また、2つ以上○で囲んだ者は右欄に主たる診療科名の番号を1つ記入すること。

臨床研修医の場合、「40 臨床研修医」のみを○で囲むこと。

該当する診療科名がない場合、最も近い診療科名の番号を○で囲むこと。

I	01 内科　　02 呼吸器内科　　03 循環器内科 04 消化器内科(胃腸内科)　05 腎臓内科　06 神経内科 07 糖尿病内科(代謝内科)　08 血液内科　09 皮膚科 10 アレルギー科　11 リウマチ科　12 感染症内科 13 小児科　14 精神科　15 心療内科
II	16 外科　17 呼吸器外科　18 心臓血管外科 19 乳腺外科　20 気管食道外科　21 消化器外科(胃腸外科) 22 泌尿器科　23 肛門外科　24 脳神経外科 25 整形外科　26 形成外科　27 美容外科 28 眼科　29 耳鼻いんこう科　30 小児外科 31 産婦人科　32 産科　33 婦人科
III	34 リハビリテーション科　35 放射線科　36 麻酔科 37 病理診断科　38 臨床検査科　39 救急科
IV	40 臨床研修医　　41 全科
V	42 その他(　　　　)

主たる診療科名の番号 (1つ)

(14) 取得している広告可能な医師の専門性に関する資格名及び麻酔科の標榜資格

取得しているすべての資格名の番号を○で囲むこと。

医療法に基づいて広告することが可能とされている医師の専門性に関する資格及び麻酔科の標榜資格(麻酔科標榜医)を指す。専門性に関する資格は更新制であるため、現時点で資格を取得しているかどうかを確認の上記入すること。なお、「認定医」は広告可能な資格ではないことに留意すること。

I
01 総合内科専門医　02 小児科専門医　03 皮膚科専門医
04 精神科専門医　05 外科専門医　06 整形外科専門医
07 産婦人科専門医　08 眼科専門医　09 耳鼻咽喉科専門医
10 泌尿器科専門医　11 脳神経外科専門医　12 放射線科専門医
13 麻酔科専門医　14 病理専門医　15 救急科専門医
16 形成外科専門医　17 リハビリテーション科専門医
18 呼吸器専門医　19 循環器専門医　20 消化器病専門医
21 腎臓専門医　22 肝臓専門医　23 神経内科専門医
24 糖尿病専門医　25 内分泌代謝科専門医　26 血液専門医
27 アレルギー専門医　28 リウマチ専門医　29 感染症専門医
30 心療内科専門医
31 呼吸器外科専門医　32 心臓血管外科専門医　33 乳腺専門医
34 気管食道科専門医　35 消化器外科専門医　36 小児外科専門医
37 超音波専門医　38 細胞診専門医　39 透析専門医
40 老年病専門医　41 消化器内視鏡専門医　42 臨床遺伝専門医
43 漢方専門医　44 レーザー専門医　45 気管支鏡専門医
46 核医学専門医　47 大腸肛門病専門医　48 婦人科腫瘍専門医
49 ペインクリニック専門医　50 熱傷専門医　51 脳血管内治療専門医
52 がん薬物療法専門医　53 周産期(新生児)専門医　54 生殖医療専門医
55 小児神経専門医　56 一般病院連携精神医学専門医

II
57 麻酔科標榜医

(15) 医師免許取得の際に医学課程を修めた大学名等

大学名等の番号を1つ○で囲むこと。(修了した大学院名等の番号を○で囲まないこと。)

大学の再編・統合・改称により、医師免許取得の際に医学課程を修めた大学名が選択肢にない場合、再編・統合・改称が行われた後の大学名の番号を○で囲むこと。

国立
01 北海道大学　02 旭川医科大学　03 弘前大学　04 東北大学
05 秋田大学　06 山形大学　07 筑波大学　08 群馬大学
09 千葉大学　10 東京大学　11 東京医科歯科大学　12 新潟大学
13 富山大学　14 金沢大学　15 福井大学　16 山梨大学
17 信州大学　18 岐阜大学　19 浜松医科大学　20 名古屋大学
21 三重大学　22 滋賀医科大学　23 京都大学　24 大阪大学
25 神戸大学　26 鳥取大学　27 島根大学　28 岡山大学
29 広島大学　30 山口大学　31 徳島大学　32 香川大学
33 愛媛大学　34 高知大学　35 九州大学　36 佐賀大学
37 長崎大学　38 熊本大学　39 大分大学　40 宮崎大学
41 鹿児島大学　42 琉球大学

公立
43 札幌医科大学　44 福島県立医科大学　45 横浜市立大学　46 名古屋市立大学
47 京都府立医科大学　48 大阪市立大学　49 奈良県立医科大学　50 和歌山県立医科大学

私立大学校・外国医学校・その他
51 岩手医科大学　52 自治医科大学　53 獨協医科大学　54 埼玉医科大学
55 杏林大学　56 慶應義塾大学　57 順天堂大学　58 昭和大学
59 帝京大学　60 東京医科大学　61 東京慈恵会医科大学　62 東京女子医科大学
63 東邦大学　64 日本大学　65 日本医科大学　66 北里大学
67 東海大学　68 聖マリアンナ医科大学　69 金沢医科大学　70 愛知医科大学
71 藤田保健衛生大学　72 大阪医科大学　73 関西医科大学　74 近畿大学
75 兵庫医科大学　76 川崎医科大学　77 久留米大学　78 福岡大学
79 産業医科大学　80 防衛医科大学校　81 外国の医学校　82 その他

(16) 本届出票の活用に対する確認

各都道府県における医師確保対策の検討等に活用するため、本届出票に記載した情報の全部又は一部を、住所地の都道府県及び従事先の所在地の都道府県が利用することに同意しない場合には、右欄に○を付けること。

同意しない場合

(17) 備考

提出期限　翌年1月15日

歯科医師届出票

H28 ㊥

第二号書式（第六条関係）　（平成28年12月31日現在）

(1) 住　所	〒□□□-□□□□　都道府県		電話　市外局番（　-　-　）
	ふりがな		
(2) 氏　名			
(3) 性　別	1 男・2 女	(4) 生年月日	1 平成　2 昭和　3 大正　4 明治　年　月　日
(5) 歯科医籍登録番号	第□□□□□号	(6) 歯科医籍登録年月日	1 平成　2 昭和　3 大正　4 明治　年　月　日

(7) 従事している施設及び業務の種別

回答欄	施設の種別	業務の種別
01～16のうち1つを記入すること。 主たる施設・業務の種別（1つ）□ 複数の施設に従事している場合で2番目に長時間従事している施設について01～15のうち1つを記入すること。 従たる施設・業務の種別（1つ）□	診療所	01 診療所の開設者又は法人の代表者 02 診療所の勤務者
	病院 （医療機関附属の病院を除く。）	03 病院の開設者又は法人の代表者 04 病院の勤務者
	医育機関 （歯学部若しくは医学部を有する大学又はその附属機関）	05 医育機関の臨床系の教官又は教員 06 医育機関の臨床系の大学院生 07 医育機関の臨床系の勤務者で05及び06以外の者（医員、臨床研修医、その他） 08 医育機関の臨床系以外の大学院生 09 医育機関の臨床系以外の勤務者で08以外の者（教官、教員、その他）
	介護老人保健施設	10 介護老人保健施設の開設者又は法人の代表者 11 介護老人保健施設の勤務者
	上記以外の施設	12 医育機関以外の教育機関又は研究機関の勤務者 13 行政機関の従事者 14 上記以外の保健衛生業務の従事者
	その他	15 その他の業務の従事者 16 無職の者

(8) 主たる従事先　((7)欄の「主たる施設・業務の種別」に01～14のいずれかを記入した場合の従事先について記入すること。)

	ふりがな		電話　市外局番（　-　-　）
名　称			
所在地	〒□□□-□□□□　都道府県　　市郡　　区　　町村		

(9) 従たる従事先　(複数の施設に従事している場合、(7)欄の「従たる施設・業務の種別」に01～14のいずれかを記入した場合の従事先について記入すること。)

	ふりがな		電話　市外局番（　-　-　）
名　称			
所在地	〒□□□-□□□□　都道府県　　市郡　　区　　町村		

主たる従事先の状況
（以下の(10)～(12)欄は、(7)欄の「主たる施設・業務の種別」に01・05、07及び09～14のいずれかを記入した者のみが記入すること。）

(10) 就業形態	1・2いずれかを○で囲むこと。　1 常勤　2 非常勤	※「常勤」とは原則として施設で定めた勤務時間のすべてを勤務している者（ただし、勤務時間が1週間あたり32時間未満の者は含まない。）。「非常勤」とは「常勤」以外の者。
(11) 主たる業務内容	最も長時間従事している業務内容の番号を○で囲むこと。 1 診療　　2 教育・研究　　3 管理　　4 その他	
(12) 休業の取得	以下を取得中の者は番号を○で囲むこと。 1 産前・産後休業　　2 育児休業　　3 介護休業	

裏面へ続く

(13)	従事する診療科名等 従事するすべての診療科名の番号を○で囲むこと。また、2つ以上○で囲んだ者は右欄に主たる診療科名の番号を1つ記入すること。	((7)欄の「主たる施設・業務の種別」に01～07のいずれかを記入した者のみが記入すること。) 1 歯科　　2 矯正歯科　　3 小児歯科　　4 歯科口腔外科 5 臨床研修歯科医 臨床研修歯科医の場合、「5 臨床研修歯科医」のみを○で囲むこと。 主たる診療科名の番号（1つ）□
(14)	取得している広告可能な歯科医師の専門性に関する資格名 取得しているすべての資格名の番号を○で囲むこと。	医療法に基づいて広告することが可能とされている歯科医師の専門性に関する資格を指す。資格は更新制であるため、現時点で資格を取得しているかどうかを確認の上記入すること。なお、「認定医」は広告可能な資格ではないことに留意すること。 1 口腔外科専門医　　2 歯周病専門医　　3 歯科麻酔専門医 4 小児歯科専門医　　5 歯科放射線専門医
(15)	本届出票の活用に対する確認	各都道府県における歯科医師の適正配置の検討等に活用するため、本届出票に記載した情報の全部又は一部を、住所地の都道府県及び従事先の所在地の都道府県が利用することに**同意しない場合**には、右欄に○を付けること。　　同意しない場合 □
(16)	備　　考	

提出期限　翌年1月15日

薬　　　　　　　　　　　　　　　　　　　　　　　　　　H28　薬

薬 剤 師 届 出 票
（平成28年12月31日現在）

様式第六（第七条関係）

(1) 住　　　　　所	〒□□□−□□□□ 都道 府県		
ふりがな		電　話	
(2) 氏　　　　　名		市外局番 （　　−　　−　　）	
(3) 性　　　　　別	1 男 ・ 2 女	(4) 生 年 月 日　1 平成　2 昭和　3 大正　4 明治	年　月　日
(5) 薬剤師名簿 登録番号	第□□□□□号	(6) 薬 剤 師 名 簿 登 録 年 月 日　1 平成　2 昭和　3 大正　4 明治	年　月　日

(7) 主に従事して いる施設及び 業務の種別 業務の種別の01〜13 のうち1つを○で囲 むこと。	施設の種別	業　務　の　種　別
	薬局	01 開設者又は法人の代表者 02 勤務者
	病院	03 調剤・病棟業務 04 その他（治験、検査等）
	診療所	05 調剤・病棟業務 06 その他（治験、検査等）
	大学	07 勤務者（研究・教育） 08 大学院生又は研究生
	医薬品関係企業	09 医薬品製造販売業・製造業（研究・開発、営業、その他） 10 医薬品販売業
	上記以外の施設	11 衛生行政機関又は保健衛生施設の従事者
	その他	12 その他の業務の従事者 13 無職の者

ふりがな		電　話	
(8) 従事先の名称 (7)欄の01〜12のいず れかを○で囲んだ者 のみが記入すること。		市外局番 （　　−　　−　　）	

(9) 従事先の所在地 (7)欄の01〜12のいず れかを○で囲んだ者 のみが記入すること。	〒□□□−□□□□ 都道　　　市　　　　区　　　　町 府県　　　郡　　　　　　　　村

(10) 就 業 形 態 (7)欄の01〜12のいず れかを○で囲んだ者 のみが記入すること。	1・2いずれかを○で囲むこと。 1 常勤　　　2 非常勤	※「常勤」とは原則として施設で定めた勤務時間のすべてを勤 務している者（ただし、勤務時間が1週間あたり32時間未満 の者は含まない。）。「非常勤」とは「常勤」以外の者。

(11) 休 業 の 取 得 (7)欄の01〜12のいず れかを○で囲んだ者 のみが記入すること。	以下を取得中の者は番号を○で囲むこと。 1 産前・産後休業　　　2 育児休業　　　3 介護休業

(12) 本届出票の活用 に対する確認	各都道府県における薬剤師確保対策の検討等に活用するため、本届出 票に記載した必要な情報（(1)〜(4)、(7)〜(11)欄。(4)は生年のみ。） を、住所地の都道府県及び従事先の所在地の都道府県が利用すること に同意しない場合には、右欄に○を付けること。	同意しない場合

(13) 備　　　　　考	

提出期限　翌年1月15日

Ⅱ 結 果 の 概 要

表章記号の規約

計数のない場合	─
計数不明又は計数を表章することが不適当な場合	…
統計項目のあり得ない場合	・
比率等でまるめた結果が表章すべき最下位の桁が1に達しない場合	0.0
減少数または減少率を意味する場合	△

注：数値は四捨五入のため、内訳の合計が「総数」に合わない場合もある。

結 果 の 概 要

本調査は、平成 28 年 12 月 31 日現在における全国の届出「医師」319,480 人、「歯科医師」104,533 人、「薬剤師」301,323 人を各々取りまとめたものである。

医師・歯科医師・薬剤師数の年次推移

各年 12 月 31 日現在

		医師数 （人）	増減率 （％）	人口 10万対 （人）
昭和 57 年	(1982)	167 952	…	141.5
59	('84)	181 101	7.8	150.6
61	('86)	191 346	5.7	157.3
63	('88)	201 658	5.4	164.2
平成 2 年	('90)	211 797	5.0	171.3
4	('92)	219 704	3.7	176.5
6	('94)	230 519	4.9	184.4
8	('96)	240 908	4.5	191.4
10	('98)	248 611	3.2	196.6
12	(2000)	255 792	2.9	201.5
14	('02)	262 687	2.7	206.1
16	('04)	270 371	2.9	211.7
18	('06)	277 927	2.8	217.5
20	('08)	286 699	3.2	224.5
22	('10)	295 049	2.9	230.4
24	('12)	303 268	2.8	237.8
26	('14)	311 205	2.6	244.9
28	('16)	319 480	2.7	251.7

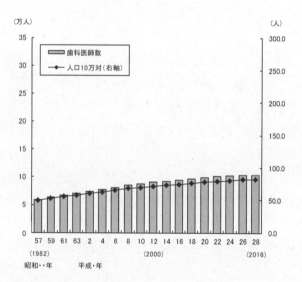

		歯科医師数 （人）	増減率 （％）	人口 10万対 （人）
昭和 57 年	(1982)	58 362	…	49.2
59	('84)	63 145	8.2	52.5
61	('86)	66 797	5.8	54.9
63	('88)	70 572	5.7	57.5
平成 2 年	('90)	74 028	4.9	59.9
4	('92)	77 416	4.6	62.2
6	('94)	81 055	4.7	64.8
8	('96)	85 518	5.5	67.9
10	('98)	88 061	3.0	69.6
12	(2000)	90 857	3.2	71.6
14	('02)	92 874	2.2	72.9
16	('04)	95 197	2.5	74.6
18	('06)	97 198	2.1	76.1
20	('08)	99 426	2.3	77.9
22	('10)	101 576	2.2	79.3
24	('12)	102 551	1.0	80.4
26	('14)	103 972	1.4	81.8
28	('16)	104 533	0.5	82.4

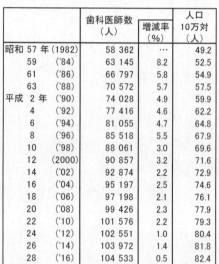

		薬剤師数 （人）	増減率 （％）	人口 10万対 （人）
昭和 57 年	(1982)	124 390	…	104.8
59	('84)	129 700	4.3	107.9
61	('86)	135 990	4.8	111.8
63	('88)	143 429	5.5	116.8
平成 2 年	('90)	150 627	5.0	121.9
4	('92)	162 021	7.6	130.2
6	('94)	176 871	9.2	141.5
8	('96)	194 300	9.9	154.4
10	('98)	205 953	6.0	162.8
12	(2000)	217 477	5.6	171.3
14	('02)	229 744	5.6	180.3
16	('04)	241 369	5.1	189.0
18	('06)	252 533	4.6	197.6
20	('08)	267 751	6.0	209.7
22	('10)	276 517	3.3	215.9
24	('12)	280 052	1.3	219.6
26	('14)	288 151	2.9	226.7
28	('16)	301 323	4.6	237.4

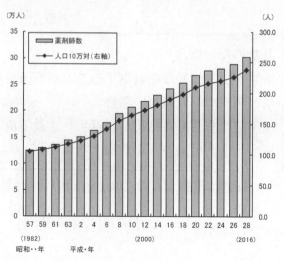

1 医 師

平成28年12月31日現在における全国の届出「医師数」は319,480人で、「男」251,987人（総数の78.9%）、「女」67,493人（同21.1%）となっている。

平成28年届出医師数を平成26年（以下「前回」という。）と比べると8,275人、2.7%増加している。また、人口10万対医師数は251.7人で、前回に比べ6.8人増加している。

（1） 施設・業務の種別にみた医師数

主に従事している施設・業務の種別をみると、「医療施設の従事者」は304,759人（総数の95.4%）で、前回に比べ7,914人、2.7%増加している。「介護老人保健施設の従事者」は3,346人（同1.0%）で、前回に比べ116人、3.6%増加し、「医療施設・介護老人保健施設以外の従事者」は9,057人（同2.8%）で481人、5.6%増加している。（表1）

表1　施設・業務の種別にみた医師数

各年12月31日現在

	平成28年 (2016)		平成26年 (2014)	対前回		人口10万対（人）		
	医師数 （人）	構成割合 （%）	医師数 （人）	増減数 （人）	増減率 （%）	平成28年 (2016)	平成26年 (2014)	増減数
総　　　数[1]	319 480	100.0	311 205	8 275	2.7	251.7	244.9	6.8
男	251 987	78.9	247 701	4 286	1.7	198.5	194.9	3.6
女	67 493	21.1	63 504	3 989	6.3	53.2	50.0	3.2
医療施設の従事者	304 759	95.4	296 845	7 914	2.7	240.1	233.6	6.5
病院の従事者	202 302	63.3	194 961	7 341	3.8	159.4	153.4	6.0
病院（医育機関附属の病院を除く）の開設者 　　又は法人の代表者	5 149	1.6	5 334	△ 185	△ 3.5	4.1	4.2	△ 0.1
病院（医育機関附属の病院を除く）の勤務者	141 966	44.4	137 321	4 645	3.4	111.8	108.1	3.7
医育機関附属の病院の勤務者	55 187	17.3	52 306	2 881	5.5	43.5	41.2	2.3
臨床系の教官又は教員	28 318	8.9	28 064	254	0.9	22.3	22.1	0.2
臨床系の大学院生	6 000	1.9	5 770	230	4.0	4.7	4.5	0.2
臨床系の勤務医	20 869	6.5	18 472	2 397	13.0	16.4	14.5	1.9
診療所の従事者	102 457	32.1	101 884	573	0.6	80.7	80.2	0.5
診療所の開設者又は法人の代表者	71 888	22.5	72 074	△ 186	△ 0.3	56.6	56.7	△ 0.1
診療所の勤務者	30 569	9.6	29 810	759	2.5	24.1	23.5	0.6
介護老人保健施設の従事者	3 346	1.0	3 230	116	3.6	2.6	2.5	0.1
介護老人保健施設の開設者又は法人の代表者	373	0.1	364	9	2.5	0.3	0.3	0.0
介護老人保健施設の勤務者	2 973	0.9	2 866	107	3.7	2.3	2.3	0.0
医療施設・介護老人保健施設以外の従事者	9 057	2.8	8 576	481	5.6	7.1	6.7	0.4
医育機関の臨床系以外の大学院生	627	0.2	561	66	11.8	0.5	0.4	0.1
医育機関の臨床系以外の勤務者	3 004	0.9	2 972	32	1.1	2.4	2.3	0.1
医育機関以外の教育機関又は研究機関の勤務者	1 582	0.5	1 466	116	7.9	1.2	1.2	0.0
行政機関・産業医・保健衛生業務の従事者	3 844	1.2	3 577	267	7.5	3.0	2.8	0.2
行政機関の従事者	1 740	0.5	1 661	79	4.8	1.4	1.3	0.1
産業医	1 128	0.4	994	134	13.5	0.9	0.8	0.1
保健衛生業務の従事者[2]	976	0.3	922	54	5.9	0.8	0.7	0.1
その他の者	2 301	0.7	2 554	△ 253	△ 9.9	1.8	2.0	△ 0.2
その他の業務の従事者	642	0.2	704	△ 62	△ 8.8	0.5	0.6	△ 0.1
無職の者	1 659	0.5	1 850	△ 191	△ 10.3	1.3	1.5	△ 0.2

注：1）「総数」には、「施設・業務の種別」の不詳を含む。
2）「保健衛生業務の従事者」とは、「行政機関の従事者」・「産業医」以外の保健衛生業務の従事者（社会保険診療報酬支払基金，血液センター，生命保険会社（嘱託医）等の保健衛生業務に従事している者）である。

（2） 医療施設に従事する医師数

1） 性・年齢階級別にみた医師数

　医療施設（病院・診療所）に従事する医師を性別にみると、「男」が240,454人で、前回に比べ4,104人、1.7％増加し、「女」は64,305人で、3,810人、6.3％増加している。

　年齢階級別にみると、「40～49歳」が68,344人（22.4％）と最も多く、次いで「50～59歳」67,286人（22.1％）、「30～39歳」64,878人（21.3％）となっている。

　また、男女の構成割合を年齢階級別にみると、すべての年齢階級で「男」の占める割合が多くなっているが、「女」の割合は、年齢階級が低くなるほど高く、「29歳以下」では34.6％となっている。（表2）

表2　性、年齢階級別にみた医療施設に従事する医師数

各年12月31日現在

			総数	29歳以下	30～39歳	40～49歳	50～59歳	60～69歳	70歳以上
医師数（人）	平成28年（2016）	総数	304 759	27 725	64 878	68 344	67 286	49 630	26 896
		男	240 454	18 128	44 523	51 726	57 179	44 590	24 308
		女	64 305	9 597	20 355	16 618	10 107	5 040	2 588
	平成26年（2014）	総数	296 845	26 351	64 942	67 880	67 815	43 132	26 725
		男	236 350	17 186	44 750	52 933	58 395	38 853	24 233
		女	60 495	9 165	20 192	14 947	9 420	4 279	2 492
対前回	増減数（人）	総数	7 914	1 374	△ 64	464	△ 529	6 498	171
		男	4 104	942	△ 227	△ 1 207	△ 1 216	5 737	75
		女	3 810	432	163	1 671	687	761	96
	増減率（％）	総数	2.7	5.2	△ 0.1	0.7	△ 0.8	15.1	0.6
		男	1.7	5.5	△ 0.5	△ 2.3	△ 2.1	14.8	0.3
		女	6.3	4.7	0.8	11.2	7.3	17.8	3.9
構成割合（％）	性・年齢階級別	総数	100.0	9.1	21.3	22.4	22.1	16.3	8.8
		男	78.9	5.9	14.6	17.0	18.8	14.6	8.0
		女	21.1	3.1	6.7	5.5	3.3	1.7	0.8
	年齢階級別	総数	100.0	9.1	21.3	22.4	22.1	16.3	8.8
		男	100.0	7.5	18.5	21.5	23.8	18.5	10.1
		女	100.0	14.9	31.7	25.8	15.7	7.8	4.0
	性別	総数	100.0	100.0	100.0	100.0	100.0	100.0	100.0
		男	78.9	65.4	68.6	75.7	85.0	89.8	90.4
		女	21.1	34.6	31.4	24.3	15.0	10.2	9.6

2) 施設の種別にみた医師数

施設の種別にみると、「病院（医育機関附属の病院を除く）」147,115人が最も多く、「診療所」102,457人、「医育機関附属の病院」55,187人となっており、これを年次推移でみても、昭和61年以降「病院（医育機関附属の病院を除く）」が最も多い（図1）。

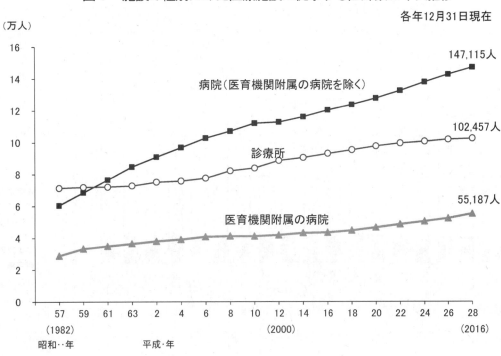

図1　施設の種別にみた医療施設に従事する医師数の年次推移

施設の種別に年齢階級をみると、「病院（医育機関附属の病院を除く）」では「40～49歳」、「医育機関附属の病院」では「30～39歳」、「診療所」では「50～59歳」が最も多い。

平均年齢をみると、「病院（医育機関附属の病院を除く）」では46.7歳、「医育機関附属の病院」38.8歳、「診療所」59.6歳となっている。（表3）

表3　年齢階級、施設の種別にみた医療施設に従事する医師数及び施設の種別医師の平均年齢

平成28（2016）年12月31日現在

	病院・診療所の計		病院						診療所	
			計		病院（医育機関附属の病院を除く）		医育機関附属の病院			
	医師数（人）	構成割合（%）	医師数（人）	構成割合（%）	医師数（人）	構成割合（%）	医師数（人）	構成割合（%）	医師数（人）	構成割合（%）
総数	304 759	100.0	202 302	100.0	147 115	100.0	55 187	100.0	102 457	100.0
29歳以下	27 725	9.1	27 544	13.6	17 706	12.0	9 838	17.8	181	0.2
30～39歳	64 878	21.3	60 338	29.8	35 827	24.4	24 511	44.4	4 540	4.4
40～49歳	68 344	22.4	49 092	24.3	36 202	24.6	12 890	23.4	19 252	18.8
50～59歳	67 286	22.1	37 248	18.4	31 216	21.2	6 032	10.9	30 038	29.3
60～69歳	49 630	16.3	20 050	9.9	18 212	12.4	1 838	3.3	29 580	28.9
70歳以上	26 896	8.8	8 030	4.0	7 952	5.4	78	0.1	18 866	18.4
平均年齢	49.6歳		44.5歳		46.7歳		38.8歳		59.6歳	

平均年齢の年次推移をみると、病院では上昇傾向が続いている。また、診療所では平成22年から引き続き上昇している。（図2、図3）

図2　年齢階級別にみた病院に従事する医師数及び平均年齢の年次推移

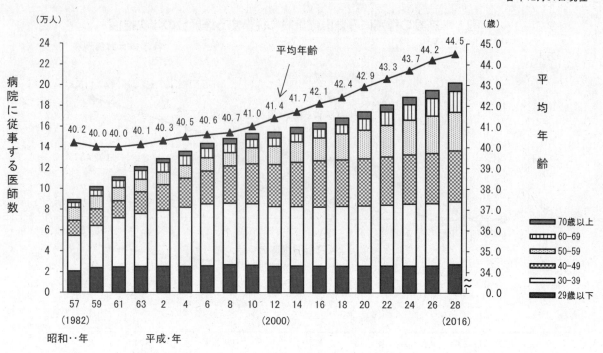

図3　年齢階級別にみた診療所に従事する医師数及び平均年齢の年次推移

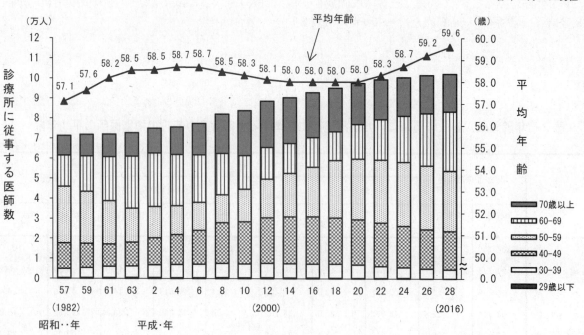

3） 診療科別にみた医師数

① 主たる診療科別にみた医師数

　従事する主たる診療科別にみると、「1 内科」が 60,855 人（20.0％）と最も多く、次いで「25 整形外科」21,293 人（7.0％）、「13 小児科」16,937 人（5.6％）となっている。

　主たる診療科の構成割合を性別にみると、「男」は「1 内科」（21.2％）が最も多く、次いで「25 整形外科」（8.4％）、「16 外科」（5.6％）となっており、「女」は「40 臨床研修医」を除くと「1 内科」（15.5％）が最も多く、次いで「13 小児科」（9.0％）、「28 眼科」（7.8％）となっている。

　また、主たる診療科別に平均年齢をみると、「23 肛門外科」が 58.5 歳と最も高く、「40 臨床研修医」を除くと「39 救急科」が 41.4 歳と低くなっている。（表4）

表4　主たる診療科別にみた医療施設に従事する医師数及び平均年齢

平成28（2016）年12月31日現在

		医療施設に従事する医師数（人）	構成割合（%）			平均年齢（歳）
			総数	男	女	
	総　　　　数1)	304 759	100.0	100.0	100.0	49.6
1	内　　　　　　　科	60 855	20.0	21.2	15.5	58.0
2	呼 吸 器 内 科	5 987	2.0	2.0	1.9	44.1
3	循 環 器 内 科	12 456	4.1	4.6	2.3	45.8
4	消化器内科（胃腸内科）	14 236	4.7	5.0	3.3	46.5
5	腎 臓 内 科	4 516	1.5	1.3	2.0	43.6
6	神 経 内 科	4 922	1.6	1.6	1.7	46.0
7	糖尿病内科（代謝内科）	4 889	1.6	1.3	2.6	44.6
8	血 液 内 科	2 650	0.9	0.9	0.9	43.6
9	皮 膚 科	9 102	3.0	2.0	6.7	50.5
10	ア レ ル ギ ー 科	162	0.1	0.1	0.1	54.8
11	リ ウ マ チ 科	1 613	0.5	0.5	0.6	43.8
12	感 染 症 内 科	492	0.2	0.2	0.1	42.2
13	小 児 科	16 937	5.6	4.6	9.0	50.3
14	精 神 科	15 609	5.1	5.0	5.5	51.5
15	心 療 内 科	910	0.3	0.3	0.3	55.6
16	外 科	14 423	4.7	5.6	1.3	52.9
17	呼 吸 器 外 科	1 880	0.6	0.7	0.2	44.8
18	心 臓 血 管 外 科	3 137	1.0	1.2	0.3	45.3
19	乳 腺 外 科	1 868	0.6	0.5	1.1	47.2
20	気 管 食 道 外 科	84	0.0	0.0	0.0	42.6
21	消化器外科（胃腸外科）	5 375	1.8	2.1	0.5	46.2
22	泌 尿 器 科	7 062	2.3	2.8	0.6	49.5
23	肛 門 外 科	443	0.1	0.2	0.1	58.5
24	脳 神 経 外 科	7 360	2.4	2.9	0.6	49.5
25	整 形 外 科	21 293	7.0	8.4	1.6	51.1
26	形 成 外 科	2 593	0.9	0.8	1.2	43.2
27	美 容 外 科	522	0.2	0.2	0.2	45.9
28	眼 科	13 144	4.3	3.4	7.8	51.8
29	耳 鼻 い ん こ う 科	9 272	3.0	3.0	3.1	52.3
30	小 児 外 科	802	0.3	0.3	0.2	44.5
31	産 婦 人 科	10 854	3.6	2.9	6.0	50.3
32	産 科	495	0.2	0.1	0.3	45.9
33	婦 人 科	1 805	0.6	0.5	1.0	57.6
34	リ ハ ビ リ テ ー シ ョ ン 科	2 484	0.8	0.8	0.9	53.9
35	放 射 線 科	6 587	2.2	2.1	2.5	45.8
36	麻 酔 科	9 162	3.0	2.3	5.5	44.0
37	病 理 診 断 科	1 893	0.6	0.6	0.8	49.3
38	臨 床 検 査 科	613	0.2	0.2	0.2	57.3
39	救 急 科	3 244	1.1	1.2	0.6	41.4
40	臨 床 研 修 医	16 701	5.5	4.7	8.4	27.9
41	全 科	252	0.1	0.1	0.0	48.4
42	そ の 他	3 998	1.3	1.3	1.5	51.7

注：複数の診療科に従事している場合の主として従事する診療科と、1診療科のみに従事している場合の診療科である。

1)「総数」には、主たる診療科不詳、診療科不詳を含む。

主たる診療科を施設の種別にみると、病院では「40 臨床研修医」を除くと「1 内科」が 21,981 人（10.9%）と最も多く、次いで「25 整形外科」13,497 人（6.7%）、「14 精神科」11,747 人（5.8%）となっている。主たる診療科の構成割合を性別にみると、男女とも「1 内科」が最も多い。
　　一方、診療所では「1 内科」38,874 人（37.9%）が最も多く、次いで「28 眼科」8,395 人（8.2%）、「25 整形外科」7,796 人（7.6%）となっている。主たる診療科の構成割合を性別にみると、男女とも「1 内科」が最も多い。（表5）

表5　主たる診療科、施設の種別にみた医療施設に従事する医師数及び平均年齢

平成28(2016)年12月31日現在

| | | 病　院 | | | | | | 診　療　所 | | | | | |
| | | 医師数(人) | 構成割合（%） | | | 男女割合(%) | | 医師数(人) | 構成割合（%） | | | 男女割合(%) | |
			総数	男	女	男	女	平均年齢(歳)	総数	男	女	男	女	平均年齢(歳)
	総　　　　数1)	202 302	100.0	100.0	100.0	77.8	22.2	44.5	102 457	100.0	100.0	100.0	81.1	18.9	59.6
1	内　　　　　　　科	21 981	10.9	11.2	9.7	80.3	19.7	52.8	38 874	37.9	40.0	29.1	85.5	14.5	60.9
2	呼 吸 器 内 科	5 407	2.7	2.7	2.6	78.5	21.5	42.7	580	0.6	0.6	0.4	87.2	12.8	56.8
3	循 環 器 内 科	10 489	5.2	5.9	2.8	87.8	12.2	43.3	1 967	1.9	2.2	0.9	91.2	8.8	58.9
4	消化器内科(胃腸内科)	10 847	5.4	5.8	4.0	83.6	16.4	42.8	3 389	3.3	3.7	1.8	89.8	10.2	58.3
5	腎　臓　内　科	3 689	1.8	1.7	2.4	71.0	29.0	41.1	827	0.8	0.7	1.1	74.1	25.9	55.0
6	神 経 内 科	4 446	2.2	2.2	2.3	77.2	22.8	44.8	476	0.5	0.5	0.5	79.4	20.6	57.0
7	糖尿病内科(代謝内科)	4 040	2.0	1.6	3.2	64.2	35.8	42.4	849	0.8	0.7	1.3	70.3	29.7	55.1
8	血 液 内 科	2 631	1.3	1.3	1.3	77.4	22.6	43.5	19	0.0	0.0	0.0	73.7	26.3	54.2
9	皮　　膚　　科	3 691	1.8	1.1	4.5	45.7	54.3	41.5	5 411	5.3	3.7	12.0	57.1	42.9	56.7
10	ア レ ル ギ ー 科	95	0.0	0.0	0.0	76.8	23.2	48.5	67	0.1	0.1	0.1	79.1	20.9	63.7
11	リ ウ マ チ 科	1 419	0.7	0.7	0.8	75.9	24.1	42.2	194	0.2	0.2	0.2	80.9	19.1	55.2
12	感 染 症 内 科	473	0.2	0.2	0.2	83.1	16.9	41.8	19	0.0	0.0	0.0	84.2	15.8	53.4
13	小　　児　　科	10 355	5.1	4.2	8.2	64.4	35.6	43.6	6 582	6.4	5.4	11.0	67.7	32.3	60.8
14	精　　神　　科	11 747	5.8	5.8	5.9	77.3	22.7	49.6	3 862	3.8	3.6	4.5	77.4	22.6	57.4
15	心 療 内 科	264	0.1	0.1	0.2	72.3	27.7	51.2	646	0.6	0.6	0.7	79.1	20.9	57.4
16	外　　　　　　　科	11 293	5.6	6.7	1.7	93.2	6.8	49.1	3 130	3.1	3.7	0.4	97.6	2.4	66.4
17	呼 吸 器 外 科	1 867	0.9	1.1	0.3	92.5	7.5	44.7	13	0.0	0.0	-	100.0	-	60.5
18	心 臓 血 管 外 科	3 046	1.5	1.8	0.4	93.8	6.2	45.0	91	0.1	0.1	0.0	96.7	3.3	55.7
19	乳 腺 外 科	1 537	0.8	0.6	1.4	58.4	41.6	45.5	331	0.3	0.3	0.5	70.7	29.3	54.9
20	気 管 食 道 外 科	83	0.0	0.0	0.0	97.6	2.4	42.4	1	0.0	0.0	-	100.0	-	56.4
21	消化器外科(胃腸外科)	5 117	2.5	3.0	0.7	93.6	6.4	45.3	258	0.3	0.3	0.1	96.1	3.9	63.3
22	泌 尿 器 科	5 154	2.5	3.0	0.8	93.0	7.0	45.7	1 908	1.9	2.2	0.2	97.6	2.4	59.5
23	肛 門 外 科	170	0.1	0.1	0.0	88.2	11.8	54.4	273	0.3	0.3	0.1	93.4	6.6	61.0
24	脳 神 経 外 科	6 232	3.1	3.7	0.8	94.0	6.0	47.6	1 128	1.1	1.3	0.2	97.2	2.8	59.8
25	整 形 外 科	13 497	6.7	8.1	1.7	94.2	5.8	46.1	7 796	7.6	9.1	1.3	96.7	3.3	59.6
26	形 成 外 科	2 079	1.0	0.9	1.4	68.8	31.2	41.0	514	0.5	0.5	0.7	74.7	25.3	52.4
27	美 容 外 科	9	0.0	0.0	0.0	77.8	22.2	49.7	513	0.5	0.5	0.6	78.8	21.2	45.9
28	眼　　　　　　　科	4 749	2.3	1.8	4.4	58.5	41.5	42.5	8 395	8.2	6.4	15.8	63.6	36.4	57.0
29	耳 鼻 いんこう 科	3 839	1.9	1.8	2.2	74.5	25.5	42.3	5 433	5.3	5.3	5.1	81.7	18.3	59.3
30	小 児 外 科	777	0.4	0.4	0.3	80.8	19.2	43.9	25	0.0	0.0	0.0	80.0	20.0	61.2
31	産 婦 人 科	6 656	3.3	2.4	6.4	57.1	42.9	44.1	4 198	4.1	3.8	5.3	75.6	24.4	60.2
32	産　　　　　　　科	394	0.2	0.1	0.4	59.1	40.9	43.1	101	0.1	0.1	0.1	87.1	12.9	56.5
33	婦　　人　　科	762	0.4	0.3	0.6	66.0	34.0	51.7	1 043	1.0	0.8	1.9	65.1	34.9	61.9
34	リハビリテーション科	2 326	1.1	1.1	1.2	77.7	22.3	53.6	158	0.2	0.1	0.2	72.8	27.2	58.4
35	放 射 線 科	6 137	3.0	3.0	3.3	75.7	24.3	45.1	450	0.4	0.4	0.7	70.2	29.8	56.0
36	麻　　酔　　科	8 604	4.3	3.3	7.6	60.4	39.6	43.2	558	0.5	0.5	0.8	73.7	26.3	56.1
37	病 理 診 断 科	1 863	0.9	0.9	1.1	72.8	27.2	49.1	30	0.0	0.0	0.0	86.7	13.3	65.1
38	臨 床 検 査 科	607	0.3	0.3	0.3	79.7	20.3	57.2	6	0.0	0.0	0.0	66.7	33.3	62.3
39	救　　急　　科	3 226	1.6	1.8	0.9	87.4	12.6	41.3	18	0.0	0.0	-	100.0	-	45.1
40	臨 床 研 修 医	16 697	8.3	7.2	12.0	67.6	32.4	27.9	4	0.0	0.0	0.0	50.0	50.0	32.1
41	全　　　　　　　科	136	0.1	0.1	0.0	86.0	14.0	45.0	116	0.1	0.1	0.0	92.2	7.8	52.5
42	そ　　の　　他	3 059	1.5	1.5	1.5	77.8	22.2	50.5	939	0.9	0.8	1.5	68.7	31.3	55.8

注：複数の診療科に従事している場合の主として従事する診療科と、1診療科のみに従事している場合の診療科である。
　1)「総数」には、主たる診療科不詳、診療科不詳を含む。

主たる診療科が「13 小児科」と「31 産婦人科」・「32 産科」及び外科[1]の医師数をみると、「13 小児科」は 16,937 人となっており、「31 産婦人科」は 10,854 人、「32 産科」は 495 人（あわせて 11,349 人）となっている。また、外科[1]は、28,012 人となっている。（表 4、図 4）

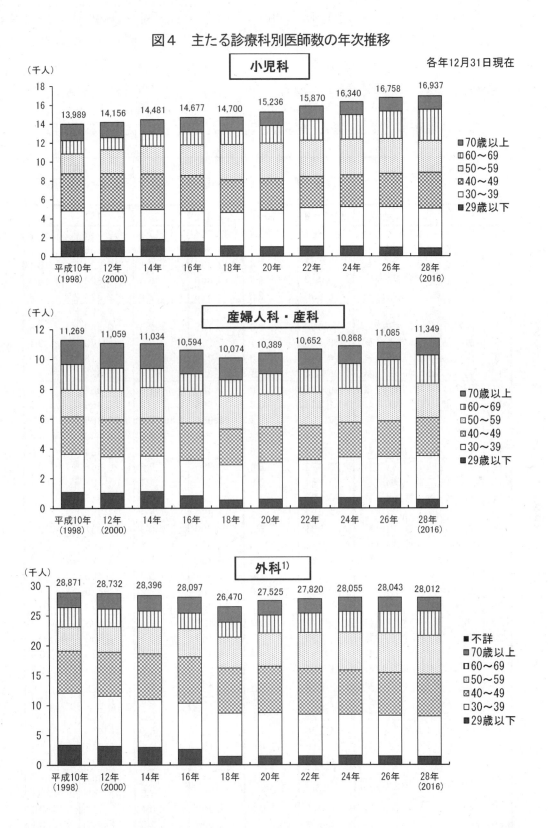

図4　主たる診療科別医師数の年次推移

注：年次推移については、「7　利用上の注意（1）」（14 頁）を参照。
　1）　平成 10～18 年は外科、呼吸器外科、心臓血管外科、気管食道科、こう門科、小児外科をいい、
　　　平成 20～28 年は外科、呼吸器外科、心臓血管外科、乳腺外科、気管食道外科、消化器外科（胃腸外科）、肛門外科、小児外科をいう。

② 診療科（複数回答）別にみた医師数

　従事する診療科（複数回答）別にみると、「1内科」が87,761人（28.8%）と最も多く、次いで「4消化器内科（胃腸内科）」29,478人（9.7%）、「13小児科」27,761人（9.1%）となっている。

　また、診療科（複数回答）の割合を施設の種別にみると、病院では「40臨床研修医」を除くと「1内科」（17.3%）が最も多く、次いで「16外科」（7.8%）、「25整形外科」（7.1%）となっており、診療所では「1内科」（51.5%）が最も多く、次いで「13小児科」（16.4%）、「4消化器内科（胃腸内科）」（15.3%）となっている。（表6）

表6　診療科（複数回答）、施設の種別にみた医療施設に従事する医師数

平成28（2016）年12月31日現在

		総　数		病　院		診療所	
		医師数（人）	割合（%）	医師数（人）	割合（%）	医師数（人）	割合（%）
	総　　　　　　数[1]	304 759	100.0	202 302	100.0	102 457	100.0
1	内　　　　　　科	87 761	28.8	35 044	17.3	52 717	51.5
2	呼 吸 器 内 科	13 405	4.4	6 849	3.4	6 556	6.4
3	循 環 器 内 科	22 674	7.4	12 337	6.1	10 337	10.1
4	消化器内科（胃腸内科）	29 478	9.7	13 850	6.8	15 628	15.3
5	腎 臓 内 科	6 850	2.2	4 526	2.2	2 324	2.3
6	神 経 内 科	7 617	2.5	5 292	2.6	2 325	2.3
7	糖尿病内科（代謝内科）	9 003	3.0	5 155	2.5	3 848	3.8
8	血 液 内 科	3 456	1.1	3 016	1.5	440	0.4
9	皮 膚 科	14 142	4.6	4 024	2.0	10 118	9.9
10	ア レ ル ギ ー 科	6 454	2.1	832	0.4	5 622	5.5
11	リ ウ マ チ 科	6 186	2.0	2 655	1.3	3 531	3.4
12	感 染 症 内 科	1 326	0.4	868	0.4	458	0.4
13	小 児 科	27 761	9.1	10 956	5.4	16 805	16.4
14	精 神 科	17 077	5.6	12 184	6.0	4 893	4.8
15	心 療 内 科	5 617	1.8	1 933	1.0	3 684	3.6
16	外 科	25 673	8.4	15 705	7.8	9 968	9.7
17	呼 吸 器 外 科	2 367	0.8	2 240	1.1	127	0.1
18	心 臓 血 管 外 科	3 590	1.2	3 277	1.6	313	0.3
19	乳 腺 外 科	3 422	1.1	2 689	1.3	733	0.7
20	気 管 食 道 外 科	931	0.3	600	0.3	331	0.3
21	消化器外科（胃腸外科）	8 728	2.9	7 619	3.8	1 109	1.1
22	泌 尿 器 科	8 490	2.8	5 368	2.7	3 122	3.0
23	肛 門 外 科	4 352	1.4	1 867	0.9	2 485	2.4
24	脳 神 経 外 科	8 027	2.6	6 548	3.2	1 479	1.4
25	整 形 外 科	25 106	8.2	14 363	7.1	10 743	10.5
26	形 成 外 科	3 577	1.2	2 184	1.1	1 393	1.4
27	美 容 外 科	1 020	0.3	167	0.1	853	0.8
28	眼 科	13 357	4.4	4 779	2.4	8 578	8.4
29	耳 鼻 い ん こ う 科	9 536	3.1	3 907	1.9	5 629	5.5
30	小 児 外 科	1 219	0.4	955	0.5	264	0.3
31	産 婦 人 科	11 042	3.6	6 720	3.3	4 322	4.2
32	産 科	721	0.2	500	0.2	221	0.2
33	婦 人 科	2 376	0.8	962	0.5	1 414	1.4
34	リ ハ ビ リ テ ー シ ョ ン 科	14 815	4.9	6 172	3.1	8 643	8.4
35	放 射 線 科	9 263	3.0	6 735	3.3	2 528	2.5
36	麻 酔 科	10 998	3.6	9 341	4.6	1 657	1.6
37	病 理 診 断 科	1 991	0.7	1 932	1.0	59	0.1
38	臨 床 検 査 科	842	0.3	800	0.4	42	0.0
39	救 急 科	4 172	1.4	4 075	2.0	97	0.1
40	臨 床 研 修 医	16 701	5.5	16 697	8.3	4	0.0
41	全 科	252	0.1	136	0.1	116	0.1
42	そ の 他	5 588	1.8	3 813	1.9	1 775	1.7

注：2つ以上の診療科に従事している場合、各々の科に重複計上している。
　1)「総数」には、「診療科」の不詳を含む。

**4） 取得している広告可能な医師の専門性に関する資格名及び麻酔科の標榜資格（複数回答）
別にみた医師数**

専門性資格及び麻酔科の標榜資格（複数回答）別にみると、「1 総合内科専門医」が 22,522 人（7.4%）
と最も多く、次いで「5 外科専門医」21,168 人（6.9%）、「20 消化器病専門医」17,814 人（5.8%）と
なっている。

専門性資格及び麻酔科の標榜資格の割合を性別にみると、「男」は「5 外科専門医」（8.1%）が最も
多く、「女」は「2 小児科専門医」（7.1%）が最も多くなっている。（表7）

**表7 取得している広告可能な医師の専門性に関する資格名及び麻酔科の標榜資格（複数回答）、
性別にみた医療施設に従事する医師数及び平均年齢**

平成28（2016）年12月31日現在

		医療施設に従事する医師数（人）			割合（％）			平均年齢（歳）
		総数	男	女	総数	男	女	
	総　　　　数	304 759	240 454	64 305	100.0	100.0	100.0	49.6
1	総 合 内 科 専 門 医	22 522	18 668	3 854	7.4	7.8	6.0	50.4
2	小 児 科 専 門 医	13 551	9 006	4 545	4.4	3.7	7.1	51.4
3	皮 膚 科 専 門 医	5 609	3 203	2 406	1.8	1.3	3.7	53.1
4	精 神 科 専 門 医	9 177	7 281	1 896	3.0	3.0	2.9	52.9
5	外 科 専 門 医	21 168	19 590	1 578	6.9	8.1	2.5	49.6
6	整 形 外 科 専 門 医	16 463	15 765	698	5.4	6.6	1.1	52.8
7	産 婦 人 科 専 門 医	11 242	7 575	3 667	3.7	3.2	5.7	52.8
8	眼 科 専 門 医	9 812	6 076	3 736	3.2	2.5	5.8	52.8
9	耳 鼻 咽 喉 科 専 門 医	7 687	6 186	1 501	2.5	2.6	2.3	53.7
10	泌 尿 器 科 専 門 医	6 003	5 723	280	2.0	2.4	0.4	51.3
11	脳 神 経 外 科 専 門 医	6 763	6 467	296	2.2	2.7	0.5	52.3
12	放 射 線 科 専 門 医	5 687	4 412	1 275	1.9	1.8	2.0	48.9
13	麻 酔 科 専 門 医	7 107	4 847	2 260	2.3	2.0	3.5	48.5
14	病 理 専 門 医	1 603	1 249	354	0.5	0.5	0.6	53.6
15	救 急 科 専 門 医	3 795	3 492	303	1.2	1.5	0.5	47.7
16	形 成 外 科 専 門 医	2 141	1 647	494	0.7	0.7	0.8	48.1
17	リハビリテーション科専門医	2 516	2 111	405	0.8	0.9	0.6	56.1
18	呼 吸 器 専 門 医	5 414	4 594	820	1.8	1.9	1.3	50.3
19	循 環 器 専 門 医	12 170	11 009	1 161	4.0	4.6	1.8	52.2
20	消 化 器 病 専 門 医	17 814	15 876	1 938	5.8	6.6	3.0	51.6
21	腎 臓 専 門 医	3 988	3 176	812	1.3	1.3	1.3	50.7
22	肝 臓 専 門 医	5 384	4 924	460	1.8	2.0	0.7	51.4
23	神 経 内 科 専 門 医	4 518	3 601	917	1.5	1.5	1.4	50.7
24	糖 尿 病 専 門 医	4 768	3 511	1 257	1.6	1.5	2.0	51.0
25	内 分 泌 代 謝 科 専 門 医	2 003	1 568	435	0.7	0.7	0.7	53.0
26	血 液 専 門 医	3 167	2 565	602	1.0	1.1	0.9	49.6
27	ア レ ル ギ ー 専 門 医	3 106	2 478	628	1.0	1.0	1.0	53.2
28	リ ウ マ チ 専 門 医	4 563	4 075	488	1.5	1.7	0.8	54.1
29	感 染 症 専 門 医	1 141	1 010	131	0.4	0.4	0.2	52.6
30	心 療 内 科 専 門 医	305	247	58	0.1	0.1	0.1	57.1
31	呼 吸 器 外 科 専 門 医	1 422	1 362	60	0.5	0.6	0.1	49.9
32	心 臓 血 管 外 科 専 門 医	2 028	1 979	49	0.7	0.8	0.1	50.9
33	乳 腺 専 門 医	1 354	1 015	339	0.4	0.4	0.5	51.0
34	気 管 食 道 科 専 門 医	1 016	923	93	0.3	0.4	0.1	56.5
35	消 化 器 外 科 専 門 医	6 236	6 077	159	2.0	2.5	0.2	51.0
36	小 児 外 科 専 門 医	545	483	62	0.2	0.2	0.1	52.7
37	超 音 波 専 門 医	1 699	1 435	264	0.6	0.6	0.4	55.3
38	細 胞 診 専 門 医	1 919	1 519	400	0.6	0.6	0.6	53.8
39	透 析 専 門 医	4 329	3 563	766	1.4	1.5	1.2	51.9
40	老 年 病 専 門 医	1 199	1 042	157	0.4	0.4	0.2	57.0
41	消 化 器 内 視 鏡 専 門 医	13 537	12 028	1 509	4.4	5.0	2.3	51.2
42	臨 床 遺 伝 専 門 医	973	679	294	0.3	0.3	0.5	49.4
43	漢 方 専 門 医	1 718	1 439	279	0.6	0.6	0.4	60.7
44	レ ー ザ ー 専 門 医	222	173	49	0.1	0.1	0.1	51.5
45	気 管 支 鏡 専 門 医	1 858	1 679	179	0.6	0.7	0.3	49.2
46	核 医 学 専 門 医	812	669	143	0.3	0.3	0.2	50.7
47	大 腸 肛 門 病 専 門 医	1 568	1 521	47	0.5	0.6	0.1	55.3
48	婦 人 科 腫 瘍 専 門 医	677	585	92	0.2	0.2	0.1	52.2
49	ペインクリニック専門医	1 301	1 002	299	0.4	0.4	0.5	54.4
50	熱 傷 専 門 医	285	260	25	0.1	0.1	0.0	51.6
51	脳 血 管 内 治 療 専 門 医	880	840	40	0.3	0.3	0.1	45.9
52	が ん 薬 物 療 法 専 門 医	1 003	847	156	0.3	0.4	0.2	45.7
53	周 産 期（新 生 児）専 門 医	1 063	693	370	0.3	0.3	0.6	44.9
54	生 殖 医 療 専 門 医	497	418	79	0.2	0.2	0.1	53.6
55	小 児 神 経 専 門 医	880	579	301	0.3	0.2	0.5	53.9
56	一般病院連携精神医学専門医	230	206	24	0.1	0.1	0.0	53.7
57	麻 酔 科 標 榜 医	9 772	6 858	2 914	3.2	2.9	4.5	48.9
	資 格 な し	119 964	91 230	28 734	39.4	37.9	44.7	46.8

注：2つ以上の資格を取得している場合、各々の資格名に重複計上している。

31

専門性資格及び麻酔科の標榜資格の割合を施設の種別にみると、病院では「5外科専門医」（9.1%）が最も多く、次いで「1総合内科専門医」（7.7%）、「20 消化器病専門医」（5.9%）となっており、診療所では「1総合内科専門医」（6.8%）が最も多く、次いで「8眼科専門医」（6.3%）、「6整形外科専門医」（6.1%）となっている（表8）。

表8　取得している広告可能な医師の専門性に関する資格名及び麻酔科の標榜資格（複数回答）、
　　　施設の種別にみた医療施設に従事する医師数

平成28(2016)年12月31日現在

		病　院		診療所	
		医師数 （人）	割合 （％）	医師数 （人）	割合 （％）
	総　　　　　　　　　数	202 302	100.0	102 457	100.0
1	総 合 内 科 専 門 医	15 513	7.7	7 009	6.8
2	小 児 科 専 門 医	8 206	4.1	5 345	5.2
3	皮 膚 科 専 門 医	1 993	1.0	3 616	3.5
4	精 神 科 専 門 医	6 212	3.1	2 965	2.9
5	外 科 専 門 医	18 317	9.1	2 851	2.8
6	整 形 外 科 専 門 医	10 171	5.0	6 292	6.1
7	産 婦 人 科 専 門 医	6 402	3.2	4 840	4.7
8	眼 科 専 門 医	3 312	1.6	6 500	6.3
9	耳 鼻 咽 喉 科 専 門 医	2 934	1.5	4 753	4.6
10	泌 尿 器 科 専 門 医	4 208	2.1	1 795	1.8
11	脳 神 経 外 科 専 門 医	5 553	2.7	1 210	1.2
12	放 射 線 科 専 門 医	4 922	2.4	765	0.7
13	麻 酔 科 専 門 医	6 270	3.1	837	0.8
14	病 理 専 門 医	1 522	0.8	81	0.1
15	救 急 科 専 門 医	3 380	1.7	415	0.4
16	形 成 外 科 専 門 医	1 395	0.7	746	0.7
17	リハビリテーション科専門医	1 683	0.8	833	0.8
18	呼 吸 器 専 門 医	4 125	2.0	1 289	1.3
19	循 環 器 専 門 医	8 118	4.0	4 052	4.0
20	消 化 器 病 専 門 医	11 933	5.9	5 881	5.7
21	腎 臓 専 門 医	2 761	1.4	1 227	1.2
22	肝 臓 専 門 医	3 887	1.9	1 497	1.5
23	神 経 内 科 専 門 医	3 609	1.8	909	0.9
24	糖 尿 病 専 門 医	3 082	1.5	1 686	1.6
25	内 分 泌 代 謝 科 専 門 医	1 428	0.7	575	0.6
26	血 液 専 門 医	2 728	1.3	439	0.4
27	ア レ ル ギ ー 専 門 医	1 695	0.8	1 411	1.4
28	リ ウ マ チ 専 門 医	2 746	1.4	1 817	1.8
29	感 染 症 専 門 医	909	0.4	232	0.2
30	心 療 内 科 専 門 医	144	0.1	161	0.2
31	呼 吸 器 外 科 専 門 医	1 344	0.7	78	0.1
32	心 臓 血 管 外 科 専 門 医	1 906	0.9	122	0.1
33	乳 腺 専 門 医	1 111	0.5	243	0.2
34	気 管 食 道 科 専 門 医	449	0.2	567	0.6
35	消 化 器 外 科 専 門 医	5 709	2.8	527	0.5
36	小 児 外 科 専 門 医	475	0.2	70	0.1
37	超 音 波 専 門 医	1 165	0.6	534	0.5
38	細 胞 診 専 門 医	1 595	0.8	324	0.3
39	透 析 専 門 医	2 824	1.4	1 505	1.5
40	老 年 病 専 門 医	813	0.4	386	0.4
41	消 化 器 内 視 鏡 専 門 医	8 673	4.3	4 864	4.7
42	臨 床 遺 伝 専 門 医	827	0.4	146	0.1
43	漢 方 専 門 医	518	0.3	1 200	1.2
44	レ ー ザ ー 専 門 医	113	0.1	109	0.1
45	気 管 支 鏡 専 門 医	1 656	0.8	202	0.2
46	核 医 学 専 門 医	707	0.3	105	0.1
47	大 腸 肛 門 病 専 門 医	1 110	0.5	458	0.4
48	婦 人 科 腫 瘍 専 門 医	622	0.3	55	0.1
49	ペ イ ン ク リ ニ ッ ク 専 門 医	925	0.5	376	0.4
50	熱 傷 専 門 医	252	0.1	33	0.0
51	脳 血 管 内 治 療 専 門 医	854	0.4	26	0.0
52	が ん 薬 物 療 法 専 門 医	961	0.5	42	0.0
53	周 産 期（ 新 生 児 ）専 門 医	997	0.5	66	0.1
54	生 殖 医 療 専 門 医	268	0.1	229	0.2
55	小 児 神 経 専 門 医	630	0.3	250	0.2
56	一般病院連携精神医学専門医	182	0.1	48	0.0
57	麻 酔 科 標 榜 医	7 644	3.8	2 128	2.1
	資 　格 　な 　し	79 886	39.5	40 078	39.1

注：2つ以上の資格を取得している場合、各々の資格名に重複計上している。

5) 都道府県（従業地）別にみた人口10万対医師数

医療施設に従事する人口10万対医師数は240.1人で、前回（233.6人）に比べ6.5人増加している。

これを都道府県（従業地）別にみると、徳島県が315.9人と最も多く、次いで京都府314.9人、高知県306.0人となっており、埼玉県が160.1人と最も少なく、次いで、茨城県180.4人、千葉県189.9人となっている。（図5）

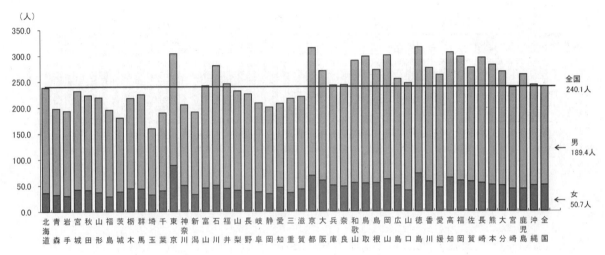

図5　都道府県（従業地）別にみた医療施設に従事する人口10万対医師数

平成28（2016）年12月31日現在

主たる診療科が「13 小児科」の医師数を都道府県（従業地）別にみると、鳥取県が174.0人と最も多く、茨城県が78.7人と最も少ない。

また、専門性資格の「2 小児科専門医」は、鳥取県が137.0人と最も多く、茨城県が59.3人と最も少ない。（図6）

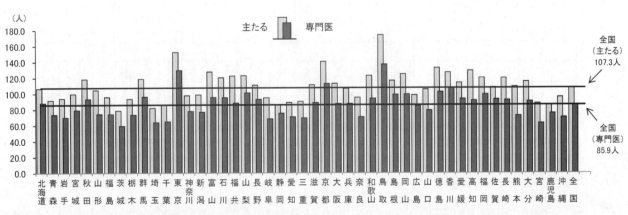

図6　都道府県（従業地）、主たる診療科（小児科）・専門性資格（小児科専門医）別にみた
　　　医療施設に従事する人口10万対医師数

平成28（2016）年12月31日現在

注：人口10万対の比率は「15歳未満人口」により算出した。

主たる診療科が「31 産婦人科・32 産科」の医師数を都道府県（従業地）別にみると、鳥取県が 61.2 人と最も多く、埼玉県が 28.9 人と最も少ない。

また、専門性資格の「7 産婦人科専門医」は、長崎県が 63.3 人と最も多く、埼玉県が 30.7 人と最も少ない。（図 7）

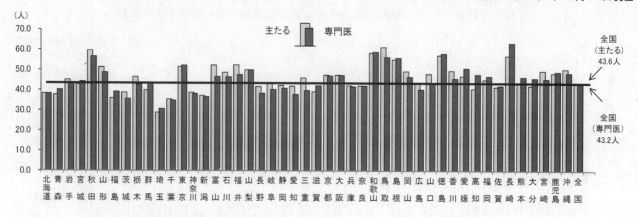

図7　都道府県（従業地）、主たる診療科（産婦人科・産科）・専門性資格（産婦人科専門医）別にみた医療施設に従事する人口 10 万対医師数

平成 28（2016）年 12 月 31 日現在

注：人口 10 万対の比率は「15～49 歳女子人口」により算出した。

主たる診療科が外科[1]の医師数を都道府県（従業地）別にみると、京都府が 33.0 人と最も多く、埼玉県が 14.4 人と最も少ない。

また、専門性資格の外科の専門医[2]は、京都府が 25.6 人と最も多く、埼玉県が 12.4 人と最も少ない。（図 8）

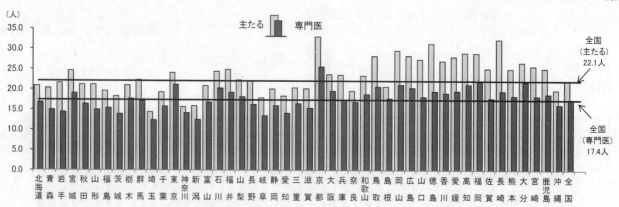

図8　都道府県（従業地）、主たる診療科（外科[1]）・専門性資格（外科の専門医[2]）別にみた医療施設に従事する人口 10 万対医師数

平成 28（2016）年 12 月 31 日現在

注：1）外科、呼吸器外科、心臓血管外科、乳腺外科、気管食道外科、消化器外科（胃腸外科）、肛門外科、小児外科をいう。
　　2）外科専門医、呼吸器外科専門医、心臓血管外科専門医、消化器外科専門医、小児外科専門医のうちいずれかを取得している医師をいう
　　　（例：外科専門医と呼吸器外科専門医を取得している医師は1人として集計）。

2 歯科医師

　平成 28 年 12 月 31 日現在における全国の届出「歯科医師数」は 104,533 人で、「男」80,189 人（総数の 76.7%）、「女」24,344 人（同 23.3%）となっている。
　平成 28 年届出歯科医師数を前回と比べると 561 人、0.5% 増加している。
　また、人口 10 万対歯科医師数は 82.4 人で、前回に比べ 0.6 人増加している。

（1）　施設・業務の種別にみた歯科医師数

　主に従事している施設・業務の種別をみると、「医療施設の従事者」は 101,551 人（総数の 97.1%）で、前回に比べ 586 人、0.6% 増加している。「介護老人保健施設の従事者」は 33 人（同 0.0%）で、前回に比べ 4 人、13.8% 増加し、「医療施設・介護老人保健施設以外の従事者」は 1,543 人（同 1.5%）で 3 人、0.2% 増加している。（表 9）

表 9　施設・業務の種別にみた歯科医師数

各年12月31日現在

	平成28年 (2016)		平成26年 (2014)	対前回		人口10万対(人)		
	歯科医師数 (人)	構成割合 (%)	歯科医師数 (人)	増減数 (人)	増減率 (%)	平成28年 (2016)	平成26年 (2014)	増減数
総　　　数 1)	104 533	100.0	103 972	561	0.5	82.4	81.8	0.6
男	80 189	76.7	80 544	△ 355	△ 0.4	63.2	63.4	△ 0.2
女	24 344	23.3	23 428	916	3.9	19.2	18.4	0.8
医療施設の従事者	101 551	97.1	100 965	586	0.6	80.0	79.4	0.6
病院の従事者	12 385	11.8	12 141	244	2.0	9.8	9.6	0.2
病院（医育機関附属の病院を除く）の開設者 　　　又は法人の代表者	22	0.0	24	△ 2	△ 8.3	0.0	0.0	0.0
病院（医育機関附属の病院を除く）の勤務者	3 055	2.9	3 065	△ 10	△ 0.3	2.4	2.4	0.0
医育機関附属の病院の勤務者	9 308	8.9	9 052	256	2.8	7.3	7.1	0.2
臨床系の教官又は教員	3 476	3.3	3 443	33	1.0	2.7	2.7	0.0
臨床系の大学院生	1 861	1.8	1 890	△ 29	△ 1.5	1.5	1.5	0.0
臨床系の勤務医	3 971	3.8	3 719	252	6.8	3.1	2.9	0.2
診療所の従事者	89 166	85.3	88 824	342	0.4	70.2	69.9	0.3
診療所の開設者又は法人の代表者	59 482	56.9	59 750	△ 268	△ 0.4	46.9	47.0	△ 0.1
診療所の勤務者	29 684	28.4	29 074	610	2.1	23.4	22.9	0.5
介護老人保健施設の従事者	33	0.0	29	4	13.8	0.0	0.0	0.0
医療施設・介護老人保健施設以外の従事者	1 543	1.5	1 540	3	0.2	1.2	1.2	0.0
医育機関の臨床系以外の大学院生	125	0.1	156	△ 31	△ 19.9	0.1	0.1	0.0
医育機関の臨床系以外の勤務者	897	0.9	901	△ 4	△ 0.4	0.7	0.7	0.0
医育機関以外の教育機関又は研究機関の勤務者	173	0.2	162	11	6.8	0.1	0.1	0.0
行政機関又は保健衛生業務の従事者	348	0.3	321	27	8.4	0.3	0.3	0.0
行政機関の従事者	299	0.3	290	9	3.1	0.2	0.2	0.0
行政機関を除く保健衛生業務の従事者	49	0.0	31	18	58.1	0.0	0.0	0.0
その他の者	1 397	1.3	1 438	△ 41	△ 2.9	1.1	1.1	0.0
その他の業務の従事者	311	0.3	333	△ 22	△ 6.6	0.2	0.3	△ 0.1
無職の者	1 086	1.0	1 105	△ 19	△ 1.7	0.9	0.9	0.0

注：1）「総数」には、「施設・業務の種別」の不詳を含む。

（2） 医療施設に従事する歯科医師数

1）性・年齢階級別にみた歯科医師数

　　医療施設（病院・診療所）に従事する歯科医師を性別にみると、「男」が 78,160 人で、前回に比べ 370 人、0.5％減少し、「女」は 23,391 人で、956 人、4.3％増加している。

　　年齢階級別にみると、「50～59 歳」が 25,542 人（25.2％）と最も多く、次いで「40～49 歳」22,287 人（21.9％）となっている。

　　また、男女の構成割合を年齢階級別にみると、すべての年齢階級で「男」の占める割合が多くなっているが、「女」の割合は、年齢階級が低くなるほど高く、「29 歳以下」では 44.6％となっている。
（表 10）

表 10　性、年齢階級別にみた医療施設に従事する歯科医師数

各年12月31日現在

			総数	29歳以下	30～39歳	40～49歳	50～59歳	60～69歳	70歳以上
歯科医師数（人）	平成28年（2016）	総数	101 551	6 414	18 896	22 287	25 542	20 649	7 763
		男	78 160	3 554	12 299	16 267	21 080	17 945	7 015
		女	23 391	2 860	6 597	6 020	4 462	2 704	748
	平成26年（2014）	総数	100 965	6 982	19 094	22 631	26 796	18 159	7 303
		男	78 530	3 941	12 627	17 074	22 391	15 937	6 560
		女	22 435	3 041	6 467	5 557	4 405	2 222	743
対前回	増減数（人）	総数	586	△ 568	△ 198	△ 344	△ 1 254	2 490	460
		男	△ 370	△ 387	△ 328	△ 807	△ 1 311	2 008	455
		女	956	△ 181	130	463	57	482	5
	増減率（%）	総数	0.6	△ 8.1	△ 1.0	△ 1.5	△ 4.7	13.7	6.3
		男	△ 0.5	△ 9.8	△ 2.6	△ 4.7	△ 5.9	12.6	6.9
		女	4.3	△ 6.0	2.0	8.3	1.3	21.7	0.7
構成割合（%）	性・年齢階級別	総数	100.0	6.3	18.6	21.9	25.2	20.3	7.6
		男	77.0	3.5	12.1	16.0	20.8	17.7	6.9
		女	23.0	2.8	6.5	5.9	4.4	2.7	0.7
	年齢階級別	総数	100.0	6.3	18.6	21.9	25.2	20.3	7.6
		男	100.0	4.5	15.7	20.8	27.0	23.0	9.0
		女	100.0	12.2	28.2	25.7	19.1	11.6	3.2
	性別	総数	100.0	100.0	100.0	100.0	100.0	100.0	100.0
		男	77.0	55.4	65.1	73.0	82.5	86.9	90.4
		女	23.0	44.6	34.9	27.0	17.5	13.1	9.6

2）施設の種別にみた歯科医師数

　施設の種別にみると、「診療所」89,166人、「医育機関附属の病院」9,308人、「病院（医育機関附属の病院を除く）」3,077人となっている。これを年次推移でみると、「診療所」の増加が続いている。
（図9）

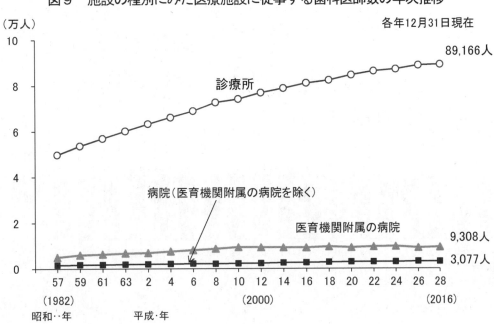

図9　施設の種別にみた医療施設に従事する歯科医師数の年次推移

　施設の種別に年齢階級をみると、「病院（医育機関附属の病院を除く）」「医育機関附属の病院」では「30～39歳」、「診療所」では「50～59歳」が最も多い。
　平均年齢をみると、「病院（医育機関附属の病院を除く）」では43.7歳、「医育機関附属の病院」35.9歳、「診療所」52.9歳となっている。（表11）

表11　年齢階級、施設の種別にみた医療施設に従事する歯科医師数及び施設の種別歯科医師の平均年齢

平成28（2016）年12月31日現在

	病院・診療所の計		病　院						診療所	
			計		病院（医育機関附属の病院を除く）		医育機関附属の病院			
	歯科医師数（人）	構成割合（％）	歯科医師数（人）	構成割合（％）	歯科医師数（人）	構成割合（％）	歯科医師数（人）	構成割合（％）	歯科医師数（人）	構成割合（％）
総　　　数	101 551	100.0	12 385	100.0	3 077	100.0	9 308	100.0	89 166	100.0
29 歳 以 下	6 414	6.3	3 815	30.8	391	12.7	3 424	36.8	2 599	2.9
30 ～ 39 歳	18 896	18.6	4 428	35.8	924	30.0	3 504	37.6	14 468	16.2
40 ～ 49 歳	22 287	21.9	1 977	16.0	818	26.6	1 159	12.5	20 310	22.8
50 ～ 59 歳	25 542	25.2	1 493	12.1	668	21.7	825	8.9	24 049	27.0
60 ～ 69 歳	20 649	20.3	622	5.0	245	8.0	377	4.1	20 027	22.5
70 歳 以 上	7 763	7.6	50	0.4	31	1.0	19	0.2	7 713	8.7
平 均 年 齢	51.1歳		37.9歳		43.7歳		35.9歳		52.9歳	

平均年齢の年次推移をみると、病院、診療所とも上昇傾向にある（図10、図11）。

図10　年齢階級別にみた病院に従事する歯科医師数及び平均年齢の年次推移

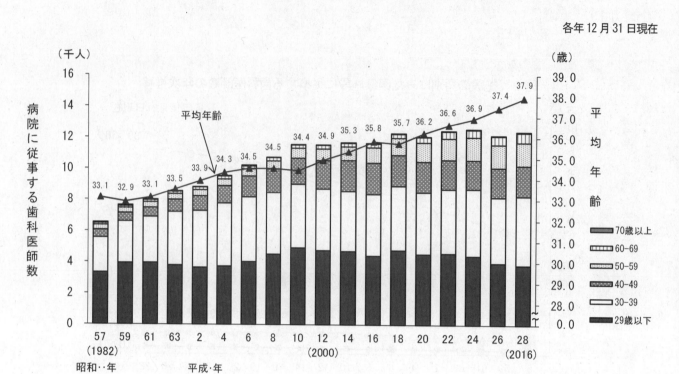

図11　年齢階級別にみた診療所に従事する歯科医師数及び平均年齢の年次推移

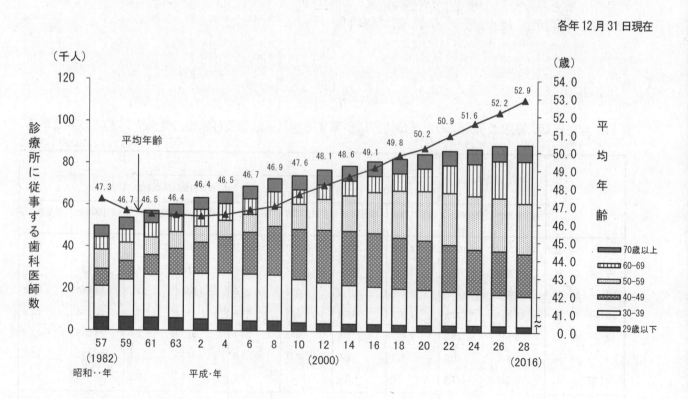

3）診療科別にみた歯科医師数

① 主たる診療科別にみた歯科医師数

従事する主たる診療科別にみると、「歯科」が88,768人（87.4%）と最も多く、次いで「歯科口腔外科」4,087人（4.0%）となっている。

主たる診療科の構成割合を施設の種別にみると、病院では「歯科」（45.0%）、「歯科口腔外科」（29.5%）が多く、診療所では「歯科」（93.3%）が多い。

また、主たる診療科別に平均年齢をみると、「歯科」が52.3歳と最も高く、「臨床研修歯科医」を除くと「歯科口腔外科」が41.6歳と低くなっている。（表12）

表12　主たる診療科、施設の種別にみた医療施設に従事する歯科医師数及び平均年齢

各年12月31日現在

	平成28年 (2016)			平成26年 (2014)			対前回		病　院 平成28年 (2016)		診療所 平成28年 (2016)	
	歯科 医師数 （人）	構成 割合 （%）	平均 年齢 （歳）	歯科 医師数 （人）	構成 割合 （%）	平均 年齢 （歳）	増減数 （人）	増減率 （%）	歯科 医師数 （人）	構成 割合 （%）	歯科 医師数 （人）	構成 割合 （%）
総　　　　　数[1]	101 551	100.0	51.1	100 965	100.0	50.4	586	0.6	12 385	100.0	89 166	100.0
歯　　　　　科	88 768	87.4	52.3	88 498	87.7	51.6	270	0.3	5 574	45.0	83 194	93.3
矯　正　歯　科	3 760	3.7	45.6	3 654	3.6	44.9	106	2.9	966	7.8	2 794	3.1
小　児　歯　科	1 995	2.0	48.0	2 004	2.0	47.5	△ 9	△ 0.4	453	3.7	1 542	1.7
歯科口腔外科	4 087	4.0	41.6	4 121	4.1	41.1	△ 34	△ 0.8	3 648	29.5	439	0.5
臨床研修歯科医	1 882	1.9	27.7	1 910	1.9	27.3	△ 28	△ 1.5	1 640	13.2	242	0.3

注：複数の診療科に従事している場合の主として従事する診療科と、1診療科のみに従事している場合の診療科である。
1)「総数」には、「主たる診療科」の不詳を含む。

② 診療科（複数回答）別にみた歯科医師数

従事する診療科（複数回答）別にみると、「歯科」が92,124人（90.7%）と最も多く、次いで「小児歯科」39,586人（39.0%）となっている。

また、診療科（複数回答）の割合を施設の種別にみると、病院では「歯科」（52.9%）、「歯科口腔外科」（32.6%）が多く、診療所では「歯科」（96.0%）、「小児歯科」（43.6%）が多い。（表13）

表13　診療科（複数回答）、施設の種別にみた医療施設に従事する歯科医師数

各年12月31日現在

	平成28年 (2016)		平成26年 (2014)		対前回		病　院 平成28年 (2016)		診療所 平成28年 (2016)	
	歯科 医師数 （人）	割合 （%）	歯科 医師数 （人）	割合 （%）	増減数 （人）	増減率 （%）	歯科 医師数 （人）	割合 （%）	歯科 医師数 （人）	割合 （%）
総　　　　　数[1]	101 551	100.0	100 965	100.0	586	0.6	12 385	100.0	89 166	100.0
歯　　　　　科	92 124	90.7	92 074	91.2	50	0.1	6 546	52.9	85 578	96.0
矯　正　歯　科	20 393	20.1	22 404	22.2	△ 2 011	△ 9.0	1 079	8.7	19 314	21.7
小　児　歯　科	39 586	39.0	44 190	43.8	△ 4 604	△ 10.4	708	5.7	38 878	43.6
歯科口腔外科	27 570	27.1	28 297	28.0	△ 727	△ 2.6	4 039	32.6	23 531	26.4
臨床研修歯科医	1 882	1.9	1 910	1.9	△ 28	△ 1.5	1 640	13.2	242	0.3

注：2つ以上の診療科に従事している場合、各々の科に重複計上している。
1)「総数」には、「診療科」の不詳を含む。

4）取得している広告可能な歯科医師の専門性に関する資格名（複数回答）別にみた歯科医師数

専門性資格（複数回答）別にみると、「口腔外科専門医」が2,083人（2.1％）で最も多くなっている。専門性資格の割合を施設の種別にみると、病院では「口腔外科専門医」（9.5％）が最も多く、診療所では「小児歯科専門医」（1.2％）が最も多くなっている。（表14）

表14　取得している広告可能な歯科医師の専門性に関する資格名（複数回答）、施設の種別にみた医療施設に従事する歯科医師数

平成28（2016）年12月31日現在

	総数 歯科医師数（人）	総数 割合（％）	病院 歯科医師数（人）	病院 割合（％）	診療所 歯科医師数（人）	診療所 割合（％）
総　　　　　　　数	101 551	100.0	12 385	100.0	89 166	100.0
口 腔 外 科 専 門 医	2 083	2.1	1 174	9.5	909	1.0
歯 周 病 専 門 医	1 181	1.2	181	1.5	1 000	1.1
歯 科 麻 酔 専 門 医	363	0.4	184	1.5	179	0.2
小 児 歯 科 専 門 医	1 261	1.2	204	1.6	1 057	1.2
歯 科 放 射 線 専 門 医	186	0.2	128	1.0	58	0.1
取得している資格なし	96 791	95.3	10 527	85.0	86 264	96.7

注：2つ以上の資格を取得している場合、各々の資格名に重複計上している。

5）都道府県（従業地）別にみた人口10万対歯科医師数

医療施設に従事する人口10万対歯科医師数は80.0人で、前回（79.4人）に比べ0.6人増加している。
これを都道府県（従業地）別にみると、東京都が118.2人と最も多く、次いで徳島県103.1人、福岡県101.9人となっており、福井県が54.7人と最も少なく、次いで、滋賀県56.0人、青森県56.8人となっている。（図12）

図12　都道府県（従業地）別にみた医療施設に従事する人口10万対歯科医師数

平成28（2016）年12月31日現在

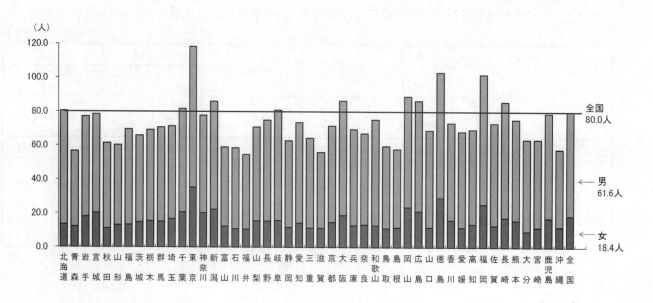

3 薬剤師

　平成28年12月31日現在における全国の届出「薬剤師数」は301,323人で、「男」116,826人（総数の38.8%）、「女」184,497人（同61.2%）となっている。

　平成28年届出薬剤師数を前回と比べると13,172人、4.6%増加している。

　また、人口10万対薬剤師数は237.4人で、前回に比べ10.7人増加している。

（1）　施設・業務の種別にみた薬剤師数

　主に従事している施設・業務の種別をみると、「薬局の従事者」は172,142人（総数の57.1%）で、前回に比べ10,944人、6.8%増加している。「医療施設の従事者」は58,044人（同19.3%）で、3,165人、5.8%増加している。そのうち、「病院の従事者」は52,145人（同17.3%）、「診療所の従事者」は5,899人（同2.0%）となっている。「大学の従事者」は5,046人で、前回に比べ57人減少し、「医薬品関係企業の従事者」は42,024人で1,584人減少し、「衛生行政機関又は保健衛生施設の従事者」は6,813人で237人増加している。（表15）

表15　施設・業務の種別にみた薬剤師数

各年12月31日現在

	平成28年 （2016）		平成26年 （2014）	対前回		人口10万対（人）		
	薬剤師数 （人）	構成割合 （%）	薬剤師数 （人）	増減数 （人）	増減率 （%）	平成28年 （2016）	平成26年 （2014）	増減数
総　　　　　数[1]	301 323	100.0	288 151	13 172	4.6	237.4	226.7	10.7
男	116 826	38.8	112 494	4 332	3.9	92.0	88.5	3.5
女	184 497	61.2	175 657	8 840	5.0	145.3	138.2	7.1
薬局の従事者	172 142	57.1	161 198	10 944	6.8	135.6	126.8	8.8
薬局の開設者又は法人の代表者	17 201	5.7	17 859	△ 658	△ 3.7	13.6	14.1	△ 0.5
薬局の勤務者	154 941	51.4	143 339	11 602	8.1	122.1	112.8	9.3
医療施設の従事者	58 044	19.3	54 879	3 165	5.8	45.7	43.2	2.5
医療施設で調剤・病棟業務に従事する者	55 634	18.5	52 577	3 057	5.8	43.8	41.4	2.4
医療施設でその他（治験、検査等）の業務に 　従事する者	2 410	0.8	2 302	108	4.7	1.9	1.8	0.1
病院の従事者	52 145	17.3	48 980	3 165	6.5	41.1	38.5	2.6
病院で調剤・病棟業務に従事する者	50 785	16.9	47 708	3 077	6.4	40.0	37.5	2.5
病院でその他（治験、検査等）の業務に 　　従事する者	1 360	0.5	1 272	88	6.9	1.1	1.0	0.1
診療所の従事者	5 899	2.0	5 899	－	－	4.6	4.6	0.0
診療所で調剤・病棟業務に従事する者	4 849	1.6	4 869	△ 20	△ 0.4	3.8	3.8	0.0
診療所でその他（治験、検査等）の業務に 　　従事する者	1 050	0.3	1 030	20	1.9	0.8	0.8	0.0
大学の従事者	5 046	1.7	5 103	△ 57	△ 1.1	4.0	4.0	0.0
大学の勤務者（研究・教育）	4 523	1.5	4 640	△ 117	△ 2.5	3.6	3.7	△ 0.1
大学院生又は研究生	523	0.2	463	60	13.0	0.4	0.4	0.0
医薬品関係企業の従事者	42 024	13.9	43 608	△ 1 584	△ 3.6	33.1	34.3	△ 1.2
医薬品製造販売業・製造業（研究・開発、 　営業、その他）に従事する者[2]	30 265	10.0	30 762	△ 497	△ 1.6	23.8	24.2	△ 0.4
医薬品販売業に従事するもの[3]	11 759	3.9	12 846	△ 1 087	△ 8.5	9.3	10.1	△ 0.8
衛生行政機関又は保健衛生施設の従事者	6 813	2.3	6 576	237	3.6	5.4	5.2	0.2
その他の者	17 233	5.7	16 766	467	2.8	13.6	13.2	0.4
その他の業務の従事者	6 802	2.3	6 349	453	7.1	5.4	5.0	0.4
無職の者	10 431	3.5	10 417	14	0.1	8.2	8.2	0.0

注：1）「総数」には、「施設・業務の種別」の不詳を含む。
　　2）製薬会社（その研究所を含む）、血液センター等医薬品の製造販売業又は製造業に従事する者。
　　3）医薬品の店舗販売業、配置販売業、卸売販売業に従事する者。

年齢階級別にみると、「30〜39 歳」が 76,714 人（25.5%）と最も多く、次いで「40〜49 歳」71,949人（23.9%）となっている。

施設の種別に年齢階級をみると、「薬局」「大学」「医薬品関係企業」では「40〜49 歳」、「病院」では「30〜39 歳」、「診療所」では「50〜59 歳」が最も多い。

平均年齢をみると、「薬局」では 46.5 歳、「病院」40.7 歳、「診療所」56.8 歳、「医薬品関係企業」46.8歳となっている。（表 16）

表 16　年齢階級、施設の種別にみた薬剤師数及び施設の種別薬剤師の平均年齢

平成28（2016）年12月31日現在

| | 総　数[1] | 薬局・医療施設 | （再掲） | | | 大　学 | 医薬品関係企業 | 衛生行政機関又は保健衛生施設 | その他の者 |
			薬局	病院	診療所				
	薬　剤　師　数　（人）								
総　　　　数	301 323	230 186	172 142	52 145	5 899	5 046	42 024	6 813	17 233
29 歳 以 下	39 494	33 178	20 009	13 033	136	583	3 898	962	872
30 〜 39 歳	76 714	58 780	42 761	15 528	491	1 227	10 432	2 347	3 927
40 〜 49 歳	71 949	54 715	42 830	10 916	969	1 236	11 097	1 568	3 331
50 〜 59 歳	60 514	44 908	34 829	8 222	1 857	1 154	10 072	1 483	2 895
60 〜 69 歳	38 409	29 228	23 744	3 773	1 711	792	4 636	411	3 338
70 歳 以 上	14 243	9 377	7 969	673	735	54	1 889	42	2 870
	構　成　割　合　（%）								
総　　　　数	100.0	100.0	100.0	100.0	100.0	100.0	100.0	100.0	100.0
29 歳 以 下	13.1	14.4	11.6	25.0	2.3	11.6	9.3	14.1	5.1
30 〜 39 歳	25.5	25.5	24.8	29.8	8.3	24.3	24.8	34.4	22.8
40 〜 49 歳	23.9	23.8	24.9	20.9	16.4	24.5	26.4	23.0	19.3
50 〜 59 歳	20.1	19.5	20.2	15.8	31.5	22.9	24.0	21.8	16.8
60 〜 69 歳	12.7	12.7	13.8	7.2	29.0	15.7	11.0	6.0	19.4
70 歳 以 上	4.7	4.1	4.6	1.3	12.5	1.1	4.5	0.6	16.7
平 均 年 齢	46.0 歳	45.5 歳	46.5 歳	40.7 歳	56.8 歳	46.1 歳	46.8 歳	42.3 歳	53.0 歳

注：1）「総数」には、「施設の種別」の不詳を含む。

（2）　薬局・医療施設に従事する薬剤師数

1）　施設の種別にみた薬剤師数

薬局・医療施設（病院・診療所）に従事する薬剤師を施設の種別にみると、「薬局」が 172,142 人、「医療施設」が 58,044 人となっており、これを年次推移でみると、「薬局」は大幅に増加しており、「医療施設」は増加傾向が続いている（図 13）。

図 13　施設の種別にみた薬局・医療施設に従事する薬剤師数の年次推移

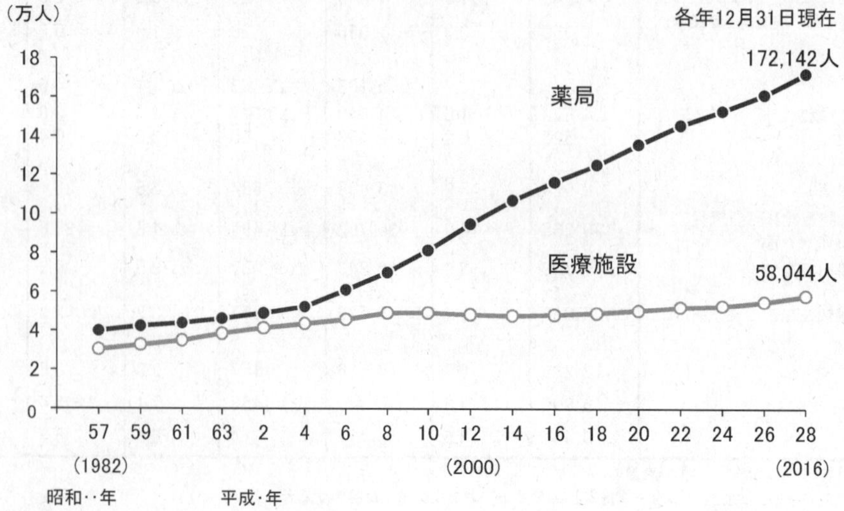

２）性・年齢階級別にみた薬剤師数

　　薬局・医療施設に従事する薬剤師を性別にみると、「男」が 78,432 人で、前回に比べ 5,220 人（7.1％）
増加し、「女」は 151,754 人で、8,889 人（6.2％）増加している。
　　年齢階級別にみると、「30～39 歳」が 58,780 人（25.5％）と最も多く、次いで「40～49 歳」54,715
人（23.8％）となっている。これを性別にみると、「男」は「30～39 歳」（28.9％）が最も多く、「女」
は「40～49 歳」（25.2％)が最も多い。（表 17）

表 17　性、年齢階級別にみた薬局・医療施設に従事する薬剤師数

各年12月31日現在

			総　数	29歳以下	30～39歳	40～49歳	50～59歳	60～69歳	70歳以上
薬剤師数（人）	平成28年（2016）	総数	230 186	33 178	58 780	54 715	44 908	29 228	9 377
		男	78 432	12 114	22 687	16 479	13 194	9 926	4 032
		女	151 754	21 064	36 093	38 236	31 714	19 302	5 345
	平成26年（2014）	総数	216 077	31 318	55 708	50 738	44 462	25 259	8 592
		男	73 212	11 736	20 535	15 169	13 049	8 792	3 931
		女	142 865	19 582	35 173	35 569	31 413	16 467	4 661
対前回	増減数（人）	総数	14 109	1 860	3 072	3 977	446	3 969	785
		男	5 220	378	2 152	1 310	145	1 134	101
		女	8 889	1 482	920	2 667	301	2 835	684
	増減率（％）	総数	6.5	5.9	5.5	7.8	1.0	15.7	9.1
		男	7.1	3.2	10.5	8.6	1.1	12.9	2.6
		女	6.2	7.6	2.6	7.5	1.0	17.2	14.7
構成割合（％）	性・年齢階級別	総数	100.0	14.4	25.5	23.8	19.5	12.7	4.1
		男	34.1	5.3	9.9	7.2	5.7	4.3	1.8
		女	65.9	9.2	15.7	16.6	13.8	8.4	2.3
	年齢階級別	総数	100.0	14.4	25.5	23.8	19.5	12.7	4.1
		男	100.0	15.4	28.9	21.0	16.8	12.7	5.1
		女	100.0	13.9	23.8	25.2	20.9	12.7	3.5
	性別	総数	100.0	100.0	100.0	100.0	100.0	100.0	100.0
		男	34.1	36.5	38.6	30.1	29.4	34.0	43.0
		女	65.9	63.5	61.4	69.9	70.6	66.0	57.0

3）都道府県（従業地）別にみた人口10万対薬剤師数

　薬局・医療施設に従事する人口10万対薬剤師数は181.3人で、前回（170.0人）に比べ11.3人増加している。
　これを都道府県（従業地）別にみると、徳島県が220.9人と最も多く、次いで東京都218.3人、兵庫県214.0人となっており、沖縄県が134.7人と最も少なく、次いで、青森県143.5人、福井県145.1人となっている。（図14）

図14　都道府県（従業地）別にみた薬局・医療施設に従事する人口10万対薬剤師数

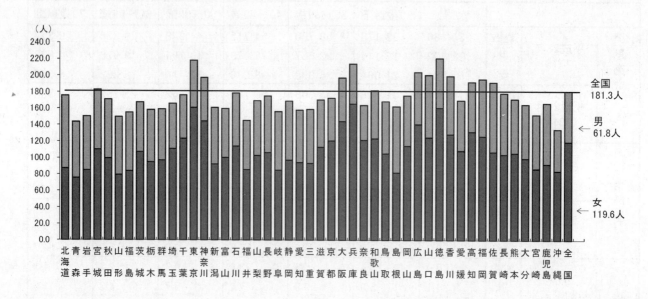

参考1　施設の種別・年齢別にみた医師数・歯科医師数・薬剤師数

平成28(2016)年12月31日現在

医師数

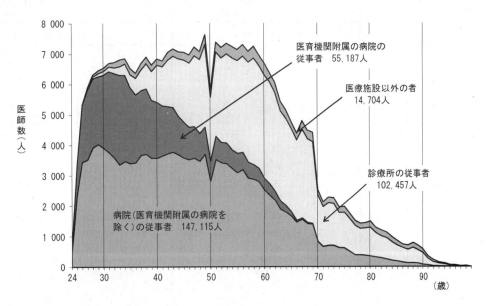

歯科医師数

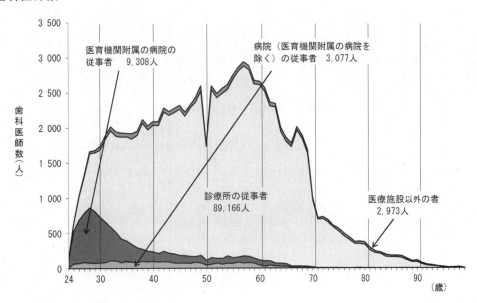

薬剤師数

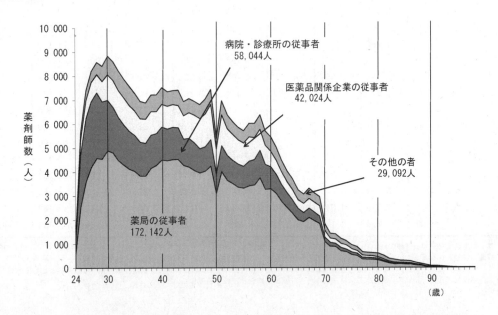

参考2 医療施設従事医師数の年次推移, 主たる診療科別

各年12月31日現在

	医　師　数　（人）									
	平成10年 (1998)	12 (2000)	14 ('02)	16 ('04)	18 ('06)	20 ('08)	22 ('10)	24 ('12)	26 ('14)	28 ('16)
医療施設の従事者	236 933	243 201	249 574	256 668	263 540	271 897	280 431	288 850	296 845	304 759
内　　　　　　　科	72 702	74 539	74 704	73 670	70 470	62 845	61 878	61 177	61 317	60 855
腎　臓　内　科	・	・	・	・	・	2 597	3 085	3 493	3 929	4 516
糖尿病内科（代謝内科）	・	・	・	・	・	2 954	3 488	3 967	4 446	4 889
血　液　内　科	・	・	・	・	・	1 867	2 118	2 353	2 534	2 650
呼　吸　器　科	2 898	3 018	3 207	3 655	3 966	・	・	・	・	・
呼　吸　器　内　科	・	・	・	・	・	4 578	4 944	5 337	5 555	5 987
循　環　器　科	7 445	7 685	8 381	9 009	9 416	・	・	・	・	・
循　環　器　内　科						10 144	10 829	11 541	11 992	12 456
消化器科（胃腸科）	9 038	9 142	9 655	10 352	10 762	・	・	・	・	・
消化器内科（胃腸内科）	・	・	・	・	・	11 187	12 188	13 080	13 805	14 236
神　経　内　科	2 923	3 038	3 242	3 458	3 443	3 890	4 094	4 361	4 657	4 922
皮　　　膚　　　科	7 072	7 360	7 628	7 780	7 845	8 214	8 470	8 686	8 850	9 102
ア　レ　ル　ギ　ー　科	196	202	186	207	184	177	209	203	185	162
リ　ウ　マ　チ　科	429	457	536	640	760	913	1 058	1 228	1 422	1 613
性　　　病　　　科	18	22	29	22	26	・	・	・	・	・
感　染　症　内　科	・	・	・	・	・	353	303	367	443	492
小　　　児　　　科	13 989	14 156	14 481	14 677	14 700	15 236	15 870	16 340	16 758	16 937
精　　　神　　　科	10 586	11 063	11 790	12 151	12 474	13 534	14 201	14 733	15 187	15 609
神　　　経　　　科	495	522	428	450	355	・	・	・	・	・
心　療　内　科	433	480	635	752	841	883	856	847	903	910
外　　　　　　　科	24 861	24 444	23 868	23 240	21 574	16 865	16 704	16 083	15 383	14 423
乳　腺　外　科	・	・	・	・	・	913	1 266	1 466	1 622	1 868
消化器外科（胃腸外科）	・	・	・	・	・	4 224	4 369	4 760	4 934	5 375
こ　う　門　科	365	357	352	393	373	・	・	・	・	・
肛　門　外　科	・	・	・	・	・	439	417	428	432	443
気　管　食　道　科	18	14	17	40	22	・	・	・	・	・
気　管　食　道　外　科	・	・	・	・	・	91	62	69	79	84
呼　吸　器　外　科	818	899	1 033	1 110	1 255	1 445	1 527	1 655	1 772	1 880
心　臓　血　管　外　科	2 243	2 409	2 513	2 632	2 585	2 889	2 812	2 893	3 048	3 137
脳　神　経　外　科	5 871	6 050	6 241	6 287	6 241	6 398	6 695	6 976	7 147	7 360
小　児　外　科	566	609	613	682	661	659	663	701	773	802
整　形　外　科	17 229	17 952	18 572	18 771	18 870	19 273	19 975	20 480	20 996	21 293
形　成　外　科	1 399	1 551	1 650	1 765	1 909	2 109	2 135	2 257	2 377	2 593
美　容　外　科	167	212	290	342	394	411	427	444	497	522
眼　　　　　　　科	11 408	12 060	12 448	12 452	12 362	12 627	12 797	12 835	12 938	13 144
耳鼻いんこう科	8 954	9 153	9 174	9 076	8 909	8 936	9 032	9 087	9 211	9 272
泌　尿　器　科	5 452	5 726	5 941	6 032	6 133	6 324	6 514	6 754	6 837	7 062
産　婦　人　科	10 916	10 585	10 618	10 163	9 592	10 012	10 227	10 412	10 575	10 854
産　　　　　　　科	353	474	416	431	482	377	425	456	510	495
婦　　　人　　　科	1 188	1 361	1 366	1 562	1 709	1 572	1 717	1 840	1 803	1 805
リハビリテーション科	1 125	1 273	1 456	1 696	1 855	1 916	1 909	2 090	2 301	2 484
放　射　線　科	4 445	4 507	4 710	4 780	4 883	5 187	5 597	5 938	6 169	6 587
麻　　　酔　　　科	5 585	5 751	6 087	6 397	6 209	7 067	7 721	8 140	8 625	9 162
病　理　診　断　科 [1]	・	・	・	・	1 297	1 374	1 515	1 605	1 766	1 893
臨　床　検　査　科	・	・	・	・	・	389	480	530	555	613
救　　　急　　　科 [1]	・	・	・	・	1 698	1 945	2 267	2 600	3 011	3 244
臨　床　研　修　医 [2]	・	・	・	…	14 402	14 546	14 552	15 018	15 340	16 701
全　　　　　　　科	522	744	961	3 883	301	256	249	284	179	252
そ　　　の　　　他	3 898	4 143	4 421	6 640	3 148	2 642	3 473	3 954	4 640	3 998
主たる診療科不詳	1 070	1 044	1 356	1 207	1 212	1 069	919	949	917	989
不　　　　　　　詳	256	199	569	264	222	570	394	433	425	1 088

注：診療科別医師数の年次推移については、標榜診療科名の改正の影響等により、単純な比較が難しい場合がある。（14頁「7 利用上の注意（1）」参照）
　　複数の診療科に従事している場合の主として従事する診療科と、1診療科のみに従事している場合の診療科である。
　1）平成18年から「病理」「救命救急」を追加し、平成20年から標榜診療科名の改正により「病理診断科」「救急科」として把握している。
　2）平成18年から「研修医」を追加し、平成20年から「臨床研修医」として把握している。

参考3　医療施設従事医師数の年次推移，診療科（複数回答）別

各年12月31日現在

	医　師　数　（人）									
	平成10年 (1998)	12 (2000)	14 ('02)	16 ('04)	18 ('06)	20 ('08)	22 ('10)	24 ('12)	26 ('14)	28 ('16)
医療施設の従事者	236 933	243 201	249 574	256 668	263 540	271 897	280 431	288 850	296 845	304 759
内　　　　　　科	96 513	98 457	99 196	98 232	95 379	86 992	88 155	87 773	89 234	87 761
腎　臓　内　科	·	·	·	·	·	3 931	4 704	5 257	5 847	6 850
糖尿病内科（代謝内科）	·	·	·	·	·	5 327	6 643	7 289	7 970	9 003
血　液　内　科	·	·	·	·	·	2 430	2 793	3 004	3 227	3 456
呼　吸　器　科	11 038	11 683	12 059	12 500	12 605	·	·	·	·	·
呼　吸　器　内　科	·	·	·	·	·	12 547	13 185	13 158	13 499	13 405
循　環　器　科	19 242	20 455	21 349	21 813	22 299	·	·	·	·	·
循　環　器　内　科	·	·	·	·	·	21 755	22 442	22 700	23 319	22 674
消化器科（胃腸科）	29 348	30 842	31 352	31 848	31 898	·	·	·	·	·
消化器内科（胃腸内科）	·	·	·	·	·	28 712	29 642	29 928	30 738	29 478
神　経　内　科	5 121	5 581	5 726	6 075	6 054	6 646	6 956	7 055	7 493	7 617
皮　　膚　　科	14 417	14 827	14 929	14 866	14 716	14 546	14 892	14 623	14 644	14 142
ア　レ　ル　ギ　ー　科	3 042	3 947	4 688	5 303	5 981	6 224	6 826	6 851	7 289	6 454
リ　ウ　マ　チ　科	3 675	4 320	4 732	5 063	5 341	5 611	6 136	6 244	6 587	6 186
性　　病　　科	735	702	683	620	586					
感　染　症　内　科	·	·	·	·	·	833	847	924	1 008	1 326
小　　児　　科	34 064	33 580	32 706	32 151	31 009	30 009	30 344	29 855	29 878	27 761
精　　神　　科	11 843	12 363	13 172	13 609	13 971	14 977	15 599	16 136	16 780	17 077
神　　経　　科	6 916	6 962	6 734	6 827	6 537	·	·	·	·	·
心　療　内　科	2 039	2 663	3 162	3 821	4 296	5 158	5 600	5 707	6 079	5 617
外　　　　　　科	35 202	35 309	34 810	34 055	32 448	28 717	28 918	28 165	27 738	25 673
乳　腺　外　科	·	·	·	·	·	1 979	2 625	2 810	2 973	3 422
消化器外科（胃腸外科）	·	·	·	·	·	7 317	7 730	8 088	8 253	8 728
こ　う　門　科	4 727	4 854	4 859	4 940	4 849					
肛　門　外　科	·	·	·	·	·	4 510	4 689	4 473	4 501	4 352
気　管　食　道　科	1 618	1 578	1 614	1 541	1 427					
気　管　食　道　外　科	·	·	·	·	·	1 077	1 078	965	977	931
呼　吸　器　外　科	1 437	1 491	1 629	1 563	1 642	1 986	2 058	2 166	2 224	2 367
心　臓　血　管　外　科	2 638	2 819	2 937	3 013	2 967	3 372	3 230	3 321	3 466	3 590
脳　神　経　外　科	6 523	6 767	6 978	6 996	6 943	7 142	7 385	7 652	7 819	8 027
小　児　外　科	1 109	1 095	1 197	1 146	1 135	1 094	1 160	1 143	1 212	1 219
整　形　外　科	23 536	24 202	24 661	24 595	24 413	24 085	24 679	24 917	25 256	25 106
形　成　外　科	2 328	2 582	2 856	2 961	3 188	3 331	3 319	3 434	3 512	3 577
美　容　外　科	400	487	610	715	838	871	923	986	1 039	1 020
眼　　　　　　科	11 751	12 415	12 797	12 778	12 671	12 960	13 034	13 030	13 147	13 357
耳鼻いんこう科	9 432	9 615	9 682	9 499	9 290	9 286	9 315	9 343	9 446	9 536
泌　尿　器　科	8 387	8 460	8 710	8 562	8 536	8 308	8 329	8 487	8 490	8 490
産　婦　人　科	11 478	11 177	11 041	10 555	9 919	10 310	10 462	10 655	10 785	11 042
産　　　　　　科	645	767	717	727	832	590	699	784	805	721
婦　　人　　科	2 302	2 511	2 522	2 633	2 719	2 339	2 456	2 552	2 569	2 376
リハビリテーション科	13 758	15 356	16 456	16 883	17 202	16 520	16 604	16 718	17 119	14 815
放　射　線　科	11 104	10 831	10 556	10 135	9 737	9 310	9 585	9 373	9 503	9 263
麻　　酔　　科	8 139	8 427	8 819	8 981	8 679	9 344	10 048	10 238	10 819	10 998
病　理　診　断　科 1)					1 364	1 454	1 615	1 706	1 867	1 991
臨　床　検　査　科	·	·	·	·	·	576	735	750	764	842
救　　急　　科 1)					2 175	2 490	3 070	3 382	3 801	4 172
臨　床　研　修　医 2)	·	·	·	···	14 556	14 660	14 646	15 018	15 340	16 701
全　　　　　　科	522	744	961	3 883	301	256	249	284	179	252
そ　　の　　他	4 708	5 070	5 252	7 703	4 054	3 886	5 072	5 284	6 151	5 588
不　　　　　　詳	256	199	569	264	222	570	394	433	425	1 088

注：診療科別医師数の年次推移については、標榜診療科名の改正の影響等により、単純な比較が難しい場合がある。（14頁「7　利用上の注意（1）」参照）
　　2つ以上の診療科に従事している場合、各々の科に重複計上している。
　1）平成18年から「病理」「救命救急」を追加し、平成20年から標榜診療科名の改正により「病理診断科」「救急科」として把握している。
　2）平成18年から「研修医」を追加し、平成20年から「臨床研修医」として把握している。

参考4　人口10万対医療施設従事医師数，従業地による都道府県、主たる診療科（小児科・産婦人科・産科・外科）・専門性資格（小児科専門医・産婦人科専門医・外科の専門医）別

（単位：人）　　　　　　　　　　　　　　　　　　　　　　　　　　　平成28（2016）年12月31日現在

	小児科[2]		産婦人科・産科[3]		外科[4]（主たる診療科）	外科の専門医[5]
	主たる診療科	小児科専門医	主たる診療科	産婦人科専門医		
全　　国	107.3	85.9	43.6	43.2	22.1	17.4
北　海　道	106.5	88.2	38.3	38.3	20.9	16.8
青　　森	91.7	73.8	37.6	40.2	20.3	15.0
岩　　手	93.9	70.1	45.1	43.8	21.6	14.4
宮　　城	99.6	79.3	42.9	44.3	24.6	19.1
秋　　田	118.3	93.3	59.6	56.6	21.2	16.4
山　　形	104.5	74.4	51.3	48.7	21.2	15.0
福　　島	95.6	74.2	36.0	39.2	19.6	15.4
茨　　城	78.7	59.3	38.8	35.7	18.3	13.9
栃　　木	93.2	73.5	46.5	42.9	21.0	17.7
群　　馬	118.6	96.0	39.9	43.8	22.3	17.1
埼　　玉	81.9	63.8	28.9	30.7	14.4	12.4
千　　葉	85.8	64.8	35.4	34.9	19.3	15.8
東　　京	152.3	129.6	51.5	52.2	24.1	21.2
神　奈　川	97.7	77.8	38.8	38.2	15.7	14.2
新　　潟	98.5	76.8	37.3	36.6	15.9	12.5
富　　山	127.6	95.3	52.3	46.7	20.9	16.8
石　　川	120.4	95.2	48.7	46.5	24.4	20.3
福　　井	122.5	88.2	52.4	47.6	24.9	19.3
山　　梨	122.8	101.0	50.0	50.0	22.3	18.2
長　　野	110.6	92.8	41.7	38.5	22.2	16.3
岐　　阜	94.7	68.4	43.8	40.3	17.9	13.5
静　　岡	85.8	75.4	42.3	40.9	20.1	16.0
愛　　知	88.8	70.7	41.9	37.9	18.4	14.1
三　　重	90.0	69.3	46.0	39.8	20.4	16.5
滋　　賀	110.9	88.6	39.2	42.2	20.2	15.4
京　　都	140.7	112.5	47.4	47.0	33.0	25.6
大　　阪	112.7	87.5	47.4	47.3	23.7	19.6
兵　　庫	106.3	87.5	42.2	41.7	23.6	17.5
奈　　良	95.2	70.5	42.1	42.1	19.6	16.9
和　歌　山	122.8	93.9	58.4	59.0	23.4	18.8
鳥　　取	174.0	137.0	61.2	56.3	28.2	20.7
島　　根	116.3	98.8	55.1	55.9	20.7	17.8
岡　　山	124.7	99.2	49.3	46.5	29.6	21.2
広　　島	98.1	84.7	43.1	40.3	28.3	20.4
山　　口	105.4	79.0	48.0	43.7	27.4	18.2
徳　　島	132.6	102.3	57.2	58.0	31.3	19.5
香　　川	127.0	107.4	49.5	45.7	27.0	19.1
愛　　媛	113.8	93.4	46.9	50.8	28.0	19.6
高　　知	129.3	91.5	40.6	47.7	29.0	21.2
福　　岡	120.1	99.3	45.1	46.8	28.9	21.9
佐　　賀	107.8	93.0	41.5	42.1	25.1	17.8
長　　崎	119.9	92.0	56.9	63.3	32.3	19.5
熊　　本	108.8	72.4	43.8	46.4	25.0	18.4
大　　分	115.2	90.3	42.1	45.8	26.6	21.8
宮　　崎	87.8	62.8	49.5	45.5	25.7	18.3
鹿　児　島	85.9	75.5	48.3	49.0	25.1	18.8
沖　　縄	95.6	70.2	50.3	48.4	19.8	16.2

注：1）主たる診療科は、複数の診療科に従事している場合の主として従事する診療科と、1診療科のみに従事している場合の診療科である。

　　2）人口10万対比率は、「15歳未満人口」により算出した。

　　3）人口10万対比率は、「15〜49歳女子人口」により算出した。

　　4）外科、呼吸器外科、心臓血管外科、乳腺外科、気管食道外科、消化器外科（胃腸外科）、肛門外科、小児外科をいう。

　　5）外科専門医、呼吸器外科専門医、心臓血管外科専門医、消化器外科専門医、小児外科専門医のいずれかを取得している医師をいう
　　　（例：外科専門医と呼吸器外科専門医を取得している医師は1人として集計）。

参考5 臨床研修医の2年後の動き

	平成26年「臨床研修医」→平成28年主たる診療科[1]						平成24年「臨床研修医」→平成26年主たる診療科[2]					
	医 師 数（人）			構 成 割 合（%）			医 師 数（人）			構 成 割 合（%）		
	総数	男	女	総数	男	女	総数	男	女	総数	男	女
合 致 し た 医 師 [3]	14 617	9 911	4 706	100.0	100.0	100.0	14 419	9 851	4 568	100.0	100.0	100.0
臨 床 研 修 医	281	183	98	1.9	1.8	2.1	298	192	106	2.1	1.9	2.3
内 科	1 329	950	379	9.1	9.6	8.1	1 344	964	380	9.3	9.8	8.3
呼 吸 器 内 科	555	372	183	3.8	3.8	3.9	475	331	144	3.3	3.4	3.2
循 環 器 内 科	828	685	143	5.7	6.9	3.0	855	683	172	5.9	6.9	3.8
消 化 器 内 科（ 胃 腸 内 科 ）	915	689	226	6.3	7.0	4.8	1 010	760	250	7.0	7.7	5.5
腎 臓 内 科	440	271	169	3.0	2.7	3.6	419	234	185	2.9	2.4	4.0
神 経 内 科	374	259	115	2.6	2.6	2.4	410	283	127	2.8	2.9	2.8
糖 尿 病 内 科（ 代 謝 内 科 ）	419	218	201	2.9	2.2	4.3	364	168	196	2.5	1.7	4.3
血 液 内 科	247	161	86	1.7	1.6	1.8	214	149	65	1.5	1.5	1.4
皮 膚 科	482	162	320	3.3	1.6	6.8	439	140	299	3.0	1.4	6.5
ア レ ル ギ ー 科	4	3	1	0.0	0.0	0.0	4	3	1	0.0	0.0	0.0
リ ウ マ チ 科	148	101	47	1.0	1.0	1.0	135	86	49	0.9	0.9	1.1
感 染 症 内 科	25	18	7	0.2	0.2	0.1	24	21	3	0.2	0.2	0.1
小 児 科	861	518	343	5.9	5.2	7.3	910	555	355	6.3	5.6	7.8
精 神 科	684	479	205	4.7	4.8	4.4	643	457	186	4.5	4.6	4.1
心 療 内 科	14	9	5	0.1	0.1	0.1	15	11	4	0.1	0.1	0.1
外 科	813	642	171	5.6	6.5	3.6	890	738	152	6.2	7.5	3.3
呼 吸 器 外 科	117	104	13	0.8	1.0	0.3	112	95	17	0.8	1.0	0.4
心 臓 血 管 外 科	189	164	25	1.3	1.7	0.5	195	169	26	1.4	1.7	0.6
乳 腺 外 科	76	12	64	0.5	0.1	1.4	49	5	44	0.3	0.1	1.0
気 管 食 道 外 科	–	–	–	–	–	–	1	1	–	0.0	0.0	–
消 化 器 外 科（ 胃 腸 外 科 ）	199	172	27	1.4	1.7	0.6	207	173	34	1.4	1.8	0.7
泌 尿 器 科	405	347	58	2.8	3.5	1.2	370	324	46	2.6	3.3	1.0
肛 門 外 科	–	–	–	–	–	–	–	–	–	–	–	–
脳 神 経 外 科	384	332	52	2.6	3.3	1.1	342	300	42	2.4	3.0	0.9
整 形 外 科	925	813	112	6.3	8.2	2.4	909	820	89	6.3	8.3	1.9
形 成 外 科	289	148	141	2.0	1.5	3.0	226	119	107	1.6	1.2	2.3
美 容 外 科	22	12	10	0.2	0.1	0.2	18	12	6	0.1	0.1	0.1
眼 科	488	269	219	3.3	2.7	4.7	410	234	176	2.8	2.4	3.9
耳 鼻 い ん こ う 科	371	243	128	2.5	2.5	2.7	354	234	120	2.5	2.4	2.6
小 児 外 科	42	33	9	0.3	0.3	0.2	49	37	12	0.3	0.4	0.3
産 婦 人 科	572	222	350	3.9	2.2	7.4	611	247	364	4.2	2.5	8.0
産 科	32	17	15	0.2	0.2	0.3	34	12	22	0.2	0.1	0.5
婦 人 科	23	13	10	0.2	0.1	0.2	14	3	11	0.1	0.0	0.2
リ ハ ビ リ テ ー シ ョ ン 科	63	43	20	0.4	0.4	0.4	44	27	17	0.3	0.3	0.4
放 射 線 科	475	330	145	3.2	3.3	3.1	436	300	136	3.0	3.0	3.0
麻 酔 科	697	334	363	4.8	3.4	7.7	744	357	387	5.2	3.6	8.5
病 理 診 断 科	115	68	47	0.8	0.7	1.0	82	59	23	0.6	0.6	0.5
臨 床 検 査 科	4	2	2	0.0	0.0	0.0	6	2	4	0.0	0.0	0.1
救 急 科	369	279	90	2.5	2.8	1.9	398	312	86	2.8	3.2	1.9
全 科	32	28	4	0.2	0.3	0.1	21	17	4	0.1	0.2	0.1
そ の 他	82	54	28	0.6	0.5	0.6	150	100	50	1.0	1.0	1.1
主 た る 診 療 科 不 詳	15	13	2	0.1	0.1	0.0	11	8	3	0.1	0.1	0.1
診 療 科 不 詳	47	29	18	0.3	0.3	0.4	36	25	11	0.2	0.3	0.2

注：1）平成26年主たる診療科が「臨床研修医」の医師のうち、平成26年及び平成28年の医師届出票において、医籍登録番号が合致した医師である。
　　2）平成24年主たる診療科が「臨床研修医」の医師のうち、平成24年及び平成26年の医師届出票において、医籍登録番号が合致した医師である。
　　3）「合致した医師」には、「医療施設の従事者」以外の従事者も含む。

Ⅲ 統 計 表

表章記号の規約

計数のない場合	－
計数不明又は計数を表章することが不適当な場合	…
統計項目のあり得ない場合	・
比率等でまるめた結果が表章すべき最下位の桁が１に達しない場合	0.0

注：数値は四捨五入のため、内訳の合計が「総数」に合わない場合もある。

統　計　表

年　次　推　移

統計表番号	医師数	歯科医師数	薬剤師数	平均年齢	主たる業務の種別	病院－診療所	薬局－医療施設	主たる従業地（都道府県・指定都市・中核市（再掲）特別区）	住所地（都道府県・指定都市・中核市（再掲）特別区）	年齢（10歳）階級	性	診療科 主たる	複数回答	構成割合	人口10万対	備　考
1	○					○										
2	○					○								○		
3	○					○									○	
4	○	○					○					○				医療施設従事者
5	○	○											○			〃
6		○				○										
7		○				○								○		
8		○				○									○	
9			○			○										
10			○											○		
11			○			○									○	
12	○									○	○			○		
13		○								○	○			○		
14			○							○	○			○		
15	○						○				○					
16		○					○				○					
17		○					○				○					（再掲）病院－診療所別
18	○							○							○	医療施設従事者
19		○						○							○	〃
20			○					○							○	薬局・医療施設従事者
21	○					○				○						医療施設従事者
22		○				○				○						〃
23			○				○			○						(再掲)病院－診療所別、薬局・医療施設従事者
24				○	○											医師・歯科医師・薬剤師

総　括　表

統計表番号	医師数	歯科医師数	薬剤師数	平均年齢	主たる業務の種別	病院－診療所	薬局－医療施設	主たる従業地	住所地	年齢（10歳）階級	性	診療科 主たる	複数回答	構成割合	人口10万対	備　考
25	○	○	○					○	○							

一　　　覧

医　師

統計表番号	医師数 総数	医師数 医療施設従事者の数	平均年齢	病院－診療所	主たる業務の種別	主たる従業地（都道府県・指定都市・特別区／中核市（再掲））	年齢（5歳）階級	性	主たる業務内容	診療科 主たる	診療科 複数回答	広告可能な医師の専門性に関する資格名及び麻酔科の標榜資格	構成割合	人口10万対	備考
26	○			○	○		○	○							
27	○				○	○									
28	○				○	○								○	
29	○			○		○	○	○							
30		○	○			○	○	○							
31		○	○	○	○	○	○								
32	○				○						○		○		
33	○						○	○	○						
34		○			○					○					
35		○			○					○			○		
36		○			○					○			○		
37		○			○						○				
38		○			○						○		○		
39		○	○	○			○	○		○					
40		○	○	○			○	○			○				
41		○		○		○				○					
42		○				○				○				○	
43		○		○		○					○				
44		○				○					○			○	
45	○				○							○			
46	○				○							○	○		
47	○		○				○	○				○			
48	○	○				○						○			
49	○	○				○						○		○	
50		○	○	○			○	○				○			
51	○				○		○	○							外国人医師数
52	○				○	○									外国人医師数

統 計 表

歯科医師

統計表番号	歯科医師数		平均年齢	病院—診療所	主たる業務の種別	主たる従業地（中核市（再掲）指定都市・特別区 都道府県・）	年齢（5歳）階級	性	主たる業務内容	診療科		広告可能な歯科医師の名・専門性に関する資格	構成割合	人口10万対	備考
	総数	医療施設従事者の数								主たる	複数回答				
53	○			○	○		○	○							
54	○				○	○									
55	○				○	○								○	
56	○		○		○		○	○							
57		○	○		○		○	○							
58		○	○	○	○		○								
59	○				○				○				○		
60	○						○	○	○						
61		○			○					○	○		○		
62		○	○	○			○	○		○					
63		○	○	○			○	○			○				
64		○				○				○	○				
65		○				○				○	○			○	
66	○				○							○			
67	○				○							○	○		
68	○		○				○	○				○			
69	○		○			○						○			
70	○		○			○						○		○	
71		○	○	○			○	○				○			
72	○				○		○	○							外国人歯科医師数
73	○				○	○									外国人歯科医師数

一　　　覧

薬　剤　師

統計表番号	薬剤師数		平均年齢	薬局―医療施設	業務の種別	従業地		年齢（5歳）階級	性	人口10万対	備考
	総数	薬局・医療施設の従事者数				都道府県・指定都市・特別区	中核市（再掲）				
74	○			○	○			○	○		
75	○				○	○					
76	○				○	○				○	
77	○			○	○			○	○		
78		○		○		○		○	○		
79		○	○	○		○		○			（再掲）病院―診療所別
80	○				○			○	○		外国人薬剤師数
81	○				○	○					外国人薬剤師数

閲　　覧　　表

本報告書に掲載しないが、政府統計の総合窓口（e-Stat）にて閲覧可能な統計表は下記のとお

医　師

閲覧表番号	総数	医療施設の従事者数	平均年齢	病院－診療所	主たる業務の種別	従たる業務の種別	主たる従業地（都道府県・指定都市・中核市〈特別区〉・再掲）	従たる従業地（都道府県・指定都市・中核市〈特別区〉・再掲）	年齢（5歳）階級	年齢（各歳）	性	就業形態	休業の取得	診療科 主たる	診療科 複数回答	広告可能な医師の専門性に関する資格名及び麻酔科の標榜資格	主たる従業地による地域	従たる従業地による地域	主たる二次医療圏・市区町村	従たる二次医療圏・市区町村	登録年	備考
1	○		○		○				○		○						○					
2	○		○			○			○		○							○				
3	○				○					○	○											
4	○	○			○		○		○		○		○									
5	○	○				○		○	○		○											
6	○						○					○										
7		○					○					○	○									
8	○				○														○			主たる従業地による二次医療圏・市区町村
9	○					○														○		従たる従業地による二次医療圏・市区町村
10	○																		○	○		主たる従業地による二次医療圏・市区町村 従たる従業地による二次医療圏・市区町村
11		○											○						○			主たる従業地による二次医療圏・市区町村
12		○												○					○			〃
13		○												○	○							
14	○	○														○			○			主たる従業地による二次医療圏・市区町村
15		○		○										○	○							
16		○		○										○	○							
17	○																				○	

歯 科 医 師

閲覧表番号	総数	医療施設の従事者数	平均年齢	病院－診療所	主たる業務の種別	従たる業務の種別	主たる従業地（都道府県・指定都市・中核市〈特別区〉・再掲）	従たる従業地（都道府県・指定都市・中核市〈特別区〉・再掲）	年齢（5歳）階級	年齢（各歳）	性	就業形態	休業の取得	診療科 主たる	診療科 複数回答	広告可能な医師の専門性に関する資格名	主たる従業地による地域	従たる従業地による地域	主たる二次医療圏・市区町村	従たる二次医療圏・市区町村	登録年	備考
18	○		○		○				○		○						○					
19	○		○			○			○		○							○				
20	○				○					○	○											
21	○	○			○		○		○		○		○									
22	○	○				○		○	○		○											
23	○						○					○										
24		○					○					○	○									
25	○				○														○			主たる従業地による二次医療圏・市区町村
26	○					○														○		従たる従業地による二次医療圏・市区町村
27	○																		○	○		主たる従業地による二次医療圏・市区町村 従たる従業地による二次医療圏・市区町村
28	○													○	○				○			主たる従業地による二次医療圏・市区町村
29		○												○					○			〃
30		○		○										○	○							
31		○		○										○	○							
32	○																				○	

一　　　覧

りである。　（URL：https://www.e-stat.go.jp/）

薬　剤　師

閲覧表番号	薬剤師数	平均年齢	業務の種別	従業地（都道府県・指定都市・中核市（再掲）・特別区）	年齢（5歳）階級	年齢（各歳）	性	就業形態	休業の取得	従業地による地域	二次医療圏・市区町村	登録年	備　考
33	○	○	○		○		○			○			
34	○		○	○			○						
35	○		○			○	○						
36	○	○	○	○	○		○		○				
37	○		○	○				○					
38	○		○								○		従業地による二次医療圏・市区町村
39	○											○	

第1表　医師数

	総　　数	医療施設の従事者	病院の従事者	開設者又は法人の代表者	勤務者(医育機関附属の病院を除く)	医育機関附属の病院の勤務者	臨床系の教官又は教員	臨床系の大学院生	臨床系の教官又は教員及び大学院生以外の従事者	診療所の従事者	開設者又は法人の代表者	勤務者
昭和30年 (1955)	94 563	86 244	33 945	2 302	22 580	9 063	…		…	52 299	42 340	9 959
35 ('60)	103 131	96 038	37 739	2 449	25 896	9 394	…		…	58 299	47 849	10 450
40 ('65)	109 369	102 015	40 395	2 608	28 038	9 749	…		…	61 620	52 609	9 011
45 ('70)	118 990	113 214	47 575	3 597	32 461	11 517	…		…	65 639	57 170	8 469
50 ('75)	132 479	125 970	57 436	3 250	38 085	16 101	…		…	68 534	59 904	8 630
51 ('76)	134 934	128 448	60 383	3 299	39 606	17 478	…		…	68 065	59 605	8 460
52 ('77)	138 316	131 628	63 414	3 225	41 065	19 124	…		…	68 214	59 840	8 374
53 ('78)	142 984	136 164	66 069	3 293	43 038	19 738	…		…	70 095	61 498	8 597
54 ('79)	150 229	143 125	73 175	3 360	46 859	22 956	…		…	69 950	61 314	8 636
55 ('80)	156 235	148 815	78 422	3 468	50 075	24 879	…		…	70 393	61 646	8 747
56 ('81)	162 882	155 422	83 340	3 572	53 364	26 404	…		…	72 082	62 844	9 238
57 ('82)	167 952	160 379	89 155	3 544	56 824	28 787	…		…	71 224	62 058	9 166
59 ('84)	181 101	173 452	101 631	3 539	64 886	33 206	…		…	71 821	62 201	9 620
61 ('86)	191 346	183 129	111 133	3 670	72 678	34 785	…		…	71 996	61 910	10 086
63 ('88)	201 658	193 682	121 025	3 565	81 071	36 389	…		…	72 657	61 582	11 075
平成2年 ('90)	211 797	203 797	128 765	2 936	87 887	37 942	…		…	75 032	58 213	16 819
4 ('92)	219 704	211 498	135 845	2 588	94 194	39 063	…		…	75 653	54 143	21 510
6 ('94)	230 519	220 853	143 412	6 344	96 321	40 747	19 884		20 863	77 441	63 947	13 494
8 ('96)	240 908	230 297	148 199	6 096	100 940	41 163	19 962		21 201	82 098	66 488	15 610
10 ('98)	248 611	236 933	153 100	6 015	105 984	41 101	20 082		21 019	83 833	66 461	17 372
12 (2000)	255 792	243 201	154 588	5 898	106 845	41 845	20 119		21 726	88 613	69 274	19 339
14 ('02)	262 687	249 574	159 131	5 834	110 159	43 138	20 596		22 542	90 443	69 936	20 507
16 ('04)	270 371	256 668	163 683	5 745	114 515	43 423	21 350		22 073	92 985	70 828	22 157
18 ('06)	277 927	263 540	168 327	5 482	118 157	44 688	22 304		22 384	95 213	71 192	24 021
20 ('08)	286 699	271 897	174 266	5 398	122 305	46 563	24 252		22 311	97 631	71 913	25 718
22 ('10)	295 049	280 431	180 966	5 430	126 979	48 557	25 862		22 695	99 465	72 566	26 899
24 ('12)	303 268	288 850	188 306	5 391	132 511	50 404	26 996	5 414	17 994	100 544	72 164	28 380
26 ('14)	311 205	296 845	194 961	5 334	137 321	52 306	28 064	5 770	18 472	101 884	72 074	29 810
28 ('16)	319 480	304 759	202 302	5 149	141 966	55 187	28 318	6 000	20 869	102 457	71 888	30 569

第2表　医師数構成割合の

(単位：％)

	総　　数	医療施設の従事者	病院の従事者	開設者又は法人の代表者	勤務者(医育機関附属の病院を除く)	医育機関附属の病院の勤務者	臨床系の教官又は教員	臨床系の大学院生	臨床系の教官又は教員及び大学院生以外の従事者	診療所の従事者	開設者又は法人の代表者	勤務者
昭和30年 (1955)	100.0	91.2	35.9	2.4	23.9	9.6	…		…	55.3	44.8	10.5
35 ('60)	100.0	93.1	36.6	2.4	25.1	9.1	…		…	56.5	46.4	10.1
40 ('65)	100.0	93.3	36.9	2.4	25.6	8.9	…		…	56.3	48.1	8.2
45 ('70)	100.0	95.1	40.0	3.0	27.3	9.7	…		…	55.2	48.0	7.1
50 ('75)	100.0	95.1	43.4	2.5	28.7	12.2	…		…	51.7	45.2	6.5
51 ('76)	100.0	95.2	44.8	2.4	29.4	13.0	…		…	50.4	44.2	6.3
52 ('77)	100.0	95.2	45.8	2.3	29.7	13.8	…		…	49.3	43.3	6.1
53 ('78)	100.0	95.2	46.2	2.3	30.1	13.8	…		…	49.0	43.0	6.0
54 ('79)	100.0	95.3	48.7	2.2	31.2	15.3	…		…	46.6	40.8	5.7
55 ('80)	100.0	95.3	50.2	2.2	32.1	15.9	…		…	45.1	39.5	5.6
56 ('81)	100.0	95.4	51.2	2.2	32.8	16.2	…		…	44.3	38.6	5.7
57 ('82)	100.0	95.5	53.1	2.1	33.8	17.1	…		…	42.4	36.9	5.5
59 ('84)	100.0	95.8	56.1	2.0	35.8	18.3	…		…	39.7	34.3	5.3
61 ('86)	100.0	95.7	58.1	1.9	38.0	18.2	…		…	37.6	32.4	5.3
63 ('88)	100.0	96.0	60.0	1.8	40.2	18.0	…		…	36.0	30.5	5.5
平成2年 ('90)	100.0	96.2	60.8	1.4	41.5	17.9	…		…	35.4	27.5	7.9
4 ('92)	100.0	96.3	61.8	1.2	42.9	17.8	…		…	34.4	24.6	9.8
6 ('94)	100.0	95.8	62.2	2.8	41.8	17.7	8.6		9.1	33.6	27.7	5.9
8 ('96)	100.0	95.6	61.5	2.5	41.9	17.1	8.3		8.8	34.1	27.6	6.5
10 ('98)	100.0	95.3	61.6	2.4	42.6	16.5	8.1		8.5	33.7	26.7	7.0
12 (2000)	100.0	95.1	60.4	2.3	41.8	16.4	7.9		8.5	34.6	27.1	7.6
14 ('02)	100.0	95.0	60.6	2.2	41.9	16.4	7.8		8.6	34.4	26.6	7.8
16 ('04)	100.0	94.9	60.5	2.1	42.4	16.1	7.9		8.2	34.4	26.2	8.2
18 ('06)	100.0	94.8	60.6	2.0	42.5	16.1	8.0		8.1	34.3	25.6	8.6
20 ('08)	100.0	94.8	60.8	1.9	42.7	16.2	8.5		7.8	34.1	25.1	9.0
22 ('10)	100.0	95.0	61.3	1.8	43.0	16.5	8.8		7.7	33.7	24.6	9.1
24 ('12)	100.0	95.2	62.1	1.8	43.7	16.6	8.9	1.8	5.9	33.2	23.8	9.4
26 ('14)	100.0	95.4	62.6	1.7	44.1	16.8	9.0	1.9	5.9	32.7	23.2	9.6
28 ('16)	100.0	95.4	63.3	1.6	44.4	17.3	8.9	1.9	6.5	32.1	22.5	9.6

注：1）昭和45年以前には外国人が含まれていないが、昭和46年以降には含まれている。
　　2）沖縄県が含まれたのは、昭和47年以降である。
　　3）「法人の代表者」は、平成4年までは「勤務者」に含めており、平成6年から「開設者」に含めている。
　　4）平成6年の「行政機関」は、「衛生行政機関」である。

の年次推移， 主たる業務の種別

各年12月31日現在

介護老人保健施設の従事者	開設者又は法人の代表者	勤務者	医療施設・介護老人保健施設以外の従事者	医育機関の臨床系以外の大学院生	医育機関の臨床系以外の勤務者	医育機関以外の教育機関又は研究機関の勤務者	行政機関・産業医・保健衛生業務の従事者	行政機関	産業医	保健衛生業務	その他の業務の従事者	無職の者	不詳
·	·	·	5 626		3 004		2 622	…	…	…	729	1 964	–
·	·	·	4 769		2 137		2 632	…	…	…	597	1 727	–
·	·	·	4 425		2 165		2 260	…	…	…	680	2 249	–
·	·	·	3 981		2 086		1 895	…	…	…	597	1 198	–
·	·	·	5 040		2 973		2 067	…	…	…	370	1 099	–
·	·	·	4 968		2 919		2 049	…	…	…	369	1 149	–
·	·	·	5 039		2 908		2 131	…	…	…	326	1 323	–
·	·	·	5 183		3 101		2 082	…	…	…	368	1 269	–
·	·	·	5 455		3 336		2 119	…	…	…	338	1 311	–
·	·	·	5 763		3 664		2 099	…	…	…	392	1 265	–
·	·	·	5 838		3 840		1 998	…	…	…	409	1 213	–
·	·	·	5 833		3 771		2 062	…	…	…	454	1 286	–
·	·	·	5 906		3 743		2 163	…	…	…	403	1 340	–
·	·	·	6 402		4 190		2 212	…	…	…	379	1 436	–
22	–	22	6 254		4 111		2 143	…	…	…	354	1 346	–
204	–	204	6 196		3 991		2 205	…	…	…	333	1 267	–
349	–	349	6 219		3 904		2 315	…	…	…	290	1 348	–
861	156	705	6 929		4 374		2 555	1 822	…	733	320	1 556	–
1 128	144	984	7 577		3 918	1 028	2 631	1 881	…	750	369	1 537	–
1 838	244	1 594	7 777		4 125	1 144	2 508	1 809	…	699	344	1 719	–
2 114	275	1 839	8 154		4 319	1 107	2 728	1 940	580	788	320	1 828	175
2 315	263	2 052	8 611		4 151	1 223	3 237	1 896	580	761	316	1 862	9
2 668	324	2 344	8 607		4 049	1 211	3 347	1 849	690	808	369	2 052	7
2 891	320	2 571	8 696		3 965	1 354	3 377	1 822	750	805	512	2 273	15
3 095	330	2 765	8 923		3 695	1 528	3 700	1 743	889	1 068	628	2 143	13
3 117	333	2 784	8 790		3 679	1 586	3 525	1 669	941	915	621	2 086	4
3 189	355	2 834	8 625	534	3 044	1 498	3 549	1 688	953	908	611	1 991	2
3 230	364	2 866	8 576	561	2 972	1 466	3 577	1 661	994	922	704	1 850	–
3 346	373	2 973	9 057	627	3 004	1 582	3 844	1 740	1 128	976	642	1 659	17

年次推移， 主たる業務の種別

各年12月31日現在

介護老人保健施設の従事者	開設者又は法人の代表者	勤務者	医療施設・介護老人保健施設以外の従事者	医育機関の臨床系以外の大学院生	医育機関の臨床系以外の勤務者	医育機関以外の教育機関又は研究機関の勤務者	行政機関・産業医・保健衛生業務の従事者	行政機関	産業医	保健衛生業務	その他の業務の従事者	無職の者	不詳
·	·	·	5.9		3.2		2.8	…	…	…	0.8	2.1	–
·	·	·	4.6		2.1		2.6	…	…	…	0.6	1.7	–
·	·	·	4.0		2.0		2.1	…	…	…	0.6	2.1	–
·	·	·	3.3		1.8		1.6	…	…	…	0.5	1.0	–
·	·	·	3.8		2.2		1.6	…	…	…	0.3	0.8	–
·	·	·	3.7		2.2		1.5	…	…	…	0.3	0.9	–
·	·	·	3.6		2.1		1.5	…	…	…	0.2	1.0	–
·	·	·	3.6		2.2		1.5	…	…	…	0.3	0.9	–
·	·	·	3.6		2.2		1.4	…	…	…	0.2	0.9	–
·	·	·	3.7		2.3		1.3	…	…	…	0.3	0.8	–
·	·	·	3.6		2.4		1.2	…	…	…	0.3	0.7	–
·	·	·	3.5		2.2		1.2	…	…	…	0.3	0.8	–
·	·	·	3.3		2.1		1.2	…	…	…	0.2	0.7	–
·	·	·	3.3		2.2		1.2	…	…	…	0.2	0.8	–
0.0	–	0.0	3.1		2.0		1.1	…	…	…	0.2	0.7	–
0.1	–	0.1	2.9		1.9		1.0	…	…	…	0.2	0.6	–
0.2	–	0.2	2.8		1.8		1.1	…	…	…	0.1	0.6	–
0.4	0.1	0.3	3.0		1.9		1.1	0.8	…	0.3	0.1	0.7	–
0.5	0.1	0.4	3.1		1.6	0.4	1.1	0.8	…	0.3	0.2	0.6	–
0.7	0.1	0.6	3.1		1.7	0.5	1.0	0.7	…	0.3	0.1	0.7	–
0.8	0.1	0.7	3.2		1.7	0.4	1.1	0.8	…	0.3	0.1	0.7	0.1
0.9	0.1	0.8	3.3		1.6	0.5	1.2	0.7	0.2	0.3	0.1	0.7	0.0
1.0	0.1	0.9	3.2		1.5	0.4	1.2	0.7	0.3	0.3	0.1	0.8	0.0
1.0	0.1	0.9	3.1		1.4	0.5	1.2	0.7	0.3	0.3	0.2	0.8	0.0
1.1	0.1	1.0	3.1		1.3	0.5	1.3	0.6	0.3	0.4	0.2	0.7	0.0
1.1	0.1	0.9	3.0		1.2	0.5	1.2	0.6	0.3	0.3	0.2	0.7	0.0
1.1	0.1	0.9	2.8	0.2	1.0	0.5	1.2	0.6	0.3	0.3	0.2	0.7	0.0
1.0	0.1	0.9	2.8	0.2	1.0	0.5	1.1	0.5	0.3	0.3	0.2	0.6	–
1.0	0.1	0.9	2.8	0.2	0.9	0.5	1.1	0.5	0.4	0.3	0.2	0.5	0.0

第3表　人口10万対医師数の

	総　　数	医療施設の従事者	病院の従事者	開設者又は法人の代表者	勤務者(医育機関附属の病院を除く)	医育機関附属の病院の勤務者	臨床系の教官又は教員	臨床系の大学院生	臨床系の教官又は教員及び大学院生以外の従事者	診療所の従事者	開設者又は法人の代表者	勤務者
昭和30年(1955)	105.9	96.6	38.0	2.6	25.3	10.2	…		…	58.6	47.4	11.2
35　(’60)	110.4	102.8	40.4	2.6	27.7	10.1	…		…	62.4	51.2	11.2
40　(’65)	111.3	103.8	41.1	2.7	28.5	9.9	…		…	62.7	53.5	9.2
45　(’70)	114.7	109.2	45.9	3.5	31.3	11.1	…		…	63.3	55.1	8.2
50　(’75)	118.4	112.5	51.3	2.9	34.0	14.4	…		…	61.2	53.5	7.7
51　(’76)	119.3	113.6	53.4	2.9	35.0	15.5	…		…	60.2	52.7	7.5
52　(’77)	121.2	115.3	55.6	2.8	36.0	16.8	…		…	59.8	52.4	7.3
53　(’78)	124.1	118.2	57.4	2.9	37.4	17.1	…		…	60.9	53.4	7.5
54　(’79)	129.4	123.2	63.0	2.9	40.3	19.8	…		…	60.2	52.8	7.4
55　(’80)	133.5	127.1	67.0	3.0	42.8	21.3	…		…	60.1	52.7	7.5
56　(’81)	138.2	131.8	70.7	3.0	45.3	22.4	…		…	61.1	53.3	7.8
57　(’82)	141.5	135.1	75.1	3.0	47.9	24.3	…		…	60.0	52.3	7.7
59　(’84)	150.6	144.3	84.5	2.9	54.0	27.6	…		…	59.7	51.7	8.0
61　(’86)	157.3	150.5	91.3	3.0	59.7	28.6	…		…	59.2	50.9	8.3
63　(’88)	164.2	157.7	98.6	2.9	66.0	29.6	…		…	59.2	50.2	9.0
平成2年(’90)	171.3	164.9	104.2	2.4	71.1	30.7	…		…	60.7	47.1	13.6
4　(’92)	176.5	169.9	109.2	2.1	75.7	31.4	…		…	60.8	43.5	17.3
6　(’94)	184.4	176.6	114.7	5.1	77.0	32.6	15.9		16.7	61.9	51.1	10.8
8　(’96)	191.4	183.0	117.7	4.8	80.2	32.7	15.9		16.8	65.2	52.8	12.4
10　(’98)	196.6	187.3	121.0	4.8	83.8	32.5	15.9		16.6	66.3	52.5	13.7
12　(2000)	201.5	191.6	121.8	4.6	84.2	33.0	15.9		17.1	69.8	54.6	15.2
14　(’02)	206.1	195.8	124.9	4.6	86.4	33.9	16.2		17.7	71.0	54.9	16.1
16　(’04)	211.7	201.0	128.2	4.5	89.7	34.0	16.7		17.3	72.8	55.5	17.4
18　(’06)	217.5	206.3	131.7	4.3	92.5	35.0	17.5		17.5	74.5	55.7	18.8
20　(’08)	224.5	212.9	136.5	4.2	95.8	36.5	19.0		17.5	76.5	56.3	20.1
22　(’10)	230.4	219.0	141.3	4.2	99.2	37.9	20.2		17.7	77.7	56.7	21.0
24　(’12)	237.8	226.5	147.7	4.2	103.9	39.5	21.2	4.2	14.1	78.8	56.6	22.3
26　(’14)	244.9	233.6	153.4	4.2	108.1	41.2	22.1	4.5	14.5	80.2	56.7	23.5
28　(’16)	251.7	240.1	159.4	4.1	111.8	43.5	22.3	4.7	16.4	80.7	56.6	24.1

注：1）昭和45年以前には外国人が含まれていないが、昭和46年以降には含まれている。
　　2）沖縄県が含まれたのは、昭和47年以降である。
　　3）「法人の代表者」は、平成4年までは「勤務者」に含めており、平成6年から「開設者」に含めている。
　　4）平成6年の「行政機関」は、「衛生行政機関」である。

年次推移，主たる業務の種別

各年12月31日現在

介護老人保健施設の従事者	開設者又は法人の代表者	勤務者	医療施設・介護老人保健施設以外の従事者	医育機関の臨床系以外の大学院生	医育機関の臨床系以外の勤務者	医育機関以外の教育機関又は研究機関の勤務者	行政機関・産業医・保健衛生業務の従事者	行政機関	産業医	保健衛生業務	その他の業務の従事者	無職の者	不詳
・	・	・	6.3	3.4			2.9	···	···	···	0.8	2.2	-
・	・	・	5.1	2.3			2.8	···	···	···	0.6	1.8	-
・	・	・	4.5	2.2			2.3	···	···	···	0.7	2.3	-
・	・	・	3.8	2.0			1.8	···	···	···	0.6	1.2	-
・	・	・	4.5	2.7			1.8	···	···	···	0.3	1.0	-
・	・	・	4.4	2.6			1.8	···	···	···	0.3	1.0	-
・	・	・	4.4	2.5			1.9	···	···	···	0.3	1.2	-
・	・	・	4.5	2.7			1.8	···	···	···	0.3	1.1	-
・	・	・	4.7	2.9			1.8	···	···	···	0.3	1.1	-
・	・	・	4.9	3.1			1.8	···	···	···	0.3	1.1	-
・	・	・	5.0	3.3			1.7	···	···	···	0.3	1.0	-
・	・	・	4.9	3.2			1.7	···	···	···	0.4	1.1	-
・	・	・	4.9	3.1			1.8	···	···	···	0.3	1.1	-
・	・	・	5.3	3.4			1.8	···	···	···	0.3	1.2	-
0.0	-	0.0	5.1	3.3			1.7	···	···	···	0.3	1.1	-
0.2	-	0.2	5.0	3.2			1.8	···	···	···	0.3	1.0	-
0.3	-	0.3	5.0	3.1			1.9	···	···	···	0.2	1.1	-
0.7	0.1	0.6	5.5	3.5			2.0	1.5	···	0.6	0.3	1.2	-
0.9	0.1	0.8	6.0	3.1		0.8	2.1	1.5	···	0.6	0.3	1.2	-
1.5	0.2	1.3	6.1	3.3		0.9	2.0	1.4	···	0.6	0.3	1.4	-
1.7	0.2	1.4	6.4	3.4		0.9	2.1	1.5	···	0.6	0.3	1.4	0.1
1.8	0.2	1.6	6.8	3.3		1.0	2.5	1.5	0.5	0.6	0.2	1.5	0.0
2.1	0.3	1.8	6.7	3.2		0.9	2.6	1.4	0.5	0.6	0.3	1.6	0.0
2.3	0.3	2.0	6.8	3.1		1.1	2.6	1.4	0.6	0.6	0.4	1.8	0.0
2.4	0.3	2.2	7.0	2.9		1.2	2.9	1.4	0.7	0.8	0.5	1.7	0.0
2.4	0.3	2.2	6.9	2.9		1.2	2.8	1.3	0.7	0.7	0.5	1.6	0.0
2.5	0.3	2.2	6.8	0.4	2.4	1.2	2.8	1.3	0.7	0.7	0.5	1.6	0.0
2.5	0.3	2.3	6.7	0.4	2.3	1.2	2.8	1.3	0.8	0.7	0.6	1.5	-
2.6	0.3	2.3	7.1	0.5	2.4	1.2	3.0	1.4	0.9	0.8	0.5	1.3	0.0

第4表　医療施設従事医師・歯科医師数

	総数	内科	心療内科	呼吸器科	消化器科（胃腸科）	循環器科	アレルギー科	リウマチ科	小児科	精神科	神経科	神経内科	外科	整形外科	形成外科	美容外科	脳神経外科	呼吸器外科	心臓血管外科	小児外科	産婦人科	産科
医療施設の																						
平成6年(1994)	220 853	71 106	·	2 427	7 555	6 204	·	·	13 346	9 514	524	2 515	24 718	15 577	1 154	124	5 352	670	1 921	533	11 039	352
8 ('96)	230 297	72 746	280	2 724	8 296	6 719	120	353	13 781	10 093	601	2 656	24 919	16 423	1 307	156	5 634	745	2 027	554	10 847	417
10 ('98)	236 933	72 702	433	2 898	9 038	7 445	196	429	13 989	10 586	495	2 923	24 861	17 229	1 399	167	5 871	818	2 243	566	10 916	353
12 (2000)	243 201	74 539	480	3 018	9 142	7 685	202	457	14 156	11 063	522	3 038	24 444	17 952	1 551	212	6 050	899	2 409	609	10 585	474
14 ('02)	249 574	74 704	635	3 207	9 655	8 381	186	536	14 481	11 790	428	3 242	23 868	18 572	1 650	290	6 241	1 033	2 513	613	10 618	416
16 ('04)	256 668	73 670	752	3 655	10 352	9 009	207	640	14 677	12 151	450	3 458	23 240	18 771	1 765	342	6 287	1 110	2 632	682	10 163	431
18 ('06)	263 540	70 470	841	3 966	10 762	9 416	184	760	14 700	12 474	355	3 443	21 574	18 870	1 909	394	6 241	1 255	2 585	661	9 592	482
病院の																						
平成6年(1994)	143 412	36 778	·	2 223	5 145	5 362	·	·	7 714	8 496	367	2 380	18 992	11 184	1 020	14	5 025	659	1 899	510	6 419	193
8 ('96)	148 199	36 850	205	2 467	5 575	5 752	68	324	7 919	8 817	381	2 495	19 181	11 467	1 122	14	5 247	736	1 999	539	6 319	272
10 ('98)	153 100	36 408	274	2 634	6 245	6 420	127	370	8 022	9 193	337	2 730	19 083	11 859	1 196	7	5 422	812	2 220	541	6 456	200
12 (2000)	154 588	36 130	259	2 762	6 239	6 611	112	378	8 158	9 419	322	2 823	18 821	11 977	1 287	5	5 498	891	2 378	582	6 154	313
14 ('02)	159 131	36 038	312	2 938	6 620	7 151	100	435	8 429	9 901	263	2 995	18 573	12 156	1 388	8	5 588	1 023	2 485	592	6 215	248
16 ('04)	163 683	34 788	313	3 337	7 196	7 648	120	538	8 393	9 993	273	3 171	18 147	12 093	1 431	20	5 542	1 105	2 591	647	5 817	260
18 ('06)	168 327	31 096	327	3 615	7 487	7 945	112	625	8 228	9 978	206	3 150	16 738	11 853	1 548	12	5 377	1 242	2 539	623	5 361	322
診療所の																						
平成6年(1994)	77 441	34 328	·	204	2 410	842	·	·	5 632	1 018	157	135	5 726	4 393	134	110	327	11	22	23	4 620	159
8 ('96)	82 098	35 896	75	257	2 721	967	52	29	5 862	1 276	220	161	5 738	4 956	185	142	387	9	28	15	4 528	145
10 ('98)	83 833	36 294	159	264	2 793	1 025	69	59	5 967	1 393	158	193	5 778	5 370	203	160	449	6	23	25	4 460	153
12 (2000)	88 613	38 409	221	256	2 903	1 074	90	79	5 998	1 644	200	215	5 623	5 975	264	207	552	8	31	27	4 431	161
14 ('02)	90 443	38 666	323	269	3 035	1 230	86	101	6 052	1 889	165	247	5 295	6 416	262	282	653	10	28	21	4 403	168
16 ('04)	92 985	38 882	439	318	3 156	1 361	87	102	6 284	2 158	177	287	5 093	6 678	334	322	745	5	41	35	4 346	171
18 ('06)	95 213	39 374	514	351	3 275	1 471	72	135	6 472	2 496	149	293	4 836	7 017	361	382	864	13	46	38	4 231	160

	総数	内科	呼吸器内科	循環器内科	消化器内科（胃腸内科）	腎臓内科	神経内科	糖尿病内科（代謝内科）	血液内科	皮膚科	アレルギー科	リウマチ科	感染症内科	小児科	精神科	心療内科	外科	呼吸器外科	心臓血管外科	乳腺外科	気管食道外科	消化器外科（胃腸外科）	泌尿器科	肛門外科
医療施設の																								
平成20年(2008)	271 897	62 845	4 578	10 144	11 187	2 597	3 890	2 954	1 867	8 214	177	913	353	15 236	13 534	883	16 865	1 445	2 889	913	91	4 224	6 324	439
22 ('10)	280 431	61 878	4 944	10 829	12 188	3 085	4 094	3 488	2 118	8 470	209	1 058	303	15 870	14 201	856	16 704	1 527	2 812	1 266	62	4 369	6 514	417
24 ('12)	288 850	61 177	5 337	11 541	13 080	3 493	4 361	3 967	2 353	8 686	203	1 228	367	16 340	14 733	847	16 083	1 655	2 893	1 466	69	4 760	6 754	428
26 ('14)	296 845	61 317	5 555	11 992	13 805	3 929	4 657	4 446	2 534	8 850	185	1 422	443	16 758	15 187	903	15 383	1 772	3 048	1 622	79	4 934	6 837	432
28 ('16)	304 759	60 855	5 987	12 456	14 236	4 516	4 922	4 889	2 650	9 102	162	1 613	492	16 937	15 609	910	14 423	1 880	3 137	1 868	84	5 375	7 062	443
病院の																								
平成20年(2008)	174 266	23 613	4 134	8 443	8 047	2 280	3 545	2 529	1 840	3 358	105	751	281	8 721	10 575	324	12 734	1 427	2 823	757	78	3 899	4 663	163
22 ('10)	180 966	22 656	4 465	8 991	8 876	2 647	3 721	2 931	2 104	3 454	112	900	281	9 308	10 963	307	12 723	1 510	2 755	1 040	56	4 073	4 778	156
24 ('12)	188 306	22 085	4 825	9 617	9 788	2 980	3 951	3 292	2 334	3 528	112	1 095	349	9 744	11 174	300	12 337	1 636	2 811	1 208	66	4 489	4 974	159
26 ('14)	194 961	21 591	5 009	10 112	10 495	3 386	4 216	3 706	2 515	3 573	111	1 267	422	10 108	11 413	286	11 930	1 752	2 961	1 337	73	4 665	5 012	164
28 ('16)	202 302	21 981	5 407	10 489	10 847	3 689	4 446	4 040	2 631	3 691	95	1 419	473	10 355	11 747	264	11 293	1 867	3 046	1 537	83	5 117	5 154	170
診療所の																								
平成20年(2008)	97 631	39 232	444	1 701	3 140	317	345	425	27	4 856	72	162	72	6 515	2 959	559	4 131	18	66	156	13	325	1 661	276
22 ('10)	99 465	39 222	479	1 838	3 312	438	373	557	14	5 016	97	158	22	6 562	3 238	549	3 981	17	57	226	6	296	1 736	261
24 ('12)	100 544	39 092	512	1 924	3 292	513	410	675	19	5 158	91	133	18	6 596	3 559	547	3 746	19	82	258	3	271	1 780	269
26 ('14)	101 884	39 726	546	1 880	3 310	543	441	740	19	5 277	74	155	21	6 650	3 774	617	3 453	20	87	285	6	269	1 825	268
28 ('16)	102 457	38 874	580	1 967	3 389	827	476	849	19	5 411	67	194	19	6 582	3 862	646	3 130	13	91	331	1	258	1 908	273

注：複数の診療科に従事している場合の主として従事する診療科と、1診療科のみに従事している場合の診療科である。

の年次推移，主たる診療科、病院－診療所別

各年12月31日現在

婦人科	眼科	耳鼻いんこう科	気管食道科	皮膚科	泌尿器科	性病科	こう門科	（理学診療科）リハビリテーション科	放射線科	麻酔科	病理	救命救急	研修医	全科	その他	主科たる不診療詳	不詳	歯科医師 総数	歯科	矯正歯科	小児歯科	歯科口腔外科	研修歯科医	主科たる不診療詳
従事者																								
1 005	10 174	8 448	24	6 493	4 824	20	367	777	3 846	4 683	·	·	·	722	3 364	1 257	218	79 091	75 116	1 998	1 658	·	·	319
1 158	10 982	8 834	17	6 796	5 174	31	389	904	4 192	5 046	·	·	·	585	3 422	1 114	255	83 403	76 065	2 282	1 752	2 929	·	375
1 188	11 408	8 954	18	7 072	5 452	18	365	1 125	4 445	5 585	·	·	·	522	3 898	1 070	256	85 669	77 522	2 442	1 833	3 564	·	308
1 361	12 060	9 153	14	7 360	5 726	22	357	1 273	4 507	5 751	·	·	·	744	4 143	1 044	199	88 410	79 727	2 642	1 853	3 681	·	507
1 366	12 448	9 174	17	7 628	5 941	29	352	1 456	4 710	6 087	·	·	·	961	4 421	1 356	569	90 499	81 108	2 793	1 850	3 845	·	903
1 562	12 452	9 076	40	7 780	6 032	22	393	1 696	4 780	6 397	·	·	···	3 883	6 640	1 207	264	92 696	83 143	2 920	1 919	3 913	·	801
1 709	12 362	8 909	22	7 845	6 133	26	373	1 855	4 883	6 209	1 297	1 698	14 402	301	3 148	1 212	222	94 593	82 595	3 057	1 859	3 656	2 481	945
従事者																								
375	4 743	3 877	21	3 141	4 069	3	167	700	3 661	4 504	·	·	·	212	3 017	385	157	10 214	8 758	890	552	·	·	14
405	4 936	4 046	16	3 227	4 258	6	179	827	3 992	4 804	·	·	·	226	3 037	292	199	10 723	6 263	1 012	602	2 836	·	10
431	5 191	4 118	11	3 345	4 466	-	155	1 012	4 250	5 315	·	·	·	222	3 444	375	209	11 543	6 505	1 023	626	3 376	·	13
510	5 212	4 036	11	3 338	4 578	3	153	1 151	4 324	5 443	·	·	·	579	3 648	329	154	11 526	6 361	1 064	593	3 469	·	39
511	5 373	4 046	15	3 463	4 705	3	144	1 339	4 496	5 748	·	·	·	847	4 025	533	425	11 674	6 542	993	542	3 529	·	68
608	5 037	3 836	35	3 381	4 649	2	169	1 569	4 509	5 998	·	·	···	3 783	6 182	306	196	11 638	6 495	955	538	3 590	·	60
697	4 789	3 644	20	3 258	4 573	4	151	1 733	4 589	5 763	1 284	1 693	14 385	175	2 689	320	176	12 269	5 306	922	473	3 269	2 227	72
従事者																								
630	5 431	4 571	3	3 352	755	17	200	77	185	179	·	·	·	510	347	872	61	68 877	66 358	1 108	1 106	·	·	305
753	6 046	4 788	1	3 569	916	25	210	77	200	242	·	·	·	359	385	822	56	72 680	69 802	1 270	1 150	93	·	365
757	6 217	4 836	7	3 727	986	18	210	113	195	270	·	·	·	300	454	695	47	74 126	71 017	1 419	1 207	188	·	295
851	6 848	5 117	3	4 022	1 148	19	204	122	183	308	·	·	·	165	495	715	45	76 884	73 366	1 578	1 260	212	·	468
855	7 075	5 128	2	4 165	1 236	26	208	117	214	339	·	·	·	114	396	823	144	78 825	74 566	1 800	1 308	316	·	835
954	7 415	5 240	5	4 399	1 383	20	224	127	271	399	·	·	···	100	458	901	68	81 058	76 648	1 965	1 381	323	·	741
1 012	7 573	5 265	2	4 587	1 560	22	222	122	294	446	13	5	17	126	459	892	46	82 324	77 289	2 135	1 386	387	254	873

各年12月31日現在

脳神経外科	整形外科	形成外科	美容外科	眼科	耳鼻いんこう科	小児外科	産婦人科	産科	婦人科	リハビリテーション科	放射線科	麻酔科	病理診断科	臨床検査科	救急科	臨床研修医	全科	その他	主科たる不診療詳	不詳	歯科医師 総数	歯科	矯正歯科	小児歯科	歯科口腔外科	臨床研修歯科医	主科たる不診療詳
従事者																											
6 398	19 273	2 109	411	12 627	8 936	659	10 012	377	1 572	1 916	5 187	7 067	1 374	389	1 945	14 546	256	2 642	1 069	570	96 674	84 903	3 259	1 865	3 842	2 056	749
6 695	19 975	2 135	427	12 797	9 032	663	10 227	425	1 717	1 909	5 597	7 721	1 515	480	2 267	14 552	249	3 473	919	394	98 723	86 454	3 489	1 968	3 996	2 096	720
6 976	20 480	2 257	444	12 835	9 087	701	10 412	456	1 840	2 090	5 938	8 140	1 605	530	2 600	15 018	284	3 954	949	433	99 659	87 208	3 544	2 008	4 062	2 271	566
7 147	20 996	2 377	497	12 938	9 211	773	10 575	510	1 803	2 301	6 169	8 625	1 766	555	3 011	15 340	179	4 640	917	425	100 965	88 498	3 654	2 004	4 121	1 910	778
7 360	21 293	2 593	522	13 144	9 272	802	10 854	495	1 805	2 484	6 587	9 162	1 893	613	3 244	16 701	252	3 998	989	1 088	101 551	88 768	3 760	1 995	4 087	1 882	1 059
従事者																											
5 442	11 976	1 745	27	4 722	3 542	633	5 693	271	605	1 780	4 865	6 553	1 352	383	1 940	14 532	158	2 069	480	408	12 061	5 373	899	477	3 364	1 891	57
5 642	12 417	1 767	21	4 734	3 626	637	5 941	308	713	1 780	5 238	7 160	1 481	476	2 259	14 540	124	2 723	264	308	12 438	5 485	961	486	3 513	1 933	60
5 892	12 806	1 848	17	4 688	3 644	678	6 250	348	796	1 932	5 542	7 567	1 576	526	2 576	14 963	169	3 095	229	310	12 547	5 503	985	486	3 605	1 916	52
6 015	13 182	1 909	13	4 693	3 741	746	6 482	363	774	2 142	5 762	8 068	1 738	553	2 996	15 321	91	3 679	250	339	12 141	5 427	944	460	3 616	1 652	42
6 232	13 497	2 079	9	4 749	3 839	777	6 656	394	762	2 326	6 137	8 604	1 863	607	3 226	16 697	136	3 059	294	518	12 385	5 574	966	453	3 648	1 640	104
従事者																											
956	7 297	364	384	7 905	5 394	26	4 319	106	967	136	322	514	22	6	5	14	98	573	589	162	84 613	79 530	2 360	1 388	478	165	692
1 053	7 558	368	406	8 063	5 406	26	4 286	117	1 004	129	359	561	34	4	8	12	125	750	655	86	86 285	80 969	2 528	1 482	483	163	660
1 084	7 674	409	427	8 147	5 443	23	4 162	108	1 044	158	396	573	29	4	24	55	115	859	720	123	87 112	81 705	2 559	1 522	457	355	514
1 132	7 814	468	484	8 245	5 470	27	4 093	147	1 029	159	407	557	28	2	15	19	88	961	667	86	88 824	83 071	2 710	1 544	505	258	736
1 128	7 796	514	513	8 395	5 433	25	4 198	101	1 043	158	450	558	30	6	18	4	116	939	695	570	89 166	83 194	2 794	1 542	439	242	955

第5表　医療施設従事医師・歯科医師数

	総数	内科	心療内科	呼吸器科	消化器科（胃腸科）	循環器科	アレルギー科	リウマチ科	小児科	精神科	神経科	神経内科	外科	整形外科	形成外科	美容外科	脳神経外科	呼吸器外科	心臓血管外科	小児外科	産婦人科	産科
昭和30年(1955)	86 244	44 664	·	8 581	4 596	3 631		·	26 675	2 231		·	19 204	4 461	·	·	·			·	12 710	
35 ('60)	96 038	50 443	·	8 461	6 038	4 731			29 521	2 548	2 949	·	22 643	6 462	·	·	·			·	13 931	
40 ('65)	102 015	53 775	·	8 053	8 484	5 745	·		31 347	3 255	3 885	·	23 368	7 939	·		535			·	14 088	
45 ('70)	113 214	57 654	·	7 928	11 900	6 991	·		32 041	4 058	4 655	·	24 416	10 100	·		1 430			·	13 841	
50 ('75)	125 970	61 965	·	7 770	14 167	8 068	·		32 747	4 622	4 679	1 101	25 376	11 327	367		1 990			·	11 963	1 189
51 ('76)	128 448	62 353	·	7 520	14 311	8 167	·		32 421	4 842	4 661	1 183	25 409	11 534	431	·	2 151			·	11 901	1 262
52 ('77)	131 628	63 097	·	7 643	14 808	8 579	·		32 509	5 102	4 699	1 302	25 846	11 951	478	·	2 304			·	11 964	1 201
53 ('78)	136 164	65 672	·	7 824	15 828	9 183	·		33 247	5 216	4 939	1 413	26 341	12 638	569	97	2 482	422	556	696	11 741	1 444
54 ('79)	143 125	67 263	·	7 765	16 067	9 457	·		33 237	5 597	5 208	1 554	26 861	13 084	601	110	2 742	516	728	874	11 772	1 554
55 ('80)	148 815	69 038	·	7 862	16 901	10 033	·		33 286	5 896	5 335	1 630	27 626	13 753	658	122	2 944	607	856	897	11 830	1 524
56 ('81)	155 422	72 176	·	8 674	18 446	11 141	·		35 455	6 248	5 502	1 887	28 747	14 591	719	135	3 231	751	1 087	1 048	12 025	1 392
57 ('82)	160 379	73 527	·	8 375	18 382	11 094	·		34 742	6 531	5 548	2 026	29 347	15 057	787	144	3 431	804	1 157	1 100	11 892	1 333
59 ('84)	173 452	77 340	·	8 789	19 588	12 238	·		35 026	7 319	5 950	2 490	30 688	16 394	963	161	3 991	851	1 352	1 132	12 181	1 228
61 ('86)	183 129	81 054	·	8 738	20 229	12 715	·		34 614	7 958	6 216	2 795	33 284	17 429	1 091	184	4 508	874	1 461	1 054	11 978	1 272
63 ('88)	193 682	83 565	·	9 089	21 537	13 839	·		34 692	8 725	6 640	3 286	32 777	18 642	1 257	190	4 830	1 027	1 701	1 109	11 963	1 190
平成2年('90)	203 797	87 012	·	9 594	23 282	14 903	·		34 603	9 347	6 719	3 675	33 497	19 576	1 586	264	5 269	1 023	1 802	1 077	11 746	1 174
4 ('92)	211 498	88 552	·	9 536	24 240	15 574	·		33 832	9 873	6 715	4 108	34 100	20 685	1 633	271	5 564	1 117	1 962	1 108	11 351	1 228
6 ('94)	220 853	91 756	·	10 147	26 099	16 858	·		33 506	10 594	6 442	4 560	34 426	21 661	1 859	325	6 000	1 284	2 310	1 000	11 707	633
8 ('96)	230 297	95 297	1 443	10 683	28 137	18 118	1 926	2 794	34 745	11 228	6 987	4 845	35 242	22 833	2 104	366	6 311	1 371	2 440	1 070	11 509	726
10 ('98)	236 933	96 513	2 039	11 038	29 348	19 242	3 042	3 675	34 064	11 843	6 916	5 121	35 202	23 536	2 328	400	6 523	1 437	2 638	1 109	11 478	645
12 (2000)	243 201	98 457	2 663	11 683	30 842	20 455	3 947	4 320	33 580	12 363	6 962	5 581	35 309	24 202	2 582	487	6 767	1 491	2 819	1 095	11 177	767
14 ('02)	249 574	99 196	3 162	12 059	31 352	21 349	4 688	4 732	32 706	13 172	6 734	5 726	34 810	24 661	2 856	610	6 978	1 629	2 937	1 197	11 041	717
16 ('04)	256 668	98 232	3 821	12 500	31 848	21 813	5 303	5 063	32 151	13 609	6 827	6 075	34 055	24 595	2 961	715	6 996	1 563	3 013	1 146	10 555	727
18 ('06)	263 540	95 379	4 296	12 605	31 898	22 299	5 981	5 341	31 009	13 971	6 537	6 054	32 448	24 413	3 188	838	6 943	1 642	2 967	1 135	9 919	832

	総数	内科	呼吸器内科	循環器内科	消化器内科（胃腸内科）	腎臓内科	神経内科	糖尿病内科（代謝内科）	血液内科	皮膚科	アレルギー科	リウマチ科	感染症内科	小児科	精神科	心療内科	外科	呼吸器外科	心臓血管外科	乳腺外科	気管食道外科	消化器外科（胃腸外科）	泌尿器科	肛門外科
平成20年(2008)	271 897	86 992	12 547	21 755	28 712	3 931	6 646	5 327	2 430	14 546	6 224	5 611	833	30 009	14 977	5 158	28 717	1 986	3 372	1 979	1 077	7 317	8 308	4 510
22 ('10)	280 431	88 155	13 185	22 442	29 642	4 704	6 956	6 643	2 793	14 892	6 826	6 136	847	30 344	15 599	5 600	28 918	2 058	3 230	2 625	1 078	7 730	8 329	4 689
24 ('12)	288 850	87 773	13 158	22 700	29 928	5 257	7 055	7 289	3 004	14 623	6 851	6 244	924	29 855	16 136	5 707	28 165	2 166	3 321	2 810	965	8 088	8 487	4 473
26 ('14)	296 845	89 234	13 499	23 319	30 738	5 847	7 493	7 970	3 227	14 644	7 289	6 587	1 008	29 878	16 780	6 079	27 738	2 224	3 466	2 973	977	8 253	8 490	4 501
28 ('16)	304 759	87 761	13 405	22 674	29 478	6 850	7 617	9 003	3 456	14 142	6 454	6 186	1 326	27 761	17 077	5 617	25 673	2 367	3 590	3 422	931	8 728	8 490	4 352

注：1）昭和45年以前には外国人が含まれていないが、昭和46年以降には含まれている。
　　2）沖縄県が含まれたのは、昭和47年以降である。
　　3）2つ以上の診療科に従事している場合、各々の科に重複計上している。

の年次推移，診療科（複数回答）別

各年12月31日現在

婦人科	眼科	耳鼻いんこう科	気管食道科	皮膚科	泌尿器科	性病科	こう門科	（理学診療科）リハビリテーション科	放射線科	麻酔科	病理	救命救急	研修医	全科	その他	不詳	総数（歯科医師）	歯科	矯正歯科	小児歯科	歯科口腔外科	研修歯科医	不詳
・	5 373	5 964	1 033	7 350		4 296	2 260	6 461		・	・	・	・	5 939	・	325	29 422	・	・	・	・	・	−
・	5 810	6 759	1 364	9 178		3 496	2 717	8 283		・	・	・	・	4 761	・	193	31 797	・	・	・	・	・	−
・	5 938	6 779	1 440	10 556		3 083	2 907	2 424	9 597	703	・	・	・	2 792	・	262	34 127	・	・	・	・	・	−
・	5 994	6 730	1 589	11 484		2 530	3 130	2 732	10 769	1 402	・	・	・	2 564	・	681	36 468	・	・	・	・	・	−
1 983	6 228	6 830	1 461	10 853	5 726	2 051	3 034	2 956	10 601	2 063	・	・	・	2 053	・	743	41 951	・	・	・	・	・	−
2 090	6 248	6 717	1 503	10 857	5 788	1 924	3 014	3 176	10 604	2 298	・	・	・	1 979	・	757	42 704	・	・	・	・	・	−
2 030	6 362	6 789	1 509	11 018	5 828	1 895	3 040	3 354	10 677	2 473	・	・	・	1 753	791	152	43 906	・	・	・	・	・	−
2 354	6 603	6 884	1 533	11 570	6 113	1 901	3 238	3 777	10 962	2 729	・	・	・	1 885	480	158	46 902	45 741	2 051	2 022	・	・	−
2 481	6 838	7 037	1 498	11 572	6 152	1 804	3 224	4 084	11 228	3 028	・	・	・	1 633	949	212	48 899	47 887	2 181	2 313	・	・	−
2 522	7 045	7 166	1 493	11 775	6 361	1 684	3 292	4 589	11 309	3 277	・	・	・	1 633	1 014	321	51 597	50 410	2 682	2 937	・	・	−
2 414	7 385	7 476	1 584	12 474	6 797	1 744	3 550	5 485	11 890	3 705	・	・	・	1 358	1 064	494	54 954	53 687	3 206	3 685	・	・	−
2 338	7 446	7 531	1 623	12 264	6 827	1 611	3 576	5 677	11 707	3 893	・	・	・	1 413	1 237	210	56 327	54 910	3 341	3 816	・	・	−
2 307	8 040	7 871	1 557	12 560	7 130	1 566	3 598	6 624	11 775	4 450	・	・	・	1 252	1 482	95	61 283	59 651	4 422	5 806	・	・	−
2 409	8 408	8 120	1 561	12 656	7 325	1 405	3 739	7 194	11 754	4 883	・	・	・	1 202	1 748	180	64 904	63 080	5 577	7 790	・	・	−
2 419	8 894	8 347	1 508	12 891	7 572	1 236	3 919	8 533	12 000	5 358	・	・	・	1 125	1 762	435	68 692	66 718	6 800	10 092	・	・	−
2 539	9 485	8 576	1 533	13 205	7 776	1 138	4 098	9 801	12 283	5 949	・	・	・	1 061	2 035	376	72 087	69 977	8 522	13 711	・	・	−
2 618	9 886	8 746	1 409	13 444	7 904	997	4 213	10 744	11 791	6 374	・	・	・	1 197	1 638	356	75 628	73 326	9 857	15 631	・	・	−
2 161	10 565	8 974	1 635	13 525	7 865	856	4 263	11 865	11 232	6 902	・	・	・	722	4 039	218	79 091	76 551	12 395	21 136	・	・	−
2 332	11 345	9 297	1 648	14 324	8 181	803	4 619	11 986	11 295	7 538	・	・	・	610	4 253	255	83 403	78 456	14 948	26 272	10 847	・	−
2 302	11 751	9 432	1 618	14 417	8 387	735	4 727	13 758	11 104	8 139	・	・	・	522	4 708	256	85 669	80 150	15 569	27 832	12 118	・	−
2 511	12 415	9 615	1 578	14 827	8 460	702	4 854	15 356	10 831	8 427	・	・	・	744	5 070	199	88 410	82 442	17 018	31 290	14 916	・	64
2 522	12 797	9 682	1 614	14 929	8 710	683	4 859	16 456	10 556	8 819	・	・	・	961	5 252	569	90 499	84 286	18 623	34 941	18 031	・	79
2 633	12 778	9 499	1 541	14 866	8 562	620	4 940	16 883	10 135	8 981	・	・	…	3 883	7 703	264	92 696	86 352	19 515	37 325	19 770	・	89
2 719	12 671	9 290	1 427	14 716	8 536	586	4 849	17 202	9 737	8 679	1 364	2 175	14 556	301	4 054	222	94 593	86 062	20 279	39 528	21 857	2 661	105

各年12月31日現在

脳神経外科	整形外科	形成外科	美容外科	眼科	耳鼻いんこう科	小児外科	産婦人科	産科	婦人科	リハビリテーション科	放射線科	麻酔科	病理診断科	臨床検査科	救急科	臨床研修医	全科	その他	不詳	総数（歯科医師）	歯科	矯正歯科	小児歯科	歯科口腔外科	臨床研修歯科医	不詳
7 142	24 085	3 331	871	12 960	9 286	1 094	10 310	590	2 339	16 520	9 310	9 344	1 454	576	2 490	14 660	256	3 886	570	96 674	88 135	21 066	41 462	24 372	2 252	117
7 385	24 679	3 319	923	13 034	9 315	1 160	10 462	699	2 456	16 604	9 585	10 048	1 615	735	3 070	14 646	249	5 072	394	98 723	89 893	21 061	41 202	24 863	2 448	97
7 652	24 917	3 434	986	13 030	9 343	1 143	10 655	784	2 552	16 718	9 373	10 238	1 706	750	3 382	15 018	284	5 284	433	99 659	90 412	21 589	42 496	26 366	2 271	84
7 819	25 256	3 512	1 039	13 147	9 446	1 212	10 785	805	2 569	17 119	9 503	10 819	1 867	764	3 801	15 340	179	6 151	425	100 965	92 074	22 404	44 190	28 297	1 910	114
8 027	25 106	3 577	1 020	13 357	9 536	1 219	11 042	721	2 376	14 815	9 263	10 998	1 991	842	4 172	16 701	252	5 588	1 088	101 551	92 124	20 393	39 586	27 570	1 882	605

第6表　歯科医師数の年次推移，

	総数	医療施設の従事者	病院の従事者	開設者又は法人の代表者	勤務者(医育機関附属の病院を除く)	医育機関附属の病院の勤務者	臨床系の教官又は教員	臨床系の大学院生	臨床系の教官又は教員及び大学院生以外の従事者	診療所の従事者	開設者又は法人の代表者
昭和30年(1955)	31 109	29 422	2 060	126	1 397	537	…	…		27 362	23 415
35　('60)	33 177	31 797	1 977	6	1 264	707	…	…		29 820	25 398
40　('65)	35 558	34 127	2 016	2	1 068	946	…	…		32 111	26 916
45　('70)	37 859	36 468	2 575	2	1 012	1 561	…	…		33 893	28 270
50　('75)	43 586	41 951	3 897	4	1 104	2 789	…	…		38 054	30 644
51　('76)	44 382	42 704	4 243	4	1 217	3 022	…	…		38 461	30 809
52　('77)	45 715	43 906	4 530	4	1 244	3 282	…	…		39 376	31 326
53　('78)	48 731	46 902	4 776	4	1 287	3 485	…	…		42 126	33 102
54　('79)	50 821	48 899	5 343	4	1 437	3 902	…	…		43 556	33 590
55　('80)	53 602	51 597	5 871	4	1 424	4 443	…	…		45 726	35 038
56　('81)	56 841	54 954	6 196	4	1 518	4 674	…	…		48 758	37 372
57　('82)	58 362	56 327	6 532	5	1 561	4 966	…	…		49 795	37 827
59　('84)	63 145	61 283	7 628	5	1 701	5 922	…	…		53 655	40 563
61　('86)	66 797	64 904	8 001	4	1 736	6 261	…	…		56 903	42 997
63　('88)	70 572	68 692	8 547	2	1 860	6 685	…	…		60 145	45 367
平成2年('90)	74 028	72 087	8 819	2	1 951	6 866	…	…		63 268	46 121
4　('92)	77 416	75 628	9 537	3	2 044	7 490	…	…		66 091	46 780
6　('94)	81 055	79 091	10 214	16	2 173	8 025	3 644	4 381		68 877	51 495
8　('96)	85 518	83 403	10 723	12	2 082	8 629	3 685	4 944		72 680	53 789
10　('98)	88 061	85 669	11 543	13	2 217	9 313	3 744	5 569		74 126	55 056
12　(2000)	90 857	88 410	11 526	14	2 267	9 245	3 631	5 614		76 884	56 866
14　('02)	92 874	90 499	11 674	12	2 502	9 160	3 638	5 522		78 825	57 784
16　('04)	95 197	92 696	11 638	10	2 550	9 078	3 687	5 391		81 058	58 545
18　('06)	97 198	94 593	12 269	13	2 741	9 515	3 632	5 883		82 324	58 956
20　('08)	99 426	96 674	12 061	13	2 875	9 173	3 699	5 474		84 613	59 560
22　('10)	101 576	98 723	12 438	20	2 894	9 524	3 584	5 940		86 285	60 100
24　('12)	102 551	99 659	12 547	26	2 865	9 656	3 560	2 042	4 054	87 112	59 740
26　('14)	103 972	100 965	12 141	24	3 065	9 052	3 443	1 890	3 719	88 824	59 750
28　('16)	104 533	101 551	12 385	22	3 055	9 308	3 476	1 861	3 971	89 166	59 482

第7表　歯科医師数構成割合の年次推移，

(単位：%)

	総数	医療施設の従事者	病院の従事者	開設者又は法人の代表者	勤務者(医育機関附属の病院を除く)	医育機関附属の病院の勤務者	臨床系の教官又は教員	臨床系の大学院生	臨床系の教官又は教員及び大学院生以外の従事者	診療所の従事者	開設者又は法人の代表者
昭和30年(1955)	100.0	94.6	6.6	0.4	4.5	1.7	…	…		88.0	75.3
35　('60)	100.0	95.8	6.0	0.0	3.8	2.1	…	…		89.9	76.6
40　('65)	100.0	96.0	5.7	0.0	3.0	2.7	…	…		90.3	75.7
45　('70)	100.0	96.3	6.8	0.0	2.7	4.1	…	…		89.5	74.7
50　('75)	100.0	96.2	8.9	0.0	2.5	6.4	…	…		87.3	70.3
51　('76)	100.0	96.2	9.6	0.0	2.7	6.8	…	…		86.7	69.4
52　('77)	100.0	96.0	9.9	0.0	2.7	7.2	…	…		86.1	68.5
53　('78)	100.0	96.2	9.8	0.0	2.6	7.2	…	…		86.4	67.9
54　('79)	100.0	96.2	10.5	0.0	2.8	7.7	…	…		85.7	66.1
55　('80)	100.0	96.3	11.0	0.0	2.7	8.3	…	…		85.3	65.4
56　('81)	100.0	96.7	10.9	0.0	2.7	8.2	…	…		85.8	65.7
57　('82)	100.0	96.5	11.2	0.0	2.7	8.5	…	…		85.3	64.8
59　('84)	100.0	97.1	12.1	0.0	2.7	9.4	…	…		85.0	64.2
61　('86)	100.0	97.2	12.0	0.0	2.6	9.4	…	…		85.2	64.4
63　('88)	100.0	97.3	12.1	0.0	2.6	9.5	…	…		85.2	64.3
平成2年('90)	100.0	97.4	11.9	0.0	2.6	9.3	…	…		85.5	62.3
4　('92)	100.0	97.7	12.3	0.0	2.6	9.7	…	…		85.4	60.4
6　('94)	100.0	97.6	12.6	0.0	2.7	9.9	4.5	5.4		85.0	63.5
8　('96)	100.0	97.5	12.5	0.0	2.4	10.1	4.3	5.8		85.0	62.9
10　('98)	100.0	97.3	13.1	0.0	2.5	10.6	4.3	6.3		84.2	62.5
12　(2000)	100.0	97.3	12.7	0.0	2.5	10.2	4.0	6.2		84.6	62.6
14　('02)	100.0	97.4	12.6	0.0	2.7	9.9	3.9	5.9		84.9	62.2
16　('04)	100.0	97.4	12.2	0.0	2.7	9.5	3.9	5.7		85.1	61.5
18　('06)	100.0	97.3	12.6	0.0	2.8	9.8	3.7	6.1		84.7	60.7
20　('08)	100.0	97.2	12.1	0.0	2.9	9.2	3.7	5.5		85.1	59.9
22　('10)	100.0	97.2	12.2	0.0	2.8	9.4	3.5	5.8		84.9	59.2
24　('12)	100.0	97.2	12.2	0.0	2.8	9.4	3.5	2.0	4.0	84.9	58.3
26　('14)	100.0	97.1	11.7	0.0	2.9	8.7	3.3	1.8	3.6	85.4	57.5
28　('16)	100.0	97.1	11.8	0.0	2.9	8.9	3.3	1.8	3.8	85.3	56.9

注：1）昭和45年以前には外国人が含まれていないが、昭和46年以降には含まれている。
　　2）沖縄県が含まれたのは、昭和47年以降である。
　　3）「法人の代表者」は、平成4年までは「勤務者」に含めており、平成6年から「開設者」に含めている。
　　4）平成6年の「行政機関」は、「衛生行政機関」である。

主たる業務の種別

各年12月31日現在

勤務者	介護老人保健施設の従事者	医療施設・介護老人保健施設以外の従事者	医育機関の臨床系以外の大学院生	医育機関の臨床系以外の勤務者	医育機関以外の教育機関又は研究機関の勤務者	行政機関・保健衛生業務の従事者	行政機関	保健衛生業務	その他の業務の従事者	無職の者	不詳
3 947	・	454		196		258	...	...	381	852	-
4 422	・	371		166		205	...	...	375	634	-
5 195	・	346		183		163	...	...	419	666	-
5 623	・	446		319		127	...	...	320	625	-
7 410	・	626		483		143	...	...	322	687	-
7 652	・	632		505		127	...	...	329	717	-
8 050	・	625		501		124	...	...	330	854	-
9 024	・	672		540		132	...	...	324	833	-
9 966	・	678		550		128	...	...	303	941	-
10 688	・	772		642		130	...	...	308	925	-
11 386	・	726		586		140	...	...	284	877	-
11 968	・	821		682		139	...	...	294	920	-
13 092	・	628		473		155	...	...	285	949	-
13 906	・	701		551		150	...	...	241	951	-
14 778	-	807		653		154	...	...	221	852	-
17 147	-	954		782		172	...	...	191	796	-
19 311	1	714		549		165	...	...	189	884	-
17 382	1	804		619		185	165	20	168	991	-
18 891	1	962		719	48	195	177	18	193	959	-
19 070	2	1 176		906	65	205	182	23	164	1 050	-
20 018	6	1 252		967	72	213	202	11	147	990	52
21 041	11	1 273		893	128	252	226	26	135	953	3
22 513	8	1 318		992	100	226	204	22	179	995	1
23 368	15	1 336		1 007	98	231	211	20	161	1 084	9
25 053	16	1 373		997	134	242	219	23	222	1 135	6
26 185	16	1 422		1 016	135	271	240	31	277	1 134	4
27 372	27	1 424	131	839	160	294	258	36	276	1 164	1
29 074	29	1 540	156	901	162	321	290	31	333	1 105	-
29 684	33	1 543	125	897	173	348	299	49	311	1 086	9

主たる業務の種別

各年12月31日現在

勤務者	介護老人保健施設の従事者	医療施設・介護老人保健施設以外の従事者	医育機関の臨床系以外の大学院生	医育機関の臨床系以外の勤務者	医育機関以外の教育機関又は研究機関の勤務者	行政機関・保健衛生業務の従事者	行政機関	保健衛生業務	その他の業務の従事者	無職の者	不詳
12.7	・	1.5		0.6		0.8	...	...	1.2	2.7	-
13.3	・	1.1		0.5		0.6	...	...	1.1	1.9	-
14.6	・	1.0		0.5		0.5	...	...	1.2	1.9	-
14.9	・	1.2		0.8		0.3	...	...	0.8	1.7	-
17.0	・	1.4		1.1		0.3	...	...	0.7	1.6	-
17.2	・	1.4		1.1		0.3	...	...	0.7	1.6	-
17.6	・	1.4		1.1		0.3	...	...	0.7	1.9	-
18.5	・	1.4		1.1		0.3	...	...	0.7	1.7	-
19.6	・	1.3		1.1		0.3	...	...	0.6	1.9	-
19.9	・	1.4		1.2		0.2	...	...	0.6	1.7	-
20.0	・	1.3		1.0		0.2	...	...	0.5	1.5	-
20.5	・	1.4		1.2		0.2	...	...	0.5	1.6	-
20.7	・	1.0		0.7		0.2	...	...	0.5	1.5	-
20.8	・	1.0		0.8		0.2	...	...	0.4	1.4	-
20.9	-	1.1		0.9		0.2	...	...	0.3	1.2	-
23.2	-	1.3		1.1		0.2	...	...	0.3	1.1	-
24.9	0.0	0.9		0.7		0.2	...	...	0.2	1.1	-
21.4	0.0	1.0		0.8		0.2	0.2	0.0	0.2	1.2	-
22.1	0.0	1.1		0.8	0.1	0.2	0.2	0.0	0.2	1.1	-
21.7	0.0	1.3		1.0	0.1	0.2	0.2	0.0	0.2	1.2	-
22.0	0.0	1.4		1.1	0.1	0.2	0.2	0.0	0.2	1.1	0.1
22.7	0.0	1.4		1.0	0.1	0.3	0.2	0.0	0.1	1.0	0.0
23.6	0.0	1.4		1.0	0.1	0.2	0.2	0.0	0.2	1.0	0.0
24.0	0.0	1.4		1.0	0.1	0.2	0.2	0.0	0.2	1.1	0.0
25.2	0.0	1.4		1.0	0.1	0.2	0.2	0.0	0.2	1.1	0.0
25.8	0.0	1.4		1.0	0.1	0.3	0.2	0.0	0.3	1.1	0.0
26.7	0.0	1.4	0.1	0.8	0.2	0.3	0.3	0.0	0.3	1.1	0.0
28.0	0.0	1.5	0.2	0.9	0.2	0.3	0.3	0.0	0.3	1.1	-
28.4	0.0	1.5	0.1	0.9	0.2	0.3	0.3	0.0	0.3	1.0	0.0

第8表　人口10万対歯科医師数

	総数	医療施設の従事者	病院の従事者	開設者又は法人の代表者	勤務者(医育機関附属の病院を除く)	医育機関附属の病院の勤務者	臨床系の教官又は教員	臨床系の大学院生	臨床系の教官又は教員及び大学院生以外の従事者	診療所の従事者	開設者又は法人の代表者
昭和30年(1955)	34.8	33.0	2.3	0.1	1.6	0.6	…	…		30.6	26.2
35 ('60)	35.5	34.0	2.1	0.0	1.4	0.8	…	…		31.9	27.2
40 ('65)	36.2	34.7	2.1	0.0	1.1	1.0	…	…		32.7	27.4
45 ('70)	36.5	35.2	2.5	0.0	1.0	1.5	…	…		32.7	27.3
50 ('75)	38.9	37.5	3.5	0.0	1.0	2.5	…	…		34.0	27.4
51 ('76)	39.2	37.8	3.8	0.0	1.1	2.7	…	…		34.0	27.2
52 ('77)	40.0	38.5	4.0	0.0	1.1	2.9	…	…		34.5	27.4
53 ('78)	42.3	40.7	4.1	0.0	1.1	3.0	…	…		36.6	28.7
54 ('79)	43.8	42.1	4.6	0.0	1.2	3.4	…	…		37.5	28.9
55 ('80)	45.8	44.1	5.0	0.0	1.2	3.8	…	…		39.1	29.9
56 ('81)	48.2	46.6	5.3	0.0	1.3	4.0	…	…		41.4	31.7
57 ('82)	49.2	47.5	5.5	0.0	1.3	4.2	…	…		42.0	31.9
59 ('84)	52.5	51.0	6.3	0.0	1.4	4.9	…	…		44.6	33.7
61 ('86)	54.9	53.3	6.6	0.0	1.4	5.1	…	…		46.8	35.3
63 ('88)	57.5	55.9	7.0	0.0	1.5	5.4	…	…		49.0	36.9
平成2年('90)	59.9	58.3	7.1	0.0	1.6	5.6	…	…		51.2	37.3
4 ('92)	62.2	60.8	7.7	0.0	1.6	6.0	…	…		53.1	37.6
6 ('94)	64.8	63.3	8.2	0.0	1.7	6.4	2.9	3.5		55.1	41.2
8 ('96)	67.9	66.3	8.5	0.0	1.7	6.9	2.9	3.9		57.7	42.7
10 ('98)	69.6	67.7	9.1	0.0	1.8	7.4	3.0	4.4		58.6	43.5
12 (2000)	71.6	69.7	9.1	0.0	1.8	7.3	2.9	4.4		60.6	44.8
14 ('02)	72.9	71.0	9.2	0.0	2.0	7.2	2.9	4.3		61.9	45.3
16 ('04)	74.6	72.6	9.1	0.0	2.0	7.1	2.9	4.2		63.5	45.9
18 ('06)	76.1	74.0	9.6	0.0	2.1	7.4	2.8	4.6		64.4	46.1
20 ('08)	77.9	75.7	9.4	0.0	2.3	7.2	2.9	4.3		66.3	46.6
22 ('10)	79.3	77.1	9.7	0.0	2.3	7.4	2.8	4.6		67.4	46.9
24 ('12)	80.4	78.2	9.8	0.0	2.2	7.6	2.8	1.6	3.2	68.3	46.8
26 ('14)	81.8	79.4	9.6	0.0	2.4	7.1	2.7	1.5	2.9	69.9	47.0
28 ('16)	82.4	80.0	9.8	0.0	2.4	7.3	2.7	1.5	3.1	70.2	46.9

第9表　薬剤師数の年次推移,

	総数	薬局の従事者	開設者	勤務者	病院・診療所の従事者	調剤	検査	大学の従事者
昭和30年(1955)	52 418	20 461	13 551	6 910	8 000	…	…	800
35 ('60)	60 257	23 348	14 486	8 862	9 575	…	…	1 149
40 ('65)	68 674	24 147	12 828	11 319	11 345	…	…	1 482
45 ('70)	79 393	27 681	13 266	14 415	14 627	…	…	2 089
50 ('75)	94 362	30 446	14 124	16 322	19 392	18 234	1 158	2 444
51 ('76)	97 474	31 323	14 191	17 132	20 447	19 256	1 191	2 545
52 ('77)	100 897	32 401	14 518	17 883	21 584	20 369	1 215	2 458
53 ('78)	104 693	33 168	14 690	18 478	23 363	22 075	1 288	2 545
54 ('79)	110 774	34 954	16 278	18 676	25 274	23 935	1 339	2 799
55 ('80)	116 056	36 677	16 191	20 486	27 088	25 830	1 258	2 852
56 ('81)	120 444	38 382	16 342	22 040	28 892	27 619	1 273	2 916
57 ('82)	124 390	39 751	16 333	23 418	30 220	28 971	1 249	2 937
59 ('84)	129 700	42 173	16 462	25 711	32 503	31 445	1 058	2 976
61 ('86)	135 990	43 749	17 379	26 370	34 799	33 947	852	3 082
63 ('88)	143 429	45 963	17 046	28 917	38 339	37 591	748	3 111
平成2年('90)	150 627	48 811	17 461	31 350	41 214	40 512	702	2 969
4 ('92)	162 021	52 226	16 923	35 303	43 416	42 784	632	3 146

	総数	薬局の従事者	開設者又は法人の代表者	勤務者	医療施設の従事者	調剤・病棟業務	検査	その他(治験等)	病院の従事者	調剤・病棟業務	その他(治験、検査等)
平成6年(1994)	176 871	60 866	20 333	40 533	45 553	43 864	502	1 187	…	…	…
8 ('96)	194 300	69 870	20 460	49 410	48 984	47 170	455	1 359	…	…	…
10 ('98)	205 953	81 220	20 500	60 720	49 039	47 069	442	1 528	…	…	…
12 (2000)	217 477	94 760	20 608	74 152	48 150	46 034	333	1 783	…	…	…
14 ('02)	229 744	106 892	20 446	86 446	47 536	45 277	282	1 977	…	…	…
16 ('04)	241 369	116 303	19 935	96 368	48 094	45 711	252	2 131	…	…	…
18 ('06)	252 533	125 254	19 492	105 762	48 964	46 431	249	2 284	…	…	…
20 ('08)	267 751	135 716	19 288	116 428	50 336	47 754	168	2 414	…	…	…
22 ('10)	276 517	145 603	18 884	126 719	52 013	49 211	159	2 643	…	…	…
24 ('12)	280 052	153 012	18 358	134 654	52 704	50 415	149	2 140	…	…	…
26 ('14)	288 151	161 198	17 859	143 339	54 879	52 577		2 302	48 980	47 708	1 272
28 ('16)	301 323	172 142	17 201	154 941	58 044	55 634		2 410	52 145	50 785	1 360

注：1）昭和45年以前には外国人が含まれていないが、昭和46年以降には含まれている。
　　2）沖縄県が含まれたのは、昭和47年以降である。
　　3）歯科医師の「法人の代表者」は、平成４年まで「勤務者」に含めており、平成６年から「開設者」に含めている。
　　4）歯科医師の平成６年「行政機関」は、「衛生行政機関」である。
　　5）薬剤師の平成６年～平成16年「医薬品製造販売業・製造業（研究・開発、営業、その他）」は、「医薬品製造業・輸入販売業（研究・開発、営業、その他）」である。
　　6）薬剤師の平成６年～平成22年「調剤・病棟業務」は、「調剤」である。

の年次推移，主たる業務の種別

各年12月31日現在

勤務者	介護老人保健施設の従事者	医療施設・介護老人保健施設以外の従事者	医育機関の臨床系以外の大学院生	医育機関の臨床系以外の勤務者	医育機関以外の教育機関又は研究機関の勤務者	行政機関・保健衛生業務の従事者	行政機関	保健衛生業務	その他の業務の従事者	無職の者	不詳
4.4	·	0.5		0.2		0.3	...	...	0.4	1.0	–
4.7	·	0.4		0.2		0.2	...	...	0.4	0.7	–
5.3	·	0.4		0.2		0.2	...	...	0.4	0.7	–
5.4	·	0.4		0.3		0.1	...	...	0.3	0.6	–
6.6	·	0.6		0.4		0.1	...	...	0.3	0.6	–
6.8	·	0.5		0.4		0.1	...	...	0.3	0.6	–
7.1	·	0.5		0.4		0.1	...	...	0.3	0.7	–
7.8	·	0.6		0.5		0.1	...	...	0.3	0.7	–
8.6	·	0.6		0.5		0.1	...	...	0.3	0.8	–
9.1	·	0.7		0.5		0.1	...	...	0.3	0.8	–
9.7	·	0.6		0.5		0.1	...	...	0.2	0.7	–
10.1	·	0.7		0.6		0.1	...	...	0.2	0.8	–
10.9	·	0.5		0.4		0.1	...	...	0.2	0.8	–
11.4	·	0.6		0.5		0.1	...	...	0.2	0.8	–
12.0	·	0.7		0.5		0.1	...	...	0.2	0.7	–
13.9	–	0.8		0.6		0.1	...	...	0.2	0.6	–
15.5	0.0	0.6		0.4		0.1	...	...	0.2	0.7	–
13.9	0.0	0.6		0.5		0.1	0.1	0.0	0.1	0.8	–
15.0	0.0	0.8		0.6	0.0	0.2	0.1	0.0	0.2	0.8	–
15.1	0.0	0.9		0.7	0.1	0.2	0.1	0.0	0.1	0.8	–
15.8	0.0	1.0		0.8	0.1	0.2	0.2	0.0	0.1	0.7	0.0
16.5	0.0	1.0		0.7	0.1	0.2	0.2	0.0	0.1	0.8	0.0
17.6	0.0	1.0		0.8	0.1	0.2	0.2	0.0	0.1	0.8	0.0
18.3	0.0	1.0		0.8	0.1	0.2	0.2	0.0	0.1	0.8	0.0
19.6	0.0	1.1		0.8	0.1	0.2	0.2	0.0	0.2	0.9	0.0
20.4	0.0	1.1		0.8	0.1	0.2	0.2	0.0	0.2	0.9	0.0
21.5	0.0	1.1	0.1	0.7	0.1	0.2	0.2	0.0	0.2	0.9	–
22.9	0.0	1.2	0.1	0.7	0.1	0.3	0.2	0.0	0.3	0.9	–
23.4	0.0	1.2	0.1	0.7	0.1	0.3	0.2	0.0	0.2	0.9	0.0

業務の種別

各年12月31日現在

医薬品の製造業又は輸入販売業の従事者	小売業に属する医薬品の一般販売業の従事者	その他の医薬品の販売業の従事者	毒物劇物営業（製造・輸入・販売）の従事者	その他の化学工業の従事者	衛生行政機関又は保健衛生施設の従事者	その他の者	その他の業務の従事者	無職の者	不詳
9 285			699	1 223	2 759	9 191	...	...	–
11 232			621	1 405	2 999	9 928	...	...	–
13 668			643	1 299	3 093	12 997	...	...	–
15 728			500	1 274	3 280	14 214	...	...	–
10 047	4 694	4 052	468	1 056	4 485	17 278	3 577	13 701	–
9 916	4 886	4 261	426	1 032	4 406	18 232	3 567	14 665	–
10 083	4 881	4 623	408	938	4 473	19 048	3 383	15 665	–
10 089	5 183	4 867	383	931	4 465	19 699	3 560	16 139	–
10 625	5 546	5 346	367	845	4 724	20 294	3 655	16 639	–
11 196	5 759	5 720	340	872	4 815	20 737	3 720	17 017	–
11 606	5 593	5 929	313	869	4 826	21 118	3 773	17 345	–
11 898	5 612	6 399	299	874	4 923	21 477	3 762	17 715	–
12 605	6 058	6 486	242	882	4 881	20 894	3 620	17 274	–
14 147	6 422	6 224	240	1 010	5 007	21 310	3 731	17 579	–
15 243	7 076	6 612	192	965	4 879	21 049	3 881	17 168	–
16 884	7 485	6 989	179	1 142	4 931	20 023	3 936	16 087	–
20 751	8 270	7 227	180	1 246	5 168	20 391	4 322	16 069	–

診療所の従事者	調剤・病棟業務	その他（治験、検査等）	大学の従事者	勤務者（研究・教育）	大学院生又は研究生	医薬品関係企業の従事者	医薬品製造販売業・製造業（研究・開発、営業、その他）	医薬品販売業	衛生行政機関又は保健衛生施設の従事者	その他の者	その他の業務の従事者	無職の者	不詳
...	...	...	5 107	3 037	2 070	40 881	26 198	14 683	5 312	19 152	4 603	14 549	–
...	...	...	5 708	3 021	2 687	45 116	29 534	15 582	5 441	19 181	4 573	14 608	–
...	...	...	6 038	3 075	2 963	45 821	29 491	16 330	5 592	18 243	4 255	13 988	–
...	...	...	6 393	3 168	3 225	44 803	28 584	16 219	5 691	17 494	4 400	13 094	186
...	...	...	7 076	3 154	3 922	45 543	29 592	15 951	5 673	16 998	4 614	12 384	26
...	...	...	8 046	3 557	4 489	45 261	29 828	15 433	5 860	17 804	4 918	12 886	1
...	...	...	8 845	4 130	4 715	45 415	30 130	15 285	5 951	18 086	5 416	12 670	18
...	...	...	9 276	4 409	4 867	47 643	30 900	16 743	6 280	18 476	6 162	12 314	24
...	...	...	7 538	4 580	2 958	47 256	31 916	15 340	6 303	17 780	6 066	11 714	24
...	...	...	5 249	4 618	631	45 112	31 262	13 850	6 443	17 517	6 271	11 246	15
5 899	4 869	1 030	5 103	4 640	463	43 608	30 762	12 846	6 576	16 766	6 349	10 417	21
5 899	4 849	1 050	5 046	4 523	523	42 024	30 265	11 759	6 813	17 233	6 802	10 431	21

第10表　薬剤師数構成割合の年次推移,

(単位：%)

	総数	薬局の従事者	開設者	勤務者	病院・診療所の従事者	調剤	検査	大学の従事者
昭和30年(1955)	100.0	39.0	25.9	13.2	15.3	…	…	1.5
35 ('60)	100.0	38.7	24.0	14.7	15.9	…	…	1.9
40 ('65)	100.0	35.2	18.7	16.5	16.5	…	…	2.2
45 ('70)	100.0	34.9	16.7	18.2	18.4	…	…	2.6
50 ('75)	100.0	32.3	15.0	17.3	20.6	19.3	1.2	2.6
51 ('76)	100.0	32.1	14.6	17.6	21.0	19.8	1.2	2.6
52 ('77)	100.0	32.1	14.4	17.7	21.4	20.2	1.2	2.4
53 ('78)	100.0	31.7	14.0	17.6	22.3	21.1	1.2	2.5
54 ('79)	100.0	31.6	14.7	16.9	22.8	21.6	1.2	2.5
55 ('80)	100.0	31.6	14.0	17.7	23.3	22.3	1.1	2.5
56 ('81)	100.0	31.9	13.6	18.3	24.0	22.9	1.1	2.4
57 ('82)	100.0	32.0	13.1	18.8	24.3	23.3	1.0	2.4
59 ('84)	100.0	32.5	12.7	19.8	25.1	24.2	0.8	2.3
61 ('86)	100.0	32.2	12.8	19.4	25.6	25.0	0.6	2.3
63 ('88)	100.0	32.0	11.9	20.2	26.7	26.2	0.5	2.2
平成2年('90)	100.0	32.4	11.6	20.8	27.4	26.9	0.5	2.0
4 ('92)	100.0	32.2	10.4	21.8	26.8	26.4	0.4	1.9

	総数	薬局の従事者	開設者又は法人の代表者	勤務者	医療施設の従事者	調剤・病棟業務	検査	その他(治験等)	病院の従事者	調剤・病棟業務	その他(治験、検査等)
平成6年(1994)	100.0	34.4	11.5	22.9	25.8	24.8	0.3	0.7	…	…	…
8 ('96)	100.0	36.0	10.5	25.4	25.2	24.3	0.2	0.7	…	…	…
10 ('98)	100.0	39.4	10.0	29.5	23.8	22.9	0.2	0.7	…	…	…
12 (2000)	100.0	43.6	9.5	34.1	22.1	21.2	0.2	0.8	…	…	…
14 ('02)	100.0	46.5	8.9	37.6	20.7	19.7	0.1	0.9	…	…	…
16 ('04)	100.0	48.2	8.3	39.9	19.9	18.9	0.1	0.9	…	…	…
18 ('06)	100.0	49.6	7.7	41.9	19.4	18.4	0.1	0.9	…	…	…
20 ('08)	100.0	50.7	7.2	43.5	18.8	17.8	0.1	0.9	…	…	…
22 ('10)	100.0	52.7	6.8	45.8	18.8	17.8	0.1	1.0	…	…	…
24 ('12)	100.0	54.6	6.6	48.1	18.8	18.0	0.1	0.8	…	…	…
26 ('14)	100.0	55.9	6.2	49.7	19.0	18.2	0.8		17.0	16.6	0.4
28 ('16)	100.0	57.1	5.7	51.4	19.3	18.5	0.8		17.3	16.9	0.5

第11表　人口10万対薬剤師数

	総数	薬局の従事者	開設者	勤務者	病院・診療所の従事者	調剤	検査	大学の従事者
昭和30年(1955)	58.7	22.9	15.2	7.7	9.0	…	…	0.9
35 ('60)	64.5	25.0	15.5	9.5	10.2	…	…	1.2
40 ('65)	69.9	24.6	13.1	11.5	11.5	…	…	1.5
45 ('70)	76.5	26.7	12.8	13.9	14.1	…	…	2.0
50 ('75)	84.3	27.2	12.6	14.6	17.3	16.3	1.0	2.2
51 ('76)	86.2	27.7	12.5	15.1	18.1	17.0	1.1	2.3
52 ('77)	88.4	28.4	12.7	15.7	18.9	17.8	1.1	2.2
53 ('78)	90.9	28.8	12.8	16.0	20.3	19.2	1.1	2.2
54 ('79)	95.4	30.1	14.0	16.1	21.8	20.6	1.2	2.4
55 ('80)	99.1	31.3	13.8	17.5	23.1	22.1	1.1	2.4
56 ('81)	102.2	32.6	13.9	18.7	24.5	23.4	1.1	2.5
57 ('82)	104.8	33.5	13.8	19.7	25.5	24.4	1.1	2.5
59 ('84)	107.9	35.1	13.7	21.4	27.0	26.2	0.9	2.5
61 ('86)	111.8	36.0	14.3	21.7	28.6	27.9	0.7	2.5
63 ('88)	116.8	37.4	13.9	23.6	31.2	30.6	0.6	2.5
平成2年('90)	121.9	39.5	14.1	25.4	33.3	32.8	0.6	2.4
4 ('92)	130.2	42.0	13.6	28.4	34.9	34.4	0.5	2.5

	総数	薬局の従事者	開設者又は法人の代表者	勤務者	医療施設の従事者	調剤・病棟業務	検査	その他(治験等)	病院の従事者	調剤・病棟業務	その他(治験、検査等)
平成6年(1994)	141.5	48.7	16.3	32.4	36.4	35.1	0.4	0.9	…	…	…
8 ('96)	154.4	55.5	16.3	39.3	38.9	37.5	0.4	1.1	…	…	…
10 ('98)	162.8	64.2	16.2	48.0	38.8	37.2	0.3	1.2	…	…	…
12 (2000)	171.3	74.7	16.2	58.4	37.9	36.3	0.3	1.4	…	…	…
14 ('02)	180.3	83.9	16.0	67.8	37.3	35.5	0.2	1.6	…	…	…
16 ('04)	189.0	91.1	15.6	75.5	37.7	35.8	0.2	1.7	…	…	…
18 ('06)	197.6	98.0	15.3	82.8	38.3	36.3	0.2	1.8	…	…	…
20 ('08)	209.7	106.3	15.1	91.2	39.4	37.4	0.1	1.9	…	…	…
22 ('10)	215.9	113.7	14.7	99.0	40.6	38.4	0.1	2.1	…	…	…
24 ('12)	219.6	120.0	14.4	105.6	41.3	39.5	0.1	1.7	…	…	…
26 ('14)	226.7	126.8	14.1	112.8	43.2	41.4	1.8		38.5	37.5	1.0
28 ('16)	237.4	135.6	13.6	122.1	45.7	43.8	1.9		41.1	40.0	1.1

注：1）昭和45年以前には外国人が含まれていないが、昭和46年以降には含まれている。
　　2）沖縄県が含まれたのは、昭和47年以降である。
　　3）平成6年～平成16年「医薬品製造販売業・製造業（研究・開発、営業、その他）」は、「医薬品製造業・輸入販売業（研究・開発、営業、その他）」である。
　　4）平成6年～平成22年「調剤・病棟業務」は、「調剤」である。

業務の種別

各年12月31日現在

医薬品の製造業又は輸入販売業の従事者	小売業に属する医薬品の一般販売業の従事者	その他の医薬品販売業の従事者	毒物劇物営業（製造・輸入・販売）の従事者	その他の化学工業の従事者	衛生行政機関又は保健衛生施設の従事者	その他の者		不詳
						その他の業務の従事者	無職の者	
17.7			1.3	2.3	5.3	17.5	...	...	—
18.6			1.0	2.3	5.0	16.5	...	...	—
19.9			0.9	1.9	4.5	18.9	...	...	—
19.8			0.6	1.6	4.1	17.9	...	...	—
10.6	5.0	4.3	0.5	1.1	4.8	18.3	3.8	14.5	—
10.2	5.0	4.4	0.4	1.1	4.5	18.7	3.7	15.0	—
10.0	4.8	4.6	0.4	0.9	4.4	18.9	3.4	15.5	—
9.6	5.0	4.6	0.4	0.9	4.3	18.8	3.4	15.4	—
9.6	5.0	4.8	0.3	0.8	4.3	18.3	3.3	15.0	—
9.6	4.6	4.9	0.3	0.8	4.1	17.9	3.2	14.7	—
9.6	4.5	5.1	0.2	0.7	4.0	17.5	3.0	14.2	—
9.7	4.7	5.0	0.2	0.7	3.8	16.1	2.8	13.3	—
10.4	4.7	4.6	0.2	0.7	3.7	15.7	2.7	12.9	—
10.6	4.9	4.6	0.1	0.7	3.4	14.7	2.7	12.0	—
11.2	5.0	4.6	0.1	0.8	3.3	13.3	2.6	10.7	—
12.8	5.1	4.5	0.1	0.8	3.2	12.6	2.7	9.9	—

診療所の従事者	調剤・病棟業務	その他（治験、検査等）	大学の従事者	勤務者（研究・教育）	大学院生又は研究生	医薬品関係企業の従事者	医薬品製造販売業・製造業（研究・開発、営業、その他）	医薬品販売業	衛生行政機関又は保健衛生施設の従事者	その他の者	その他の業務の従事者	無職の者	不詳
...	...	...	2.9	1.7	1.2	23.1	14.8	8.3	3.0	10.8	2.6	8.2	—
...	...	...	2.9	1.6	1.4	23.2	15.2	8.0	2.8	9.9	2.4	7.5	—
...	...	...	2.9	1.5	1.4	22.2	14.3	7.9	2.7	8.9	2.1	6.8	—
...	...	...	2.9	1.5	1.5	20.6	13.1	7.5	2.6	8.0	2.0	6.0	0.1
...	...	...	3.1	1.4	1.7	19.8	12.9	6.9	2.5	7.4	2.0	5.4	0.0
...	...	...	3.3	1.5	1.9	18.8	12.4	6.4	2.4	7.4	2.0	5.3	0.0
...	...	...	3.5	1.6	1.9	18.0	11.9	6.1	2.4	7.2	2.1	5.0	0.0
...	...	...	3.5	1.6	1.8	17.8	11.5	6.3	2.3	6.9	2.3	4.6	0.0
...	...	...	2.7	1.7	1.1	17.1	11.5	5.5	2.3	6.4	2.2	4.2	0.0
...	...	...	1.9	1.6	0.2	16.1	11.2	4.9	2.3	6.3	2.2	4.0	0.0
2.0	1.7	0.4	1.8	1.6	0.2	15.1	10.7	4.5	2.3	5.8	2.2	3.6	0.0
2.0	1.6	0.3	1.7	1.5	0.2	13.9	10.0	3.9	2.3	5.7	2.3	3.5	0.0

の年次推移，業務の種別

各年12月31日現在

医薬品の製造業又は輸入販売業の従事者	小売業に属する医薬品の一般販売業の従事者	その他の医薬品販売業の従事者	毒物劇物営業（製造・輸入・販売）の従事者	その他の化学工業の従事者	衛生行政機関又は保健衛生施設の従事者	その他の者		不詳
						その他の業務の従事者	無職の者	
10.4			0.8	1.4	3.1	10.3	...	...	—
12.0			0.7	1.5	3.2	10.6	...	...	—
13.9			0.7	1.3	3.1	13.2	...	...	—
15.2			0.5	1.2	3.2	13.7	...	...	—
9.0	4.2	3.6	0.4	0.9	4.0	15.4	3.2	12.2	—
8.8	4.3	3.8	0.4	0.9	3.9	16.1	3.2	13.0	—
8.8	4.3	4.0	0.4	0.8	3.9	16.7	3.0	13.7	—
8.8	4.5	4.2	0.3	0.8	3.9	17.1	3.1	14.0	—
9.1	4.8	4.6	0.3	0.7	4.1	17.5	3.1	14.3	—
9.6	4.9	4.9	0.3	0.7	4.1	17.7	3.2	14.5	—
9.8	4.7	5.0	0.3	0.7	4.1	17.9	3.2	14.7	—
10.0	4.7	5.4	0.3	0.7	4.1	18.1	3.2	14.9	—
10.5	5.0	5.4	0.2	0.7	4.1	17.4	3.0	14.4	—
11.6	5.3	5.1	0.2	0.8	4.1	17.5	3.1	14.4	—
12.4	5.8	5.4	0.2	0.8	4.0	17.1	3.2	14.0	—
13.7	6.1	5.7	0.1	0.9	4.0	16.2	3.2	13.0	—
16.7	6.6	5.8	0.1	1.0	4.2	16.4	3.5	12.9	—

診療所の従事者	調剤・病棟業務	その他（治験、検査等）	大学の従事者	勤務者（研究・教育）	大学院生又は研究生	医薬品関係企業の従事者	医薬品製造販売業・製造業（研究・開発、営業、その他）	医薬品販売業	衛生行政機関又は保健衛生施設の従事者	その他の者	その他の業務の従事者	無職の者	不詳
...	...	...	4.1	2.4	1.7	32.7	21.0	11.7	4.2	15.3	3.7	11.6	—
...	...	...	4.5	2.4	2.1	35.8	23.5	12.4	4.3	15.2	3.6	11.6	—
...	...	...	4.8	2.4	2.3	36.2	23.3	12.9	4.4	14.4	3.4	11.1	—
...	...	...	5.0	2.5	2.5	35.3	22.5	12.8	4.5	13.8	3.5	10.3	0.1
...	...	...	5.6	2.5	3.1	35.7	23.2	12.5	4.5	13.4	3.6	9.7	0.0
...	...	...	6.3	2.8	3.5	35.4	23.4	12.1	4.6	13.9	3.9	10.1	0.0
...	...	...	6.9	3.2	3.7	35.5	23.6	12.0	4.7	14.2	4.2	9.9	0.0
...	...	...	7.3	3.5	3.8	37.3	24.2	13.1	4.9	14.5	4.8	9.6	0.0
...	...	...	5.9	3.6	2.3	36.9	24.9	12.0	4.9	13.9	4.7	9.1	0.0
...	...	...	4.1	3.6	0.4	35.4	24.5	10.9	5.1	13.7	4.9	8.8	0.0
4.6	3.8	0.8	4.0	3.7	0.4	34.3	24.2	10.1	5.2	13.2	5.0	8.2	0.0
4.6	3.8	0.8	4.0	3.6	0.4	33.1	23.8	9.3	5.4	13.6	5.4	8.2	0.0

第12表　医師数及び構成割合の年次推移，年齢階級、性別

各年12月31日現在

	平成2年(1990)	6('94)	10('98)	14('02)	16('04)	18('06)	20('08)	22('10)	24('12)	26('14)	28('16)
総数	211 797	230 519	248 611	262 687	270 371	277 927	286 699	295 049	303 268	311 205	319 480
男	187 538	201 244	213 603	221 548	225 743	229 998	234 702	239 152	243 627	247 701	251 987
女	24 259	29 275	35 008	41 139	44 628	47 929	51 997	55 897	59 641	63 504	67 493
29歳以下	26 317	26 723	27 489	26 767	26 423	26 350	26 261	26 468	26 466	26 548	27 951
男	21 223	20 159	19 688	17 938	17 088	16 919	16 752	16 964	17 060	17 298	18 281
女	5 094	6 564	7 801	8 829	9 335	9 431	9 509	9 504	9 406	9 250	9 670
30～39	62 231	68 724	68 610	66 797	66 377	67 059	66 993	66 625	66 885	66 780	66 714
男	55 314	59 542	57 225	53 104	51 454	50 609	49 028	47 456	46 774	45 890	45 677
女	6 917	9 182	11 385	13 693	14 923	16 450	17 965	19 169	20 111	20 890	21 037
40～49	39 457	50 359	61 889	68 934	71 291	70 795	71 179	70 972	70 631	70 388	70 873
男	35 690	45 328	55 120	60 340	61 610	60 386	59 495	57 884	56 232	54 617	53 350
女	3 767	5 031	6 769	8 594	9 681	10 409	11 684	13 088	14 399	15 771	17 523
50～59	28 964	27 953	33 246	43 295	49 089	56 603	60 894	65 028	68 778	71 276	70 728
男	26 696	25 653	30 077	38 980	44 076	50 706	54 056	57 314	59 867	61 184	59 871
女	2 268	2 300	3 169	4 315	5 013	5 897	6 838	7 714	8 911	10 092	10 857
60～69	37 375	34 541	26 578	24 574	24 833	24 931	30 178	35 321	40 173	45 648	52 537
男	33 451	31 210	24 423	22 601	22 807	22 694	27 341	31 930	36 268	41 065	47 113
女	3 924	3 331	2 155	1 973	2 026	2 237	2 837	3 391	3 905	4 583	5 424
70歳以上	17 453	22 219	30 799	32 320	32 358	32 189	31 194	30 635	30 335	30 565	30 677
男	15 164	19 352	27 070	28 585	28 708	28 684	28 030	27 604	27 426	27 647	27 695
女	2 289	2 867	3 729	3 735	3 650	3 505	3 164	3 031	2 909	2 918	2 982
不詳	－	－	－	－	－	－	－	－	－	－	－
男	－	－	－	－	－	－	－	－	－	－	－
女	－	－	－	－	－	－	－	－	－	－	－

構　成　割　合　（%）

	平成2年(1990)	6('94)	10('98)	14('02)	16('04)	18('06)	20('08)	22('10)	24('12)	26('14)	28('16)
総数	100.0	100.0	100.0	100.0	100.0	100.0	100.0	100.0	100.0	100.0	100.0
男	88.5	87.3	85.9	84.3	83.5	82.8	81.9	81.1	80.3	79.6	78.9
女	11.5	12.7	14.1	15.7	16.5	17.2	18.1	18.9	19.7	20.4	21.1
29歳以下	100.0	100.0	100.0	100.0	100.0	100.0	100.0	100.0	100.0	100.0	100.0
男	80.6	75.4	71.6	67.0	64.7	64.2	63.8	64.1	64.5	65.2	65.4
女	19.4	24.6	28.4	33.0	35.3	35.8	36.2	35.9	35.5	34.8	34.6
30～39	100.0	100.0	100.0	100.0	100.0	100.0	100.0	100.0	100.0	100.0	100.0
男	88.9	86.6	83.4	79.5	77.5	75.5	73.2	71.2	69.9	68.7	68.5
女	11.1	13.4	16.6	20.5	22.5	24.5	26.8	28.8	30.1	31.3	31.5
40～49	100.0	100.0	100.0	100.0	100.0	100.0	100.0	100.0	100.0	100.0	100.0
男	90.5	90.0	89.1	87.5	86.4	85.3	83.6	81.6	79.6	77.6	75.3
女	9.5	10.0	10.9	12.5	13.6	14.7	16.4	18.4	20.4	22.4	24.7
50～59	100.0	100.0	100.0	100.0	100.0	100.0	100.0	100.0	100.0	100.0	100.0
男	92.2	91.8	90.5	90.0	89.8	89.6	88.8	88.1	87.0	85.8	84.6
女	7.8	8.2	9.5	10.0	10.2	10.4	11.2	11.9	13.0	14.2	15.4
60～69	100.0	100.0	100.0	100.0	100.0	100.0	100.0	100.0	100.0	100.0	100.0
男	89.5	90.4	91.9	92.0	91.8	91.0	90.6	90.4	90.3	90.0	89.7
女	10.5	9.6	8.1	8.0	8.2	9.0	9.4	9.6	9.7	10.0	10.3
70歳以上	100.0	100.0	100.0	100.0	100.0	100.0	100.0	100.0	100.0	100.0	100.0
男	86.9	87.1	87.9	88.4	88.7	89.1	89.9	90.1	90.4	90.5	90.3
女	13.1	12.9	12.1	11.6	11.3	10.9	10.1	9.9	9.6	9.5	9.7
不詳	－	－	－	－	－	－	－	－	－	－	－
男	－	－	－	－	－	－	－	－	－	－	－
女	－	－	－	－	－	－	－	－	－	－	－

第13表　歯科医師数及び構成割合の年次推移，年齢階級、性別

各年12月31日現在

	平成2年 (1990)	6 ('94)	10 ('98)	14 ('02)	16 ('04)	18 ('06)	20 ('08)	22 ('10)	24 ('12)	26 ('14)	28 ('16)
総　数	74 028	81 055	88 061	92 874	95 197	97 198	99 426	101 576	102 551	103 972	104 533
男	63 822	69 048	73 669	76 549	77 301	78 254	79 305	80 119	80 256	80 544	80 189
女	10 206	12 007	14 392	16 325	17 896	18 944	20 121	21 457	22 295	23 428	24 344
29歳以下	9 487	8 866	9 205	8 557	8 190	8 184	7 903	7 860	7 602	7 136	6 516
男	7 442	6 528	6 193	5 164	4 810	4 861	4 683	4 570	4 400	4 025	3 604
女	2 045	2 338	3 012	3 393	3 380	3 323	3 220	3 290	3 202	3 111	2 912
30 ～ 39	25 852	27 036	25 168	22 757	22 281	21 962	21 351	20 817	20 034	19 681	19 470
男	22 096	22 826	20 628	17 822	16 770	16 011	14 929	14 114	13 315	12 914	12 597
女	3 756	4 210	4 540	4 935	5 511	5 951	6 422	6 703	6 719	6 767	6 873
40 ～ 49	15 956	21 446	26 035	28 218	28 011	26 810	26 090	24 786	23 650	23 194	22 855
男	14 386	18 766	22 276	23 756	23 441	22 162	21 231	19 725	18 369	17 401	16 602
女	1 570	2 680	3 759	4 462	4 570	4 648	4 859	5 061	5 281	5 793	6 253
50 ～ 59	8 097	9 081	12 775	18 073	20 940	23 878	25 265	26 583	27 478	27 367	26 112
男	7 441	8 297	11 586	16 050	18 281	20 672	21 591	22 510	23 053	22 804	21 479
女	656	784	1 189	2 023	2 659	3 206	3 674	4 073	4 425	4 563	4 633
60 ～ 69	8 459	7 875	7 337	7 499	8 063	8 705	11 341	13 961	16 082	18 620	21 153
男	7 088	6 834	6 708	6 865	7 378	7 936	10 309	12 551	14 290	16 288	18 338
女	1 371	1 041	629	634	685	769	1 032	1 410	1 792	2 332	2 815
70歳以上	6 177	6 751	7 541	7 770	7 712	7 659	7 476	7 569	7 705	7 974	8 427
男	5 369	5 797	6 278	6 892	6 621	6 612	6 562	6 649	6 829	7 112	7 569
女	808	954	1 263	878	1 091	1 047	914	920	876	862	858
不　詳	-	-	-	-	-	-	-	-	-	-	-
男	-	-	-	-	-	-	-	-	-	-	-
女	-	-	-	-	-	-	-	-	-	-	-

構　成　割　合　(%)

	平成2年 (1990)	6 ('94)	10 ('98)	14 ('02)	16 ('04)	18 ('06)	20 ('08)	22 ('10)	24 ('12)	26 ('14)	28 ('16)
総　数	100.0	100.0	100.0	100.0	100.0	100.0	100.0	100.0	100.0	100.0	100.0
男	86.2	85.2	83.7	82.4	81.2	80.5	79.8	78.9	78.3	77.5	76.7
女	13.8	14.8	16.3	17.6	18.8	19.5	20.2	21.1	21.7	22.5	23.3
29歳以下	100.0	100.0	100.0	100.0	100.0	100.0	100.0	100.0	100.0	100.0	100.0
男	78.4	73.6	67.3	60.3	58.7	59.4	59.3	58.1	57.9	56.4	55.3
女	21.6	26.4	32.7	39.7	41.3	40.6	40.7	41.9	42.1	43.6	44.7
30 ～ 39	100.0	100.0	100.0	100.0	100.0	100.0	100.0	100.0	100.0	100.0	100.0
男	85.5	84.4	82.0	78.3	75.3	72.9	69.9	67.8	66.5	65.6	64.7
女	14.5	15.6	18.0	21.7	24.7	27.1	30.1	32.2	33.5	34.4	35.3
40 ～ 49	100.0	100.0	100.0	100.0	100.0	100.0	100.0	100.0	100.0	100.0	100.0
男	90.2	87.5	85.6	84.2	83.7	82.7	81.4	79.6	77.7	75.0	72.6
女	9.8	12.5	14.4	15.8	16.3	17.3	18.6	20.4	22.3	25.0	27.4
50 ～ 59	100.0	100.0	100.0	100.0	100.0	100.0	100.0	100.0	100.0	100.0	100.0
男	91.9	91.4	90.7	88.8	87.3	86.6	85.5	84.7	83.9	83.3	82.3
女	8.1	8.6	9.3	11.2	12.7	13.4	14.5	15.3	16.1	16.7	17.7
60 ～ 69	100.0	100.0	100.0	100.0	100.0	100.0	100.0	100.0	100.0	100.0	100.0
男	83.8	86.8	91.4	91.5	91.5	91.2	90.9	89.9	88.9	87.5	86.7
女	16.2	13.2	8.6	8.5	8.5	8.8	9.1	10.1	11.1	12.5	13.3
70歳以上	100.0	100.0	100.0	100.0	100.0	100.0	100.0	100.0	100.0	100.0	100.0
男	86.9	85.9	83.3	88.7	85.9	86.3	87.8	87.8	88.6	89.2	89.8
女	13.1	14.1	16.7	11.3	14.1	13.7	12.2	12.2	11.4	10.8	10.2
不　詳	-	-	-	-	-	-	-	-	-	-	-
男	-	-	-	-	-	-	-	-	-	-	-
女	-	-	-	-	-	-	-	-	-	-	-

第14表　薬剤師数及び構成割合の年次推移，年齢階級、性別

各年12月31日現在

	平成2年 (1990)	6 ('94)	10 ('98)	14 ('02)	16 ('04)	18 ('06)	20 ('08)	22 ('10)	24 ('12)	26 ('14)	28 ('16)
総　　数	150 627	176 871	205 953	229 744	241 369	252 533	267 751	276 517	280 052	288 151	301 323
男	62 901	72 461	82 950	90 827	94 794	98 802	104 578	108 068	109 264	112 494	116 826
女	87 726	104 410	123 003	138 917	146 575	153 731	163 173	168 449	170 788	175 657	184 497
29歳以下	35 413	40 515	45 767	48 015	47 969	47 864	50 214	48 498	41 004	38 763	39 494
男	11 050	12 594	14 633	15 665	16 379	17 130	18 733	18 838	16 366	15 663	15 194
女	24 363	27 921	31 134	32 350	31 590	30 734	31 481	29 660	24 638	23 100	24 300
30 ～ 39	44 717	51 272	56 065	60 445	63 419	66 646	68 068	69 741	71 782	73 470	76 714
男	17 847	21 052	23 510	24 554	24 913	25 712	26 085	26 836	27 937	29 436	31 924
女	26 870	30 220	32 555	35 891	38 506	40 934	41 983	42 905	43 845	44 034	44 790
40 ～ 49	31 228	40 103	49 891	56 019	58 491	59 150	61 662	63 477	66 292	68 511	71 949
男	12 576	15 661	18 859	21 424	22 639	23 108	23 997	24 561	24 987	25 298	26 019
女	18 652	24 442	31 032	34 595	35 852	36 042	37 665	38 916	41 305	43 213	45 930
50 ～ 59	18 349	21 401	28 416	37 269	41 827	47 608	51 277	54 558	57 451	59 849	60 514
男	8 725	9 579	11 981	14 795	16 112	17 966	18 791	19 838	21 377	22 535	22 906
女	9 624	11 822	16 435	22 474	25 715	29 642	32 486	34 720	36 074	37 314	37 608
60 ～ 69	14 054	15 193	15 926	16 234	17 654	18 624	23 424	27 319	30 413	33 998	38 409
男	8 357	8 612	8 116	7 717	8 161	8 189	10 154	11 439	12 177	13 228	14 542
女	5 697	6 581	7 810	8 517	9 493	10 435	13 270	15 880	18 236	20 770	23 867
70歳以上	6 866	8 387	9 888	11 757	12 009	12 641	13 106	12 924	13 110	13 560	14 243
男	4 346	4 963	5 851	6 670	6 590	6 697	6 818	6 556	6 420	6 334	6 241
女	2 520	3 424	4 037	5 087	5 419	5 944	6 288	6 368	6 690	7 226	8 002
不　　詳	-	-	-	5	-	-	-	-	-	-	-
男	-	-	-	2	-	-	-	-	-	-	-
女	-	-	-	3	-	-	-	-	-	-	-

構　成　割　合　(%)

	平成2年 (1990)	6 ('94)	10 ('98)	14 ('02)	16 ('04)	18 ('06)	20 ('08)	22 ('10)	24 ('12)	26 ('14)	28 ('16)
総　　数	100.0	100.0	100.0	100.0	100.0	100.0	100.0	100.0	100.0	100.0	100.0
男	41.8	41.0	40.3	39.5	39.3	39.1	39.1	39.1	39.0	39.0	38.8
女	58.2	59.0	59.7	60.5	60.7	60.9	60.9	60.9	61.0	61.0	61.2
29歳以下	100.0	100.0	100.0	100.0	100.0	100.0	100.0	100.0	100.0	100.0	100.0
男	31.2	31.1	32.0	32.6	34.1	35.8	37.3	38.8	39.9	40.4	38.5
女	68.8	68.9	68.0	67.4	65.9	64.2	62.7	61.2	60.1	59.6	61.5
30 ～ 39	100.0	100.0	100.0	100.0	100.0	100.0	100.0	100.0	100.0	100.0	100.0
男	39.9	41.1	41.9	40.6	39.3	38.6	38.3	38.5	38.9	40.1	41.6
女	60.1	58.9	58.1	59.4	60.7	61.4	61.7	61.5	61.1	59.9	58.4
40 ～ 49	100.0	100.0	100.0	100.0	100.0	100.0	100.0	100.0	100.0	100.0	100.0
男	40.3	39.1	37.8	38.2	38.7	39.1	38.9	38.7	37.7	36.9	36.2
女	59.7	60.9	62.2	61.8	61.3	60.9	61.1	61.3	62.3	63.1	63.8
50 ～ 59	100.0	100.0	100.0	100.0	100.0	100.0	100.0	100.0	100.0	100.0	100.0
男	47.6	44.8	42.2	39.7	38.5	37.7	36.6	36.4	37.2	37.7	37.9
女	52.4	55.2	57.8	60.3	61.5	62.3	63.4	63.6	62.8	62.3	62.1
60 ～ 69	100.0	100.0	100.0	100.0	100.0	100.0	100.0	100.0	100.0	100.0	100.0
男	59.5	56.7	51.0	47.5	46.2	44.0	43.3	41.9	40.0	38.9	37.9
女	40.5	43.3	49.0	52.5	53.8	56.0	56.7	58.1	60.0	61.1	62.1
70歳以上	100.0	100.0	100.0	100.0	100.0	100.0	100.0	100.0	100.0	100.0	100.0
男	63.3	59.2	59.2	56.7	54.9	53.0	52.0	50.7	49.0	46.7	43.8
女	36.7	40.8	40.8	43.3	45.1	47.0	48.0	49.3	51.0	53.3	56.2
不　　詳	-	-	-	100.0	-	-	-	-	-	-	-
男	-	-	-	40.0	-	-	-	-	-	-	-
女	-	-	-	60.0	-	-	-	-	-	-	-

74

第15表　医師数の年次推移, 病院−診療所、性別

各年12月31日現在

	総　数	男	女	病　院 (再掲)	男	女	診療所 (再掲)	男	女
昭和40年(1965)	109 369	99 241	10 128	40 395	38 051	2 344	61 620	54 952	6 668
41 ('66)	110 759	100 453	10 306	41 574	39 175	2 399	62 382	55 577	6 805
42 ('67)	111 657	101 234	10 423	41 985	39 514	2 471	63 005	56 133	6 872
43 ('68)	113 630	102 955	10 675	43 162	40 538	2 624	63 866	56 886	6 980
44 ('69)	115 974	105 033	10 941	44 939	42 117	2 822	64 656	57 576	7 080
45 ('70)	118 990	107 671	11 319	47 575	44 451	3 124	65 639	58 457	7 182
46 ('71)	123 178	111 345	11 833	50 041	46 659	3 382	66 705	59 389	7 316
47 ('72)	125 302	113 217	12 085	51 897	48 257	3 640	67 187	59 822	7 365
48 ('73)	126 327	114 160	12 167	53 655	49 775	3 880	66 452	59 211	7 241
49 ('74)	128 455	115 975	12 480	55 427	51 336	4 091	66 669	59 372	7 297
50 ('75)	132 479	119 504	12 975	57 436	53 157	4 279	68 534	60 924	7 610
51 ('76)	134 934	121 783	13 151	60 383	55 820	4 563	68 065	60 555	7 510
52 ('77)	138 316	124 884	13 432	63 414	58 557	4 857	68 214	60 731	7 483
53 ('78)	142 984	128 936	14 048	66 069	60 803	5 266	70 095	62 397	7 698
54 ('79)	150 229	135 306	14 923	73 175	67 159	6 016	69 950	62 174	7 776
55 ('80)	156 235	140 576	15 659	78 422	71 734	6 688	70 393	62 576	7 817
56 ('81)	162 882	146 301	16 581	83 340	76 053	7 287	72 082	63 934	8 148
57 ('82)	167 952	150 747	17 205	89 155	81 253	7 902	71 224	63 121	8 103
59 ('84)	181 101	162 247	18 854	101 631	92 267	9 364	71 821	63 509	8 312
61 ('86)	191 346	171 015	20 331	111 133	100 550	10 583	71 996	63 527	8 469
63 ('88)	201 658	179 532	22 126	121 025	108 798	12 227	72 657	64 007	8 650
平成2年('90)	211 797	187 538	24 259	128 765	114 967	13 798	75 032	65 842	9 190
4 ('92)	219 704	193 589	26 115	135 845	120 497	15 348	75 653	66 209	9 444
6 ('94)	230 519	201 244	29 275	143 412	125 593	17 819	77 441	67 548	9 893
8 ('96)	240 908	208 649	32 259	148 199	128 405	19 794	82 098	71 363	10 735
10 ('98)	248 611	213 603	35 008	153 100	131 342	21 758	83 833	72 568	11 265
12 (2000)	255 792	218 940	36 852	154 588	131 437	23 151	88 613	76 916	11 697
14 ('02)	262 687	221 548	41 139	159 131	133 397	25 734	90 443	77 367	13 076
16 ('04)	270 371	225 743	44 628	163 683	135 556	28 127	92 985	79 072	13 913
18 ('06)	277 927	229 998	47 929	168 327	137 850	30 477	95 213	80 468	14 745
20 ('08)	286 699	234 702	51 997	174 266	140 897	33 369	97 631	81 887	15 744
22 ('10)	295 049	239 152	55 897	180 966	144 599	36 367	99 465	82 830	16 635
24 ('12)	303 268	243 627	59 641	188 306	149 199	39 107	100 544	82 962	17 582
26 ('14)	311 205	247 701	63 504	194 961	153 042	41 919	101 884	83 308	18 576
28 ('16)	319 480	251 987	67 493	202 302	157 385	44 917	102 457	83 069	19 388

注：1）昭和45年以前には外国人が含まれていないが、昭和46年以降には含まれている。
　　2）沖縄県が含まれたのは、昭和47年以降である。
　　3）「病院」・「診療所」には、それぞれ「開設者」及び「勤務者」が含まれる。

75

第16表　歯科医師数の年次推移，病院－診療所、性別

各年12月31日現在

	総　数	男	女	病　院 （再掲）	男	女	診療所 （再掲）	男	女
昭和40年（1965）	35 558	31 710	3 848	2 016	1 866	150	32 111	28 745	3 366
41　（'66）	36 022	32 129	3 893	2 113	1 980	133	32 434	29 017	3 417
42　（'67）	36 524	32 584	3 940	2 236	2 080	156	32 879	29 421	3 458
43　（'68）	36 943	32 915	4 028	2 342	2 168	174	33 143	29 606	3 537
44　（'69）	37 406	33 358	4 048	2 449	2 262	187	33 528	29 980	3 548
45　（'70）	37 859	33 756	4 103	2 575	2 376	199	33 893	30 289	3 604
46　（'71）	39 218	34 901	4 317	2 794	2 572	222	34 833	31 087	3 746
47　（'72）	40 293	35 854	4 439	3 043	2 792	251	35 722	31 884	3 838
48　（'73）	40 490	35 987	4 503	3 425	3 115	310	35 568	31 737	3 831
49　（'74）	41 680	37 000	4 680	3 826	3 457	369	36 262	32 355	3 907
50　（'75）	43 586	38 700	4 886	3 897	3 513	384	38 054	33 958	4 096
51　（'76）	44 382	39 347	5 035	4 243	3 774	469	38 461	34 310	4 151
52　（'77）	45 715	40 457	5 258	4 530	4 038	492	39 376	35 045	4 331
53　（'78）	48 731	43 029	5 702	4 776	4 195	581	42 126	37 468	4 658
54　（'79）	50 821	44 694	6 127	5 343	4 654	689	43 556	38 583	4 973
55　（'80）	53 602	47 012	6 590	5 871	5 111	760	45 726	40 367	5 359
56　（'81）	56 841	49 846	6 995	6 196	5 392	804	48 758	43 022	5 736
57　（'82）	58 362	51 061	7 301	6 532	5 692	840	49 795	43 801	5 994
59　（'84）	63 145	55 049	8 096	7 628	6 545	1 083	53 655	47 116	6 539
61　（'86）	66 797	58 180	8 617	8 001	6 836	1 165	56 903	49 925	6 978
63　（'88）	70 572	61 189	9 383	8 547	7 211	1 336	60 145	52 536	7 609
平成2年（'90）	74 028	63 822	10 206	8 819	7 361	1 458	63 268	55 005	8 263
4　（'92）	77 416	66 501	10 915	9 537	7 850	1 687	66 091	57 315	8 776
6　（'94）	81 055	69 048	12 007	10 214	8 144	2 070	68 877	59 449	9 428
8　（'96）	85 518	72 252	13 266	10 723	8 407	2 316	72 680	62 278	10 402
10　（'98）	88 061	73 669	14 392	11 543	8 735	2 808	74 126	63 188	10 938
12　（2000）	90 857	75 671	15 186	11 526	8 551	2 975	76 884	65 318	11 566
14　（'02）	92 874	76 549	16 325	11 674	8 422	3 252	78 825	66 399	12 426
16　（'04）	95 197	77 301	17 896	11 638	8 201	3 437	81 058	67 351	13 707
18　（'06）	97 198	78 254	18 944	12 269	8 525	3 744	82 324	67 876	14 448
20　（'08）	99 426	79 305	20 121	12 061	8 272	3 789	84 613	69 119	15 494
22　（'10）	101 576	80 119	21 457	12 438	8 419	4 019	86 285	69 749	16 536
24　（'12）	102 551	80 256	22 295	12 547	8 366	4 181	87 112	69 901	17 211
26　（'14）	103 972	80 544	23 428	12 141	8 030	4 111	88 824	70 500	18 324
28　（'16）	104 533	80 189	24 344	12 385	8 113	4 272	89 166	70 047	19 119

注：1）昭和45年以前には外国人が含まれていないが、昭和46年以降には含まれている。
　　2）沖縄県が含まれたのは、昭和47年以降である。
　　3）「病院」・「診療所」には、それぞれ「開設者」及び「勤務者」が含まれる。

第17表　薬剤師数の年次推移，薬局－医療施設－病院・診療所（再掲）、性別

各年12月31日現在

	総　数	男	女	薬局（再掲）	男	女	医療施設（再掲）	男	女	病院総数	男	女	診療所総数	男	女
昭和40年（1965）	68 674	40 040	28 634	24 147	14 919	9 228	11 345	5 578	5 767	…	…	…	…	…	…
41　（'66）	70 810	40 571	30 239	24 709	15 031	9 678	11 927	5 623	6 304	…	…	…	…	…	…
42　（'67）	72 101	41 008	31 093	25 412	15 122	10 290	12 179	5 651	6 528	…	…	…	…	…	…
43　（'68）	74 336	41 405	32 931	26 154	15 264	10 890	13 142	5 770	7 372	…	…	…	…	…	…
44　（'69）	76 087	41 476	34 611	26 651	15 333	11 318	13 729	5 783	7 946	…	…	…	…	…	…
45　（'70）	79 393	42 327	37 066	27 681	15 654	12 027	14 627	5 932	8 695	…	…	…	…	…	…
46　（'71）	83 246	43 398	39 848	28 561	16 020	12 541	15 444	6 076	9 368	…	…	…	…	…	…
47　（'72）	85 140	43 526	41 614	29 427	16 177	13 250	16 275	6 252	10 023	…	…	…	…	…	…
48　（'73）	87 651	44 298	43 353	29 693	16 220	13 473	16 997	6 507	10 490	…	…	…	…	…	…
49　（'74）	91 402	45 557	45 845	30 273	16 428	13 845	18 089	6 807	11 282	…	…	…	…	…	…
50　（'75）	94 362	46 373	47 989	30 446	16 450	13 996	19 392	7 161	12 231	…	…	…	…	…	…
51　（'76）	97 474	47 016	50 458	31 323	16 653	14 670	20 447	7 517	12 930	…	…	…	…	…	…
52　（'77）	100 897	48 189	52 708	32 401	16 965	15 436	21 584	7 944	13 640	…	…	…	…	…	…
53　（'78）	104 693	48 863	55 830	33 168	17 068	16 100	23 363	8 383	14 980	…	…	…	…	…	…
54　（'79）	110 774	51 012	59 762	34 954	17 631	17 323	25 274	8 998	16 276	…	…	…	…	…	…
55　（'80）	116 056	52 678	63 378	36 677	18 013	18 664	27 088	9 660	17 428	…	…	…	…	…	…
56　（'81）	120 444	53 837	66 607	38 382	18 466	19 916	28 892	10 210	18 682	…	…	…	…	…	…
57　（'82）	124 390	55 166	69 224	39 751	18 811	20 940	30 220	10 663	19 557	…	…	…	…	…	…
59　（'84）	129 700	56 862	72 838	42 173	19 323	22 850	32 503	11 504	20 999	…	…	…	…	…	…
61　（'86）	135 990	59 220	76 770	43 749	19 701	24 048	34 799	12 175	22 624	…	…	…	…	…	…
63　（'88）	143 429	61 109	82 320	45 963	20 032	25 931	38 339	13 140	25 199	…	…	…	…	…	…
平成2年（'90）	150 627	62 901	87 726	48 811	20 430	28 381	41 214	13 791	27 423	…	…	…	…	…	…
4　（'92）	162 021	67 089	94 932	52 226	20 997	31 229	43 416	14 163	29 253	…	…	…	…	…	…
6　（'94）	176 871	72 461	104 410	60 866	22 934	37 932	45 553	14 540	31 013	…	…	…	…	…	…
8　（'96）	194 300	79 069	115 231	69 870	25 145	44 725	48 984	15 263	33 721	…	…	…	…	…	…
10　（'98）	205 953	82 950	123 003	81 220	28 069	53 151	49 039	15 383	33 656	…	…	…	…	…	…
12　（2000）	217 477	86 357	131 120	94 760	31 574	63 186	48 150	15 441	32 709	…	…	…	…	…	…
14　（'02）	229 744	90 827	138 917	106 892	35 116	71 776	47 536	15 566	31 970	…	…	…	…	…	…
16　（'04）	241 369	94 794	146 575	116 303	37 864	78 439	48 094	16 065	32 029	…	…	…	…	…	…
18　（'06）	252 533	98 802	153 731	125 254	40 758	84 496	48 964	16 601	32 363	…	…	…	…	…	…
20　（'08）	267 751	104 578	163 173	135 716	44 308	91 408	50 336	17 120	33 216	…	…	…	…	…	…
22　（'10）	276 517	108 068	168 449	145 603	47 712	97 891	52 013	17 936	34 077	…	…	…	…	…	…
24　（'12）	280 052	109 264	170 788	153 012	50 426	102 586	52 704	18 518	34 186	…	…	…	…	…	…
26　（'14）	288 151	112 494	175 657	161 198	53 688	107 510	54 879	19 524	35 355	48 980	18 901	30 079	5 899	623	5 276
28　（'16）	301 323	116 826	184 497	172 142	57 891	114 251	58 044	20 541	37 503	52 145	19 916	32 229	5 899	625	5 274

注：1）昭和45年以前には外国人が含まれていないが、昭和46年以降には含まれている。
　　2）沖縄県が含まれたのは、昭和47年以降である。
　　3）「薬局」には、「開設者」と「勤務者」が含まれる。

第18表　人口10万対医療施設従事医師数

	平成2年 (1990)	6 ('94)	10 ('98)	14 ('02)	16 ('04)	18 ('06)	20 ('08)	22 ('10)	24 ('12)	26 ('14)	28 ('16)
全　　国	164.9	176.6	187.3	195.8	201.0	206.3	212.9	219.0	226.5	233.6	240.1
北　海　道	158.5	173.9	184.5	198.0	203.6	206.7	213.7	218.3	224.6	230.2	238.3
青　　森	146.6	152.9	158.3	164.8	164.0	170.5	174.4	182.4	184.5	193.3	198.2
岩　　手	146.1	157.8	159.7	166.1	167.9	174.1	178.3	181.4	189.6	192.0	193.8
宮　　城	158.4	166.4	176.1	183.5	188.0	196.0	204.6	210.4	218.3	221.2	231.9
秋　　田	140.6	157.7	168.1	178.4	181.9	188.9	196.8	203.8	207.5	216.3	223.5
山　　形	141.2	162.7	167.0	179.4	184.2	187.9	195.5	206.3	210.0	215.0	219.5
福　　島	147.2	157.4	161.0	170.4	171.0	176.1	183.2	182.6	178.7	188.8	195.7
茨　　城	113.5	119.6	129.8	136.6	142.3	146.7	153.7	158.0	167.0	169.6	180.4
栃　　木	144.2	163.5	172.1	186.0	189.8	195.1	200.5	205.3	205.0	212.8	218.0
群　　馬	155.8	167.2	178.5	190.7	192.2	199.2	200.1	206.4	214.9	218.9	225.2
埼　　玉	99.7	104.7	112.1	121.8	129.4	135.5	139.9	142.6	148.2	152.8	160.1
千　　葉	108.6	120.2	133.3	141.9	146.0	153.5	161.0	164.3	172.7	182.9	189.9
東　　京	224.5	241.8	250.6	253.7	264.2	265.5	277.4	285.4	295.7	304.5	304.2
神　奈　川	141.2	149.4	158.2	162.2	167.4	172.1	181.3	187.8	193.7	201.7	205.4
新　　潟	137.3	146.9	158.3	165.4	166.9	171.0	174.4	177.2	182.1	188.2	191.9
富　　山	169.6	181.2	195.3	210.4	213.6	220.1	223.6	223.6	232.8	234.9	241.8
石　　川	204.0	220.2	232.7	235.5	238.8	239.6	243.5	251.8	264.1	270.6	280.6
福　　井	156.7	168.9	187.6	193.6	202.7	206.1	216.5	226.5	236.3	240.0	245.8
山　　梨	148.8	162.9	172.4	187.4	186.8	192.6	203.7	209.7	216.0	222.4	231.8
長　　野	140.2	153.8	163.8	176.5	181.8	190.0	196.4	205.0	211.4	216.8	226.2
岐　　阜	134.4	141.1	150.4	161.7	165.0	173.0	177.8	189.0	195.4	202.9	208.9
静　　岡	139.6	148.7	152.8	164.8	168.5	169.9	176.4	182.8	186.5	193.9	200.8
愛　　知	145.7	155.6	165.9	172.8	174.9	180.7	183.4	191.7	198.1	202.1	207.7
三　　重	147.6	157.3	168.0	173.6	176.8	177.9	182.5	190.1	197.3	207.3	217.0
滋　　賀	151.3	161.3	167.2	180.8	189.7	190.7	196.0	200.6	204.7	211.7	220.9
京　　都	219.6	235.9	250.7	257.8	258.3	272.9	279.2	286.2	296.7	307.9	314.9
大　　阪	189.3	202.1	218.0	224.7	231.2	237.6	243.3	248.1	256.7	261.8	270.4
兵　　庫	166.3	※ 169.7	185.6	192.6	197.3	203.4	209.2	215.2	226.6	232.1	242.4
奈　　良	148.7	159.8	174.2	187.7	196.7	201.0	207.1	213.7	217.9	225.7	243.1
和　歌　山	183.1	197.2	212.7	230.5	236.8	246.3	257.0	259.2	269.2	277.4	290.1
鳥　　取	209.3	222.1	235.6	249.2	258.3	259.9	266.4	265.9	279.6	289.5	298.1
島　　根	182.7	205.2	216.4	230.6	238.1	247.8	248.4	250.8	262.1	265.1	272.3
岡　　山	204.0	218.3	225.3	240.9	246.3	251.8	259.1	270.3	277.1	287.8	300.4
広　　島	186.3	201.4	213.9	223.1	224.9	222.5	227.4	235.9	245.5	252.2	254.6
山　　口	183.0	190.3	208.6	215.3	224.1	227.6	231.9	233.1	241.4	244.8	246.5
徳　　島	219.8	235.1	245.4	258.7	262.4	270.1	277.6	283.0	296.3	303.3	315.9
香　　川	196.9	210.0	222.3	232.9	236.6	238.7	246.3	253.7	260.4	268.3	276.0
愛　　媛	182.8	199.5	210.5	222.1	223.9	224.3	234.3	235.8	244.1	254.5	262.5
高　　知	213.9	235.5	247.7	258.5	261.4	263.2	271.7	274.1	284.0	293.0	306.0
福　　岡	206.3	225.7	237.8	247.6	253.2	262.8	268.2	274.2	283.0	292.9	297.6
佐　　賀	180.2	187.0	199.1	214.0	216.4	229.1	239.6	245.0	249.8	266.1	276.8
長　　崎	201.7	214.7	226.4	234.8	247.2	256.8	264.3	270.3	275.8	287.7	295.7
熊　　本	199.0	220.4	229.5	235.3	235.4	240.0	244.4	257.5	266.4	275.8	281.9
大　　分	176.1	188.3	208.5	226.5	226.9	229.6	236.6	245.0	256.5	260.8	268.5
宮　　崎	156.5	171.8	191.2	201.7	206.9	209.7	217.4	220.3	228.0	233.2	238.4
鹿　児　島	174.0	188.8	203.4	208.3	212.9	220.8	225.7	232.4	240.7	247.8	262.9
沖　　縄	143.1	156.7	168.7	179.5	196.3	208.3	218.5	227.7	233.1	241.5	243.1

注：※については、阪神・淡路大震災による調査への影響があり留意する必要がある。

の年次推移，主たる従業地による都道府県－指定都市・特別区・中核市（再掲）別

各年12月31日現在

	平成2年(1990)	6('94)	10('98)	14('02)	16('04)	18('06)	20('08)	22('10)	24('12)	26('14)	28('16)
指定都市・特別区（再掲）											
東京都区部	266.0	287.7	296.0	295.7	307.7	310.5	323.3	333.2	346.1	354.9	351.6
札幌市	232.7	237.4	252.4	264.1	273.8	276.5	290.9	297.1	306.7	313.9	322.9
仙台市	250.4	259.9	268.2	275.0	282.6	287.7	301.4	305.1	312.8	313.1	321.6
さいたま市	…	…	…	…	137.3	145.2	152.5	160.7	162.3	168.6	172.8
千葉市	…	182.9	225.0	223.6	230.3	230.1	237.0	243.8	255.3	263.6	270.7
横浜市	134.9	144.0	157.0	165.3	167.6	170.6	183.1	196.4	200.9	211.8	217.9
川崎市	182.1	185.4	189.1	174.6	181.9	182.9	191.0	192.9	200.8	209.7	216.9
相模原市	…	…	…	…	220.7	216.1	221.9	226.3	226.1	234.0	229.5
新潟市	…	…	300.6	298.5	302.8	239.2	244.2	253.0	257.5	266.8	267.7
静岡市	…	…	197.3	208.1	188.3	190.2	202.3	211.4	210.1	216.7	229.5
浜松市	…	…	246.3	253.3	254.6	216.5	230.0	238.2	245.4	251.1	256.0
名古屋市	216.9	229.3	242.4	250.2	248.4	256.3	261.3	268.6	282.8	287.3	288.5
京都市	296.2	317.3	338.1	344.4	342.1	361.8	373.6	379.2	395.8	409.8	417.7
大阪市	280.8	259.6	286.9	289.4	298.7	299.8	308.7	311.1	318.1	324.5	327.2
堺市	…	…	163.5	177.3	184.1	186.7	182.3	205.4	210.6	219.0	227.4
神戸市	214.6	※ 208.6	244.0	244.2	249.6	257.5	270.6	278.0	291.6	298.3	304.0
岡山市	…	…	316.7	341.5	340.2	337.3	354.7	362.3	365.5	383.8	410.3
広島市	224.0	238.2	247.2	259.9	253.4	246.2	252.4	271.2	283.5	291.7	295.7
北九州市	233.3	245.7	266.1	286.2	287.6	290.9	301.2	309.5	317.2	326.5	325.1
福岡市	256.3	292.4	298.5	307.9	314.4	328.6	330.7	339.3	351.9	363.7	366.0
熊本市	…	…	346.1	352.8	345.5	364.9	372.3	378.5	394.4	407.6	413.1
中核市（再掲）											
旭川市	…	…	…	322.1	325.8	327.7	339.9	355.5	348.7	355.3	376.1
函館市	…	…	…	…	…	260.0	265.5	275.1	276.3	275.7	290.6
青森市	…	…	…	…	…	182.7	186.8	197.3	202.3	214.4	221.4
盛岡市	…	…	…	…	…	…	371.6	382.4	389.8	389.3	391.6
秋田市	…	…	291.4	311.6	310.7	308.7	322.9	339.9	348.8	364.9	369.1
郡山市	…	…	194.9	215.1	217.4	241.3	251.3	240.9	237.5	238.6	243.5
いわき市	…	…	…	170.8	171.3	167.9	165.2	160.4	162.1	172.1	161.2
宇都宮市	…	…	160.7	179.2	185.4	181.1	179.4	187.8	176.3	183.4	193.5
前橋市	…	…	…	…	…	…	…	…	414.0	426.2	438.6
高崎市	…	…	…	…	…	…	…	401.7	197.3	208.8	210.1
川越市	…	…	…	…	203.9	216.5	219.2	223.8	234.4	241.1	238.6
越谷市	…	…	…	…	…	…	…	…	…	…	213.8
船橋市	…	…	…	…	119.2	128.9	128.4	124.3	127.5	136.0	140.3
柏市	…	…	…	…	…	…	199.0	208.4	224.9	236.3	237.6
八王子市	…	…	…	…	…	…	…	…	…	…	193.8
横須賀市	…	…	…	153.5	168.1	184.4	176.2	185.7	191.8	196.3	210.1
富山市	…	…	313.5	331.6	339.3	296.0	303.8	296.7	313.3	311.9	325.6
金沢市	…	…	317.3	321.6	327.7	332.7	339.7	345.6	364.4	370.0	378.5
長野市	…	…	…	180.5	183.0	190.2	201.9	218.6	214.2	220.5	233.2
岐阜市	…	…	283.2	297.1	308.6	317.9	326.7	353.6	365.9	383.9	393.3
豊橋市	…	…	…	158.0	168.9	177.3	180.7	187.7	188.5	196.2	198.4
豊田市	…	…	110.6	125.8	134.9	132.5	138.2	141.9	145.5	150.0	156.0
岡崎市	…	…	…	…	136.9	131.3	124.3	132.9	132.8	129.3	127.4
大津市	…	…	…	…	…	…	…	329.4	329.3	341.8	356.6
高槻市	…	…	…	…	312.1	312.3	316.1	333.8	341.2	359.2	380.2
東大阪市	…	…	…	…	…	165.3	165.7	172.9	169.7	153.0	173.1
豊中市	…	…	…	…	…	…	…	…	188.3	199.0	203.5
枚方市	…	…	…	…	…	…	…	…	…	268.4	291.6
姫路市	…	…	176.7	188.8	194.8	184.1	188.6	176.6	199.4	203.7	212.5
西宮市	…	…	…	…	…	…	279.7	285.3	305.6	297.7	322.1
尼崎市	…	…	…	…	…	…	…	240.0	250.4	250.3	260.6
奈良市	…	…	…	178.1	190.4	195.1	207.7	210.6	211.1	241.5	256.0
和歌山市	…	…	309.2	342.0	349.5	367.4	381.4	379.4	395.7	409.9	430.1
倉敷市	…	…	…	296.8	319.5	311.5	304.2	335.8	340.8	344.9	357.0
呉市	…	…	…	…	…	…	…	…	…	…	314.7
福山市	…	…	179.2	198.4	197.1	182.9	200.0	200.3	205.6	212.1	208.0
下関市	…	…	…	…	…	224.8	244.0	242.0	248.0	255.0	262.0
高松市	…	…	…	260.8	268.1	236.8	248.1	252.5	258.3	265.3	272.2
松山市	…	…	…	249.2	237.2	230.5	265.0	264.9	260.3	295.2	306.6
高知市	…	…	291.4	313.0	311.1	330.7	320.8	320.9	339.8	352.8	365.7
久留米市	…	…	…	…	…	…	524.3	554.6	542.6	551.0	561.6
長崎市	…	…	352.4	369.5	384.9	374.1	388.3	396.6	402.7	427.9	438.9
佐世保市	…	…	…	…	…	…	…	…	…	…	257.1
大分市	…	…	179.8	209.5	207.7	215.7	226.7	231.6	244.4	248.7	249.9
宮崎市	…	…	219.7	233.4	245.3	226.6	233.3	327.5	339.3	350.0	355.0
鹿児島市	…	…	307.6	323.5	344.9	328.5	338.2	351.1	367.4	378.3	403.5
那覇市	…	…	…	…	…	…	…	…	…	228.7	244.1

第19表　人口10万対医療施設従事歯科医師数

	平成2年 (1990)	6 ('94)	10 ('98)	14 ('02)	16 ('04)	18 ('06)	20 ('08)	22 ('10)	24 ('12)	26 ('14)	28 ('16)
全　　国	58.3	63.3	67.7	71.0	72.6	74.0	75.7	77.1	78.2	79.4	80.0
北　海　道	57.6	66.8	70.0	74.1	74.7	75.9	77.0	78.1	78.8	80.2	80.4
青　　森	40.7	45.6	48.8	50.7	51.2	53.3	54.5	54.9	56.0	56.5	56.8
岩　　手	57.3	62.2	64.5	68.8	63.0	69.7	72.3	74.3	75.7	76.9	77.1
宮　　城	55.7	58.7	64.2	67.4	69.5	71.7	72.1	74.9	75.9	76.2	78.5
秋　　田	41.6	46.2	48.9	51.5	53.2	55.6	55.9	57.2	57.8	58.8	61.4
山　　形	40.5	43.7	45.8	49.3	51.9	52.4	54.8	56.2	58.1	59.7	60.2
福　　島	48.1	51.5	57.0	60.5	61.7	66.1	67.1	68.5	64.9	69.3	69.6
茨　　城	46.2	48.4	51.4	56.0	57.9	58.3	61.5	61.7	65.0	65.8	65.9
栃　　木	51.6	57.8	58.1	62.7	62.8	65.1	64.2	64.8	64.7	65.6	69.2
群　　馬	46.6	50.3	55.2	59.5	60.9	61.1	65.1	66.8	69.2	69.7	70.9
埼　　玉	45.4	49.7	53.2	59.8	62.0	64.6	66.6	69.1	69.2	70.4	71.4
千　　葉	56.3	61.4	65.2	70.5	71.6	74.8	78.1	77.6	80.4	81.3	81.7
東　　京	100.7	109.0	116.9	119.9	120.2	117.1	117.9	118.7	117.8	118.4	118.2
神　奈　川	59.0	65.6	67.9	70.7	72.5	74.7	75.2	76.1	76.9	79.5	77.8
新　　潟	67.2	72.2	76.5	78.6	79.3	81.5	84.0	85.3	85.0	85.7	86.0
富　　山	42.2	44.0	48.2	51.4	53.4	54.5	55.7	56.0	56.0	56.4	59.0
石　　川	43.2	46.4	50.0	49.5	52.0	52.1	53.0	55.1	55.5	58.8	58.6
福　　井	37.5	41.5	43.0	45.8	46.1	46.8	49.5	50.6	53.1	52.9	54.7
山　　梨	56.4	57.7	61.3	63.7	64.4	60.6	62.5	64.1	67.3	70.5	71.1
長　　野	56.0	61.5	62.0	65.3	66.4	69.4	72.5	72.0	72.5	73.4	75.0
岐　　阜	54.1	56.7	62.1	64.7	65.6	67.0	71.2	74.5	77.4	78.0	81.0
静　　岡	51.6	53.3	53.7	58.7	57.2	56.4	60.0	59.3	60.5	61.2	62.9
愛　　知	56.1	60.8	63.7	65.7	67.7	66.4	68.4	70.3	72.8	72.8	73.6
三　　重	46.5	50.1	54.6	55.0	54.5	57.9	59.5	59.1	61.6	63.3	64.3
滋　　賀	36.9	42.3	46.6	47.9	53.4	54.7	54.2	56.1	55.3	55.4	56.0
京　　都	51.3	54.6	57.7	60.9	63.9	65.4	67.3	68.3	69.9	71.1	71.6
大　　阪	64.1	64.9	76.0	78.6	80.4	84.2	85.0	86.2	84.7	85.8	86.4
兵　　庫	52.1	※ 52.6	59.1	60.6	63.0	65.1	65.4	67.4	68.0	69.7	69.6
奈　　良	46.9	51.9	53.4	56.1	59.5	60.2	64.8	63.5	64.5	67.0	67.1
和　歌　山	56.3	59.1	61.6	65.4	68.5	69.1	70.3	70.8	72.5	74.5	75.3
鳥　　取	45.5	50.2	54.6	56.9	57.6	58.8	59.3	60.5	59.1	61.0	59.6
島　　根	43.0	46.0	46.1	49.9	50.7	51.8	53.7	55.6	56.3	56.8	57.8
岡　　山	63.4	70.9	74.1	77.4	79.6	79.8	83.3	84.0	87.3	86.8	89.0
広　　島	61.4	66.0	71.3	74.2	77.7	78.6	79.3	81.3	83.8	86.7	86.4
山　　口	50.6	53.7	55.3	58.2	59.6	61.4	64.5	64.3	66.3	66.7	69.0
徳　　島	69.0	82.1	86.4	89.9	92.4	98.9	97.9	98.4	99.6	101.2	103.1
香　　川	48.8	51.0	54.6	56.7	59.0	63.4	66.9	68.0	72.7	72.3	73.5
愛　　媛	48.3	50.3	53.7	57.1	57.8	60.2	62.9	64.0	65.6	66.7	68.2
高　　知	46.2	51.0	55.4	56.5	55.7	58.9	61.1	62.1	65.4	68.2	69.5
福　　岡	67.4	80.4	88.0	90.4	92.5	94.6	95.1	98.3	101.7	104.1	101.9
佐　　賀	52.5	56.4	58.0	59.6	62.2	66.5	68.7	71.1	70.5	74.1	73.2
長　　崎	57.4	68.5	71.0	69.9	76.7	77.1	80.7	82.1	83.0	85.3	85.7
熊　　本	43.2	51.4	54.9	60.5	63.8	66.7	67.4	68.2	72.1	74.5	75.3
大　　分	51.8	52.7	54.3	56.5	58.4	61.0	59.9	61.5	63.8	63.2	63.5
宮　　崎	46.7	49.8	53.1	55.8	57.1	57.6	60.7	61.7	62.9	64.3	63.5
鹿　児　島	50.3	57.8	63.3	64.6	66.0	67.4	68.0	71.7	74.3	74.8	79.0
沖　　縄	39.4	46.0	50.2	52.4	55.3	53.9	57.0	60.2	59.5	57.6	57.6

注：※については、阪神・淡路大震災による調査への影響があり留意する必要がある。

の年次推移，主たる従業地による都道府県－指定都市・特別区・中核市（再掲）別

各年12月31日現在

	平成2年(1990)	6('94)	10('98)	14('02)	16('04)	18('06)	20('08)	22('10)	24('12)	26('14)	28('16)
指定都市・特別区（再掲）											
東京都区部	122.1	133.2	143.2	144.7	145.0	140.8	139.7	140.9	140.1	139.7	138.4
札幌市	84.0	95.6	96.5	100.4	100.4	100.7	100.1	100.9	104.6	104.8	104.2
仙台市	81.4	83.1	92.4	95.6	98.7	101.1	99.6	104.7	104.6	103.9	106.8
さいたま市	…	…	…	…	65.5	67.4	72.9	75.8	75.5	72.8	75.8
千葉市	…	99.2	101.1	106.3	109.2	112.0	111.2	107.2	108.9	102.9	98.8
横浜市	63.3	68.5	74.1	76.9	76.7	81.5	82.4	85.2	87.0	87.4	85.8
川崎市	55.0	60.4	59.6	62.8	66.6	65.7	67.0	69.2	67.0	69.1	69.0
相模原市	…	…	…	…	63.8	64.5	60.5	57.8	56.7	67.6	65.2
新潟市	…	…	171.3	159.2	159.4	130.0	131.9	133.9	132.8	131.3	132.3
静岡市	…	…	65.6	70.8	63.7	61.5	67.6	63.0	67.1	67.3	67.0
浜松市	…	…	62.5	67.7	68.1	58.7	66.1	63.2	65.1	65.7	66.0
名古屋市	78.1	87.3	92.3	94.1	94.7	91.1	94.1	92.4	95.8	94.5	95.3
京都市	61.1	64.4	70.0	73.1	76.3	77.3	78.9	80.7	81.4	81.4	80.9
大阪市	102.3	91.5	116.0	112.5	114.4	119.6	115.7	114.6	110.0	109.0	111.6
堺市	…	…	58.3	60.0	58.9	64.4	65.1	63.2	64.0	72.5	65.4
神戸市	65.2	※60.3	72.8	71.5	73.7	76.4	76.7	78.4	77.8	79.1	77.7
岡山市	…	…	115.0	117.1	118.8	118.0	120.9	121.6	125.8	125.2	125.2
広島市	80.4	83.6	91.8	91.5	97.9	97.1	96.9	98.6	102.1	103.5	103.8
北九州市	81.5	87.8	105.0	102.5	105.7	104.7	107.7	117.4	117.5	118.8	117.4
福岡市	88.2	117.6	126.1	127.1	129.0	131.5	127.4	126.5	133.2	134.9	131.5
熊本市	…	…	71.7	79.2	84.5	89.0	85.8	83.5	89.3	91.9	93.4
中核市（再掲）											
旭川市	…	…	…	72.6	73.3	75.1	75.6	75.2	71.2	70.0	72.3
函館市	…	…	…	…	…	64.4	64.5	63.8	62.2	65.4	66.5
青森市	…	…	…	…	…	60.7	61.5	61.1	59.5	62.9	63.2
盛岡市	…	…	…	…	…	…	153.5	157.5	159.7	154.0	150.5
秋田市	…	…	61.0	64.3	67.9	64.5	67.3	70.1	72.4	70.5	76.1
郡山市	…	…	95.8	95.0	106.2	118.9	115.6	123.7	111.6	121.9	117.6
いわき市	…	…	58.5	55.3	54.8	58.3	59.9	59.7	66.0	…	59.2
宇都宮市	…	…	76.3	78.8	79.2	82.7	78.8	77.2	73.6	74.5	82.3
前橋市	…	…	…	…	…	…	…	83.5	86.5	89.7	87.6
高崎市	…	…	…	…	…	…	…	…	78.7	82.1	79.5
川越市	…	…	…	…	69.1	75.4	74.9	75.9	78.0	78.0	74.7
越谷市	…	…	…	…	…	…	…	…	…	…	69.1
船橋市	…	…	…	…	61.3	67.1	67.7	66.5	70.4	69.3	74.6
柏市	…	…	…	…	…	…	71.7	68.6	69.6	75.2	76.5
八王子市	…	…	…	…	…	…	…	…	…	…	70.7
横須賀市	…	…	…	108.8	114.5	125.1	124.5	119.5	115.7	120.6	128.7
富山市	…	…	64.2	68.1	68.4	61.3	64.1	63.3	62.7	62.1	66.3
金沢市	…	…	58.6	58.7	61.4	63.7	65.1	66.6	68.3	70.0	70.6
長野市	…	…	…	64.8	65.8	66.9	73.2	72.3	70.3	70.6	71.5
岐阜市	…	…	72.4	80.5	83.2	86.2	87.4	91.0	90.5	96.8	104.4
豊橋市	…	…	…	59.9	64.9	67.6	70.4	70.4	70.6	73.2	75.9
豊田市	…	…	48.0	50.4	51.2	54.7	56.8	60.0	58.0	57.9	58.6
岡崎市	…	…	…	…	51.7	49.9	62.3	59.6	66.1	69.9	66.8
大津市	…	…	…	…	…	…	…	64.9	62.8	60.5	62.8
高槻市	…	…	…	…	62.1	61.6	55.9	64.1	61.9	62.5	65.3
東大阪市	…	…	…	…	…	69.6	75.7	78.7	74.2	74.8	74.1
豊中市	…	…	…	…	…	…	…	…	77.3	76.7	81.8
枚方市	…	…	…	…	…	…	…	…	…	78.8	71.5
姫路市	…	…	62.1	62.9	70.5	67.4	67.0	70.9	71.3	71.8	74.3
西宮市	…	…	…	…	…	…	69.7	72.1	70.1	69.2	74.4
尼崎市	…	…	…	…	…	…	…	71.6	75.8	76.7	73.7
奈良市	…	…	…	63.3	66.7	68.0	76.0	74.5	73.4	77.5	76.9
和歌山市	…	…	72.3	80.9	83.2	82.6	82.7	82.1	81.8	88.7	90.6
倉敷市	…	…	…	70.0	74.8	69.2	69.6	72.1	72.4	69.3	73.2
呉市	…	…	…	…	…	…	…	…	…	…	99.1
福山市	…	…	59.6	63.5	62.7	61.0	66.6	68.5	70.1	72.5	68.4
下関市	…	…	…	…	…	67.7	74.6	74.4	69.4	71.2	77.4
高松市	…	…	…	68.1	71.3	71.1	75.1	76.1	82.1	80.0	79.3
松山市	…	…	…	61.1	57.7	59.8	64.3	65.5	68.3	72.1	72.6
高知市	…	…	66.5	69.4	67.9	73.9	71.3	72.5	77.5	82.3	84.2
久留米市	…	…	…	…	…	…	96.1	94.6	97.4	103.9	95.8
長崎市	…	…	126.2	111.9	131.7	124.8	131.2	129.3	128.3	128.6	129.0
佐世保市	…	…	…	…	…	…	…	…	…	…	75.2
大分市	…	…	54.9	56.9	59.9	63.4	62.9	64.3	65.6	63.2	64.5
宮崎市	…	…	67.2	74.0	74.6	70.7	69.6	78.1	80.6	80.3	78.3
鹿児島市	…	…	106.9	105.2	110.3	102.6	99.7	108.8	110.0	106.9	115.9
那覇市	…	…	…	…	…	…	…	…	…	72.6	72.8

第20表　人口10万対薬局・医療施設従事薬剤師数

	平成2年 (1990)	6 ('94)	10 ('98)	14 ('02)	16 ('04)	18 ('06)	20 ('08)	22 ('10)	24 ('12)	26 ('14)	28 ('16)
全　　国	72.8	85.1	103.0	121.2	128.7	136.4	145.7	154.3	161.3	170.0	181.3
北　海　道	73.9	86.0	105.0	121.3	127.6	134.9	143.0	150.1	154.9	163.6	175.6
青　　森	56.2	67.4	79.8	91.5	96.3	102.4	111.1	120.9	126.4	133.8	143.5
岩　　手	63.9	72.3	87.4	106.5	112.1	118.9	127.5	129.5	136.1	141.4	150.2
宮　　城	74.9	84.6	96.6	112.0	120.8	135.1	147.3	154.5	161.5	168.5	182.9
秋　　田	66.3	79.7	93.9	113.4	118.0	126.5	140.1	147.0	154.7	162.7	171.1
山　　形	55.2	62.5	78.5	95.3	101.6	107.2	117.3	127.4	132.3	142.2	149.8
福　　島	65.6	77.2	95.9	108.0	115.2	122.6	130.9	135.9	136.2	144.8	155.0
茨　　城	54.9	66.3	92.8	108.1	117.6	129.0	137.0	144.7	151.9	159.7	167.4
栃　　木	57.7	66.4	78.7	103.0	109.2	115.3	126.2	134.3	141.7	151.6	158.2
群　　馬	60.7	70.9	86.2	101.4	106.1	113.7	120.7	129.5	138.4	146.6	159.0
埼　　玉	54.5	63.2	79.2	96.8	108.1	117.3	128.1	138.7	144.8	153.3	165.8
千　　葉	62.7	76.5	93.3	113.9	121.4	129.4	142.3	147.3	154.7	165.0	176.2
東　　京	94.1	115.5	137.3	157.1	165.4	172.0	181.4	189.9	198.1	207.1	218.3
神　奈　川	74.1	89.6	108.1	127.2	134.3	141.2	151.1	167.2	174.0	187.7	197.3
新　　潟	61.5	72.3	87.5	108.1	113.8	122.7	129.4	136.6	142.9	151.1	160.8
富　　山	65.4	75.7	88.5	114.7	124.0	126.8	134.3	141.3	147.0	154.1	159.7
石　　川	76.1	87.6	99.3	119.3	125.4	134.6	138.2	153.1	161.9	169.3	178.5
福　　井	66.9	78.4	85.5	94.6	99.9	104.0	108.7	117.1	128.4	140.5	145.1
山　　梨	66.2	77.2	93.2	111.8	120.0	126.9	133.1	136.4	149.4	158.0	169.2
長　　野	71.3	77.7	100.0	121.2	128.9	135.3	144.3	149.3	156.2	165.2	175.0
岐　　阜	68.8	76.6	93.7	109.7	120.5	124.6	130.3	135.5	142.5	151.8	156.0
静　　岡	68.8	77.5	98.3	114.7	119.6	127.9	136.7	143.7	150.2	158.8	169.0
愛　　知	72.2	78.4	91.9	107.7	115.7	121.2	128.6	136.3	141.7	149.1	157.9
三　　重	62.0	73.7	84.8	109.1	109.8	116.3	125.0	132.9	135.7	145.9	158.7
滋　　賀	56.1	67.8	80.5	108.8	119.0	123.3	135.4	142.3	149.1	158.0	170.5
京　　都	72.1	77.6	93.2	106.4	115.1	122.0	132.5	142.5	147.0	158.3	172.6
大　　阪	86.0	94.1	111.4	130.3	141.1	149.7	160.5	168.4	173.0	178.7	197.1
兵　　庫	75.4	※88.9	120.3	144.5	151.2	160.6	170.9	178.5	188.1	198.2	214.0
奈　　良	62.5	75.1	96.8	117.2	122.6	132.3	134.8	139.9	157.7	143.8	163.8
和　歌　山	83.3	88.3	107.4	119.2	128.9	132.6	137.0	146.8	156.7	164.3	181.9
鳥　　取	74.5	89.6	104.6	119.8	128.4	129.5	142.0	148.1	152.4	159.8	168.4
島　　根	54.9	67.3	82.6	98.8	105.5	118.3	128.3	137.0	143.7	156.0	162.2
岡　　山	68.5	79.9	102.0	122.7	126.5	134.4	140.8	148.7	154.6	166.2	175.8
広　　島	92.0	108.6	130.3	144.4	148.9	157.7	163.7	177.8	184.1	193.8	203.9
山　　口	86.3	104.6	125.5	143.5	150.1	156.3	164.6	172.2	179.5	187.0	200.7
徳　　島	85.2	109.7	131.5	153.8	166.4	167.7	184.8	196.7	199.5	210.9	220.9
香　　川	79.5	93.0	112.9	133.4	142.8	149.3	155.0	164.5	174.6	186.1	199.4
愛　　媛	73.3	87.0	100.3	120.3	125.1	131.6	138.2	140.5	149.9	158.5	170.0
高　　知	92.6	109.3	122.8	144.3	150.2	158.7	166.4	176.1	181.6	185.6	192.2
福　　岡	80.9	99.6	115.6	131.3	136.3	143.0	156.6	167.0	177.1	182.8	195.7
佐　　賀	84.5	99.4	121.0	134.6	148.2	156.5	163.0	170.4	174.5	178.4	191.9
長　　崎	66.7	86.3	106.6	124.0	130.8	140.4	147.6	152.5	160.9	170.6	178.6
熊　　本	67.7	78.1	88.4	106.5	112.1	119.0	130.7	142.0	150.2	163.9	171.5
大　　分	72.1	80.5	86.6	113.4	120.2	126.0	136.7	143.6	151.6	158.4	164.8
宮　　崎	61.8	70.8	80.3	101.4	107.8	115.2	123.0	133.6	142.2	148.5	152.4
鹿　児　島	58.6	72.0	94.5	108.0	115.8	123.8	134.2	140.4	148.6	158.5	166.4
沖　　縄	71.7	79.8	88.1	91.3	103.0	111.0	116.2	119.7	125.3	131.0	134.7

注：※については、阪神・淡路大震災による調査への影響があり留意する必要がある。

の年次推移，従業地による都道府県－指定都市・特別区・中核市（再掲）別

各年12月31日現在

	平成2年 (1990)	6 ('94)	10 ('98)	14 ('02)	16 ('04)	18 ('06)	20 ('08)	22 ('10)	24 ('12)	26 ('14)	28 ('16)
指定都市・特別区（再掲）											
東 京 都 区 部	105.3	127.4	147.5	167.8	175.4	182.6	192.1	200.1	209.2	216.4	227.5
札 幌 市	98.5	112.7	133.9	149.0	156.4	163.3	175.1	180.7	187.5	199.4	217.8
仙 台 市	92.7	103.1	113.7	130.0	141.8	165.9	181.7	190.6	202.0	208.2	226.5
さ い た ま 市	…	…	…	…	112.4	128.9	141.5	154.5	165.4	173.0	190.2
千 葉 市	…	94.3	108.7	132.0	141.4	152.0	168.1	173.1	181.8	193.8	202.8
横 浜 市	68.1	83.1	99.9	125.1	125.7	136.3	147.7	178.6	185.4	203.2	209.7
川 崎 市	81.4	95.2	114.7	132.1	143.6	148.7	160.9	168.9	176.4	186.2	200.8
相 模 原 市	…	…	…	…	155.9	156.3	157.8	165.0	173.6	183.3	197.4
新 潟 市	…	…	127.9	151.2	157.2	148.1	157.1	170.3	176.4	186.0	201.1
静 岡 市	…	…	124.1	145.8	132.5	139.9	157.0	162.1	169.0	176.0	192.3
浜 松 市	…	…	99.8	120.6	124.2	118.3	129.9	138.2	151.7	164.5	176.3
名 古 屋 市	96.2	104.6	118.1	134.1	142.6	147.8	155.4	164.1	172.9	184.6	197.6
京 都 市	86.9	91.4	112.8	125.7	136.5	143.0	152.6	164.7	169.5	181.1	196.9
大 阪 市	130.3	136.8	153.2	172.5	181.7	189.1	197.8	209.9	208.0	207.4	225.0
堺 市	…	…	85.7	100.0	110.7	121.8	136.0	144.1	148.5	159.2	177.4
神 戸 市	86.3	※98.7	147.0	166.7	178.5	193.0	203.0	207.0	216.0	233.8	247.8
岡 山 市	…	…	125.6	156.2	157.6	166.6	170.8	180.0	188.2	201.7	219.6
広 島 市	98.2	112.6	134.3	147.5	150.5	163.7	164.9	188.1	195.4	203.7	216.5
北 九 州 市	105.7	127.8	143.0	155.6	163.3	170.2	179.2	188.9	196.3	196.8	211.0
福 岡 市	86.4	110.7	119.6	138.4	141.5	150.5	168.9	184.6	200.4	208.8	223.2
熊 本 市	…	…	119.7	132.0	139.9	149.4	166.9	176.9	186.2	206.4	218.5
中核市（再掲）											
旭 川 市	…	…	…	151.1	152.2	155.6	168.8	183.2	189.2	194.8	213.4
函 館 市	…	…	…	…	…	177.6	184.0	199.6	205.4	214.0	218.0
青 森 市	…	…	…	…	…	122.0	133.6	149.2	152.5	166.0	174.4
盛 岡 市	…	…	…	…	…	…	202.3	205.5	216.6	224.0	230.0
秋 田 市	…	…	127.6	144.5	150.3	153.6	169.4	184.5	192.9	202.5	216.6
郡 山 市	…	…	109.0	122.5	128.6	138.9	149.3	155.6	155.5	168.1	175.3
い わ き 市	…	…	…	142.9	150.3	155.1	162.6	168.6	174.2	182.5	182.8
宇 都 宮 市	…	…	78.6	111.4	112.6	121.9	136.1	144.0	150.7	162.9	172.5
前 橋 市	…	…	…	…	…	…	…	164.3	169.6	181.8	199.7
高 崎 市	…	…	…	…	…	…	…	…	129.8	146.7	157.7
川 越 市	…	…	…	…	139.3	149.5	173.1	173.9	180.1	182.6	198.9
越 谷 市	…	…	…	…	…	…	…	…	…	…	186.8
船 橋 市	…	…	…	…	133.5	136.3	148.1	152.2	165.9	176.6	189.0
柏 市	…	…	…	…	…	…	161.7	175.0	176.0	190.2	195.4
八 王 子 市	…	…	…	…	…	…	…	…	…	…	199.1
横 須 賀 市	…	…	…	134.9	137.1	143.3	144.9	145.1	153.8	166.8	180.9
富 山 市	…	…	120.8	154.3	175.8	156.8	164.1	169.0	175.8	186.9	195.2
金 沢 市	…	…	126.9	144.5	149.8	169.9	169.5	188.2	197.8	211.4	221.2
長 野 市	…	…	…	132.7	145.5	146.6	158.1	164.9	164.3	172.5	186.9
岐 阜 市	…	…	153.2	174.7	197.0	203.6	208.3	219.5	210.7	234.5	241.9
豊 橋 市	…	…	…	111.7	116.4	130.7	135.7	139.9	137.0	145.8	160.4
豊 田 市	…	…	86.5	105.9	115.0	109.2	114.6	122.4	125.7	132.1	138.1
岡 崎 市	…	…	…	…	85.1	95.1	112.0	123.5	119.3	127.7	129.8
大 津 市	…	…	…	…	…	…	…	169.4	176.5	181.6	200.3
高 槻 市	…	…	…	…	153.1	166.6	182.2	200.4	211.8	225.1	241.2
東 大 阪 市	…	…	…	…	…	116.1	123.5	119.1	119.9	111.9	144.1
豊 中 市	…	…	…	…	…	…	…	…	183.7	199.2	214.4
枚 方 市	…	…	…	…	…	…	…	…	…	191.4	204.7
姫 路 市	…	…	114.5	147.9	137.6	134.5	156.1	159.6	173.3	177.2	193.8
西 宮 市	…	…	…	…	…	…	178.7	190.2	200.4	202.7	220.0
尼 崎 市	…	…	…	…	…	…	…	184.9	189.8	202.5	229.6
奈 良 市	…	…	…	129.6	143.0	150.9	148.9	156.0	172.4	164.0	177.2
和 歌 山 市	…	…	139.5	162.4	162.1	174.1	180.3	190.4	198.1	210.7	234.5
倉 敷 市	…	…	…	129.3	128.2	131.8	142.9	149.5	153.3	162.6	169.6
呉 市	…	…	…	…	…	…	…	…	…	…	210.3
福 山 市	…	…	142.2	149.1	142.8	152.5	167.0	176.4	180.7	188.3	193.5
下 関 市	…	…	…	…	…	146.6	154.2	172.6	172.6	181.2	200.8
高 松 市	…	…	…	152.8	168.1	151.2	159.6	170.0	187.4	199.0	217.8
松 山 市	…	…	…	138.9	134.1	142.1	151.8	149.3	161.3	174.4	193.6
高 知 市	…	…	173.2	204.2	203.9	211.2	211.7	217.8	224.6	224.8	228.7
久 留 米 市	…	…	…	…	…	…	192.5	210.6	212.5	221.2	245.9
長 崎 市	…	…	171.2	187.6	197.8	195.1	205.6	210.2	222.9	230.4	242.2
佐 世 保 市	…	…	…	…	…	…	…	…	…	…	163.8
大 分 市	…	…	106.9	129.0	135.6	136.4	148.8	154.2	159.7	168.0	176.4
宮 崎 市	…	…	113.8	136.7	146.6	142.9	149.3	157.5	175.6	185.1	186.5
鹿 児 島 市	…	…	118.1	138.3	146.3	147.0	160.5	173.3	182.5	196.0	214.7
那 覇 市	…	…	…	…	…	…	…	…	…	164.8	169.7

第21表　医療施設従事医師数の年次推移，
病院－診療所、年齢階級別

各年12月31日現在

	平成2年 (1990)	6 ('94)	10 ('98)	14 ('02)	16 ('04)	18 ('06)	20 ('08)	22 ('10)	24 ('12)	26 ('14)	28 ('16)
総　　　数	203 797	220 853	236 933	249 574	256 668	263 540	271 897	280 431	288 850	296 845	304 759
29歳以下	25 687	26 162	26 874	26 206	25 960	25 996	25 961	26 213	26 226	26 351	27 725
30 ～ 39	60 305	66 409	66 031	64 086	63 857	64 602	64 635	64 497	65 003	64 942	64 878
40 ～ 49	38 209	48 571	59 463	66 020	68 199	67 701	68 044	68 064	67 969	67 880	68 344
50 ～ 59	27 618	26 579	31 662	41 325	46 782	53 919	57 882	61 791	65 380	67 815	67 286
60 ～ 69	35 767	32 730	24 796	23 015	23 234	23 268	28 288	33 217	37 880	43 132	49 630
70歳以上	16 211	20 402	28 107	28 922	28 636	28 054	27 087	26 649	26 392	26 725	26 896
不　　　詳	－	－	－	－	－	－	－	－	－	－	－
病　　　院	128 765	143 412	153 100	159 131	163 683	168 327	174 266	180 966	188 306	194 961	202 302
29歳以下	25 263	25 803	26 487	25 846	25 605	25 695	25 738	26 014	25 947	26 133	27 544
30 ～ 39	53 929	59 720	59 184	57 066	56 979	57 652	58 038	58 571	59 716	59 988	60 338
40 ～ 49	24 700	31 497	38 292	42 522	44 474	44 563	45 290	46 256	47 220	48 155	49 092
50 ～ 59	11 969	12 647	15 417	19 620	22 022	25 279	27 688	30 464	33 555	36 105	37 248
60 ～ 69	9 119	9 122	8 077	8 101	8 500	8 832	10 938	12 941	14 769	16 982	20 050
70歳以上	3 785	4 623	5 643	5 976	6 103	6 306	6 574	6 720	7 099	7 598	8 030
不　　　詳	－	－	－	－	－	－	－	－	－	－	－
診　療　所	75 032	77 441	83 833	90 443	92 985	95 213	97 631	99 465	100 544	101 884	102 457
29歳以下	424	359	387	360	355	301	223	199	279	218	181
30 ～ 39	6 376	6 689	6 847	7 020	6 878	6 950	6 597	5 926	5 287	4 954	4 540
40 ～ 49	13 509	17 074	21 171	23 498	23 725	23 138	22 754	21 808	20 749	19 725	19 252
50 ～ 59	15 649	13 932	16 245	21 705	24 760	28 640	30 194	31 327	31 825	31 710	30 038
60 ～ 69	26 648	23 608	16 719	14 914	14 734	14 436	17 350	20 276	23 111	26 150	29 580
70歳以上	12 426	15 779	22 464	22 946	22 533	21 748	20 513	19 929	19 293	19 127	18 866
不　　　詳	－	－	－	－	－	－	－	－	－	－	－

注：「病院」・「診療所」には、それぞれ「開設者」及び「勤務者」が含まれる。

第22表　医療施設従事歯科医師数の年次推移，
病院－診療所、年齢階級別

各年12月31日現在

	平成2年 (1990)	6 ('94)	10 ('98)	14 ('02)	16 ('04)	18 ('06)	20 ('08)	22 ('10)	24 ('12)	26 ('14)	28 ('16)
総　　　数	72 087	79 091	85 669	90 499	92 696	94 593	96 674	98 723	99 659	100 965	101 551
29歳以下	9 119	8 668	8 894	8 252	7 898	7 962	7 655	7 657	7 460	6 982	6 414
30 ～ 39	25 403	26 604	24 629	22 208	21 745	21 355	20 779	20 204	19 485	19 094	18 896
40 ～ 49	15 756	21 196	25 645	27 790	27 545	26 319	25 522	24 227	23 072	22 631	22 287
50 ～ 59	7 998	8 959	12 586	17 806	20 607	23 504	24 846	26 105	26 927	26 796	25 542
60 ～ 69	8 228	7 675	7 154	7 352	7 882	8 499	11 101	13 649	15 702	18 159	20 649
70歳以上	5 583	5 989	6 761	7 091	7 019	6 954	6 771	6 881	7 013	7 303	7 763
不　　　詳	－		－						－	－	－
病　　　院	8 819	10 214	11 543	11 674	11 638	12 269	12 061	12 438	12 547	12 141	12 385
29歳以下	3 639	4 016	4 908	4 704	4 414	4 775	4 527	4 578	4 409	3 953	3 815
30 ～ 39	3 641	4 144	4 090	3 851	3 936	4 113	3 968	4 114	4 291	4 224	4 428
40 ～ 49	938	1 350	1 670	1 980	2 024	1 993	1 963	1 887	1 867	1 901	1 977
50 ～ 59	394	456	633	865	986	1 094	1 226	1 375	1 462	1 487	1 493
60 ～ 69	173	182	205	235	245	261	346	452	488	540	622
70歳以上	34	66	37	39	33	33	31	32	30	36	50
不　　　詳	－		－								－
診　療　所	63 268	68 877	74 126	78 825	81 058	82 324	84 613	86 285	87 112	88 824	89 166
29歳以下	5 480	4 652	3 986	3 548	3 484	3 187	3 128	3 079	3 051	3 029	2 599
30 ～ 39	21 762	22 460	20 539	18 357	17 809	17 242	16 811	16 090	15 194	14 870	14 468
40 ～ 49	14 818	19 846	23 975	25 810	25 521	24 326	23 559	22 340	21 205	20 730	20 310
50 ～ 59	7 604	8 503	11 953	16 941	19 621	22 410	23 620	24 730	25 465	25 309	24 049
60 ～ 69	8 055	7 493	6 949	7 117	7 637	8 238	10 755	13 197	15 214	17 619	20 027
70歳以上	5 549	5 923	6 724	7 052	6 986	6 921	6 740	6 849	6 983	7 267	7 713
不　　　詳	－		－		－				－	－	－

注：「病院」・「診療所」には、それぞれ「開設者」及び「勤務者」が含まれる。

第23表　薬局・医療施設従事薬剤師数の年次推移，
薬局－医療施設－病院・診療所（再掲）、年齢階級別

各年12月31日現在

	平成2年 (1990)	6 ('94)	10 ('98)	14 ('02)	16 ('04)	18 ('06)	20 ('08)	22 ('10)	24 ('12)	26 ('14)	28 ('16)
総　　数	90 025	106 419	130 259	154 428	164 397	174 218	186 052	197 616	205 716	216 077	230 186
29歳以下	19 898	21 639	29 182	32 975	32 422	32 330	33 812	34 742	31 669	31 318	33 178
30 ～ 39	26 299	30 117	32 394	37 936	41 526	45 434	48 047	50 926	53 753	55 708	58 780
40 ～ 49	20 196	27 321	34 773	39 920	41 580	41 673	42 730	44 458	47 618	50 738	54 715
50 ～ 59	11 593	13 408	18 437	26 198	30 249	34 912	37 979	40 708	42 773	44 462	44 908
60 ～ 69	8 243	9 168	9 782	10 443	11 564	12 510	15 885	19 162	21 933	25 259	29 228
70歳以上	3 796	4 766	5 691	6 952	7 056	7 359	7 599	7 620	7 970	8 592	9 377
不　　詳	-	-	-	4	-	-	-	-	-	-	-
薬　　局	48 811	60 866	81 220	106 892	116 303	125 254	135 716	145 603	153 012	161 198	172 142
29歳以下	6 444	8 466	14 459	20 384	20 547	20 318	21 225	22 212	20 030	19 233	20 009
30 ～ 39	12 315	15 667	19 535	25 857	29 176	32 768	35 103	37 151	39 152	40 417	42 761
40 ～ 49	12 241	16 233	21 888	27 687	29 729	30 612	32 317	34 138	37 033	39 726	42 830
50 ～ 59	7 608	8 908	12 534	18 516	21 443	25 083	27 659	30 043	32 194	34 023	34 829
60 ～ 69	6 755	7 312	7 766	8 399	9 321	10 212	12 977	15 657	17 872	20 502	23 744
70歳以上	3 448	4 280	5 038	6 047	6 087	6 261	6 435	6 402	6 731	7 297	7 969
不　　詳	-	-	-	2	-	-	-	-	-	-	-
医 療 施 設	41 214	45 553	49 039	47 536	48 094	48 964	50 336	52 013	52 704	54 879	58 044
29歳以下	13 454	13 173	14 723	12 591	11 875	12 012	12 587	12 530	11 639	12 085	13 169
30 ～ 39	13 984	14 450	12 859	12 079	12 350	12 666	12 944	13 775	14 601	15 291	16 019
40 ～ 49	7 955	11 088	12 885	12 233	11 851	11 061	10 413	10 320	10 585	11 012	11 885
50 ～ 59	3 985	4 500	5 903	7 682	8 806	9 829	10 320	10 665	10 579	10 439	10 079
60 ～ 69	1 488	1 856	2 016	2 044	2 243	2 298	2 908	3 505	4 061	4 757	5 484
70歳以上	348	486	653	905	969	1 098	1 164	1 218	1 239	1 295	1 408
不　　詳	-	-	-	2	-	-	-	-	-	-	-
病　院（再掲）	…	…	…	…	…	…	…	…	…	48 980	52 145
29歳以下	…	…	…	…	…	…	…	…	…	11 895	13 033
30 ～ 39	…	…	…	…	…	…	…	…	…	14 758	15 528
40 ～ 49	…	…	…	…	…	…	…	…	…	10 005	10 916
50 ～ 59	…	…	…	…	…	…	…	…	…	8 427	8 222
60 ～ 69	…	…	…	…	…	…	…	…	…	3 275	3 773
70歳以上	…	…	…	…	…	…	…	…	…	620	673
不　　詳	…	…	…	…	…	…	…	…	…	-	-
診療所（再掲）	…	…	…	…	…	…	…	…	…	5 899	5 899
29歳以下	…	…	…	…	…	…	…	…	…	190	136
30 ～ 39	…	…	…	…	…	…	…	…	…	533	491
40 ～ 49	…	…	…	…	…	…	…	…	…	1 007	969
50 ～ 59	…	…	…	…	…	…	…	…	…	2 012	1 857
60 ～ 69	…	…	…	…	…	…	…	…	…	1 482	1 711
70歳以上	…	…	…	…	…	…	…	…	…	675	735
不　　詳	…	…	…	…	…	…	…	…	…	-	-

注：「薬局」には、「開設者」及び「勤務者」が含まれる。

第24表　医師・歯科医師・薬剤師の平均年齢の年次推移，業務の種別

医　師

各年12月31日現在

	平成2年(1990)	6('94)	10('98)	14('02)	16('04)	18('06)	20('08)	22('10)	24('12)	26('14)	28('16)
総　　数	47.2	47.2	47.5	48.0	48.2	48.5	48.8	49.1	49.4	49.8	50.0
医療施設の従事者	47.0	46.9	47.2	47.6	47.8	48.1	48.3	48.6	48.9	49.3	49.6
病院の従事者	40.3	40.6	41.0	41.7	42.1	42.4	42.9	43.3	43.7	44.2	44.5
病院（医育機関附属の病院を除く）の従事者	…	…	42.8	43.6	43.9	44.2	44.7	45.2	45.6	46.2	46.7
病院（医育機関附属の病院を除く）の開設者又は法人の代表者	57.1	59.7	61.0	61.8	62.0	62.7	63.1	63.6	64.0	63.9	64.2
病院（医育機関附属の病院を除く）の勤務者	41.8	41.3	41.7	42.6	42.9	43.4	43.9	44.4	44.9	45.5	46.0
医育機関附属の病院の勤務者	35.4	35.9	36.3	36.6	37.1	37.5	37.8	38.1	38.5	38.7	38.8
診療所の従事者	58.5	58.7	58.3	58.0	58.0	58.0	58.0	58.3	58.7	59.2	59.6
診療所の開設者又は法人の代表者	59.7	59.7	59.7	59.5	59.4	59.4	59.4	59.7	60.2	60.7	61.2
診療所の勤務者	54.5	53.9	53.2	53.2	53.5	53.7	54.0	54.6	54.9	55.4	56.1
介護老人保健施設の従事者	61.8	61.5	62.8	64.6	65.3	66.3	67.0	68.0	68.5	69.0	69.6
医療施設・介護老人保健施設以外の従事者	47.0	47.2	47.2	47.6	48.2	49.2	50.0	50.4	51.5	51.9	52.2
その他の者	69.9	71.3	70.5	71.7	71.9	71.6	69.9	70.8	70.5	70.3	71.0

歯　科　医　師

	平成2年(1990)	6('94)	10('98)	14('02)	16('04)	18('06)	20('08)	22('10)	24('12)	26('14)	28('16)
総　　数	45.0	45.4	46.1	47.1	47.6	48.1	48.6	49.3	49.9	50.5	51.2
医療施設の従事者	44.8	45.1	45.8	46.9	47.4	47.9	48.5	49.1	49.8	50.4	51.1
病院の従事者	33.9	34.5	34.4	35.3	35.8	35.7	36.2	36.6	36.9	37.4	37.9
病院（医育機関附属の病院を除く）の従事者	…	…	…	39.6	40.0	40.3	40.6	41.5	42.2	42.8	43.7
病院（医育機関附属の病院を除く）の開設者又は法人の代表者	70.0	58.6	63.3	61.9	52.4	57.4	51.4	50.2	54.1	54.9	53.4
病院（医育機関附属の病院を除く）の勤務者	36.9	38.5	38.7	39.5	39.9	40.2	40.6	41.4	42.1	42.7	43.7
医育機関附属の病院の勤務者	33.1	33.4	33.4	34.1	34.6	34.4	34.9	35.1	35.3	35.6	35.9
診療所の従事者	46.4	46.7	47.6	48.6	49.1	49.8	50.2	50.9	51.6	52.2	52.9
診療所の開設者又は法人の代表者	48.6	48.9	49.8	51.1	51.8	52.6	53.3	54.1	55.1	55.6	56.6
診療所の勤務者	40.3	40.4	41.2	41.7	42.1	42.7	43.0	43.5	44.1	44.6	45.5
介護老人保健施設の従事者	-	34.5	39.5	46.0	65.5	54.2	56.6	52.3	55.1	55.7	55.6
医療施設・介護老人保健施設以外の従事者	38.2	40.5	41.0	41.6	42.2	43.4	44.0	45.0	46.7	47.1	48.1
その他の者	66.8	69.1	67.5	66.4	65.9	65.5	64.1	63.8	64.3	63.8	64.4

薬　剤　師

	平成2年(1990)	6('94)	10('98)	14('02)	16('04)	18('06)	20('08)	22('10)	24('12)	26('14)	28('16)
総　　数	41.9	42.1	42.4	43.0	43.3	43.7	44.0	44.5	45.4	45.9	46.0
薬局・医療施設の従事者	42.2	42.7	42.4	42.9	43.3	43.6	43.9	44.2	44.9	45.3	45.5
薬局の従事者	46.4	45.9	44.5	44.0	44.2	44.5	44.7	45.1	45.8	46.3	46.5
薬局の開設者又は法人の代表者	54.6	55.5	56.1	56.9	57.2	57.6	58.0	58.4	58.9	59.3	59.7
薬局の勤務者	41.9	41.1	40.7	40.9	41.5	42.1	42.5	43.1	44.0	44.7	45.1
医療施設の従事者	37.1	38.3	38.9	40.4	41.0	41.3	41.5	41.8	42.4	42.4	42.3
医療施設で調剤・病棟業務の従事者	37.1	38.1	38.6	40.1	40.6	40.9	41.0	41.3	42.0	42.1	42.0
医療施設で検査業務の従事者	40.8	44.1	46.6	50.3	50.3	51.0	52.3	53.5	54.1	50.3	50.9
医療施設でその他の業務の従事者	…	44.6	46.4	47.5	48.6	49.3	50.1	51.2	49.9	}（上段と合算）	
病院の従事者	…	…	…	…	…	…	…	…	…	40.8	40.7
病院で調剤・病棟業務の従事者	…	…	…	…	…	…	…	…	…	40.7	40.6
病院でその他(治験、検査等)の業務の従事者	…	…	…	…	…	…	…	…	…	45.4	45.8
診療所の従事者	…	…	…	…	…	…	…	…	…	55.7	56.8
診療所で調剤・病棟業務の従事者	…	…	…	…	…	…	…	…	…	55.5	56.6
診療所でその他(治験、検査等)の業務の従事者	…	…	…	…	…	…	…	…	…	56.4	57.5
薬局・医療施設以外の従事者	40.3	39.8	40.7	41.6	41.8	42.4	42.7	43.7	45.2	45.8	46.2
その他の者	43.9	45.6	47.2	48.2	48.8	49.0	49.3	50.3	51.7	52.7	53.0

注：「法人の代表者」は、平成4年までは「勤務者」に含めており、平成6年からは「開設者」に含めている。

第25表　医師・歯科医師・薬剤師数，都道府県－指定都市・

	医　　師		歯　科　医　師		薬　剤　師	
	住所地による	従業地による	住所地による	従業地による	住所地による	従業地による
全　　国	319 480	319 480	104 533	104 533	301 323	301 323
北　海　道	13 282	13 309	4 443	4 440	11 340	11 321
青　　森	2 656	2 702	755	762	2 209	2 210
岩　　手	2 615	2 631	1 038	1 029	2 275	2 303
宮　　城	5 764	5 653	1 918	1 918	5 436	5 354
秋　　田	2 361	2 384	612	627	1 998	2 009
山　　形	2 558	2 597	685	689	1 971	2 035
福　　島	3 679	3 888	1 352	1 377	3 508	3 582
茨　　城	4 904	5 513	1 813	1 934	6 652	6 605
栃　　木	4 338	4 498	1 405	1 379	3 873	3 934
群　　馬	4 541	4 620	1 405	1 420	3 781	3 798
埼　　玉	9 520	12 172	4 767	5 293	17 981	15 100
千　　葉	10 751	12 278	5 110	5 180	16 077	13 556
東　　京	51 470	44 136	17 626	16 639	40 744	48 813
神　奈　川	17 901	19 476	7 056	7 298	24 493	22 104
新　　潟	4 650	4 698	2 094	2 086	4 422	4 403
富　　山	2 646	2 723	645	649	2 771	2 813
石　　川	3 516	3 405	706	696	2 696	2 689
福　　井	1 970	2 002	427	434	1 431	1 426
山　　梨	1 932	1 990	603	597	1 689	1 707
長　　野	4 913	4 930	1 646	1 639	4 402	4 393
岐　　阜	4 043	4 358	1 608	1 682	3 844	3 868
静　　岡	7 252	7 662	2 329	2 366	8 174	8 144
愛　　知	16 758	16 410	5 757	5 683	14 729	14 684
三　　重	3 914	4 081	1 159	1 182	3 464	3 402
滋　　賀	3 067	3 270	807	806	3 339	3 100
京　　都	9 471	8 723	1 953	1 911	6 230	6 263
大　　阪	22 580	25 003	7 247	7 850	23 224	25 632
兵　　庫	15 517	13 979	4 302	3 907	16 213	14 616
奈　　良	3 909	3 407	1 127	925	3 622	2 791
和　歌　山	2 881	2 868	742	733	2 348	2 288
鳥　　取	1 860	1 805	360	359	1 151	1 134
島　　根	1 930	1 975	420	419	1 275	1 316
岡　　山	6 114	5 975	1 746	1 752	4 060	4 121
広　　島	7 467	7 534	2 538	2 510	7 097	7 021
山　　口	3 484	3 615	944	979	3 318	3 372
徳　　島	2 507	2 500	816	818	2 648	2 610
香　　川	2 787	2 813	725	730	2 396	2 415
愛　　媛	3 737	3 745	959	961	2 840	2 832
高　　知	2 266	2 276	523	520	1 704	1 706
福　　岡	16 426	15 997	5 567	5 477	12 010	11 794
佐　　賀	2 214	2 377	568	617	1 776	1 907
長　　崎	4 197	4 218	1 212	1 216	2 872	2 901
熊　　本	5 214	5 230	1 350	1 373	3 708	3 724
大　　分	3 142	3 230	751	756	2 216	2 221
宮　　崎	2 736	2 754	715	717	2 046	2 037
鹿　児　島	4 431	4 461	1 343	1 340	3 096	3 098
沖　　縄	3 609	3 609	859	858	2 174	2 171

注：「その他の業務の従事者」・「無職の者」（薬剤師は「無職の者」のみ）の従業地は、住所地で計上している。

特別区・中核市（再掲）、住所地－従業地別

平成28年12月31日現在

	医 師		歯 科 医 師		薬 剤 師	
	住所地による	従業地による	住所地による	従業地による	住所地による	従業地による
指定都市・特別区（再掲）						
東 京 都 区 部	43 208	35 257	14 525	13 464	28 895	38 477
札 幌 市	7 327	6 614	2 426	2 113	5 823	5 398
仙 台 市	4 610	3 677	1 386	1 237	3 730	3 348
さ い た ま 市	2 759	2 304	1 064	986	4 863	3 606
千 葉 市	3 320	2 813	1 079	980	3 020	2 653
横 浜 市	9 066	8 442	3 354	3 280	10 924	9 565
川 崎 市	2 386	3 352	969	1 040	4 224	3 520
相 模 原 市	1 218	1 714	365	477	1 732	1 636
新 潟 市	2 808	2 352	1 251	1 162	2 238	2 027
静 岡 市	1 745	1 671	493	479	1 843	1 761
浜 松 市	2 322	2 138	552	541	1 780	1 720
名 古 屋 市	9 803	7 084	2 714	2 296	6 097	6 252
京 都 市	7 552	6 604	1 314	1 229	3 893	4 281
大 阪 市	8 309	9 299	2 566	3 062	6 769	11 043
堺 市	2 081	1 967	611	566	2 075	1 743
神 戸 市	6 141	4 943	1 356	1 214	5 512	5 145
岡 山 市	3 845	3 081	1 009	944	2 217	2 116
広 島 市	4 540	3 708	1 384	1 289	3 465	3 254
北 九 州 市	3 334	3 314	1 258	1 214	2 206	2 245
福 岡 市	7 759	6 027	2 463	2 178	5 029	4 540
熊 本 市	3 956	3 206	822	715	2 341	2 093
中核市（再掲）						
旭 川 市	1 329	1 339	262	254	837	867
函 館 市	818	801	185	183	690	680
青 森 市	590	668	195	189	712	673
盛 岡 市	1 519	1 240	567	469	965	862
秋 田 市	1 399	1 227	266	242	906	857
郡 山 市	858	836	430	433	852	829
い わ き 市	543	583	209	207	716	719
宇 都 宮 市	1 466	1 046	481	435	1 398	1 213
前 橋 市	2 249	1 581	334	305	842	864
高 崎 市	948	815	370	312	1 018	845
川 越 市	739	860	272	266	1 042	965
越 谷 市	458	745	208	241	817	713
船 橋 市	719	914	447	476	1 985	1 562
柏 市	733	1 025	333	324	1 126	977
八 王 子 市	725	1 129	345	400	1 486	1 520
横 須 賀 市	498	877	413	565	737	813
富 山 市	1 463	1 449	303	286	1 457	1 482
金 沢 市	2 489	1 866	380	341	1 581	1 497
長 野 市	957	937	285	285	903	867
岐 阜 市	1 918	1 659	474	432	1 349	1 331
豊 橋 市	715	767	288	289	732	692
豊 田 市	382	697	185	253	531	655
岡 崎 市	530	536	242	265	713	639
大 津 市	1 481	1 288	256	219	1 096	855
高 槻 市	1 249	1 387	197	237	1 366	1 244
東 大 阪 市	493	888	256	372	743	865
豊 中 市	2 071	869	614	337	1 717	1 368
枚 方 市	843	1 225	311	337	1 101	990
姫 路 市	1 095	1 160	443	403	1 236	1 178
西 宮 市	2 786	1 679	588	377	2 214	1 365
尼 崎 市	665	1 200	217	335	999	1 320
奈 良 市	1 558	945	403	285	1 152	808
和 歌 山 市	1 891	1 616	350	335	1 152	1 172
倉 敷 市	1 483	1 757	313	350	883	908
呉 市	510	758	205	232	490	585
福 山 市	915	997	326	318	1 268	1 165
下 関 市	660	714	202	215	590	598
高 松 市	1 728	1 199	359	344	1 283	1 172
松 山 市	2 032	1 623	408	385	1 379	1 260
高 知 市	1 676	1 257	312	298	1 114	996
久 留 米 市	2 147	1 815	359	305	959	868
長 崎 市	2 051	1 993	569	581	1 276	1 282
佐 世 保 市	663	662	194	197	510	510
大 分 市	1 930	1 237	339	321	1 140	1 044
宮 崎 市	1 812	1 507	339	324	1 058	937
鹿 児 島 市	3 208	2 510	791	731	1 805	1 550
那 覇 市	1 329	809	327	239	859	654

第26表　医師数、平均年齢，

	総数	医療施設の従事者	病院の従事者	開設者又は法人の代表者	勤務者（医育機関附属の病院を除く）	医育機関附属の病院の勤務者	臨床系の教官又は教員	臨床系の大学院生	臨床系の教官又は教員及び大学院生以外の従事者	診療所の従事者	開設者又は法人の代表者	勤務者
総数	319 480	304 759	202 302	5 149	141 966	55 187	28 318	6 000	20 869	102 457	71 888	30 569
男	251 987	240 454	157 385	4 878	111 930	40 577	23 299	4 508	12 770	83 069	64 009	19 060
女	67 493	64 305	44 917	271	30 036	14 610	5 019	1 492	8 099	19 388	7 879	11 509
24歳以下	634	633	633	－	452	181	－	－	181	－	－	－
男	385	384	384	－	284	100	－	－	100	－	－	－
女	249	249	249	－	168	81	－	－	81	－	－	－
25 ～ 29	27 317	27 092	26 911	1	17 253	9 657	818	578	8 261	181	19	162
男	17 896	17 744	17 629	1	11 799	5 829	455	429	4 945	115	15	100
女	9 421	9 348	9 282	－	5 454	3 828	363	149	3 316	66	4	62
30 ～ 34	33 609	32 793	31 681	18	18 059	13 604	3 324	3 716	6 564	1 112	185	927
男	22 808	22 293	21 702	14	12 559	9 129	2 227	2 804	4 098	591	139	452
女	10 801	10 500	9 979	4	5 500	4 475	1 097	912	2 466	521	46	475
35 ～ 39	33 105	32 085	28 657	56	17 694	10 907	5 940	1 465	3 502	3 428	971	2 457
男	22 869	22 230	20 357	44	12 425	7 888	4 589	1 117	2 182	1 873	765	1 108
女	10 236	9 855	8 300	12	5 269	3 019	1 351	348	1 320	1 555	206	1 349
40 ～ 44	34 910	33 777	26 154	181	18 191	7 782	6 245	197	1 340	7 623	3 434	4 189
男	25 476	24 782	19 826	154	13 609	6 063	5 173	131	759	4 956	2 829	2 127
女	9 434	8 995	6 328	27	4 582	1 719	1 072	66	581	2 667	605	2 062
45 ～ 49	35 963	34 567	22 938	343	17 487	5 108	4 590	26	492	11 629	6 866	4 763
男	27 874	26 944	18 612	309	13 977	4 326	4 031	16	279	8 332	5 813	2 519
女	8 089	7 623	4 326	34	3 510	782	559	10	213	3 297	1 053	2 244
50 ～ 54	34 990	33 384	19 751	435	15 936	3 380	3 132	12	236	13 633	9 664	3 969
男	28 984	27 773	17 004	405	13 613	2 986	2 815	7	164	10 769	8 406	2 363
女	6 006	5 611	2 747	30	2 323	394	317	5	72	2 864	1 258	1 606
55 ～ 59	35 738	33 902	17 497	713	14 132	2 652	2 512	3	137	16 405	12 880	3 525
男	30 887	29 406	15 756	672	12 645	2 439	2 331	2	106	13 650	11 449	2 201
女	4 851	4 496	1 741	41	1 487	213	181	1	31	2 755	1 431	1 324
60 ～ 64	29 694	28 091	12 269	911	9 827	1 531	1 455	3	73	15 822	13 174	2 648
男	26 412	25 062	11 318	870	8 998	1 450	1 388	2	60	13 744	12 003	1 741
女	3 282	3 029	951	41	829	81	67	1	13	2 078	1 171	907
65 ～ 69	22 843	21 539	7 781	990	6 484	307	251	－	56	13 758	11 301	2 457
男	20 701	19 528	7 273	959	6 019	295	242	－	53	12 255	10 398	1 857
女	2 142	2 011	508	31	465	12	9	－	3	1 503	903	600
70 ～ 74	11 146	10 258	3 519	678	2 795	46	30	－	16	6 739	5 296	1 443
男	10 040	9 237	3 282	659	2 580	43	29	－	14	5 955	4 833	1 122
女	1 106	1 021	237	19	215	3	1	－	2	784	463	321
75 ～ 79	8 095	7 231	2 253	376	1 856	21	14	－	7	4 978	3 642	1 336
男	7 436	6 629	2 139	368	1 752	19	13	－	6	4 490	3 348	1 142
女	659	602	114	8	104	2	1	－	1	488	294	194
80 ～ 84	6 086	5 168	1 391	253	1 133	5	2	－	3	3 777	2 546	1 231
男	5 569	4 731	1 314	245	1 064	5	2	－	3	3 417	2 329	1 088
女	517	437	77	8	69	－	－	－	－	360	217	143
85歳以上	5 350	4 239	867	194	667	6	5	－	1	3 372	1 910	1 462
男	4 650	3 711	789	178	606	5	4	－	1	2 922	1 682	1 240
女	700	528	78	16	61	1	1	－	－	450	228	222
平均年齢 総数	50.0	49.6	44.5	64.2	46.0	38.8	44.4	33.7	32.8	59.6	61.2	56.1
男	51.7	51.2	46.1	64.5	47.5	40.2	45.3	33.6	33.0	60.9	61.5	59.0
女	43.9	43.5	38.8	59.3	40.4	35.2	39.9	33.7	32.5	54.3	58.7	51.2

医師

年齢階級、性、主たる業務の種別

平成28年12月31日現在

介護老人保健施設の従事者	開設者又は法人の代表者	勤務者	医療施設・介護老人保健施設以外の従事者	医育機関の臨床系以外の大学院生	医育機関の臨床系以外の勤務者	医育機関以外の教育機関又は研究機関の勤務者	行政機関・産業医・保健衛生業務の従事者	行政機関	産業医	保健衛生業務	その他の業務の従事者	無職の者	不詳
3 346	373	2 973	9 057	627	3 004	1 582	3 844	1 740	1 128	976	642	1 659	17
2 891	313	2 578	6 936	468	2 508	1 305	2 655	1 194	734	727	495	1 201	10
455	60	395	2 121	159	496	277	1 189	546	394	249	147	458	7
–	–	–	1	–	–	1	–	–	–	–	–	–	–
–	–	–	1	–	–	1	–	–	–	–	–	–	–
–	–	–	–	–	–	–	–	–	–	–	–	–	–
4	–	4	197	97	34	10	56	33	11	12	10	14	–
3	–	3	138	78	21	4	35	24	6	5	7	4	–
1	–	1	59	19	13	6	21	9	5	7	3	10	–
14	–	14	737	341	112	49	235	101	90	44	17	48	–
4	–	4	493	259	71	33	130	69	43	18	9	9	–
10	–	10	244	82	41	16	105	32	47	26	8	39	–
47	5	42	877	148	279	97	353	176	123	54	38	57	1
23	3	20	578	102	212	58	206	104	69	33	26	12	–
24	2	22	299	46	67	39	147	72	54	21	12	45	1
84	7	77	922	25	384	121	392	203	136	53	65	60	2
31	5	26	612	17	292	88	215	112	82	21	39	11	1
53	2	51	310	8	92	33	177	91	54	32	26	49	1
139	15	124	1 112	6	488	165	453	224	141	88	99	44	2
78	7	71	763	4	369	127	263	140	77	46	73	15	1
61	8	53	349	2	119	38	190	84	64	42	26	29	1
188	25	163	1 277	3	495	271	508	262	158	88	99	41	1
122	14	108	987	1	420	219	347	191	97	59	79	22	1
66	11	55	290	2	75	52	161	71	61	29	20	19	–
238	28	210	1 494	1	620	312	561	317	162	82	71	33	–
177	22	155	1 229	1	565	271	392	225	109	58	57	18	–
61	6	55	265	–	55	41	169	92	53	24	14	15	–
338	42	296	1 146	3	424	252	467	261	104	102	64	55	–
281	32	249	975	3	399	224	349	193	73	83	52	42	–
57	10	47	171	–	25	28	118	68	31	19	12	13	–
542	72	470	633	3	109	194	327	82	86	159	37	92	–
501	63	438	566	3	104	179	280	69	74	137	33	73	–
41	9	32	67	–	5	15	47	13	12	22	4	19	–
493	58	435	268	–	36	64	168	39	39	90	26	100	1
461	54	407	238	–	35	60	143	31	32	80	24	80	–
32	4	28	30	–	1	4	25	8	7	10	2	20	1
506	39	467	187	–	10	29	148	21	36	91	21	148	2
493	37	456	162	–	8	25	129	17	33	79	19	131	2
13	2	11	25	–	2	4	19	4	3	12	2	17	–
468	44	424	135	–	6	14	115	13	26	76	32	282	1
450	39	411	127	–	5	13	109	12	25	72	26	234	1
18	5	13	8	–	1	1	6	1	1	4	6	48	–
285	38	247	71	–	7	3	61	8	16	37	63	685	7
267	37	230	67	–	7	3	57	7	14	36	51	550	4
18	1	17	4	–	–	–	4	1	2	1	12	135	3
69.6	69.2	69.6	52.2	33.9	51.4	55.6	54.5	51.8	52.7	61.3	58.2	76.0	71.9
71.4	70.8	71.5	53.6	33.8	52.4	56.7	56.7	52.8	55.1	64.6	59.6	80.3	74.1
57.5	61.0	57.0	47.7	34.2	46.5	50.2	49.5	49.5	48.2	51.5	53.6	64.6	68.7

第27表　医師数，主たる従業地による都道府県

	総数	医療施設の従事者	病院の従事者	開設者又は法人の代表者	勤務者(医育機関附属の病院を除く)	医育機関附属の病院の勤務者			診療所の従事者	開設者又は法人の代表者	勤務者
						臨床系の教官又は教員	臨床系の大学院生	臨床系の教官又は教員及び大学院生以外の従事者			
全　　国	319 480	304 759	202 302	5 149	141 966	55 187	28 318	6 000	20 869	102 457	71 888	30 569
北　海　道	13 309	12 755	9 308	357	7 347	1 604	696	227	681	3 447	2 235	1 212
青　　森	2 702	2 563	1 700	51	1 318	331	226	32	73	863	626	237
岩　　手	2 631	2 458	1 656	44	1 153	459	329	60	70	802	609	193
宮　　城	5 653	5 404	3 629	72	2 463	1 094	533	324	237	1 775	1 221	554
秋　　田	2 384	2 257	1 576	39	1 173	364	170	55	139	681	526	155
山　　形	2 597	2 443	1 603	31	1 196	376	179	27	170	840	664	176
福　　島	3 888	3 720	2 392	70	1 764	558	405	29	124	1 328	954	374
茨　　城	5 513	5 240	3 546	111	2 658	777	396	35	346	1 694	1 189	505
栃　　木	4 498	4 285	2 830	72	1 438	1 320	640	61	619	1 455	1 037	418
群　　馬	4 620	4 430	2 767	89	2 080	598	270	58	270	1 663	1 183	480
埼　　玉	12 172	11 667	7 346	211	5 235	1 900	1 311	29	560	4 321	2 978	1 343
千　　葉	12 278	11 843	8 027	155	5 651	2 221	1 209	114	898	3 816	2 671	1 145
東　　京	44 136	41 445	26 914	339	14 297	12 278	6 138	1 338	4 802	14 531	9 101	5 430
神　奈　川	19 476	18 784	12 160	179	8 025	3 956	2 280	295	1 381	6 624	4 486	2 138
新　　潟	4 698	4 386	2 912	64	2 262	586	261	94	231	1 474	1 114	360
富　　山	2 723	2 566	1 827	62	1 424	341	181	28	132	739	566	173
石　　川	3 405	3 230	2 392	62	1 378	952	509	42	401	838	621	217
福　　井	2 002	1 922	1 380	45	973	362	189	22	151	542	412	130
山　　梨	1 990	1 924	1 279	29	829	421	255	11	155	645	487	158
長　　野	4 930	4 724	3 216	82	2 579	555	239	47	269	1 508	1 136	372
岐　　阜	4 358	4 223	2 588	67	2 093	428	187	17	224	1 635	1 169	466
静　　岡	7 662	7 404	4 717	90	4 011	616	366	75	175	2 687	1 963	724
愛　　知	16 410	15 595	10 231	206	7 484	2 541	1 414	412	715	5 364	3 760	1 604
三　　重	4 081	3 924	2 437	58	1 892	487	263	21	203	1 487	1 118	369
滋　　賀	3 270	3 121	2 129	35	1 603	491	242	35	214	992	745	247
京　　都	8 723	8 203	5 682	89	3 659	1 934	638	668	628	2 521	1 813	708
大　　阪	25 003	23 886	15 788	318	11 824	3 646	1 845	604	1 197	8 098	5 864	2 234
兵　　庫	13 979	13 382	8 554	222	6 860	1 472	609	127	736	4 828	3 673	1 155
奈　　良	3 407	3 297	2 191	39	1 478	674	347	40	287	1 106	804	302
和　歌　山	2 868	2 768	1 709	49	1 109	551	244	29	278	1 059	809	250
鳥　　取	1 805	1 699	1 154	25	716	413	239	52	122	545	381	164
島　　根	1 975	1 879	1 245	29	845	371	207	6	158	634	457	177
岡　　山	5 975	5 752	4 017	114	2 562	1 341	774	109	458	1 735	1 145	590
広　　島	7 534	7 224	4 510	157	3 701	652	222	147	283	2 714	1 962	752
山　　口	3 615	3 436	2 217	94	1 714	409	211	71	127	1 219	920	299
徳　　島	2 500	2 369	1 609	80	1 069	460	240	30	190	760	509	251
香　　川	2 813	2 683	1 781	66	1 343	372	191	23	158	902	647	255
愛　　媛	3 745	3 609	2 345	95	1 837	413	238	42	133	1 264	939	325
高　　知	2 276	2 206	1 670	90	1 253	327	177	12	138	536	380	156
福　　岡	15 997	15 188	10 367	314	7 023	3 030	1 586	368	1 076	4 821	3 427	1 394
佐　　賀	2 377	2 292	1 562	78	1 092	392	209	17	166	730	535	195
長　　崎	4 218	4 042	2 647	107	1 909	631	312	23	296	1 395	1 038	357
熊　　本	5 230	5 001	3 430	130	2 595	705	266	102	337	1 571	1 077	494
大　　分	3 230	3 115	2 081	117	1 515	449	246	4	199	1 034	699	335
宮　　崎	2 754	2 613	1 719	90	1 233	396	228	7	161	894	651	243
鹿　児　島	4 461	4 304	2 892	169	2 190	533	238	21	274	1 412	958	454
沖　　縄	3 609	3 498	2 570	57	2 113	400	163	10	227	928	629	299

－指定都市・特別区・中核市（再掲）、主たる業務の種別（2－1）

平成28年12月31日現在

介護老人保健施設の従事者	開設者又は法人の代表者	勤務者	医療施設・介護老人保健施設以外の従事者	医育機関の臨床系以外の大学院生	医育機関の臨床系以外の勤務者	医育機関以外の教育機関又は研究機関の勤務者	行政機関・産業医・保健衛生業務の従事者	行政機関	産業医	保健衛生業務	その他の業務の従事者	無職の者	不詳
3 346	373	2 973	9 057	627	3 004	1 582	3 844	1 740	1 128	976	642	1 659	17
162	14	148	300	28	99	44	129	83	18	28	18	74	－
52	5	47	58	3	25	15	15	11	1	3	8	20	1
56	8	48	76	1	23	5	47	12	7	28	3	38	－
54	6	48	176	11	97	17	51	16	18	17	6	13	－
55	5	50	58	－	28	4	26	11	3	12	1	13	－
39	4	35	64	5	14	1	44	10	2	32	1	50	－
67	4	63	83	－	40	13	30	15	3	12	6	12	－
97	6	91	157	13	46	46	52	19	26	7	9	10	－
47	2	45	147	4	70	29	44	16	19	9	6	13	－
61	6	55	112	7	51	12	42	20	12	10	4	13	－
169	16	153	288	10	74	65	139	61	31	47	9	39	－
136	24	112	255	7	70	88	90	38	28	24	11	33	－
156	16	140	2 137	171	513	406	1 047	489	369	189	233	162	3
138	12	126	445	17	129	45	254	107	103	44	48	57	4
101	11	90	159	16	57	33	53	19	4	30	7	45	－
49	7	42	68	－	37	－	31	14	2	15	8	32	－
42	7	35	109	2	72	6	29	17	4	8	5	19	－
28	4	24	45	－	18	10	17	7	3	7	1	6	－
24	4	20	36	－	14	10	12	9	2	1	－	6	－
52	7	45	102	10	35	5	52	17	14	21	4	47	1
55	11	44	68	7	27	10	24	17	3	4	6	6	－
114	21	93	111	4	29	23	55	24	25	6	6	27	－
146	17	129	492	35	155	115	187	67	86	34	35	140	2
68	6	62	80	－	21	14	45	14	21	10	2	7	－
29	3	26	104	4	39	20	41	18	17	6	2	14	－
78	6	72	393	85	162	50	96	36	24	36	13	34	2
183	18	165	672	37	176	127	332	125	100	107	47	214	1
147	12	135	299	5	78	87	129	56	24	49	41	109	1
38	2	36	52	2	25	8	17	11	5	1	4	15	1
33	10	23	57	2	27	2	26	17	4	5	2	8	－
34	4	30	42	－	30	3	9	5	1	3	1	29	－
32	6	26	57	－	22	5	30	19	1	10	－	7	－
67	3	64	137	6	63	31	37	26	7	4	2	16	1
87	8	79	176	7	34	50	85	40	12	33	17	30	－
43	7	36	83	－	39	3	41	13	15	13	3	50	－
42	5	37	81	1	48	13	19	11	7	1	－	8	－
51	8	43	70	2	32	15	21	15	3	3	3	6	－
59	6	53	66	3	18	12	33	19	4	10	1	10	－
10	－	10	43	－	24	4	15	14	－	1	3	14	－
108	17	91	543	83	205	73	182	73	70	39	36	122	－
34	3	31	44	12	17	3	12	8	1	3	1	6	－
40	－	40	122	4	63	17	38	18	8	12	4	10	－
82	7	75	124	18	43	14	49	32	7	10	6	17	－
47	8	39	51	－	25	4	22	15	3	4	4	13	－
41	3	38	77	－	30	8	39	15	5	19	5	18	－
56	9	47	77	3	32	13	29	20	5	4	9	15	－
37	5	32	61	2	28	4	27	21	1	5	1	12	－

第27表　医師数，主たる従業地による都道府県

	総数	医療施設の従事者	病院の従事者	開設者又は法人の代表者	勤務者(医育機関附属の病院を除く)	医育機関附属の病院の勤務者	臨床系の教官又は教員	臨床系の大学院生	臨床系の教官又は教員及び大学院生以外の従事者	診療所の従事者	開設者又は法人の代表者	勤務者
指定都市・特別区(再掲)												
東京都区部	35 257	32 963	21 592	212	10 498	10 882	5 422	1 311	4 149	11 371	7 006	4 365
札幌市	6 614	6 322	4 699	154	3 346	1 199	477	226	496	1 623	989	634
仙台市	3 677	3 489	2 444	28	1 322	1 094	533	324	237	1 045	702	343
さいたま市	2 304	2 203	1 223	24	893	306	118	7	181	980	674	306
千葉市	2 813	2 637	1 916	27	1 139	750	282	93	375	721	464	257
横浜市	8 442	8 129	5 063	71	3 262	1 730	884	125	721	3 066	2 056	1 010
川崎市	3 352	3 230	2 172	17	1 204	951	487	93	371	1 058	692	366
相模原市	1 714	1 657	1 314	20	583	711	529	48	134	343	248	95
新潟市	2 352	2 160	1 514	27	901	586	261	94	231	646	455	191
静岡市	1 671	1 611	1 046	11	1 035	-	-	-	-	565	406	159
浜松市	2 138	2 040	1 416	23	993	400	210	59	131	624	453	171
名古屋市	7 084	6 650	4 548	84	3 028	1 436	707	282	447	2 102	1 441	661
京都市	6 604	6 161	4 449	56	2 459	1 934	638	668	628	1 712	1 195	517
大阪市	9 299	8 841	5 686	110	4 901	675	238	133	304	3 155	2 182	973
堺市	1 967	1 906	1 207	23	1 112	72	66	-	6	699	507	192
神戸市	4 943	4 669	3 127	82	2 241	804	297	85	422	1 542	1 165	377
岡山市	3 081	2 958	2 123	39	1 197	887	415	74	398	835	528	307
広島市	3 708	3 537	2 212	62	1 498	652	222	147	283	1 325	913	412
北九州市	3 314	3 108	2 193	51	1 649	493	253	20	220	915	701	214
福岡市	6 027	5 687	4 003	82	2 361	1 560	725	316	519	1 684	1 080	604
熊本市	3 206	3 057	2 285	63	1 517	705	266	102	337	772	484	288
中核市(再掲)												
旭川市	1 339	1 290	1 030	27	598	405	219	1	185	260	186	74
函館市	801	773	559	20	539	-	-	-	-	214	153	61
青森市	668	631	393	7	386	-	-	-	-	238	175	63
盛岡市	1 240	1 163	902	19	433	450	320	60	70	261	203	58
秋田市	1 227	1 159	879	17	498	364	170	55	139	280	208	72
郡山市	836	818	559	13	546	-	-	-	-	259	174	85
いわき市	583	561	304	17	287	-	-	-	-	257	194	63
宇都宮市	1 046	1 006	530	27	503	-	-	-	-	476	330	146
前橋市	1 581	1 487	1 100	17	485	598	270	58	270	387	274	113
高崎市	815	790	389	19	370	-	-	-	-	401	273	128
川越市	860	840	641	16	193	432	371	1	60	199	129	70
越谷市	745	727	538	8	159	371	256	6	109	189	136	53
船橋市	914	884	513	14	499	-	-	-	-	371	255	116
柏市	1 025	991	733	8	466	259	199	-	60	258	174	84
八王子市	1 129	1 091	678	22	305	351	237	-	114	413	253	160
横須賀市	877	849	536	1	531	4	2	-	2	313	218	95
富山市	1 449	1 361	1 019	26	652	341	181	28	132	342	251	91
金沢市	1 866	1 764	1 344	28	783	533	260	3	270	420	295	125
長野市	937	891	604	24	580	-	-	-	-	287	208	79
岐阜市	1 659	1 597	1 129	23	678	428	187	17	224	468	339	129
豊橋市	767	742	445	15	430	-	-	-	-	297	204	93
豊田市	697	663	443	12	431	-	-	-	-	220	159	61
岡崎市	536	488	239	8	231	-	-	-	-	249	174	75
大津市	1 288	1 216	932	8	433	491	242	35	214	284	218	66
高槻市	1 387	1 346	1 047	19	471	557	285	38	234	299	210	89
東大阪市	888	864	455	13	442	-	-	-	-	409	317	92
豊中市	869	806	410	7	403	-	-	-	-	396	302	94
枚方市	1 225	1 175	922	17	434	471	309	14	148	253	179	74
姫路市	1 160	1 135	712	23	689	-	-	-	-	423	307	116
西宮市	1 679	1 575	1 097	14	441	642	299	40	303	478	362	116
尼崎市	1 200	1 178	702	18	684	-	-	-	-	476	353	123
奈良市	945	919	534	12	522	-	-	-	-	385	287	98
和歌山市	1 616	1 557	1 063	30	497	536	232	29	275	494	375	119
倉敷市	1 757	1 703	1 319	25	840	454	359	35	60	384	256	128
呉市	758	730	483	16	467	-	-	-	-	247	183	64
福山市	997	967	625	33	592	-	-	-	-	342	246	96
下関市	714	697	423	20	403	-	-	-	-	274	209	65
高松市	1 199	1 146	657	27	630	-	-	-	-	489	338	151
松山市	1 623	1 576	1 002	34	968	-	-	-	-	574	406	168
高知市	1 257	1 225	913	44	869	-	-	-	-	312	219	93
久留米市	1 815	1 724	1 384	22	537	825	523	32	270	340	258	82
長崎市	1 993	1 874	1 291	34	626	631	312	23	296	583	439	144
佐世保市	662	653	432	17	415	-	-	-	-	221	174	47
大分市	1 237	1 197	721	39	682	-	-	-	-	476	313	163
宮崎市	1 507	1 420	992	27	569	396	228	7	161	428	309	119
鹿児島市	2 510	2 417	1 790	62	1 208	520	233	21	266	627	406	221
那覇市	809	781	492	12	480	-	-	-	-	289	211	78

－指定都市・特別区・中核市（再掲）、主たる業務の種別（２－２）

平成28年12月31日現在

介護老人保健施設の従事者	開設者又は法人の代表者	勤務者	医療施設・介護老人保健施設以外の従事者	医育機関の臨床系以外の大学院生	医育機関の臨床系以外の勤務者	医育機関以外の教育機関又は研究機関の勤務者	行政機関・産業医・保健衛生業務の従事者	行政機関	産業医	保健衛生業務	その他の業務の従事者	無職の者	不詳
66	8	58	1 893	167	486	278	962	443	338	181	202	131	2
44	3	41	195	27	75	13	80	49	14	17	12	41	-
17	2	15	152	11	93	11	37	7	13	17	6	13	-
26	4	22	65	-	-	4	61	16	10	35	1	9	-
22	2	20	142	7	68	36	31	14	8	9	4	8	-
65	6	59	193	9	50	17	117	57	49	11	28	25	2
15	3	12	94	7	32	4	51	20	30	1	5	8	-
6	-	6	45	-	24	3	18	7	3	8	2	4	-
37	3	34	135	16	57	24	38	13	-	25	2	18	-
19	4	15	33	-	-	12	21	11	7	3	1	7	-
32	7	25	53	4	29	9	11	6	2	3	2	11	-
51	6	45	252	32	105	31	84	39	29	16	25	104	2
51	5	46	355	85	161	37	72	24	16	32	11	24	2
61	7	54	290	7	27	17	239	70	69	100	14	93	-
17	-	17	17	-	-	2	15	14	1	-	-	27	-
58	5	53	166	4	42	53	67	29	8	30	18	32	-
33	1	32	78	4	39	10	25	19	2	4	2	9	1
14	2	12	132	6	33	26	67	29	8	30	12	13	-
17	-	17	151	10	73	17	51	11	23	17	6	32	-
24	3	21	254	60	78	35	81	33	34	14	26	36	-
32	2	30	102	18	42	8	34	20	4	10	6	9	-
9	-	9	36	1	24	1	10	5	-	5	1	3	-
14	-	14	4	-	-	-	4	3	-	1	2	8	-
11	1	10	16	-	1	8	7	3	1	3	3	6	1
6	-	6	43	1	5	1	36	5	4	27	2	26	-
13	2	11	49	-	27	4	18	6	-	12	1	5	-
7	1	6	4	-	-	3	1	1	-	-	2	5	-
15	-	15	7	-	-	1	6	1	-	5	-	-	-
10	-	10	25	-	-	3	22	8	5	9	2	3	-
11	-	11	79	7	50	2	20	9	2	9	2	2	-
11	1	10	11	-	1	5	5	1	4	-	-	3	-
8	1	7	11	1	1	1	8	5	1	2	-	1	-
6	1	5	9	-	-	6	3	2	-	1	-	3	-
15	3	12	11	-	-	2	9	2	-	7	-	4	-
6	2	4	25	-	-	20	5	3	-	2	-	3	-
6	1	5	28	-	2	18	8	4	3	1	1	2	1
2	-	2	23	-	-	12	11	9	2	-	1	2	-
18	2	16	59	-	35	-	24	7	2	15	3	8	-
15	2	13	72	2	44	3	23	13	3	7	5	10	-
9	3	6	25	-	-	1	24	6	4	14	-	12	-
16	4	12	42	7	26	2	7	5	-	2	2	2	-
7	1	6	6	-	-	-	6	2	1	3	-	12	-
7	1	6	23	-	-	2	21	1	20	-	1	3	-
9	-	9	32	-	-	24	8	3	4	1	1	6	-
8	1	7	59	4	39	3	13	9	4	-	1	4	-
9	2	7	22	1	15	3	3	3	-	-	2	8	-
11	2	9	8	-	-	4	4	4	-	-	1	4	-
12	-	12	18	-	10	-	8	4	4	-	12	21	-
9	1	8	32	1	26	1	4	1	3	-	1	8	-
8	2	6	16	-	-	4	12	3	3	6	-	1	-
9	-	9	57	1	36	15	5	2	-	3	9	29	-
6	1	5	12	-	-	3	9	3	1	5	-	4	-
7	-	7	11	-	-	4	7	5	1	1	2	5	1
9	4	5	46	2	27	2	15	8	4	3	-	4	-
10	1	9	41	2	24	7	8	4	4	-	-	3	-
16	2	14	67	1	-	3	3	3	-	-	-	5	-
18	2	16	8	-	-	2	6	2	1	3	-	4	-
6	1	5	6	-	-	1	5	1	3	1	-	5	-
21	4	17	25	-	2	9	14	10	1	3	3	4	-
15	1	14	26	-	-	4	22	10	2	10	1	5	-
4	-	4	13	-	-	4	9	8	-	1	2	13	-
7	3	4	67	13	46	5	3	2	1	-	-	17	-
12	-	12	101	4	62	10	25	9	5	11	2	4	-
2	-	2	5	-	-	3	2	2	-	-	-	2	-
13	-	13	18	-	-	4	14	9	2	3	2	7	-
13	1	12	57	-	30	4	23	6	1	16	4	13	-
16	1	15	56	3	31	7	15	10	2	3	9	12	-
5	-	5	18	-	-	1	17	13	-	4	1	4	-

第28表　人口10万対医師数，主たる従業地による都道府県−

	総数	医療施設の従事者	病院の従事者	開設者又は法人の代表者	勤務者（医育機関附属の病院を除く）	医育機関附属の病院の勤務者	臨床系の教官又は教員	臨床系の大学院生	臨床系の教官又は教員及び大学院生以外の従事者	診療所の従事者	開設者又は法人の代表者	勤務者
全　　　国	251.7	240.1	159.4	4.1	111.8	43.5	22.3	4.7	16.4	80.7	56.6	24.1
北　海　道	248.7	238.3	173.9	6.7	137.3	30.0	13.0	4.2	12.7	64.4	41.8	22.6
青　　　森	209.0	198.2	131.5	3.9	101.9	25.6	17.5	2.5	5.6	66.7	48.4	18.3
岩　　　手	207.5	193.8	130.6	3.5	90.9	36.2	25.9	4.7	5.5	63.2	48.0	15.2
宮　　　城	242.6	231.9	155.8	3.1	105.7	47.0	22.9	13.9	10.2	76.2	52.4	23.8
秋　　　田	236.0	223.5	156.0	3.9	116.1	36.0	16.8	5.4	13.8	67.4	52.1	15.3
山　　　形	233.3	219.5	144.0	2.8	107.5	33.8	16.1	2.4	15.3	75.5	59.7	15.8
福　　　島	204.5	195.7	125.8	3.7	92.8	29.4	21.3	1.5	6.5	69.9	50.2	19.7
茨　　　城	189.8	180.4	122.1	3.8	91.5	26.7	13.6	1.2	11.9	58.3	40.9	17.4
栃　　　木	228.8	218.0	143.9	3.7	73.1	67.1	32.6	3.1	31.5	74.0	52.7	21.3
群　　　馬	234.9	225.2	140.7	4.5	105.7	30.4	13.7	2.9	13.7	84.5	60.1	24.4
埼　　　玉	167.0	160.1	100.8	2.9	71.8	26.1	18.0	0.4	7.7	59.3	40.9	18.4
千　　　葉	196.9	189.9	128.7	2.5	90.6	35.6	19.4	1.8	14.4	61.2	42.8	18.4
東　　　京	324.0	304.2	197.5	2.5	104.9	90.1	45.1	9.8	35.2	106.7	66.8	39.9
神　奈　川	213.0	205.4	133.0	2.0	87.8	43.3	24.9	3.2	15.1	72.4	49.1	23.4
新　　　潟	205.5	191.9	127.4	2.8	99.0	25.6	11.4	4.1	10.1	64.5	48.7	15.7
富　　　山	256.6	241.8	172.2	5.8	134.2	32.1	17.1	2.6	12.4	69.7	53.3	16.3
石　　　川	295.8	280.6	207.8	5.4	119.7	82.7	44.2	3.6	34.8	72.8	54.0	18.9
福　　　井	256.0	245.8	176.5	5.8	124.4	46.3	24.2	2.8	19.3	69.3	52.7	16.6
山　　　梨	239.8	231.8	154.1	3.5	99.9	50.7	30.7	1.3	18.7	77.7	58.7	19.0
長　　　野	236.1	226.2	154.0	3.9	123.5	26.6	11.4	2.3	12.9	72.2	54.4	17.8
岐　　　阜	215.5	208.9	128.0	3.3	103.5	21.2	9.2	0.8	11.1	80.9	57.8	23.0
静　　　岡	207.8	200.8	127.9	2.4	108.8	16.7	9.9	2.0	4.7	72.9	53.2	19.6
愛　　　知	218.6	207.7	136.3	2.7	99.7	33.8	18.8	5.5	9.5	71.5	50.1	21.4
三　　　重	225.7	217.0	134.8	3.2	104.6	26.9	14.5	1.2	11.2	82.2	61.8	20.4
滋　　　賀	231.4	220.9	150.7	2.5	113.4	34.7	17.1	2.4	15.1	70.2	52.7	17.5
京　　　都	334.9	314.9	218.1	3.4	140.5	74.2	24.5	25.6	24.1	96.8	69.6	27.2
大　　　阪	283.1	270.4	178.7	3.6	133.9	41.3	20.9	6.8	13.6	91.7	66.4	25.3
兵　　　庫	253.2	242.4	155.0	4.0	124.3	26.7	11.0	2.3	13.3	87.5	66.5	20.9
奈　　　良	251.3	243.1	161.6	2.9	109.0	49.7	25.6	2.9	21.2	81.6	59.3	22.3
和　歌　山	300.6	290.1	179.1	5.1	116.2	57.8	25.6	3.0	29.1	111.0	84.8	26.2
鳥　　　取	316.7	298.1	202.5	4.4	125.6	72.5	41.9	9.1	21.4	95.6	66.8	28.8
島　　　根	286.2	272.3	180.4	4.2	122.5	53.8	30.0	0.9	22.9	91.9	66.2	25.7
岡　　　山	312.0	300.4	209.8	6.0	133.8	70.0	40.4	5.7	23.9	90.6	59.8	30.8
広　　　島	265.6	254.6	159.0	5.5	130.5	23.0	7.8	5.2	10.0	95.7	69.2	26.5
山　　　口	259.3	246.5	159.0	6.7	123.0	29.3	15.1	5.1	9.1	87.4	66.0	21.4
徳　　　島	333.3	315.9	214.5	10.7	142.5	61.3	32.0	4.0	25.3	101.3	67.9	33.5
香　　　川	289.4	276.0	183.2	6.8	138.2	38.3	19.7	2.4	16.3	92.8	66.6	26.2
愛　　　媛	272.4	262.5	170.5	6.9	133.6	30.0	17.3	3.1	9.7	91.9	68.3	23.6
高　　　知	315.7	306.0	231.6	12.5	173.8	45.4	24.5	1.7	19.1	74.3	52.7	21.6
福　　　岡	313.4	297.6	203.1	6.2	137.6	59.4	31.1	7.2	21.1	94.5	67.1	27.3
佐　　　賀	287.1	276.8	188.6	9.4	131.9	47.3	25.2	2.1	20.0	88.2	64.6	23.6
長　　　崎	308.6	295.7	193.6	7.8	139.6	46.2	22.8	1.7	21.7	102.0	75.9	26.1
熊　　　本	294.8	281.9	193.3	7.3	146.3	39.7	15.0	5.7	19.0	88.6	60.7	27.8
大　　　分	278.4	268.5	179.4	10.1	130.6	38.7	21.2	0.3	17.2	89.1	60.3	28.9
宮　　　崎	251.3	238.4	156.8	8.2	112.5	36.1	20.8	0.6	14.7	81.6	59.4	22.2
鹿　児　島	272.5	262.9	176.7	10.3	133.8	32.6	14.5	1.3	16.8	86.3	58.5	27.7
沖　　　縄	250.8	243.1	178.6	4.0	146.8	27.8	11.3	0.7	15.8	64.5	43.7	20.8

指定都市・特別区・中核市（再掲）、主たる業務の種別（２－１）

平成28年12月31日現在

介護老人保健施設の従事者	開設者又は法人の代表者	勤務者	医療施設・介護老人保健施設以外の従事者	医育機関の臨床系以外の大学院生	医育機関の臨床系以外の勤務者	医育機関以外の教育機関又は研究機関の勤務者	行政機関・産業医・保健衛生業務の従事者	行政機関	産業医	保健衛生業務	その他の業務の従事者	無職の者	不詳
2.6	0.3	2.3	7.1	0.5	2.4	1.2	3.0	1.4	0.9	0.8	0.5	1.3	0.0
3.0	0.3	2.8	5.6	0.5	1.8	0.8	2.4	1.6	0.3	0.5	0.3	1.4	-
4.0	0.4	3.6	4.5	0.2	1.9	1.2	1.2	0.9	0.1	0.2	0.6	1.5	0.1
4.4	0.6	3.8	6.0	0.1	1.8	0.4	3.7	0.9	0.6	2.2	0.2	3.0	-
2.3	0.3	2.1	7.6	0.5	4.2	0.7	2.2	0.7	0.8	0.7	0.3	0.6	-
5.4	0.5	5.0	5.7	-	2.8	0.4	2.6	1.1	0.3	1.2	0.1	1.3	-
3.5	0.4	3.1	5.8	0.4	1.3	0.1	4.0	0.9	0.2	2.9	0.1	4.5	-
3.5	0.2	3.3	4.4	-	2.1	0.7	1.6	0.8	0.2	0.6	0.3	0.6	-
3.3	0.2	3.1	5.4	0.4	1.6	1.6	1.8	0.7	0.9	0.2	0.3	0.3	-
2.4	0.1	2.3	7.5	0.2	3.6	1.5	2.2	0.8	1.0	0.5	0.3	0.7	-
3.1	0.3	2.8	5.7	0.4	2.6	0.6	2.1	1.0	0.6	0.5	0.2	0.7	-
2.3	0.2	2.1	4.0	0.1	1.0	0.9	1.9	0.8	0.4	0.6	0.1	0.5	-
2.2	0.4	1.8	4.1	0.1	1.1	1.4	1.4	0.6	0.4	0.4	0.2	0.5	-
1.1	0.1	1.0	15.7	1.3	3.8	3.0	7.7	3.6	2.7	1.4	1.7	1.2	0.0
1.5	0.1	1.4	4.9	0.2	1.4	0.5	2.8	1.2	1.1	0.5	0.5	0.6	0.0
4.4	0.5	3.9	7.0	0.7	2.5	1.4	2.3	0.8	0.2	1.3	0.3	2.0	-
4.6	0.7	4.0	6.4	-	3.5	-	2.9	1.3	0.2	1.4	0.8	3.0	-
3.6	0.6	3.0	9.5	0.2	6.3	0.5	2.5	1.5	0.3	0.7	0.4	1.7	-
3.6	0.5	3.1	5.8	-	2.3	1.3	2.2	0.9	0.4	0.9	0.1	0.8	-
2.9	0.5	2.4	4.3	-	1.7	1.2	1.4	1.1	0.2	0.1	-	0.7	-
2.5	0.3	2.2	4.9	0.5	1.7	0.2	2.5	0.8	0.7	1.0	0.2	2.3	0.0
2.7	0.5	2.2	3.4	0.3	1.3	0.5	1.2	0.8	0.1	0.2	0.3	0.3	-
3.1	0.6	2.5	3.0	0.1	0.8	0.6	1.5	0.7	0.7	0.2	0.2	0.7	-
1.9	0.2	1.7	6.6	0.5	2.1	1.5	2.5	0.9	1.1	0.5	0.5	1.9	0.0
3.8	0.3	3.4	4.4	-	1.2	0.8	2.5	0.8	1.2	0.6	0.1	0.4	-
2.1	0.2	1.8	7.4	-	2.8	1.4	2.9	1.3	1.2	0.4	0.1	1.0	-
3.0	0.2	2.8	15.1	3.3	6.2	1.9	3.7	1.4	0.9	1.4	0.5	1.3	0.1
2.1	0.2	1.9	7.6	0.4	2.0	1.4	3.8	1.4	1.1	1.2	0.5	2.4	0.0
2.7	0.2	2.4	5.4	0.1	1.4	1.6	2.3	1.0	0.4	0.9	0.7	2.0	0.0
2.8	0.1	2.7	3.8	0.1	1.8	0.6	1.3	0.8	0.4	0.1	0.3	1.1	0.1
3.5	1.0	2.4	6.0	0.2	2.8	0.2	2.7	1.8	0.4	0.5	0.2	0.8	-
6.0	0.7	5.3	7.4	-	5.3	0.5	1.6	0.9	0.2	0.5	0.2	5.1	-
4.6	0.9	3.8	8.3	-	3.2	0.7	4.3	2.8	0.1	1.4	-	1.0	-
3.5	0.2	3.3	7.2	0.3	3.3	1.6	1.9	1.4	0.4	0.2	0.1	0.8	0.1
3.1	0.3	2.8	6.2	0.2	1.2	1.8	3.0	1.4	0.4	1.2	0.6	1.1	-
3.1	0.5	2.6	6.0	-	2.8	0.2	2.9	0.9	1.1	0.9	0.2	3.6	-
5.6	0.7	4.9	10.8	0.1	6.4	1.7	2.5	1.5	0.9	0.1	-	1.1	-
5.2	0.8	4.4	7.2	0.2	3.3	1.5	2.2	1.5	0.3	0.3	0.3	0.6	-
4.3	0.4	3.9	4.8	0.2	1.3	0.9	2.4	1.4	0.3	0.7	0.1	0.7	-
1.4	-	1.4	6.0	-	3.3	0.6	2.1	1.9	-	0.1	0.4	1.9	-
2.1	0.3	1.8	10.6	1.6	4.0	1.4	3.6	1.4	1.4	0.8	0.7	2.4	-
4.1	0.4	3.7	5.3	1.4	2.1	0.4	1.4	1.0	0.1	0.4	0.1	0.7	-
2.9	-	2.9	8.9	0.3	4.6	1.2	2.8	1.3	0.6	0.9	0.3	0.7	-
4.6	0.4	4.2	7.0	1.0	2.4	0.8	2.8	1.8	0.4	0.6	0.3	1.0	-
4.1	0.7	3.4	4.4	-	2.2	0.3	1.9	1.3	0.3	0.3	0.3	1.1	-
3.7	0.3	3.5	7.0	-	2.7	0.7	3.6	1.4	0.5	1.7	0.5	1.6	-
3.4	0.5	2.9	4.7	0.2	2.0	0.8	1.8	1.2	0.3	0.2	0.5	0.9	-
2.6	0.3	2.2	4.2	0.1	1.9	0.3	1.9	1.5	0.1	0.3	0.1	0.8	-

97

第28表　人口10万対医師数，主たる従業地による都道府県－

	総　数	医療施設の従事者	病院の従事者	開設者又は法人の代表者	勤務者(医育機関附属の病院を除く)	医育機関附属の病院の勤務者	臨床系の教官又は教員	臨床系の大学院生	臨床系の教官又は教員及び大学院生以外の従事者	診療所の従事者	開設者又は法人の代表者	勤務者
指定都市・特別区(再掲)												
東京都区部	376.1	351.6	230.3	2.3	112.0	116.1	57.8	14.0	44.3	121.3	74.7	46.6
札　幌　市	337.8	322.9	240.0	7.9	170.9	61.2	24.4	11.5	25.3	82.9	50.5	32.4
仙　台　市	338.9	321.6	225.3	2.6	121.8	100.8	49.1	29.9	21.8	96.3	64.7	31.6
さいたま市	180.7	172.8	95.9	1.9	70.0	24.0	9.3	0.5	14.2	76.9	52.9	24.0
千　葉　市	288.8	270.7	196.7	2.8	116.9	77.0	29.0	9.5	38.5	74.0	47.6	26.4
横　浜　市	226.3	217.9	135.7	1.9	87.4	46.4	23.7	3.4	19.3	82.2	55.1	27.1
川　崎　市	225.1	216.9	145.9	1.1	80.9	63.9	32.7	6.2	24.9	71.1	46.5	24.6
相　模　原　市	237.4	229.5	182.0	2.8	80.7	98.5	73.3	6.6	18.6	47.5	34.3	13.2
新　潟　市	291.4	267.7	187.6	3.3	111.6	72.6	32.3	11.6	28.6	80.0	56.4	23.7
静　岡　市	238.0	229.5	149.0	1.6	147.4	－	－	－	－	80.5	57.8	22.6
浜　松　市	268.3	256.0	177.7	2.9	124.6	50.2	26.3	7.4	16.4	78.3	56.8	21.5
名　古　屋　市	307.3	288.5	197.3	3.6	131.4	62.3	30.7	12.2	19.4	91.2	62.5	28.7
京　都　市	447.7	417.7	301.6	3.8	166.7	131.1	43.3	45.3	42.6	116.1	81.0	35.1
大　阪　市	344.2	327.2	210.4	4.1	181.4	25.0	8.8	4.9	11.3	116.8	80.8	36.0
堺　　　市	234.7	227.4	144.0	2.7	132.7	8.6	7.9	－	0.7	83.4	60.5	22.9
神　戸　市	321.8	304.0	203.6	5.3	145.9	52.3	19.3	5.5	27.5	100.4	75.8	24.5
岡　山　市	427.3	410.3	294.5	5.4	166.0	123.0	57.6	10.3	55.2	115.8	73.2	42.6
広　島　市	310.0	295.7	184.9	5.2	125.3	54.5	18.6	12.3	23.7	110.8	76.3	34.4
北　九　州　市	346.7	325.1	229.4	5.3	172.5	51.6	26.5	2.1	23.0	95.7	73.3	22.4
福　岡　市	387.8	366.0	257.6	5.3	151.9	100.4	46.7	20.3	33.4	108.4	69.5	38.9
熊　本　市	433.2	413.1	308.8	8.5	205.0	95.3	35.9	13.8	45.5	104.3	65.4	38.9
中核市(再掲)												
旭　川　市	390.4	376.1	300.3	7.9	174.3	118.1	63.8	0.3	53.9	75.8	54.2	21.6
函　館　市	301.1	290.6	210.2	7.5	202.6	－	－	－	－	80.5	57.5	22.9
青　森　市	234.4	221.4	137.9	2.5	135.4	－	－	－	－	83.5	61.4	22.1
盛　岡　市	417.5	391.6	303.7	6.4	145.8	151.5	107.7	20.2	23.6	87.9	68.4	19.5
秋　田　市	390.8	369.1	279.9	5.4	158.6	115.9	54.1	17.5	44.3	89.2	66.2	22.9
郡　山　市	248.8	243.5	166.4	3.9	162.5	－	－	－	－	77.1	51.8	25.3
い　わ　き　市	167.5	161.2	87.4	4.9	82.5	－	－	－	－	73.9	55.7	18.1
宇　都　宮　市	201.2	193.5	101.9	5.2	96.7	－	－	－	－	91.5	63.5	28.1
前　橋　市	466.4	438.6	324.5	5.0	143.1	176.4	79.6	17.1	79.6	114.2	80.8	33.3
高　崎　市	216.8	210.1	103.5	5.1	98.4	－	－	－	－	106.6	72.6	34.0
川　越　市	244.3	238.6	182.1	4.5	54.8	122.7	105.4	0.3	17.0	56.5	36.6	19.9
越　谷　市	219.1	213.8	158.2	2.4	46.8	109.1	75.3	1.8	32.1	55.6	40.0	15.6
船　橋　市	145.1	140.3	81.4	2.2	79.2	－	－	－	－	58.9	40.5	18.4
柏　　　市	245.8	237.6	175.8	1.9	111.8	62.1	47.7	－	14.4	61.9	41.7	20.1
八　王　子　市	200.5	193.8	120.4	3.9	54.2	62.3	42.1	－	20.2	73.4	44.9	28.4
横　須　賀　市	217.1	210.1	132.7	0.2	131.4	1.0	0.5	－	0.5	77.5	54.0	23.5
富　山　市	346.7	325.6	243.8	6.2	156.0	81.6	43.3	6.7	31.6	81.8	60.0	21.8
金　沢　市	400.4	378.5	288.4	6.0	168.0	114.4	55.8	0.6	57.9	90.1	63.3	26.8
長　野　市	245.3	233.2	158.1	6.3	151.8	－	－	－	－	75.1	54.5	20.7
岐　阜　市	408.6	393.3	278.1	5.7	167.0	105.4	46.1	4.2	55.2	115.3	83.5	31.8
豊　橋　市	205.1	198.4	119.0	4.0	115.0	－	－	－	－	79.4	54.5	24.9
豊　田　市	164.0	156.0	104.2	2.8	101.4	－	－	－	－	51.8	37.4	14.4
岡　崎　市	139.5	127.4	62.4	2.1	60.3	－	－	－	－	65.0	45.4	19.6
大　津　市	377.7	356.6	273.3	2.3	127.0	144.0	71.0	10.3	62.8	83.3	63.9	19.4
高　槻　市	391.8	380.2	295.8	5.4	133.1	157.3	80.5	10.7	66.1	84.5	59.3	25.1
東　大　阪　市	178.0	173.1	91.2	2.6	88.6	－	－	－	－	82.0	63.5	18.4
豊　中　市	219.4	203.5	103.5	1.8	101.8	－	－	－	－	100.0	76.3	23.7
枚　方　市	304.0	291.6	228.8	4.2	107.7	116.9	76.7	3.5	36.7	62.8	44.4	18.4
姫　路　市	217.2	212.5	133.3	4.3	129.0	－	－	－	－	79.2	57.5	21.7
西　宮　市	343.4	322.1	224.3	2.9	90.2	131.3	61.1	8.2	62.0	97.8	74.0	23.7
尼　崎　市	265.5	260.6	155.3	4.0	151.3	－	－	－	－	105.3	78.1	27.2
奈　良　市	263.2	256.0	148.7	3.3	145.4	－	－	－	－	107.2	79.9	27.3
和　歌　山　市	446.4	430.1	293.6	8.3	137.3	148.1	64.1	8.0	76.0	136.5	103.6	32.9
倉　敷　市	368.3	357.0	276.5	5.2	176.1	95.2	75.3	7.3	12.6	80.5	53.7	26.8
呉　　　市	326.7	314.7	208.2	6.9	201.3	－	－	－	－	106.5	78.9	27.6
福　山　市	214.4	208.0	134.4	7.1	127.3	－	－	－	－	73.5	52.9	20.6
下　関　市	268.4	262.0	159.0	7.5	151.5	－	－	－	－	103.0	78.6	24.4
高　松　市	284.8	272.2	156.1	6.4	149.6	－	－	－	－	116.2	80.3	35.9
松　山　市	315.8	306.6	194.9	6.6	188.3	－	－	－	－	111.7	79.0	32.7
高　知　市	375.2	365.7	272.5	13.1	259.4	－	－	－	－	93.1	65.4	27.8
久　留　米　市	591.2	561.6	450.8	7.2	174.9	268.7	170.4	10.4	87.9	110.7	84.0	26.7
長　崎　市	466.7	438.9	302.3	8.0	146.6	147.8	73.1	5.4	69.3	136.5	102.8	33.7
佐　世　保　市	260.6	257.1	170.1	6.7	163.4	－	－	－	－	87.0	68.5	18.5
大　分　市	258.2	249.9	150.5	8.1	142.4	－	－	－	－	99.4	65.3	34.0
宮　崎　市	376.8	355.0	248.0	6.8	142.3	99.0	57.0	1.8	40.3	107.0	77.3	29.8
鹿　児　島　市	419.0	403.5	298.8	10.4	201.7	86.8	38.9	3.5	44.4	104.7	67.8	36.9
那　覇　市	252.8	244.1	153.8	3.8	150.0	－	－	－	－	90.3	65.9	24.4

指定都市・特別区・中核市（再掲）、主たる業務の種別（2－2）

平成28年12月31日現在

介護老人保健施設の従事者	開設者又は法人の代表者	勤務者	医療施設・介護老人保健施設以外の従事者	医育機関の臨床系以外の大学院生	医育機関の臨床系以外の勤務者	医育機関以外の教育機関又は研究機関の勤務者	行政機関・産業医・保健衛生業務の従事者	行政機関	産業医	保健衛生業務	その他の業務の従事者	無職の者	不詳
0.7	0.1	0.6	20.2	1.8	5.2	3.0	10.3	4.7	3.6	1.9	2.2	1.4	0.0
2.2	0.2	2.1	10.0	1.4	3.8	0.7	4.1	2.5	0.7	0.9	0.6	2.1	-
1.6	0.2	1.4	14.0	1.0	8.6	1.0	3.4	0.6	1.2	1.6	0.6	1.2	-
2.0	0.3	1.7	5.1	-	-	0.3	4.8	1.3	0.8	2.7	0.1	0.7	-
2.3	0.2	2.1	14.6	0.7	7.0	3.7	3.2	1.4	0.8	0.9	0.4	0.8	-
1.7	0.2	1.6	5.2	0.2	1.3	0.5	3.1	1.5	1.3	0.3	0.8	0.7	0.1
1.0	0.2	0.8	6.3	0.5	2.1	0.3	3.4	1.3	2.0	0.1	0.3	0.5	-
0.8	-	0.8	6.2	-	3.3	0.4	2.5	1.0	0.4	1.1	0.3	0.6	-
4.6	0.4	4.2	16.7	2.0	7.1	3.0	4.7	1.6	-	3.1	0.2	2.2	-
2.7	0.6	2.1	4.7	-		1.7	3.0	1.6	1.0	0.4	0.1	1.0	-
4.0	0.9	3.1	6.6	0.5	3.6	1.1	1.4	0.8	0.3	0.4	0.3	1.4	-
2.2	0.3	2.0	10.9	1.4	4.6	1.3	3.6	1.7	1.3	0.7	1.1	4.5	0.1
3.5	0.3	3.1	24.1	5.8	10.9	2.5	4.9	1.6	1.1	2.2	0.7	1.6	0.1
2.3	0.3	2.0	10.7	0.3	1.0	0.6	8.8	2.6	2.6	3.7	0.5	3.4	-
2.0	-	2.0	2.0	-	-	0.2	1.8	1.7	0.1	-	-	3.2	-
3.8	0.3	3.5	10.8	0.3	2.7	3.5	4.4	1.9	0.5	2.0	1.2	2.1	-
4.6	0.1	4.4	10.8	0.6	5.4	1.4	3.5	2.6	0.3	0.6	0.3	1.2	0.1
1.2	0.2	1.0	11.0	0.5	2.8	2.2	5.6	2.4	0.7	2.5	1.0	1.1	-
1.8	-	1.8	15.8	1.0	7.6	1.8	5.3	1.2	2.4	1.8	0.6	3.3	-
1.5	0.2	1.4	16.3	3.9	5.0	2.3	5.2	2.1	2.2	0.9	1.7	2.3	-
4.3	0.3	4.1	13.8	2.4	5.7	1.1	4.6	2.7	0.5	1.4	0.8	1.2	-
2.6	-	2.6	10.5	0.3	7.0	0.3	2.9	1.5	-	1.5	0.3	0.9	-
5.3	-	5.3	1.5	-	-	-	1.5	1.1	-	0.4	0.8	3.0	-
3.9	0.4	3.5	5.6	-	0.4	2.8	2.5	1.1	0.4	1.1	1.1	2.1	0.4
2.0	-	2.0	14.5	0.3	1.7	0.3	12.1	1.7	1.3	9.1	0.7	8.8	-
4.1	0.6	3.5	15.6	-	8.6	1.3	5.7	1.9	-	3.8	0.3	1.6	-
2.1	0.3	1.8	1.2	-	-	0.9	0.3	0.3	-	-	0.6	1.5	-
4.3	-	4.3	2.0	-	-	0.3	1.7	0.3	-	1.4	-	-	-
1.9	-	1.9	4.8	-	-	0.6	4.2	1.5	1.0	1.7	0.4	0.6	-
3.2	-	3.2	23.3	2.1	14.7	0.6	5.9	2.7	0.6	2.7	0.6	0.6	-
2.9	0.3	2.7	2.9	-	0.3	1.3	1.3	0.3	1.1	-	-	0.8	-
2.3	0.3	2.0	3.1	0.3	0.3	0.3	2.3	1.4	0.3	0.6	-	0.3	-
1.8	0.3	1.5	2.6	-	-	1.8	0.9	0.6	-	0.3	-	0.9	-
2.4	0.5	1.9	1.7	-	-	0.3	1.4	0.3	-	1.1	-	0.6	-
1.4	0.5	1.0	6.0	-	-	4.8	1.2	0.7	-	0.5	-	0.7	-
1.1	0.2	0.9	5.0	-	0.4	3.2	1.4	0.7	0.5	0.2	0.2	0.4	0.2
0.5	-	0.5	5.7	-	-	3.0	2.7	2.2	0.5	-	0.2	0.5	-
4.3	0.5	3.8	14.1	-	8.4	-	5.7	1.7	0.5	3.6	0.7	1.9	-
3.2	0.4	2.8	15.5	0.4	9.4	0.6	4.9	2.8	0.6	1.5	1.1	2.1	-
2.4	0.8	1.6	6.5	-	-	0.3	6.3	1.6	1.0	3.7	-	3.1	-
3.9	1.0	3.0	10.3	1.7	6.4	0.5	1.7	1.2	-	0.5	0.5	0.5	-
1.9	0.3	1.6	1.6	-	-	-	1.6	0.5	0.3	0.8	-	3.2	-
1.6	0.2	1.4	5.4	-	-	0.5	4.9	0.2	4.7	-	0.2	0.7	-
2.3	-	2.3	8.4	-	-	6.3	2.1	0.8	1.0	0.3	0.3	1.6	-
2.3	0.3	2.1	17.3	1.2	11.4	0.9	3.8	2.6	1.2	-	0.3	1.2	-
2.5	0.6	2.0	6.2	0.3	4.2	0.8	0.8	0.8	-	-	-	0.6	2.3
2.2	0.4	1.8	1.6	-	-	0.8	0.8	0.8	-	-	0.2	0.8	-
3.0	-	3.0	4.5	-	2.5	-	2.0	1.0	1.0	-	3.0	5.3	-
2.2	0.2	2.0	7.9	0.2	6.5	0.2	1.0	0.2	0.7	-	0.2	2.0	-
1.5	0.4	1.1	3.0	-	-	0.7	2.2	0.6	0.6	1.1	-	0.2	-
1.8	-	1.8	11.7	0.2	7.4	3.1	1.0	0.4	-	0.6	1.8	5.9	-
1.3	0.2	1.1	2.7	-	-	0.7	2.0	0.7	0.2	1.1	-	0.9	-
1.9	-	1.9	3.1	-	-	1.1	1.9	1.4	0.3	0.3	0.6	1.4	0.3
2.5	1.1	1.4	12.7	0.6	7.5	0.6	4.1	2.2	1.1	0.8	-	1.1	-
2.1	0.2	1.9	8.6	0.4	5.0	1.5	1.7	0.8	0.8	-	-	0.6	-
6.9	0.9	6.0	3.0	0.4	-	1.3	1.3	0.9	0.4	-	-	2.2	-
3.9	0.4	3.4	1.7	-	-	0.4	1.3	0.4	0.2	0.6	-	0.9	-
2.3	0.4	1.9	2.3	-	-	0.4	1.9	0.4	1.1	0.4	-	1.9	-
5.0	1.0	4.0	5.9	-	0.5	2.1	3.3	2.4	0.2	0.7	0.7	1.0	-
2.9	0.2	2.7	5.1	-	-	0.8	4.3	1.9	0.4	1.9	0.2	1.0	-
1.2	-	1.2	3.9	-	-	1.2	2.7	2.4	-	0.3	0.6	3.9	-
2.3	1.0	1.3	21.8	4.2	15.0	1.6	1.0	0.7	0.3	-	-	5.5	-
2.8	-	2.8	23.7	0.9	14.5	2.3	5.9	2.1	1.2	2.6	0.5	-	-
0.8	-	0.8	2.0	-	-	1.2	0.8	0.8	-	-	-	0.8	-
2.7	-	2.7	3.8	-	-	0.8	2.9	1.9	0.4	0.6	0.4	1.5	-
3.0	0.3	3.0	14.3	-	7.5	1.0	5.8	1.5	0.3	4.0	1.0	3.3	-
2.7	0.2	2.5	9.3	0.5	5.2	1.2	2.5	1.7	0.3	0.5	1.5	2.0	-
1.6	-	1.6	5.6	-	-	0.3	5.3	4.1	-	1.3	0.3	1.3	-

第29表　医師数、平均年齢，性、主たる従業地による

総

	総　　数	24歳以下	25 〜 29	30 〜 34	35 〜 39	40 〜 44	45 〜 49	50 〜 54
全　　　国	319 480	634	27 317	33 609	33 105	34 910	35 963	34 990
北　海　道	13 309	20	979	1 179	1 243	1 433	1 539	1 622
青　　森	2 702	13	227	217	222	261	269	296
岩　　手	2 631	5	200	232	240	224	270	284
宮　　城	5 653	7	425	634	572	583	654	669
秋　　田	2 384	10	233	207	214	224	274	282
山　　形	2 597	8	231	240	221	233	287	264
福　　島	3 888	14	302	293	311	301	363	494
茨　　城	5 513	13	560	560	562	561	591	593
栃　　木	4 498	24	461	456	502	471	491	452
群　　馬	4 620	6	304	429	439	517	533	505
埼　　玉	12 172	18	843	1 194	1 200	1 338	1 510	1 452
千　　葉	12 278	31	1 164	1 364	1 294	1 329	1 444	1 378
東　　京	44 136	90	4 404	5 849	5 566	5 236	4 984	4 613
神　奈　川	19 476	44	1 940	2 333	2 275	2 296	2 253	2 094
新　　潟	4 698	6	312	376	424	474	501	547
富　　山	2 723	4	204	214	244	278	310	308
石　　川	3 405	10	284	396	360	367	338	327
福　　井	2 002	4	188	191	187	229	224	224
山　　梨	1 990	5	180	184	169	214	216	269
長　　野	4 930	9	382	434	429	522	526	613
岐　　阜	4 358	14	346	427	418	471	462	497
静　　岡	7 662	10	699	788	765	805	893	827
愛　　知	16 410	29	1 581	1 970	1 863	1 778	1 850	1 701
三　　重	4 081	7	324	344	333	470	395	455
滋　　賀	3 270	6	315	329	348	389	375	362
京　　都	8 723	23	733	1 076	1 131	990	885	856
大　　阪	25 003	37	2 148	2 743	2 633	2 747	2 840	2 792
兵　　庫	13 979	16	1 192	1 413	1 317	1 573	1 613	1 427
奈　　良	3 407	12	317	290	337	410	389	375
和　歌　山	2 868	8	301	258	234	275	320	275
鳥　　取	1 805	1	129	154	173	196	184	166
島　　根	1 975	5	168	133	189	213	231	230
岡　　山	5 975	16	545	696	581	646	595	587
広　　島	7 534	22	535	663	659	799	859	819
山　　口	3 615	8	231	261	281	379	395	403
徳　　島	2 500	2	176	201	222	267	267	243
香　　川	2 813	7	193	253	256	269	347	324
愛　　媛	3 745	5	286	290	325	347	430	419
高　　知	2 276	3	187	186	183	231	267	265
福　　岡	15 997	23	1 342	1 932	1 784	1 731	1 793	1 633
佐　　賀	2 377	7	206	240	256	261	266	248
長　　崎	4 218	4	271	359	367	416	437	473
熊　　本	5 230	10	311	455	467	600	584	604
大　　分	3 230	4	219	233	290	379	385	405
宮　　崎	2 754	3	158	210	223	285	359	361
鹿　児　島	4 461	5	239	323	399	476	524	540
沖　　縄	3 609	6	342	400	397	416	441	417

都道府県－指定都市・特別区・中核市（再掲）、年齢階級別（6－1）

数

平成28年12月31日現在

55 ～ 59	60 ～ 64	65 ～ 69	70 ～ 74	75 ～ 79	80 ～ 84	85歳以上	平 均 年 齢
35 738	29 694	22 843	11 146	8 095	6 086	5 350	50.0
1 618	1 383	1 007	471	371	260	184	51.0
324	302	220	119	101	67	64	52.3
309	262	265	122	88	55	75	52.5
614	511	449	205	163	107	60	50.2
263	258	176	83	66	55	39	50.7
318	288	185	89	96	80	57	51.8
495	461	351	196	128	107	72	53.0
633	534	385	194	143	97	87	49.8
514	459	302	136	95	71	64	49.2
515	477	347	193	142	117	96	51.7
1 455	1 156	832	456	294	224	200	50.6
1 350	955	849	447	298	233	142	49.3
4 499	3 320	2 303	1 116	811	648	697	47.7
2 054	1 554	1 078	591	443	286	235	48.2
577	529	405	176	138	127	106	52.5
384	255	222	90	72	74	64	51.9
376	347	257	129	110	52	52	50.1
245	190	138	66	48	35	33	50.1
243	194	123	79	45	33	36	50.4
562	470	402	162	149	135	135	51.8
476	420	345	200	111	99	72	50.9
799	734	589	275	193	167	118	50.2
1 695	1 402	1 058	510	390	310	273	49.0
477	423	366	187	132	88	80	51.9
373	311	229	91	62	49	31	49.1
851	723	635	285	233	172	130	49.1
2 769	2 271	1 651	829	592	474	477	49.8
1 637	1 321	1 079	511	373	265	242	50.5
422	308	256	110	72	59	50	50.0
344	301	230	133	85	47	57	50.9
209	213	140	77	63	47	53	52.5
244	189	190	69	49	36	29	51.3
617	577	486	241	190	112	86	50.1
881	820	649	339	184	160	145	51.8
450	384	322	179	129	100	93	53.2
283	285	265	117	79	42	51	52.4
325	306	234	103	90	53	53	51.7
472	453	299	141	115	89	74	52.1
313	209	188	98	64	39	43	51.6
1 659	1 480	1 180	514	361	292	273	49.5
260	247	187	65	59	42	33	49.9
481	454	417	212	159	101	67	52.7
569	528	493	240	157	110	102	52.2
410	330	225	118	92	73	67	51.8
398	280	188	103	73	61	52	52.2
618	488	379	175	128	81	86	52.5
358	332	267	104	59	55	15	48.6

101

第29表　医師数、平均年齢，性、主たる従業地による

総

	総　　数	24歳以下	25〜29	30〜34	35〜39	40〜44	45〜49	50〜54
指定都市・特別区（再掲）								
東京都区部	35 257	77	3 718	4 991	4 647	4 218	3 907	3 575
札幌市	6 614	8	436	652	678	814	821	808
仙台市	3 677	5	263	502	421	411	441	419
さいたま市	2 304	3	174	218	249	258	276	276
千葉市	2 813	6	217	390	341	343	327	304
横浜市	8 442	18	831	1 044	1 057	990	968	865
川崎市	3 352	7	324	427	460	440	381	362
相模原市	1 714	7	212	243	227	220	190	168
新潟市	2 352	3	158	226	250	284	260	254
静岡市	1 671	2	191	178	181	168	181	190
浜松市	2 138	2	216	243	246	267	252	214
名古屋市	7 084	12	643	949	887	776	779	695
京都市	6 604	19	622	933	960	737	667	593
大阪市	9 299	19	986	970	911	977	958	1 050
堺市	1 967	2	153	181	186	215	228	243
神戸市	4 943	4	442	628	527	556	531	499
岡山市	3 081	9	278	397	339	385	330	291
広島市	3 708	10	262	402	387	411	442	392
北九州市	3 314	6	292	428	341	355	356	335
福岡市	6 027	10	602	862	706	698	691	628
熊本市	3 206	9	280	345	330	411	363	357
中核市（再掲）								
旭川市	1 339	3	131	149	128	156	144	163
函館市	801	1	75	64	59	63	91	91
青森市	668	4	61	40	49	52	60	65
盛岡市	1 240	4	96	140	153	132	139	116
秋田市	1 227	5	137	141	127	134	156	134
郡山市	836	5	93	69	66	51	79	103
いわき市	583	-	20	25	34	42	61	84
宇都宮市	1 046	2	52	67	90	119	128	123
前橋市	1 581	2	162	232	214	216	158	126
高崎市	815	-	42	49	51	78	84	105
川越市	860	-	72	107	111	95	105	80
越谷市	745	1	78	125	98	86	86	82
船橋市	914	-	53	51	90	111	117	122
柏市	1 025	2	107	155	135	121	102	100
八王子市	1 129	1	45	110	111	131	153	134
横須賀市	877	2	112	109	62	95	111	107
富山市	1 449	4	128	142	157	175	157	158
金沢市	1 866	4	167	224	222	214	186	191
長野市	937	4	90	75	72	83	89	120
岐阜市	1 659	4	166	191	188	198	187	168
豊橋市	767	1	68	73	72	80	85	72
豊田市	697	4	95	70	59	78	74	89
岡崎市	536	-	30	32	42	61	67	58
大津市	1 288	3	185	178	162	156	146	127
高槻市	1 387	3	203	206	179	157	149	137
東大阪市	888	-	46	56	62	75	107	108
豊中市	869	-	62	56	64	82	95	124
枚方市	1 225	3	148	146	139	156	154	107
姫路市	1 160	2	90	99	121	138	140	118
西宮市	1 679	3	182	202	176	207	194	152
尼崎市	1 200	3	140	133	88	117	135	115
奈良市	945	3	69	53	80	110	102	119
和歌山市	1 616	8	247	177	152	173	164	143
倉敷市	1 757	6	231	254	179	161	156	167
呉市	758	3	88	61	44	89	87	74
福山市	997	4	57	66	96	96	116	106
下関市	714	2	53	31	57	65	77	66
高松市	1 199	3	73	71	78	114	158	146
松山市	1 623	4	164	121	133	151	196	187
高知市	1 257	2	107	87	89	124	145	154
久留米市	1 815	2	188	280	332	225	178	141
長崎市	1 993	1	159	171	207	227	201	230
佐世保市	662	-	33	69	48	49	67	74
大分市	1 237	1	77	66	106	144	164	174
宮崎市	1 507	3	117	154	159	166	211	177
鹿児島市	2 510	3	196	222	263	299	318	282
那覇市	809	1	62	60	56	85	105	102

都道府県－指定都市・特別区・中核市（再掲）、年齢階級別（6－2）

数

平成28年12月31日現在

55 ～ 59	60 ～ 64	65 ～ 69	70 ～ 74	75 ～ 79	80 ～ 84	85歳以上	平 均 年 齢
3 458	2 529	1 688	831	611	473	534	47.0
735	580	477	225	180	123	77	50.3
367	280	254	118	92	64	40	49.0
257	206	163	85	63	47	29	50.3
309	196	152	82	76	50	20	48.2
938	639	455	230	191	110	106	47.9
329	266	166	89	48	26	27	47.0
147	116	79	53	23	16	13	45.8
264	237	174	79	68	57	38	50.9
146	161	112	58	44	27	32	49.3
210	201	125	68	42	31	21	48.3
722	548	412	201	163	137	160	48.6
601	493	413	196	156	123	91	47.8
1 054	868	611	296	204	170	225	49.8
225	208	134	62	50	43	37	50.8
544	412	352	166	129	77	76	49.2
275	259	207	114	101	55	41	48.9
390	370	281	159	91	66	45	50.3
357	321	223	100	78	60	62	49.4
543	505	363	145	111	88	75	47.6
306	263	242	124	75	49	52	49.5
164	131	66	33	28	29	14	48.9
109	101	56	34	24	15	18	52.0
86	84	57	34	39	15	22	54.0
129	94	104	55	32	19	27	50.0
119	123	57	43	16	22	13	48.0
96	99	73	41	26	21	14	51.8
86	78	66	32	25	19	11	56.3
124	124	90	44	32	31	20	53.2
144	116	78	48	32	30	23	47.2
105	102	71	39	40	29	20	54.9
98	63	57	31	17	16	8	48.6
53	60	30	18	12	8	8	46.0
119	88	72	45	16	19	11	51.9
116	63	57	28	19	8	12	46.8
156	99	72	45	36	20	16	51.3
78	73	45	36	20	19	8	48.4
185	123	89	42	32	27	30	49.7
187	170	121	64	61	30	25	49.2
115	104	67	30	30	33	25	52.1
151	147	103	55	35	28	38	48.9
82	75	65	33	16	27	18	51.4
76	60	33	21	24	9	5	48.1
63	70	48	25	11	18	11	53.4
109	100	64	23	19	8	8	45.5
110	91	59	38	28	20	7	45.5
123	109	83	42	32	20	25	54.3
95	89	64	41	36	31	30	53.8
118	99	64	28	33	19	11	47.4
134	121	76	41	31	30	19	50.8
182	147	92	43	35	28	36	48.4
139	110	94	52	29	20	25	50.1
131	84	103	37	24	12	18	52.2
165	131	106	63	41	21	25	47.9
197	138	121	60	35	31	21	47.8
86	72	50	29	21	22	32	51.5
131	101	103	47	22	24	28	53.1
93	91	83	40	16	23	17	54.1
150	140	115	52	47	28	24	53.6
205	179	118	50	45	46	24	51.1
178	113	118	58	34	21	27	52.2
133	106	105	47	35	19	24	46.0
214	175	173	89	80	44	22	51.3
69	84	78	38	26	9	18	53.8
154	138	80	42	37	31	23	52.3
183	133	82	41	33	28	20	49.5
311	225	155	88	70	41	37	50.2
84	85	87	33	19	25	5	52.1

第29表　医師数、平均年齢，性、主たる従業地による

男

	総　　数	24歳以下	25～29	30～34	35～39	40～44	45～49	50～54
全　　　国	251 987	385	17 896	22 808	22 869	25 476	27 874	28 984
北　海　道	11 282	15	709	869	965	1 148	1 264	1 411
青　　森	2 258	9	153	151	154	201	228	265
岩　　手	2 226	4	151	167	178	171	230	254
宮　　城	4 618	2	286	451	427	464	532	554
秋　　田	1 954	7	154	150	153	175	221	249
山　　形	2 162	7	178	170	170	174	223	227
福　　島	3 311	8	211	225	246	231	306	420
茨　　城	4 345	6	378	391	387	422	464	481
栃　　木	3 577	16	308	320	342	340	393	396
群　　馬	3 724	4	197	299	298	373	423	437
埼　　玉	9 710	13	565	832	849	991	1 202	1 209
千　　葉	9 700	20	755	948	904	977	1 143	1 171
東　　京	31 238	49	2 632	3 654	3 520	3 412	3 454	3 500
神　奈　川	14 647	23	1 256	1 509	1 516	1 611	1 658	1 654
新　　潟	3 884	5	228	265	311	365	395	461
富　　山	2 214	2	138	154	169	198	240	262
石　　川	2 791	8	200	285	248	277	271	287
福　　井	1 640	2	131	125	132	167	175	199
山　　梨	1 643	4	118	136	130	165	179	239
長　　野	4 052	4	293	306	305	388	420	514
岐　　阜	3 576	11	251	308	321	374	357	426
静　　岡	6 350	7	513	588	567	615	734	693
愛　　知	12 794	18	1 037	1 353	1 300	1 313	1 452	1 401
三　　重	3 403	3	219	259	258	361	314	392
滋　　賀	2 634	6	207	226	234	295	298	307
京　　都	6 805	16	505	749	793	736	691	689
大　　阪	19 490	19	1 325	1 847	1 804	2 023	2 200	2 298
兵　　庫	11 084	9	771	951	908	1 136	1 284	1 181
奈　　良	2 730	7	220	194	245	313	311	306
和　歌　山	2 319	4	209	167	171	205	259	230
鳥　　取	1 485	1	88	117	120	149	139	136
島　　根	1 580	4	106	85	129	155	172	201
岡　　山	4 760	10	352	489	411	471	459	499
広　　島	6 050	11	350	457	443	591	693	690
山　　口	3 027	6	157	185	202	303	314	345
徳　　島	1 922	2	117	130	136	165	196	195
香　　川	2 226	6	130	170	161	196	260	267
愛　　媛	3 093	1	183	200	228	264	342	357
高　　知	1 794	1	110	122	117	173	203	219
福　　岡	12 791	13	873	1 335	1 258	1 284	1 405	1 369
佐　　賀	1 882	4	120	151	180	186	213	205
長　　崎	3 446	2	174	238	229	313	345	407
熊　　本	4 286	5	210	302	336	436	468	518
大　　分	2 634	3	144	149	197	292	302	337
宮　　崎	2 258	2	94	133	156	214	284	308
鹿　児　島	3 723	4	171	224	286	364	422	457
沖　　縄	2 869	2	219	272	275	299	336	361

都道府県－指定都市・特別区・中核市（再掲）、年齢階級別（6－3）

平成28年12月31日現在

55 ～ 59	60 ～ 64	65 ～ 69	70 ～ 74	75 ～ 79	80 ～ 84	85歳以上	平 均 年 齢
30 887	26 412	20 701	10 040	7 436	5 569	4 650	51.7
1 463	1 280	944	452	357	241	164	52.3
288	278	205	109	97	62	58	54.0
280	240	240	113	77	54	67	53.8
537	469	408	186	151	98	53	51.6
229	233	166	74	61	51	31	52.2
282	263	170	82	92	76	48	53.0
446	429	322	179	119	105	64	54.2
540	468	340	173	132	91	72	51.3
449	416	268	119	91	65	54	50.8
464	435	311	160	133	104	86	53.2
1 246	1 003	761	403	271	195	170	51.9
1 177	835	747	406	268	216	133	50.8
3 589	2 757	1 938	924	680	547	582	49.4
1 742	1 363	951	528	380	257	199	49.9
514	475	364	159	131	120	91	53.7
341	231	206	82	64	68	59	53.5
329	321	241	121	104	51	48	51.8
226	174	135	63	46	34	31	52.0
208	173	114	72	44	32	29	51.7
494	433	365	143	137	126	124	53.1
421	374	314	174	99	94	52	51.9
715	654	555	262	182	158	107	51.5
1 437	1 254	943	443	358	284	201	50.4
422	383	341	173	123	82	73	53.3
336	295	211	88	59	46	26	50.8
714	613	565	262	213	155	104	50.5
2 364	2 014	1 513	742	546	403	392	51.5
1 426	1 177	989	461	341	243	207	52.2
373	268	231	102	65	53	42	51.3
286	274	219	123	81	40	51	52.6
192	197	127	68	58	44	49	54.0
209	173	175	66	45	32	28	53.2
530	508	447	218	180	104	82	51.9
763	713	580	312	163	153	131	53.4
408	350	286	163	121	98	89	54.7
236	241	239	102	75	39	49	54.5
286	272	210	95	81	48	44	53.3
429	411	274	132	114	87	71	54.0
272	188	169	93	59	35	33	53.4
1 457	1 341	1 104	470	347	274	261	51.3
236	224	178	59	57	41	28	52.1
430	421	387	194	148	97	61	54.7
506	477	453	221	150	109	95	53.9
375	300	204	110	88	68	65	53.5
353	262	183	97	68	56	48	54.0
550	444	352	164	122	80	83	53.9
317	308	256	98	58	53	15	50.5

105

第29表　医師数、平均年齢，性、主たる従業地による

男

	総　　数	24歳以下	25～29	30～34	35～39	40～44	45～49	50～54
指定都市・特別区（再掲）								
東京都区部	24 636	43	2 200	3 104	2 942	2 726	2 682	2 680
札　幌　市	5 369	4	301	470	500	627	645	674
仙　台　市	2 922	-	175	355	305	318	353	336
さいたま市	1 788	3	110	158	175	171	211	225
千　葉　市	2 145	5	144	283	221	237	242	257
横　浜　市	6 202	11	507	657	690	686	703	675
川　崎　市	2 490	2	211	277	311	313	275	282
相　模　原　市	1 294	4	139	166	154	158	138	136
新　潟　市	1 851	2	114	150	173	202	198	212
静　岡　市	1 358	2	136	132	128	127	145	158
浜　松　市	1 722	-	152	177	184	200	200	173
名　古　屋　市	5 372	7	406	647	623	549	602	560
京　都　市	5 016	14	418	653	658	547	506	460
大　阪　市	7 079	11	579	620	592	702	724	863
堺　　市	1 590	2	113	131	127	155	177	201
神　戸　市	3 857	2	291	429	361	413	421	392
岡　山　市	2 372	5	178	275	233	266	240	243
広　島　市	2 860	4	167	265	259	284	339	322
北　九　州　市	2 681	3	193	295	247	273	289	275
福　岡　市	4 652	5	385	603	490	494	522	521
熊　本　市	2 534	4	189	232	228	284	282	307
中核市（再掲）								
旭　川　市	1 109	2	91	103	98	129	117	143
函　館　市	699	1	54	51	48	54	74	73
青　森　市	556	3	38	27	35	37	50	57
盛　岡　市	1 010	3	65	97	115	102	116	104
秋　田　市	945	3	84	96	86	99	118	120
郡　山　市	698	4	68	54	46	42	62	84
い　わ　き　市	510	-	19	21	23	30	52	72
宇　都　宮　市	849	2	38	51	54	84	105	105
前　橋　市	1 213	2	95	155	146	160	123	112
高　崎　市	666	-	30	34	33	54	70	87
川　越　市	666	-	47	73	77	66	79	68
越　谷　市	554	1	45	75	70	62	69	70
船　橋　市	729	-	35	37	57	76	96	103
柏　　市	828	1	79	113	104	97	85	80
八　王　子　市	897	1	27	81	72	101	122	108
横　須　賀　市	712	2	86	76	41	78	84	94
富　山　市	1 153	2	81	96	111	125	122	138
金　沢　市	1 501	4	116	160	151	159	146	169
長　野　市	793	2	73	62	46	66	74	101
岐　阜　市	1 310	2	110	131	138	159	139	143
豊　橋　市	632	1	49	54	46	62	73	59
豊　田　市	555	2	71	48	50	56	56	71
岡　崎　市	435	-	19	21	25	47	56	49
大　津　市	979	3	109	123	104	122	112	103
高　槻　市	1 068	1	113	143	128	125	111	119
東　大　阪　市	719	-	36	37	42	53	82	84
豊　中　市	648	-	33	38	39	53	62	96
枚　方　市	911	1	77	92	89	112	122	87
姫　路　市	948	2	63	63	87	94	117	106
西　宮　市	1 258	2	105	124	119	131	154	127
尼　崎　市	949	2	92	84	66	84	103	103
奈　良　市	751	2	49	36	52	69	82	97
和　歌　山　市	1 248	4	171	108	110	130	131	112
倉　敷　市	1 422	4	151	184	133	126	133	146
呉　　市	628	1	55	47	33	73	76	64
福　山　市	825	3	41	49	61	70	94	90
下　関　市	610	1	36	21	43	51	65	58
高　松　市	946	3	49	44	51	83	110	117
松　山　市	1 313	1	108	79	91	112	149	165
高　知　市	993	1	70	58	61	93	103	127
久　留　米　市	1 358	2	113	171	224	158	134	120
長　崎　市	1 578	-	101	101	128	169	157	195
佐　世　保　市	578	-	23	52	32	45	56	67
大　分　市	994	-	53	48	75	104	117	136
宮　崎　市	1 161	2	64	93	106	120	160	146
鹿　児　島　市	2 007	2	139	149	180	227	248	234
那　覇　市	649	-	32	41	32	61	79	89

都道府県－指定都市・特別区・中核市（再掲）、年齢階級別（6－4）

平成28年12月31日現在

55 ～ 59	60 ～ 64	65 ～ 69	70 ～ 74	75 ～ 79	80 ～ 84	85歳以上	平 均 年 齢
2 735	2 081	1 418	675	509	394	447	48.7
634	522	432	213	173	106	68	51.6
319	253	224	104	85	59	36	50.3
218	172	148	76	60	38	23	51.7
265	159	126	75	68	43	20	49.6
772	551	395	202	164	95	94	49.7
283	229	144	80	41	24	18	48.4
130	106	69	49	17	15	13	47.5
224	206	149	69	62	55	35	52.4
134	143	106	52	42	23	30	50.7
190	177	114	66	40	30	19	49.7
589	480	357	168	146	127	111	50.0
495	404	362	181	140	109	69	49.1
892	758	558	266	187	151	176	51.7
198	190	121	58	48	38	31	52.2
463	366	322	148	116	70	63	50.8
230	227	187	102	96	51	39	50.8
339	312	243	145	77	64	40	52.1
320	296	207	92	78	57	56	51.2
462	449	333	129	105	81	73	49.3
272	239	216	113	72	48	48	51.4
149	121	60	29	27	28	12	50.3
104	98	56	33	24	15	14	53.3
81	73	56	30	36	15	18	55.8
114	84	91	49	27	19	24	51.4
101	105	51	38	16	19	9	49.7
81	92	69	38	24	20	14	53.2
80	71	60	27	25	19	11	57.1
107	112	81	35	30	27	18	54.4
132	106	67	37	31	25	22	49.1
91	88	68	32	37	27	15	56.2
84	59	48	29	16	14	6	50.2
42	53	27	16	10	7	7	48.0
95	78	68	40	16	17	11	53.4
103	55	51	24	19	7	10	47.8
135	82	63	39	33	20	13	52.5
69	67	42	32	16	17	8	49.6
167	112	79	38	29	26	27	51.6
158	156	114	59	57	29	23	50.9
104	98	62	25	26	31	23	53.1
132	133	90	48	32	25	28	50.2
74	70	58	31	16	24	15	52.8
66	55	30	17	21	9	3	49.1
53	63	46	24	10	15	7	54.8
94	95	60	23	18	7	6	47.4
102	84	57	34	26	18	7	47.7
99	97	78	40	30	18	23	55.8
82	73	57	34	33	23	25	55.7
104	87	60	24	30	16	10	49.8
118	108	73	39	31	29	18	52.6
155	130	81	40	34	24	32	50.7
120	100	85	43	25	18	24	51.9
116	74	94	33	20	12	15	53.8
132	115	99	56	39	18	23	49.7
172	121	113	56	31	31	21	49.6
73	65	48	23	19	22	29	53.1
118	92	95	44	21	21	26	54.6
88	84	73	37	15	22	16	55.5
132	120	102	48	42	25	20	55.2
181	165	106	46	44	44	22	53.0
147	104	105	55	31	19	19	53.6
119	101	97	43	33	19	24	48.3
189	160	162	82	72	41	21	53.5
64	79	70	37	26	9	18	55.3
138	126	72	38	34	30	23	53.9
158	120	79	40	30	25	18	51.6
268	203	136	83	64	40	34	51.6
77	75	84	32	18	24	5	54.5

第29表　医師数、平均年齢，性、主たる従業地による

女

	総　数	24歳以下	25〜29	30〜34	35〜39	40〜44	45〜49	50〜54
全　　国	67 493	249	9 421	10 801	10 236	9 434	8 089	6 006
北　海　道	2 027	5	270	310	278	285	275	211
青　　森	444	4	74	66	68	60	41	31
岩　　手	405	1	49	65	62	53	40	30
宮　　城	1 035	5	139	183	145	119	122	115
秋　　田	430	3	79	57	61	49	53	33
山　　形	435	1	53	70	51	59	64	37
福　　島	577	6	91	68	65	70	57	74
茨　　城	1 168	7	182	169	175	139	127	112
栃　　木	921	8	153	136	160	131	98	56
群　　馬	896	2	107	130	141	144	110	68
埼　　玉	2 462	5	278	362	351	347	308	243
千　　葉	2 578	11	409	416	390	352	301	207
東　　京	12 898	41	1 772	2 195	2 046	1 824	1 530	1 113
神　奈　川	4 829	21	684	824	759	685	595	440
新　　潟	814	1	84	111	113	109	106	86
富　　山	509	2	66	60	75	80	70	46
石　　川	614	2	84	111	112	90	67	40
福　　井	362	2	57	66	55	62	49	25
山　　梨	347	1	62	48	39	49	37	30
長　　野	878	5	89	128	124	134	106	99
岐　　阜	782	3	95	119	97	97	105	71
静　　岡	1 312	3	186	200	198	190	159	134
愛　　知	3 616	11	544	617	563	465	398	300
三　　重	678	4	105	85	75	109	81	63
滋　　賀	636	－	108	103	114	94	77	55
京　　都	1 918	7	228	327	338	254	194	167
大　　阪	5 513	18	823	896	829	724	640	494
兵　　庫	2 895	7	421	462	409	437	329	246
奈　　良	677	5	97	96	92	97	78	69
和　歌　山	549	4	92	91	63	70	61	45
鳥　　取	320	－	41	37	53	47	45	30
島　　根	395	1	62	48	60	58	59	29
岡　　山	1 215	6	193	207	170	175	136	88
広　　島	1 484	11	185	206	216	208	166	129
山　　口	588	2	74	76	79	76	81	58
徳　　島	578	－	59	71	86	102	71	48
香　　川	587	1	63	83	95	73	87	57
愛　　媛	652	4	103	90	97	83	88	62
高　　知	482	2	77	64	66	58	64	46
福　　岡	3 206	10	469	597	526	447	388	264
佐　　賀	495	3	86	89	76	75	53	43
長　　崎	772	2	97	121	138	103	92	66
熊　　本	944	5	101	153	131	164	116	86
大　　分	596	1	75	84	93	87	83	68
宮　　崎	496	1	64	77	67	71	75	53
鹿　児　島	738	1	68	99	113	112	102	83
沖　　縄	740	4	123	128	122	117	105	56

都道府県－指定都市・特別区・中核市（再掲）、年齢階級別（6－5）

平成28年12月31日現在

55 ～ 59	60 ～ 64	65 ～ 69	70 ～ 74	75 ～ 79	80 ～ 84	85歳以上	平 均 年 齢
4 851	3 282	2 142	1 106	659	517	700	43.9
155	103	63	19	14	19	20	44.2
36	24	15	10	4	5	6	43.8
29	22	25	9	11	1	8	45.6
77	42	41	19	12	9	7	44.1
34	25	10	9	5	4	8	44.0
36	25	15	7	4	4	9	45.5
49	32	29	17	9	2	8	45.8
93	66	45	21	11	6	15	44.2
65	43	34	17	4	6	10	43.1
51	42	36	33	9	13	10	45.1
209	153	71	53	23	29	30	45.4
173	120	102	41	30	17	9	43.2
910	563	365	192	131	101	115	43.5
312	191	127	63	63	29	36	43.1
63	54	41	17	7	7	15	46.4
43	24	16	8	8	6	5	45.0
47	26	16	8	6	1	4	42.5
19	16	3	3	2	1	2	41.5
35	21	9	7	1	1	7	44.3
68	37	37	19	12	9	11	45.6
55	46	31	26	12	5	20	46.3
84	80	34	13	11	9	11	43.7
258	148	115	67	32	26	72	43.8
55	40	25	14	9	6	7	45.0
37	16	18	3	3	3	5	41.9
137	110	70	23	20	17	26	44.2
405	257	138	87	46	71	85	43.9
211	144	90	50	32	22	35	44.0
49	40	25	8	7	6	8	44.5
58	27	11	10	4	7	6	43.7
17	16	13	9	5	3	4	45.4
35	16	15	3	4	4	1	43.8
87	69	39	23	10	8	4	43.1
118	107	69	27	21	7	14	45.2
42	34	36	16	8	2	4	45.8
47	44	26	15	4	3	2	45.6
39	34	24	8	9	5	9	45.5
43	42	25	9	1	2	3	43.5
41	21	19	5	5	4	10	44.7
202	139	76	44	14	18	12	42.3
24	23	9	6	2	1	5	41.7
51	33	30	18	11	4	6	44.0
63	51	40	19	7	1	7	44.3
35	30	21	8	4	5	2	44.1
45	18	5	6	5	5	4	44.1
68	44	27	11	6	1	3	45.2
41	24	11	6	1	2	－	41.1

第29表　医師数、平均年齢，性、主たる従業地による

女

	総　数	24歳以下	25～29	30～34	35～39	40～44	45～49	50～54
指定都市・特別区（再掲）								
東京都区部	10 621	34	1 518	1 887	1 705	1 492	1 225	895
札　幌　市	1 245	4	135	182	178	187	176	134
仙　台　市	755	5	88	147	116	93	88	83
さいたま市	516	－	64	60	74	87	65	51
千　葉　市	668	1	73	107	120	106	85	47
横　浜　市	2 240	7	324	387	367	304	265	190
川　崎　市	862	5	113	150	149	127	106	80
相模原市	420	3	73	77	73	62	52	32
新　潟　市	501	1	44	76	77	82	62	42
静　岡　市	313	－	55	46	53	41	36	32
浜　松　市	416	2	64	66	62	67	52	41
名古屋市	1 712	5	237	302	264	227	177	135
京　都　市	1 588	5	204	280	302	190	161	133
大　阪　市	2 220	8	407	350	319	275	234	187
堺　　市	377	－	40	50	59	60	51	42
神　戸　市	1 086	2	151	199	166	143	110	107
岡　山　市	709	4	100	122	106	119	90	48
広　島　市	848	6	95	137	128	127	103	70
北九州市	633	3	99	133	94	82	67	60
福　岡　市	1 375	5	217	259	216	204	169	107
熊　本　市	672	5	91	113	102	127	81	50
中核市（再掲）								
旭　川　市	230	1	40	46	30	27	27	20
函　館　市	102	－	21	13	11	9	17	18
青　森　市	112	1	23	13	14	15	10	8
盛　岡　市	230	1	31	43	38	30	23	12
秋　田　市	282	2	53	45	41	35	38	14
郡　山　市	138	1	25	15	20	9	17	19
い　わ　き市	73	－	1	4	11	12	9	12
宇都宮市	197	－	14	16	36	35	23	18
前　橋　市	368	－	67	77	68	56	35	14
高　崎　市	149	－	12	15	18	24	14	18
川　越　市	194	－	25	34	34	29	26	12
越　谷　市	191	－	33	50	28	24	17	12
船　橋　市	185	－	18	14	33	35	21	19
柏　　市	197	1	28	42	31	24	17	20
八　王　子市	232	－	18	29	39	30	31	26
横須賀市	165	－	26	33	21	17	27	13
富　山　市	296	2	47	46	46	50	35	20
金　沢　市	365	－	51	64	71	55	40	22
長　野　市	144	2	17	13	26	17	15	19
岐　阜　市	349	2	56	60	50	39	48	25
豊　橋　市	135	－	19	19	26	18	12	13
豊　田　市	142	2	24	22	9	22	18	18
岡　崎　市	101	－	11	11	17	14	11	9
大　津　市	309	－	76	55	58	34	34	24
高　槻　市	319	2	90	63	51	32	38	18
東大阪市	169	－	10	19	20	22	25	24
豊　中　市	221	－	29	18	25	29	33	28
枚　方　市	314	2	71	54	50	44	32	20
姫　路　市	212	－	27	36	34	44	23	12
西　宮　市	421	1	77	78	57	76	40	25
尼　崎　市	251	1	48	49	22	33	32	12
奈　良　市	194	－	20	17	28	41	20	22
和歌山市	368	4	76	69	42	43	33	31
倉　敷　市	335	2	80	70	46	35	23	21
呉　　市	130	2	33	14	11	16	11	10
福　山　市	172	1	16	17	35	26	22	16
下　関　市	104	1	17	10	14	14	12	8
高　松　市	253	－	24	27	27	31	48	29
松　山　市	310	3	56	42	42	39	47	22
高　知　市	264	1	37	29	28	31	42	27
久留米市	457	－	75	109	108	67	44	21
長　崎　市	415	1	58	70	79	58	44	35
佐世保市	84	－	10	17	16	4	11	7
大　分　市	243	1	24	18	31	40	47	38
宮　崎　市	346	1	53	61	53	46	51	31
鹿児島市	503	1	57	73	83	72	70	48
那　覇　市	160	1	30	19	24	24	26	13

都道府県－指定都市・特別区・中核市（再掲）、年齢階級別（6－6）

平成28年12月31日現在

55 ～ 59	60 ～ 64	65 ～ 69	70 ～ 74	75 ～ 79	80 ～ 84	85歳以上	平 均 年 齢
723	448	270	156	102	79	87	43.1
101	58	45	12	7	17	9	44.9
48	27	30	14	7	5	4	43.7
39	34	15	9	3	9	6	45.5
44	37	26	7	8	7	－	43.9
166	88	60	28	27	15	12	43.0
46	37	22	9	7	2	9	42.8
17	10	10	4	6	1	－	40.8
40	31	25	10	6	2	3	45.5
12	18	6	6	2	4	2	42.9
20	24	11	2	2	1	2	42.6
133	68	55	33	17	10	49	44.3
106	89	51	15	16	14	22	43.6
162	110	53	30	17	19	49	43.4
27	18	13	4	2	5	6	45.2
81	46	30	18	13	7	13	43.6
45	32	20	12	5	4	2	42.7
51	58	38	14	14	2	5	44.5
37	25	16	8	－	3	6	41.9
81	56	30	16	6	7	2	41.7
34	24	26	11	3	1	4	42.6
15	10	6	4	1	1	2	42.3
5	3	－	1	－	－	4	43.3
5	11	1	4	3	－	4	44.8
15	10	13	6	5	－	3	43.8
18	18	6	5	－	3	4	42.6
15	7	4	3	2	1	－	44.5
6	7	6	5	－	－	－	50.7
17	12	9	9	2	4	2	48.0
12	10	11	11	1	5	1	40.9
14	14	3	7	3	2	5	49.4
14	4	9	2	1	2	2	43.1
11	7	3	2	2	1	1	40.5
24	10	4	5	－	2	－	45.8
13	8	6	4	－	1	2	42.6
21	17	9	6	3	－	3	46.5
9	6	3	4	4	2	－	43.1
18	11	10	4	3	1	3	42.6
29	14	7	5	4	1	2	42.4
11	6	5	5	4	2	2	46.7
19	14	13	7	3	3	10	44.1
8	5	7	2	－	3	3	44.7
10	5	3	4	3	－	2	44.2
10	7	2	1	1	3	4	47.3
15	5	4	－	1	1	2	39.3
8	7	2	4	2	2	－	38.3
24	12	5	2	2	2	2	48.1
13	16	7	7	3	8	5	48.2
14	12	4	4	3	3	1	40.6
16	13	3	2	－	1	1	42.5
27	17	11	3	1	4	4	41.7
19	10	9	9	4	2	1	43.3
15	10	9	4	4	－	3	46.2
33	16	7	7	2	3	2	41.9
25	17	8	4	4	－	－	40.4
13	7	2	6	－	－	3	44.1
13	9	8	3	1	3	2	45.8
5	7	10	3	1	1	1	46.0
18	20	13	4	5	3	4	47.9
24	14	12	4	1	2	2	43.1
31	9	13	3	3	2	8	46.6
14	5	8	4	2	－	－	39.0
25	15	11	7	8	3	1	42.9
5	5	8	1	－	－	－	43.7
16	12	8	4	3	1	－	45.9
25	13	3	1	3	3	2	42.4
43	22	19	5	6	1	3	44.2
7	10	3	1	1	1	－	42.4

第30表　医療施設従事医師数、平均年齢，性、主たる従業地による

総

	総　　数	24歳以下	25 〜 29	30 〜 34	35 〜 39	40 〜 44	45 〜 49	50 〜 54
全　　　国	304 759	633	27 092	32 793	32 085	33 777	34 567	33 384
北　海　道	12 755	20	969	1 157	1 213	1 399	1 500	1 565
青　　　森	2 563	13	225	210	215	256	265	286
岩　　　手	2 458	5	199	230	235	222	263	275
宮　　　城	5 404	7	423	617	558	566	629	638
秋　　　田	2 257	10	232	206	211	217	264	272
山　　　形	2 443	8	230	237	219	230	281	256
福　　　島	3 720	14	296	290	303	295	350	476
茨　　　城	5 240	13	553	550	539	545	569	561
栃　　　木	4 285	24	459	449	489	451	469	426
群　　　馬	4 430	6	302	421	428	503	520	479
埼　　　玉	11 667	17	832	1 175	1 189	1 307	1 465	1 387
千　　　葉	11 843	31	1 164	1 342	1 258	1 299	1 407	1 326
東　　　京	41 445	90	4 337	5 607	5 231	4 913	4 621	4 237
神　奈　川	18 784	44	1 933	2 288	2 223	2 235	2 183	2 013
新　　　潟	4 386	6	305	367	412	457	478	515
富　　　山	2 566	4	204	211	239	270	298	289
石　　　川	3 230	10	282	391	357	354	325	304
福　　　井	1 922	4	188	189	186	224	217	212
山　　　梨	1 924	5	180	184	167	211	213	257
長　　　野	4 724	9	381	427	418	512	510	603
岐　　　阜	4 223	14	343	420	411	466	450	485
静　　　岡	7 404	10	697	782	757	793	871	800
愛　　　知	15 595	29	1 570	1 928	1 810	1 713	1 772	1 623
三　　　重	3 924	7	322	337	331	461	383	443
滋　　　賀	3 121	6	313	325	338	377	353	345
京　　　都	8 203	23	720	1 015	1 060	941	827	814
大　　　阪	23 886	37	2 137	2 685	2 569	2 673	2 743	2 670
兵　　　庫	13 382	16	1 190	1 398	1 305	1 528	1 558	1 372
奈　　　良	3 297	12	315	289	333	394	381	364
和　歌　山	2 768	8	298	254	229	269	312	268
鳥　　　取	1 699	1	128	153	172	195	179	162
島　　　根	1 879	5	168	133	185	207	226	225
岡　　　山	5 752	16	544	681	562	634	581	560
広　　　島	7 224	22	533	656	643	775	831	783
山　　　口	3 436	8	229	258	272	366	383	389
徳　　　島	2 369	2	176	201	216	256	257	224
香　　　川	2 683	7	192	251	251	261	332	310
愛　　　媛	3 609	5	286	287	319	342	421	410
高　　　知	2 206	3	187	185	177	229	257	260
福　　　岡	15 188	23	1 312	1 829	1 712	1 665	1 716	1 574
佐　　　賀	2 292	7	205	230	250	253	259	240
長　　　崎	4 042	4	270	356	353	405	419	451
熊　　　本	5 001	10	308	440	457	585	563	574
大　　　分	3 115	4	218	231	284	370	376	391
宮　　　崎	2 613	3	157	205	215	272	347	352
鹿　児　島	4 304	5	239	319	392	471	510	519
沖　　　縄	3 498	6	341	397	392	410	433	399

112

都道府県－指定都市・特別区・中核市（再掲）、年齢階級別（6－1）

数

平成28年12月31日現在

55 〜 59	60 〜 64	65 〜 69	70 〜 74	75 〜 79	80 〜 84	85歳以上	平 均 年 齢
33 902	28 091	21 539	10 258	7 231	5 168	4 239	49.6
1 546	1 322	938	432	331	218	145	50.6
307	291	205	102	87	55	46	51.6
295	244	235	111	73	36	35	51.3
577	485	429	193	141	90	51	49.8
251	242	165	69	52	39	27	49.8
305	280	168	75	75	50	29	50.5
480	442	332	179	112	88	63	52.5
584	503	362	187	122	79	73	49.3
475	426	288	123	88	63	55	48.8
494	448	336	184	127	97	85	51.3
1 385	1 094	779	409	262	196	170	50.2
1 296	907	801	419	272	201	120	48.9
4 178	3 096	2 168	1 023	748	588	608	47.4
1 963	1 478	1 022	548	401	255	198	47.9
543	495	368	156	117	96	71	51.7
366	236	212	85	60	52	40	51.1
355	318	236	116	97	48	37	49.5
230	180	127	63	41	34	27	49.6
234	186	117	72	43	27	28	49.9
540	453	383	148	139	113	88	51.1
462	401	329	192	100	85	65	50.6
770	698	562	250	171	143	100	49.7
1 588	1 324	977	463	348	261	189	48.4
460	399	347	174	115	77	68	51.5
353	295	215	81	53	41	26	48.7
799	677	591	263	209	153	111	48.9
2 643	2 156	1 548	763	522	406	334	49.3
1 551	1 254	1 010	475	335	210	180	49.9
404	295	248	104	64	54	40	49.6
332	284	225	118	80	39	52	50.6
194	196	128	68	51	36	36	51.4
230	175	177	59	40	31	18	50.6
592	542	467	221	177	98	77	49.8
834	774	621	316	174	142	120	51.4
432	373	307	164	115	83	57	52.5
261	265	246	111	72	37	45	52.0
308	291	218	94	80	41	47	51.2
447	432	286	130	100	78	66	51.7
291	200	186	93	63	36	39	51.4
1 575	1 405	1 116	483	325	246	207	49.2
251	244	176	64	47	36	30	49.6
456	430	404	199	141	91	63	52.4
542	507	474	219	143	90	89	51.8
398	315	215	110	84	63	56	51.4
382	267	180	88	59	47	39	51.6
596	455	361	167	120	74	76	52.2
347	311	254	95	55	45	13	48.2

第30表　医療施設従事医師数、平均年齢，性、主たる従業地による

総

	総　　数	24歳以下	25～29	30～34	35～39	40～44	45～49	50～54
指定都市・特別区（再掲）								
東京都区部	32 963	77	3 656	4 762	4 332	3 930	3 596	3 264
札幌市	6 322	8	428	633	655	788	801	775
仙台市	3 489	5	261	486	408	396	423	396
さいたま市	2 203	3	174	214	248	253	270	268
千葉市	2 637	6	217	379	319	328	303	281
横浜市	8 129	18	830	1 024	1 029	960	931	833
川崎市	3 230	7	322	419	448	425	365	349
相模原市	1 657	7	212	239	224	215	182	160
新潟市	2 160	3	151	217	239	269	245	228
静岡市	1 611	2	190	177	179	167	177	182
浜松市	2 040	2	215	239	243	262	241	202
名古屋市	6 650	12	633	917	856	738	734	654
京都市	6 161	19	609	872	891	691	616	557
大阪市	8 841	19	977	948	890	948	924	1 006
堺市	1 906	2	153	181	186	212	225	237
神戸市	4 669	4	440	616	520	529	508	469
岡山市	2 958	9	277	388	324	375	324	275
広島市	3 537	10	260	395	373	393	423	368
北九州市	3 108	6	275	403	323	334	339	320
福岡市	5 687	10	593	799	676	673	651	602
熊本市	3 057	9	277	332	320	400	348	337
中核市（再掲）								
旭川市	1 290	3	130	147	126	154	135	155
函館市	773	1	75	64	59	63	88	90
青森市	631	4	61	40	49	50	59	62
盛岡市	1 163	4	95	138	149	131	137	112
秋田市	1 159	5	136	140	124	128	149	125
郡山市	818	5	93	69	66	51	78	102
いわき市	561	-	20	25	34	40	60	84
宇都宮市	1 006	2	52	64	85	116	123	121
前橋市	1 487	2	160	226	208	206	152	110
高崎市	790	-	42	48	50	78	83	100
川越市	840	-	71	107	111	95	103	78
越谷市	727	1	78	124	98	85	85	79
船橋市	884	-	53	50	88	108	117	120
柏市	991	2	107	153	130	116	97	96
八王子市	1 091	1	45	108	110	125	149	124
横須賀市	849	2	111	106	61	93	110	98
富山市	1 361	4	128	140	153	167	148	144
金沢市	1 764	4	166	222	219	205	178	174
長野市	891	4	90	74	70	80	86	119
岐阜市	1 597	4	163	187	184	194	179	165
豊橋市	742	1	68	73	70	80	84	72
豊田市	663	4	95	69	57	75	70	84
岡崎市	488	-	29	31	38	56	62	54
大津市	1 216	3	184	176	155	150	130	116
高槻市	1 346	3	203	206	178	152	146	131
東大阪市	864	-	46	56	62	74	106	106
豊中市	806	-	62	54	64	73	89	116
枚方市	1 175	3	148	145	138	155	147	102
姫路市	1 135	2	90	99	120	137	137	116
西宮市	1 575	3	182	199	174	201	177	143
尼崎市	1 178	3	140	133	88	115	132	114
奈良市	919	3	69	53	78	107	100	117
和歌山市	1 557	8	244	177	148	169	158	137
倉敷市	1 703	6	231	249	176	160	151	161
呉市	730	3	88	61	44	88	83	73
福山市	967	4	57	66	95	95	114	104
下関市	697	2	53	31	55	64	77	65
高松市	1 146	3	73	71	78	109	156	140
松山市	1 576	4	164	121	132	151	195	184
高知市	1 225	2	107	86	87	123	142	153
久留米市	1 724	2	186	271	319	216	170	138
長崎市	1 874	1	158	168	196	219	185	211
佐世保市	653	-	33	69	48	49	66	73
大分市	1 197	1	77	66	104	142	158	170
宮崎市	1 420	3	117	152	154	155	202	171
鹿児島市	2 417	3	196	219	258	296	309	268
那覇市	781	1	62	59	55	84	105	97

都道府県－指定都市・特別区・中核市（再掲）、年齢階級別（6－2）

数

平成28年12月31日現在

55 ～ 59	60 ～ 64	65 ～ 69	70 ～ 74	75 ～ 79	80 ～ 84	85歳以上	平 均 年 齢
3 189	2 350	1 586	770	560	425	466	46.8
689	553	449	209	163	103	68	50.0
332	258	241	111	83	55	34	48.6
242	193	149	74	49	41	25	49.7
284	175	142	80	64	43	16	47.8
896	607	432	212	173	97	87	47.6
312	252	157	83	45	22	24	46.7
138	108	75	51	22	14	10	45.5
239	215	149	70	60	48	27	50.3
140	150	105	52	41	19	30	48.7
196	187	121	57	33	27	15	47.7
667	520	381	181	140	116	101	48.0
556	454	385	184	138	109	80	47.6
1 007	825	567	269	171	139	151	49.0
219	202	126	58	43	40	22	50.2
507	383	317	149	116	54	57	48.5
262	240	204	104	92	48	36	48.6
363	348	265	152	85	61	41	50.1
332	306	212	97	72	51	38	49.1
509	470	342	130	99	77	56	47.3
286	254	227	114	65	43	45	49.2
157	121	64	32	27	27	12	48.6
108	98	52	29	23	13	10	51.3
79	80	56	32	32	13	14	53.1
126	88	87	49	28	10	9	48.7
112	112	54	34	14	14	12	47.3
93	97	69	39	23	19	14	51.4
85	76	63	29	23	14	8	55.7
120	117	88	39	30	30	19	53.1
132	99	73	47	29	22	21	46.6
102	100	68	35	38	26	20	54.7
93	61	55	29	16	14	7	48.3
52	56	29	15	11	6	8	45.7
118	84	67	41	15	15	8	51.4
114	61	53	27	18	7	10	46.6
152	93	70	42	36	20	16	51.2
72	73	43	35	18	19	8	48.2
175	109	85	38	29	19	22	49.0
174	150	113	58	53	29	19	48.6
112	103	63	27	27	24	12	51.1
142	134	101	52	32	26	34	48.6
81	74	63	31	13	23	9	50.6
70	55	31	20	23	7	3	47.5
56	67	41	24	10	12	8	52.8
102	91	61	20	16	6	6	45.0
103	86	57	34	24	18	5	45.0
122	102	81	39	30	20	20	53.9
88	86	63	36	34	22	19	53.0
115	94	55	23	29	14	7	46.7
130	117	74	40	28	26	19	50.5
165	131	85	41	30	23	21	47.5
137	107	91	49	29	16	24	49.8
127	82	102	36	23	10	12	51.9
156	119	105	55	38	20	23	47.6
190	130	113	56	34	28	18	47.5
84	68	47	25	19	20	27	50.9
123	99	100	45	21	22	22	52.6
93	91	82	38	15	18	13	53.7
142	135	106	46	44	22	21	53.1
194	173	112	45	42	37	22	50.6
169	109	117	53	34	19	24	51.9
117	98	99	44	33	13	18	45.5
197	159	166	84	71	39	20	50.9
69	83	77	37	24	9	16	53.6
149	135	77	40	36	24	18	51.9
172	124	76	31	26	22	15	48.8
297	207	145	87	64	38	30	49.8
81	80	82	30	19	22	4	51.7

第30表　医療施設従事医師数、平均年齢，性、主たる従業地による

男

	総　　数	24歳以下	25～29	30～34	35～39	40～44	45～49	50～54
全　　国	240 454	384	17 744	22 293	22 230	24 782	26 944	27 773
北　海　道	10 821	15	701	855	938	1 125	1 235	1 369
青　　森	2 146	9	152	147	151	199	226	255
岩　　手	2 077	4	151	165	176	170	224	245
宮　　城	4 422	2	285	441	418	450	517	531
秋　　田	1 840	7	153	150	152	169	213	240
山　　形	2 031	7	177	169	168	172	221	222
福　　島	3 167	8	209	223	240	227	297	404
茨　　城	4 130	6	373	382	375	412	447	462
栃　　木	3 411	16	308	315	331	328	376	375
群　　馬	3 571	4	197	293	293	362	415	418
埼　　玉	9 295	12	558	820	841	970	1 168	1 157
千　　葉	9 344	20	755	937	880	958	1 116	1 129
東　　京	29 328	49	2 582	3 505	3 307	3 220	3 208	3 226
神　奈　川	14 150	23	1 253	1 483	1 490	1 586	1 621	1 598
新　　潟	3 628	5	224	260	306	350	379	438
富　　山	2 084	2	138	152	164	193	233	248
石　　川	2 646	8	198	283	246	267	260	268
福　　井	1 574	2	131	124	132	164	171	190
山　　梨	1 586	4	118	136	129	163	176	229
長　　野	3 884	4	292	301	298	382	412	506
岐　　阜	3 464	11	249	304	316	371	350	417
静　　岡	6 133	7	511	587	559	607	717	673
愛　　知	12 154	18	1 029	1 322	1 268	1 270	1 399	1 341
三　　重	3 271	3	219	257	256	355	308	382
滋　　賀	2 515	6	206	223	231	286	288	292
京　　都	6 404	16	494	702	746	704	654	658
大　　阪	18 614	19	1 319	1 806	1 761	1 976	2 132	2 193
兵　　庫	10 611	9	769	946	902	1 109	1 245	1 146
奈　　良	2 644	7	219	194	244	301	305	300
和　歌　山	2 243	4	207	163	167	202	253	226
鳥　　取	1 392	1	87	116	120	148	136	133
島　　根	1 501	4	106	85	127	151	168	199
岡　　山	4 568	10	351	478	396	465	449	477
広　　島	5 815	11	348	454	434	581	672	672
山　　口	2 874	6	155	184	196	295	306	334
徳　　島	1 823	2	117	130	135	158	192	181
香　　川	2 124	6	129	169	159	193	250	256
愛　　媛	2 981	1	183	198	224	261	336	351
高　　知	1 742	1	110	121	113	173	196	215
福　　岡	12 179	13	855	1 269	1 214	1 243	1 360	1 324
佐　　賀	1 817	4	120	144	176	184	207	199
長　　崎	3 295	2	173	237	221	306	332	387
熊　　本	4 097	5	207	290	329	428	454	492
大　　分	2 541	3	143	149	194	287	299	325
宮　　崎	2 139	2	93	132	154	204	274	300
鹿　児　島	3 596	4	171	221	281	360	414	443
沖　　縄	2 782	2	219	271	272	297	333	347

都道府県－指定都市・特別区・中核市（再掲）、年齢階級別（6－3）

平成28年12月31日現在

55 ～ 59	60 ～ 64	65 ～ 69	70 ～ 74	75 ～ 79	80 ～ 84	85歳以上	平 均 年 齢
29 406	25 062	19 528	9 237	6 629	4 731	3 711	51.2
1 404	1 225	884	417	321	202	130	51.8
273	269	191	94	85	51	44	53.3
269	224	213	103	64	35	34	52.5
510	446	390	174	131	81	46	51.2
220	218	155	61	47	36	19	51.2
271	256	154	69	71	49	25	51.7
433	413	305	162	103	87	56	53.8
503	439	319	167	111	74	60	50.8
416	390	257	109	85	59	46	50.4
446	410	300	151	119	86	77	52.8
1 188	958	711	361	241	168	142	51.5
1 133	794	706	378	242	184	112	50.4
3 353	2 578	1 820	845	627	500	508	49.2
1 667	1 300	899	490	341	228	171	49.5
483	450	330	140	111	92	60	52.9
328	213	197	77	53	50	36	52.6
314	296	223	111	91	47	34	51.2
212	166	124	60	39	33	26	51.5
200	166	108	65	42	27	23	51.2
476	418	348	131	127	105	84	52.4
409	358	298	167	88	80	46	51.6
692	624	531	238	161	135	91	51.0
1 349	1 188	872	400	319	240	139	49.9
407	361	323	160	107	72	61	52.8
319	279	197	78	50	39	21	50.3
671	574	524	242	191	139	89	50.2
2 267	1 914	1 423	685	482	352	285	51.0
1 356	1 121	927	431	304	192	154	51.6
358	258	223	96	57	48	34	51.0
279	261	215	110	77	33	46	52.3
179	181	117	60	47	33	34	53.0
199	161	164	56	37	27	17	52.4
509	473	430	199	168	90	73	51.5
723	676	555	290	154	135	110	53.0
390	339	273	150	109	81	56	54.0
217	226	221	98	69	34	43	54.0
273	260	195	86	72	37	39	52.8
410	394	263	121	99	76	64	53.5
254	182	167	89	58	32	31	53.3
1 389	1 276	1 047	443	313	232	201	51.0
227	222	169	58	46	35	26	51.8
407	398	375	182	131	87	57	54.4
483	462	435	202	136	90	84	53.5
364	288	194	103	80	58	54	53.0
338	252	176	82	54	43	35	53.3
531	415	336	157	115	73	75	53.6
307	290	244	89	54	44	13	50.1

第30表　医療施設従事医師数、平均年齢，性、主たる従業地による

男

	総　　数	24歳以下	25～29	30～34	35～39	40～44	45～49	50～54
指定都市・特別区（再掲）								
東京都区部	23 026	43	2 154	2 959	2 739	2 556	2 469	2 458
札幌市	5 138	4	293	458	480	609	629	651
仙台市	2 778	–	174	346	297	305	342	319
さいたま市	1 706	3	110	156	175	169	207	218
千葉市	2 003	5	144	277	204	229	224	237
横浜市	5 978	11	507	644	676	670	682	654
川崎市	2 412	2	210	272	306	308	268	273
相模原市	1 250	4	139	164	153	156	135	128
新潟市	1 701	2	110	145	169	189	188	193
静岡市	1 307	2	135	132	126	127	141	151
浜松市	1 641	–	151	176	181	195	191	165
名古屋市	5 039	7	399	623	606	526	569	528
京都市	4 678	14	407	606	613	517	471	434
大阪市	6 745	11	574	606	582	687	705	827
堺市	1 540	2	113	131	127	153	175	195
神戸市	3 653	2	289	425	356	396	403	376
岡山市	2 267	5	177	269	221	261	235	230
広島市	2 746	4	165	262	252	279	326	311
北九州市	2 527	3	185	281	234	257	281	264
福岡市	4 398	5	378	560	473	477	495	501
熊本市	2 410	4	186	220	221	278	272	289
中核市（再掲）								
旭川市	1 068	2	91	101	96	127	111	138
函館市	675	1	54	51	48	54	72	73
青森市	528	3	38	27	35	36	50	54
盛岡市	947	3	65	95	113	102	114	100
秋田市	888	3	83	96	85	94	113	112
郡山市	682	4	68	54	46	42	61	83
いわき市	491	–	19	21	23	29	51	72
宇都宮市	824	2	38	49	51	84	100	104
前橋市	1 134	2	95	151	144	151	119	98
高崎市	646	–	30	33	32	54	69	84
川越市	651	–	46	73	77	66	79	66
越谷市	540	1	45	75	70	61	68	68
船橋市	703	–	35	37	56	75	96	101
柏市	799	1	79	112	101	92	81	76
八王子市	871	1	27	81	72	97	120	99
横須賀市	687	2	86	73	40	77	83	86
富山市	1 081	2	81	95	107	120	115	127
金沢市	1 417	4	115	159	149	152	139	155
長野市	755	2	73	62	45	63	73	100
岐阜市	1 259	2	108	127	134	157	133	140
豊橋市	612	1	49	54	45	62	73	59
豊田市	529	2	71	47	48	54	54	67
岡崎市	396	–	18	20	23	43	52	46
大津市	925	3	109	122	102	117	105	93
高槻市	1 032	1	113	143	127	123	108	113
東大阪市	702	–	36	37	42	53	82	83
豊中市	601	–	33	38	39	47	58	91
枚方市	866	1	77	91	88	111	117	83
姫路市	929	2	63	63	87	94	115	104
西宮市	1 171	2	105	123	119	127	141	121
尼崎市	934	2	92	84	66	84	103	102
奈良市	732	2	49	36	52	66	81	96
和歌山市	1 202	4	169	108	107	127	126	109
倉敷市	1 373	4	151	179	131	125	129	141
呉市	603	1	55	47	33	72	72	63
福山市	800	3	41	49	60	69	93	90
下関市	594	1	36	21	41	50	65	58
高松市	905	3	49	44	51	81	109	112
松山市	1 275	1	108	79	91	112	149	163
高知市	971	1	70	57	60	93	102	126
久留米市	1 288	2	112	165	214	153	129	118
長崎市	1 479	–	100	100	121	163	145	178
佐世保市	569	–	23	52	32	45	55	66
大分市	963	–	53	48	74	103	115	133
宮崎市	1 090	2	64	93	105	111	153	141
鹿児島市	1 932	2	139	146	177	224	243	224
那覇市	626	–	32	40	32	61	79	85

都道府県－指定都市・特別区・中核市（再掲）、年齢階級別（6－4）

平成28年12月31日現在

55 〜 59	60 〜 64	65 〜 69	70 〜 74	75 〜 79	80 〜 84	85歳以上	平 均 年 齢
2 538	1 940	1 329	625	468	358	390	48.5
600	496	411	200	159	89	59	51.3
293	233	213	97	77	50	32	49.9
204	165	135	66	47	32	19	51.0
242	141	119	73	56	36	16	49.1
740	526	375	185	147	83	78	49.3
269	217	136	74	39	21	17	48.2
121	98	65	48	16	13	10	47.1
201	188	127	61	55	48	25	51.7
129	133	101	46	39	16	29	50.2
179	166	110	56	31	26	14	49.1
542	455	332	151	125	108	68	49.3
458	371	336	169	124	98	60	48.9
858	722	523	241	157	126	126	51.1
195	185	113	54	41	36	20	51.6
435	343	294	133	104	50	47	50.1
218	208	184	93	88	44	34	50.4
316	296	229	138	72	59	37	51.8
299	283	196	89	72	48	35	50.8
434	421	315	117	94	73	55	49.0
255	231	202	104	62	43	43	51.1
142	112	58	28	26	26	10	50.0
103	95	52	28	23	13	8	52.6
75	69	55	29	31	13	13	55.1
112	80	76	44	24	10	9	50.1
96	95	48	29	14	12	8	48.9
79	91	65	36	21	18	14	52.9
80	69	58	24	23	14	8	56.5
105	108	80	31	28	27	17	54.3
120	90	62	36	28	18	20	48.4
89	88	65	28	35	24	15	55.9
80	58	46	27	16	12	5	49.9
41	50	26	14	9	5	7	47.5
94	74	63	36	15	13	8	52.8
101	53	47	23	18	6	9	47.5
131	79	62	36	33	20	13	52.4
63	67	40	31	14	17	8	49.4
160	99	76	34	26	19	20	50.9
149	138	108	55	49	28	17	50.3
103	97	58	22	23	23	11	52.0
125	122	88	46	29	23	25	49.9
74	69	56	29	13	20	8	52.0
62	50	29	16	20	7	2	48.6
47	60	39	23	9	10	6	54.4
87	86	57	20	15	5	4	46.8
96	79	55	31	22	16	5	47.2
99	92	77	37	28	18	18	55.3
75	71	56	31	31	16	15	54.8
101	82	52	19	27	11	6	48.9
115	106	71	38	28	25	18	52.3
139	115	74	38	29	19	19	49.7
119	97	82	41	25	14	23	51.6
113	72	93	32	19	10	11	53.4
125	104	99	49	37	17	21	49.4
166	113	106	52	30	28	18	49.2
72	61	45	20	17	20	25	52.5
110	91	92	42	20	19	21	54.2
88	84	72	35	14	17	12	55.0
127	117	94	42	39	20	17	54.6
172	160	102	41	41	35	21	52.5
140	101	104	51	31	17	18	53.4
107	93	92	41	31	13	18	47.8
174	145	156	78	64	36	19	53.2
64	78	69	36	24	9	16	55.1
134	123	69	37	33	23	18	53.4
148	114	73	30	23	20	13	50.9
256	187	127	82	59	37	29	51.3
75	71	79	29	18	21	4	54.1

第30表　医療施設従事医師数、平均年齢，性、主たる従業地による

女

	総　数	24歳以下	25 〜 29	30 〜 34	35 〜 39	40 〜 44	45 〜 49	50 〜 54
全　　国	64 305	249	9 348	10 500	9 855	8 995	7 623	5 611
北　海　道	1 934	5	268	302	275	274	265	196
青　　森	417	4	73	63	64	57	39	31
岩　　手	381	1	48	65	59	52	39	30
宮　　城	982	5	138	176	140	116	112	107
秋　　田	417	3	79	56	59	48	51	32
山　　形	412	1	53	68	51	58	60	34
福　　島	553	6	87	67	63	68	53	72
茨　　城	1 110	7	180	168	164	133	122	99
栃　　木	874	8	151	134	158	123	93	51
群　　馬	859	2	105	128	135	141	105	61
埼　　玉	2 372	5	274	355	348	337	297	230
千　　葉	2 499	11	409	405	378	341	291	197
東　　京	12 117	41	1 755	2 102	1 924	1 693	1 413	1 011
神　奈　川	4 634	21	680	805	733	649	562	415
新　　潟	758	1	81	107	106	107	99	77
富　　山	482	2	66	59	75	77	65	41
石　　川	584	2	84	108	111	87	65	36
福　　井	348	2	57	65	54	60	46	22
山　　梨	338	1	62	48	38	48	37	28
長　　野	840	5	89	126	120	130	98	97
岐　　阜	759	3	94	116	95	95	100	68
静　　岡	1 271	3	186	195	198	186	154	127
愛　　知	3 441	11	541	606	542	443	373	282
三　　重	653	4	103	80	75	106	75	61
滋　　賀	606	−	107	102	107	91	65	53
京　　都	1 799	7	226	313	314	237	173	156
大　　阪	5 272	18	818	879	808	697	611	477
兵　　庫	2 771	7	421	452	403	419	313	226
奈　　良	653	5	96	95	89	93	76	64
和　歌　山	525	4	91	91	62	67	59	42
鳥　　取	307	−	41	37	52	47	43	29
島　　根	378	1	62	48	58	56	58	26
岡　　山	1 184	6	193	203	166	169	132	83
広　　島	1 409	11	185	202	209	194	159	111
山　　口	562	2	74	74	76	71	77	55
徳　　島	546	−	59	71	81	98	65	43
香　　川	559	1	63	82	92	68	82	54
愛　　媛	628	4	103	89	95	81	85	59
高　　知	464	2	77	64	64	56	61	45
福　　岡	3 009	10	457	560	498	422	356	250
佐　　賀	475	3	85	86	74	69	52	41
長　　崎	747	2	97	119	132	99	87	64
熊　　本	904	5	101	150	128	157	109	82
大　　分	574	1	75	82	90	83	77	66
宮　　崎	474	1	64	73	61	68	73	52
鹿　児　島	708	1	68	98	111	111	96	76
沖　　縄	716	4	122	126	120	113	100	52

都道府県－指定都市・特別区・中核市（再掲）、年齢階級別（6－5）

平成28年12月31日現在

55 ～ 59	60 ～ 64	65 ～ 69	70 ～ 74	75 ～ 79	80 ～ 84	85歳以上	平 均 年 齢
4 496	3 029	2 011	1 021	602	437	528	43.5
142	97	54	15	10	16	15	43.7
34	22	14	8	2	4	2	43.0
26	20	22	8	9	1	1	44.4
67	39	39	19	10	9	5	43.8
31	24	10	8	5	3	8	43.7
34	24	14	6	4	1	4	44.4
47	29	27	17	9	1	7	45.6
81	64	43	20	11	5	13	43.9
59	36	31	14	3	4	9	42.5
48	38	36	33	8	11	8	44.8
197	136	68	48	21	28	28	45.1
163	113	95	41	30	17	8	43.1
825	518	348	178	121	88	100	43.2
296	178	123	58	60	27	27	42.8
60	45	38	16	6	4	11	45.8
38	23	15	8	7	2	4	44.2
41	22	13	5	6	1	3	41.8
18	14	3	3	2	1	1	41.1
34	20	9	7	1	-	5	43.8
64	35	35	17	12	8	4	45.0
53	43	31	25	12	5	19	46.2
78	74	31	12	10	8	9	43.3
239	136	105	63	29	21	50	43.2
53	38	24	14	8	5	7	44.9
34	16	18	3	4	2	5	41.7
128	103	67	21	18	14	22	44.0
376	242	125	78	40	54	49	43.2
195	133	83	44	31	18	26	43.5
46	37	25	8	7	6	6	44.2
53	23	10	8	3	6	6	43.1
15	15	11	8	4	3	2	44.5
31	14	13	3	3	4	1	43.3
83	69	37	22	9	8	4	43.0
111	98	66	26	20	7	10	44.8
42	34	34	14	6	2	1	45.3
44	39	25	13	3	3	2	45.2
35	31	23	8	8	4	8	45.1
37	38	23	9	1	2	2	43.1
37	18	19	4	5	4	8	44.2
186	129	69	40	12	14	6	42.0
24	22	7	6	1	1	4	41.4
49	32	29	17	10	4	6	43.9
59	45	39	17	7	-	5	43.9
34	27	21	7	4	5	2	43.9
44	15	4	6	5	4	4	43.9
65	40	25	10	5	1	1	44.7
40	21	10	6	1	1	-	40.8

第30表　医療施設従事医師数、平均年齢，性、主たる従業地による

女

	総　　数	24歳以下	25～29	30～34	35～39	40～44	45～49	50～54
指定都市・特別区（再掲）								
東京都区部	9 937	34	1 502	1 803	1 593	1 374	1 127	806
札　幌　市	1 184	4	135	175	175	179	172	124
仙　台　市	711	5	87	140	111	91	81	77
さいたま市	497	-	64	58	73	84	63	50
千　葉　市	634	1	73	102	115	99	79	44
横　浜　市	2 151	7	323	380	353	290	249	179
川　崎　市	818	5	112	147	142	117	97	76
相模原市	407	3	73	75	71	59	47	32
新　潟　市	459	1	41	72	70	80	57	35
静　岡　市	304	-	55	45	53	40	36	31
浜　松　市	399	2	64	63	62	67	50	37
名古屋市	1 611	5	234	294	250	212	165	126
京　都　市	1 483	5	202	266	278	174	145	123
大　阪　市	2 096	8	403	342	308	261	219	179
堺　　　市	366	-	40	50	59	59	50	42
神　戸　市	1 016	2	151	191	164	133	105	93
岡　山　市	691	4	100	119	103	114	89	45
広　島　市	791	6	95	133	121	114	97	57
北九州市	581	3	90	122	89	77	58	56
福　岡　市	1 289	5	215	239	203	196	156	101
熊　本　市	647	5	91	112	99	122	76	48
中核市（再掲）								
旭　川　市	222	1	39	46	30	27	24	17
函　館　市	98	-	21	13	11	9	16	17
青　森　市	103	1	23	13	14	14	9	8
盛　岡　市	216	1	30	43	36	29	23	12
秋　田　市	271	2	53	44	39	34	36	13
郡　山　市	136	1	25	15	20	9	17	19
いわき市	70	-	1	4	11	11	9	12
宇都宮市	182	-	14	15	34	32	23	17
前　橋　市	353	-	65	75	64	55	33	12
高　崎　市	144	-	12	15	18	24	14	16
川　越　市	189	-	25	34	34	29	24	12
越　谷　市	187	-	33	49	28	24	17	11
船　橋　市	181	-	18	13	32	33	21	19
柏　　　市	192	1	28	41	29	24	16	20
八　王　子　市	220	-	18	27	38	28	29	25
横須賀市	162	-	25	33	21	16	27	12
富　山　市	280	2	47	45	46	47	33	17
金　沢　市	347	-	51	63	70	53	39	19
長　野　市	136	2	17	12	25	17	13	19
岐　阜　市	338	2	55	60	50	37	46	25
豊　橋　市	130	-	19	19	25	18	11	13
豊　田　市	134	2	24	22	9	21	16	17
岡　崎　市	92	-	11	11	15	13	10	8
大　津　市	291	-	75	54	53	33	25	23
高　槻　市	314	2	90	63	51	29	38	18
東大阪市	162	-	10	19	20	21	24	23
豊　中　市	205	-	29	16	25	26	31	25
枚　方　市	309	2	71	54	50	44	30	19
姫　路　市	206	-	27	36	33	43	22	12
西　宮　市	404	1	77	76	55	74	36	22
尼　崎　市	244	1	48	49	22	31	29	12
奈　良　市	187	-	20	17	26	41	19	21
和歌山市	355	4	75	69	41	42	32	28
倉　敷　市	330	2	80	70	45	35	22	20
呉　　　市	127	2	33	14	11	16	11	10
福　山　市	167	1	16	17	35	26	21	14
下　関　市	103	1	17	10	14	14	12	7
高　松　市	241	-	24	27	27	28	47	28
松　山　市	301	3	56	42	41	39	46	21
高　知　市	254	1	37	29	27	30	40	27
久留米市	436	-	74	106	105	63	41	20
長　崎　市	395	1	58	68	75	56	40	33
佐世保市	84	-	10	17	16	4	11	7
大　分　市	234	1	24	18	30	39	43	37
宮　崎　市	330	1	53	59	49	44	49	30
鹿児島市	485	1	57	73	81	72	66	44
那　覇　市	155	1	30	19	23	23	26	12

都道府県－指定都市・特別区・中核市（再掲）、年齢階級別（6－6）

平成28年12月31日現在

55 〜 59	60 〜 64	65 〜 69	70 〜 74	75 〜 79	80 〜 84	85歳以上	平 均 年 齢
651	410	257	145	92	67	76	42.7
89	57	38	9	4	14	9	44.4
39	25	28	14	6	5	2	43.2
38	28	14	8	2	9	6	45.1
42	34	23	7	8	7	-	43.7
156	81	57	27	26	14	9	42.7
43	35	21	9	6	1	7	42.5
17	10	10	3	6	1	-	40.7
38	27	22	9	5	-	2	45.0
11	17	4	6	2	3	1	42.3
17	21	11	1	2	1	1	42.1
125	65	49	30	15	8	33	43.6
98	83	49	15	14	11	20	43.4
149	103	44	28	14	13	25	42.5
24	17	13	4	2	4	2	44.5
72	40	23	16	12	4	10	42.9
44	32	20	11	4	4	2	42.6
47	52	36	14	13	2	4	44.1
33	23	16	8	-	3	3	41.7
75	49	27	13	5	4	1	41.4
31	23	25	10	3	-	2	42.2
15	9	6	4	1	1	2	42.1
5	3	-	1	-	-	2	42.3
4	11	1	3	1	-	1	42.5
14	8	11	5	4	-	-	42.6
16	17	6	5	-	2	4	42.3
14	6	4	3	2	1	-	44.2
5	7	5	5	-	-	-	50.5
15	9	8	8	2	3	2	47.5
12	9	11	11	1	4	1	40.8
13	12	3	7	3	2	5	49.1
13	3	9	2	-	2	2	42.7
11	6	3	1	2	1	1	40.2
24	10	4	5	-	2	-	45.9
13	8	6	4	-	1	1	42.4
21	14	8	6	3	-	3	46.3
9	6	3	4	4	2	-	43.2
15	10	9	4	3	-	2	41.8
25	12	5	3	4	1	2	41.7
9	6	5	5	4	1	2	46.1
17	12	13	6	3	3	9	43.7
7	5	7	2	-	3	1	44.0
8	5	2	4	3	-	1	43.3
9	7	2	1	1	2	2	46.1
15	5	4	-	1	1	2	39.1
7	7	2	3	2	2	-	38.1
23	10	4	2	2	2	2	47.8
13	15	7	5	3	6	4	47.5
14	12	3	4	2	3	1	40.3
15	11	3	2	-	1	1	42.3
26	16	11	3	1	4	2	41.3
18	10	9	8	4	2	1	43.1
14	10	9	4	4	-	1	45.7
31	15	6	6	1	3	2	41.5
24	17	7	4	4	-	-	40.2
12	7	2	5	2	-	2	43.4
13	8	8	3	1	3	1	45.4
5	7	10	3	1	1	1	46.0
15	18	12	4	5	2	4	47.5
22	13	10	4	1	2	1	42.6
29	8	13	2	3	2	6	46.0
10	5	7	3	2	-	-	38.7
23	14	10	6	7	3	1	42.6
5	5	8	1	-	-	-	43.7
15	12	8	3	3	1	-	45.8
24	10	3	1	3	2	2	42.1
41	20	18	5	5	1	1	43.8
6	9	3	1	1	1	-	42.2

第31表　医療施設従事医師数、平均年齢, 病院－診療所、

総

	総　数	24歳以下	25〜29	30〜34	35〜39	40〜44	45〜49	50〜54
全　　国	304 759	633	27 092	32 793	32 085	33 777	34 567	33 384
北　海　道	12 755	20	969	1 157	1 213	1 399	1 500	1 565
青　　森	2 563	13	225	210	215	256	265	286
岩　　手	2 458	5	199	230	235	222	263	275
宮　　城	5 404	7	423	617	558	566	629	638
秋　　田	2 257	10	232	206	211	217	264	272
山　　形	2 443	8	230	237	219	230	281	256
福　　島	3 720	14	296	290	303	295	350	476
茨　　城	5 240	13	553	550	539	545	569	561
栃　　木	4 285	24	459	449	489	451	469	426
群　　馬	4 430	6	302	421	428	503	520	479
埼　　玉	11 667	17	832	1 175	1 189	1 307	1 465	1 387
千　　葉	11 843	31	1 164	1 342	1 258	1 299	1 407	1 326
東　　京	41 445	90	4 337	5 607	5 231	4 913	4 621	4 237
神　奈　川	18 784	44	1 933	2 288	2 223	2 235	2 183	2 013
新　　潟	4 386	6	305	367	412	457	478	515
富　　山	2 566	4	204	211	239	270	298	289
石　　川	3 230	10	282	391	357	354	325	304
福　　井	1 922	4	188	189	186	224	217	212
山　　梨	1 924	5	180	184	167	211	213	257
長　　野	4 724	9	381	427	418	512	510	603
岐　　阜	4 223	14	343	420	411	466	450	485
静　　岡	7 404	10	697	782	757	793	871	800
愛　　知	15 595	29	1 570	1 928	1 810	1 713	1 772	1 623
三　　重	3 924	7	322	337	331	461	383	443
滋　　賀	3 121	6	313	325	338	377	353	345
京　　都	8 203	23	720	1 015	1 060	941	827	814
大　　阪	23 886	37	2 137	2 685	2 569	2 673	2 743	2 670
兵　　庫	13 382	16	1 190	1 398	1 305	1 528	1 558	1 372
奈　　良	3 297	12	315	289	333	394	381	364
和　歌　山	2 768	8	298	254	229	269	312	268
鳥　　取	1 699	1	128	153	172	195	179	162
島　　根	1 879	5	168	133	185	207	226	225
岡　　山	5 752	16	544	681	562	634	581	560
広　　島	7 224	22	533	656	643	775	831	783
山　　口	3 436	8	229	258	272	366	383	389
徳　　島	2 369	2	176	201	216	256	257	224
香　　川	2 683	7	192	251	251	261	332	310
愛　　媛	3 609	5	286	287	319	342	421	410
高　　知	2 206	3	187	185	177	229	257	260
福　　岡	15 188	23	1 312	1 829	1 712	1 665	1 716	1 574
佐　　賀	2 292	7	205	230	250	253	259	240
長　　崎	4 042	4	270	356	353	405	419	451
熊　　本	5 001	10	308	440	457	585	563	574
大　　分	3 115	4	218	231	284	370	376	391
宮　　崎	2 613	3	157	205	215	272	347	352
鹿　児　島	4 304	5	239	319	392	471	510	519
沖　　縄	3 498	6	341	397	392	410	433	399

主たる従業地による都道府県－指定都市・特別区・中核市（再掲）、年齢階級別（6－1）

数

平成28年12月31日現在

55 ～ 59	60 ～ 64	65 ～ 69	70 ～ 74	75 ～ 79	80 ～ 84	85歳以上	平 均 年 齢
33 902	28 091	21 539	10 258	7 231	5 168	4 239	49.6
1 546	1 322	938	432	331	218	145	50.6
307	291	205	102	87	55	46	51.6
295	244	235	111	73	36	35	51.3
577	485	429	193	141	90	51	49.8
251	242	165	69	52	39	27	49.8
305	280	168	75	75	50	29	50.5
480	442	332	179	112	88	63	52.5
584	503	362	187	122	79	73	49.3
475	426	288	123	88	63	55	48.8
494	448	336	184	127	97	85	51.3
1 385	1 094	779	409	262	196	170	50.2
1 296	907	801	419	272	201	120	48.9
4 178	3 096	2 168	1 023	748	588	608	47.4
1 963	1 478	1 022	548	401	255	198	47.9
543	495	368	156	117	96	71	51.7
366	236	212	85	60	52	40	51.1
355	318	236	116	97	48	37	49.5
230	180	127	63	41	34	27	49.6
234	186	117	72	43	27	28	49.9
540	453	383	148	139	113	88	51.1
462	401	329	192	100	85	65	50.6
770	698	562	250	171	143	100	49.7
1 588	1 324	977	463	348	261	189	48.4
460	399	347	174	115	77	68	51.5
353	295	215	81	53	41	26	48.7
799	677	591	263	209	153	111	48.9
2 643	2 156	1 548	763	522	406	334	49.3
1 551	1 254	1 010	475	335	210	180	49.9
404	295	248	104	64	54	40	49.6
332	284	225	118	80	39	52	50.6
194	196	128	68	51	36	36	51.4
230	175	177	59	40	31	18	50.6
592	542	467	221	177	98	77	49.8
834	774	621	316	174	142	120	51.4
432	373	307	164	115	83	57	52.5
261	265	246	111	72	37	45	52.0
308	291	218	94	80	41	47	51.2
447	432	286	130	100	78	66	51.7
291	200	186	93	63	36	39	51.4
1 575	1 405	1 116	483	325	246	207	49.2
251	244	176	64	47	36	30	49.6
456	430	404	199	141	91	63	52.4
542	507	474	219	143	90	89	51.8
398	315	215	110	84	63	56	51.4
382	267	180	88	59	47	39	51.6
596	455	361	167	120	74	76	52.2
347	311	254	95	55	45	13	48.2

第31表 医療施設従事医師数、平均年齢, 病院－診療所、総

	総　数	24歳以下	25～29	30～34	35～39	40～44	45～49	50～54
指定都市・特別区(再掲)								
東京都区部	32 963	77	3 656	4 762	4 332	3 930	3 596	3 264
札幌市	6 322	8	428	633	655	788	801	775
仙台市	3 489	5	261	486	408	396	423	396
さいたま市	2 203	3	174	214	248	253	270	268
千葉市	2 637	6	217	379	319	328	303	281
横浜市	8 129	18	830	1 024	1 029	960	931	833
川崎市	3 230	7	322	419	448	425	365	349
相模原市	1 657	7	212	239	224	215	182	160
新潟市	2 160	3	151	217	239	269	245	228
静岡市	1 611	2	190	177	179	167	177	182
浜松市	2 040	2	215	239	243	262	241	202
名古屋市	6 650	12	633	917	856	738	734	654
京都市	6 161	19	609	872	891	691	616	557
大阪市	8 841	19	977	948	890	948	924	1 006
堺市	1 906	2	153	181	186	212	225	237
神戸市	4 669	4	440	616	520	529	508	469
岡山市	2 958	9	277	388	324	375	324	275
広島市	3 537	10	260	395	373	393	423	368
北九州市	3 108	6	275	403	323	334	339	320
福岡市	5 687	10	593	799	676	673	651	602
熊本市	3 057	9	277	332	320	400	348	337
中核市(再掲)								
旭川市	1 290	3	130	147	126	154	135	155
函館市	773	1	75	64	59	63	88	90
青森市	631	4	61	40	49	50	59	62
盛岡市	1 163	4	95	138	149	131	137	112
秋田市	1 159	5	136	140	124	128	149	125
郡山市	818	5	93	69	66	51	78	102
いわき市	561	-	20	25	34	40	60	84
宇都宮市	1 006	2	52	64	85	116	123	121
前橋市	1 487	2	160	226	208	206	152	110
高崎市	790	-	42	48	50	78	83	100
川越市	840	-	71	107	111	95	103	78
越谷市	727	1	78	124	98	85	85	79
船橋市	884	-	53	50	88	108	117	120
柏市	991	2	107	153	130	116	97	96
八王子市	1 091	1	45	108	110	125	149	124
横須賀市	849	2	111	106	61	93	110	98
富山市	1 361	4	128	140	153	167	148	144
金沢市	1 764	4	166	222	219	205	178	174
長野市	891	4	90	74	70	80	86	119
岐阜市	1 597	4	163	187	184	194	179	165
豊橋市	742	1	68	73	70	80	84	72
豊田市	663	4	95	69	57	75	70	84
岡崎市	488	-	29	31	38	56	62	54
大津市	1 216	3	184	176	155	150	130	116
高槻市	1 346	3	203	206	178	152	146	131
東大阪市	864	-	46	56	62	74	106	106
豊中市	806	-	62	54	64	73	89	116
枚方市	1 175	3	148	145	138	155	147	102
姫路市	1 135	2	90	99	120	137	137	116
西宮市	1 575	3	182	199	174	201	177	143
尼崎市	1 178	3	140	133	88	115	132	114
奈良市	919	3	69	53	78	107	100	117
和歌山市	1 557	8	244	177	148	169	158	137
倉敷市	1 703	6	231	249	176	160	151	161
呉市	730	3	88	61	44	88	83	73
福山市	967	4	57	66	95	95	114	104
下関市	697	2	53	31	55	64	77	65
高松市	1 146	3	73	71	78	109	156	140
松山市	1 576	4	164	121	132	151	195	184
高知市	1 225	2	107	86	87	123	142	153
久留米市	1 724	2	186	271	319	216	170	138
長崎市	1 874	1	158	168	196	219	185	211
佐世保市	653	-	33	69	48	49	66	73
大分市	1 197	1	77	66	104	142	158	170
宮崎市	1 420	3	117	152	154	155	202	171
鹿児島市	2 417	3	196	219	258	296	309	268
那覇市	781	1	62	59	55	84	105	97

主たる従業地による都道府県－指定都市・特別区・中核市（再掲）、年齢階級別（6－2）

数

平成28年12月31日現在

55 ～ 59	60 ～ 64	65 ～ 69	70 ～ 74	75 ～ 79	80 ～ 84	85歳以上	平 均 年 齢
3 189	2 350	1 586	770	560	425	466	46.8
689	553	449	209	163	103	68	50.0
332	258	241	111	83	55	34	48.6
242	193	149	74	49	41	25	49.7
284	175	142	80	64	43	16	47.8
896	607	432	212	173	97	87	47.6
312	252	157	83	45	22	24	46.7
138	108	75	51	22	14	10	45.5
239	215	149	70	60	48	27	50.3
140	150	105	52	41	19	30	48.7
196	187	121	57	33	27	15	47.7
667	520	381	181	140	116	101	48.0
556	454	385	184	138	109	80	47.6
1 007	825	567	269	171	139	151	49.0
219	202	126	58	43	40	22	50.2
507	383	317	149	116	54	57	48.5
262	240	204	104	92	48	36	48.6
363	348	265	152	85	61	41	50.1
332	306	212	97	72	51	38	49.1
509	470	342	130	99	77	56	47.3
286	254	227	114	65	43	45	49.2
157	121	64	32	27	27	12	48.6
108	98	52	29	23	13	10	51.3
79	80	56	32	32	13	14	53.1
126	88	87	49	28	10	9	48.7
112	112	54	34	14	14	12	47.3
93	97	69	39	23	19	14	51.4
85	76	63	29	23	14	8	55.7
120	117	88	39	30	30	19	53.1
132	99	73	47	29	22	21	46.6
102	100	68	35	38	26	20	54.7
93	61	55	29	16	14	7	48.3
52	56	29	15	11	6	8	45.7
118	84	67	41	15	15	8	51.4
114	61	53	27	18	7	10	46.6
152	93	70	42	36	20	16	51.2
72	73	43	35	18	19	8	48.2
175	109	85	38	29	19	22	49.0
174	150	113	58	53	29	19	48.6
112	103	63	27	27	24	12	51.1
142	134	101	52	32	26	34	48.6
81	74	63	31	13	23	9	50.6
70	55	31	20	23	7	3	47.5
56	67	41	24	10	12	8	52.8
102	91	61	20	16	6	6	45.0
103	86	57	34	24	18	5	45.0
122	102	81	39	30	20	20	53.9
88	86	63	36	34	22	19	53.0
115	94	55	23	29	14	7	46.7
130	117	74	40	28	26	19	50.5
165	131	85	41	30	23	21	47.5
137	107	91	49	29	16	24	49.8
127	82	102	36	23	10	12	51.9
156	119	105	55	38	20	23	47.6
190	130	113	56	34	28	18	47.5
84	68	47	25	19	20	27	50.9
123	99	100	45	21	22	22	52.6
93	91	82	38	15	18	13	53.7
142	135	106	46	44	22	21	53.1
194	173	112	45	42	37	22	50.6
169	109	117	53	34	19	24	51.9
117	98	99	44	33	13	18	45.5
197	159	166	84	71	39	20	50.9
69	83	77	37	24	9	16	53.6
149	135	77	40	36	24	18	51.9
172	124	76	31	26	22	15	48.8
297	207	145	87	64	38	30	49.8
81	80	82	30	19	22	4	51.7

第31表　医療施設従事医師数、平均年齢, 病院－診療所、

病

	総　　数	24歳以下	25～29	30～34	35～39	40～44	45～49	50～54
全　　国	202 302	633	26 911	31 681	28 657	26 154	22 938	19 751
北　海　道	9 308	20	956	1 120	1 111	1 166	1 131	1 045
青　　森	1 700	13	222	206	209	226	188	169
岩　　手	1 656	5	199	225	219	191	191	176
宮　　城	3 629	7	419	598	515	457	443	386
秋　　田	1 576	10	232	204	200	185	185	178
山　　形	1 603	8	230	231	201	192	203	159
福　　島	2 392	14	295	278	285	241	245	263
茨　　城	3 546	13	550	533	474	440	380	342
栃　　木	2 830	24	458	436	443	353	291	243
群　　馬	2 767	6	301	408	372	401	335	277
埼　　玉	7 346	17	827	1 125	1 029	944	886	767
千　　葉	8 027	31	1 151	1 297	1 124	974	936	830
東　　京	26 914	90	4 291	5 315	4 398	3 493	2 786	2 247
神　奈　川	12 160	44	1 924	2 204	1 948	1 601	1 296	1 083
新　　潟	2 912	6	303	365	400	369	348	321
富　　山	1 827	4	203	209	226	233	233	200
石　　川	2 392	10	281	384	336	300	250	215
福　　井	1 380	4	187	184	170	186	174	148
山　　梨	1 279	5	179	182	151	172	147	161
長　　野	3 216	9	380	420	397	425	373	375
岐　　阜	2 588	14	340	392	358	329	285	260
静　　岡	4 717	10	694	758	676	612	544	430
愛　　知	10 231	29	1 566	1 873	1 601	1 276	1 050	893
三　　重	2 437	7	319	327	300	352	262	248
滋　　賀	2 129	6	308	311	303	310	257	211
京　　都	5 682	23	718	999	970	770	566	511
大　　阪	15 788	37	2 130	2 604	2 330	2 090	1 790	1 536
兵　　庫	8 554	16	1 180	1 372	1 175	1 156	1 008	776
奈　　良	2 191	12	310	279	303	306	274	206
和　歌　山	1 709	8	298	247	194	218	200	155
鳥　　取	1 154	1	127	151	163	160	122	105
島　　根	1 245	5	166	131	168	163	157	137
岡　　山	4 017	16	541	659	512	516	407	362
広　　島	4 510	22	531	630	596	601	527	473
山　　口	2 217	8	226	249	239	297	266	240
徳　　島	1 609	2	174	192	197	211	186	143
香　　川	1 781	7	191	244	225	212	230	200
愛　　媛	2 345	5	285	270	295	270	298	262
高　　知	1 670	3	187	180	166	203	200	197
福　　岡	10 367	23	1 306	1 783	1 548	1 312	1 182	940
佐　　賀	1 562	7	205	222	230	205	189	145
長　　崎	2 647	4	269	352	321	330	307	297
熊　　本	3 430	10	308	429	412	462	423	366
大　　分	2 081	4	217	222	261	302	263	227
宮　　崎	1 719	3	155	191	194	214	248	237
鹿　児　島	2 892	5	234	311	354	391	357	330
沖　　縄	2 570	6	338	379	358	337	319	279

128

主たる従業地による都道府県－指定都市・特別区・中核市（再掲）、年齢階級別（6－3）

院

平成28年12月31日現在

55 ～ 59	60 ～ 64	65 ～ 69	70 ～ 74	75 ～ 79	80 ～ 84	85歳以上	平 均 年 齢
17 497	12 269	7 781	3 519	2 253	1 391	867	44.5
963	741	475	218	179	120	63	47.4
158	127	65	43	42	18	14	46.3
158	105	96	47	27	10	7	46.2
291	233	150	60	36	24	10	44.8
141	114	72	24	14	9	8	45.0
158	116	45	27	21	8	4	44.7
248	201	148	82	49	33	10	47.6
320	224	119	71	34	29	17	44.3
237	163	93	37	23	14	15	43.3
243	188	111	57	32	23	13	45.5
712	487	271	140	67	33	41	45.1
672	417	302	141	83	46	23	44.0
1 899	1 214	616	234	166	95	70	41.8
902	532	321	164	74	45	22	42.3
302	214	148	50	42	34	10	46.6
237	107	93	32	22	15	13	46.7
209	165	118	46	40	17	21	45.6
132	82	55	20	19	10	9	45.3
117	68	49	20	13	9	6	44.8
301	218	162	66	47	26	17	46.2
230	169	103	52	24	17	15	44.8
367	276	183	69	50	39	9	43.9
735	560	312	141	102	64	29	42.9
209	163	122	62	33	22	11	45.7
188	121	69	25	14	4	2	43.7
438	298	205	87	56	28	13	43.5
1 320	934	524	229	138	80	46	43.9
743	503	307	155	94	42	27	44.2
213	137	93	27	17	9	5	44.5
151	109	72	29	16	5	7	44.0
108	102	53	28	15	10	9	46.5
127	92	60	18	14	5	2	45.7
349	258	184	98	53	34	28	45.1
398	323	195	102	40	42	30	45.7
240	159	117	64	56	38	18	48.0
153	143	111	48	17	16	16	47.5
180	129	84	33	32	6	8	46.2
242	206	94	45	32	31	10	46.6
203	108	102	50	33	19	19	48.2
818	603	430	185	107	82	48	44.4
142	94	59	24	20	12	8	44.8
239	206	144	75	60	27	16	47.3
317	249	215	96	67	42	34	47.8
246	131	85	45	31	27	20	47.0
194	115	73	31	26	19	19	47.7
343	224	158	78	52	34	21	48.2
204	141	118	44	24	19	4	44.6

第31表　医療施設従事医師数、平均年齢，病院－診療所、病

	総数	24歳以下	25～29	30～34	35～39	40～44	45～49	50～54
指定都市・特別区(再掲)								
東京都区部	21 592	77	3 621	4 508	3 624	2 798	2 154	1 706
札幌市	4 699	8	425	608	597	659	608	522
仙台市	2 444	5	261	472	384	329	310	241
さいたま市	1 223	3	172	202	203	163	129	125
千葉市	1 916	6	217	372	294	267	212	199
横浜市	5 063	18	825	993	902	649	516	409
川崎市	2 172	7	321	405	384	311	224	193
相模原市	1 314	7	212	234	211	182	138	111
新潟市	1 514	3	149	217	231	223	182	144
静岡市	1 046	2	189	174	165	127	114	90
浜松市	1 416	2	214	232	228	218	168	122
名古屋市	4 548	12	631	893	781	583	467	382
京都市	4 449	19	607	862	827	578	444	359
大阪市	5 686	19	974	908	795	752	564	551
堺市	1 207	2	152	176	167	155	140	125
神戸市	3 127	4	439	604	469	415	347	270
岡山市	2 123	9	276	378	302	307	228	172
広島市	2 212	10	260	377	346	302	251	209
北九州市	2 193	6	275	397	306	278	242	195
福岡市	4 003	10	592	776	604	534	441	366
熊本市	2 285	9	277	324	291	331	271	232
中核市(再掲)								
旭川市	1 030	3	128	145	122	139	119	123
函館市	559	1	74	64	58	55	68	62
青森市	393	4	59	39	47	42	42	36
盛岡市	902	4	95	136	144	121	115	84
秋田市	879	5	136	138	119	108	110	87
郡山市	559	5	92	67	62	39	52	52
いわき市	304	-	20	25	31	27	38	38
宇都宮市	530	2	51	62	74	75	68	52
前橋市	1 100	2	159	223	195	180	115	68
高崎市	389	-	42	46	29	46	39	51
川越市	641	-	71	105	105	73	79	52
越谷市	538	1	78	122	90	59	57	51
船橋市	513	-	49	47	75	71	70	67
柏市	733	2	107	146	119	93	73	66
八王子市	678	1	45	104	99	89	96	74
横須賀市	536	2	109	103	49	69	70	53
富山市	1 019	4	128	139	145	143	117	104
金沢市	1 344	4	165	217	207	176	143	128
長野市	604	4	89	71	65	68	57	75
岐阜市	1 129	4	163	180	170	155	131	102
豊橋市	445	1	68	70	59	56	43	38
豊田市	443	4	95	66	49	55	42	42
岡崎市	239	-	29	30	34	33	25	30
大津市	932	3	183	171	144	128	107	74
高槻市	1 047	3	203	204	164	124	107	92
東大阪市	455	-	46	46	49	48	73	59
豊中市	410	-	62	50	49	43	50	54
枚方市	922	3	148	143	128	131	109	75
姫路市	712	2	90	98	111	97	89	69
西宮市	1 097	3	181	197	160	160	116	89
尼崎市	702	3	139	131	77	81	74	51
奈良市	534	3	69	48	63	71	68	61
和歌山市	1 063	8	244	175	126	142	109	80
倉敷市	1 319	6	231	245	164	144	116	116
呉市	483	3	87	59	40	77	57	45
福山市	625	4	57	65	91	70	81	65
下関市	423	2	52	30	45	51	51	38
高松市	657	3	73	69	64	76	97	84
松山市	1 002	4	164	113	119	107	130	109
高知市	913	2	107	85	79	108	103	113
久留米市	1 384	2	184	269	299	187	135	100
長崎市	1 291	1	158	164	181	193	144	143
佐世保市	432	-	33	69	43	39	51	47
大分市	721	1	77	63	91	109	87	91
宮崎市	992	3	115	146	144	124	146	116
鹿児島市	1 790	3	195	217	244	251	232	178
那覇市	492	1	61	57	45	65	67	65

主たる従業地による都道府県－指定都市・特別区・中核市（再掲）、年齢階級別（6－4）

院

平成28年12月31日現在

55 ～ 59	60 ～ 64	65 ～ 69	70 ～ 74	75 ～ 79	80 ～ 84	85歳以上	平 均 年 齢
1 447	893	431	138	111	47	37	41.1
428	312	234	114	96	59	29	47.1
163	127	84	34	18	12	4	43.6
95	70	34	12	8	4	3	43.1
165	87	46	30	12	7	2	43.3
370	187	107	51	19	12	5	41.3
150	96	44	27	5	4	1	41.8
90	56	39	23	3	5	3	42.1
139	92	61	25	21	21	6	45.6
59	58	36	12	11	3	6	42.6
99	79	32	9	8	5	–	42.4
317	221	126	51	39	29	16	42.6
307	201	130	56	30	20	9	42.3
479	306	176	76	42	28	16	43.1
117	87	49	19	8	7	3	45.0
241	148	92	43	32	16	7	43.0
149	114	84	45	30	13	16	44.1
160	147	67	39	20	14	10	44.1
164	138	92	39	34	21	6	44.4
246	209	126	43	26	22	8	42.6
177	145	108	49	31	22	18	45.7
107	69	25	14	14	16	6	45.5
70	56	23	12	7	7	2	47.1
40	31	14	14	7	7	4	47.3
79	48	38	19	16	2	1	44.9
65	55	27	13	7	6	3	43.5
48	59	36	24	11	8	4	47.3
38	25	28	13	12	9	–	51.7
50	42	19	14	5	8	8	47.1
72	46	21	11	4	2	2	41.3
46	33	22	13	13	6	3	49.1
63	39	23	16	8	5	2	44.9
33	30	9	5	2	–	1	41.4
58	34	24	12	4	–	2	46.7
61	33	17	6	4	4	2	42.3
78	34	20	17	11	5	5	46.3
33	21	12	9	1	3	2	41.8
110	52	43	11	10	5	8	45.0
103	80	52	20	25	13	11	44.9
64	51	34	13	8	3	2	46.2
81	64	36	17	11	6	9	43.6
34	31	18	12	5	7	3	44.8
35	24	15	5	10	1	–	42.7
15	24	9	5	2	3	–	45.6
52	46	17	3	3	1	–	40.7
63	48	22	11	3	2	1	41.0
44	42	25	11	7	4	1	47.9
39	26	17	6	7	3	4	45.9
79	56	22	6	16	4	2	43.3
58	52	25	10	4	4	3	44.5
83	55	27	12	6	4	4	42.2
62	40	23	11	4	1	5	42.6
55	34	40	13	5	2	2	46.8
76	46	29	15	10	2	1	41.3
127	70	45	28	6	15	6	43.4
39	30	20	9	2	8	7	45.0
72	40	37	20	8	8	7	47.8
52	40	29	13	10	5	5	48.9
72	57	35	8	11	3	5	47.4
100	80	31	16	13	13	3	45.4
121	63	60	28	22	11	11	48.9
83	44	35	23	10	6	7	42.0
104	69	62	29	28	10	5	45.7
38	42	25	18	16	6	5	49.2
87	42	27	14	12	11	9	47.4
91	49	22	10	10	7	9	44.7
189	113	69	41	30	17	11	46.3
38	30	38	11	4	10	–	47.1

第31表　医療施設従事医師数、平均年齢，病院－診療所、

診　療

	総　数	24歳以下	25～29	30～34	35～39	40～44	45～49	50～54
全　　　国	102 457	－	181	1 112	3 428	7 623	11 629	13 633
北　海　道	3 447	－	13	37	102	233	369	520
青　　　森	863	－	3	4	6	30	77	117
岩　　　手	802	－	－	5	16	31	72	99
宮　　　城	1 775	－	4	19	43	109	186	252
秋　　　田	681	－	－	2	11	32	79	94
山　　　形	840	－	－	6	18	38	78	97
福　　　島	1 328	－	1	12	18	54	105	213
茨　　　城	1 694	－	3	17	65	105	189	219
栃　　　木	1 455	－	1	13	46	98	178	183
群　　　馬	1 663	－	1	13	56	102	185	202
埼　　　玉	4 321	－	5	50	160	363	579	620
千　　　葉	3 816	－	13	45	134	325	471	496
東　　　京	14 531	－	46	292	833	1 420	1 835	1 990
神　奈　川	6 624	－	9	84	275	634	887	930
新　　　潟	1 474	－	2	2	12	88	130	194
富　　　山	739	－	1	2	13	37	65	89
石　　　川	838	－	1	7	21	54	75	89
福　　　井	542	－	1	5	16	38	43	64
山　　　梨	645	－	1	2	16	39	66	96
長　　　野	1 508	－	1	7	21	87	137	228
岐　　　阜	1 635	－	3	28	53	137	165	225
静　　　岡	2 687	－	3	24	81	181	327	370
愛　　　知	5 364	－	4	55	209	437	722	730
三　　　重	1 487	－	3	10	31	109	121	195
滋　　　賀	992	－	5	14	35	67	96	134
京　　　都	2 521	－	2	16	90	171	261	303
大　　　阪	8 098	－	7	81	239	583	953	1 134
兵　　　庫	4 828	－	10	26	130	372	550	596
奈　　　良	1 106	－	5	10	30	88	107	158
和　歌　山	1 059	－	－	7	35	51	112	113
鳥　　　取	545	－	1	2	9	35	57	57
島　　　根	634	－	2	2	17	44	69	88
岡　　　山	1 735	－	3	22	50	118	174	198
広　　　島	2 714	－	2	26	47	174	304	310
山　　　口	1 219	－	3	9	33	69	117	149
徳　　　島	760	－	2	9	19	45	71	81
香　　　川	902	－	1	7	26	49	102	110
愛　　　媛	1 264	－	1	17	24	72	123	148
高　　　知	536	－	－	5	11	26	57	63
福　　　岡	4 821	－	6	46	164	353	534	634
佐　　　賀	730	－	－	8	20	48	70	95
長　　　崎	1 395	－	1	4	32	75	112	154
熊　　　本	1 571	－	－	11	45	123	140	208
大　　　分	1 034	－	1	9	23	68	113	164
宮　　　崎	894	－	2	14	21	58	99	115
鹿　児　島	1 412	－	5	8	38	80	153	189
沖　　　縄	928	－	3	18	34	73	114	120

主たる従業地による都道府県－指定都市・特別区・中核市（再掲）、年齢階級別（6－5）

所

平成28年12月31日現在

55 ～ 59	60 ～ 64	65 ～ 69	70 ～ 74	75 ～ 79	80 ～ 84	85歳以上	平 均 年 齢
16 405	15 822	13 758	6 739	4 978	3 777	3 372	59.6
583	581	463	214	152	98	82	59.2
149	164	140	59	45	37	32	61.9
137	139	139	64	46	26	28	61.7
286	252	279	133	105	66	41	60.2
110	128	93	45	38	30	19	61.1
147	164	123	48	54	42	25	61.5
232	241	184	97	63	55	53	61.4
264	279	243	116	88	50	56	59.8
238	263	195	86	65	49	40	59.5
251	260	225	127	95	74	72	60.9
673	607	508	269	195	163	129	58.7
624	490	499	278	189	155	97	59.1
2 279	1 882	1 552	789	582	493	538	57.7
1 061	946	701	384	327	210	176	58.1
241	281	220	106	75	62	61	61.8
129	129	119	53	38	37	27	61.8
146	153	118	70	57	31	16	60.8
98	98	72	43	22	24	18	60.7
117	118	68	52	30	18	22	60.1
239	235	221	82	92	87	71	61.7
232	232	226	140	76	68	50	59.8
403	422	379	181	121	104	91	59.9
853	764	665	322	246	197	160	58.8
251	236	225	112	82	55	57	61.0
165	174	146	56	39	37	24	59.4
361	379	386	176	153	125	98	61.0
1 323	1 222	1 024	534	384	326	288	59.8
808	751	703	320	241	168	153	60.0
191	158	155	77	47	45	35	59.8
181	175	153	89	64	34	45	61.2
86	94	75	40	36	26	27	61.9
103	83	117	41	26	26	16	60.3
243	284	283	123	124	64	49	60.7
436	451	426	214	134	100	90	60.8
192	214	190	100	59	45	39	60.8
108	122	135	63	55	21	29	61.4
128	162	134	61	48	35	39	61.0
205	226	192	85	68	47	56	61.2
88	92	84	43	30	17	20	61.1
757	802	686	298	218	164	159	59.6
109	150	117	40	27	24	22	60.1
217	224	260	124	81	64	47	62.2
225	258	259	123	76	48	55	60.5
152	184	130	65	53	36	36	60.1
188	152	107	57	33	28	20	59.1
253	231	203	89	68	40	55	60.2
143	170	136	51	31	26	9	58.0

第31表 医療施設従事医師数、平均年齢, 病院－診療所、

診　療

	総　数	24歳以下	25～29	30～34	35～39	40～44	45～49	50～54
指定都市・特別区(再掲)								
東京都区部	11 371	-	35	254	708	1 132	1 442	1 558
札　幌　市	1 623	-	3	25	58	129	193	253
仙　台　市	1 045	-	2	14	24	67	113	155
さいたま市	980	-	2	12	45	90	141	143
千　葉　市	721	-	-	7	25	61	91	82
横　浜　市	3 066	-	5	31	127	311	415	424
川　崎　市	1 058	-	1	14	64	114	141	156
相模原市	343	-	-	5	13	33	44	49
新　潟　市	646	-	2	-	8	46	63	84
静　岡　市	565	-	1	3	14	40	63	92
浜　松　市	624	-	1	7	15	44	73	80
名古屋市	2 102	-	2	24	75	155	267	272
京　都　市	1 712	-	2	10	64	113	172	198
大　阪　市	3 155	-	3	40	95	196	360	455
堺　　　市	699	-	1	5	19	57	85	112
神　戸　市	1 542	-	1	12	51	114	161	199
岡　山　市	835	-	1	10	22	68	96	103
広　島　市	1 325	-	-	18	27	91	172	159
北九州市	915	-	-	6	17	56	97	125
福　岡　市	1 684	-	1	23	72	139	210	236
熊　本　市	772	-	-	8	29	69	77	105
中核市(再掲)								
旭　川　市	260	-	2	2	4	15	16	32
函　館　市	214	-	1	-	1	8	20	28
青　森　市	238	-	2	1	2	8	17	26
盛　岡　市	261	-	-	2	5	10	22	28
秋　田　市	280	-	-	2	5	20	39	38
郡　山　市	259	-	1	2	4	12	26	50
いわき市	257	-	-	-	3	13	22	46
宇都宮市	476	-	1	2	11	41	55	69
前　橋　市	387	-	1	3	13	26	37	42
高　崎　市	401	-	-	2	21	32	44	49
川　越　市	199	-	-	2	6	22	24	26
越　谷　市	189	-	-	2	8	26	28	28
船　橋　市	371	-	4	3	13	37	47	53
柏　　　市	258	-	-	7	11	23	24	30
八王子市	413	-	-	4	11	36	53	50
横須賀市	313	-	2	3	12	24	40	45
富　山　市	342	-	-	1	8	24	31	40
金　沢　市	420	-	1	5	12	29	35	46
長　野　市	287	-	1	3	5	12	29	44
岐　阜　市	468	-	-	7	14	39	48	63
豊　橋　市	297	-	-	3	11	24	41	34
豊　田　市	220	-	-	3	8	20	28	42
岡　崎　市	249	-	-	1	4	23	37	24
大　津　市	284	-	1	5	11	22	23	42
高　槻　市	299	-	-	2	14	28	39	39
東大阪市	409	-	-	10	13	26	33	47
豊　中　市	396	-	-	4	15	30	39	62
枚　方　市	253	-	-	2	10	24	38	27
姫　路　市	423	-	-	1	9	40	48	47
西　宮　市	478	-	1	2	14	41	61	54
尼　崎　市	476	-	1	2	11	34	58	63
奈　良　市	385	-	-	5	15	36	32	56
和歌山市	494	-	-	2	22	27	49	57
倉　敷　市	384	-	-	4	12	16	35	45
呉　　　市	247	-	-	2	4	11	26	28
福　山　市	342	-	-	1	4	25	33	39
下　関　市	274	-	1	1	10	13	26	27
高　松　市	489	-	-	2	14	33	59	56
松　山　市	574	-	-	8	13	44	65	75
高　知　市	312	-	-	1	8	15	39	40
久留米市	340	-	2	2	20	29	35	38
長　崎　市	583	-	-	4	15	26	41	68
佐世保市	221	-	-	-	5	10	15	26
大　分　市	476	-	-	3	13	33	71	79
宮　崎　市	428	-	2	6	10	31	56	55
鹿児島市	627	-	1	2	14	45	77	90
那　覇　市	289	-	1	2	10	19	38	32

主たる従業地による都道府県－指定都市・特別区・中核市（再掲）、年齢階級別（6－6）

所

平成28年12月31日現在

55 ～ 59	60 ～ 64	65 ～ 69	70 ～ 74	75 ～ 79	80 ～ 84	85歳以上	平 均 年 齢
1 742	1 457	1 155	632	449	378	429	57.5
261	241	215	95	67	44	39	58.4
169	131	157	77	65	43	30	60.3
147	123	115	62	41	37	22	57.9
119	88	96	50	52	36	14	59.9
526	420	325	161	154	85	82	57.8
162	156	113	56	40	18	23	56.8
48	52	36	28	19	9	7	58.3
100	123	88	45	39	27	21	61.2
81	92	69	40	30	16	24	60.0
97	108	89	48	25	22	15	59.8
350	299	255	130	101	87	85	59.5
249	253	255	128	108	89	71	61.2
528	519	391	193	129	111	135	59.8
102	115	77	39	35	33	19	59.3
266	235	225	106	84	38	50	59.8
113	126	120	59	62	35	20	60.1
203	201	198	113	65	47	31	60.1
168	168	120	58	38	30	32	60.2
263	261	216	87	73	55	48	58.5
109	109	119	65	34	21	27	59.6
50	52	39	18	13	11	6	61.0
38	42	29	17	16	6	8	62.1
39	49	42	18	18	6	10	62.5
47	40	49	30	12	8	8	61.9
47	57	27	21	7	8	9	59.3
45	38	33	15	12	11	10	60.2
47	51	35	16	11	5	8	60.5
70	75	69	25	25	22	11	59.8
60	53	52	36	25	20	19	61.6
56	67	46	22	25	20	17	60.1
30	22	32	13	8	9	5	59.0
19	26	20	10	9	6	7	57.6
60	50	43	29	11	15	6	58.0
53	28	36	21	14	3	8	58.6
74	59	50	25	25	15	11	59.1
39	52	31	26	17	16	6	59.2
65	57	42	27	19	14	14	61.2
71	70	61	38	28	16	8	60.7
48	52	29	14	19	21	10	61.3
61	70	65	35	21	20	25	60.6
47	43	45	19	8	16	6	59.2
35	31	16	15	13	6	3	57.4
41	43	32	19	8	9	8	59.7
50	45	44	17	13	5	6	58.9
40	38	35	23	21	16	4	59.1
78	60	56	28	23	16	19	60.7
49	60	46	30	27	19	15	60.3
36	38	33	17	13	10	5	58.8
72	65	49	30	24	22	16	60.6
82	76	58	29	24	19	17	59.7
75	67	68	38	25	15	19	60.4
72	48	62	23	18	8	10	58.9
80	73	76	40	28	18	22	61.0
63	60	68	28	28	13	12	61.4
45	38	27	16	17	12	20	62.5
51	59	63	25	13	14	15	61.5
41	51	53	25	5	13	8	61.0
70	78	71	38	33	19	16	60.8
94	93	81	29	29	24	19	59.8
48	46	57	25	12	8	13	60.7
34	54	64	21	23	7	11	59.7
93	90	104	55	43	29	15	62.5
31	41	52	19	8	3	11	62.2
62	93	50	26	24	13	9	58.7
81	75	54	21	16	15	6	58.5
108	94	76	46	34	21	19	59.8
43	50	44	19	15	12	4	59.5

135

第32表　医師数、構成割合，

	総数	医療施設の従事者	病院の従事者	開設者又は法人の代表者	勤務者(医育機関附属の病院を除く)	医育機関附属の病院の勤務者	臨床系の教官又は教員	臨床系の大学院生	臨床系の教官又は教員及び大学院生以外の従事者	診療所の従事者	開設者又は法人の代表者	勤務者
総　数	319 480	304 759	202 302	5 149	141 966	55 187	28 318	6 000	20 869	102 457	71 888	30 569
診　療	291 179	287 603	188 002	4 053	139 039	44 910	24 749	・	20 161	99 601	70 517	29 084
教育・研究	8 023	4 015	3 937	1	336	3 600	3 046	・	554	78	18	60
管　理	5 961	4 229	2 894	1 061	1 414	419	390	・	29	1 335	808	527
産業医業務	1 725	516	136	2	114	20	16	・	4	380	70	310
その他	2 331	1 140	551	14	452	85	33	・	52	589	111	478
不　詳	1 333	1 256	782	18	611	153	84	・	69	474	364	110
医育機関の臨床系の大学院生・臨床系以外の大学院生・その他の業務の従事者・無職	8 928	6 000	6 000	・	・	6 000	・	6 000	・	・	・	・
構　成												
総　数	100.0	100.0	100.0	100.0	100.0	100.0	100.0	100.0	100.0	100.0	100.0	100.0
診　療	91.1	94.4	92.9	78.7	97.9	81.4	87.4	・	96.6	97.2	98.1	95.1
教育・研究	2.5	1.3	1.9	0.0	0.2	6.5	10.8	・	2.7	0.1	0.0	0.2
管　理	1.9	1.4	1.4	20.6	1.0	0.8	1.4	・	0.1	1.3	1.1	1.7
産業医業務	0.5	0.2	0.1	0.0	0.1	0.0	0.1	・	0.0	0.4	0.1	1.0
その他	0.7	0.4	0.3	0.3	0.3	0.2	0.1	・	0.2	0.6	0.2	1.6
不　詳	0.4	0.4	0.4	0.3	0.4	0.3	0.3	・	0.3	0.5	0.5	0.4
医育機関の臨床系の大学院生・臨床系以外の大学院生・その他の業務の従事者・無職	2.8	2.0	3.0	・	・	10.9	・	100.0	・	・	・	・

主たる業務内容、主たる業務の種別

平成28年12月31日現在

介護老人保健施設の従事者	開設者又は法人の代表者	勤務者	医療施設・介護老人保健施設以外の従事者	医育機関の臨床系以外の大学院生	医育機関の臨床系以外の勤務者	医育機関以外の教育機関又は研究機関の勤務者	行政機関・産業医・保健衛生業務の従事者	行政機関	産業医	保健衛生業務	その他の業務の従事者	無職の者	不詳
3 346	373	2 973	9 057	627	3 004	1 582	3 844	1 740	1 128	976	642	1 659	17
2 692	246	2 446	884	・	180	153	551	188	37	326	・	・	・
2	1	1	4 006	・	2 640	1 303	63	43	2	18	・	・	・
595	120	475	1 137	・	93	87	957	850	6	101	・	・	・
8	1	7	1 201	・	32	12	1 157	48	1 071	38	・	・	・
30	4	26	1 161	・	43	20	1 098	606	11	481	・	・	・
19	1	18	41	・	16	7	18	5	1	12	・	・	17
・	・	・	627	627	・	・	・	・	・	・	642	1 659	・

割　合　（％）

介護老人保健施設の従事者	開設者又は法人の代表者	勤務者	医療施設・介護老人保健施設以外の従事者	医育機関の臨床系以外の大学院生	医育機関の臨床系以外の勤務者	医育機関以外の教育機関又は研究機関の勤務者	行政機関・産業医・保健衛生業務の従事者	行政機関	産業医	保健衛生業務	その他の業務の従事者	無職の者	不詳
100.0	100.0	100.0	100.0	100.0	100.0	100.0	100.0	100.0	100.0	100.0	100.0	100.0	100.0
80.5	66.0	82.3	9.8	・	6.0	9.7	14.3	10.8	3.3	33.4	・	・	・
0.1	0.3	0.0	44.2	・	87.9	82.4	1.6	2.5	0.2	1.8	・	・	・
17.8	32.2	16.0	12.6	・	3.1	5.5	24.9	48.9	0.5	10.3	・	・	・
0.2	0.3	0.2	13.3	・	1.1	0.8	30.1	2.8	94.9	3.9	・	・	・
0.9	1.1	0.9	12.8	・	1.4	1.3	28.6	34.8	1.0	49.3	・	・	・
0.6	0.3	0.6	0.5	・	0.5	0.4	0.5	0.3	0.1	1.2	・	・	100.0
・	・	・	6.9	100.0	・	・	・	・	・	・	100.0	100.0	・

第33表　医師数，年齢階級、性、主たる業務内容別

平成28年12月31日現在

	総　数	診　療	教育・研究	管　理	産業医業務	そ　の　他	不　詳	医育機関の臨床系の大学院生・臨床系以外の大学院生・その他の業務の従事者・無職
総　　数	319 480	291 179	8 023	5 961	1 725	2 331	1 333	8 928
男	251 987	229 462	6 813	5 214	1 144	1 636	1 046	6 672
女	67 493	61 717	1 210	747	581	695	287	2 256
24 歳 以 下	634	617	5	–	–	10	2	–
男	385	377	2	–	–	6	–	–
女	249	240	3	–	–	4	2	–
25 ～ 29	27 317	26 248	83	12	23	123	129	699
男	17 896	17 127	51	7	12	89	92	518
女	9 421	9 121	32	5	11	34	37	181
30 ～ 34	33 609	28 489	520	40	129	142	167	4 122
男	22 808	19 036	402	32	67	81	109	3 081
女	10 801	9 453	118	8	62	61	58	1 041
35 ～ 39	33 105	29 818	922	112	163	227	155	1 708
男	22 869	20 545	684	66	87	109	121	1 257
女	10 236	9 273	238	46	76	118	34	451
40 ～ 44	34 910	32 764	1 042	228	195	227	107	347
男	25 476	24 006	835	150	106	105	76	198
女	9 434	8 758	207	78	89	122	31	149
45 ～ 49	35 963	33 722	1 208	328	217	198	115	175
男	27 874	26 246	993	232	117	96	82	108
女	8 089	7 476	215	96	100	102	33	67
50 ～ 54	34 990	32 488	1 295	513	223	197	119	155
男	28 984	26 973	1 125	410	137	135	95	109
女	6 006	5 515	170	103	86	62	24	46
55 ～ 59	35 738	32 857	1 427	787	249	201	109	108
男	30 887	28 420	1 301	684	167	140	97	78
女	4 851	4 437	126	103	82	61	12	30
60 ～ 64	29 694	26 967	1 003	1 184	164	161	90	125
男	26 412	23 970	937	1 071	127	126	82	99
女	3 282	2 997	66	113	37	35	8	26
65 ～ 69	22 843	20 955	333	980	146	211	86	132
男	20 701	18 955	315	931	130	183	78	109
女	2 142	2 000	18	49	16	28	8	23
70 ～ 74	11 146	10 155	88	498	78	137	64	126
男	10 040	9 148	83	462	66	121	56	104
女	1 106	1 007	5	36	12	16	8	22
75 ～ 79	8 095	7 241	45	386	60	138	56	169
男	7 436	6 653	40	361	56	126	50	150
女	659	588	5	25	4	12	6	19
80 ～ 84	6 086	5 113	35	373	46	150	55	314
男	5 569	4 704	31	347	43	138	46	260
女	517	409	4	26	3	12	9	54
85 歳 以 上	5 350	3 745	17	520	32	209	79	748
男	4 650	3 302	14	461	29	181	62	601
女	700	443	3	59	3	28	17	147

第34表　医療施設従事医師数，主たる診療科、主たる業務の種別

平成28年12月31日現在

	総　数	病院の従事者	開設者又は法人の代表者	勤務者（医育機関附属の病院を除く）	医育機関附属の病院の勤務者	臨床系の教官又は教員	臨床系の大学院生	臨床系の教官又は教員及び大学院生以外の従事者	診療所の従事者	開設者又は法人の代表者	勤務者
医療施設の従事者	304 759	202 302	5 149	141 966	55 187	28 318	6 000	20 869	102 457	71 888	30 569
内　　　　科	60 855	21 981	1 453	18 958	1 570	917	154	499	38 874	27 294	11 580
呼 吸 器 内 科	5 987	5 407	44	3 624	1 739	888	306	545	580	338	242
循 環 器 内 科	12 456	10 489	187	7 443	2 859	1 528	400	931	1 967	1 416	551
消化器内科(胃腸内科)	14 236	10 847	139	7 610	3 098	1 567	514	1 017	3 389	2 334	1 055
腎 臓 内 科	4 516	3 689	32	2 267	1 390	658	269	463	827	275	552
神 経 内 科	4 922	4 446	67	2 800	1 579	827	312	440	476	282	194
糖尿病内科(代謝内科)	4 889	4 040	34	2 290	1 716	750	322	644	849	491	358
血 液 内 科	2 650	2 631	9	1 438	1 184	684	186	314	19	3	16
皮 膚 科	9 102	3 691	14	1 922	1 755	823	162	770	5 411	3 766	1 645
ア レ ル ギ ー 科	162	95	1	83	11	9	1	1	67	48	19
リ ウ マ チ 科	1 613	1 419	15	627	777	404	139	234	194	109	85
感 染 症 内 科	492	473	–	239	234	153	21	60	19	10	9
小 児 科	16 937	10 355	57	7 472	2 826	1 607	257	962	6 582	4 685	1 897
精 神 科	15 609	11 747	875	9 099	1 773	998	203	572	3 862	2 557	1 305
心 療 内 科	910	264	9	179	76	49	5	22	646	477	169
外 科	14 423	11 293	697	9 375	1 221	709	192	320	3 130	2 439	691
呼 吸 器 外 科	1 880	1 867	17	1 170	680	456	76	148	13	7	6
心 臓 血 管 外 科	3 137	3 046	47	1 967	1 032	709	95	228	91	54	37
乳 腺 外 科	1 868	1 537	19	963	555	331	65	159	331	164	167
気 管 食 道 外 科	84	83	1	26	56	45	7	4	1	1	–
消化器外科(胃腸外科)	5 375	5 117	133	3 022	1 962	1 190	296	476	258	166	92
泌 尿 器 科	7 062	5 154	66	3 652	1 436	907	136	393	1 908	1 445	463
肛 門 外 科	443	170	26	137	7	4	2	1	273	207	66
脳 神 経 外 科	7 360	6 232	200	4 472	1 560	997	188	375	1 128	901	227
整 形 外 科	21 293	13 497	520	10 355	2 622	1 471	400	751	7 796	6 227	1 569
形 成 外 科	2 593	2 079	8	1 242	829	466	49	314	514	373	141
美 容 外 科	522	9	2	5	2	1	–	1	513	291	222
眼 科	13 144	4 749	43	2 782	1 924	1 041	181	702	8 395	6 051	2 344
耳鼻いんこう科	9 272	3 839	23	2 210	1 606	919	146	541	5 433	4 449	984
小 児 外 科	802	777	4	381	392	256	41	95	25	16	9
産 婦 人 科	10 854	6 656	136	4 450	2 070	1 173	261	636	4 198	2 658	1 540
産 科	495	394	12	265	117	77	7	33	101	57	44
婦 人 科	1 805	762	19	602	141	84	15	42	1 043	531	512
リハビリテーション科	2 484	2 326	63	1 894	369	260	20	89	158	63	95
放 射 線 科	6 587	6 137	16	3 781	2 340	1 425	201	714	450	89	361
麻 酔 科	9 162	8 604	54	5 769	2 781	1 683	131	967	558	349	209
病 理 診 断 科	1 893	1 863	2	1 128	733	477	74	182	30	11	19
臨 床 検 査 科	613	607	1	402	204	186	4	14	6	3	3
救 急 科	3 244	3 226	9	2 035	1 182	846	43	293	18	5	13
臨 床 研 修 医	16 701	16 697	–	11 043	5 654	–	–	5 654	4	–	4
全 科	252	136	8	98	30	11	2	17	116	33	83
そ の 他	3 998	3 059	47	2 172	840	636	47	157	939	300	639
主たる診療科不詳	989	294	21	203	70	36	9	25	695	532	163
不 詳	1 088	518	19	314	185	60	61	64	570	381	189

注：複数の診療科に従事している場合の主として従事する診療科と、1診療科のみに従事している場合の診療科である。

第35表　主たる業務の種別医療施設従事医師数の構成割合，主たる診療科別

（単位：%）　　　　　　　　　　　　　　　　　　　　　　　　　　　　　平成28年12月31日現在

	総数	病院の従事者							診療所の従事者		
		従事者	開設者又は法人の代表者	勤務者（医育機関附属の病院を除く）	医育機関附属の病院の勤務者	臨床系の教官又は教員	臨床系の大学院生	臨床系の教官又は教員及び大学院生以外の従事者	従事者	開設者又は法人の代表者	勤務者
医療施設の従事者	100.0	66.4	1.7	46.6	18.1	9.3	2.0	6.8	33.6	23.6	10.0
内　科	100.0	36.1	2.4	31.2	2.6	1.5	0.3	0.8	63.9	44.9	19.0
呼吸器内科	100.0	90.3	0.7	60.5	29.0	14.8	5.1	9.1	9.7	5.6	4.0
循環器内科	100.0	84.2	1.5	59.8	23.0	12.3	3.2	7.5	15.8	11.4	4.4
消化器内科（胃腸内科）	100.0	76.2	1.0	53.5	21.8	11.0	3.6	7.1	23.8	16.4	7.4
腎臓内科	100.0	81.7	0.7	50.2	30.8	14.6	6.0	10.3	18.3	6.1	12.2
神経内科	100.0	90.3	1.4	56.9	32.1	16.8	6.9	8.9	9.7	5.7	3.9
糖尿病内科（代謝内科）	100.0	82.6	0.7	46.8	35.1	15.3	6.6	13.2	17.4	10.0	7.3
血液内科	100.0	99.3	0.3	54.3	44.7	25.8	7.0	11.8	0.7	0.1	0.6
皮膚科	100.0	40.6	0.2	21.1	19.3	9.0	1.8	8.5	59.4	41.4	18.1
アレルギー科	100.0	58.6	0.6	51.2	6.8	5.6	0.6	0.6	41.4	29.6	11.7
リウマチ科	100.0	88.0	0.9	38.9	48.2	25.0	8.6	14.5	12.0	6.8	5.3
感染症内科	100.0	96.1	－	48.6	47.6	31.1	4.3	12.2	3.9	2.0	1.8
小児科	100.0	61.1	0.3	44.1	16.7	9.5	1.5	5.7	38.9	27.7	11.2
精神科	100.0	75.3	5.6	58.3	11.4	6.4	1.3	3.7	24.7	16.4	8.4
心療内科	100.0	29.0	1.0	19.7	8.4	5.4	0.5	2.4	71.0	52.4	18.6
外科	100.0	78.3	4.8	65.0	8.5	4.9	1.3	2.2	21.7	16.9	4.8
呼吸器外科	100.0	99.3	0.9	62.2	36.2	24.3	4.0	7.9	0.7	0.4	0.3
心臓血管外科	100.0	97.1	1.5	62.7	32.9	22.6	3.0	7.3	2.9	1.7	1.2
乳腺外科	100.0	82.3	1.0	51.6	29.7	17.7	3.5	8.5	17.7	8.8	8.9
気管食道外科	100.0	98.8	1.2	31.0	66.7	53.6	8.3	4.8	1.2	1.2	－
消化器外科（胃腸外科）	100.0	95.2	2.5	56.2	36.5	22.1	5.5	8.9	4.8	3.1	1.7
泌尿器科	100.0	73.0	0.9	51.7	20.3	12.8	1.9	5.6	27.0	20.5	6.6
肛門外科	100.0	38.4	5.9	30.9	1.6	0.9	0.5	0.2	61.6	46.7	14.9
脳神経外科	100.0	84.7	2.7	60.8	21.2	13.5	2.6	5.1	15.3	12.2	3.1
整形外科	100.0	63.4	2.4	48.6	12.3	6.9	1.9	3.5	36.6	29.2	7.4
形成外科	100.0	80.2	0.3	47.9	32.0	18.0	1.9	12.1	19.8	14.4	5.4
美容外科	100.0	1.7	0.4	1.0	0.4	0.2	－	0.2	98.3	55.7	42.5
眼科	100.0	36.1	0.3	21.2	14.6	7.9	1.4	5.3	63.9	46.0	17.8
耳鼻いんこう科	100.0	41.4	0.2	23.8	17.3	9.9	1.6	5.8	58.6	48.0	10.6
小児外科	100.0	96.9	0.5	47.5	48.9	31.9	5.1	11.8	3.1	2.0	1.1
産婦人科	100.0	61.3	1.3	41.0	19.1	10.8	2.4	5.9	38.7	24.5	14.2
産科	100.0	79.6	2.4	53.5	23.6	15.6	1.4	6.7	20.4	11.5	8.9
婦人科	100.0	42.2	1.1	33.4	7.8	4.7	0.8	2.3	57.8	29.4	28.4
リハビリテーション科	100.0	93.6	2.5	76.2	14.9	10.5	0.8	3.6	6.4	2.5	3.8
放射線科	100.0	93.2	0.2	57.4	35.5	21.6	3.1	10.8	6.8	1.4	5.5
麻酔科	100.0	93.9	0.6	63.0	30.4	18.4	1.4	10.6	6.1	3.8	2.3
病理診断科	100.0	98.4	0.1	59.6	38.7	25.2	3.9	9.6	1.6	0.6	1.0
臨床検査科	100.0	99.0	0.2	65.6	33.3	30.3	0.7	2.3	1.0	0.5	0.5
救急科	100.0	99.4	0.3	62.7	36.4	26.1	1.3	9.0	0.6	0.2	0.4
臨床研修医	100.0	100.0	－	66.1	33.9	－	－	33.9	0.0	－	0.0
全科	100.0	54.0	3.2	38.9	11.9	4.4	0.8	6.7	46.0	13.1	32.9
その他	100.0	76.5	1.2	54.3	21.0	15.9	1.2	3.9	23.5	7.5	16.0
主たる診療科不詳	100.0	29.7	2.1	20.5	7.1	3.6	0.9	2.5	70.3	53.8	16.5
不詳	100.0	47.6	1.7	28.9	17.0	5.5	5.6	5.9	52.4	35.0	17.4

注：複数の診療科に従事している場合の主として従事する診療科と，1診療科のみに従事している場合の診療科である。

第36表　主たる診療科別医療施設従事医師数の構成割合，主たる業務の種別

（単位：%）　　　平成28年12月31日現在

	総　数	病院の従事者	開設者又は法人の代表者	勤務者（医育機関附属の病院を除く）	医育機関附属の病院の勤務者	臨床系の教官又は教員	臨床系の大学院生	臨床系の教官又は教員及び大学院生以外の従事者	診療所の従事者	開設者又は法人の代表者	勤務者
医療施設の従事者	100.0	100.0	100.0	100.0	100.0	100.0	100.0	100.0	100.0	100.0	100.0
内　　　　　科	20.0	10.9	28.2	13.4	2.8	3.2	2.6	2.4	37.9	38.0	37.9
呼　吸　器　内　科	2.0	2.7	0.9	2.6	3.2	3.1	5.1	2.6	0.6	0.5	0.8
循　環　器　内　科	4.1	5.2	3.6	5.2	5.2	5.4	6.7	4.5	1.9	2.0	1.8
消化器内科（胃腸内科）	4.7	5.4	2.7	5.4	5.6	5.5	8.6	4.9	3.3	3.2	3.5
腎　臓　内　科	1.5	1.8	0.6	1.6	2.5	2.3	4.5	2.2	0.8	0.4	1.8
神　経　内　科	1.6	2.2	1.3	2.0	2.9	2.9	5.2	2.1	0.5	0.4	0.6
糖尿病内科（代謝内科）	1.6	2.0	0.7	1.6	3.1	2.6	5.4	3.1	0.8	0.7	1.2
血　液　内　科	0.9	1.3	0.2	1.0	2.1	2.4	3.1	1.5	0.0	0.0	0.1
皮　　膚　　科	3.0	1.8	0.3	1.4	3.2	2.9	2.7	3.7	5.3	5.2	5.4
ア　レ　ル　ギ　ー　科	0.1	0.0	0.0	0.1	0.0	0.0	0.0	0.0	0.1	0.1	0.1
リ　ウ　マ　チ　科	0.5	0.7	0.3	0.4	1.4	1.4	2.3	1.1	0.2	0.2	0.3
感　染　症　内　科	0.2	0.2	-	0.2	0.4	0.5	0.4	0.3	0.0	0.0	0.0
小　　児　　科	5.6	5.1	1.1	5.3	5.1	5.7	4.3	4.6	6.4	6.5	6.2
精　　神　　科	5.1	5.8	17.0	6.4	3.2	3.5	3.4	2.7	3.8	3.6	4.3
心　療　内　科	0.3	0.1	0.2	0.1	0.1	0.2	0.1	0.1	0.6	0.7	0.6
外　　　　　科	4.7	5.6	13.5	6.6	2.2	2.5	3.2	1.5	3.1	3.4	2.3
呼　吸　器　外　科	0.6	0.9	0.3	0.8	1.2	1.6	1.3	0.7	0.0	0.0	0.0
心　臓　血　管　外　科	1.0	1.5	0.9	1.4	1.9	2.5	1.6	1.1	0.1	0.1	0.1
乳　腺　外　科	0.6	0.8	0.4	0.7	1.0	1.2	1.1	0.8	0.3	0.2	0.5
気　管　食　道　外　科	0.0	0.0	0.0	0.0	0.1	0.2	0.1	0.0	0.0	0.0	-
消化器外科（胃腸外科）	1.8	2.5	2.6	2.1	3.6	4.2	4.9	2.3	0.3	0.2	0.3
泌　尿　器　科	2.3	2.5	1.3	2.6	2.6	3.2	2.3	1.9	1.9	2.0	1.5
肛　門　外　科	0.1	0.1	0.5	0.1	0.0	0.0	0.0	0.0	0.3	0.3	0.2
脳　神　経　外　科	2.4	3.1	3.9	3.2	2.8	3.5	3.1	1.8	1.1	1.3	0.7
整　形　外　科	7.0	6.7	10.1	7.3	4.8	5.2	6.7	3.6	7.6	8.7	5.1
形　成　外　科	0.9	1.0	0.2	0.9	1.5	1.6	0.8	1.5	0.5	0.5	0.5
美　容　外　科	0.2	0.0	0.0	0.0	0.0	0.0	-	0.0	0.5	0.4	0.7
眼　　　　　科	4.3	2.3	0.8	2.0	3.5	3.7	3.0	3.4	8.2	8.4	7.7
耳鼻いんこう科	3.0	1.9	0.4	1.6	2.9	3.2	2.4	2.6	5.3	6.2	3.2
小　児　外　科	0.3	0.4	0.1	0.3	0.7	0.9	0.7	0.5	0.0	0.0	0.0
産　婦　人　科	3.6	3.3	2.6	3.1	3.8	4.1	4.4	3.0	4.1	3.7	5.0
産　　　　　科	0.2	0.2	0.2	0.2	0.2	0.3	0.1	0.2	0.1	0.1	0.1
婦　　人　　科	0.6	0.4	0.4	0.4	0.3	0.3	0.3	0.2	1.0	0.7	1.7
リハビリテーション科	0.8	1.1	1.2	1.3	0.7	0.9	0.3	0.4	0.2	0.1	0.3
放　射　線　科	2.2	3.0	0.3	2.7	4.2	5.0	3.4	3.4	0.4	0.1	1.2
麻　　酔　　科	3.0	4.3	1.0	4.1	5.0	5.9	2.2	4.6	0.5	0.5	0.7
病　理　診　断　科	0.6	0.9	0.0	0.8	1.3	1.7	1.2	0.9	0.0	0.0	0.1
臨　床　検　査　科	0.2	0.3	0.0	0.3	0.4	0.7	0.1	0.1	0.0	0.0	0.0
救　　急　　科	1.1	1.6	0.2	1.4	2.1	3.0	0.7	1.4	0.0	0.0	0.0
臨　床　研　修　医	5.5	8.3	-	7.8	10.2	-	-	27.1	0.0	-	0.0
全　　　　　科	0.1	0.1	0.2	0.1	0.0	0.0	0.0	0.1	0.1	0.0	0.3
そ　の　他	1.3	1.5	0.9	1.5	1.5	2.2	0.8	0.8	0.9	0.4	2.1
主たる診療科不詳	0.3	0.1	0.4	0.1	0.1	0.1	0.2	0.1	0.7	0.7	0.5
不　　　　　詳	0.4	0.3	0.4	0.2	0.3	0.2	1.0	0.3	0.6	0.5	0.6

注：複数の診療科に従事している場合の主として従事する診療科と，1診療科のみに従事している場合の診療科である。

第37表　医療施設従事医師数，診療科（複数回答）、主たる業務の種別

平成28年12月31日現在

	総　数	病院の従事者	開設者又は法人の代表者	勤務者（医育機関附属の病院を除く）	医育機関附属の病院の勤務者	臨床系の教官又は教員	臨床系の大学院生	臨床系の教官又は教員及び大学院生以外の従事者	診療所の従事者	開設者又は法人の代表者	勤務者
医療施設の従事者	304 759	202 302	5 149	141 966	55 187	28 318	6 000	20 869	102 457	71 888	30 569
内　　　　　科	87 761	35 044	2 275	28 153	4 616	2 747	604	1 265	52 717	37 328	15 389
呼 吸 器 内 科	13 405	6 849	248	4 720	1 881	984	312	585	6 556	5 166	1 390
循 環 器 内 科	22 674	12 337	457	8 844	3 036	1 642	406	988	10 337	8 238	2 099
消化器内科（胃腸内科）	29 478	13 850	645	9 929	3 276	1 667	537	1 072	15 628	12 335	3 293
腎 臓 内 科	6 850	4 526	101	2 885	1 540	750	288	502	2 324	1 252	1 072
神 経 内 科	7 617	5 292	173	3 464	1 655	873	315	467	2 325	1 748	577
糖尿病内科（代謝内科）	9 003	5 155	125	3 174	1 856	837	332	687	3 848	2 715	1 133
血 液 内 科	3 456	3 016	18	1 711	1 287	760	195	332	440	308	132
皮 　 膚 　 科	14 142	4 024	99	2 150	1 775	832	164	779	10 118	7 625	2 493
ア レ ル ギ ー 科	6 454	832	37	497	298	186	19	93	5 622	4 707	915
リ ウ マ チ 科	6 186	2 655	157	1 473	1 025	553	167	305	3 531	2 871	660
感 染 症 内 科	1 326	868	10	487	371	255	30	86	458	342	116
小 　 児 　 科	27 761	10 956	156	7 898	2 902	1 657	263	982	16 805	12 965	3 840
精 　 神 　 科	17 077	12 184	924	9 465	1 795	1 017	205	573	4 893	3 285	1 608
心 療 内 科	5 617	1 933	215	1 607	111	71	12	28	3 684	2 771	913
外 　 　 　 科	25 673	15 705	1 062	12 283	2 360	1 524	307	529	9 968	7 918	2 050
呼 吸 器 外 科	2 367	2 240	43	1 486	711	476	78	157	127	88	39
心 臓 血 管 外 科	3 590	3 277	65	2 151	1 061	730	95	236	313	230	83
乳 腺 外 科	3 422	2 689	82	1 864	743	429	85	229	733	453	280
気 管 食 道 外 科	931	600	11	276	313	210	32	71	331	288	43
消化器外科（胃腸外科）	8 728	7 619	366	4 967	2 286	1 407	330	549	1 109	806	303
泌 尿 器 科	8 490	5 368	127	3 790	1 451	920	137	394	3 122	2 354	768
肛 門 外 科	4 352	1 867	259	1 330	278	183	30	65	2 485	2 147	338
脳 神 経 外 科	8 027	6 548	242	4 704	1 602	1 030	190	382	1 479	1 185	294
整 形 外 科	25 106	14 363	734	10 916	2 713	1 544	403	766	10 743	8 527	2 216
形 成 外 科	3 577	2 184	21	1 306	857	483	50	324	1 393	1 080	313
美 容 外 科	1 020	167	5	81	81	44	14	23	853	562	291
眼 　 　 　 科	13 357	4 779	47	2 807	1 925	1 041	181	703	8 578	6 165	2 413
耳鼻いんこう科	9 536	3 907	27	2 257	1 623	928	148	547	5 629	4 591	1 038
小 児 外 科	1 219	955	17	486	452	281	47	124	264	225	39
産 婦 人 科	11 042	6 720	142	4 501	2 077	1 178	262	637	4 322	2 732	1 590
産 　 　 　 科	721	500	16	330	154	99	13	42	221	131	90
婦 * 人 　 科	2 376	962	40	748	174	95	20	59	1 414	804	610
リハビリテーション科	14 815	6 172	738	4 959	475	339	28	108	8 643	7 028	1 615
放 射 線 科	9 263	6 735	157	4 217	2 361	1 442	202	717	2 528	1 753	775
麻 　 酔 　 科	10 998	9 341	196	6 284	2 861	1 740	134	987	1 657	1 250	407
病 理 診 断 科	1 991	1 932	4	1 178	750	485	79	186	59	29	30
臨 床 検 査 科	842	800	3	538	259	238	4	17	42	27	15
救 　 急 　 科	4 172	4 075	37	2 670	1 368	966	50	352	97	46	51
臨 床 研 修 医	16 701	16 697	-	11 043	5 654	-	-	5 654	4	-	4
全 　 　 　 科	252	136	8	98	30	11	2	17	116	33	83
そ 　 の 　 他	5 588	3 813	90	2 716	1 007	767	54	186	1 775	867	908
不 　 　 　 詳	1 088	518	19	314	185	60	61	64	570	381	189

注：2つ以上の診療科に従事している場合、各々の科に重複計上している。

第38表　診療科（複数回答）別医師数の医療施設従事医師数に対する割合，主たる業務の種別

（単位：%）　　　　　　　　　　　　　　　　　　　　　　　　　　　　　　　　　平成28年12月31日現在

	総　数	病院の従事者	開設者又は法人の代表者	勤務者（医育機関附属の病院を除く）	医育機関附属の病院の勤務者	臨床系の教官又は教員	臨床系の大学院生	臨床系の教官又は教員及び大学院生以外の従事者	診療所の従事者	開設者又は法人の代表者	勤務者
医療施設の従事者	100.0	100.0	100.0	100.0	100.0	100.0	100.0	100.0	100.0	100.0	100.0
内　　　　科	28.8	17.3	44.2	19.8	8.4	9.7	10.1	6.1	51.5	51.9	50.3
呼 吸 器 内 科	4.4	3.4	4.8	3.3	3.4	3.5	5.2	2.8	6.4	7.2	4.5
循 環 器 内 科	7.4	6.1	8.9	6.2	5.5	5.8	6.8	4.7	10.1	11.5	6.9
消化器内科(胃腸内科)	9.7	6.8	12.5	7.0	5.9	5.9	9.0	5.1	15.3	17.2	10.8
腎 臓 内 科	2.2	2.2	2.0	2.0	2.8	2.6	4.8	2.4	2.3	1.7	3.5
神 経 内 科	2.5	2.6	3.4	2.4	3.0	3.1	5.3	2.2	2.3	2.4	1.9
糖尿病内科(代謝内科)	3.0	2.5	2.4	2.2	3.4	3.0	5.5	3.3	3.8	3.8	3.7
血 液 内 科	1.1	1.5	0.3	1.2	2.3	2.7	3.3	1.6	0.4	0.4	0.4
皮 　 膚 　 科	4.6	2.0	1.9	1.5	3.2	2.9	2.7	3.7	9.9	10.6	8.2
ア レ ル ギ ー 科	2.1	0.4	0.7	0.4	0.5	0.7	0.3	0.4	5.5	6.5	3.0
リ ウ マ チ 科	2.0	1.3	3.0	1.0	1.9	2.0	2.8	1.5	3.4	4.0	2.2
感 染 症 内 科	0.4	0.4	0.2	0.3	0.7	0.9	0.5	0.4	0.4	0.5	0.4
小 　 児 　 科	9.1	5.4	3.0	5.6	5.3	5.9	4.4	4.7	16.4	18.0	12.6
精 　 神 　 科	5.6	6.0	17.9	6.7	3.3	3.6	3.4	2.7	4.8	4.6	5.3
心 療 内 科	1.8	1.0	4.2	1.1	0.2	0.3	0.2	0.1	3.6	3.9	3.0
外 　 　 　 科	8.4	7.8	20.6	8.7	4.3	5.4	5.1	2.5	9.7	11.0	6.7
呼 吸 器 外 科	0.8	1.1	0.8	1.0	1.3	1.7	1.3	0.8	0.1	0.1	0.1
心 臓 血 管 外 科	1.2	1.6	1.3	1.5	1.9	2.6	1.6	1.1	0.3	0.3	0.3
乳 腺 外 科	1.1	1.3	1.6	1.3	1.3	1.5	1.4	1.1	0.7	0.6	0.9
気 管 食 道 外 科	0.3	0.3	0.2	0.2	0.6	0.7	0.5	0.3	0.3	0.4	0.1
消化器外科(胃腸外科)	2.9	3.8	7.1	3.5	4.1	5.0	5.5	2.6	1.1	1.1	1.0
泌 尿 器 科	2.8	2.7	2.5	2.7	2.6	3.2	2.3	1.9	3.0	3.3	2.5
肛 門 外 科	1.4	0.9	5.0	0.9	0.5	0.6	0.5	0.3	2.4	3.0	1.1
脳 神 経 外 科	2.6	3.2	4.7	3.3	2.9	3.6	3.2	1.8	1.4	1.6	1.0
整 形 外 科	8.2	7.1	14.3	7.7	4.9	5.5	6.7	3.7	10.5	11.9	7.2
形 成 外 科	1.2	1.1	0.4	0.9	1.6	1.7	0.8	1.6	1.4	1.5	1.0
美 容 外 科	0.3	0.1	0.1	0.1	0.1	0.2	0.2	0.1	0.8	0.8	1.0
眼 　 　 　 科	4.4	2.4	0.9	2.0	3.5	3.7	3.0	3.4	8.4	8.6	7.9
耳 鼻 い ん こ う 科	3.1	1.9	0.5	1.6	2.9	3.3	2.5	2.6	5.5	6.4	3.4
小 児 外 科	0.4	0.5	0.3	0.3	0.8	1.0	0.8	0.6	0.3	0.3	0.1
産 婦 人 科	3.6	3.3	2.8	3.2	3.8	4.2	4.4	3.1	4.2	3.8	5.2
産 　 　 　 科	0.2	0.2	0.3	0.2	0.3	0.3	0.2	0.2	0.2	0.2	0.3
婦 人 科	0.8	0.5	0.8	0.5	0.3	0.3	0.3	0.3	1.4	1.1	2.0
リ ハ ビ リ テ ー シ ョ ン 科	4.9	3.1	14.3	3.5	0.9	1.2	0.5	0.5	8.4	9.8	5.3
放 射 線 科	3.0	3.3	3.0	3.0	4.3	5.1	3.4	3.4	2.5	2.4	2.5
麻 　 酔 　 科	3.6	4.6	3.8	4.4	5.2	6.1	2.2	4.7	1.6	1.7	1.3
病 理 診 断 科	0.7	1.0	0.1	0.8	1.4	1.7	1.3	0.9	0.1	0.0	0.1
臨 床 検 査 科	0.3	0.4	0.1	0.4	0.5	0.8	0.1	0.1	0.0	0.0	0.0
救 　 急 　 科	1.4	2.0	0.7	1.9	2.5	3.4	0.8	1.7	0.1	0.1	0.2
臨 床 研 修 医	5.5	8.3	－	7.8	10.2	－	－	27.1	0.0	－	0.0
全 　 　 　 科	0.1	0.1	0.2	0.1	0.1	0.0	0.0	0.1	0.1	0.0	0.3
そ 　 の 　 他	1.8	1.9	1.7	1.9	1.8	2.7	0.9	0.9	1.7	1.2	3.0
不 　 　 　 詳	0.4	0.3	0.4	0.2	0.3	0.2	1.0	0.3	0.6	0.5	0.6

注：2つ以上の診療科に従事している場合、各々の科に重複計上している。

第39表　医療施設従事医師数、平均年齢、

総

	総　数	内　科	呼吸器内科	循環器内科	消化器内科（胃腸内科）	腎臓内科	神経内科	糖尿病内科（代謝内科）	血液内科	皮　膚　科	アレルギー科
総　　数	304 759	60 855	5 987	12 456	14 236	4 516	4 922	4 889	2 650	9 102	162
男	240 454	50 865	4 749	11 005	12 109	3 232	3 809	3 189	2 050	4 780	126
女	64 305	9 990	1 238	1 451	2 127	1 284	1 113	1 700	600	4 322	36
24 歳 以 下	633	–	–	–	–	–	–	–	–	–	–
男	384	–	–	–	–	–	–	–	–	–	–
女	249	–	–	–	–	–	–	–	–	–	–
25 ～ 29	27 092	1 260	546	839	860	447	367	411	238	472	2
男	17 744	877	349	680	621	254	243	195	147	134	2
女	9 348	383	197	159	239	193	124	216	91	338	–
30 ～ 34	32 793	2 181	1 099	2 026	2 412	936	787	969	510	869	18
男	22 293	1 447	779	1 649	1 834	568	538	489	355	267	12
女	10 500	734	320	377	578	368	249	480	155	602	6
35 ～ 39	32 085	2 935	1 036	1 971	2 111	723	681	738	417	1 049	13
男	22 230	1 935	781	1 657	1 690	453	484	439	301	375	11
女	9 855	1 000	255	314	421	270	197	299	116	674	2
40 ～ 44	33 777	4 421	868	1 764	1 897	626	682	697	381	1 169	15
男	24 782	3 053	665	1 535	1 548	454	514	447	275	546	9
女	8 995	1 368	203	229	349	172	168	250	106	623	6
45 ～ 49	34 567	6 373	661	1 606	1 755	516	634	549	331	1 162	12
男	26 944	4 762	545	1 427	1 505	388	490	381	264	606	8
女	7 623	1 611	116	179	250	128	144	168	67	556	4
50 ～ 54	33 384	7 532	583	1 298	1 524	384	549	468	320	1 017	17
男	27 773	6 140	506	1 206	1 386	320	440	364	284	608	12
女	5 611	1 392	77	92	138	64	109	104	36	409	5
55 ～ 59	33 902	9 156	503	1 117	1 288	342	495	404	227	1 022	23
男	29 406	7 894	473	1 065	1 209	305	436	328	210	620	19
女	4 496	1 262	30	52	79	37	59	76	17	402	4
60 ～ 64	28 091	8 697	344	832	992	264	341	298	134	852	23
男	25 062	7 872	324	807	953	234	305	244	128	574	23
女	3 029	825	20	25	39	30	36	54	6	278	–
65 ～ 69	21 539	7 614	201	568	719	145	212	186	58	708	16
男	19 528	7 038	186	560	694	129	197	162	53	475	13
女	2 011	576	15	8	25	16	15	24	5	233	3
70 ～ 74	10 258	3 897	64	230	306	75	96	82	22	304	6
男	9 237	3 568	61	223	301	73	89	69	22	199	5
女	1 021	329	3	7	5	2	7	13	–	105	1
75 ～ 79	7 231	2 743	49	114	204	36	53	48	8	234	13
男	6 629	2 564	47	108	202	34	49	40	7	171	9
女	602	179	2	6	2	2	4	8	1	63	4
80 ～ 84	5 168	2 046	19	56	103	17	18	27	1	149	1
男	4 731	1 917	19	55	102	15	17	20	1	123	1
女	437	129	–	1	1	2	1	7	–	26	–
85 歳 以 上	4 239	2 000	14	35	65	5	7	12	3	95	3
男	3 711	1 798	14	33	64	5	7	11	3	82	2
女	528	202	–	2	1	–	–	1	–	13	1
平均年齢 総数	49.6	58.0	44.1	45.8	46.5	43.6	46.0	44.6	43.6	50.5	54.8
男	51.2	59.4	45.5	46.5	47.7	45.6	47.3	47.0	45.0	54.2	55.5
女	43.5	51.0	38.7	39.8	39.6	38.7	41.5	40.3	38.8	46.4	52.3

注：複数の診療科に従事している場合の主として従事する診療科と、1診療科のみに従事している場合の診療科である。

病院－診療所、年齢階級、性、主たる診療科別（6－1）

数

平成28年12月31日現在

リウマチ科	感染症内科	小児科	精神科	心療内科	外科	呼吸器外科	心臓血管外科	乳腺外科	気管食道外科	消化器外科（胃腸外科）
1 613	492	16 937	15 609	910	14 423	1 880	3 137	1 868	84	5 375
1 234	409	11 126	12 073	702	13 584	1 740	2 945	1 131	82	5 040
379	83	5 811	3 536	208	839	140	192	737	2	335
－	－	－	－	－	－	－	－	－	－	－
－	－	－	－	－	－	－	－	－	－	－
－	－	－	－	－	－	－	－	－	－	－
153	33	841	491	10	794	107	197	74	－	204
98	26	463	309	5	633	94	177	12	－	175
55	7	378	182	5	161	13	20	62	－	29
361	88	2 082	1 338	28	1 395	359	520	232	16	803
233	72	1 202	880	20	1 165	302	457	44	15	710
128	16	880	458	8	230	57	63	188	1	93
253	127	2 122	1 763	51	1 253	251	442	254	21	882
186	103	1 219	1 195	29	1 097	225	401	71	20	775
67	24	903	568	22	156	26	41	183	1	107
215	86	2 038	2 118	105	1 304	274	477	304	15	833
162	67	1 226	1 508	77	1 185	251	434	159	15	784
53	19	812	610	28	119	23	43	145	－	49
164	53	1 750	1 984	112	1 612	284	408	273	17	821
133	46	1 047	1 496	85	1 536	267	394	193	17	794
31	7	703	488	27	76	17	14	80	－	27
131	38	1 570	1 915	138	1 660	227	395	255	8	621
112	35	1 053	1 513	97	1 617	223	388	210	8	601
19	3	517	402	41	43	4	7	45	－	20
130	37	1 795	1 820	150	1 785	196	357	218	3	525
117	33	1 331	1 491	116	1 755	196	355	198	3	519
13	4	464	329	34	30	－	2	20	－	6
86	19	1 829	1 479	121	1 454	111	226	122	3	341
79	18	1 404	1 270	102	1 440	111	225	114	3	339
7	1	425	209	19	14	－	1	8	－	2
65	4	1 491	1 156	95	1 246	48	62	74	－	162
62	4	1 172	1 030	84	1 241	48	61	69	－	162
3	－	319	126	11	5	－	1	5	－	－
33	1	601	527	36	660	12	32	30	1	95
30	1	424	460	30	658	12	32	29	1	94
3	－	177	67	6	2	－	－	1	－	1
16	3	350	434	22	511	7	15	22	－	39
16	2	265	396	21	511	7	15	22	－	38
－	1	85	38	1	－	－	－	－	－	1
5	2	232	364	21	422	2	6	7	－	27
5	1	157	332	16	420	2	6	7	－	27
－	1	75	32	5	2	－	－	－	－	－
1	1	236	220	21	327	2	－	3	－	22
1	1	163	193	20	326	2	－	3	－	22
－	－	73	27	1	1	－	－	－	－	－
43.8	42.2	50.3	51.5	55.6	52.9	44.8	45.3	47.2	42.6	46.2
45.5	42.6	51.9	53.0	56.8	53.8	45.4	45.8	52.3	42.8	46.7
38.3	40.4	47.3	46.6	51.8	38.2	37.0	37.6	39.4	34.2	38.5

第39表　医療施設従事医師数、平均年齢,

総

		泌尿器科	肛門外科	脳神経外科	整形外科	形成外科	美容外科	眼科	耳鼻いんこう科	小児外科	産婦人科	産科
総数		7 062	443	7 360	21 293	2 593	522	13 144	9 272	802	10 854	495
	男	6 656	405	6 957	20 252	1 814	411	8 116	7 297	648	6 970	321
	女	406	38	403	1 041	779	111	5 028	1 975	154	3 884	174
24 歳 以 下		–	–	–	–	–	–	–	–	–	–	–
	男	–	–	–	–	–	–	–	–	–	–	–
	女	–	–	–	–	–	–	–	–	–	–	–
25 〜 29		392	1	355	834	263	14	462	389	45	555	26
	男	326	–	312	726	126	7	242	248	35	185	12
	女	66	1	43	108	137	7	220	141	10	370	14
30 〜 34		778	9	838	2 067	462	57	951	818	162	1 464	87
	男	682	5	744	1 871	241	36	529	552	113	524	37
	女	96	4	94	196	221	21	422	266	49	940	50
35 〜 39		750	20	755	2 184	482	93	1 165	833	128	1 299	71
	男	658	13	667	2 002	301	66	657	588	95	508	27
	女	92	7	88	182	181	27	508	245	33	791	44
40 〜 44		915	37	945	2 637	402	116	1 709	1 032	126	1 209	101
	男	848	30	862	2 425	291	88	1 015	757	94	605	55
	女	67	7	83	212	111	28	694	275	32	604	46
45 〜 49		900	63	934	2 720	257	74	2 072	1 235	98	1 189	46
	男	863	57	891	2 576	204	55	1 219	973	85	727	37
	女	37	6	43	144	53	19	853	262	13	462	9
50 〜 54		878	48	935	2 769	265	68	1 778	1 150	74	1 073	35
	男	857	43	913	2 672	231	66	1 105	947	66	818	33
	女	21	5	22	97	34	2	673	203	8	255	2
55 〜 59		861	62	999	2 621	224	47	1 637	1 181	67	1 163	44
	男	847	57	983	2 580	197	45	1 116	978	64	981	41
	女	14	5	16	41	27	2	521	203	3	182	3
60 〜 64		680	62	722	2 077	133	31	1 330	966	62	934	42
	男	671	61	712	2 041	124	28	901	829	62	832	39
	女	9	1	10	36	9	3	429	137	–	102	3
65 〜 69		471	64	452	1 424	65	9	898	662	23	882	22
	男	469	64	451	1 412	60	9	609	563	21	819	21
	女	2	–	1	12	5	–	289	99	2	63	1
70 〜 74		180	34	230	790	23	7	386	290	15	392	8
	男	178	33	228	783	22	5	246	248	11	358	8
	女	2	1	2	7	1	2	140	42	4	34	–
75 〜 79		149	19	127	580	8	4	313	282	2	275	8
	男	149	19	127	578	8	4	205	246	2	254	6
	女	–	–	–	2	–	–	108	36	–	21	2
80 〜 84		84	13	53	385	5	–	222	246	–	228	3
	男	84	13	53	384	5	–	146	219	–	202	3
	女	–	–	–	1	–	–	76	27	–	26	–
85 歳 以 上		24	11	15	205	4	2	221	188	–	191	2
	男	24	10	14	202	4	2	126	149	–	157	2
	女	–	1	1	3	–	–	95	39	–	34	–
平均年齢 総数		49.5	58.5	49.5	51.1	43.2	45.9	51.8	52.3	44.5	50.3	45.9
	男	50.1	59.6	50.1	51.5	45.6	47.3	52.5	53.4	45.7	55.2	49.8
	女	38.9	46.5	40.0	41.8	37.6	40.9	50.5	48.1	39.4	41.6	38.6

注：複数の診療科に従事している場合の主として従事する診療科と、1診療科のみに従事している場合の診療科である。

病院－診療所、年齢階級、性、主たる診療科別（6－2）

数

平成28年12月31日現在

婦人科	リハビリテーション科	放射線科	麻酔科	病理診断科	臨床検査科	救急科	臨床研修医	全科	その他	主たる診療科不詳	不詳
1 805	2 484	6 587	9 162	1 893	613	3 244	16 701	252	3 998	989	1 088
1 182	1 922	4 964	5 610	1 383	488	2 836	11 293	224	3 026	848	851
623	562	1 623	3 552	510	125	408	5 408	28	972	141	237
–	–	–	–	2	–	–	630	–	1	–	–
–	–	–	–	1	–	–	383	–	–	–	–
–	–	–	–	1	–	–	247	–	1	–	–
20	46	431	731	99	4	304	13 585	24	76	17	73
9	26	286	319	50	2	225	8 996	20	44	13	41
11	20	145	412	49	2	79	4 589	4	32	4	32
105	104	1 019	1 639	233	15	756	1 721	34	296	37	112
40	60	651	776	121	8	614	1 328	28	191	26	78
65	44	368	863	112	7	142	393	6	105	11	34
144	216	999	1 737	222	32	647	517	35	497	63	103
45	99	660	843	134	15	567	386	26	312	42	72
99	117	339	894	88	17	80	131	9	185	21	31
170	317	884	1 233	209	55	502	155	29	537	83	85
60	205	628	694	126	32	439	125	25	350	60	54
110	112	256	539	83	23	63	30	4	187	23	31
181	358	889	1 059	221	68	354	54	21	518	95	84
88	254	691	746	155	47	328	44	19	361	79	61
93	104	198	313	66	21	26	10	2	157	16	23
166	342	777	964	244	80	286	32	29	529	104	108
104	268	626	724	197	63	274	26	28	413	91	85
62	74	151	240	47	17	12	6	1	116	13	23
221	337	714	820	230	100	237	5	17	531	107	84
160	287	614	670	194	82	231	3	17	429	90	67
61	50	100	150	36	18	6	2	–	102	17	17
204	272	487	565	180	99	108	2	20	344	92	111
161	253	441	476	165	83	108	2	19	306	83	96
43	19	46	89	15	16	–	–	1	38	9	15
227	211	245	283	134	79	37	–	20	280	113	108
197	197	231	247	128	77	37	–	20	251	110	95
30	14	14	36	6	2	–	–	–	29	3	13
116	104	72	85	65	33	10	–	6	151	87	64
105	103	68	73	59	32	10	–	6	144	78	58
11	1	4	12	6	1	–	–	–	7	9	6
77	78	37	31	33	27	2	–	11	117	70	60
68	75	35	28	32	27	2	–	11	108	65	56
9	3	2	3	1	–	–	–	–	9	5	4
90	64	20	10	15	11	1	–	4	75	68	46
79	61	20	9	15	10	1	–	4	74	65	41
11	3	–	1	–	1	–	–	–	1	3	5
84	35	13	5	6	10	–	–	2	46	53	50
66	34	13	5	6	10	–	–	1	43	46	47
18	1	–	–	–	–	–	–	1	3	7	3
57.6	53.9	45.8	44.0	49.3	57.3	41.4	27.9	48.4	51.7	59.8	54.6
62.0	56.3	47.3	46.7	52.1	59.4	42.1	28.1	49.5	53.6	61.1	56.9
49.2	45.6	41.2	39.7	41.9	48.9	36.0	27.4	39.7	45.8	51.8	46.3

第39表 医療施設従事医師数、平均年齢、

病

	総　数	内　科	呼吸器内科	循環器内科	消化器内科(胃腸内科)	腎臓内科	神経内科	糖尿病内科(代謝内科)	血液内科	皮膚科	アレルギー科
総　　　数	202 302	21 981	5 407	10 489	10 847	3 689	4 446	4 040	2 631	3 691	95
男	157 385	17 640	4 243	9 212	9 065	2 619	3 431	2 592	2 036	1 688	73
女	44 917	4 341	1 164	1 277	1 782	1 070	1 015	1 448	595	2 003	22
24歳以下	633	–	–	–	–	–	–	–	–	–	–
男	384	–	–	–	–	–	–	–	–	–	–
女	249	–	–	–	–	–	–	–	–	–	–
25 ～ 29	26 911	1 166	545	836	858	447	366	411	236	460	2
男	17 629	818	348	677	619	254	242	195	145	131	2
女	9 282	348	197	159	239	193	124	216	91	329	–
30 ～ 34	31 681	1 743	1 093	2 017	2 376	919	782	953	509	802	17
男	21 702	1 179	776	1 644	1 815	563	536	483	355	248	12
女	9 979	564	317	373	561	356	246	470	154	554	5
35 ～ 39	28 657	1 829	1 009	1 913	1 977	659	668	676	416	715	13
男	20 357	1 249	761	1 621	1 611	423	479	404	300	280	11
女	8 300	580	248	292	366	236	189	272	116	435	2
40 ～ 44	26 154	2 183	805	1 616	1 621	528	631	585	380	563	12
男	19 826	1 497	620	1 420	1 346	397	480	381	275	279	7
女	6 328	686	185	196	275	131	151	204	105	284	5
45 ～ 49	22 938	2 632	574	1 373	1 316	379	570	427	328	389	11
男	18 612	1 911	477	1 227	1 138	311	443	305	261	228	8
女	4 326	721	97	146	178	68	127	122	67	161	3
50 ～ 54	19 751	2 631	501	1 049	1 022	279	471	347	319	277	12
男	17 004	2 129	435	984	945	238	384	274	284	173	8
女	2 747	502	66	65	77	41	87	73	35	104	4
55 ～ 59	17 497	2 857	408	788	773	223	411	265	226	218	6
男	15 756	2 476	384	755	726	198	364	231	209	156	5
女	1 741	381	24	33	47	25	47	34	17	62	1
60 ～ 64	12 269	2 370	257	471	492	153	279	195	133	133	9
男	11 318	2 147	244	461	470	140	252	162	127	95	9
女	951	223	13	10	22	13	27	33	6	38	–
65 ～ 69	7 781	2 002	143	263	249	60	159	96	51	63	9
男	7 273	1 842	130	261	235	54	150	83	48	46	8
女	508	160	13	2	14	6	9	13	3	17	1
70 ～ 74	3 519	1 064	35	91	88	21	58	46	21	31	–
男	3 282	981	32	91	85	20	52	42	21	22	–
女	237	83	3	–	3	1	6	4	–	9	–
75 ～ 79	2 253	726	23	41	51	14	33	24	8	21	3
男	2 139	690	22	41	51	14	31	21	7	14	2
女	114	36	1	–	–	–	2	3	1	7	1
80 ～ 84	1 391	448	12	20	15	5	11	13	1	17	–
男	1 314	420	12	19	15	5	11	10	1	14	–
女	77	28	–	1	–	–	–	3	–	3	–
85歳以上	867	330	2	11	9	2	7	2	3	2	1
男	789	301	2	11	9	2	7	1	3	2	1
女	78	29	–	–	–	–	–	1	–	–	–
平均年齢　総数	44.5	52.8	42.7	43.3	42.8	41.1	44.8	42.4	43.5	41.5	48.5
男	46.1	54.5	44.0	44.0	43.7	42.8	46.1	44.7	44.9	45.0	49.3
女	38.8	46.0	38.1	38.2	38.1	36.8	40.5	38.3	38.7	38.5	45.7

注：複数の診療科に従事している場合の主として従事する診療科と、1診療科のみに従事している場合の診療科である。

病院－診療所、年齢階級、性、主たる診療科別（6－3）

院

平成28年12月31日現在

リウマチ科	感染症内科	小児科	精神科	心療内科	外科	呼吸器外科	心臓血管外科	乳腺外科	気管食道外科	消化器外科（胃腸外科）
1 419	473	10 355	11 747	264	11 293	1 867	3 046	1 537	83	5 117
1 077	393	6 672	9 082	191	10 528	1 727	2 857	897	81	4 792
342	80	3 683	2 665	73	765	140	189	640	2	325
－	－	－	－	－	－	－	－	－	－	－
－	－	－	－	－	－	－	－	－	－	－
148	33	839	486	8	793	107	197	74	－	202
94	26	462	307	4	632	94	177	12	－	173
54	7	377	179	4	161	13	20	62	－	29
353	84	2 043	1 277	24	1 380	359	519	226	16	803
227	68	1 188	843	17	1 153	302	456	44	15	710
126	16	855	434	7	227	57	63	182	1	93
243	125	1 941	1 584	24	1 223	251	438	232	21	879
181	101	1 145	1 083	14	1 070	225	398	68	20	773
62	24	796	501	10	153	26	40	164	1	106
190	84	1 614	1 737	36	1 202	274	465	260	15	815
147	65	1 003	1 269	23	1 096	251	423	144	15	767
43	19	611	468	13	106	23	42	116	－	48
146	52	1 114	1 521	37	1 431	283	391	228	17	801
121	46	715	1 166	29	1 368	266	378	170	17	774
25	6	399	355	8	63	17	13	58	－	27
103	35	835	1 361	35	1 416	225	383	202	8	594
91	32	588	1 105	24	1 384	221	376	164	8	579
12	3	247	256	11	32	4	7	38	－	15
99	36	756	1 151	33	1 363	193	346	164	2	492
89	33	584	962	27	1 349	193	344	149	2	486
10	3	172	189	6	14	－	2	15	－	6
61	18	610	920	25	1 032	108	212	85	3	305
56	17	510	802	18	1 026	108	211	80	3	304
5	1	100	118	7	6	－	1	5	－	1
50	3	371	669	20	711	45	54	36	－	121
47	3	303	611	17	709	45	53	36	－	121
3	－	68	58	3	2	－	1	－	－	－
13	1	126	321	12	325	11	25	16	1	63
11	1	92	280	9	325	11	25	16	1	63
2	－	34	41	3	－	－	－	－	－	－
9	2	64	289	2	205	7	10	8	－	24
9	1	55	265	1	205	7	10	8	－	24
－	1	9	24	1	－	－	－	－	－	－
4	－	24	254	5	129	2	6	4	－	9
4	－	14	237	5	129	2	6	4	－	9
－	－	10	17	－	－	－	－	－	－	－
－	－	18	177	3	83	2	－	2	－	9
－	－	13	152	3	82	2	－	2	－	9
－	－	5	25	－	1	－	－	－	－	－
42.2	41.8	43.6	49.6	51.2	49.1	44.7	45.0	45.5	42.4	45.3
43.8	42.2	45.1	51.1	52.4	50.0	45.3	45.5	50.5	42.6	45.8
37.4	39.6	41.0	44.5	48.1	36.8	37.0	37.5	38.4	34.2	37.9

149

第39表　医療施設従事医師数、平均年齢，

病

	泌尿器科	肛門外科	脳神経外科	整形外科	形成外科	美容外科	眼科	耳鼻いんこう科	小児外科	産婦人科	産科
総数	5 154	170	6 232	13 497	2 079	9	4 749	3 839	・777	6 656	394
男	4 794	150	5 861	12 711	1 430	7	2 776	2 860	628	3 798	233
女	360	20	371	786	649	2	1 973	979	149	2 858	161
24歳以下	-	-	-	-	-	-	-	-	-	-	-
男	-	-	-	-	-	-	-	-	-	-	-
女	-	-	-	-	-	-	-	-	-	-	-
25 〜 29	392	1	355	829	263	-	454	388	45	552	26
男	326	-	312	722	126	-	235	247	35	185	12
女	66	1	43	107	137	-	219	141	10	367	14
30 〜 34	767	8	831	2 040	451	-	887	795	161	1 407	86
男	674	4	739	1 850	240	-	498	540	113	509	37
女	93	4	92	190	211	-	389	255	48	898	49
35 〜 39	716	15	745	2 058	424	1	864	720	128	1 138	67
男	633	9	660	1 901	270	1	495	516	95	458	24
女	83	6	85	157	154	-	369	204	33	680	43
40 〜 44	799	22	896	2 114	331	2	818	617	124	868	82
男	741	17	821	1 958	245	1	472	460	92	460	45
女	58	5	75	156	86	1	346	157	32	408	37
45 〜 49	681	26	816	1 823	187	3	684	469	96	697	37
男	653	24	777	1 737	152	2	400	378	83	441	28
女	28	2	39	86	35	1	284	91	13	256	9
50 〜 54	583	15	762	1 536	171	2	433	311	73	599	24
男	568	14	746	1 483	156	2	263	257	65	468	22
女	15	1	16	53	15	-	170	54	8	131	2
55 〜 59	540	26	773	1 237	133	-	286	246	64	543	27
男	528	25	763	1 220	126	-	195	206	61	478	25
女	12	1	10	17	7	-	91	40	3	65	2
60 〜 64	335	21	505	761	70	-	169	147	58	388	28
男	330	21	498	748	68	-	112	131	58	359	25
女	5	-	7	13	2	-	57	16	-	29	3
65 〜 69	192	11	290	469	29	-	78	77	17	268	9
男	192	11	289	468	27	-	54	68	16	257	8
女	-	-	1	1	2	-	24	9	1	11	1
70 〜 74	69	15	139	269	12	-	28	26	11	106	2
男	69	15	137	266	12	-	18	23	10	99	2
女	-	-	2	3	-	-	10	3	1	7	-
75 〜 79	51	4	77	177	5	1	19	20	-	45	4
男	51	4	77	176	5	1	15	17	-	43	3
女	-	-	-	1	-	-	4	3	-	2	1
80 〜 84	21	4	32	119	1	-	16	18	-	33	1
男	21	4	32	119	1	-	12	14	-	32	1
女	-	-	-	-	-	-	4	4	-	1	-
85歳以上	8	2	11	65	2	-	13	5	-	12	1
男	8	2	10	63	2	-	7	3	-	9	1
女	-	-	1	2	-	-	6	2	-	3	-
平均年齢 総数	45.7	54.4	47.6	46.1	41.0	49.7	42.5	42.3	43.9	44.1	43.1
男	46.3	56.4	48.2	46.5	43.3	51.5	43.3	43.3	45.2	48.8	46.7
女	37.7	39.7	39.2	39.2	35.8	43.2	41.5	39.4	38.6	38.0	38.0

注：複数の診療科に従事している場合の主として従事する診療科と、1診療科のみに従事している場合の診療科である。

150

病院－診療所、年齢階級、性、主たる診療科別（6－4）

院

平成28年12月31日現在

婦人科	リハビリテーション科	放射線科	麻酔科	病理診断科	臨床検査科	救急科	臨床研修医	全科	その他	主たる診療科不詳	不詳
762	2 326	6 137	8 604	1 863	607	3 226	16 697	136	3 059	294	518
503	1 807	4 648	5 199	1 357	484	2 818	11 291	117	2 381	251	385
259	519	1 489	3 405	506	123	408	5 406	19	678	43	133
-	-	-	-	2	-	-	630	-	1	-	-
-	-	-	-	1	-	-	383	-	-	-	-
-	-	-	-	1	-	-	247	-	1	-	-
20	45	430	730	99	4	304	13 584	21	69	15	71
9	25	285	319	50	2	225	8 995	17	40	11	39
11	20	145	411	49	2	79	4 589	4	29	4	32
91	101	1 005	1 634	233	15	753	1 718	18	251	28	106
39	59	644	776	121	8	611	1 327	15	172	19	73
52	42	361	858	112	7	142	391	3	79	9	33
93	207	968	1 708	222	32	641	517	19	418	38	82
38	95	644	826	134	15	561	386	12	278	28	61
55	112	324	882	88	17	80	131	7	140	10	21
91	297	837	1 188	206	55	499	155	21	424	38	54
41	192	603	673	124	32	436	125	18	297	31	37
50	105	234	515	82	23	63	30	3	127	7	17
85	340	820	972	219	66	354	54	14	401	32	42
52	245	656	686	154	47	328	44	12	294	28	32
33	95	164	286	65	19	26	10	2	107	4	10
76	317	723	884	244	79	284	32	11	401	41	45
53	251	591	671	197	62	272	26	11	330	36	34
23	66	132	213	47	17	12	6	-	71	5	11
78	322	646	712	227	100	236	5	8	417	31	30
65	277	568	582	191	82	230	3	8	345	30	26
13	45	78	130	36	18	6	2	-	72	1	4
71	258	434	467	175	99	107	2	7	252	16	28
63	241	396	395	161	83	107	2	7	229	14	28
8	17	38	72	14	16	-	-	-	23	2	-
62	192	193	223	127	78	35	-	11	198	23	24
57	179	183	194	121	76	35	-	11	180	23	22
5	13	10	29	6	2	-	-	-	18	-	2
38	97	47	60	60	32	10	-	2	103	13	11
37	97	44	54	54	31	10	-	2	100	12	10
1	-	3	6	6	1	-	-	-	3	1	1
25	70	16	18	30	27	2	-	3	76	9	10
22	68	16	15	30	27	2	-	3	68	9	9
3	2	-	3	-	-	-	-	-	8	-	1
22	54	11	6	14	11	1	-	1	34	6	7
20	52	11	6	14	10	1	-	1	34	6	6
2	2	-	-	-	1	-	-	-	-	-	1
10	26	7	2	5	9	-	-	-	14	4	8
7	26	7	2	5	9	-	-	-	14	4	8
3	-	-	-	-	-	-	-	-	-	-	-
51.7	53.6	45.1	43.2	49.1	57.2	41.3	27.9	45.0	50.5	50.5	44.5
55.9	56.0	46.6	45.8	51.8	59.3	42.1	28.1	46.3	52.0	52.0	46.6
43.6	45.2	40.5	39.2	41.8	49.0	36.0	27.4	36.5	44.9	41.4	38.3

第39表　医療施設従事医師数、平均年齢,

診　療

	総　数	内　科	呼吸器内科	循環器内科	消化器内科（胃腸内科）	腎臓内科	神経内科	糖尿病内科（代謝内科）	血液内科	皮　膚　科	アレルギー科
総　数	102 457	38 874	580	1 967	3 389	827	476	849	19	5 411	67
男	83 069	33 225	506	1 793	3 044	613	378	597	14	3 092	53
女	19 388	5 649	74	174	345	214	98	252	5	2 319	14
24 歳 以 下	–	–	–	–	–	–	–	–	–	–	–
男	–	–	–	–	–	–	–	–	–	–	–
女	–	–	–	–	–	–	–	–	–	–	–
25 ～ 29	181	94	1	3	2	–	1	–	2	12	–
男	115	59	1	3	2	–	1	–	2	3	–
女	66	35	–	–	–	–	–	–	–	9	–
30 ～ 34	1 112	438	6	9	36	17	5	16	1	67	1
男	591	268	3	5	19	5	2	6	–	19	–
女	521	170	3	4	17	12	3	10	1	48	1
35 ～ 39	3 428	1 106	27	58	134	64	13	62	1	334	–
男	1 873	686	20	36	79	30	5	35	1	95	–
女	1 555	420	7	22	55	34	8	27	–	239	–
40 ～ 44	7 623	2 238	63	148	276	98	51	112	1	606	3
男	4 956	1 556	45	115	202	57	34	66	–	267	2
女	2 667	682	18	33	74	41	17	46	1	339	1
45 ～ 49	11 629	3 741	87	233	439	137	64	122	3	773	1
男	8 332	2 851	68	200	367	77	47	76	3	378	–
女	3 297	890	19	33	72	60	17	46	–	395	1
50 ～ 54	13 633	4 901	82	249	502	105	78	121	1	740	5
男	10 769	4 011	71	222	441	82	56	90	–	435	4
女	2 864	890	11	27	61	23	22	31	1	305	1
55 ～ 59	16 405	6 299	95	329	515	119	84	139	1	804	17
男	13 650	5 418	89	310	483	107	72	97	1	464	14
女	2 755	881	6	19	32	12	12	42	–	340	3
60 ～ 64	15 822	6 327	87	361	500	111	62	103	1	719	14
男	13 744	5 725	80	346	483	94	53	82	1	479	14
女	2 078	602	7	15	17	17	9	21	–	240	–
65 ～ 69	13 758	5 612	58	305	470	85	53	90	7	645	7
男	12 255	5 196	56	299	459	75	47	79	5	429	5
女	1 503	416	2	6	11	10	6	11	2	216	2
70 ～ 74	6 739	2 833	29	139	218	54	38	36	1	273	6
男	5 955	2 587	29	132	216	53	37	27	1	177	5
女	784	246	–	7	2	1	1	9	–	96	1
75 ～ 79	4 978	2 017	26	73	153	22	20	24	–	213	10
男	4 490	1 874	25	67	151	20	18	19	–	157	7
女	488	143	1	6	2	2	2	5	–	56	3
80 ～ 84	3 777	1 598	7	36	88	12	7	14	–	132	1
男	3 417	1 497	7	36	87	10	6	10	–	109	1
女	360	101	–	–	1	2	1	4	–	23	–
85 歳 以 上	3 372	1 670	12	24	56	3	–	10	–	93	2
男	2 922	1 497	12	22	55	3	–	10	–	80	1
女	450	173	–	2	1	–	–	–	–	13	1
平均年齢　総数	59.6	60.9	56.8	58.9	58.3	55.0	57.0	55.1	54.2	56.7	63.7
男	60.9	62.0	58.0	59.6	59.5	57.4	58.4	56.7	54.6	59.2	63.9
女	54.3	54.7	48.5	51.5	47.7	48.0	51.6	51.4	53.2	53.2	62.6

注：複数の診療科に従事している場合の主として従事する診療科と、1診療科のみに従事している場合の診療科である。

病院－診療所、年齢階級、性、主たる診療科別（6－5）

所

平成28年12月31日現在

リウマチ科	感染症内科	小児科	精神科	心療内科	外科	呼吸器外科	心臓血管外科	乳腺外科	気管食道外科	消化器外科（胃腸外科）
194	19	6 582	3 862	646	3 130	13	91	331	1	258
157	16	4 454	2 991	511	3 056	13	88	234	1	248
37	3	2 128	871	135	74	–	3	97	–	10
–	–	–	–	–	–	–	–	–	–	–
–	–	–	–	–	–	–	–	–	–	–
5	–	2	5	2	1	–	–	–	–	2
4	–	1	2	1	1	–	–	–	–	2
1	–	1	3	1	–	–	–	–	–	–
8	4	39	61	4	15	–	1	6	–	–
6	4	14	37	3	12	–	1	–	–	–
2	–	25	24	1	3	–	–	6	–	–
10	2	181	179	27	30	–	4	22	–	3
5	2	74	112	15	27	–	3	3	–	2
5	–	107	67	12	3	–	1	19	–	1
25	2	424	381	69	102	–	12	44	–	18
15	2	223	239	54	89	–	11	15	–	17
10	–	201	142	15	13	–	1	29	–	1
18	1	636	463	75	181	1	17	45	–	20
12	–	332	330	56	168	1	16	23	–	20
6	1	304	133	19	13	–	1	22	–	–
28	3	735	554	103	244	2	12	53	–	27
21	3	465	408	73	233	2	12	46	–	22
7	–	270	146	30	11	–	–	7	–	5
31	1	1 039	669	117	422	3	11	54	1	33
28	–	747	529	89	406	3	11	49	1	33
3	1	292	140	28	16	–	–	5	–	–
25	1	1 219	559	96	422	3	14	37	–	36
23	1	894	468	84	414	3	14	34	–	35
2	–	325	91	12	8	–	–	3	–	1
15	1	1 120	487	75	535	3	8	38	–	41
15	1	869	419	67	532	3	8	33	–	41
–	–	251	68	8	3	–	–	5	–	–
20	–	475	206	24	335	1	7	14	–	32
19	–	332	180	21	333	1	7	13	–	31
1	–	143	26	3	2	–	–	1	–	1
7	1	286	145	20	306	–	5	14	–	15
7	1	210	131	20	306	–	5	14	–	14
–	–	76	14	–	–	–	–	–	–	1
1	2	208	110	16	293	–	–	3	–	18
1	1	143	95	11	291	–	–	3	–	18
–	1	65	15	5	2	–	–	–	–	–
1	1	218	43	18	244	–	–	1	–	13
1	1	150	41	17	244	–	–	1	–	13
–	–	68	2	1	–	–	–	–	–	–
55.2	53.4	60.8	57.4	57.4	66.4	60.5	55.7	54.9	56.4	63.3
57.3	51.5	62.0	58.6	58.4	66.8	60.5	56.1	58.8	56.4	63.6
46.5	63.5	58.2	53.0	53.7	52.7	–	43.4	45.5	–	55.0

第39表　医療施設従事医師数、平均年齢，

診　療

		泌尿器科	肛門外科	脳神経外科	整形外科	形成外科	美容外科	眼科	耳鼻いんこう科	小児外科	産婦人科	産科
総数	総数	1 908	273	1 128	7 796	514	513	8 395	5 433	25	4 198	101
	男	1 862	255	1 096	7 541	384	404	5 340	4 437	20	3 172	88
	女	46	18	32	255	130	109	3 055	996	5	1 026	13
24歳以下		-	-	-	-		-	-	-	-	-	-
	男	-	-	-	-		-	-	-	-	-	-
	女	-	-	-	-		-	-	-	-	-	-
25 ～ 29		-	-	-	5	-	14	8	1	-	3	-
	男	-	-	-	4	-	7	7	1	-	-	-
	女	-	-	-	1	-	7	1	-	-	3	-
30 ～ 34		11	1	7	27	11	57	64	23	1	57	1
	男	8	1	5	21	1	36	31	12	-	15	-
	女	3	-	2	6	10	21	33	11	1	42	1
35 ～ 39		34	5	10	126	58	92	301	113	-	161	4
	男	25	4	7	101	31	65	162	72	-	50	3
	女	9	1	3	25	27	27	139	41	-	111	1
40 ～ 44		116	15	49	523	71	114	891	415	2	341	19
	男	107	13	41	467	46	87	543	297	2	145	10
	女	9	2	8	56	25	27	348	118	-	196	9
45 ～ 49		219	37	118	897	70	71	1 388	766	2	492	9
	男	210	33	114	839	52	53	819	595	2	286	9
	女	9	4	4	58	18	18	569	171	-	206	-
50 ～ 54		295	33	173	1 233	94	66	1 345	839	1	474	11
	男	289	29	167	1 189	75	64	842	690	1	350	11
	女	6	4	6	44	19	2	503	149	-	124	-
55 ～ 59		321	36	226	1 384	91	47	1 351	935	3	620	17
	男	319	32	220	1 360	71	45	921	772	3	503	16
	女	2	4	6	24	20	2	430	163	-	117	1
60 ～ 64		345	41	217	1 316	63	31	1 161	819	4	546	14
	男	341	40	214	1 293	56	28	789	698	4	473	14
	女	4	1	3	23	7	3	372	121	-	73	-
65 ～ 69		279	53	162	955	36	9	820	585	6	614	13
	男	277	53	162	944	33	9	555	495	5	562	13
	女	2	-	-	11	3	-	265	90	1	52	-
70 ～ 74		111	19	91	521	11	7	358	264	4	286	6
	男	109	18	91	517	10	5	228	225	1	259	6
	女	2	1	-	4	1	2	130	39	3	27	-
75 ～ 79		98	15	50	403	3	3	294	262	2	230	4
	男	98	15	50	402	3	3	190	229	2	211	3
	女	-	-	-	1	-	-	104	33	-	19	1
80 ～ 84		63	9	21	266	4	-	206	228	-	195	2
	男	63	9	21	265	4	-	134	205	-	170	2
	女	-	-	-	1	-	-	72	23	-	25	-
85歳以上		16	9	4	140	2	2	208	183	-	179	1
	男	16	8	4	139	2	2	119	146	-	148	1
	女	-	1	-	1	-	-	89	37	-	31	-
平均年齢	総数	59.5	61.0	59.8	59.6	52.4	45.9	57.0	59.3	61.2	60.2	56.5
	男	59.8	61.5	60.1	60.0	54.2	47.2	57.3	59.8	60.7	62.9	58.2
	女	48.2	54.1	48.4	49.7	46.8	40.8	56.3	56.8	63.6	51.9	45.0

注：複数の診療科に従事している場合の主として従事する診療科と、1診療科のみに従事している場合の診療科である。

病院－診療所、年齢階級、性、主たる診療科別（6－6）

所

平成28年12月31日現在

婦人科	リハビリテーション科	放射線科	麻酔科	病理診断科	臨床検査科	救急科	臨床研修医	全科	その他	主たる診療科不詳	不詳
1 043	158	450	558	30	6	18	4	116	939	695	570
679	115	316	411	26	4	18	2	107	645	597	466
364	43	134	147	4	2	-	2	9	294	98	104
-	-	-	-	-	-	-	-	-	-	-	-
-	-	-	-	-	-	-	-	-	-	-	-
-	-	-	-	-	-	-	-	-	-	-	-
-	1	1	1	-	-	-	1	3	7	2	2
-	1	1	-	-	-	-	1	3	4	2	2
-	-	-	1	-	-	-	-	-	3	-	-
14	3	14	5	-	-	3	3	16	45	9	6
1	1	7	-	-	-	3	1	13	19	7	5
13	2	7	5	-	-	-	2	3	26	2	1
51	9	31	29	-	-	6	-	16	79	25	21
7	4	16	17	-	-	6	-	14	34	14	11
44	5	15	12	-	-	-	-	2	45	11	10
79	20	47	45	3	-	3	-	8	113	45	31
19	13	25	21	2	-	3	-	7	53	29	17
60	7	22	24	1	-	-	-	1	60	16	14
96	18	69	87	2	2	-	-	7	117	63	42
36	9	35	60	1	-	-	-	7	67	51	29
60	9	34	27	1	2	-	-	-	50	12	13
90	25	54	80	-	1	2	-	18	128	63	63
51	17	35	53	-	1	2	-	17	83	55	51
39	8	19	27	-	-	-	-	1	45	8	12
143	15	68	108	3	-	1	-	9	114	76	54
95	10	46	88	3	-	1	-	9	84	60	41
48	5	22	20	-	-	-	-	-	30	16	13
133	14	53	98	5	-	1	-	13	92	76	83
98	12	45	81	4	-	1	-	12	77	69	68
35	2	8	17	1	-	-	-	1	15	7	15
165	19	52	60	7	1	2	-	9	82	90	84
140	18	48	53	7	1	2	-	9	71	87	73
25	1	4	7	-	-	-	-	-	11	3	11
78	7	25	25	5	1	-	-	4	48	74	53
68	6	24	19	5	1	-	-	4	44	66	48
10	1	1	6	-	-	-	-	-	4	8	5
52	8	21	13	3	-	-	-	8	41	61	50
46	7	19	13	2	-	-	-	8	40	56	47
6	1	2	-	1	-	-	-	-	1	5	3
68	10	9	4	1	-	-	-	3	41	62	39
59	9	9	3	1	-	-	-	3	40	59	35
9	1	-	1	-	-	-	-	-	1	3	4
74	9	6	3	1	1	-	-	2	32	49	42
59	8	6	3	1	1	-	-	1	29	42	39
15	1	-	-	-	-	-	-	1	3	7	3
61.9	58.4	56.0	56.1	65.1	62.3	45.1	32.1	52.5	55.8	63.7	63.7
66.5	61.3	58.8	57.9	66.3	70.2	45.1	31.3	53.0	59.4	64.9	65.4
53.2	50.8	49.2	51.1	57.5	46.4	-	32.9	46.3	47.8	56.4	56.5

第40表　医療施設従事医師数、平均年齢,

総

		総　数	内　科	呼吸器内科	循環器内科	消化器内科(胃腸内科)	腎臓内科	神経内科	糖尿病内科(代謝内科)	血液内科	皮　膚　科	アレルギー科
総　数		304 759	87 761	13 405	22 674	29 478	6 850	7 617	9 003	3 456	14 142	6 454
	男	240 454	73 437	11 404	20 239	26 070	5 230	6 147	6 630	2 727	9 178	5 377
	女	64 305	14 324	2 001	2 435	3 408	1 620	1 470	2 373	729	4 964	1 077
24 歳 以 下		633	–	–	–	–	–	–	–	–	–	–
	男	384	–	–	–	–	–	–	–	–	–	–
	女	249	–	–	–	–	–	–	–	–	–	–
25 ～ 29		27 092	1 864	572	876	916	493	386	465	259	486	40
	男	17 744	1 277	369	704	664	290	256	232	159	141	21
	女	9 348	587	203	172	252	203	130	233	100	345	19
30 ～ 34		32 793	3 770	1 178	2 121	2 568	1 032	829	1 066	547	922	111
	男	22 293	2 535	838	1 727	1 945	628	566	552	383	300	72
	女	10 500	1 235	340	394	623	404	263	514	164	622	39
35 ～ 39		32 085	5 077	1 236	2 234	2 498	849	788	918	470	1 213	240
	男	22 230	3 470	917	1 846	1 976	537	558	563	335	477	175
	女	9 855	1 607	319	388	522	312	230	355	135	736	65
40 ～ 44		33 777	7 165	1 264	2 312	2 742	859	871	1 066	447	1 448	521
	男	24 782	5 137	968	1 962	2 228	633	650	705	318	761	395
	女	8 995	2 028	296	350	514	226	221	361	129	687	126
45 ～ 49		34 567	9 654	1 407	2 608	3 275	842	897	1 051	447	1 598	842
	男	26 944	7 392	1 153	2 249	2 773	644	698	769	358	947	660
	女	7 623	2 262	254	359	502	198	199	282	89	651	182
50 ～ 54		33 384	10 941	1 630	2 664	3 549	691	899	1 028	413	1 647	1 024
	男	27 773	9 058	1 428	2 400	3 182	595	740	821	365	1 150	855
	女	5 611	1 883	202	264	367	96	159	207	48	497	169
55 ～ 59		33 902	12 847	1 761	2 859	3 882	669	947	1 031	358	1 811	1 222
	男	29 406	11 187	1 615	2 664	3 599	592	834	873	323	1 303	1 049
	女	4 496	1 660	146	195	283	77	113	158	35	508	173
60 ～ 64		28 091	12 001	1 636	2 640	3 558	549	752	826	225	1 675	1 044
	男	25 062	10 877	1 537	2 506	3 408	500	677	718	213	1 333	928
	女	3 029	1 124	99	134	150	49	75	108	12	342	116
65 ～ 69		21 539	10 358	1 264	2 094	3 073	403	584	669	143	1 407	718
	男	19 528	9 583	1 194	2 011	2 974	371	544	601	132	1 120	625
	女	2 011	775	70	83	99	32	40	68	11	287	93
70 ～ 74		10 258	5 271	590	963	1 453	221	297	361	58	670	287
	男	9 237	4 822	551	915	1 395	207	277	319	53	536	234
	女	1 021	449	39	48	58	14	20	42	5	134	53
75 ～ 79		7 231	3 662	420	636	961	136	202	265	42	508	203
	男	6 629	3 413	407	610	943	131	193	243	41	427	179
	女	602	249	13	26	18	5	9	22	1	81	24
80 ～ 84		5 168	2 669	242	379	598	77	115	158	30	431	135
	男	4 731	2 476	238	372	590	74	106	142	30	387	124
	女	437	193	4	7	8	3	9	16	–	44	11
85 歳 以 上		4 239	2 482	205	288	405	29	50	99	17	326	67
	男	3 711	2 210	189	273	393	28	48	92	17	296	60
	女	528	272	16	15	12	1	2	7	–	30	7
平均年齢　総数		49.6	56.9	52.9	52.3	53.6	47.8	50.6	50.6	46.4	54.4	56.9
	男	51.2	58.3	54.4	53.1	54.8	50.0	52.2	53.2	48.0	58.1	57.6
	女	43.5	50.2	44.4	45.4	44.3	40.6	44.1	43.5	40.3	47.5	53.7

注：2つ以上の診療科に従事している場合、各々の科に重複計上している。

病院－診療所、年齢階級、性、診療科（複数回答）別（6－1）

数

平成28年12月31日現在

リウマチ科	感染症内科	小児科	精神科	心療内科	外科	呼吸器外科	心臓血管外科	乳腺外科	気管食道外科	消化器外科（胃腸外科）
6 186	1 326	27 761	17 077	5 617	25 673	2 367	3 590	3 422	931	8 728
5 475	1 124	20 553	13 255	4 491	24 223	2 197	3 385	2 534	866	8 243
711	202	7 208	3 822	1 126	1 450	170	205	888	65	485
–	–	–	–	–	–	–	–	–	–	–
–	–	–	–	–	–	–	–	–	–	–
–	–	–	–	–	–	–	–	–	–	–
208	55	873	496	32	934	139	212	145	37	278
130	41	487	313	20	750	119	190	63	32	236
78	14	386	183	12	184	20	22	82	5	42
464	130	2 220	1 362	155	1 799	393	528	344	74	984
304	104	1 292	898	103	1 495	330	464	122	66	858
160	26	928	464	52	304	63	64	222	8	126
409	194	2 407	1 827	334	1 887	276	463	385	104	1 113
315	160	1 420	1 233	226	1 611	246	420	174	90	970
94	34	987	594	108	276	30	43	211	14	143
577	157	2 569	2 258	599	2 198	315	510	437	98	1 165
463	123	1 631	1 611	422	1 966	286	466	273	85	1 092
114	34	938	647	177	232	29	44	164	13	73
724	163	2 572	2 158	685	2 883	335	451	483	125	1 292
624	134	1 722	1 633	528	2 715	314	434	391	118	1 246
100	29	850	525	157	168	21	17	92	7	46
828	149	2 824	2 123	786	3 140	296	457	490	123	1 110
773	135	2 110	1 659	607	3 014	290	450	427	118	1 076
55	14	714	464	179	126	6	7	63	5	34
920	141	3 581	2 051	916	3 515	272	441	456	133	1 019
870	123	2 874	1 679	738	3 439	272	438	425	129	1 007
50	18	707	372	178	76	–	3	31	4	12
820	119	3 752	1 704	760	3 080	181	296	316	107	723
793	105	3 164	1 462	648	3 042	180	294	302	105	718
27	14	588	242	112	38	1	2	14	2	5
552	83	3 203	1 331	670	2 533	89	126	204	62	479
535	77	2 743	1 189	599	2 515	89	124	196	58	478
17	6	460	142	71	18	–	2	8	4	1
308	41	1 433	612	235	1 397	38	57	78	25	231
296	34	1 173	534	201	1 386	38	56	77	25	229
12	7	260	78	34	11	–	1	1	–	2
207	45	916	506	217	972	21	32	47	23	177
205	42	780	462	202	966	21	32	47	21	176
2	3	136	44	15	6	–	–	–	2	1
109	33	689	401	145	752	4	16	21	14	96
107	30	569	364	122	748	4	16	21	14	96
2	3	120	37	23	4	–	–	–	–	–
60	16	722	248	83	583	8	1	16	6	61
60	16	588	218	75	576	8	1	16	5	61
–	–	134	30	8	7	–	–	–	1	–
53.8	50.5	54.7	52.1	56.3	54.8	46.5	46.7	49.4	51.2	49.3
55.2	51.3	56.6	53.5	57.3	55.6	47.2	47.2	52.8	51.6	49.9
42.5	46.3	49.3	47.1	52.1	41.3	37.3	38.1	39.7	45.1	39.2

第40表　医療施設従事医師数、平均年齢、

総

		泌尿器科	肛門外科	脳神経外科	整形外科	形成外科	美容外科	眼科	耳鼻いんこう科	小児外科	産婦人科	産科
総　数		8 490	4 352	8 027	25 106	3 577	1 020	13 357	9 536	1 219	11 042	721
	男	7 981	4 183	7 587	23 851	2 620	786	8 268	7 521	1 032	7 118	477
	女	509	169	440	1 255	957	234	5 089	2 015	187	3 924	244
24 歳 以 下		-	-	-	-	-	-	-	-	-	-	-
	男	-	-	-	-	-	-	-	-	-	-	-
	女	-	-	-	-	-	-	-	-	-	-	-
25 ～ 29		398	43	360	855	272	39	465	395	59	557	36
	男	329	35	316	738	134	21	244	251	46	185	17
	女	69	8	44	117	138	18	221	144	13	372	19
30 ～ 34		799	107	854	2 126	480	87	958	829	176	1 471	117
	男	697	81	757	1 922	255	55	533	560	126	529	53
	女	102	26	97	204	225	32	425	269	50	942	64
35 ～ 39		819	183	780	2 310	556	136	1 172	848	152	1 315	93
	男	705	148	688	2 107	347	91	660	601	114	517	36
	女	114	35	92	203	209	45	512	247	38	798	57
40 ～ 44		1 001	307	985	2 855	512	179	1 723	1 052	163	1 221	120
	男	916	283	895	2 604	362	125	1 020	775	124	612	68
	女	85	24	90	251	150	54	703	277	39	609	52
45 ～ 49		1 031	504	1 010	3 047	375	147	2 092	1 269	129	1 208	73
	男	975	480	961	2 867	296	109	1 232	1 003	113	739	52
	女	56	24	49	180	79	38	860	266	16	469	21
50 ～ 54		1 027	529	1 015	3 154	429	152	1 813	1 176	121	1 085	51
	男	996	512	989	3 025	373	135	1 129	969	111	825	47
	女	31	17	26	129	56	17	684	207	10	260	4
55 ～ 59		1 057	671	1 106	3 161	393	123	1 666	1 212	130	1 181	80
	男	1 036	655	1 084	3 095	344	108	1 139	1 000	123	995	68
	女	21	16	22	66	49	15	527	212	7	186	12
60 ～ 64		873	662	824	2 616	276	81	1 361	996	130	951	62
	男	854	654	810	2 562	248	73	925	856	128	846	58
	女	19	8	14	54	28	8	436	140	2	105	4
65 ～ 69		662	613	531	1 974	155	45	921	693	90	906	47
	男	656	608	530	1 954	140	41	628	591	85	841	42
	女	6	5	1	20	15	4	293	102	5	65	5
70 ～ 74		308	328	270	1 172	77	15	396	304	39	403	16
	男	305	325	266	1 156	70	12	256	261	35	367	16
	女	3	3	4	16	7	3	140	43	4	36	-
75 ～ 79		235	206	179	852	29	9	328	305	14	289	11
	男	235	204	179	846	29	9	216	264	13	268	8
	女	-	2	-	6	-	-	112	41	1	21	3
80 ～ 84		181	135	80	614	12	2	229	259	7	242	8
	男	178	135	80	610	12	2	151	231	7	215	7
	女	3	-	-	4	-	-	78	28	-	27	1
85 歳 以 上		99	64	33	370	11	5	233	198	9	213	7
	男	99	63	32	365	10	5	135	159	7	179	5
	女	-	1	1	5	1	-	98	39	2	34	2
平均年齢	総数	51.5	58.4	50.3	52.7	46.4	48.2	51.9	52.4	48.7	50.5	47.7
	男	52.2	58.9	50.9	53.2	48.8	49.7	52.7	53.5	50.0	55.4	51.3
	女	40.6	45.1	40.7	43.3	39.9	43.0	50.6	48.3	41.4	41.7	40.6

注：2つ以上の診療科に従事している場合、各々の科に重複計上している。

病院－診療所、年齢階級、性、診療科（複数回答）別（6－2）

数

平成28年12月31日現在

婦人科	リハビリテーション科	放射線科	麻酔科	病理診断科	臨床検査科	救急科	臨床研修医	全科	その他	不詳
2 376	14 815	9 263	10 998	1 991	842	4 172	16 701	252	5 588	1 088
1 623	13 459	7 419	7 227	1 459	678	3 686	11 293	224	4 306	851
753	1 356	1 844	3 771	532	164	486	5 408	28	1 282	237
–	–	–	–	2	–	–	630	–	1	–
–	–	–	–	1	–	–	383	–	–	–
–	–	–	–	1	–	–	247	–	1	–
30	77	443	744	100	6	367	13 585	24	86	73
15	52	297	329	51	3	277	8 996	20	51	41
15	25	146	415	49	3	90	4 589	4	35	32
131	225	1 050	1 676	246	18	905	1 721	34	353	112
55	152	675	804	129	9	737	1 328	28	231	78
76	73	375	872	117	9	168	393	6	122	34
178	537	1 065	1 818	230	45	807	517	35	626	103
59	346	709	904	139	24	713	386	26	398	72
119	191	356	914	91	21	94	131	9	228	31
237	1 157	1 002	1 356	213	76	617	155	29	718	85
94	922	723	783	127	42	545	125	25	471	54
143	235	279	573	86	34	72	30	4	247	31
228	1 607	1 069	1 218	232	100	475	54	21	755	84
123	1 362	836	868	162	69	439	44	19	541	61
105	245	233	350	70	31	36	10	2	214	23
203	2 136	1 037	1 176	260	123	409	32	29	787	108
133	1 939	854	912	210	101	394	26	28	621	85
70	197	183	264	50	22	15	6	1	166	23
277	2 492	1 120	1 114	238	142	345	5	17	762	84
205	2 327	985	925	202	122	337	3	17	624	67
72	165	135	189	36	20	8	2	–	138	17
269	2 447	942	845	191	132	159	2	20	525	111
215	2 345	861	728	174	114	159	2	19	467	96
54	102	81	117	17	18	–	–	1	58	15
295	1 971	698	580	146	95	54	–	20	425	108
260	1 909	669	528	140	92	53	–	20	387	95
35	62	29	52	6	3	1	–	–	38	13
172	975	345	228	72	43	21	–	6	219	64
159	943	327	211	65	42	20	–	6	201	58
13	32	18	17	7	1	1	–	–	18	6
109	614	215	127	37	32	7	–	11	159	60
97	599	209	120	35	31	7	–	11	147	56
12	15	6	7	2	1	–	–	–	12	4
118	377	155	82	18	17	4	–	4	104	46
105	370	155	81	18	16	3	–	4	103	41
13	7	–	1	–	1	1	–	–	1	5
129	200	122	34	6	13	2	–	2	68	50
103	193	119	34	6	13	2	–	1	64	47
26	7	3	–	–	–	–	–	1	4	3
58.1	58.3	50.7	46.6	49.6	56.8	42.2	27.9	48.4	52.4	54.6
62.1	59.2	52.7	49.8	52.3	58.8	42.9	28.1	49.5	54.2	56.9
49.4	49.4	42.8	40.4	42.1	48.5	36.4	27.4	39.7	46.5	46.3

第40表　医療施設従事医師数、平均年齢，

病

	総　数	内　科	呼吸器内科	循環器内科	消化器内科 (胃腸内科)	腎臓内科	神経内科	糖尿病内科 (代謝内科)	血液内科	皮　膚　科	アレルギー科
総　　数	202 302	35 044	6 849	12 337	13 850	4 526	5 292	5 155	3 016	4 024	832
男	157 385	28 370	5 473	10 801	11 692	3 319	4 119	3 482	2 348	1 975	678
女	44 917	6 674	1 376	1 536	2 158	1 207	1 173	1 673	668	2 049	154
24 歳 以 下	633	-	-	-	-	-	-	-	-	-	-
男	384	-	-	-	-	-	-	-	-	-	-
女	249	-	-	-	-	-	-	-	-	-	-
25 ～ 29	26 911	1 754	569	870	908	492	384	464	257	467	37
男	17 629	1 207	366	699	657	289	254	231	157	134	20
女	9 282	547	203	171	251	203	130	233	100	333	17
30 ～ 34	31 681	3 223	1 150	2 082	2 489	998	816	1 034	541	810	89
男	21 702	2 202	821	1 699	1 897	614	560	539	380	253	64
女	9 979	1 021	329	383	592	384	256	495	161	557	25
35 ～ 39	28 657	3 549	1 107	2 030	2 177	736	735	772	454	735	108
男	20 357	2 530	833	1 703	1 756	477	528	470	326	295	86
女	8 300	1 019	274	327	421	259	207	302	128	440	22
40 ～ 44	26 154	3 977	939	1 800	1 895	623	723	715	430	597	101
男	19 826	2 908	714	1 560	1 551	469	545	467	305	306	74
女	6 328	1 069	225	240	344	154	178	248	125	291	27
45 ～ 49	22 938	4 449	756	1 598	1 710	505	676	579	387	423	112
男	18 612	3 396	614	1 403	1 452	411	523	423	312	253	95
女	4 326	1 053	142	195	258	94	153	156	75	170	17
50 ～ 54	19 751	4 295	711	1 300	1 435	369	587	483	364	316	93
男	17 004	3 587	615	1 194	1 307	322	477	384	324	207	78
女	2 747	708	96	106	128	47	110	99	40	109	15
55 ～ 59	17 497	4 331	646	1 076	1 273	320	529	421	280	249	107
男	15 756	3 815	600	1 017	1 191	287	464	368	256	182	99
女	1 741	516	46	59	82	33	65	53	24	67	8
60 ～ 64	12 269	3 412	431	715	875	242	374	309	170	172	76
男	11 318	3 099	409	688	833	227	334	265	162	134	71
女	951	313	22	27	42	15	40	44	8	38	5
65 ～ 69	7 781	2 702	287	463	575	127	234	188	76	103	53
男	7 273	2 497	264	448	549	117	219	165	71	84	47
女	508	205	23	15	26	10	15	23	5	19	6
70 ～ 74	3 519	1 410	112	200	248	63	112	91	29	55	27
男	3 282	1 306	101	192	238	56	102	81	28	44	19
女	237	104	11	8	10	7	10	10	1	11	8
75 ～ 79	2 253	954	83	106	144	29	65	56	17	47	14
男	2 139	908	80	103	143	28	59	52	16	38	12
女	114	46	3	3	1	1	6	4	1	9	2
80 ～ 84	1 391	572	34	59	75	15	38	30	7	37	10
男	1 314	536	34	58	75	15	36	25	7	33	8
女	77	36	-	1	-	-	2	5	-	4	2
85 歳 以 上	867	416	24	38	46	7	19	13	4	13	5
男	789	379	22	37	43	7	18	12	4	12	5
女	78	37	2	1	3	-	1	1	-	1	-
平均年齢　総数	44.5	51.3	45.4	45.2	45.5	42.9	46.4	44.5	44.3	42.9	49.6
男	46.1	52.8	46.8	45.9	46.6	44.8	47.8	47.0	45.8	47.2	50.6
女	38.8	44.9	39.8	40.0	39.6	37.5	41.7	39.4	39.2	38.7	45.1

注：２つ以上の診療科に従事している場合、各々の科に重複計上している。

病院－診療所、年齢階級、性、診療科（複数回答）別（6－3）

院

平成28年12月31日現在

リウマチ科	感染症内科	小児科	精神科	心療内科	外科	呼吸器外科	心臓血管外科	乳腺外科	気管食道外科	消化器外科（胃腸外科）
2 655	868	10 956	12 184	1 933	15 705	2 240	3 277	2 689	600	7 619
2 150	739	7 132	9 429	1 531	14 585	2 075	3 080	1 945	558	7 170
505	129	3 824	2 755	402	1 120	165	197	744	42	449
－	－	－	－	－	－	－	－	－	－	－
－	－	－	－	－	－	－	－	－	－	－
202	55	856	488	28	916	139	212	145	37	276
125	41	474	309	19	735	119	190	63	32	234
77	14	382	179	9	181	20	22	82	5	42
448	121	2 082	1 287	114	1 726	392	526	334	72	981
291	98	1 215	850	79	1 434	329	462	121	65	855
157	23	867	437	35	292	63	64	213	7	126
359	183	2 004	1 608	197	1 733	276	453	352	102	1 095
278	150	1 187	1 098	131	1 488	246	412	165	89	957
81	33	817	510	66	245	30	41	187	13	138
331	135	1 695	1 775	289	1 799	303	484	364	85	1 106
255	103	1 056	1 295	204	1 614	276	441	237	75	1 039
76	32	639	480	85	185	27	43	127	10	67
318	107	1 182	1 573	260	2 100	318	415	389	103	1 197
268	96	766	1 205	205	1 989	299	401	324	98	1 156
50	11	416	368	55	111	19	14	65	5	41
256	96	904	1 420	261	2 041	283	418	374	82	988
236	91	642	1 145	211	1 980	278	411	328	82	965
20	5	262	275	50	61	5	7	46	－	23
270	73	819	1 203	223	1 923	253	384	325	66	848
250	69	637	1 004	192	1 896	253	382	307	65	839
20	4	182	199	31	27	－	2	18	1	9
177	53	667	989	184	1 429	164	240	219	38	565
167	50	559	861	155	1 419	163	238	214	37	562
10	3	108	128	29	10	1	2	5	1	3
149	20	428	724	155	955	71	84	119	9	295
142	20	349	659	141	952	71	83	118	9	295
7	－	79	65	14	3	－	1	1	－	－
70	9	160	344	58	493	22	35	39	4	125
64	6	123	301	47	491	22	34	39	4	125
6	3	37	43	11	2	－	1	－	－	－
40	10	84	318	69	291	13	17	17	2	81
39	9	73	291	64	290	13	17	17	2	81
1	1	11	27	5	1	－	－	－	－	－
24	4	39	268	67	178	3	9	10	－	35
24	4	26	251	59	178	3	9	10	－	35
－	－	13	17	8	－	－	－	－	－	－
11	2	36	187	28	121	3	－	2	－	27
11	2	25	160	24	119	3	－	2	－	27
－	－	11	27	4	2	－	－	－	－	－
46.7	44.8	44.2	49.9	53.0	49.5	45.7	45.6	47.3	45.3	47.3
48.5	45.6	45.7	51.4	54.2	50.4	46.4	46.1	50.7	45.8	47.9
38.9	40.4	41.4	44.8	48.4	38.2	37.0	37.7	38.3	39.0	38.2

第40表　医療施設従事医師数、平均年齢、

病

	泌尿器科	肛門外科	脳神経外科	整形外科	形成外科	美容外科	眼　科	耳鼻いんこう科	小児外科	産婦人科	産　科
総数	5 368	1 867	6 548	14 363	2 184	167	4 779	3 907	955	6 720	500
男	4 995	1 763	6 149	13 513	1 514	124	2 793	2 913	790	3 849	303
女	373	104	399	850	670	43	1 986	994	165	2 871	197
24歳以下	-	-	-	-	-	-	-	-	-	-	-
男	-	-	-	-	-	-	-	-	-	-	-
女	-	-	-	-	-	-	-	-	-	-	-
25 ～ 29	396	42	359	842	267	24	455	391	59	554	36
男	328	34	315	730	130	13	235	249	46	185	17
女	68	8	44	112	137	11	220	142	13	369	19
30 ～ 34	773	102	847	2 067	456	26	889	800	174	1 408	111
男	680	77	752	1 875	242	19	499	545	125	510	52
女	93	25	95	192	214	7	390	255	49	898	59
35 ～ 39	730	161	759	2 104	440	23	867	728	152	1 147	82
男	645	129	670	1 941	281	14	497	523	114	463	30
女	85	32	89	163	159	9	370	205	38	684	52
40 ～ 44	817	211	922	2 198	346	20	822	625	147	873	91
男	755	193	842	2 023	254	15	473	466	111	464	50
女	62	18	80	175	92	5	349	159	36	409	41
45 ～ 49	704	294	859	1 915	197	21	687	479	113	707	48
男	674	285	814	1 822	160	13	401	387	99	449	36
女	30	9	45	93	37	8	286	92	14	258	12
50 ～ 54	608	263	811	1 645	185	20	436	323	93	603	31
男	591	260	793	1 584	169	18	265	266	84	470	28
女	17	3	18	61	16	2	171	57	9	133	3
55 ～ 59	554	267	819	1 344	148	17	290	255	89	553	37
男	542	262	805	1 319	141	16	198	210	85	486	33
女	12	5	14	25	7	1	92	45	4	67	4
60 ～ 64	359	206	545	870	78	6	171	151	76	391	33
男	354	203	536	854	74	6	113	134	76	362	30
女	5	3	9	16	4	-	58	17	-	29	3
65 ～ 69	221	152	325	558	36	3	80	82	32	274	17
男	221	151	324	555	33	3	55	73	31	263	16
女	-	1	1	3	3	-	25	9	1	11	1
70 ～ 74	95	77	153	352	17	3	30	27	15	108	4
男	95	77	150	347	16	3	20	24	14	101	4
女	-	-	3	5	1	-	10	3	1	7	-
75 ～ 79	61	51	95	227	8	2	20	23	3	48	6
男	61	51	95	225	8	2	16	19	3	46	5
女	-	-	-	2	-	-	4	4	-	2	1
80 ～ 84	35	28	38	153	2	-	17	18	2	35	2
男	34	28	38	153	2	-	13	14	2	34	1
女	1	-	-	-	-	-	4	4	-	1	1
85歳以上	15	13	16	88	4	2	15	5	-	19	2
男	15	13	15	85	4	2	8	3	-	16	1
女	-	-	1	3	-	-	7	2	-	3	1
平均年齢 総数	46.3	52.8	48.1	46.8	41.5	44.1	42.6	42.4	45.0	44.2	43.6
男	46.9	53.6	48.6	47.3	43.8	46.3	43.4	43.4	46.3	48.9	47.0
女	37.9	39.5	39.7	39.9	36.1	37.7	41.6	39.6	38.7	38.0	38.5

注：2つ以上の診療科に従事している場合、各々の科に重複計上している。

病院－診療所、年齢階級、性、診療科（複数回答）別（6－4）

院

平成28年12月31日現在

婦人科	リハビリテーション科	放射線科	麻酔科	病理診断科	臨床検査科	救急科	臨床研修医	全科	その他	不詳
962	6 172	6 735	9 341	1 932	800	4 075	16 697	136	3 813	518
647	5 270	5 183	5 844	1 410	644	3 595	11 291	117	2 991	385
315	902	1 552	3 497	522	156	480	5 406	19	822	133
-	-	-	-	2	-	-	630	-	1	-
-	-	-	-	1	-	-	383	-	-	-
-	-	-	-	1	-	-	247	-	1	-
30	70	438	743	100	6	366	13 584	21	77	71
15	47	293	329	51	3	276	8 995	17	45	39
15	23	145	414	49	3	90	4 589	4	32	32
115	191	1 026	1 669	246	18	898	1 718	18	297	106
54	130	663	803	129	9	730	1 327	15	204	73
61	61	363	866	117	9	168	391	3	93	33
118	386	997	1 765	229	45	795	517	19	501	82
47	231	668	871	139	24	702	386	12	337	61
71	155	329	894	90	21	93	131	7	164	21
125	671	895	1 261	209	74	602	155	21	523	54
58	496	646	729	125	40	530	125	18	363	37
67	175	249	532	84	34	72	30	3	160	17
99	814	869	1 041	226	96	459	54	14	512	42
63	651	693	742	158	68	425	44	12	379	32
36	163	176	299	68	28	34	10	2	133	10
93	855	800	989	256	115	394	32	11	521	45
69	739	659	764	207	95	380	26	11	431	34
24	116	141	225	49	20	14	6	-	90	11
97	929	731	837	230	137	334	5	8	538	30
82	831	648	693	194	118	327	3	8	452	26
15	98	83	144	36	19	7	2	-	86	4
91	777	511	565	183	127	150	2	7	319	28
81	725	465	484	167	110	150	2	7	291	28
10	52	46	81	16	17	-	-	-	28	-
75	654	274	305	133	92	50	-	11	241	24
69	621	262	274	127	89	49	-	11	220	22
6	33	12	31	6	3	1	-	-	21	2
45	353	96	94	66	38	19	-	2	129	11
44	338	91	88	60	37	18	-	2	124	10
1	15	5	6	6	1	1	-	-	5	1
33	233	48	44	32	29	5	-	3	92	10
29	228	47	39	32	29	5	-	3	83	9
4	5	1	5	-	-	-	-	-	9	1
26	152	27	22	15	13	2	-	1	44	7
24	148	27	22	15	12	2	-	1	44	6
2	4	-	-	-	1	-	-	-	-	1
15	87	23	6	5	10	1	-	-	18	8
12	85	21	6	5	10	1	-	-	18	8
3	2	2	-	-	-	-	-	-	-	-
51.5	55.9	46.3	44.1	49.2	56.4	42.0	27.9	45.0	50.7	44.5
55.5	57.3	47.8	47.0	51.9	58.5	42.8	28.1	46.3	52.2	46.6
43.2	47.5	41.0	39.4	41.8	48.1	36.2	27.4	36.5	45.1	38.3

第40表　医療施設従事医師数、平均年齢、

診　療

	総　数	内　科	呼吸器内科	循環器内科	消化器内科(胃腸内科)	腎臓内科	神経内科	糖尿病内科(代謝内科)	血液内科	皮膚科	アレルギー科
総数	102 457	52 717	6 556	10 337	15 628	2 324	2 325	3 848	440	10 118	5 622
男	83 069	45 067	5 931	9 438	14 378	1 911	2 028	3 148	379	7 203	4 699
女	19 388	7 650	625	899	1 250	413	297	700	61	2 915	923
24歳以下	–	–	–	–	–	–	–	–	–	–	–
男	–	–	–	–	–	–	–	–	–	–	–
女	–	–	–	–	–	–	–	–	–	–	–
25 ～ 29	181	110	3	6	8	1	2	1	2	19	3
男	115	70	3	5	7	1	2	1	2	7	1
女	66	40	–	1	1	–	–	–	–	12	2
30 ～ 34	1 112	547	28	39	79	34	13	32	6	112	22
男	591	333	17	28	48	14	6	13	3	47	8
女	521	214	11	11	31	20	7	19	3	65	14
35 ～ 39	3 428	1 528	129	204	321	113	53	146	16	478	132
男	1 873	940	84	143	220	60	30	93	9	182	89
女	1 555	588	45	61	101	53	23	53	7	296	43
40 ～ 44	7 623	3 188	325	512	847	236	148	351	17	851	420
男	4 956	2 229	254	402	677	164	105	238	13	455	321
女	2 667	959	71	110	170	72	43	113	4	396	99
45 ～ 49	11 629	5 205	651	1 010	1 565	337	221	472	60	1 175	730
男	8 332	3 996	539	846	1 321	233	175	346	46	694	565
女	3 297	1 209	112	164	244	104	46	126	14	481	165
50 ～ 54	13 633	6 646	919	1 364	2 114	322	312	545	49	1 331	931
男	10 769	5 471	813	1 206	1 875	273	263	437	41	943	777
女	2 864	1 175	106	158	239	49	49	108	8	388	154
55 ～ 59	16 405	8 516	1 115	1 783	2 609	349	418	610	78	1 562	1 115
男	13 650	7 372	1 015	1 647	2 408	305	370	505	67	1 121	950
女	2 755	1 144	100	136	201	44	48	105	11	441	165
60 ～ 64	15 822	8 589	1 205	1 925	2 683	307	378	517	55	1 503	968
男	13 744	7 778	1 128	1 818	2 575	273	343	453	51	1 199	857
女	2 078	811	77	107	108	34	35	64	4	304	111
65 ～ 69	13 758	7 656	977	1 631	2 498	276	350	481	67	1 304	665
男	12 255	7 086	930	1 563	2 425	254	325	436	61	1 036	578
女	1 503	570	47	68	73	22	25	45	6	268	87
70 ～ 74	6 739	3 861	478	763	1 205	158	185	270	29	615	260
男	5 955	3 516	450	723	1 157	151	175	238	25	492	215
女	784	345	28	40	48	7	10	32	4	123	45
75 ～ 79	4 978	2 708	337	530	817	107	137	209	25	461	189
男	4 490	2 505	327	507	800	103	134	191	25	389	167
女	488	203	10	23	17	4	3	18	–	72	22
80 ～ 84	3 777	2 097	208	320	523	62	77	128	23	394	125
男	3 417	1 940	204	314	515	59	70	117	23	354	116
女	360	157	4	6	8	3	7	11	–	40	9
85歳以上	3 372	2 066	181	250	359	22	31	86	13	313	62
男	2 922	1 831	167	236	350	21	30	80	13	284	55
女	450	235	14	14	9	1	1	6	–	29	7
平均年齢 総数	59.6	60.7	60.8	60.8	60.7	57.2	60.2	58.8	60.4	59.0	58.0
男	60.9	61.7	61.4	61.4	61.4	58.9	61.2	60.1	61.7	61.1	58.6
女	54.3	54.8	54.5	54.5	52.5	49.7	53.6	53.3	52.5	53.7	55.2

注：2つ以上の診療科に従事している場合、各々の科に重複計上している。

病院－診療所、年齢階級、性、診療科（複数回答）別（6－5）

所

平成28年12月31日現在

リウマチ科	感染症内科	小児科	精神科	心療内科	外科	呼吸器外科	心臓血管外科	乳腺外科	気管食道外科	消化器外科（胃腸外科）
3 531	458	16 805	4 893	3 684	9 968	127	313	733	331	1 109
3 325	385	13 421	3 826	2 960	9 638	122	305	589	308	1 073
206	73	3 384	1 067	724	330	5	8	144	23	36
–	–	–	–	–	–	–	–	–	–	–
–	–	–	–	–	–	–	–	–	–	–
–	–	–	–	–	–	–	–	–	–	–
6	–	17	8	4	18	–	–	–	–	2
5	–	13	4	1	15	–	–	–	–	2
1	–	4	4	3	3	–	–	–	–	–
16	9	138	75	41	73	1	2	10	2	3
13	6	77	48	24	61	1	2	1	1	3
3	3	61	27	17	12	–	–	9	1	–
50	11	403	219	137	154	–	10	33	2	18
37	10	233	135	95	123	–	8	9	1	13
13	1	170	84	42	31	–	2	24	1	5
246	22	874	483	310	399	12	26	73	13	59
208	20	575	316	218	352	10	25	36	10	53
38	2	299	167	92	47	2	1	37	3	6
406	56	1 390	585	425	783	17	36	94	22	95
356	38	956	428	323	726	15	33	67	20	90
50	18	434	157	102	57	2	3	27	2	5
572	53	1 920	703	525	1 099	13	39	116	41	122
537	44	1 468	514	396	1 034	12	39	99	36	111
35	9	452	189	129	65	1	–	17	5	11
650	68	2 762	848	693	1 592	19	57	131	67	171
620	54	2 237	675	546	1 543	19	56	118	64	168
30	14	525	173	147	49	–	1	13	3	3
643	66	3 085	715	576	1 651	17	56	97	69	158
626	55	2 605	601	493	1 623	17	56	88	68	156
17	11	480	114	83	28	–	–	9	1	2
403	63	2 775	607	515	1 578	18	42	85	53	184
393	57	2 394	530	458	1 563	18	41	78	49	183
10	6	381	77	57	15	–	1	7	4	1
238	32	1 273	268	177	904	16	22	39	21	106
232	28	1 050	233	154	895	16	22	38	21	104
6	4	223	35	23	9	–	–	1	–	2
167	35	832	188	148	681	8	15	30	21	96
166	33	707	171	138	676	8	15	30	19	95
1	2	125	17	10	5	–	–	–	2	1
85	29	650	133	78	574	1	7	11	14	61
83	26	543	113	63	570	1	7	11	14	61
2	3	107	20	15	4	–	–	–	–	–
49	14	686	61	55	462	5	1	14	6	34
49	14	563	58	51	457	5	1	14	5	34
–	–	123	3	4	5	–	–	–	1	–
59.1	61.4	61.6	57.4	58.0	63.0	60.7	58.5	57.1	61.9	62.7
59.6	62.2	62.4	58.6	59.0	63.4	61.3	58.8	59.5	62.3	63.1
51.3	56.8	58.3	53.1	54.2	52.0	47.1	48.2	47.1	56.2	51.5

第40表 医療施設従事医師数、平均年齢，

診療

	泌尿器科	肛門外科	脳神経外科	整形外科	形成外科	美容外科	眼科	耳鼻いんこう科	小児外科	産婦人科	産科
総数	3 122	2 485	1 479	10 743	1 393	853	8 578	5 629	264	4 322	221
男	2 986	2 420	1 438	10 338	1 106	662	5 475	4 608	242	3 269	174
女	136	65	41	405	287	191	3 103	1 021	22	1 053	47
24 歳 以 下	-	-	-	-	-	-	-	-	-	-	-
男	-	-	-	-	-	-	-	-	-	-	-
女	-	-	-	-	-	-	-	-	-	-	-
25 ～ 29	2	1	1	13	5	15	10	4	-	3	-
男	1	1	1	8	4	8	9	2	-	-	-
女	1	-	-	5	1	7	1	2	-	3	-
30 ～ 34	26	5	7	59	24	61	69	29	2	63	6
男	17	4	5	47	13	36	34	15	1	19	1
女	9	1	2	12	11	25	35	14	1	44	5
35 ～ 39	89	22	21	206	116	113	305	120	-	168	11
男	60	19	18	166	66	77	163	78	-	54	6
女	29	3	3	40	50	36	142	42	-	114	5
40 ～ 44	184	96	63	657	166	159	901	427	16	348	29
男	161	90	53	581	108	110	547	309	13	148	18
女	23	6	10	76	58	49	354	118	3	200	11
45 ～ 49	327	210	151	1 132	178	126	1 405	790	16	501	25
男	301	195	147	1 045	136	96	831	616	14	290	16
女	26	15	4	87	42	30	574	174	2	211	9
50 ～ 54	419	266	204	1 509	244	132	1 377	853	28	482	20
男	405	252	196	1 441	204	117	864	703	27	355	19
女	14	14	8	68	40	15	513	150	1	127	1
55 ～ 59	503	404	287	1 817	245	106	1 376	957	41	628	43
男	494	393	279	1 776	203	92	941	790	38	509	35
女	9	11	8	41	42	14	435	167	3	119	8
60 ～ 64	514	456	279	1 746	198	75	1 190	845	54	560	29
男	500	451	274	1 708	174	67	812	722	52	484	28
女	14	5	5	38	24	8	378	123	2	76	1
65 ～ 69	441	461	206	1 416	119	42	841	611	58	632	30
男	435	457	206	1 399	107	38	573	518	54	578	26
女	6	4	-	17	12	4	268	93	4	54	4
70 ～ 74	213	251	117	820	60	12	366	277	24	295	12
男	210	248	116	809	54	9	236	237	21	266	12
女	3	3	1	11	6	3	130	40	3	29	-
75 ～ 79	174	155	84	625	21	7	308	282	11	241	5
男	174	153	84	621	21	7	200	245	10	222	3
女	-	2	-	4	-	-	108	37	1	19	2
80 ～ 84	146	107	42	461	10	2	212	241	5	207	6
男	144	107	42	457	10	2	138	217	5	181	6
女	2	-	-	4	-	-	74	24	-	26	-
85 歳 以 上	84	51	17	282	7	3	218	193	9	194	5
男	84	50	17	280	6	3	127	156	7	163	4
女	-	1	-	2	1	-	91	37	2	31	1
平均年齢 総数	60.5	62.5	60.4	60.6	54.2	49.0	57.0	59.4	62.1	60.3	56.9
男	61.1	62.8	60.7	61.0	55.6	50.3	57.4	59.9	62.2	63.0	58.9
女	48.0	54.2	49.9	50.4	48.9	44.1	56.3	56.7	61.2	51.9	49.5

注：2つ以上の診療科に従事している場合、各々の科に重複計上している。

病院－診療所、年齢階級、性、診療科（複数回答）別（6－6）

所

平成28年12月31日現在

婦人科	リハビリテーション科	放射線科	麻酔科	病理診断科	臨床検査科	救急科	臨床研修医	全科	その他	不詳
1 414	8 643	2 528	1 657	59	42	97	4	116	1 775	570
976	8 189	2 236	1 383	49	34	91	2	107	1 315	466
438	454	292	274	10	8	6	2	9	460	104
－	－	－	－			－	－	－	－	－
－	－	－	－			－	－	－	－	－
－	－	－	－			－	－	－	－	－
－	7	5	1	－	－	1	1	3	9	2
－	5	4	－	－	－	1	1	3	6	2
－	2	1	1	－	－	－	－	－	3	－
16	34	24	7	－	－	7	3	16	56	6
1	22	12	1	－	－	7	1	13	27	5
15	12	12	6	－	－	－	2	3	29	1
60	151	68	53	1	－	12	－	16	125	21
12	115	41	33	－	－	11	－	14	61	11
48	36	27	20	1	－	1	－	2	64	10
112	486	107	95	4	2	15	－	8	195	31
36	426	77	54	2	2	15	－	7	108	17
76	60	30	41	2	－	－	－	1	87	14
129	793	200	177	6	4	16	－	7	243	42
60	711	143	126	4	1	14	－	7	162	29
69	82	57	51	2	3	2	－	－	81	13
110	1 281	237	187	4	8	15	－	18	266	63
64	1 200	195	148	3	6	14	－	17	190	51
46	81	42	39	1	2	1	－	1	76	12
180	1 563	389	277	8	5	11	－	9	224	54
123	1 496	337	232	8	4	10	－	9	172	41
57	67	52	45	－	1	1	－	－	52	13
178	1 670	431	280	8	5	9	－	13	206	83
134	1 620	396	244	7	4	9	－	12	176	68
44	50	35	36	1	1	－	－	1	30	15
220	1 317	424	275	13	3	4	－	9	184	84
191	1 288	407	254	13	3	4	－	9	167	73
29	29	17	21	－	－	－	－	－	17	11
127	622	249	134	6	5	2	－	4	90	53
115	605	236	123	5	5	2	－	4	77	48
12	17	13	11	1	－	－	－	－	13	5
76	381	167	83	5	3	2	－	8	67	50
68	371	162	81	3	2	2	－	8	64	47
8	10	5	2	2	1	－	－	－	3	3
92	225	128	60	3	4	2	－	3	60	39
81	222	128	59	3	4	1	－	3	59	35
11	3	－	1	－	－	1	－	－	1	4
114	113	99	28	1	3	1	－	2	50	42
91	108	98	28	1	3	1	－	1	46	39
23	5	1	－	－	－	－	－	1	4	3
62.6	60.0	62.6	60.4	62.7	63.7	50.9	32.1	52.5	56.2	63.7
66.5	60.4	63.9	61.9	64.1	65.6	50.7	31.3	53.0	58.7	65.4
53.9	53.1	52.6	52.7	55.7	55.5	54.3	32.9	46.3	49.1	56.5

第41表　医療施設従事医師数，病院－診療所、主たる従業地による

総

	総　数	内　科	呼吸器内科	循環器内科	消化器内科（胃腸内科）	腎臓内科	神経内科	糖尿病内科（代謝内科）	血液内科	皮　膚　科	アレルギー科
全　国	304 759	60 855	5 987	12 456	14 236	4 516	4 922	4 889	2 650	9 102	162
北　海　道	12 755	2 678	267	630	720	89	164	134	114	347	4
青　　　森	2 563	567	27	89	117	9	24	54	12	73	2
岩　　　手	2 458	453	56	117	125	18	73	31	21	63	1
宮　　　城	5 404	1 018	146	229	316	92	105	82	40	137	6
秋　　　田	2 257	394	34	102	162	20	33	47	25	52	1
山　　　形	2 443	464	54	91	145	27	41	31	18	73	－
福　　　島	3 720	828	51	147	197	40	61	44	31	75	－
茨　　　城	5 240	963	128	229	223	99	55	90	50	158	1
栃　　　木	4 285	788	98	190	191	79	91	79	40	122	5
群　　　馬	4 430	1 011	71	171	144	67	57	56	43	118	7
埼　　　玉	11 667	2 469	195	445	428	195	161	164	72	400	7
千　　　葉	11 843	2 275	231	441	567	117	183	161	89	329	21
東　　　京	41 445	7 438	865	1 579	1 798	816	682	789	400	1 586	37
神　奈　川	18 784	3 272	376	701	904	400	332	324	145	642	16
新　　　潟	4 386	976	98	123	206	92	129	65	42	139	1
富　　　山	2 566	610	33	75	101	30	25	37	16	76	1
石　　　川	3 230	608	60	139	160	46	54	66	37	108	－
福　　　井	1 922	370	31	76	62	25	30	22	21	54	1
山　　　梨	1 924	352	31	76	83	31	27	31	11	52	－
長　　　野	4 724	1 005	82	150	185	63	89	59	33	122	2
岐　　　阜	4 223	1 037	74	185	208	48	47	78	30	121	1
静　　　岡	7 404	1 268	189	294	376	116	115	107	52	207	7
愛　　　知	15 595	2 911	390	633	662	329	306	294	168	533	6
三　　　重	3 924	958	46	138	181	38	81	43	44	109	3
滋　　　賀	3 121	577	52	151	170	45	49	59	30	78	－
京　　　都	8 203	1 526	159	358	391	114	224	162	114	238	1
大　　　阪	23 886	4 887	450	1 057	1 151	303	327	398	219	651	8
兵　　　庫	13 382	2 675	223	610	625	175	162	198	98	368	3
奈　　　良	3 297	792	59	104	117	17	61	31	20	103	1
和　歌　山	2 768	672	47	119	145	53	32	45	19	74	1
鳥　　　取	1 699	380	38	58	66	14	55	23	12	41	1
島　　　根	1 879	430	34	65	98	18	49	27	23	51	－
岡　　　山	5 752	1 323	105	184	187	56	70	107	65	145	2
広　　　島	7 224	1 671	120	286	339	79	107	86	37	209	1
山　　　口	3 436	743	42	167	185	32	55	39	22	91	1
徳　　　島	2 369	660	31	79	86	21	28	33	20	65	－
香　　　川	2 683	542	31	125	129	24	27	38	19	71	1
愛　　　媛	3 609	804	39	152	148	21	32	40	31	85	1
高　　　知	2 206	543	34	90	96	11	21	21	11	54	1
福　　　岡	15 188	2 881	344	758	809	260	238	301	135	418	9
佐　　　賀	2 292	528	37	81	93	27	34	25	25	62	－
長　　　崎	4 042	820	125	155	215	72	54	52	36	116	1
熊　　　本	5 001	959	128	222	291	101	113	111	57	151	－
大　　　分	3 115	609	86	168	166	46	50	63	35	73	－
宮　　　崎	2 613	541	33	109	114	36	29	31	13	69	－
鹿　児　島	4 304	962	77	197	228	52	108	59	34	105	－
沖　　　縄	3 498	617	60	111	126	53	32	52	21	88	－

注：複数の診療科に従事している場合の主として従事する診療科と、１診療科のみに従事している場合の診療科である。

都道府県－指定都市・特別区・中核市（再掲）、主たる診療科別（12－1）

数

平成28年12月31日現在

リウマチ科	感染症内科	小児科	精神科	心療内科	外科	呼吸器外科	心臓血管外科	乳腺外科	気管食道外科	消化器外科（胃腸外科）
1 613	492	16 937	15 609	910	14 423	1 880	3 137	1 868	84	5 375
66	3	639	733	36	638	45	171	63	2	151
4	–	133	153	6	187	11	27	11	–	22
5	1	138	125	9	179	15	21	13	–	34
25	15	284	266	20	314	40	53	35	–	105
2	1	123	142	7	121	19	14	12	4	36
1	2	139	146	8	155	16	33	8	–	15
20	2	215	209	12	237	24	44	15	–	40
35	12	284	241	12	231	38	55	38	–	137
36	8	232	176	9	183	32	42	22	4	109
18	4	293	232	5	235	28	44	34	8	73
59	9	743	617	28	477	63	116	84	3	244
62	21	654	624	31	595	86	117	75	6	264
343	144	2 338	2 057	172	1 211	254	426	331	25	873
119	26	1 109	989	47	571	111	207	124	3	358
20	7	267	217	13	178	21	48	23	–	73
9	3	162	133	4	129	15	31	5	–	34
16	3	177	163	7	149	19	34	15	–	48
4	1	125	92	5	114	11	20	8	–	40
6	1	124	92	5	93	11	22	12	–	38
14	4	293	228	12	262	36	52	32	–	66
12	2	249	173	15	242	15	35	19	–	38
35	11	405	342	16	383	55	89	35	1	156
50	19	904	760	24	738	84	169	97	4	224
6	3	208	219	9	221	20	36	20	–	56
3	–	224	128	5	160	35	33	19	–	30
63	21	439	353	19	438	75	76	66	1	158
137	37	1 220	1 052	87	1 012	142	262	168	6	420
76	20	746	590	41	728	79	113	82	1	250
8	12	158	161	10	135	14	37	14	–	53
7	3	140	102	3	112	12	25	17	–	51
3	4	127	96	4	74	17	20	7	–	41
8	2	100	117	1	64	14	19	14	–	27
39	4	308	296	14	286	43	68	40	1	104
28	4	365	370	15	500	42	62	47	4	118
8	1	176	202	4	248	18	31	13	1	59
6	–	114	131	8	166	10	17	7	2	25
10	1	155	142	11	138	31	20	10	–	50
24	1	190	141	26	222	23	34	23	–	69
7	–	106	123	4	129	14	24	9	–	25
94	34	813	856	63	817	117	152	77	5	215
11	3	124	161	2	111	11	24	7	–	46
36	22	211	219	7	293	18	37	21	–	62
17	6	260	335	9	260	15	41	24	–	83
24	2	167	181	11	151	28	29	14	1	77
20	2	130	191	6	179	13	21	14	–	47
10	1	189	265	26	216	25	34	26	2	84
7	10	237	268	22	141	15	52	18	–	47

第41表　医療施設従事医師数，病院－診療所、主たる従業地による

総

	総　数	内　科	呼吸器内科	循環器内科	消化器内科(胃腸内科)	腎臓内科	神経内科	糖尿病内科(代謝内科)	血液内科	皮膚科	アレルギー科
指定都市・特別区(再掲)											
東京都区部	32 963	5 651	682	1 250	1 473	665	536	673	345	1 318	28
札　幌　市	6 322	1 087	158	351	394	63	107	82	83	189	3
仙　台　市	3 489	550	103	159	216	69	76	65	31	94	4
さいたま市	2 203	449	28	82	85	30	25	29	22	82	3
千　葉　市	2 637	363	76	98	142	18	55	55	28	65	6
横　浜　市	8 129	1 333	175	290	410	174	152	152	57	315	8
川　崎　市	3 230	544	57	115	136	84	67	57	25	122	2
相 模 原 市	1 657	239	36	70	93	36	33	35	16	42	4
新　潟　市	2 160	360	61	65	115	59	76	41	23	80	15
静　岡　市	1 611	213	44	75	70	35	39	28	15	41	5
浜　松　市	2 040	310	62	69	103	32	27	30	18	58	1
名 古 屋 市	6 650	1 173	185	272	286	163	166	123	92	223	1
京　都　市	6 161	1 042	135	259	311	96	193	147	111	184	1
大　阪　市	8 841	1 806	178	362	465	133	126	165	94	232	1
堺　　　市	1 906	469	68	69	69	31	17	27	12	45	–
神　戸　市	4 669	797	77	236	235	51	63	88	35	128	–
岡　山　市	2 958	592	54	107	106	27	29	57	39	80	–
広　島　市	3 537	653	71	144	193	39	59	49	27	114	1
北 九 州 市	3 108	559	67	161	157	50	41	52	30	75	2
福　岡　市	5 687	936	122	270	281	93	121	138	78	174	6
熊　本　市	3 057	424	90	147	189	73	79	69	50	100	
中核市(再掲)											
旭　川　市	1 290	173	33	49	84	11	22	30	18	39	–
函　館　市	773	147	16	48	45	5	4	7	6	19	–
青　森　市	631	131	5	25	27	2	14	16	3	17	1
盛　岡　市	1 163	136	38	60	56	14	40	22	17	32	–
秋　田　市	1 159	126	22	62	90	18	18	35	21	36	–
郡　山　市	818	125	15	38	39	3	21	11	7	20	–
い わ き 市	561	146	5	21	37	6	7	6	4	8	–
宇 都 宮 市	1 006	227	25	39	40	14	14	14	4	28	13
前　橋　市	1 487	212	34	71	62	24	27	30	27	40	31
高　崎　市	790	192	7	34	22	13	6	10	1	20	1
川　越　市	840	118	11	22	29	19	19	12	8	26	2
越　谷　市	727	86	27	36	35	12	14	15	2	27	–
船　橋　市	884	189	17	25	34	4	7	8	4	33	1
柏　　　市	991	172	23	27	84	14	10	14	9	23	–
八 王 子 市	1 091	239	12	43	46	18	21	13	5	27	–
横 須 賀 市	849	171	20	43	41	20	9	11	7	27	–
富　山　市	1 361	270	22	40	52	19	15	20	11	33	1
金　沢　市	1 764	278	35	91	93	24	34	40	30	65	–
長　野　市	891	172	20	28	29	16	9	13	10	22	–
岐　阜　市	1 597	298	33	89	78	18	19	33	16	40	–
豊　橋　市	742	154	15	37	29	15	9	9	5	25	–
豊　田　市	663	115	16	24	25	11	14	12	5	16	–
岡　崎　市	488	115	13	17	16	14	7	6	3	17	–
大　津　市	1 216	153	24	54	75	24	23	29	17	34	–
高　槻　市	1 346	148	27	66	86	4	12	28	15	35	–
東 大 阪 市	864	212	11	33	34	9	11	5	1	27	–
豊　中　市	806	215	27	14	31	7	28	10	6	29	–
枚　方　市	1 175	187	22	48	67	13	15	13	9	32	–
姫　路　市	1 135	224	26	47	36	7	16	9	6	22	–
西　宮　市	1 575	213	28	64	85	36	15	29	24	47	–
尼　崎　市	1 178	270	20	59	51	20	17	23	5	27	–
奈　良　市	919	226	12	31	29	5	20	5	–	35	–
和 歌 山 市	1 557	267	28	68	91	36	24	35	17	49	–
倉　敷　市	1 703	304	32	55	64	22	31	41	26	41	1
呉　　　市	730	166	13	26	41	14	13	6	6	18	–
福　山　市	967	266	5	43	23	4	18	7	2	18	–
下　関　市	697	172	8	32	31	15	8	4	3	17	1
高　松　市	1 146	210	17	64	57	10	17	16	8	34	1
松　山　市	1 576	315	24	63	80	13	12	17	15	33	1
高　知　市	1 225	278	19	48	52	5	13	10	7	27	1
久 留 米 市	1 724	168	45	118	109	53	17	52	16	43	–
長　崎　市	1 874	312	68	74	99	36	19	31	23	63	–
佐 世 保 市	653	120	20	27	39	15	6	8	5	16	1
大　分　市	1 197	203	30	63	78	18	20	23	12	32	–
宮　崎　市	1 420	247	20	60	75	24	24	18	12	43	–
鹿 児 島 市	2 417	370	54	116	140	26	73	50	28	62	–
那　覇　市	781	186	10	19	22	6	2	7	2	20	–

注：複数の診療科に従事している場合の主として従事する診療科と、1診療科のみに従事している場合の診療科である。

都道府県－指定都市・特別区・中核市（再掲）、主たる診療科別（12－2）

数

平成28年12月31日現在

リウマチ科	感染症内科	小児科	精神科	心療内科	外科	呼吸器外科	心臓血管外科	乳腺外科	気管食道外科	消化器外科（胃腸外科）
312	129	1 727	1 388	152	965	212	355	285	25	701
54	3	297	354	14	246	31	94	47	2	101
23	15	204	141	15	160	31	46	27	–	90
15	–	198	116	9	82	7	21	16	–	36
24	6	167	145	3	112	24	34	21	–	91
52	14	517	437	28	165	46	86	51	2	180
28	7	182	137	8	100	17	39	29	–	70
18	3	92	73	2	66	11	18	9	–	28
7	6	125	102	6	59	11	26	16	–	51
6	–	101	76	3	79	9	31	8	–	23
7	5	105	95	4	83	21	30	14	–	50
30	11	359	315	12	273	39	80	55	3	113
62	21	288	235	13	287	62	67	56	1	139
52	27	384	213	25	364	56	78	69	4	156
5	–	94	131	10	95	11	13	8	–	26
30	17	276	217	12	235	28	41	28	1	92
16	1	154	180	10	112	27	44	25	1	56
18	4	185	180	6	199	18	32	26	4	68
28	4	168	163	11	182	32	25	8	–	42
36	23	278	286	32	262	46	66	43	–	89
13	6	147	177	7	137	12	38	22	–	48
9	–	81	51	3	44	2	21	6	–	22
–	–	28	30	5	51	3	12	3	–	10
2	–	30	42	3	37	3	8	3	–	5
4	1	66	59	6	48	11	18	11	–	27
2	1	71	80	4	19	10	10	11	4	31
5	–	45	50	5	44	7	12	4	–	9
4	–	32	34	4	37	–	6	1	–	1
4	–	48	49	5	46	9	6	8	–	34
9	3	97	63	1	59	17	17	13	8	27
7	–	51	49	2	46	3	7	5	–	7
8	1	70	41	–	17	5	10	3	–	36
3	3	34	53	3	28	3	9	7	–	8
3	–	44	62	1	44	4	8	5	–	9
1	2	43	58	–	42	15	4	7	6	55
3	2	60	128	1	30	8	12	10	–	37
1	–	40	49	–	38	7	7	1	–	13
8	3	98	68	3	48	13	22	4	–	22
13	1	104	96	5	80	12	22	10	–	20
5	1	43	47	2	57	10	11	6	–	7
7	2	108	68	2	63	8	20	8	–	24
3	–	43	46	2	47	3	10	1	–	1
1	1	41	46	–	37	5	5	2	–	13
–	–	35	15	1	25	4	6	5	–	7
–	–	80	51	1	54	16	14	6	–	10
11	–	88	59	2	38	9	18	11	–	36
–	–	32	50	–	41	5	9	5	–	9
–	–	41	58	10	29	6	4	4	–	5
7	–	67	66	12	53	10	9	6	–	14
3	–	65	38	2	66	11	15	11	–	36
19	2	87	67	5	61	10	10	11	–	43
2	1	64	20	4	41	7	12	10	–	18
2	1	49	48	4	35	3	7	5	–	9
6	3	69	50	2	37	10	15	13	–	36
23	3	93	57	1	67	15	20	15	–	34
–	–	32	34	2	47	6	5	3	–	11
2	–	48	42	2	80	9	9	11	–	20
2	1	30	42	1	38	5	9	3	–	9
1	1	55	49	9	59	14	11	6	–	27
19	1	69	59	14	82	14	18	12	–	33
5	–	50	66	3	67	9	15	5	–	16
14	4	128	103	3	65	11	30	14	5	40
19	20	83	102	3	110	13	20	14	–	40
8	1	32	29	3	44	2	7	4	–	15
4	–	73	90	7	41	12	13	6	–	23
16	2	67	83	3	81	9	12	11	–	20
8	1	102	128	19	85	20	28	23	2	65
–	–	56	54	8	43	1	4	6	–	7

第41表　医療施設従事医師数，病院－診療所、主たる従業地による

総

	泌尿器科	肛門外科	脳神経外科	整形外科	形成外科	美容外科	眼科	耳鼻いんこう科	小児外科	産婦人科	産科
全国	7 062	443	7 360	21 293	2 593	522	13 144	9 272	802	10 854	495
北海道	326	29	394	921	103	16	480	363	17	385	15
青森	94	2	51	198	12	3	83	71	3	80	8
岩手	80	7	82	158	20	2	104	63	5	100	2
宮城	122	7	101	337	49	11	211	160	19	187	17
秋田	77	2	67	165	8	2	89	63	6	94	5
山形	80	4	60	205	15	-	96	78	5	96	5
福島	101	5	93	274	35	4	149	120	8	119	3
茨城	120	7	160	382	39	4	243	137	26	208	9
栃木	81	4	84	301	40	5	165	132	16	167	12
群馬	114	7	95	331	23	2	175	111	10	146	6
埼玉	275	19	276	810	105	21	573	381	41	409	36
千葉	275	23	285	873	119	17	500	356	39	432	27
東京	760	56	878	2 339	470	213	1 980	1 326	114	1 609	51
神奈川	426	26	438	1 340	199	30	842	607	35	725	47
新潟	97	5	128	331	26	4	178	134	15	145	12
富山	51	5	68	191	17	4	116	82	3	102	-
石川	72	6	78	218	33	4	124	98	10	107	4
福井	50	1	52	145	11	-	78	78	1	77	-
山梨	48	2	58	156	12	2	91	66	7	75	3
長野	99	6	120	344	60	4	181	123	10	153	7
岐阜	90	7	104	286	17	2	208	147	6	155	18
静岡	200	7	202	542	71	10	311	233	16	286	14
愛知	323	30	357	1 023	92	11	768	548	38	662	12
三重	89	5	92	297	9	3	170	120	11	161	2
滋賀	78	4	69	212	22	5	130	98	7	110	6
京都	191	8	164	529	66	5	327	271	37	248	15
大阪	611	17	577	1 641	234	27	1 137	780	70	875	40
兵庫	310	18	313	1 015	124	18	672	416	32	462	21
奈良	95	4	81	263	20	4	147	112	9	113	2
和歌山	59	3	76	203	11	2	108	79	3	103	1
鳥取	39	1	30	125	6	-	65	46	1	63	-
島根	47	-	37	124	12	1	68	47	5	65	-
岡山	107	11	149	358	59	8	216	165	13	175	14
広島	138	10	194	529	41	8	297	226	20	234	10
山口	102	8	109	250	14	1	135	102	4	119	3
徳島	60	5	63	162	24	2	90	68	3	79	-
香川	84	5	77	226	26	4	113	86	8	91	-
愛媛	111	7	102	277	31	3	159	124	7	118	1
高知	58	4	70	184	23	2	82	59	5	49	3
福岡	313	34	347	1 162	127	33	568	381	59	457	31
佐賀	54	4	63	190	14	2	80	66	5	62	4
長崎	92	7	83	306	46	1	149	107	4	139	2
熊本	135	6	99	384	23	3	195	115	15	144	3
大分	82	2	81	233	21	3	105	64	6	80	10
宮崎	66	5	66	229	13	3	116	69	3	97	3
鹿児島	114	5	117	308	22	2	149	106	19	139	7
沖縄	66	6	70	216	29	11	121	88	6	152	4

注：複数の診療科に従事している場合の主として従事する診療科と、1診療科のみに従事している場合の診療科である。

都道府県－指定都市・特別区・中核市（再掲）、主たる診療科別（12−3）

数

平成28年12月31日現在

婦人科	リハビリテーション科	放射線科	麻酔科	病理診断科	臨床検査科	救急科	臨床研修医	全科	その他	主たる診療科不詳	不詳
1 805	2 484	6 587	9 162	1 893	613	3 244	16 701	252	3 998	989	1 088
76	96	198	523	88	20	88	658	25	179	31	30
15	10	33	72	11	8	32	184	5	37	9	14
9	12	43	61	11	6	19	145	1	26	3	1
33	61	119	163	33	14	56	244	6	91	13	22
10	23	29	55	13	9	11	148	1	15	6	8
8	13	57	59	16	3	18	140	1	15	2	–
28	13	70	102	18	7	29	194	4	48	2	2
35	31	81	141	32	8	50	325	23	89	9	2
23	29	75	140	27	22	53	273	5	68	16	11
36	37	101	150	30	12	50	178	7	50	14	26
88	86	182	347	68	19	146	560	7	142	38	59
78	112	196	334	63	24	169	756	11	169	31	5
346	337	934	1 283	315	105	488	2 514	22	739	204	198
122	141	382	617	126	35	248	1 178	7	258	66	113
31	31	91	103	34	12	35	183	1	38	13	1
4	20	59	88	15	11	17	132	–	42	6	4
9	29	93	91	24	4	27	182	1	71	20	16
6	18	64	51	9	5	38	106	5	9	4	2
17	21	39	53	12	3	18	115	2	22	4	–
23	33	80	151	29	13	76	269	11	76	36	31
19	20	66	88	29	10	35	239	8	34	6	–
45	73	123	204	52	13	64	444	4	164	37	30
67	129	327	452	110	28	139	923	2	189	30	30
14	22	92	69	19	3	22	218	3	49	12	3
16	28	84	93	28	4	38	199	2	37	4	1
34	57	233	236	52	12	90	431	4	117	32	48
172	221	583	730	137	44	304	1 240	16	273	63	100
84	106	284	422	80	14	139	709	10	131	41	98
23	38	98	87	23	5	42	194	4	18	4	4
8	31	52	67	11	6	32	186	1	24	14	9
4	22	41	45	11	2	7	65	1	30	6	8
6	23	46	73	11	4	16	95	2	29	5	2
31	64	145	194	41	20	62	322	3	62	32	54
23	46	150	217	29	13	57	311	7	72	41	61
10	33	91	97	10	5	27	150	1	25	1	1
7	17	64	60	9	2	18	102	3	20	1	1
8	16	69	90	21	6	20	121	2	27	5	3
17	38	117	91	20	8	17	181	2	41	17	14
13	17	49	66	9	5	29	117	–	28	3	9
81	126	357	446	82	27	139	779	5	179	33	26
10	15	52	70	16	1	27	112	1	27	2	3
26	19	94	102	21	16	34	169	6	34	8	5
25	40	123	151	18	5	65	208	1	51	7	2
18	19	80	95	20	3	19	136	1	17	17	22
12	21	74	81	14	3	25	88	2	22	2	1
22	53	91	133	25	6	39	169	3	62	8	5
13	37	76	119	21	8	70	309	13	52	31	3

第41表　医療施設従事医師数，病院－診療所、主たる従業地による

総

	泌尿器科	肛門外科	脳神経外科	整形外科	形成外科	美容外科	眼科	耳鼻いんこう科	小児外科	産婦人科	産科
指定都市・特別区（再掲）											
東京都区部	613	47	671	1 831	393	207	1 593	1 078	103	1 290	47
札幌市	147	16	191	424	62	13	252	186	12	190	10
仙台市	73	4	58	217	35	11	146	107	17	118	14
さいたま市	50	4	37	131	16	15	137	73	13	72	5
千葉市	72	5	71	189	29	5	95	86	16	73	17
横浜市	178	17	200	546	87	21	384	266	16	338	21
川崎市	63	1	76	242	36	2	153	118	10	125	3
相模原市	38	1	31	121	22	1	63	48	4	48	12
新潟市	51	1	59	159	18	3	96	74	10	65	11
静岡市	35	3	36	102	16	6	62	56	8	58	7
浜松市	52	3	41	139	21	3	85	59	3	94	4
名古屋市	131	10	134	394	34	5	341	217	16	306	3
京都市	137	6	124	355	58	5	230	204	30	181	15
大阪市	232	12	214	610	100	20	443	303	20	304	18
堺市	40	-	34	151	16	3	96	52	2	61	-
神戸市	106	7	114	343	58	14	225	136	19	140	18
岡山市	54	3	87	183	34	6	107	79	8	100	10
広島市	61	6	102	249	22	8	153	118	16	119	6
北九州市	61	5	72	265	31	3	113	83	9	106	2
福岡市	121	11	120	408	57	27	221	147	28	158	24
熊本市	83	6	65	208	16	3	119	65	13	90	2
中核市（再掲）											
旭川市	42	6	31	88	7	-	54	44	2	42	3
函館市	21	2	26	63	10	1	32	17	1	31	-
青森市	24	1	14	44	1	3	17	17	-	15	3
盛岡市	34	4	37	66	15	2	58	35	5	51	1
秋田市	39	1	38	76	5	2	51	28	5	49	4
郡山市	25	-	22	50	10	2	34	27	2	27	1
いわき市	16	1	16	51	6	1	25	16	2	18	-
宇都宮市	21	2	22	83	7	4	45	35	3	26	3
前橋市	34	3	30	110	11	-	60	38	3	56	1
高崎市	24	1	22	62	3	2	39	22	-	30	-
川越市	18	1	20	47	11	-	30	23	6	33	20
越谷市	23	1	19	43	4	2	39	22	9	26	4
船橋市	21	3	22	101	11	3	38	24	2	36	2
柏市	11	2	19	43	11	7	35	33	1	30	2
八王子市	14	5	39	65	10	-	41	30	2	30	-
横須賀市	23	-	19	68	6	-	32	34	-	29	-
富山市	28	3	39	98	7	3	53	42	3	68	-
金沢市	37	3	40	112	11	4	64	48	3	66	2
長野市	20	1	27	69	11	1	31	21	1	27	-
岐阜市	37	2	38	92	4	2	77	62	4	60	16
豊橋市	21	4	17	53	2	2	33	28	-	35	1
豊田市	11	6	14	43	6	2	29	24	-	35	-
岡崎市	8	-	9	42	2	1	25	16	-	28	2
大津市	31	-	22	66	6	3	48	39	3	46	4
高槻市	38	-	39	70	16	1	72	37	6	50	-
東大阪市	23	1	19	80	7	-	45	29	2	42	-
豊中市	16	-	12	49	1	-	39	35	-	30	1
枚方市	32	-	21	74	13	1	59	40	3	28	5
姫路市	27	4	37	90	13	2	75	38	3	52	-
西宮市	33	1	35	103	8	-	70	61	4	43	1
尼崎市	26	2	24	94	10	-	62	41	3	43	1
奈良市	28	-	22	76	7	2	46	32	-	34	1
和歌山市	32	-	43	108	9	2	61	48	3	58	1
倉敷市	41	6	42	98	20	1	68	49	5	50	4
呉市	15	-	18	55	3	-	29	20	1	21	-
福山市	25	2	25	64	11	-	34	33	3	33	3
下関市	21	2	21	51	3	1	25	17	1	18	1
高松市	40	4	30	99	11	4	51	41	1	44	-
松山市	48	4	46	102	14	3	67	53	4	50	3
高知市	32	3	41	109	18	2	41	30	2	23	-
久留米市	30	14	40	90	20	2	53	39	18	67	-
長崎市	48	-	33	138	28	1	73	51	4	63	1
佐世保市	17	1	24	50	6	-	23	20	1	24	1
大分市	29	-	31	88	14	2	39	24	4	34	8
宮崎市	30	5	29	113	9	3	59	41	2	54	3
鹿児島市	65	4	62	160	16	2	87	54	14	82	7
那覇市	16	3	22	54	4	9	32	18	-	32	-

注：複数の診療科に従事している場合の主として従事する診療科と、1診療科のみに従事している場合の診療科である。

都道府県－指定都市・特別区・中核市（再掲）、主たる診療科別（12－4）

数

平成28年12月31日現在

婦人科	リハビリテーション科	放射線科	麻酔科	病理診断科	臨床検査科	救急科	臨床研修医	全科	その他	主たる診療科不詳	不詳
300	256	787	1 083	271	87	353	2 132	9	649	140	151
57	50	125	283	61	7	62	286	8	94	15	11
27	39	95	115	24	9	30	127	5	67	11	21
13	5	40	69	9	2	32	104	–	32	8	1
24	20	65	81	20	7	22	127	2	58	17	3
46	64	153	308	51	13	100	487	2	108	26	53
18	19	91	94	25	9	50	191	1	39	18	20
12	5	39	64	16	4	15	141	2	31	6	9
23	23	57	58	25	6	25	78	–	23	5	–
13	14	15	43	12	2	17	131	–	44	13	17
3	31	43	77	18	6	26	127	–	75	3	3
34	44	169	224	60	11	61	363	1	74	18	26
24	35	202	182	46	10	68	369	4	90	29	47
84	57	254	292	49	18	112	527	7	128	23	24
17	15	31	48	10	3	20	88	–	14	4	1
44	25	116	173	33	3	49	232	2	69	17	39
10	29	76	129	22	12	21	187	1	29	14	40
12	22	87	123	17	5	36	155	7	47	28	48
18	45	86	111	18	8	33	130	1	45	6	–
46	32	148	194	39	13	57	375	–	63	5	13
22	22	92	114	13	4	62	187	1	37	4	1
6	8	26	64	10	6	10	114	2	22	1	4
–	5	12	35	4	–	11	54	1	6	1	1
3	3	5	15	3	2	6	52	2	16	3	8
3	2	30	48	10	5	16	58	–	15	1	1
5	8	21	36	11	4	10	83	–	11	1	–
6	3	29	31	6	2	1	71	–	9	–	–
8	1	4	12	1	2	6	10	–	5	1	–
13	7	18	30	6	4	14	25	–	19	2	2
5	14	58	66	18	8	32	78	1	14	3	2
11	6	9	18	4	1	4	34	–	10	3	2
2	6	14	43	9	1	33	41	–	14	1	10
6	12	10	30	7	2	13	44	1	4	1	–
6	17	9	25	4	–	10	33	–	13	2	–
10	7	32	27	5	1	9	71	1	23	2	–
8	12	18	20	5	2	21	26	1	16	6	5
5	3	15	26	4	–	13	53	1	9	–	4
–	13	33	53	8	7	11	88	–	28	3	1
3	16	71	57	14	2	15	85	–	40	8	10
7	6	15	31	4	2	11	74	–	22	2	–
6	8	39	58	13	4	23	97	1	18	2	–
5	6	12	21	1	1	1	37	–	8	–	–
2	2	7	12	2	2	11	61	–	4	1	–
1	5	10	5	3	1	3	14	1	6	–	–
5	11	35	46	11	2	26	128	–	18	1	–
9	30	29	55	13	4	21	141	7	14	–	1
11	5	20	16	4	–	14	23	1	5	11	12
4	24	14	18	4	1	2	23	1	4	2	2
6	9	31	38	8	4	16	114	–	11	2	10
1	9	27	32	6	3	7	57	3	5	3	1
7	17	40	56	13	5	23	143	2	14	7	33
3	15	18	45	5	–	9	62	1	17	8	18
8	10	17	21	6	2	20	47	4	8	2	–
4	22	41	50	6	3	24	170	–	12	3	1
18	22	60	57	18	8	37	117	–	29	6	2
1	4	18	20	6	–	5	54	–	3	4	6
4	8	19	32	3	2	10	36	–	9	1	1
1	12	12	14	6	–	3	51	–	6	–	–
5	7	28	33	8	3	3	48	2	15	–	3
14	17	55	40	8	6	8	106	1	26	6	3
10	13	29	37	7	1	26	76	–	23	2	1
6	14	54	54	10	2	17	124	1	22	8	1
14	11	47	50	16	8	13	89	2	24	6	1
3	5	19	20	3	3	4	21	2	6	–	–
9	4	22	39	7	1	11	58	–	5	10	10
8	12	54	53	12	2	19	67	1	17	–	–
17	22	60	98	21	5	30	146	–	55	6	4
5	9	14	24	4	1	5	59	1	12	4	–

第41表　医療施設従事医師数，病院－診療所、主たる従業地による

病

	総　　数	内　科	呼吸器内科	循環器内科	消化器内科（胃腸内科）	腎臓内科	神経内科	糖尿病内科（代謝内科）	血液内科	皮　膚　科	アレルギー科
全　　　　国	202 302	21 981	5 407	10 489	10 847	3 689	4 446	4 040	2 631	3 691	95
北　海　道	9 308	1 400	232	535	614	62	146	112	113	141	2
青　　　森	1 700	234	26	69	86	9	24	45	12	34	1
岩　　　手	1 656	175	50	91	86	16	60	22	21	26	–
宮　　　城	3 629	373	133	186	224	76	93	72	40	60	3
秋　　　田	1 576	157	31	69	109	16	30	44	25	27	–
山　　　形	1 603	151	50	70	100	24	34	26	18	27	–
福　　　島	2 392	264	47	119	144	36	55	35	31	31	–
茨　　　城	3 546	302	120	193	171	80	50	57	50	63	1
栃　　　木	2 830	200	91	153	153	54	82	70	40	49	3
群　　　馬	2 767	341	66	145	98	62	50	41	43	47	3
埼　　　玉	7 346	883	169	378	291	148	139	117	72	136	1
千　　　葉	8 027	829	212	380	434	89	159	134	86	107	18
東　　　京	26 914	2 191	766	1 359	1 355	676	602	635	396	627	23
神　奈　川	12 160	940	331	608	676	318	299	250	144	252	11
新　　　潟	2 912	348	95	115	165	79	112	55	42	57	–
富　　　山	1 827	305	31	70	82	29	21	36	15	35	1
石　　　川	2 392	275	56	133	126	46	49	64	37	62	–
福　　　井	1 380	161	28	70	45	23	29	19	21	29	–
山　　　梨	1 279	109	27	63	62	22	26	24	11	21	–
長　　　野	3 216	332	77	132	156	58	83	51	33	58	–
岐　　　阜	2 588	281	64	164	165	40	42	65	29	44	–
静　　　岡	4 717	401	159	223	243	94	99	76	52	87	6
愛　　　知	10 231	872	351	544	551	266	289	247	168	210	3
三　　　重	2 437	304	44	119	129	34	69	33	43	41	2
滋　　　賀	2 129	132	45	125	148	42	47	56	30	38	–
京　　　都	5 682	521	142	307	337	105	213	142	114	112	–
大　　　阪	15 788	1 642	420	933	927	254	302	352	218	277	5
兵　　　庫	8 554	957	204	511	468	129	146	178	95	132	2
奈　　　良	2 191	287	55	90	96	13	59	25	20	42	–
和　歌　山	1 709	218	46	89	89	42	28	37	19	35	1
鳥　　　取	1 154	131	36	53	54	10	50	19	12	19	–
島　　　根	1 245	130	30	54	75	16	45	23	23	24	–
岡　　　山	4 017	550	102	162	165	49	68	96	65	69	–
広　　　島	4 510	595	105	239	271	63	97	64	37	81	–
山　　　口	2 217	304	34	120	134	27	47	32	22	25	1
徳　　　島	1 609	306	29	68	73	20	26	28	20	29	–
香　　　川	1 781	210	27	90	113	20	27	29	18	24	1
愛　　　媛	2 345	363	37	107	113	20	30	33	30	26	–
高　　　知	1 670	328	34	77	72	11	19	20	11	30	1
福　　　岡	10 367	1 296	314	627	581	209	213	257	135	171	5
佐　　　賀	1 562	238	34	69	64	21	31	20	24	27	–
長　　　崎	2 647	334	115	125	158	59	52	40	36	47	1
熊　　　本	3 430	385	118	182	192	74	106	100	57	70	–
大　　　分	2 081	227	70	124	122	44	46	50	35	27	–
宮　　　崎	1 719	250	30	85	67	26	25	22	13	27	–
鹿　児　島	2 892	426	68	162	167	38	99	45	34	42	–
沖　　　縄	2 570	323	56	102	96	40	28	42	21	46	–

注：複数の診療科に従事している場合の主として従事する診療科と、1診療科のみに従事している場合の診療科である。

都道府県－指定都市・特別区・中核市（再掲）、主たる診療科別（12－5）

院

平成28年12月31日現在

リウマチ科	感染症内科	小児科	精神科	心療内科	外科	呼吸器外科	心臓血管外科	乳腺外科	気管食道外科	消化器外科（胃腸外科）
1 419	473	10 355	11 747	264	11 293	1 867	3 046	1 537	83	5 117
60	3	422	597	16	561	45	168	39	2	146
4	–	81	132	–	148	11	27	8	–	21
3	1	90	105	5	142	15	19	10	–	34
21	15	185	209	10	243	40	53	29	–	104
2	1	73	123	2	99	19	14	10	4	36
–	2	80	121	1	127	16	33	6	–	13
15	2	122	162	2	206	24	44	14	–	39
33	12	195	200	1	187	38	53	35	–	136
30	8	148	154	1	138	32	42	18	4	103
13	4	154	176	–	169	27	43	31	8	70
49	9	440	472	4	391	63	111	69	2	229
56	20	397	475	7	500	84	113	62	6	250
293	131	1 480	1 265	45	1 023	252	413	273	25	840
106	22	615	620	6	491	111	200	101	3	341
17	7	171	184	6	142	21	45	22	–	73
7	3	105	120	–	94	14	30	5	–	33
16	3	120	142	–	118	19	34	13	–	47
3	1	81	82	1	97	11	20	8	–	36
5	1	84	78	1	75	11	20	12	–	36
12	4	222	178	5	209	36	52	26	–	66
10	2	143	143	2	198	15	35	17	–	38
27	11	222	252	3	279	53	86	30	1	139
45	19	555	562	4	549	84	160	87	4	217
3	3	120	174	2	184	20	34	17	–	55
2	–	135	102	–	128	35	33	16	–	30
61	21	288	229	5	320	75	75	54	1	153
123	37	757	720	31	780	141	257	142	6	413
74	20	404	405	9	534	79	112	62	1	236
7	12	107	127	3	120	14	37	12	–	50
5	3	79	71	1	85	12	23	16	–	46
2	4	80	82	1	58	17	20	7	–	41
7	2	59	91	–	57	14	19	14	–	26
36	4	204	222	5	225	43	65	35	1	98
22	4	198	280	4	351	41	58	37	4	113
7	1	88	161	–	179	18	31	10	1	55
6	–	70	112	2	123	10	17	5	2	25
10	1	99	118	–	90	31	19	7	–	48
20	1	108	112	4	152	23	31	22	–	62
7	–	74	109	3	115	14	23	6	–	24
87	33	485	673	39	580	116	149	59	5	200
11	3	82	143	1	82	11	24	5	–	43
35	22	115	181	1	181	18	34	17	–	51
12	6	166	301	5	211	14	37	21	–	74
23	2	102	151	3	126	28	28	7	1	68
18	2	69	166	1	142	13	21	12	–	38
7	1	118	240	18	162	24	32	20	2	75
7	10	163	225	4	122	15	52	9	–	46

第41表　医療施設従事医師数，病院－診療所、主たる従業地による

病

注：複数の診療科に従事している場合の主として従事する診療科と、1診療科のみに従事している場合の診療科である。

	総数	内科	呼吸器内科	循環器内科	消化器内科（胃腸内科）	腎臓内科	神経内科	糖尿病内科（代謝内科）	血液内科	皮膚科	アレルギー科
指定都市・特別区（再掲）											
東京都区部	21 592	1 581	601	1 071	1 134	559	470	553	343	545	17
札幌市	4 699	551	139	304	338	45	98	73	82	84	2
仙台市	2 444	186	95	138	161	61	67	59	31	48	2
さいたま市	1 223	137	22	71	48	17	20	14	22	18	6
千葉市	1 916	127	72	89	107	15	50	48	27	29	6
横浜市	5 063	299	150	248	290	135	131	117	57	116	6
川崎市	2 172	173	51	103	104	69	62	45	24	53	14
相模原市	1 314	111	34	63	85	31	32	30	16	23	4
新潟市	1 514	118	59	65	100	50	65	35	23	40	-
静岡市	1 046	58	38	52	43	29	36	23	15	15	5
浜松市	1 416	87	58	55	72	28	24	27	18	28	-
名古屋市	4 548	369	166	239	236	135	156	107	92	97	-
京都市	4 449	366	121	225	270	89	184	131	111	91	-
大阪市	5 686	517	166	314	368	107	116	148	93	101	-
堺市	1 207	193	65	60	50	25	17	20	12	14	-
神戸市	3 127	285	73	200	180	40	58	83	34	54	-
岡山市	2 123	243	53	94	98	25	28	51	39	41	-
広島市	2 212	191	60	117	158	31	54	36	27	52	-
北九州市	2 193	254	61	136	107	42	36	45	30	38	-
福岡市	4 003	441	109	221	205	69	108	111	78	68	5
熊本市	2 285	174	83	131	130	57	74	60	50	58	-
中核市（再掲）											
旭川市	1 030	89	29	43	81	11	20	23	18	24	-
函館市	559	75	14	39	36	3	4	3	6	6	-
青森市	393	46	4	18	17	2	14	10	3	7	1
盛岡市	902	63	35	50	43	14	36	18	17	21	-
秋田市	879	53	21	45	65	15	17	34	21	21	-
郡山市	559	37	13	30	31	3	17	10	7	9	-
いわき市	304	43	4	15	26	4	7	3	4	6	-
宇都宮市	530	45	20	26	27	7	12	13	4	6	-
前橋市	1 100	70	33	64	48	22	27	29	27	25	1
高崎市	389	52	6	30	12	12	4	3	1	2	-
川越市	641	57	10	18	22	16	17	9	8	15	-
越谷市	538	25	25	31	24	8	13	13	2	14	-
船橋市	513	43	13	20	25	2	1	6	4	7	-
柏市	733	69	22	24	73	10	10	11	9	9	-
八王子市	678	89	9	35	31	14	17	9	5	10	-
横須賀市	536	48	17	37	31	16	9	9	7	12	-
富山市	1 019	140	21	38	42	19	14	20	11	19	1
金沢市	1 344	131	32	87	70	24	31	39	30	38	-
長野市	604	62	18	24	22	12	8	11	10	8	-
岐阜市	1 129	89	29	83	69	17	18	28	16	21	-
豊橋市	445	54	12	35	24	9	8	7	5	6	-
豊田市	443	42	15	21	21	7	13	8	5	7	-
岡崎市	239	30	10	13	11	8	6	3	3	3	-
大津市	932	34	23	45	67	23	23	28	17	18	-
高槻市	1 047	46	27	58	74	4	12	26	15	21	-
東大阪市	455	56	8	27	23	6	9	3	1	9	-
豊中市	410	72	26	10	14	5	23	7	6	5	-
枚方市	922	86	21	42	59	11	14	13	9	18	-
姫路市	712	85	23	41	26	5	14	6	6	6	-
西宮市	1 097	75	25	53	70	27	14	25	24	17	-
尼崎市	702	88	17	48	35	15	17	20	5	7	-
奈良市	534	79	11	25	24	4	20	2	-	3	-
和歌山市	1 063	66	28	51	64	34	21	31	17	28	-
倉敷市	1 319	135	32	52	57	21	31	38	26	23	-
呉市	483	59	12	21	34	10	13	6	6	6	-
福山市	625	116	4	39	13	4	16	5	2	3	-
下関市	423	63	6	21	22	11	6	3	3	4	1
高松市	657	59	14	43	50	7	17	11	7	10	1
松山市	1 002	134	23	34	58	13	12	12	15	7	1
高知市	913	177	19	39	35	5	11	10	7	8	1
久留米市	1 384	59	43	111	92	49	15	48	16	28	-
長崎市	1 291	118	64	64	80	32	18	24	23	29	-
佐世保市	432	45	16	20	28	13	6	7	5	6	1
大分市	721	63	23	44	51	16	19	14	12	7	-
宮崎市	992	115	20	53	51	18	21	14	12	22	-
鹿児島市	1 790	178	48	96	112	21	69	40	28	32	-
那覇市	492	95	16		12	3	2	3	2	9	-

都道府県－指定都市・特別区・中核市（再掲）、主たる診療科別（12－6）

院

平成28年12月31日現在

リウマチ科	感染症内科	小児科	精神科	心療内科	外科	呼吸器外科	心臓血管外科	乳腺外科	気管食道外科	消化器外科（胃腸外科）
265	117	1 115	747	40	817	210	344	236	25	672
49	3	182	268	6	216	31	94	27	2	99
20	15	150	106	8	124	31	46	22	-	89
11	-	128	66	1	60	7	19	9	-	32
22	5	112	107	-	96	23	33	17	-	88
44	12	301	257	6	144	46	82	39	2	172
25	6	95	90	-	81	17	39	23	-	67
17	3	58	57	-	61	11	18	8	-	28
5	6	81	85	4	48	11	24	15	-	51
3	-	58	57	-	53	9	30	7	-	17
6	5	70	67	-	57	20	30	12	-	48
25	11	243	225	3	208	39	74	51	3	112
60	21	202	143	5	213	62	66	46	1	136
45	27	247	90	5	289	55	75	52	4	153
3	-	40	97	5	71	11	13	7	-	25
29	17	174	152	3	167	28	40	19	1	86
16	1	106	130	3	90	27	41	20	1	53
15	4	105	121	1	137	18	30	18	4	66
27	4	115	127	8	136	32	25	6	-	39
30	22	169	180	16	200	46	63	34	-	85
11	6	103	149	5	110	12	34	20	-	45
9	-	65	43	3	35	2	21	5	-	21
-	-	20	22	2	45	3	11	2	-	10
2	-	17	35	-	31	3	8	1	-	4
3	1	50	49	5	38	11	18	9	-	27
2	1	43	66	1	16	10	10	9	4	31
3	-	26	35	1	42	7	12	3	-	8
2	-	16	30	1	28	-	6	1	-	1
-	-	21	39	1	31	9	6	5	-	28
6	3	62	46	-	41	16	16	12	8	26
5	-	15	35	-	33	3	7	4	-	6
8	1	55	31	-	15	5	9	3	-	36
2	3	24	45	1	27	3	9	6	-	7
3	-	20	42	1	34	4	7	4	-	8
-	2	25	45	-	39	15	4	6	6	54
3	2	19	106	-	20	8	12	7	-	37
1	-	27	34	-	34	7	7	-	-	11
7	3	72	58	-	37	12	21	4	-	21
13	1	76	80	-	66	12	22	8	-	20
5	1	28	33	1	47	10	11	4	-	7
7	2	77	54	-	53	8	20	8	-	24
3	-	23	34	-	34	3	9	-	-	-
1	1	18	33	-	28	5	5	2	-	12
-	-	16	7	-	14	4	6	5	-	7
-	-	55	41	-	45	16	14	6	-	10
10	-	68	44	-	26	9	17	10	-	36
-	-	15	31	-	31	5	9	5	-	9
-	-	15	43	1	24	6	4	3	-	5
6	-	44	59	10	45	10	8	5	-	14
3	-	26	19	-	42	11	15	9	-	31
18	2	43	42	2	45	10	10	10	-	43
2	1	35	4	1	34	7	12	6	-	17
1	1	28	31	1	32	3	7	3	-	9
5	3	43	33	1	29	10	14	12	-	35
20	3	73	42	-	55	15	20	15	-	31
-		16	31	-	27	6	5	3	-	11
-	-	25	38	1	56	9	9	10	-	19
2	1	12	32	-	26	5	9	2	-	8
1	1	23	34	-	32	14	10	3	-	26
15	1	36	43	1	61	14	16	11	-	31
5	-	30	53	2	58	9	14	2	-	16
14	4	108	97	1	45	11	30	13	5	39
19	20	47	78	1	66	13	18	11	-	35
8	1	14	24	-	31	2	7	4	-	13
3	-	40	70	1	32	12	12	2	-	17
15	2	40	64	-	67	9	12	10	-	16
7	1	69	108	12	62	19	26	18	2	60
-	-	34	35	2	36	1	4	2	-	7

第41表　医療施設従事医師数，病院－診療所、主たる従業地による

病

	泌尿器科	肛門外科	脳神経外科	整形外科	形成外科	美容外科	眼科	耳鼻いんこう科	小児外科	産婦人科	産科
全　　国	5 154	170	6 232	13 497	2 079	9	4 749	3 839	777	6 656	394
北　海　道	238	18	346	642	82	-	224	185	16	272	12
青　　森	62	-	38	121	11	-	26	22	3	47	7
岩　　手	50	-	59	99	17	-	41	22	5	65	1
宮　　城	88	1	83	200	37	-	76	77	19	111	15
秋　　田	60	-	62	114	7	-	27	35	6	66	4
山　　形	53	-	46	125	12	-	35	39	5	63	5
福　　島	68	1	83	155	35	-	53	61	8	70	1
茨　　城	90	1	137	247	33	-	94	49	24	141	7
栃　　木	62	-	74	183	36	1	59	54	14	97	8
群　　馬	77	2	80	193	16	-	50	40	10	85	6
埼　　玉	213	7	222	477	92	1	162	132	37	221	32
千　　葉	208	13	262	556	98	1	184	159	38	242	17
東　　京	595	19	765	1 466	342	3	763	570	111	1 044	43
神　奈　川	313	19	355	836	159	-	299	259	35	450	37
新　　潟	71	2	102	212	24	-	49	52	14	100	5
富　　山	42	4	59	124	16	-	49	38	3	72	-
石　　川	63	1	68	159	25	-	57	53	10	74	2
福　　井	38	-	50	88	8	-	36	34	1	54	-
山　　梨	36	-	49	92	8	-	33	36	7	48	3
長　　野	73	-	103	229	48	-	65	50	10	99	6
岐　　阜	68	2	85	180	15	-	62	55	5	81	15
静　　岡	121	1	166	333	55	-	75	99	16	166	9
愛　　知	241	15	314	638	73	1	257	214	36	383	6
三　　重	67	-	81	158	8	-	49	34	11	104	1
滋　　賀	65	1	64	137	20	-	54	53	6	73	3
京　　都	155	4	154	353	52	-	139	116	35	163	14
大　　阪	424	4	508	1 065	196	1	414	291	68	517	40
兵　　庫	199	6	270	630	106	1	237	155	30	264	17
奈　　良	73	3	68	179	15	-	51	48	9	74	2
和　歌　山	41	1	61	130	5	-	43	29	3	54	-
鳥　　取	30	-	28	74	6	-	31	30	1	43	-
島　　根	34	-	32	83	9	-	22	18	5	47	-
岡　　山	85	6	132	245	52	-	94	68	13	111	14
広　　島	100	5	152	333	25	-	87	94	20	134	10
山　　口	78	-	84	147	12	-	50	42	4	81	1
徳　　島	50	2	57	113	19	-	33	29	3	51	-
香　　川	60	2	63	142	22	-	46	34	8	60	-
愛　　媛	79	2	81	169	30	-	63	55	7	61	-
高　　知	48	1	59	132	20	-	41	30	5	33	3
福　　岡	219	12	265	748	101	-	203	156	58	259	24
佐　　賀	35	1	52	125	12	-	27	25	5	36	2
長　　崎	63	2	66	191	33	-	57	41	4	76	2
熊　　本	91	1	82	249	19	-	70	34	15	89	2
大　　分	63	1	71	160	18	-	26	21	6	37	8
宮　　崎	42	-	49	141	10	-	45	28	3	57	-
鹿　児　島	75	4	87	182	16	-	52	31	19	77	6
沖　　縄	48	6	58	142	24	-	39	42	6	104	4

注：複数の診療科に従事している場合の主として従事する診療科と、1診療科のみに従事している場合の診療科である。

都道府県－指定都市・特別区・中核市（再掲）、主たる診療科別（12－7）

院

平成28年12月31日現在

婦人科	リハビリテーション科	放射線科	麻酔科	病理診断科	臨床検査科	救急科	臨床研修医	全科	その他	主たる診療科不詳	不詳
762	2 326	6 137	8 604	1 863	607	3 226	16 697	136	3 059	294	518
33	94	191	496	85	20	87	657	11	156	10	17
7	10	30	68	11	8	32	184	3	30	3	5
4	12	42	61	11	6	19	144	1	22	3	1
17	58	105	145	33	14	56	244	1	72	3	5
6	22	28	50	13	9	11	148	1	14	1	1
3	13	56	59	16	3	18	140	1	11	1	–
7	12	60	97	17	7	28	194	4	37	–	2
16	27	77	132	32	8	49	325	16	63	–	1
5	25	73	124	27	22	52	273	4	58	4	2
12	34	98	135	30	12	50	178	3	39	5	21
42	80	173	329	68	19	145	560	5	112	6	38
40	107	185	321	62	24	168	756	6	139	20	3
122	315	856	1 210	311	102	487	2 514	8	433	50	115
52	125	358	582	126	35	247	1 178	2	194	14	40
10	27	87	96	34	12	35	183	–	33	8	–
3	20	54	86	15	11	17	132	–	38	6	2
1	27	91	86	19	4	27	182	1	70	4	8
2	17	63	50	9	5	38	106	1	9	4	2
8	20	35	49	12	3	18	115	1	15	3	–
12	32	79	139	29	13	76	269	10	68	8	8
11	17	65	83	28	10	35	239	5	28	2	–
16	69	118	194	51	12	64	444	2	139	7	17
20	118	317	433	109	27	138	923	1	149	10	21
6	20	92	66	19	3	22	218	2	42	3	1
8	27	81	91	27	4	38	199	–	33	1	–
12	52	219	220	47	12	90	431	3	103	11	22
76	206	535	686	136	43	303	1 240	12	212	17	57
29	98	265	385	78	14	139	709	6	96	11	51
3	36	95	82	22	5	42	194	–	14	–	–
3	29	42	62	11	6	32	186	–	20	4	2
1	21	40	43	11	2	7	65	1	23	–	1
4	23	45	69	11	4	16	95	–	19	–	–
19	62	134	189	41	20	62	322	–	57	9	18
11	42	129	202	29	13	57	311	6	56	11	19
4	31	80	92	10	5	26	149	–	23	1	–
1	14	63	56	9	2	18	102	–	16	–	–
6	15	65	84	21	6	20	121	–	19	2	3
15	38	110	80	20	8	17	181	1	24	8	2
5	17	47	65	9	5	29	117	–	18	1	7
45	118	324	406	82	27	139	778	3	143	11	12
7	14	45	64	16	1	27	112	1	19	2	1
11	18	89	98	19	16	34	169	5	25	4	2
10	40	106	143	18	5	65	208	1	47	3	1
12	18	74	82	20	3	19	136	–	12	6	4
6	20	67	76	14	3	25	88	1	16	–	1
11	51	75	126	25	6	35	169	1	58	2	4
8	35	74	112	20	8	67	309	6	35	15	1

第41表　医療施設従事医師数，病院−診療所、主たる従業地による

病

	泌尿器科	肛門外科	脳神経外科	整形外科	形成外科	美容外科	眼科	耳鼻いんこう科	小児外科	産婦人科	産科
指定都市・特別区（再掲）											
東京都区部	481	16	603	1 186	280	3	662	486	101	842	40
札幌市	112	12	176	310	47	-	120	109	11	124	9
仙台市	56	1	49	142	26	-	63	56	17	76	14
さいたま市	34	-	27	61	12	-	37	21	13	35	4
千葉市	61	-	65	130	23	-	43	50	16	39	12
横浜市	128	14	158	325	63	-	134	102	16	202	15
川崎市	51	1	65	157	34	-	60	58	10	97	3
相模原市	31	-	29	96	19	-	41	31	4	35	12
新潟市	38	-	52	104	16	-	33	32	9	48	5
静岡市	23	-	32	64	12	-	15	24	8	32	7
浜松市	35	1	37	88	19	-	35		3	68	2
名古屋市	107	6	126	276	25	-	138	88	16	185	1
京都市	111	3	117	250	46	-	112	99	28	128	14
大阪市	163	2	187	399	80	1	158	117	19	154	18
堺市	26	-	32	101	13	-	31	17	2	30	-
神戸市	78	3	100	226	47	1	84	58	17	88	16
岡山市	42	-	81	132	30	-	51	38	8	62	10
広島市	45	2	82	151	11	-	51	50	16	70	6
北九州市	48	-	62	178	26	-	34	43	9	69	2
福岡市	96	3	93	285	38	-	110	72	28	94	18
熊本市	65	1	56	147	13	-	59	26	13	67	2
中核市（再掲）											
旭川市	31	5	31	60	5	-	33	27	2	32	3
函館市	13	-	23	40	9	-	21	7	1	20	-
青森市	15	-	10	23	-	-	5	4	-	9	3
盛岡市	28	-	30	45	13	-	29	19	5	38	1
秋田市	33	-	37	53	4	-	21	18	5	35	4
郡山市	14	-	20	30	10	-	16	16	2	15	-
いわき市	11	-	15	24	6	-	6	7	2	6	-
宇都宮市	15	-	17	46	5	-	14	8	1	7	-
前橋市	26	-	28	75	8	-	32	22	3	41	1
高崎市	14	-	17	31	1	-	4	1	-	14	-
川越市	12	-	18	35	9	-	13	11	6	26	20
越谷市	18	-	15	30	4	-	21	13	7	20	4
船橋市	10	1	22	74	6	-	6	5	2	26	2
柏市	9	2	17	26	11	-	15	20	2	21	1
八王子市	12	3	28	31	9	-	12	12	2	17	-
横須賀市	15	-	16	30	6	-	8	17	-	18	-
富山市	22	2	35	63	6	-	24	21	3	48	-
金沢市	35	-	35	88	6	-	29	27	3	45	-
長野市	16	-	20	42	7	-	8	8	1	15	-
岐阜市	31	1	32	66	4	-	28	26	4	38	15
豊橋市	13	1	13	29	1	1	12	11	-	14	-
豊田市	8	6	11	28	6	-	7	8	-	25	-
岡崎市	3	-	6	20	2	-	3	1	-	11	1
大津市	28	-	21	42	6	-	27	24	3	34	3
高槻市	26	-	36	53	13	-	39	21	6	40	-
東大阪市	14	-	17	36	7	-	9	5	1	26	-
豊中市	8	-	10	25	1	-	5	8	-	9	1
枚方市	26	-	18	62	12	-	35	23	3	20	5
姫路市	19	3	31	54	12	-	39	15	3	25	1
西宮市	24	-	30	69	8	-	31	27	4	27	1
尼崎市	12	-	20	55	10	-	16	13	3	27	-
奈良市	19	-	17	47	4	-	10	7	2	21	1
和歌山市	24	-	35	72	5	-	28	24	3	32	4
倉敷市	35	5	38	73	19	-	35	23	5	37	-
呉市	9	2	16	37	3	-	15	9	1	14	-
福山市	16	1	19	45	8	-	9	14	3	21	3
下関市	15	-	16	23	2	-	8	7	1	10	1
高松市	24	2	22	59	7	-	12	11	1	17	-
松山市	32	2	38	54	13	-	20	25	4	25	-
高知市	25	1	33	82	15	-	19	12	2	13	3
久留米市	20	9	35	62	20	-	29	19	18	48	-
長崎市	37	2	29	89	20	-	35	21	4	33	1
佐世保市	10	-	19	33	4	-	9	10	4	16	-
大分市	20	-	26	57	11	-	4	3	4	10	8
宮崎市	20	-	23	68	7	-	30	20	2	35	-
鹿児島市	52	4	50	95	12	-	39	25	14	55	6
那覇市	7	3	33	33	2	-	7	20	-	20	-

注：複数の診療科に従事している場合の主として従事する診療科と、1診療科のみに従事している場合の診療科である。

都道府県－指定都市・特別区・中核市（再掲）、主たる診療科別（12－8）

院

平成28年12月31日現在

婦人科	リハビリテーション科	放射線科	麻酔科	病理診断科	臨床検査科	救急科	臨床研修医	全科	その他	主たる診療科不詳	不詳
109	236	720	1 020	270	84	352	2 132	6	374	39	88
27	49	119	271	58	7	62	285	8	80	4	6
12	37	81	102	24	9	30	127	1	55	2	5
1	3	37	68	9	2	32	104	−	20	1	−
10	20	59	78	19	7	22	127	2	47	12	1
15	54	142	288	51	13	99	487	1	77	7	18
8	15	84	92	25	9	50	191	1	25	3	5
7	5	39	61	16	4	15	141	−	31	3	4
6	21	55	53	25	6	25	78	−	20	3	−
2	13	14	42	12	2	17	131	−	34	1	13
1	29	41	75	17	6	26	127	−	71	−	−
11	38	163	213	60	11	60	363	−	48	4	18
9	30	190	170	41	10	68	369	3	77	9	22
38	55	216	274	49	17	112	527	5	100	5	18
7	15	29	43	10	3	20	88	−	10	1	1
10	24	102	160	33	3	49	232	1	47	7	18
5	28	71	125	22	12	21	187	−	25	1	12
4	22	69	112	17	5	36	155	6	32	10	15
6	44	77	101	18	8	33	130	1	34	2	−
27	26	129	179	39	13	57	375	−	49	2	10
9	22	79	109	13	4	62	187	1	35	3	−
2	8	26	59	10	6	10	114	−	20	−	4
−	5	12	32	4	−	11	54	−	5	−	1
1	3	5	13	3	2	6	52	−	15	−	1
2	2	30	48	10	5	16	57	−	14	1	1
4	8	20	33	11	4	10	83	−	10	1	−
3	3	23	29	6	2	1	71	−	4	−	−
1	1	2	10	1	2	6	10	−	3	−	−
2	7	17	25	6	4	13	25	−	18	−	−
2	12	55	62	18	8	32	78	1	13	1	−
2	6	9	14	4	1	4	34	−	3	−	−
−	5	13	40	9	1	33	41	−	10	−	4
4	12	10	30	7	2	13	44	1	1	−	−
4	15	7	25	4	−	10	33	−	8	1	−
4	7	32	26	5	1	9	71	−	22	−	−
3	12	16	19	5	2	21	26	1	10	−	4
1	1	14	24	4	−	13	53	−	8	−	1
−	13	28	53	8	7	11	88	−	24	3	−
−	15	69	54	9	2	15	85	−	39	1	7
5	6	14	28	4	2	11	74	−	20	1	−
4	8	39	55	13	4	23	97	1	15	2	−
−	5	12	20	1	1	1	37	−	7	−	−
1	2	7	12	2	1	11	61	−	3	−	−
−	4	10	5	3	1	3	14	1	5	−	−
4	10	35	44	11	2	26	128	−	18	1	−
3	30	29	52	13	4	21	141	7	9	−	1
7	3	19	15	4	−	14	23	−	5	−	3
−	20	11	12	4	1	2	23	−	1	−	−
3	9	30	38	8	4	16	114	−	10	2	10
−	9	25	30	6	3	7	57	3	3	−	−
2	16	37	51	13	5	23	143	1	13	1	16
−	14	18	42	5	−	9	62	−	14	−	11
−	9	15	18	5	2	20	47	−	8	−	−
1	20	31	46	6	3	24	170	−	11	2	1
13	21	54	56	18	8	37	117	−	29	3	−
−	4	16	20	6	2	5	54	−	3	−	1
4	5	18	29	3	2	10	36	−	9	−	1
−	12	11	14	6	−	3	51	−	6	−	−
3	7	24	28	8	3	3	48	−	12	−	3
13	17	49	31	8	6	8	106	−	11	3	−
4	13	27	37	7	1	26	76	−	15	−	−
3	14	54	52	10	2	17	124	−	17	2	1
4	11	47	50	14	8	13	89	2	19	2	1
2	4	15	20	3	3	4	21	2	6	−	1
5	3	20	28	7	1	11	58	−	2	4	1
4	11	48	50	12	2	19	67	1	12	−	−
7	21	48	95	21	5	30	146	−	51	2	4
2	7	14	21	4	1	5	59	−	11	1	−

第41表　医療施設従事医師数，病院−診療所、主たる従業地による

診　療

	総　数	内　科	呼吸器内科	循環器内科	消化器内科（胃腸内科）	腎臓内科	神経内科	糖尿病内科（代謝内科）	血液内科	皮膚科	アレルギー科
全　国	102 457	38 874	580	1 967	3 389	827	476	849	19	5 411	67
北　海　道	3 447	1 278	35	95	106	27	18	22	1	206	2
青　森	863	333	1	20	31	−	−	9	−	39	1
岩　手	802	278	6	26	39	2	13	9	−	37	1
宮　城	1 775	645	13	43	92	16	12	10	−	77	3
秋　田	681	237	3	33	53	4	3	3	−	25	1
山　形	840	313	4	21	45	3	7	5	−	46	−
福　島	1 328	564	4	28	53	4	6	9	−	44	−
茨　城	1 694	661	8	36	52	19	12	33	−	95	−
栃　木	1 455	588	7	37	38	25	9	9	−	73	2
群　馬	1 663	670	5	26	46	5	7	15	−	71	4
埼　玉	4 321	1 586	26	67	137	47	22	47	−	264	6
千　葉	3 816	1 446	19	61	133	28	24	27	3	222	3
東　京	14 531	5 247	99	220	443	140	80	154	4	959	14
神　奈　川	6 624	2 332	45	93	228	82	33	74	1	390	5
新　潟	1 474	628	3	8	41	13	17	10	−	82	1
富　山	739	305	2	5	19	1	4	1	1	41	−
石　川	838	333	4	6	34	−	5	2	−	46	−
福　井	542	209	3	6	17	2	1	3	−	25	1
山　梨	645	243	4	13	21	9	1	7	−	31	−
長　野	1 508	673	5	18	29	5	6	8	−	64	2
岐　阜	1 635	756	10	21	43	8	5	13	1	77	1
静　岡	2 687	867	30	71	133	22	16	31	−	120	1
愛　知	5 364	2 039	39	89	111	63	17	47	−	323	3
三　重	1 487	654	2	19	52	4	12	10	1	68	1
滋　賀	992	445	7	26	22	3	2	3	−	40	−
京　都	2 521	1 005	17	51	54	9	11	20	−	126	1
大　阪	8 098	3 245	30	124	224	49	25	46	1	374	3
兵　庫	4 828	1 718	19	99	157	46	16	20	3	236	1
奈　良	1 106	505	4	14	21	4	2	6	−	61	1
和　歌　山	1 059	454	1	30	56	11	4	8	−	39	−
鳥　取	545	249	2	5	12	4	5	4	−	22	1
島　根	634	300	4	11	23	2	4	4	−	27	−
岡　山	1 735	773	3	22	22	7	2	11	−	76	2
広　島	2 714	1 076	15	47	68	16	10	22	−	128	1
山　口	1 219	439	8	47	51	5	8	7	−	66	−
徳　島	760	354	2	11	13	1	2	5	−	36	−
香　川	902	332	4	35	16	4	−	9	1	47	−
愛　媛	1 264	441	2	45	35	1	2	7	1	59	1
高　知	536	215	−	13	24	−	2	1	−	24	−
福　岡	4 821	1 585	30	131	228	51	25	44	−	247	4
佐　賀	730	290	3	12	29	6	3	5	1	35	−
長　崎	1 395	486	10	30	57	13	2	12	−	69	−
熊　本	1 571	574	10	40	99	27	7	11	−	81	−
大　分	1 034	382	16	44	44	2	4	13	−	46	−
宮　崎	894	291	3	24	47	10	4	9	−	42	−
鹿　児　島	1 412	536	9	35	61	14	9	14	−	63	−
沖　縄	928	294	4	9	30	13	4	10	−	42	−

注：複数の診療科に従事している場合の主として従事する診療科と、1診療科のみに従事している場合の診療科である。

都道府県－指定都市・特別区・中核市（再掲）、主たる診療科別（12－9）

所

平成28年12月31日現在

リウマチ科	感染症内科	小児科	精神科	心療内科	外科	呼吸器外科	心臓血管外科	乳腺外科	気管食道外科	消化器外科（胃腸外科）
194	19	6 582	3 862	646	3 130	13	91	331	1	258
6	-	217	136	20	77	-	3	24	-	5
-	-	52	21	6	39	-	-	3	-	1
2	-	48	20	4	37	-	2	3	-	-
4	-	99	57	10	71	-	-	6	-	1
-	-	50	19	5	22	-	-	2	-	-
1	-	59	25	7	28	-	-	2	-	2
5	-	93	47	10	31	-	-	1	-	1
2	-	89	41	11	44	-	2	3	-	1
6	-	84	22	8	45	-	-	4	-	6
5	-	139	56	5	66	1	1	3	-	3
10	-	303	145	24	86	-	5	15	1	15
6	1	257	149	24	95	2	4	13	-	14
50	13	858	792	127	188	2	13	58	-	33
13	4	494	369	41	80	-	7	23	-	17
3	-	96	33	7	36	-	3	1	-	-
2	-	57	13	4	35	1	1	-	-	1
-	-	57	21	7	31	-	-	2	-	1
1	-	44	10	4	17	-	-	-	-	4
1	-	40	14	4	18	-	2	-	-	2
2	-	71	50	7	53	-	-	6	-	-
2	-	106	30	13	44	-	-	2	-	-
8	-	183	90	13	104*	2	3	5	-	17
5	-	349	198	20	189	-	9	10	-	7
3	-	88	45	7	37	-	2	3	-	1
1	-	89	26	5	32	-	-	3	-	-
2	-	151	124	14	118	-	1	12	-	5
14	-	463	332	56	232	1	5	26	-	7
2	-	342	185	32	194	-	1	20	-	14
1	-	51	34	7	15	-	-	2	-	3
2	-	61	31	2	27	-	2	1	-	5
1	-	47	14	3	16	-	-	-	-	-
1	-	41	26	1	7	-	-	-	-	1
3	-	104	74	9	61	-	3	5	-	6
6	-	167	90	11	149	1	4	10	-	5
1	-	88	41	4	69	-	-	3	-	4
-	-	44	19	6	43	-	-	2	-	-
-	-	56	24	11	48	-	1	3	-	2
4	-	82	29	22	70	-	3	1	-	7
-	-	32	14	1	14	-	1	3	-	1
7	1	328	183	24	237	1	3	18	-	15
-	-	42	18	1	29	-	-	2	-	3
1	-	96	38	6	112	-	3	4	-	11
5	-	94	34	4	49	1	4	3	-	9
1	-	65	30	8	25	-	1	7	-	9
2	-	61	25	5	37	-	-	2	-	9
3	-	71	25	8	54	1	2	6	-	9
-	-	74	43	18	19	-	-	9	-	1

第41表　医療施設従事医師数，病院−診療所、主たる従業地による

診　　療

	総　数	内　科	呼吸器内科	循環器内科	消化器内科(胃腸内科)	腎臓内科	神経内科	糖尿病内科(代謝内科)	血液内科	皮膚科	アレルギー科
指定都市・特別区(再掲)											
東京都区部	11 371	4 070	81	179	339	106	66	120	2	773	11
札　幌　市	1 623	536	19	47	56	18	9	9	1	105	1
仙　台　市	1 045	364	8	21	55	8	9	6	−	46	2
さいたま市	980	312	6	11	37	13	5	15	−	64	3
千　葉　市	721	236	4	9	35	3	5	7	1	36	−
横　浜　市	3 066	1 034	25	42	120	39	21	35	−	199	2
川　崎　市	1 058	371	6	12	32	15	5	12	1	69	1
相 模 原 市	343	128	2	7	8	5	1	5	−	19	1
新　潟　市	646	242	2	−	15	9	11	6	−	40	1
静　岡　市	565	155	6	23	27	6	3	5	−	26	−
浜　松　市	624	223	4	14	31	4	3	3	−	30	1
名 古 屋 市	2 102	804	19	33	50	28	10	16	−	126	1
京　都　市	1 712	676	14	34	41	7	9	16	−	93	1
大　阪　市	3 155	1 289	12	48	97	26	10	17	1	131	1
堺　　　市	699	276	3	9	19	6	−	7	−	31	1
神　戸　市	1 542	512	4	36	55	11	5	5	1	74	−
岡　山　市	835	349	1	13	8	2	1	6	−	39	−
広　島　市	1 325	462	11	27	35	8	5	13	−	62	1
北 九 州 市	915	305	6	25	50	8	5	7	−	37	2
福　岡　市	1 684	495	13	49	76	24	13	27	−	106	1
熊　本　市	772	250	7	16	59	16	5	9	−	42	−
中核市(再掲)											
旭　川　市	260	84	4	6	3	−	2	7	−	15	−
函　館　市	214	72	2	9	9	2	−	4	−	13	−
青　森　市	238	85	1	7	10	−	−	6	−	10	−
盛　岡　市	261	73	3	10	13	−	4	4	−	11	−
秋　田　市	280	73	1	17	25	3	4	1	−	15	−
郡　山　市	259	88	2	8	8	−	4	1	−	11	−
い わ き 市	257	103	2	6	11	2	−	3	−	8	−
宇 都 宮 市	476	182	5	13	13	7	2	1	−	22	1
前　橋　市	387	142	1	7	14	2	−	1	−	15	2
高　崎　市	401	140	1	4	10	1	2	7	−	18	1
川　越　市	199	61	1	4	7	3	2	3	−	11	2
越　谷　市	189	61	2	5	11	4	1	2	−	13	−
船　橋　市	371	146	4	5	9	2	6	2	−	26	1
柏　　　市	258	103	1	3	11	4	2	3	−	14	−
八 王 子 市	413	150	3	8	15	4	4	4	−	17	−
横 須 賀 市	313	123	3	6	10	4	−	2	−	15	−
富　山　市	342	130	1	2	10	−	1	−	−	14	−
金　沢　市	420	147	3	4	23	−	3	1	−	27	−
長　野　市	287	110	2	4	7	4	1	1	−	14	−
岐　阜　市	468	209	4	6	9	1	1	5	−	19	−
豊　橋　市	297	100	3	2	5	6	1	2	−	19	−
豊　田　市	220	73	1	3	4	4	1	4	−	9	−
岡　崎　市	249	85	3	4	8	6	1	1	−	14	−
大　津　市	284	119	1	9	8	1	−	3	−	16	−
高　槻　市	299	102	−	8	12	−	1	2	−	14	−
東 大 阪 市	409	156	3	6	11	3	2	2	−	18	−
豊　中　市	396	143	1	4	17	2	5	3	−	24	−
枚　方　市	253	101	1	6	9	8	2	1	−	14	−
姫　路　市	423	139	3	6	10	2	2	3	−	16	−
西　宮　市	478	138	3	11	15	9	1	4	−	30	−
尼　崎　市	476	182	3	11	16	5	−	3	−	20	−
奈　良　市	385	147	1	6	5	1	−	3	−	32	−
和 歌 山 市	494	201	−	17	27	2	3	4	−	21	−
倉　敷　市	384	169	−	3	7	2	1	3	−	18	1
呉　　　市	247	107	−	5	7	4	−	−	−	12	−
福　山　市	342	150	1	4	10	−	2	2	−	15	−
下　関　市	274	109	2	11	9	4	2	1	−	13	−
高　松　市	489	151	3	21	15	3	−	5	1	24	−
松　山　市	574	181	1	29	22	−	−	5	−	26	1
高　知　市	312	101	−	9	17	−	2	−	−	19	−
久 留 米 市	340	109	2	7	17	4	2	4	−	15	−
長　崎　市	583	194	4	10	19	4	1	7	−	34	−
佐 世 保 市	221	75	4	7	11	2	1	1	−	10	−
大　分　市	476	140	7	19	27	2	6	9	−	25	−
宮　崎　市	428	132	−	7	24	6	3	4	−	21	−
鹿 児 島 市	627	192	6	20	28	5	4	10	−	30	−
那　覇　市	289	91	−	3	10	−	−	4	−	11	−

注：複数の診療科に従事している場合の主として従事する診療科と、1診療科のみに従事している場合の診療科である。

都道府県－指定都市・特別区・中核市（再掲）、主たる診療科別（12－10）

所

平成28年12月31日現在

リウマチ科	感染症内科	小児科	精神科	心療内科	外科	呼吸器外科	心臓血管外科	乳腺外科	気管食道外科	消化器外科（胃腸外科）
47	12	612	641	112	148	2	11	49	-	29
5	-	115	86	8	30	-	-	20	-	2
3	-	54	35	7	36	-	-	5	-	1
4	-	70	50	8	22	-	2	7	-	4
2	1	55	38	3	16	1	1	4	-	3
8	2	216	180	22	21	-	4	12	-	8
3	1	87	47	8	19	-	-	6	-	3
1	-	34	16	2	5	-	-	1	-	-
2	-	44	17	2	11	-	2	1	-	-
3	-	43	19	3	26	-	1	1	-	6
1	-	35	28	4	26	1	-	2	-	2
5	-	116	90	9	65	-	6	4	-	1
2	-	86	92	8	74	-	1	10	-	3
7	-	137	123	20	75	1	3	17	-	3
2	-	54	34	5	24	-	-	1	-	1
1	-	102	65	9	68	-	1	9	-	6
-	-	48	50	7	22	-	3	5	-	3
3	-	80	59	5	62	-	2	8	-	2
1	-	53	36	3	46	-	-	2	-	3
6	1	109	106	16	62	-	3	9	-	4
2	-	44	28	2	27	-	4	2	-	3
-	-	16	8	-	9	-	-	1	-	1
-	-	8	8	3	6	-	1	1	-	-
-	-	13	7	3	6	-	-	2	-	1
1	-	16	10	1	10	-	-	2	-	-
-	-	28	14	3	3	-	-	2	-	-
2	-	19	15	4	2	-	-	1	-	1
2	-	16	4	3	9	-	-	-	-	-
4	-	27	10	4	15	-	-	3	-	6
3	-	35	17	1	18	1	1	1	-	1
2	-	36	14	2	13	-	-	1	-	1
-	-	15	10	-	2	-	1	-	-	-
1	-	10	8	2	1	-	-	1	-	1
-	-	24	20	-	2	-	1	1	-	1
1	-	18	13	-	3	-	-	1	-	1
-	-	41	22	1	10	-	-	3	-	-
-	-	13	15	-	4	-	-	1	-	2
1	-	26	10	3	11	1	1	-	-	1
-	-	28	16	5	14	-	-	2	-	-
-	-	15	14	1	10	-	-	2	-	-
-	-	31	14	2	10	-	-	-	-	-
-	-	20	12	2	13	-	1	1	-	1
-	-	23	13	-	9	-	-	-	-	1
-	-	19	8	1	11	-	-	-	-	-
-	-	25	10	1	9	-	-	-	-	-
1	-	20	15	2	12	-	1	1	-	-
-	-	17	19	-	10	-	-	-	-	-
-	-	26	15	9	5	-	-	1	-	-
1	-	23	7	2	8	-	1	-	-	-
-	-	39	19	2	24	-	-	2	-	5
1	-	44	25	3	16	-	-	1	-	-
-	-	29	16	3	7	-	-	4	-	1
1	-	21	17	3	3	-	-	2	-	-
1	-	26	17	1	8	-	1	1	-	1
3	-	20	15	1	12	-	-	-	-	3
-	-	16	3	2	20	-	-	-	-	-
2	-	23	4	1	24	-	-	1	-	1
-	-	18	10	1	12	-	-	1	-	1
-	-	32	15	9	27	-	1	3	-	1
4	-	33	16	13	21	-	2	1	-	2
-	-	20	13	1	9	-	1	3	-	-
-	-	20	6	2	20	-	-	1	-	1
-	-	36	24	2	44	-	2	3	-	5
-	-	18	5	3	13	-	-	-	-	2
1	-	33	20	6	9	-	1	4	-	6
1	-	27	19	3	14	-	-	1	-	4
1	-	33	20	7	23	1	2	5	-	5
-	-	22	19	6	7	-	-	4	-	-

第41表　医療施設従事医師数，病院－診療所、主たる従業地による

診　療

	泌尿器科	肛門外科	脳神経外科	整形外科	形成外科	美容外科	眼科	耳鼻いんこう科	小児外科	産婦人科	産科
全　国	1 908	273	1 128	7 796	514	513	8 395	5 433	25	4 198	101
北　海　道	88	11	48	279	21	16	256	178	1	113	3
青　森	32	2	13	77	1	3	57	49	－	33	1
岩　手	30	7	23	59	3	2	63	41	－	35	1
宮　城	34	6	18	137	12	11	135	83	－	76	2
秋　田	17	2	5	51	1	2	62	28	－	28	1
山　形	27	4	14	80	3	－	61	39	－	33	－
福　島	33	4	10	119	－	4	96	59	－	49	2
茨　城	30	6	23	135	6	4	149	88	2	67	2
栃　木	19	4	10	118	4	4	106	78	2	70	4
群　馬	37	5	15	138	7	2	125	71	－	61	－
埼　玉	62	12	54	333	13	20	411	249	4	188	4
千　葉	67	10	23	317	21	16	316	197	1	190	10
東　京	165	37	113	873	128	210	1 217	756	3	565	8
神　奈　川	113	7	83	504	40	30	543	348	－	275	10
新　潟	26	3	26	119	2	4	129	82	1	45	7
富　山	9	1	9	67	1	4	67	44	－	30	－
石　川	9	5	10	59	8	4	67	45	－	33	2
福　井	12	1	2	57	3	－	42	44	－	23	－
山　梨	12	2	9	64	4	2	58	30	－	27	－
長　野	26	6	17	115	12	4	116	73	－	54	1
岐　阜	22	5	19	106	2	2	146	92	1	74	3
静　岡	79	6	36	209	16	10	236	134	－	120	5
愛　知	82	15	43	385	19	10	511	334	2	279	6
三　重	22	5	11	139	1	3	121	86	－	57	1
滋　賀	13	1	5	75	2	5	76	45	1	37	3
京　都	36	4	10	176	14	5	188	155	2	85	1
大　阪	187	13	69	576	38	26	723	489	2	358	－
兵　庫	111	12	43	385	18	17	435	261	2	198	4
奈　良	22	1	13	84	5	4	96	64	－	39	－
和　歌　山	18	2	15	73	6	2	65	50	－	49	1
鳥　取	9	1	2	51	－	－	34	16	－	20	－
島　根	13	－	5	41	3	1	46	29	－	18	－
岡　山	22	5	17	113	7	8	122	97	－	64	－
広　島	38	5	42	196	16	8	210	132	－	100	－
山　口	24	8	25	103	2	1	85	60	－	38	2
徳　島	10	3	6	49	5	2	57	39	－	28	－
香　川	24	3	14	84	4	4	67	52	－	31	－
愛　媛	32	5	21	108	1	3	96	69	－	57	1
高　知	10	2	11	52	3	2	41	29	－	16	－
福　岡	94	22	82	414	26	33	365	225	1	198	7
佐　賀	19	3	11	65	2	2	53	41	－	26	2
長　崎	29	5	17	115	13	1	92	66	－	63	－
熊　本	44	5	17	135	4	3	125	81	－	55	1
大　分	19	1	10	73	3	3	79	43	－	43	2
宮　崎	24	5	17	88	3	3	71	41	－	40	3
鹿　児　島	39	1	30	126	6	2	97	75	－	62	1
沖　縄	18	－	12	74	5	11	82	46	－	48	－

注：複数の診療科に従事している場合の主として従事する診療科と、1診療科のみに従事している場合の診療科である。

都道府県－指定都市・特別区・中核市（再掲）、主たる診療科別（12－11）

所

平成28年12月31日現在

婦人科	リハビリテーション科	放射線科	麻酔科	病理診断科	臨床検査科	救急科	臨床研修医	全科	その他	主たる診療科不詳	不詳
1 043	158	450	558	30	6	18	4	116	939	695	570
43	2	7	27	3	–	1	1	14	23	21	13
8	–	3	4	–	–	–	–	2	7	6	9
5	–	1	–	–	–	–	1	–	4	–	–
16	3	14	18	–	–	–	–	5	19	10	17
4	1	1	5	–	–	–	–	–	1	5	7
5	–	1	–	–	–	–	–	–	4	1	–
21	1	10	5	1	–	1	–	–	11	2	–
19	4	4	9	–	–	1	–	7	26	9	1
18	4	2	16	–	–	1	–	1	10	12	9
24	3	3	15	–	–	–	–	4	11	9	5
46	6	9	18	–	–	1	–	2	30	32	21
38	5	11	13	1	–	1	–	5	30	11	2
224	22	78	73	4	3	1	–	14	306	154	83
70	16	24	35	–	–	1	–	5	64	52	73
21	4	4	7	–	–	–	–	1	5	5	1
1	–	5	2	–	–	–	–	–	4	–	2
8	2	2	5	5	–	–	–	–	1	16	8
4	1	1	1	–	–	–	–	4	–	–	–
9	1	4	4	–	–	–	–	1	7	1	–
11	1	1	12	–	–	–	–	1	8	28	23
8	3	1	5	1	–	–	–	3	6	4	–
29	4	5	10	1	1	–	–	2	25	30	13
47	11	10	19	1	1	1	–	1	40	20	9
8	2	–	3	–	–	–	–	1	7	9	2
8	1	3	2	1	–	–	–	2	4	3	1
22	5	14	16	5	–	–	–	1	14	21	26
96	15	48	44	1	1	1	–	4	61	46	43
55	8	19	37	2	–	–	–	4	35	30	47
20	2	3	5	1	–	–	–	4	4	4	4
5	2	10	5	–	–	–	–	1	4	10	7
3	1	1	2	–	–	–	–	–	7	6	7
2	–	1	4	–	–	–	–	2	10	5	2
12	2	11	5	–	–	–	–	3	5	23	36
12	4	21	15	–	–	–	–	1	16	30	42
6	2	11	5	–	–	1	1	1	2	–	1
6	3	1	4	–	–	–	–	3	4	1	1
2	1	4	6	–	–	–	–	2	8	3	–
2	–	7	11	–	–	–	–	1	17	9	12
8	–	2	1	–	–	–	–	–	10	2	2
36	8	33	40	–	–	–	1	2	36	22	14
3	1	7	6	–	–	–	–	–	8	–	2
15	1	5	4	2	–	–	–	1	9	4	3
15	–	17	8	–	–	–	–	1	4	4	1
6	1	6	13	–	–	–	–	1	5	11	18
6	1	7	5	–	–	–	–	1	6	2	–
11	2	16	7	–	–	4	–	2	4	6	1
5	2	2	7	1	–	3	–	7	17	16	2

第41表　医療施設従事医師数，病院−診療所、主たる従業地による

診　療

	泌尿器科	肛門外科	脳神経外科	整形外科	形成外科	美容外科	眼科	耳鼻いんこう科	小児外科	産婦人科	産科
指定都市・特別区(再掲)											
東京都区部	132	31	68	645	113	204	931	592	2	448	7
札幌市	35	4	15	114	15	13	132	77	1	66	1
仙台市	17	3	9	75	9	11	83	51	－	42	－
さいたま市	16	4	10	70	4	15	100	52	－	37	1
千葉市	11	5	6	59	6	5	52	36	－	34	5
横浜市	50	3	42	221	24	21	250	164	－	136	6
川崎市	12	－	11	85	2	2	93	60	－	28	－
相模原市	7	1	2	25	3	1	22	17	－	13	－
新潟市	13	1	7	55	2	3	63	42	1	17	6
静岡市	12	3	4	38	4	6	47	32	－	26	－
浜松市	17	2	4	51	2	3	62	24	－	26	2
名古屋市	24	4	8	118	9	5	203	129	－	121	2
京都市	26	3	7	105	12	5	118	105	2	53	1
大阪市	69	10	27	211	20	19	285	186	1	150	－
堺市	14	－	2	50	3	3	65	35	－	31	－
神戸市	28	4	14	117	11	13	141	78	2	52	2
岡山市	12	3	6	51	4	6	56	41	－	38	－
広島市	16	4	20	98	11	8	102	68	－	49	－
北九州市	13	5	10	87	5	3	79	40	－	37	－
福岡市	25	8	27	123	19	27	111	75	－	64	6
熊本市	18	5	9	61	3	3	60	39	－	23	－
中核市(再掲)											
旭川市	11	1	－	28	2	－	21	17	－	10	－
函館市	8	2	3	23	1	1	11	10	－	11	－
青森市	9	4	4	21	1	3	12	13	－	6	－
盛岡市	6	1	7	21	2	2	29	16	－	13	－
秋田市	6	1	1	23	1	2	30	10	－	14	－
郡山市	11	－	2	20	－	2	18	11	－	12	1
いわき市	5	1	2	27	－	1	19	9	－	12	－
宇都宮市	6	2	5	37	2	4	31	27	2	19	3
前橋市	8	3	2	35	3	－	28	16	－	15	－
高崎市	10	1	5	31	2	2	35	21	－	16	－
川越市	6	1	2	12	2	－	17	12	－	7	－
越谷市	5	1	4	13	－	2	18	9	2	6	－
船橋市	11	2	2	27	5	3	32	19	－	10	－
柏市	2	－	2	17	－	7	20	13	－	9	1
八王子市	2	2	11	34	1	－	29	18	－	13	－
横須賀市	8	－	3	38	－	－	24	17	－	11	－
富山市	6	1	4	35	1	3	29	21	－	20	－
金沢市	2	3	5	24	5	4	35	21	－	21	2
長野市	4	1	7	27	4	2	23	13	－	12	－
岐阜市	6	1	6	26	－	2	49	36	－	22	1
豊橋市	8	3	4	24	1	1	21	17	－	21	1
豊田市	3	－	3	15	－	2	22	16	－	10	－
岡崎市	5	－	3	22	－	1	22	15	－	17	1
大津市	3	－	1	24	－	3	21	15	－	12	1
高槻市	12	－	3	17	3	1	33	16	－	10	－
東大阪市	9	1	2	44	－	－	36	24	1	16	－
豊中市	8	－	2	24	－	1	34	27	－	21	－
枚方市	8	－	3	12	1	1	24	17	－	8	－
姫路市	8	1	6	36	1	2	36	23	－	27	－
西宮市	9	1	5	34	－	－	39	34	－	16	－
尼崎市	14	2	4	39	－	－	46	28	－	16	1
奈良市	9	－	5	29	3	2	36	25	－	13	－
和歌山市	8	－	8	36	4	2	33	24	－	26	1
倉敷市	6	1	4	25	1	1	33	26	－	13	－
呉市	6	－	2	18	－	－	14	11	－	7	－
福山市	9	1	6	19	－	3	25	19	－	12	－
下関市	6	2	5	28	1	1	17	10	－	8	－
高松市	16	2	8	40	4	4	39	30	－	27	－
松山市	16	2	8	48	1	3	47	28	－	25	1
高知市	7	2	5	27	－	2	22	18	－	10	－
久留米市	10	5	5	28	－	2	24	20	－	19	－
長崎市	11	2	4	49	8	1	38	30	－	30	－
佐世保市	7	1	5	17	2	1	14	10	－	8	－
大分市	9	－	5	31	3	2	35	21	－	24	－
宮崎市	10	－	6	45	2	2	29	21	－	19	3
鹿児島市	13	－	12	65	4	2	48	29	－	27	1
那覇市	9	－	4	21	4	9	25	13	－	12	－

注：複数の診療科に従事している場合の主として従事する診療科と，1診療科のみに従事している場合の診療科である。

都道府県－指定都市・特別区・中核市（再掲）、主たる診療科別（12－12）

所

平成28年12月31日現在

婦人科	リハビリテーション科	放射線科	麻酔科	病理診断科	臨床検査科	救急科	臨床研修医	全科	その他	主たる診療科不詳	不詳
191	20	67	63	1	3	1	-	3	275	101	63
30	1	6	12	3	-	-	1	-	14	11	5
15	2	14	13	-	-	-	-	4	12	9	16
12	2	3	1	-	-	-	-	-	12	7	1
14	-	6	3	1	-	-	-	-	11	5	2
31	10	11	20	-	-	1	-	1	31	19	35
10	4	7	2	-	-	-	-	-	14	15	15
5	-	-	3	-	-	-	-	2	-	3	5
17	2	2	5	-	-	-	-	-	3	2	-
11	1	1	1	-	-	-	-	-	10	12	4
2	2	2	2	1	-	-	-	-	4	3	3
23	6	6	11	-	-	1	-	1	26	14	8
15	5	12	12	5	-	-	-	1	13	20	25
46	2	38	18	-	1	-	-	2	28	18	6
10	-	2	5	-	-	-	-	-	4	3	-
34	1	14	13	-	-	-	-	1	22	10	21
5	1	5	4	-	-	-	-	1	4	13	28
8	-	18	11	-	-	-	-	1	15	18	33
12	1	9	10	-	-	-	-	-	11	4	-
19	6	19	15	-	-	-	-	-	14	3	3
13	-	13	5	-	-	-	-	-	2	1	1
4	-	-	5	-	-	-	-	2	2	1	-
-	-	-	3	-	-	-	-	1	1	13	-
2	-	-	2	-	-	-	-	2	1	3	7
1	-	-	-	-	-	-	1	-	1	-	-
1	-	1	3	-	-	-	-	-	1	-	-
3	-	6	2	-	-	-	-	-	5	-	-
7	-	2	2	-	-	-	-	-	2	1	2
11	-	1	5	-	-	-	1	-	1	2	2
3	2	3	4	-	-	-	-	-	1	2	-
9	-	-	4	-	-	-	-	-	7	3	2
2	1	1	3	-	-	-	-	-	4	1	6
2	2	-	-	-	-	-	-	-	3	1	-
2	2	2	-	-	-	-	-	-	5	1	-
6	-	-	1	-	-	-	-	1	1	2	-
5	-	2	1	-	-	-	-	-	6	6	1
4	2	1	2	-	-	-	-	1	1	-	3
-	-	5	-	-	-	-	-	-	4	1	3
3	1	2	3	5	-	-	-	-	1	7	3
2	-	1	3	-	-	-	-	-	2	1	-
2	-	-	3	-	-	-	-	-	3	-	-
5	1	-	1	-	-	-	-	-	1	-	-
1	1	-	-	-	1	-	-	-	1	1	-
1	1	-	2	-	-	-	-	-	1	-	-
6	-	-	3	-	-	-	-	-	5	-	-
4	2	1	1	-	-	-	-	1	-	11	9
4	4	3	6	-	-	-	-	1	3	2	2
3	-	1	-	-	-	-	-	-	1	-	-
1	-	2	5	-	-	-	-	-	2	3	1
5	1	3	5	-	-	-	-	1	1	6	17
3	1	-	3	-	-	-	-	1	3	8	7
8	1	2	3	1	-	-	-	4	-	2	-
3	2	10	4	-	-	-	-	-	1	1	-
5	1	6	1	-	-	-	-	-	-	3	2
1	-	2	-	-	-	-	-	-	-	4	5
-	3	1	3	-	-	-	-	-	-	1	-
1	-	1	-	-	-	-	-	-	-	-	-
2	-	4	5	-	-	-	-	2	3	-	-
1	-	6	9	-	-	-	-	1	15	3	3
6	-	2	-	-	-	-	-	-	8	2	-
3	-	-	2	-	-	-	-	1	5	6	-
10	-	-	-	2	-	-	-	-	5	4	-
1	1	4	-	-	-	-	-	-	-	-	-
4	1	2	11	-	-	-	-	-	3	6	9
4	1	6	3	-	-	-	-	-	5	-	-
10	-	12	3	-	-	-	-	-	4	4	-
3	2	-	3	-	-	-	-	1	1	3	-

第42表　人口10万対医療施設従事医師数，主たる従業地による

	総　数	内　科	呼吸器内科	循環器内科	消化器内科(胃腸内科)	腎臓内科	神経内科	糖尿病内科(代謝内科)	血液内科	皮膚科	アレルギー科
全　　国	240.1	47.9	4.7	9.8	11.2	3.6	3.9	3.9	2.1	7.2	0.1
北　海　道	238.3	50.0	5.0	11.8	13.5	1.7	3.1	2.5	2.1	6.5	0.1
青　　森	198.2	43.9	2.1	6.9	9.0	0.7	1.9	4.2	0.9	5.6	0.2
岩　　手	193.8	35.7	4.4	9.2	9.9	1.4	5.8	2.4	1.7	5.0	0.1
宮　　城	231.9	43.7	6.3	9.8	13.6	3.9	4.5	3.5	1.7	5.9	0.3
秋　　田	223.5	39.0	3.4	10.1	16.0	2.0	3.3	4.7	2.5	5.1	0.1
山　　形	219.5	41.7	4.9	8.2	13.0	2.4	3.7	2.8	1.6	6.6	－
福　　島	195.7	43.6	2.7	7.7	10.4	2.1	3.2	2.3	1.6	3.9	－
茨　　城	180.4	33.1	4.4	7.9	7.7	3.4	1.9	3.1	1.7	5.4	0.0
栃　　木	218.0	40.1	5.0	9.7	9.7	4.0	4.6	4.0	2.0	6.2	0.3
群　　馬	225.2	51.4	3.6	8.7	7.3	3.4	2.9	2.8	2.2	6.0	0.4
埼　　玉	160.1	33.9	2.7	6.1	5.9	2.7	2.2	2.2	1.0	5.5	0.1
千　　葉	189.9	36.5	3.7	7.1	9.1	1.9	2.9	2.6	1.4	5.3	0.3
東　　京	304.2	54.6	6.3	11.6	13.2	6.0	5.0	5.8	2.9	11.6	0.3
神　奈　川	205.4	35.8	4.1	7.7	9.9	4.4	3.6	3.5	1.6	7.0	0.2
新　　潟	191.9	42.7	4.3	5.4	9.0	4.0	5.6	2.8	1.8	6.1	0.0
富　　山	241.8	57.5	3.1	7.1	9.5	2.8	2.4	3.5	1.5	7.2	0.1
石　　川	280.6	52.8	5.2	12.1	13.9	4.0	4.7	5.7	3.2	9.4	－
福　　井	245.8	47.3	4.0	9.7	7.9	3.2	3.8	2.8	2.7	6.9	0.1
山　　梨	231.8	42.4	3.7	9.2	10.0	3.7	3.3	3.7	1.3	6.3	－
長　　野	226.2	48.1	3.9	7.2	8.9	3.0	4.3	2.8	1.6	5.8	0.1
岐　　阜	208.9	51.3	3.7	9.1	10.3	2.4	2.3	3.9	1.5	6.0	0.0
静　　岡	200.8	34.4	5.1	8.0	10.2	3.1	3.1	2.9	1.4	5.6	0.2
愛　　知	207.7	38.8	5.2	8.4	8.8	4.4	4.1	3.9	2.2	7.1	0.1
三　　重	217.0	53.0	2.5	7.6	10.0	2.1	4.5	2.4	2.4	6.0	0.2
滋　　賀	220.9	40.8	3.7	10.7	12.0	3.2	3.5	4.2	2.1	5.5	－
京　　都	314.9	58.6	6.1	13.7	15.0	4.4	8.6	6.2	4.4	9.1	0.0
大　　阪	270.4	55.3	5.1	12.0	13.0	3.4	3.7	4.5	2.5	7.4	0.1
兵　　庫	242.4	48.5	4.0	11.1	11.3	3.2	2.9	3.6	1.8	6.7	0.1
奈　　良	243.1	58.4	4.4	7.7	8.6	1.3	4.5	2.3	1.5	7.6	0.1
和　歌　山	290.1	70.4	4.9	12.5	15.2	5.6	3.4	4.7	2.0	7.8	0.1
鳥　　取	298.1	66.7	6.7	10.2	11.6	2.5	9.6	4.0	2.1	7.2	0.2
島　　根	272.3	62.3	4.9	9.4	14.2	2.6	7.1	3.9	3.3	7.4	－
岡　　山	300.4	69.1	5.5	9.6	9.8	2.9	3.7	5.6	3.4	7.6	0.1
広　　島	254.6	58.9	4.2	10.1	11.9	2.8	3.8	3.0	1.3	7.4	0.0
山　　口	246.5	53.3	3.0	12.0	13.3	2.3	3.9	2.8	1.6	6.5	0.1
徳　　島	315.9	88.0	4.1	10.5	11.5	2.8	3.7	4.4	2.7	8.7	－
香　　川	276.0	55.8	3.2	12.9	13.3	2.5	2.8	3.9	2.0	7.3	0.1
愛　　媛	262.5	58.5	2.8	11.1	10.8	1.5	2.3	2.9	2.3	6.2	0.1
高　　知	306.0	75.3	4.7	12.5	13.3	1.5	2.9	2.9	1.5	7.5	0.1
福　　岡	297.6	56.4	6.7	14.9	15.9	5.1	4.7	5.9	2.6	8.2	0.2
佐　　賀	276.8	63.8	4.5	9.8	11.2	3.3	4.1	3.0	3.0	7.5	－
長　　崎	295.7	60.0	9.1	11.3	15.7	5.3	4.0	3.8	2.6	8.5	0.1
熊　　本	281.9	54.1	7.2	12.5	16.4	5.7	6.4	6.3	3.2	8.5	－
大　　分	268.5	52.5	7.4	14.5	14.3	4.0	4.3	5.4	3.0	6.3	－
宮　　崎	238.4	49.4	3.0	9.9	10.4	3.3	2.6	2.8	1.2	6.3	－
鹿　児　島	262.9	58.8	4.7	12.0	13.9	3.2	6.6	3.6	2.1	6.4	－
沖　　縄	243.1	42.9	4.2	7.7	8.8	3.7	2.2	3.6	1.5	6.1	－

注：複数の診療科に従事している場合の主として従事する診療科と，1診療科のみに従事している場合の診療科である。

都道府県－指定都市・特別区・中核市（再掲）、主たる診療科別（４－１）

平成28年12月31日現在

リウマチ科	感染症内科	小児科	精神科	心療内科	外科	呼吸器外科	心臓血管外科	乳腺外科	気管食道外科	消化器外科（胃腸外科）
1.3	0.4	13.3	12.3	0.7	11.4	1.5	2.5	1.5	0.1	4.2
1.2	0.1	11.9	13.7	0.7	11.9	0.8	3.2	1.2	0.0	2.8
0.3	-	10.3	11.8	0.5	14.5	0.9	2.1	0.9	-	1.7
0.4	0.1	10.9	9.9	0.7	14.1	1.2	1.7	1.0	-	2.7
1.1	0.6	12.2	11.4	0.9	13.5	1.7	2.3	1.5	-	4.5
0.2	0.1	12.2	14.1	0.7	12.0	1.9	1.4	1.2	0.4	3.6
0.1	0.2	12.5	13.1	0.7	13.9	1.4	3.0	0.7	-	1.3
1.1	0.1	11.3	11.0	0.6	12.5	1.3	2.3	0.8	-	2.1
1.2	0.4	9.8	8.3	0.4	8.0	1.3	1.9	1.3	-	4.7
1.8	0.4	11.8	9.0	0.5	9.3	1.6	2.1	1.1	0.2	5.5
0.9	0.2	14.9	11.8	0.3	11.9	1.4	2.2	1.7	0.4	3.7
0.8	0.1	10.2	8.5	0.4	6.5	0.9	1.6	1.2	0.0	3.3
1.0	0.3	10.5	10.0	0.5	9.5	1.4	1.9	1.2	0.1	4.2
2.5	1.1	17.2	15.1	1.3	8.9	1.9	3.1	2.4	0.2	6.4
1.3	0.3	12.1	10.8	0.5	6.2	1.2	2.3	1.4	0.0	3.9
0.9	0.3	11.7	9.5	0.6	7.8	0.9	2.1	1.0	-	3.2
0.8	0.3	15.3	12.5	0.4	12.2	1.4	2.9	0.5	-	3.2
1.4	0.3	15.4	14.2	0.6	12.9	1.7	3.0	1.3	-	4.2
0.5	0.1	16.0	11.8	0.6	14.6	1.4	2.6	1.0	-	5.1
0.7	0.1	14.9	11.1	0.6	11.2	1.3	2.7	1.4	-	4.6
0.7	0.2	14.0	10.9	0.6	12.5	1.7	2.5	1.5	-	3.2
0.6	0.1	12.3	8.6	0.7	12.0	0.7	1.7	0.9	-	1.9
0.9	0.3	11.0	9.3	0.4	10.4	1.5	2.4	0.9	0.0	4.2
0.7	0.3	12.0	10.1	0.3	9.8	1.1	2.3	1.3	0.1	3.0
0.3	0.2	11.5	12.1	0.5	12.2	1.1	2.0	1.1	-	3.1
0.2	-	15.9	9.1	0.4	11.3	2.5	2.3	1.3	-	2.1
2.4	0.8	16.9	13.6	0.7	16.8	2.9	2.9	2.5	0.0	6.1
1.6	0.4	13.8	11.9	1.0	11.5	1.6	3.0	1.9	0.1	4.8
1.4	0.4	13.5	10.7	0.7	13.2	1.4	2.0	1.5	0.0	4.5
0.6	0.9	11.7	11.9	0.7	10.0	1.0	2.7	1.0	-	3.9
0.7	0.3	14.7	10.7	0.3	11.7	1.3	2.6	1.8	-	5.3
0.5	0.7	22.3	16.8	0.7	13.0	3.0	3.5	1.2	-	7.2
1.2	0.3	14.5	17.0	0.1	9.3	2.0	2.8	2.0	-	3.9
2.0	0.2	16.1	15.5	0.7	14.9	2.2	3.6	2.1	0.1	5.4
1.0	0.1	12.9	13.0	0.5	17.6	1.5	2.2	1.7	0.1	4.2
0.6	0.1	12.6	14.5	0.3	17.8	1.3	2.2	0.9	0.1	4.2
0.8	-	15.2	17.5	1.1	22.1	1.3	2.3	0.9	0.3	3.3
1.0	0.1	15.9	14.6	1.1	14.2	3.2	2.1	1.0	-	5.1
1.7	0.1	13.8	10.3	1.9	16.1	1.7	2.5	1.7	-	5.0
1.0	-	14.7	17.1	0.6	17.9	1.9	3.3	1.2	-	3.5
1.8	0.7	15.9	16.8	1.2	16.0	2.3	3.0	1.5	0.1	4.2
1.3	0.4	15.0	19.4	0.2	13.4	1.3	2.9	0.8	-	5.6
2.6	1.6	15.4	16.0	0.5	21.4	1.3	2.7	1.5	-	4.5
1.0	0.3	14.7	18.9	0.5	14.7	0.8	2.3	1.4	-	4.7
2.1	0.2	14.4	15.6	0.9	13.0	2.4	2.5	1.2	0.1	6.6
1.8	0.2	11.9	17.4	0.5	16.3	1.2	1.9	1.3	-	4.3
0.6	0.1	11.5	16.2	1.6	13.2	1.5	2.1	1.6	0.1	5.1
0.5	0.7	16.5	18.6	1.5	9.8	1.0	3.6	1.3	-	3.3

第42表　人口10万対医療施設従事医師数，主たる従業地による

	総　数	内　科	呼吸器内科	循環器内科	消化器内科(胃腸内科)	腎臓内科	神経内科	糖尿病内科(代謝内科)	血液内科	皮膚科	アレルギー科
指定都市・特別区(再掲)											
東京都区部	351.6	60.3	7.3	13.3	15.7	7.1	5.7	7.2	3.7	14.1	0.3
札　幌　市	322.9	55.5	8.1	17.9	20.1	3.2	5.5	4.2	4.2	9.7	0.2
仙　台　市	321.6	50.7	9.5	14.7	19.9	6.4	7.0	6.0	2.9	8.7	0.4
さいたま市	172.8	35.2	2.2	6.4	6.7	2.4	2.0	2.3	1.7	6.4	0.2
千　葉　市	270.7	37.3	7.8	10.1	14.6	1.8	5.6	5.6	2.9	6.7	0.6
横　浜　市	217.9	35.7	4.7	7.8	11.0	4.7	4.1	4.1	1.5	8.4	0.2
川　崎　市	216.9	36.5	3.8	7.7	9.1	5.6	4.5	3.8	1.7	8.2	0.1
相　模　原　市	229.5	33.1	5.0	9.7	12.9	5.0	4.6	4.8	2.2	5.8	0.6
新　潟　市	267.7	44.6	7.6	8.1	14.3	7.3	9.4	5.1	2.9	9.9	0.1
静　岡　市	229.5	30.3	6.3	10.7	10.0	5.0	5.6	4.0	2.1	5.8	0.7
浜　松　市	256.0	38.9	7.8	8.7	12.9	4.0	3.4	3.8	2.3	7.3	0.1
名　古　屋　市	288.5	50.9	8.0	11.8	12.4	7.1	7.2	5.3	4.0	9.7	0.0
京　都　市	417.7	70.6	9.2	17.6	21.1	6.5	13.1	10.0	7.5	12.5	0.1
大　阪　市	327.2	66.8	6.6	13.4	17.2	4.9	4.7	6.1	3.5	8.6	0.0
堺　　　市	227.4	56.0	8.1	8.2	8.2	3.7	2.0	3.2	1.4	5.4	－
神　戸　市	304.0	51.9	5.0	15.4	15.3	3.3	4.1	5.7	2.3	8.3	－
岡　山　市	410.3	82.1	7.5	14.8	14.7	3.7	4.0	7.9	5.4	11.1	－
広　島　市	295.7	54.6	5.9	12.0	16.1	3.3	4.9	4.1	2.3	9.5	0.1
北　九　州　市	325.1	58.5	7.0	16.8	16.4	5.2	4.3	5.4	3.1	7.8	0.2
福　岡　市	366.0	60.2	7.9	17.4	18.1	6.0	7.8	8.9	5.0	11.2	0.4
熊　本　市	413.1	57.3	12.2	19.9	25.5	9.9	10.7	9.3	6.8	13.5	
中核市(再掲)											
旭　川　市	376.1	50.4	9.6	14.3	24.5	3.2	6.4	8.7	5.2	11.4	－
函　館　市	290.6	55.3	6.0	18.0	16.9	1.9	1.5	2.6	2.3	7.1	－
青　森　市	221.4	46.0	1.8	8.8	9.5	0.7	4.9	5.6	1.1	6.0	0.4
盛　岡　市	391.6	45.8	12.8	20.2	18.9	4.7	13.5	7.4	5.7	10.8	－
秋　田　市	369.1	40.1	7.0	19.7	28.7	5.7	5.7	11.1	6.7	11.5	－
郡　山　市	243.5	37.2	4.5	11.3	11.6	0.9	6.3	3.3	2.1	6.0	－
い　わ　き　市	161.2	42.0	1.4	6.0	10.6	1.7	2.0	1.7	1.1	2.3	－
宇　都　宮　市	193.5	43.7	4.8	7.5	7.7	2.7	2.7	2.7	0.8	5.4	0.2
前　橋　市	438.6	62.5	10.0	20.9	18.3	7.1	8.0	8.8	8.0	11.8	0.9
高　崎　市	210.1	51.1	1.9	9.0	5.9	3.5	1.6	2.7	0.3	5.3	0.3
川　越　市	238.6	33.5	3.1	6.3	8.2	5.4	5.4	3.4	2.3	7.4	0.6
越　谷　市	213.8	25.3	7.9	10.6	10.3	3.5	4.1	4.4	0.6	7.9	－
船　橋　市	140.3	30.0	2.7	4.0	5.4	0.6	1.1	1.3	0.6	5.2	0.2
柏　　　市	237.6	41.2	5.5	6.5	20.1	3.4	2.4	3.4	2.2	5.5	－
八　王　子　市	193.8	42.5	2.1	7.6	8.2	3.2	3.7	2.3	0.9	4.8	－
横　須　賀　市	210.1	42.3	5.0	10.6	10.1	5.0	2.2	2.7	1.7	6.7	－
富　山　市	325.6	64.6	5.3	9.6	12.4	4.5	4.8	2.6	2.6	7.9	0.2
金　沢　市	378.5	59.7	7.5	19.5	20.0	5.2	7.3	8.6	6.4	13.9	－
長　野　市	233.2	45.0	5.2	7.3	7.6	4.2	2.4	3.4	2.6	5.8	－
岐　阜　市	393.3	73.4	8.1	21.9	19.2	4.4	4.7	8.1	3.9	9.9	－
豊　橋　市	198.4	41.2	4.0	9.9	7.8	4.0	2.4	2.4	1.3	6.7	－
岡　崎　市	156.0	27.1	3.8	5.6	5.9	2.6	3.3	2.8	1.2	3.8	－
豊　田　市	127.4	30.0	3.4	4.4	4.2	3.7	1.8	1.6	0.8	4.4	－
大　津　市	356.6	44.9	7.0	15.8	22.0	7.0	6.7	8.5	5.0	10.0	－
高　槻　市	380.2	41.8	7.6	18.6	24.3	1.1	3.4	7.9	4.2	9.9	－
東　大　阪　市	173.1	42.5	2.2	6.6	6.8	1.8	2.2	1.0	0.2	5.4	－
豊　中　市	203.5	54.3	6.8	3.5	7.8	4.8	7.1	2.5	1.5	7.3	－
枚　方　市	291.6	46.4	5.5	11.9	16.6	3.2	3.7	3.2	2.2	7.9	－
姫　路　市	212.5	41.9	4.9	8.8	6.7	1.3	3.0	1.7	1.1	4.1	－
西　宮　市	322.1	43.6	5.7	13.1	17.4	7.4	3.1	5.9	4.9	9.6	－
尼　崎　市	260.6	59.7	4.4	13.1	11.3	4.4	3.8	5.1	1.1	6.0	－
奈　良　市	256.0	63.0	3.3	8.6	8.1	1.4	5.6	1.4	－	9.7	－
和　歌　山　市	430.1	73.8	7.7	18.8	25.1	9.9	6.6	9.7	4.7	13.5	－
倉　敷　市	357.0	63.7	6.7	11.5	13.4	4.6	6.5	8.6	5.5	8.6	0.2
呉　　　市	314.7	71.6	5.6	11.2	17.7	6.0	5.6	2.6	2.6	7.8	－
福　山　市	208.0	57.2	1.1	9.2	4.9	0.9	3.9	1.5	0.4	3.9	－
下　関　市	262.0	64.7	3.0	12.0	11.7	5.6	3.0	1.5	1.1	6.4	0.4
高　松　市	272.2	49.9	4.0	15.2	13.5	2.4	4.0	3.8	1.9	8.1	0.2
松　山　市	306.6	61.3	4.7	12.3	15.6	2.5	2.3	3.3	2.9	6.4	0.2
高　知　市	365.7	83.0	5.7	14.3	15.5	1.5	3.9	3.0	2.1	8.1	0.3
久　留　米　市	561.6	54.7	14.7	38.4	35.5	17.3	5.5	16.9	5.2	14.0	－
長　崎　市	438.9	73.1	15.9	17.3	23.2	8.4	4.4	7.3	5.4	14.8	－
佐　世　保　市	257.1	47.2	7.9	10.6	15.4	5.9	2.4	3.1	2.0	6.3	0.4
大　分　市	249.9	42.4	6.3	13.2	16.3	3.4	4.2	4.8	2.5	6.7	－
宮　崎　市	355.0	61.8	5.0	15.0	18.8	6.0	6.0	4.5	3.0	10.8	－
鹿　児　島　市	403.5	61.8	9.0	19.4	23.4	4.3	12.2	8.3	4.7	10.4	－
那　覇　市	244.1	58.1	3.1	5.9	6.9	1.9	0.6	2.2	0.6	6.3	－

注：複数の診療科に従事している場合の主として従事する診療科と，1診療科のみに従事している場合の診療科である。

都道府県－指定都市・特別区・中核市（再掲）、主たる診療科別（４－２）

平成28年12月31日現在

リウマチ科	感染症内科	小児科	精神科	心療内科	外科	呼吸器外科	心臓血管外科	乳腺外科	気管食道外科	消化器外科（胃腸外科）
3.3	1.4	18.4	14.8	1.6	10.3	2.3	3.8	3.0	0.3	7.5
2.8	0.2	15.2	18.1	0.7	12.6	1.6	4.8	2.4	0.1	5.2
2.1	1.4	18.8	13.0	1.4	14.7	2.9	4.2	2.5	–	8.3
1.2	–	15.5	9.1	0.7	6.4	0.5	1.6	1.3	–	2.8
2.5	0.6	17.1	14.9	0.3	11.5	2.5	3.5	2.2	–	9.3
1.4	0.4	13.9	11.7	0.8	4.4	1.2	2.3	1.4	0.1	4.8
1.9	0.5	12.2	9.2	0.5	6.7	1.1	2.6	1.9	–	4.7
2.5	0.4	12.7	10.1	0.3	9.1	1.5	2.5	1.2	–	3.9
0.9	0.7	15.5	12.6	0.7	7.3	1.4	3.2	2.0	–	6.3
0.9	–	14.4	10.8	0.4	11.3	1.3	4.4	1.1	–	3.3
0.9	0.6	13.2	11.9	0.5	10.4	2.6	3.8	1.8	–	6.3
1.3	0.5	15.6	13.7	0.5	11.8	1.7	3.5	2.4	0.1	4.9
4.2	1.4	19.5	15.9	0.9	19.5	4.2	4.5	3.8	0.1	9.4
1.9	1.0	14.2	7.9	0.9	13.5	2.1	2.9	2.6	0.1	5.8
0.6	–	11.2	15.6	1.2	11.3	1.3	1.6	1.0	–	3.1
2.0	1.1	18.0	14.1	0.8	15.3	1.8	2.7	1.8	0.1	6.0
2.2	0.1	21.4	25.0	1.4	15.5	3.7	6.1	3.5	0.1	7.8
1.5	0.3	15.5	15.1	0.5	16.6	1.5	2.7	2.2	0.3	5.7
2.9	0.4	17.6	17.1	1.2	19.0	3.3	2.6	0.8	–	4.4
2.3	1.5	17.9	18.4	2.1	16.9	3.0	4.2	2.8	–	5.7
1.8	0.8	19.9	23.9	0.9	18.5	1.6	5.1	3.0	–	6.5
2.6	–	23.6	14.9	0.9	12.8	0.6	6.1	1.7	–	6.4
–	–	10.5	11.3	1.9	19.2	1.1	4.5	1.1	–	3.8
0.7	–	10.5	14.7	1.1	13.0	1.1	2.8	1.1	–	1.8
1.3	0.3	22.2	19.9	2.0	16.2	3.7	6.1	3.7	–	9.1
0.6	0.3	22.6	25.5	1.3	6.1	3.2	3.2	3.5	1.3	9.9
1.5	–	13.4	14.9	1.5	13.1	2.1	3.6	1.2	–	2.7
1.1	–	9.2	9.8	1.1	10.6	–	1.7	0.3	–	0.3
0.8	–	9.2	9.4	1.0	8.8	1.7	1.2	1.5	–	6.5
2.7	0.9	28.6	18.6	0.3	17.4	5.0	5.0	3.8	2.4	8.0
1.9	–	13.6	13.0	0.5	12.2	0.8	1.9	1.3	–	1.9
2.3	0.3	19.9	11.6	–	4.8	1.4	2.8	0.9	–	10.2
0.9	0.9	10.0	15.6	0.9	8.2	0.9	2.6	2.1	–	2.4
0.5	–	7.0	9.8	0.2	7.0	0.6	1.3	0.8	–	1.4
0.2	0.5	10.3	13.9	–	10.1	3.6	1.0	1.7	1.4	13.2
0.5	0.4	10.7	22.7	0.2	5.3	1.4	2.1	1.8	–	6.6
0.2	–	9.9	12.1	–	9.4	1.7	1.7	0.2	–	3.2
1.9	0.7	23.4	16.3	0.7	11.5	3.1	5.3	1.0	–	5.3
2.8	0.2	22.3	20.6	1.1	17.2	2.6	4.7	2.1	–	4.3
1.3	0.3	11.3	12.3	0.5	14.9	2.6	2.9	1.6	–	1.8
1.7	0.5	26.6	16.7	0.5	15.5	2.0	4.9	2.0	–	5.9
0.8	–	11.5	12.3	0.5	12.6	0.8	2.7	0.3	–	0.3
0.2	0.2	9.6	10.8	–	8.7	1.2	1.2	0.5	–	3.1
–	–	9.1	3.9	0.3	6.5	1.0	1.6	1.3	–	1.8
–	–	23.5	15.0	0.3	15.8	4.7	4.1	1.8	–	2.9
3.1	–	24.9	16.7	0.6	10.7	2.5	5.1	3.1	–	10.2
–	–	6.4	10.0	–	8.2	1.0	1.8	1.0	–	1.8
–	–	10.4	14.6	2.5	7.3	1.5	1.0	1.0	–	1.3
1.7	–	16.6	16.4	3.0	13.2	2.5	2.2	1.5	–	3.5
0.6	–	12.2	7.1	0.4	12.4	2.1	2.8	2.1	–	6.7
3.9	0.4	17.8	13.7	1.0	12.5	2.0	2.0	2.2	–	8.8
0.4	0.2	14.2	4.4	0.9	9.1	1.5	2.7	2.2	–	4.0
0.6	0.3	13.6	13.4	1.1	9.7	0.8	1.9	1.4	–	2.5
1.7	0.8	19.1	13.8	0.6	10.2	2.8	4.1	3.6	–	9.9
4.8	0.6	19.5	11.9	0.2	14.0	3.1	4.2	3.1	–	7.1
–	–	13.8	14.7	0.9	20.3	2.6	2.2	1.3	–	4.7
0.4	–	10.3	9.0	0.4	17.2	1.9	1.9	2.4	–	4.3
0.8	0.4	11.3	15.8	0.4	14.3	1.9	3.4	1.1	–	3.4
0.2	0.2	13.1	11.6	2.1	14.0	3.3	2.6	1.4	–	6.4
3.7	0.2	13.4	11.5	2.7	16.0	2.7	3.5	2.3	–	6.4
1.5	–	14.9	19.7	0.9	20.0	2.7	4.5	1.5	–	4.8
4.6	1.3	41.7	33.6	1.0	21.2	3.6	9.8	4.6	1.6	13.0
4.4	4.7	19.4	23.9	0.7	25.8	3.0	4.7	3.3	–	9.4
3.1	0.4	12.6	11.4	1.2	17.3	0.8	2.8	1.6	–	5.9
0.8	–	15.2	18.8	1.5	8.6	2.5	2.7	1.3	–	4.8
4.0	0.5	16.8	20.8	0.8	20.3	2.3	3.0	2.8	–	5.0
1.3	0.2	17.0	21.4	3.2	14.2	3.3	4.7	3.8	0.3	10.9
–	–	17.5	16.9	2.5	13.4	0.3	1.3	1.9	–	2.2

第42表　人口10万対医療施設従事医師数，主たる従業地による

	泌尿器科	肛門外科	脳神経外科	整形外科	形成外科	美容外科	眼　科	耳鼻いんこう科	小児外科	産婦人科	産　科
全　国	5.6	0.3	5.8	16.8	2.0	0.4	10.4	7.3	0.6	8.6	0.4
北　海　道	6.1	0.5	7.4	17.2	1.9	0.3	9.0	6.8	0.3	7.2	0.3
青　　森	7.3	0.2	3.9	15.3	0.9	0.2	6.4	5.5	0.2	6.2	0.6
岩　　手	6.3	0.6	6.5	12.5	1.6	0.2	8.2	5.0	0.4	7.9	0.2
宮　　城	5.2	0.3	4.3	14.5	2.1	0.5	9.1	6.9	0.8	8.0	0.7
秋　　田	7.6	0.2	6.6	16.3	0.8	0.2	8.8	6.2	0.6	9.3	0.5
山　　形	7.2	0.4	5.4	18.4	1.3	－	8.6	7.0	0.4	8.6	0.4
福　　島	5.3	0.3	4.9	14.4	1.8	0.2	7.8	6.3	0.4	6.3	0.2
茨　　城	4.1	0.2	5.5	13.1	1.3	0.1	8.4	4.7	0.9	7.2	0.3
栃　　木	4.1	0.2	4.3	15.3	2.0	0.3	8.4	6.7	0.8	8.5	0.6
群　　馬	5.8	0.4	4.8	16.8	1.2	0.1	8.9	5.6	0.5	7.4	0.3
埼　　玉	3.8	0.3	3.8	11.1	1.4	0.3	7.9	5.2	0.6	5.6	0.5
千　　葉	4.4	0.4	4.6	14.0	1.9	0.3	8.0	5.7	0.6	6.9	0.4
東　　京	5.6	0.4	6.4	17.2	3.4	1.6	14.5	9.7	0.8	11.8	0.4
神　奈　川	4.7	0.3	4.8	14.7	2.2	0.3	9.2	6.6	0.4	7.9	0.5
新　　潟	4.2	0.2	5.6	14.5	1.1	0.2	7.8	5.9	0.7	6.3	0.5
富　　山	4.8	0.5	6.4	18.0	1.6	0.4	10.9	7.7	0.3	9.6	－
石　　川	6.3	0.5	6.8	18.9	2.9	0.3	10.8	8.5	0.9	9.3	0.3
福　　井	6.4	0.1	6.6	18.5	1.4	－	10.0	10.0	0.1	9.8	－
山　　梨	5.8	0.2	7.0	18.8	1.4	0.2	11.0	8.0	0.8	9.0	0.4
長　　野	4.7	0.3	5.7	16.5	2.9	0.2	8.7	5.9	0.5	7.3	0.3
岐　　阜	4.5	0.3	5.1	14.1	0.8	0.1	10.3	7.3	0.3	7.7	0.9
静　　岡	5.4	0.2	5.5	14.7	1.9	0.3	8.4	6.3	0.4	7.8	0.4
愛　　知	4.3	0.4	4.8	13.6	1.2	0.1	10.2	7.3	0.5	8.8	0.2
三　　重	4.9	0.3	5.1	16.4	0.5	0.2	9.4	6.6	0.6	8.9	0.1
滋　　賀	5.5	0.1	4.9	15.0	1.6	0.4	9.2	6.9	0.5	7.8	0.4
京　　都	7.3	0.3	6.3	20.3	2.5	0.2	12.6	10.4	1.4	9.5	0.6
大　　阪	6.9	0.2	6.5	18.6	2.6	0.3	12.9	8.8	0.8	9.9	0.5
兵　　庫	5.6	0.3	5.7	18.4	2.2	0.3	12.2	7.5	0.6	8.4	0.4
奈　　良	7.0	0.3	6.0	19.4	1.5	0.3	10.8	8.3	0.7	8.3	0.1
和　歌　山	6.2	0.3	8.0	21.3	1.2	0.2	11.3	8.3	0.3	10.8	0.1
鳥　　取	6.8	0.2	5.3	21.9	1.1	－	11.4	8.1	0.2	11.1	－
島　　根	6.8	－	5.4	18.0	1.7	0.1	9.9	6.8	0.7	9.4	－
岡　　山	5.6	0.6	7.8	18.7	3.1	0.4	11.3	8.6	0.7	9.1	0.7
広　　島	4.9	0.4	6.8	18.6	1.4	0.3	10.5	8.0	0.7	8.2	0.4
山　　口	7.3	0.6	7.8	17.9	1.0	0.1	9.7	7.3	0.3	8.5	0.2
徳　　島	8.0	0.7	8.4	21.6	3.2	0.3	12.0	9.1	0.4	10.5	－
香　　川	8.6	0.5	7.9	23.3	2.7	0.4	11.6	8.8	0.8	9.4	－
愛　　媛	8.1	0.5	7.4	20.1	2.3	0.2	11.6	9.0	0.5	8.6	0.1
高　　知	8.0	0.4	9.7	25.5	3.2	0.3	11.4	8.2	0.7	6.8	0.4
福　　岡	6.1	0.7	6.8	22.8	2.5	0.6	11.1	7.5	1.2	9.0	0.6
佐　　賀	6.5	0.5	7.6	22.9	1.7	0.2	9.7	8.0	0.6	7.5	0.5
長　　崎	6.7	0.5	6.1	22.4	3.4	0.1	10.9	7.8	0.3	10.2	0.1
熊　　本	7.6	0.3	5.6	21.6	1.3	0.2	11.0	6.5	0.8	8.1	0.2
大　　分	7.1	0.2	7.0	20.1	1.8	0.3	9.1	5.5	0.5	6.9	0.9
宮　　崎	6.0	0.5	6.0	20.9	1.6	0.3	10.6	6.3	0.3	8.9	0.3
鹿　児　島	7.0	0.3	7.1	18.8	1.3	0.1	9.1	6.5	1.2	8.5	0.4
沖　　縄	4.6	0.4	4.9	15.0	2.0	0.8	8.4	6.1	0.4	10.6	0.3

注：複数の診療科に従事している場合の主として従事する診療科と，1診療科のみに従事している場合の診療科である。

都道府県－指定都市・特別区・中核市（再掲）、主たる診療科別（4－3）

平成28年12月31日現在

婦人科	リハビリテーション科	放射線科	麻酔科	病理診断科	臨床検査科	救急科	臨床研修医	全科	その他	主たる診療科不詳	不詳
1.4	2.0	5.2	7.2	1.5	0.5	2.6	13.2	0.2	3.1	0.8	0.9
1.4	1.8	3.7	9.8	1.6	0.4	1.6	12.3	0.5	3.3	0.6	0.6
1.2	0.8	2.6	5.6	0.9	0.6	2.5	14.2	0.4	2.9	0.7	1.1
0.7	0.9	3.4	4.8	0.9	0.5	1.5	11.4	0.1	2.1	0.2	0.1
1.4	2.6	5.1	7.0	1.4	0.6	2.4	10.5	0.3	3.9	0.6	0.9
1.0	2.3	2.9	5.4	1.3	0.9	1.1	14.7	0.1	1.5	0.6	0.8
0.7	1.2	5.1	5.3	1.4	0.3	1.6	12.6	0.1	1.3	0.2	-
1.5	0.7	3.7	5.4	0.9	0.4	1.5	10.2	0.2	2.5	0.1	0.1
1.2	1.1	2.8	4.9	1.1	0.3	1.7	11.2	0.8	3.1	0.3	0.1
1.2	1.5	3.8	7.1	1.4	1.1	2.7	13.9	0.3	3.5	0.8	0.6
1.8	1.9	5.1	7.6	1.5	0.6	2.5	9.0	0.4	2.5	0.7	1.3
1.2	1.2	2.5	4.8	0.9	0.3	2.0	7.7	0.1	1.9	0.5	0.8
1.3	1.8	3.1	5.4	1.0	0.4	2.7	12.1	0.2	2.7	0.5	0.1
2.5	2.5	6.9	9.4	2.3	0.8	3.6	18.5	0.2	5.4	1.5	1.5
1.3	1.5	4.2	6.7	1.4	0.4	2.7	12.9	0.1	2.8	0.7	1.2
1.4	1.4	4.0	4.5	1.5	0.5	1.5	8.0	0.0	1.7	0.6	0.0
0.4	1.9	5.6	8.3	1.4	1.0	1.6	12.4	-	4.0	0.6	0.4
0.8	2.5	8.1	7.9	2.1	0.3	2.3	15.8	0.1	6.2	1.7	1.4
0.8	2.3	8.2	6.5	1.2	0.6	4.9	13.6	0.6	1.2	0.5	0.3
2.0	2.5	4.7	6.4	1.4	0.4	2.2	13.9	0.2	2.7	0.5	-
1.1	1.6	3.8	7.2	1.4	0.6	3.6	12.9	0.5	3.6	1.7	1.5
0.9	1.0	3.3	4.4	1.4	0.5	1.7	11.8	0.4	1.7	0.3	-
1.2	2.0	3.3	5.5	1.4	0.4	1.7	12.0	0.1	4.4	1.0	0.8
0.9	1.7	4.4	6.0	1.5	0.4	1.9	12.3	0.0	2.5	0.4	0.4
0.8	1.2	5.1	3.8	1.1	0.2	1.2	12.1	0.2	2.7	0.7	0.2
1.1	2.0	5.9	6.6	2.0	0.3	2.7	14.1	0.1	2.6	0.3	0.1
1.3	2.2	8.9	9.1	2.0	0.5	3.5	16.5	0.2	4.5	1.2	1.8
1.9	2.5	6.6	8.3	1.6	0.5	3.4	14.0	0.2	3.1	0.7	1.1
1.5	1.9	5.1	7.6	1.4	0.3	2.5	12.8	0.2	2.4	0.7	1.8
1.7	2.8	7.2	6.4	1.7	0.4	3.1	14.3	0.3	1.3	0.3	0.3
0.8	3.2	5.5	7.0	1.2	0.6	3.4	19.5	0.1	2.5	1.5	0.9
0.7	3.9	7.2	7.9	1.9	0.4	1.2	11.4	0.2	5.3	1.1	1.4
0.9	3.3	6.7	10.6	1.6	0.6	2.3	13.8	0.3	4.2	0.7	0.3
1.6	3.3	7.6	10.1	2.1	1.0	3.2	16.8	0.2	3.2	1.7	2.8
0.8	1.6	5.3	7.6	1.0	0.5	2.0	11.0	0.2	2.5	1.4	2.2
0.7	2.4	6.5	7.0	0.7	0.4	1.9	10.8	0.1	1.8	0.1	0.1
0.9	2.3	8.5	8.0	1.2	0.3	2.4	13.6	0.4	2.7	0.1	0.1
0.8	1.6	7.1	9.3	2.2	0.6	2.1	12.4	0.2	2.8	0.5	0.3
1.2	2.8	8.5	6.6	1.5	0.6	1.2	13.2	0.1	3.0	1.2	1.0
1.8	2.4	6.8	9.2	1.2	0.7	4.0	16.2	-	3.9	0.4	1.2
1.6	2.5	7.0	8.7	1.6	0.5	2.7	15.3	0.1	3.5	0.6	0.5
1.2	1.8	6.3	8.5	1.9	0.1	3.3	13.5	0.1	3.3	0.2	0.4
1.9	1.4	6.9	7.5	1.5	1.2	2.5	12.4	0.4	2.5	0.6	0.4
1.4	2.3	6.9	8.5	1.0	0.3	3.7	11.7	0.1	2.9	0.4	0.4
1.6	1.6	6.9	8.2	1.7	0.3	1.6	11.7	0.1	1.5	1.5	1.9
1.1	1.9	6.8	7.4	1.3	0.3	2.3	8.0	0.2	2.0	0.2	0.1
1.3	3.2	5.6	8.1	1.5	0.4	2.4	10.3	0.2	3.8	0.5	0.3
0.9	2.6	5.3	8.3	1.5	0.6	4.9	21.5	0.9	3.6	2.2	0.2

第42表　人口10万対医療施設従事医師数，主たる従業地による

	泌尿器科	肛門外科	脳神経外科	整形外科	形成外科	美容外科	眼科	耳鼻いんこう科	小児外科	産婦人科	産科
指定都市・特別区（再掲）											
東京都区部	6.5	0.5	7.2	19.5	4.2	2.2	17.0	11.5	1.1	13.8	0.5
札幌市	7.5	0.8	9.8	21.7	3.2	0.7	12.9	9.5	0.6	9.7	0.5
仙台市	6.7	0.4	5.3	20.0	3.2	1.0	13.5	9.9	1.6	10.9	1.3
さいたま市	3.9	0.3	2.9	10.3	1.3	1.2	10.7	5.7	1.0	5.6	0.4
千葉市	7.4	0.5	7.3	19.4	3.0		9.8	8.8	1.6	7.5	1.7
横浜市	4.8	0.5	5.4	14.6	2.3	0.6	10.3	7.1	0.4	9.1	0.6
川崎市	4.2	0.1	5.1	16.3	2.4	0.1	10.3	7.9	0.7	8.4	0.2
相模原市	5.3	0.1	4.3	16.8	3.0	0.1	8.7	6.6	0.6	6.6	1.7
新潟市	6.3	0.1	7.3	19.7	2.2	0.4	11.9	9.2	1.2	8.1	1.4
静岡市	5.0	0.4	5.1	14.5	2.3	0.9	8.8	8.0	1.1	8.3	1.0
浜松市	6.5	0.4	5.1	17.4	2.6	0.4	10.7	7.4	0.4	11.8	0.5
名古屋市	5.7	0.4	5.8	17.1	1.5	0.2	14.8	9.4	0.7	13.3	0.1
京都市	9.3	0.4	8.4	24.1	3.9	0.3	15.6	13.8	2.0	12.3	1.0
大阪市	8.6	0.4	7.9	22.6	3.7	0.7	16.4	11.2	0.7	11.3	0.7
堺市	4.8	-	4.1	18.0	1.9	0.7	11.5	6.2	0.2	7.3	-
神戸市	6.9	0.5	7.4	22.3	3.8	0.9	14.6	8.9	1.2	9.1	1.2
岡山市	7.5	0.4	12.1	25.4	4.7	0.8	14.8	11.0	1.1	13.9	1.4
広島市	5.1	0.5	8.5	20.8	1.8	0.7	12.8	9.9	1.3	9.9	0.5
北九州市	6.4	0.5	7.5	27.7	3.2	0.3	11.8	8.7	0.9	11.1	0.2
福岡市	7.8	0.7	7.7	26.3	3.7	1.7	14.2	9.5	1.8	10.2	1.5
熊本市	11.2	0.8	8.8	28.1	2.2	0.4	16.1	8.8	1.8	12.2	0.3
中核市（再掲）											
旭川市	12.2	1.7	9.0	25.7	2.0	-	15.7	12.8	0.6	12.2	0.9
函館市	7.9	0.8	9.8	23.7	3.8	0.4	12.0	6.4	0.4	11.7	-
青森市	8.4	0.4	4.9	15.4	0.4	1.1	6.0	6.0	-	5.3	1.1
盛岡市	11.4	1.3	12.5	22.2	5.1	0.7	19.5	11.8	1.7	17.2	0.3
秋田市	12.4	0.3	12.1	24.2	1.6	0.6	16.2	8.9	1.6	15.6	1.3
郡山市	7.4	-	6.5	14.9	3.0	0.6	10.1	8.0	0.6	8.0	0.3
いわき市	4.6	0.3	4.6	14.7	1.7	0.3	7.2	4.6	0.6	5.2	-
宇都宮市	4.0	0.3	4.2	16.0	1.3	0.8	8.7	6.7	0.6	5.0	0.6
前橋市	10.0	0.9	8.8	32.4	3.2	-	17.7	11.2	0.9	16.5	0.3
高崎市	6.4	0.3	5.9	16.5	0.8	0.5	10.4	5.9	-	8.0	-
川越市	5.1	0.3	5.7	13.4	3.1	-	8.5	6.5	1.7	9.4	5.7
越谷市	6.8	0.3	5.6	12.6	1.2	0.6	11.5	6.5	2.6	7.6	1.2
船橋市	3.3	0.5	3.5	16.0	1.7	0.5	6.0	3.8	0.3	5.7	0.3
柏市	2.6	0.5	4.6	10.3	2.6	1.7	8.4	7.9	0.2	7.2	0.5
八王子市	2.5	0.9	6.9	11.5	1.8	-	7.3	5.3	0.4	5.3	-
横須賀市	5.7	-	4.7	16.8	1.5	-	7.9	8.4	-	7.2	-
富山市	6.7	0.7	9.3	23.4	1.7	0.7	12.7	10.0	0.7	16.3	-
金沢市	7.9	0.6	8.6	24.0	2.4	0.9	13.7	10.3	0.6	14.2	0.4
長野市	5.2	0.3	7.1	18.1	2.9	0.3	8.1	5.5	0.3	7.1	-
岐阜市	9.1	0.5	9.4	22.7	1.0	0.5	19.0	15.3	1.0	14.8	3.9
豊橋市	5.6	1.1	4.5	14.2	0.5	0.5	8.8	7.5	-	9.4	0.3
豊田市	2.6	1.4	3.3	10.1	1.4	0.5	6.8	5.6	-	8.2	-
岡崎市	2.1	-	2.3	11.0	0.5	0.3	6.5	4.2	-	7.3	0.5
大津市	9.1	-	6.5	19.4	1.8	0.9	14.1	11.4	0.9	13.5	1.2
高槻市	10.7	-	11.0	19.8	4.5	0.3	20.3	10.5	1.7	14.1	-
東大阪市	4.6	0.2	3.8	16.0	1.4	-	9.0	5.8	0.4	8.4	-
豊中市	4.0	-	3.0	12.4	0.3	-	9.8	8.8	-	7.6	0.3
枚方市	7.9	-	5.2	18.4	3.2	0.2	14.6	9.9	0.7	6.9	1.2
姫路市	5.1	0.7	6.9	16.9	2.4	0.4	14.0	7.1	0.6	9.7	-
西宮市	6.7	0.2	7.2	21.1	1.6	-	14.3	12.5	0.8	8.8	0.2
尼崎市	5.8	0.4	5.3	20.8	2.2	-	13.7	9.1	0.7	9.5	0.2
奈良市	7.8	-	6.1	21.2	1.9	0.6	12.8	8.9	-	9.5	0.3
和歌山市	8.8	-	11.9	29.8	2.5	0.6	16.9	13.3	0.8	16.0	0.3
倉敷市	8.6	1.3	8.8	20.5	4.2	0.2	14.3	10.3	1.0	10.5	0.8
呉市	6.5	0.9	7.8	23.7	1.3	-	12.5	8.6	0.4	9.1	-
福山市	5.4	0.4	5.4	13.8	2.4	-	7.3	7.1	0.6	7.1	0.6
下関市	7.9	0.8	7.9	19.2	1.1	0.4	9.4	6.4	0.4	6.8	0.4
高松市	9.5	1.0	7.1	23.5	2.6	1.0	12.1	9.7	0.2	10.5	-
松山市	9.3	0.8	8.9	19.8	2.7	0.6	13.0	10.3	0.8	9.7	0.2
高知市	9.6	0.9	12.2	32.5	5.4	0.6	12.2	9.0	0.6	6.9	0.9
久留米市	9.8	4.6	13.0	29.3	6.5	0.7	17.3	12.7	5.9	21.8	-
長崎市	11.2	0.9	7.7	32.3	6.6	0.2	17.1	11.9	0.9	14.8	0.2
佐世保市	6.7	0.4	9.4	19.7	2.4	-	9.1	7.9	-	9.4	-
大分市	6.1	-	6.5	18.4	2.9	0.4	8.1	5.0	0.8	7.1	1.7
宮崎市	7.5	1.3	7.3	28.3	2.3	0.8	14.8	10.3	0.5	13.5	0.8
鹿児島市	10.9	0.7	10.4	26.7	2.7	0.3	14.5	9.0	2.3	13.7	1.2
那覇市	5.0	0.9	6.9	16.9	1.3	2.8	10.0	5.6	-	10.0	-

注：複数の診療科に従事している場合の主として従事する診療科と、1診療科のみに従事している場合の診療科である。

都道府県－指定都市・特別区・中核市（再掲）、主たる診療科別（4－4）

平成28年12月31日現在

婦人科	リハビリテーション科	放射線科	麻酔科	病理診断科	臨床検査科	救急科	臨床研修医	全科	その他	主たる診療科不詳	不詳
3.2	2.7	8.4	11.6	2.9	0.9	3.8	22.7	0.1	6.9	1.5	1.6
2.9	2.6	6.4	14.5	3.1	0.4	3.2	14.6	0.4	4.8	0.8	0.6
2.5	3.6	8.8	10.6	2.2	0.8	2.8	11.7	0.5	6.2	1.0	1.9
1.0	0.4	3.1	5.4	0.7	0.2	2.5	8.2	-	2.5	0.6	0.1
2.5	2.1	6.7	8.3	2.1	0.7	2.3	13.0	0.2	6.0	1.7	0.3
1.2	1.7	4.1	8.3	1.4	0.3	2.7	13.1	0.1	2.9	0.7	1.4
1.2	1.3	6.1	6.3	1.7	0.6	3.4	12.8	0.1	2.6	1.3	1.3
1.7	0.7	5.4	8.9	2.2	0.6	2.1	19.5	0.3	4.3	0.8	1.2
2.9	2.9	7.1	7.2	3.1	0.7	3.1	9.7	-	2.9	0.6	-
1.9	2.0	2.1	6.1	1.7	0.3	2.4	18.7	-	6.3	1.9	2.4
0.4	3.9	5.4	9.7	2.3	0.8	3.3	15.9	-	9.4	0.4	0.4
1.5	1.9	7.3	9.7	2.6	0.5	2.6	15.7	0.0	3.2	0.8	1.1
1.6	2.4	13.7	12.3	3.1	0.7	4.6	25.0	0.3	6.1	2.0	3.2
3.1	2.1	9.4	10.8	1.8	0.7	4.1	19.5	0.3	4.7	0.9	0.9
2.0	1.8	3.7	5.7	1.2	0.4	2.4	10.5	-	1.7	0.5	0.1
2.9	1.6	7.6	11.3	2.1	0.2	3.2	15.1	0.1	4.5	1.1	2.5
1.4	4.0	10.5	17.9	3.1	1.7	2.9	25.9	0.1	4.0	1.9	5.5
1.0	1.8	7.3	10.3	1.4	0.4	3.0	13.0	0.6	3.9	2.3	4.0
1.9	4.7	9.0	11.6	1.9	0.8	3.5	13.6	0.1	4.7	0.6	-
3.0	2.1	9.5	12.5	2.5	0.8	3.7	24.1	-	4.1	0.3	0.8
3.0	3.0	12.4	15.4	1.8	0.5	8.4	25.3	0.1	5.0	0.5	0.1
1.7	2.3	7.6	18.7	2.9	1.7	2.9	33.2	0.6	6.4	0.3	1.2
-	1.9	4.5	13.2	1.5	-	4.1	20.3	0.4	2.3	0.4	0.4
1.1	1.1	1.8	5.3	1.1	0.7	2.1	18.2	0.7	5.6	1.1	2.8
1.0	0.7	10.1	16.2	3.4	1.7	5.4	19.5	-	5.1	0.3	0.3
1.6	2.5	6.7	11.5	3.5	1.3	3.2	26.4	-	3.5	0.3	-
1.8	0.9	8.6	9.2	1.8	0.6	0.3	21.1	-	2.7	-	-
2.3	0.3	1.1	3.4	0.3	0.6	1.7	2.9	-	1.4	0.3	-
2.5	1.3	3.5	5.8	1.2	0.8	2.7	4.8	-	3.7	0.4	0.4
1.5	4.1	17.1	19.5	5.3	2.4	9.4	23.0	0.3	4.1	0.9	-
2.9	1.6	2.4	4.8	1.1	0.3	1.1	9.0	-	2.7	0.8	0.5
0.6	1.7	4.0	12.2	2.6	0.3	9.4	11.6	-	4.0	0.3	2.8
1.8	3.5	2.9	8.8	2.1	0.6	3.8	12.9	0.3	1.2	0.3	-
1.0	2.7	1.4	4.0	0.6	-	1.6	5.2	-	2.1	0.3	-
2.4	1.7	7.7	6.5	1.2	0.2	2.2	17.0	0.2	5.5	0.5	-
1.4	2.1	3.2	3.6	0.9	0.4	3.7	4.6	0.2	2.8	1.1	0.9
1.2	0.7	3.7	6.4	1.0	-	3.2	13.1	0.2	2.2	-	1.0
-	3.1	7.9	12.7	1.9	1.7	2.6	21.1	-	6.7	0.7	0.2
0.6	3.4	15.2	12.2	3.0	0.4	3.2	18.2	-	8.6	1.7	2.1
1.8	1.6	3.9	8.1	1.0	0.5	2.9	19.4	-	5.8	0.5	-
1.5	2.0	9.6	14.3	3.2	1.0	5.7	23.9	0.2	4.4	0.5	-
1.3	1.6	3.2	5.6	0.3	0.3	0.3	9.9	-	2.1	-	-
0.5	0.5	1.6	2.8	0.5	0.5	2.6	14.4	-	0.9	0.2	-
0.3	1.3	2.6	1.3	0.8	0.3	0.8	3.7	0.3	1.6	-	-
1.5	3.2	10.3	13.5	3.2	0.6	7.6	37.5	-	5.3	0.3	-
2.5	8.5	8.2	15.5	3.7	1.1	5.9	39.8	2.0	4.0	-	0.3
2.2	1.0	4.0	3.2	0.8	-	2.8	4.6	0.2	1.0	2.2	2.4
1.0	6.1	3.5	4.5	1.0	0.3	0.5	5.8	0.3	1.0	0.5	0.5
1.5	2.2	7.7	9.4	2.0	1.0	4.0	28.3	-	2.7	0.5	2.5
0.2	1.7	5.1	6.0	1.1	0.6	1.3	10.7	0.6	0.9	0.6	0.2
1.4	3.5	8.2	11.5	2.7	1.0	4.7	29.2	0.4	2.9	1.4	6.7
0.7	3.3	4.0	10.0	1.1	-	2.0	13.7	0.2	3.8	1.8	4.0
2.2	2.8	4.7	5.8	1.7	0.6	5.6	13.1	1.1	2.2	0.6	-
1.1	6.1	11.3	13.8	1.7	0.8	6.6	47.0	-	3.3	0.8	0.3
3.8	4.6	12.6	11.9	3.8	1.7	7.8	24.5	-	6.1	1.3	0.4
0.4	1.7	7.8	8.6	2.6	0.9	2.2	23.3	-	1.3	1.7	2.6
0.9	1.7	4.1	6.9	0.6	0.4	2.2	7.7	-	1.9	0.2	0.2
0.4	4.5	4.5	5.3	2.3	-	1.1	19.2	-	2.3	-	-
1.2	1.7	6.7	7.8	1.9	0.7	0.7	11.4	0.5	3.6	-	0.7
2.7	3.3	10.7	7.8	1.6	1.2	1.6	20.6	0.2	5.1	1.2	0.6
3.0	3.9	8.7	11.0	2.1	0.3	7.8	22.7	-	6.9	0.6	0.3
2.0	4.6	17.6	17.6	3.3	0.7	5.5	40.4	0.3	7.2	2.6	0.3
3.3	2.6	11.0	11.7	3.7	1.9	3.0	20.8	0.5	5.6	1.4	0.2
1.2	2.0	7.5	7.9	1.2	1.2	1.6	8.3	0.8	2.4	-	-
1.9	0.8	4.6	8.1	1.5	0.2	2.3	12.1	-	1.0	2.1	2.1
2.0	3.0	13.5	13.3	3.0	0.5	4.8	16.8	0.3	4.3	-	-
2.8	3.7	10.0	16.4	3.5	0.8	5.0	24.4	-	9.2	1.0	0.7
1.6	2.8	4.4	7.5	1.3	0.3	1.6	18.4	0.3	3.8	1.3	-

第43表　医療施設従事医師数，病院－診療所、主たる従業地による

総

	総　数	内　科	呼吸器内科	循環器内科	消化器内科（胃腸内科）	腎臓内科	神経内科	糖尿病内科（代謝内科）	血液内科	皮膚科	アレルギー科
全　　国	304 759	87 761	13 405	22 674	29 478	6 850	7 617	9 003	3 456	14 142	6 454
北　海　道	12 755	3 571	575	1 011	1 364	207	228	307	153	427	191
青　　森	2 563	815	144	210	285	31	58	91	36	123	43
岩　　手	2 458	697	162	217	257	33	111	79	28	104	62
宮　　城	5 404	1 476	319	411	575	142	175	158	52	229	118
秋　　田	2 257	644	108	182	287	43	47	91	38	86	45
山　　形	2 443	729	102	175	268	48	70	57	19	117	34
福　　島	3 720	1 257	187	329	487	72	98	88	38	139	83
茨　　城	5 240	1 538	256	378	483	133	121	167	61	297	87
栃　　木	4 285	1 342	252	405	458	124	139	147	49	219	133
群　　馬	4 430	1 392	244	392	420	124	114	128	61	207	173
埼　　玉	11 667	3 655	422	805	987	291	257	316	107	683	344
千　　葉	11 843	3 260	459	746	1 069	189	259	308	117	597	277
東　　京	41 445	11 014	1 614	2 649	3 215	1 094	988	1 275	514	2 525	936
神　奈　川	18 784	4 810	714	1 157	1 552	511	478	524	177	998	406
新　　潟	4 386	1 345	191	222	393	115	151	101	52	192	133
富　　山	2 566	880	105	174	214	79	63	79	26	95	55
石　　川	3 230	908	116	248	308	73	80	110	49	125	22
福　　井	1 922	543	96	150	184	38	50	48	27	89	44
山　　梨	1 924	546	51	114	161	45	35	48	14	71	26
長　　野	4 724	1 335	171	278	401	94	142	118	44	182	90
岐　　阜	4 223	1 384	233	435	520	95	100	190	37	265	152
静　　岡	7 404	1 830	291	497	667	153	165	176	67	333	144
愛　　知	15 595	4 053	683	1 127	1 490	420	398	472	202	918	478
三　　重	3 924	1 292	181	317	463	69	103	104	61	182	110
滋　　賀	3 121	859	94	255	320	62	66	98	38	120	57
京　　都	8 203	2 123	278	552	763	155	302	244	136	363	145
大　　阪	23 886	6 606	788	1 695	2 047	456	484	621	254	1 024	406
兵　　庫	13 382	3 646	482	1 070	1 292	265	290	398	124	489	220
奈　　良	3 297	1 024	127	199	267	38	93	81	28	156	55
和　歌　山	2 768	929	182	284	383	90	58	130	29	108	75
鳥　　取	1 699	502	100	130	177	27	74	54	14	66	43
島　　根	1 879	579	65	131	200	37	83	52	30	74	26
岡　　山	5 752	1 750	290	391	512	118	120	200	84	210	136
広　　島	7 224	2 394	429	636	895	160	200	212	59	271	193
山　　口	3 436	1 095	171	327	424	59	102	97	53	128	67
徳　　島	2 369	918	175	234	302	34	84	86	30	114	46
香　　川	2 683	799	97	236	308	48	52	78	24	103	42
愛　　媛	3 609	1 073	131	292	374	37	50	84	40	116	49
高　　知	2 206	754	117	191	225	44	38	70	17	80	28
福　　岡	15 188	4 312	762	1 302	1 639	376	364	489	169	554	259
佐　　賀	2 292	751	131	195	294	41	58	54	28	88	49
長　　崎	4 042	1 246	268	322	459	100	90	113	47	155	57
熊　　本	5 001	1 604	341	480	650	154	215	233	83	209	139
大　　分	3 115	1 014	223	307	369	76	86	124	46	96	66
宮　　崎	2 613	861	105	211	287	58	54	68	15	91	39
鹿　児　島	4 304	1 564	231	399	541	89	172	113	44	155	50
沖　　縄	3 498	1 042	142	206	242	103	52	122	35	169	21

注：2つ以上の診療科に従事している場合、各々の科に重複計上している。

都道府県－指定都市・特別区・中核市（再掲）、診療科（複数回答）別（12－1）

数

平成28年12月31日現在

リウマチ科	感染症内科	小児科	精神科	心療内科	外科	呼吸器外科	心臓血管外科	乳腺外科	気管食道外科	消化器外科（胃腸外科）
6 186	1 326	27 761	17 077	5 617	25 673	2 367	3 590	3 422	931	8 728
214	21	917	791	264	929	65	191	127	18	265
45	14	254	169	36	306	14	31	24	6	40
51	3	188	135	46	282	17	28	27	3	50
78	27	447	301	78	480	49	68	54	12	151
35	14	191	155	42	186	23	17	23	7	49
42	4	194	167	49	232	20	37	25	9	33
95	8	399	224	83	419	30	49	34	16	88
93	17	570	267	97	519	47	62	76	10	195
105	19	474	188	67	383	33	45	35	20	168
112	11	481	246	91	443	33	48	57	16	145
207	40	1 357	673	206	972	73	133	141	36	392
198	51	1 123	685	196	1 064	91	129	136	57	418
758	278	3 664	2 282	796	2 583	290	489	462	130	1 160
319	80	1 603	1 069	366	1 224	134	229	199	68	494
62	24	394	235	67	294	28	50	50	9	109
60	14	219	142	29	205	20	41	29	20	73
67	11	239	171	40	237	30	39	43	15	111
51	6	230	100	22	218	15	25	20	6	68
46	6	213	100	17	186	14	23	42	29	64
80	23	510	254	95	433	41	58	53	5	114
110	13	606	193	57	459	20	43	54	12	89
148	23	648	364	130	658	60	98	83	18	224
328	41	2 046	804	232	1 279	96	181	153	47	325
77	13	356	233	88	416	36	46	50	8	111
41	2	375	142	36	275	37	38	38	1	75
175	34	678	389	126	664	91	89	94	20	233
467	69	1 940	1 149	419	1 882	157	282	264	54	598
289	50	1 085	636	223	1 223	96	134	143	15	421
51	20	292	172	51	294	14	41	59	43	121
34	14	256	110	46	253	20	30	30	2	94
50	7	202	106	17	163	20	24	20	5	53
36	8	192	122	39	128	15	20	22	－	40
124	24	585	324	87	503	52	73	70	16	173
153	27	544	414	148	751	64	71	83	22	215
82	15	265	220	74	374	40	42	49	22	113
59	5	265	153	73	270	27	33	26	9	48
89	5	210	161	65	231	36	22	28	6	85
94	16	266	170	59	345	29	44	36	8	122
48	7	155	131	37	193	19	28	16	10	51
373	87	1 124	926	293	1 226	161	183	153	43	440
59	10	223	171	41	212	15	26	28	4	89
102	65	303	238	88	441	31	41	50	11	141
118	29	427	363	89	462	35	52	54	18	189
88	9	235	204	102	337	35	32	37	9	149
85	18	180	204	55	314	29	27	32	10	113
124	16	307	306	102	448	39	41	58	18	149
64	28	329	318	153	277	26	57	35	8	80

第43表　医療施設従事医師数，病院－診療所、主たる従業地による

総

	総　数	内　科	呼吸器内科	循環器内科	消化器内科(胃腸内科)	腎臓内科	神経内科	糖尿病内科(代謝内科)	血液内科	皮膚科	アレルギー科
指定都市・特別区(再掲)											
東京都区部	32 963	8 488	1 271	2 068	2 573	876	758	1 049	434	2 070	726
札幌市	6 322	1 541	264	487	634	118	132	178	97	213	98
仙台市	3 489	796	208	266	348	100	114	109	35	145	76
さいたま市	2 203	678	64	140	178	62	39	56	23	140	63
千葉市	2 637	556	118	145	221	32	72	85	39	102	61
横浜市	8 129	1 985	329	498	673	223	218	248	73	478	202
川崎市	3 230	819	113	182	254	98	86	82	28	179	67
相模原市	1 657	382	52	100	141	49	44	49	19	64	43
新潟市	2 160	545	115	117	196	71	79	60	28	99	70
静岡市	1 611	307	59	110	127	44	47	38	19	49	35
浜松市	2 040	424	83	120	179	41	38	48	20	87	38
名古屋市	6 650	1 627	296	451	588	198	208	197	111	380	173
京都市	6 161	1 464	220	402	555	130	251	207	126	277	102
大阪市	8 841	2 420	301	582	816	188	184	259	110	397	153
堺市	1 906	580	93	118	145	47	33	41	13	66	34
神戸市	4 669	1 120	159	379	426	74	92	155	45	164	50
岡山市	2 958	748	140	199	265	61	51	102	50	112	64
広島市	3 537	997	217	305	438	72	104	112	43	134	91
北九州市	3 108	825	159	281	342	71	63	99	38	101	35
福岡市	5 687	1 418	236	430	501	127	151	194	96	211	105
熊本市	3 057	788	194	285	348	99	139	142	64	120	64
中核市(再掲)											
旭川市	1 290	294	64	91	142	21	30	37	21	46	23
函館市	773	199	69	98	111	8	14	19	8	32	10
青森市	631	194	46	57	69	12	26	25	7	23	11
盛岡市	1 163	235	69	88	93	18	54	37	21	42	29
秋田市	1 159	231	52	86	135	30	25	51	31	46	23
郡山市	818	211	37	70	87	12	30	20	7	28	25
いわき市	561	214	42	62	109	12	12	15	6	25	10
宇都宮市	1 006	346	69	106	113	24	27	31	7	54	35
前橋市	1 487	348	115	158	150	46	54	52	32	55	71
高崎市	790	237	33	69	79	26	12	29	4	38	24
川越市	840	194	24	40	48	26	22	21	10	43	11
越谷市	727	175	39	47	52	16	20	26	10	37	33
船橋市	884	270	39	63	76	12	9	14	5	59	26
柏市	991	247	38	40	110	19	14	25	9	45	26
八王子	1 091	347	39	88	83	26	26	25	8	44	23
横須賀市	849	242	34	59	76	22	17	16	9	38	11
富山市	1 361	409	38	82	94	47	26	34	13	41	30
金沢市	1 764	436	63	137	159	37	47	62	36	75	9
長野市	891	233	34	54	64	20	14	18	12	31	13
岐阜市	1 597	390	91	180	174	35	35	76	19	85	52
豊橋市	742	210	33	70	73	19	15	22	5	41	24
豊田市	663	161	26	45	58	15	14	16	5	34	15
岡崎市	488	163	24	40	45	18	10	11	5	26	10
大津市	1 216	258	34	79	115	30	26	41	21	45	13
高槻市	1 346	217	39	92	110	11	20	36	17	49	7
東大阪市	864	295	24	68	74	14	15	14	1	52	13
豊中市	806	296	45	50	67	14	34	22	6	35	24
枚方市	1 175	253	35	76	98	30	21	27	12	38	18
姫路市	1 135	288	45	79	107	14	22	27	8	28	13
西宮市	1 575	340	52	106	132	39	23	45	26	54	44
尼崎市	1 178	354	39	104	107	27	28	33	8	39	21
奈良市	919	289	34	60	69	9	28	26	2	50	17
和歌山市	1 557	400	94	145	205	56	35	73	20	64	36
倉敷市	1 703	457	71	95	124	33	44	53	30	47	31
呉市	730	246	42	68	90	31	21	18	7	27	13
福山市	967	368	40	87	119	10	26	23	4	30	29
下関市	697	237	36	67	79	21	13	13	6	27	8
高松市	1 146	323	50	119	137	21	24	42	11	44	24
松山市	1 576	433	64	118	177	20	17	36	20	43	27
高知市	1 225	388	66	92	115	16	24	33	10	41	22
久留米市	1 724	323	81	172	184	65	30	65	18	60	19
長崎市	1 874	485	131	150	192	47	29	50	26	71	23
佐世保市	653	185	44	50	76	20	18	23	8	22	7
大分市	1 197	370	97	130	152	32	33	49	15	42	30
宮崎市	1 420	394	48	108	144	34	39	37	14	51	18
鹿児島市	2 417	641	124	214	267	48	111	72	33	74	20
那覇市	781	279	42	47	59	15	11	31	4	52	5

注：2つ以上の診療科に従事している場合、各々の科に重複計上している。

都道府県－指定都市・特別区・中核市（再掲）、診療科（複数回答）別（12－2）

数

平成28年12月31日現在

リウマチ科	感染症内科	小児科	精神科	心療内科	外科	呼吸器外科	心臓血管外科	乳腺外科	気管食道外科	消化器外科（胃腸外科）
605	242	2 726	1 564	623	2 017	238	400	379	112	937
138	11	361	375	140	362	38	102	76	6	143
49	21	269	167	37	258	34	56	37	3	112
39	8	282	130	48	168	8	22	28	5	54
62	13	227	157	34	185	24	35	33	33	124
132	35	717	474	174	418	55	97	75	24	222
62	10	259	154	57	226	19	41	39	26	90
34	13	149	78	16	131	14	20	19	4	43
29	16	158	107	29	98	16	28	27	2	64
29	3	124	81	20	114	10	32	22	6	38
44	6	175	100	23	149	23	33	17	4	61
118	21	766	337	105	471	44	81	76	19	148
131	28	426	266	87	423	67	71	67	13	188
187	40	668	245	122	697	61	85	106	27	221
27	2	126	139	38	153	11	14	14	-	31
92	27	373	233	58	384	32	47	50	7	133
62	8	262	194	54	223	31	49	37	9	90
81	20	246	204	95	308	30	35	38	14	113
91	11	219	171	50	274	43	29	31	6	93
136	48	336	306	111	379	60	78	62	13	161
61	19	218	193	40	225	21	45	33	6	107
21	1	97	57	34	73	10	22	18	2	38
10	-	44	34	12	64	3	12	8	-	23
13	2	65	52	10	51	3	9	4	2	8
24	2	71	63	24	77	12	21	15	1	31
23	8	83	85	22	46	11	11	16	6	37
13	2	72	54	32	69	12	12	11	3	23
19	2	57	37	16	70	-	7	3	-	7
23	1	119	55	20	80	9	7	14	8	52
40	4	130	68	19	126	17	18	16	12	43
23	1	65	55	44	77	3	7	12	-	21
15	3	102	45	12	42	5	10	8	4	49
10	3	65	57	20	52	4	11	10	-	15
13	2	79	68	12	80	5	8	12	1	21
9	3	71	60	10	74	15	5	8	9	58
14	4	114	133	21	69	9	16	13	4	42
17	2	62	50	13	64	7	7	9	3	20
31	3	116	75	12	83	15	26	15	19	34
39	6	120	101	33	116	21	25	21	10	48
19	2	67	53	15	84	11	12	13	2	22
41	6	176	73	18	124	11	26	18	6	45
17	1	93	50	24	66	3	11	3	3	4
20	1	84	47	18	57	5	5	3	1	19
17	-	77	17	7	43	7	7	9	4	15
7	-	107	54	9	95	18	16	15	-	38
21	1	116	63	14	77	9	22	17	1	47
12	1	67	51	13	94	6	11	9	-	13
11	1	74	67	23	56	7	4	6	3	8
14	2	89	68	26	76	11	11	14	2	33
30	1	79	41	16	110	14	16	14	1	53
36	3	114	69	23	116	11	12	17	2	62
23	2	101	25	16	91	7	13	11	2	31
18	1	76	53	21	77	3	8	11	2	24
19	8	107	53	20	99	13	19	22	2	61
40	5	147	63	18	116	18	20	22	7	50
10	1	52	40	5	63	6	6	5	1	16
21	2	79	48	7	119	12	10	15	-	37
16	4	52	45	26	61	6	13	7	-	16
38	1	64	62	20	99	17	12	19	3	48
54	6	80	73	32	115	18	23	15	5	56
28	4	66	70	21	102	11	17	10	5	28
21	9	158	107	12	99	17	36	23	14	78
41	43	101	107	43	165	15	22	26	4	76
23	7	47	35	16	74	3	8	4	2	25
29	2	93	102	56	101	13	13	12	4	41
48	16	77	89	20	144	14	17	16	2	54
63	7	135	145	43	191	24	33	33	7	95
13	3	84	71	48	84	2	6	8	1	15

第43表　医療施設従事医師数，病院－診療所、主たる従業地による

総

	泌尿器科	肛門外科	脳神経外科	整形外科	形成外科	美容外科	眼科	耳鼻いんこう科	小児外科	産婦人科	産科
全国	8 490	4 352	8 027	25 106	3 577	1 020	13 357	9 536	1 219	11 042	721
北海道	356	134	414	1 025	117	31	489	375	29	392	27
青森	115	32	54	245	15	5	86	73	5	81	11
岩手	101	39	95	207	34	6	105	65	6	105	3
宮城	150	59	111	416	63	16	214	162	23	193	23
秋田	88	32	73	192	12	2	92	65	12	95	6
山形	96	39	65	238	16	1	96	78	5	97	6
福島	121	78	106	330	43	14	153	125	17	120	3
茨城	154	85	179	467	58	9	252	148	30	211	19
栃木	115	81	90	354	50	25	166	135	18	175	13
群馬	139	67	106	384	35	12	178	113	17	151	7
埼玉	345	174	307	954	154	44	590	391	55	421	41
千葉	348	166	308	1 009	158	29	523	365	55	437	30
東京	1 015	420	957	2 719	692	353	2 017	1 387	158	1 634	103
神奈川	504	243	478	1 481	258	70	850	619	54	734	58
新潟	107	62	140	361	33	11	178	140	18	147	14
富山	58	36	69	235	25	5	116	84*	8	103	2
石川	79	65	89	257	44	13	124	101	14	110	6
福井	55	36	56	182	17	3	80	78	4	77	-
山梨	60	50	61	179	20	5	91	66	10	75	4
長野	116	44	128	392	76	9	183	125	19	156	10
岐阜	139	74	132	395	30	2	212	154	18	157	19
静岡	244	120	225	621	94	16	312	242	24	300	20
愛知	427	197	394	1 218	128	31	776	557	61	668	19
三重	97	98	98	342	12	3	172	124	20	161	2
滋賀	89	45	75	264	35	7	130	102	9	114	11
京都	235	95	175	621	79	14	335	276	40	255	16
大阪	705	276	633	1 976	301	56	1 152	793	96	881	60
兵庫	341	184	337	1 170	171	38	675	420	45	464	29
奈良	109	95	92	320	31	5	147	118	47	116	5
和歌山	67	67	91	245	20	6	109	80	7	104	2
鳥取	49	24	32	153	14	2	69	50	4	64	1
島根	50	18	37	140	17	1	69	51	7	67	1
岡山	131	66	164	443	68	15	220	169	18	178	29
広島	168	131	205	644	55	21	301	231	31	239	17
山口	111	84	119	308	24	6	137	104	10	119	5
徳島	71	44	75	234	30	7	91	68	7	79	-
香川	101	38	89	288	31	5	113	88	10	92	2
愛媛	121	45	105	323	41	6	160	126	12	119	1
高知	67	28	74	204	31	4	84	60	7	49	5
福岡	354	236	363	1 328	185	54	577	388	70	465	40
佐賀	60	35	66	224	19	3	81	68	7	67	5
長崎	100	85	88	385	53	10	151	110	18	143	7
熊本	159	98	115	466	66	8	195	117	33	145	7
大分	84	66	85	272	30	4	107	66	16	84	10
宮崎	80	68	69	265	22	8	119	71	7	97	5
鹿児島	130	66	129	370	32	5	152	111	28	144	9
沖縄	79	27	74	260	38	20	128	97	10	157	8

注：2つ以上の診療科に従事している場合、各々の科に重複計上している。

都道府県－指定都市・特別区・中核市（再掲）、診療科（複数回答）別（12－3）

数

平成28年12月31日現在

婦人科	リハビリテーション科	放射線科	麻酔科	病理診断科	臨床検査科	救急科	臨床研修医	全科	その他	不詳
2 376	14 815	9 263	10 998	1 991	842	4 172	16 701	252	5 588	1 088
90	646	251	618	91	25	133	658	25	261	30
19	142	83	87	12	10	36	184	5	53	14
12	113	53	84	12	10	26	145	1	47	1
40	204	132	197	33	16	72	244	6	122	22
13	83	37	63	14	12	14	148	1	29	-
14	101	61	63	18	4	25	140	1	23	-
36	158	99	125	18	9	47	194	4	65	2
47	184	134	172	33	12	71	325	23	116	2
38	157	116	167	29	23	64	273	5	96	11
51	163	122	173	32	14	53	178	7	65	26
106	430	228	417	76	26	174	560	7	198	59
110	430	249	397	65	37	193	756	11	241	5
424	1 115	1 107	1 427	330	138	610	2 514	22	951	198
156	583	437	685	129	52	318	1 178	7	344	113
47	165	117	117	36	13	42	183	1	63	1
7	154	73	104	16	14	28	132	-	55	4
14	153	110	100	25	8	39	182	1	92	16
9	117	71	64	9	6	44	106	5	24	2
19	96	52	61	12	4	21	115	2	33	-
32	189	105	184	36	27	89	269	11	94	31
30	274	132	112	29	13	60	239	8	52	-
54	360	164	240	55	15	81	444	4	194	30
92	787	377	526	113	38	168	923	2	273	30
19	215	117	82	21	5	32	218	3	66	3
27	160	108	117	28	4	50	199	2	58	1
51	366	327	289	54	21	123	431	4	148	48
220	1 240	919	847	145	61	360	1 240	16	377	100
105	694	434	505	84	23	187	709	10	199	98
32	189	162	102	25	10	51	194	4	31	4
16	212	181	90	12	8	45	186	1	42	9
6	93	51	63	11	3	11	65	1	41	8
13	86	62	85	11	6	25	95	2	42	2
35	356	263	243	42	26	76	322	3	80	54
36	433	291	269	33	18	72	311	7	109	61
11	250	158	137	10	8	31	150	1	38	1
14	229	108	83	11	6	24	102	3	33	1
16	204	115	121	22	9	26	121	2	43	3
20	255	160	129	21	10	26	181	2	51	14
15	139	78	89	9	7	44	117	-	43	9
107	953	488	555	90	40	194	779	5	263	26
16	176	82	94	17	1	33	112	1	42	3
32	345	155	118	21	17	43	169	6	52	5
32	379	197	219	18	6	90	208	1	99	2
25	248	114	146	20	6	30	136	1	37	22
19	215	114	107	16	6	41	88	2	34	1
32	418	185	190	26	7	59	169	3	84	5
17	156	84	135	21	8	91	309	13	85	3

第43表　医療施設従事医師数，病院－診療所、主たる従業地による

総

	泌尿器科	肛門外科	脳神経外科	整形外科	形成外科	美容外科	眼科	耳鼻いんこう科	小児外科	産婦人科	産科
指定都市・特別区(再掲)											
東京都区部	826	325	733	2 124	586	330	1 625	1 133	133	1 311	96
札幌市	159	53	201	448	69	24	257	190	19	193	18
仙台市	88	30	64	258	47	16	146	107	18	120	20
さいたま市	62	34	43	159	35	21	139	73	14	72	5
千葉市	78	25	74	210	32	10	100	86	21	73	18
横浜市	217	86	214	600	118	35	385	270	19	342	25
川崎市	72	62	85	272	47	3	155	122	17	126	5
相模原市	43	11	32	133	24	11	64	49	7	48	14
新潟市	57	25	65	172	22	8	96	78	12	66	13
静岡市	38	21	36	114	23	7	62	58	11	58	10
浜松市	73	30	47	156	30	3	86	63	4	96	4
名古屋市	182	59	143	476	45	13	342	220	22	310	6
京都市	173	58	131	411	68	14	237	206	32	187	16
大阪市	284	116	229	744	137	33	446	305	30	307	25
堺市	41	26	37	173	20	7	98	53	3	61	-
神戸市	114	49	118	391	69	21	226	136	21	140	19
岡山市	64	33	93	209	38	7	108	80	8	103	11
広島市	76	56	109	297	26	18	155	118	20	122	7
北九州市	70	41	74	292	34	6	114	83	11	107	3
福岡市	133	61	126	446	85	40	222	152	30	161	28
熊本市	90	45	77	253	41	6	119	66	24	90	6
中核市(再掲)											
旭川市	45	19	33	105	8	1	55	45	2	43	4
函館市	26	13	27	68	12	2	32	17	1	31	-
青森市	25	7	15	53	2	4	17	17	1	15	4
盛岡市	37	11	46	86	22	5	58	36	6	54	1
秋田市	43	17	39	83	8	2	51	28	8	49	4
郡山市	30	14	23	55	11	8	36	28	4	27	1
いわき市	19	13	18	60	8	1	25	16	2	18	-
宇都宮市	26	20	23	106	10	8	45	35	3	31	3
前橋市	39	17	31	121	11	4	60	38	4	57	2
高崎市	30	9	25	71	6	4	39	22	1	32	-
川越市	23	13	22	65	13	2	31	24	6	35	20
越谷市	24	7	19	49	5	3	39	22	9	28	4
船橋市	25	15	24	108	15	5	39	24	3	38	2
柏市	18	18	20	47	17	7	35	33	2	30	2
八王子	23	23	43	77	11	2	41	30	6	31	-
横須賀市	24	13	19	74	8	1	32	35	1	29	1
富山市	31	11	39	105	10	3	53	43	5	68	-
金沢市	41	31	45	126	19	9	64	49	4	67	3
長野市	23	13	28	72	16	3	31	21	1	27	-
岐阜市	53	30	50	136	8	2	78	63	6	62	17
豊橋市	24	13	17	62	6	2	33	28	-	35	2
豊田市	14	15	14	48	7	2	31	25	2	35	2
岡崎市	10	6	9	51	3	1	26	17	2	28	2
大津市	35	14	25	82	11	3	48	40	4	48	4
高槻市	42	11	42	83	20	2	76	38	7	50	-
東大阪市	29	8	22	104	8	-	45	30	3	42	1
豊中市	16	5	12	58	5	-	39	36	1	30	3
枚方市	37	16	24	82	14	1	59	40	4	29	8
姫路市	29	17	43	105	15	2	76	38	5	52	2
西宮市	35	25	37	114	13	2	70	61	6	44	2
尼崎市	30	14	24	114	12	-	62	42	3	44	2
奈良市	33	19	25	92	10	2	46	34	-	35	3
和歌山市	37	28	47	128	12	5	62	49	5	58	2
倉敷市	46	17	43	123	21	5	70	51	7	50	18
呉市	18	8	18	71	3	-	30	22	1	21	1
福山市	29	25	27	90	14	3	34	33	5	33	7
下関市	22	13	27	60	3	4	25	18	2	18	1
高松市	44	21	39	122	13	5	51	41	3	44	1
松山市	51	24	47	114	18	4	68	55	5	51	1
高知市	39	18	43	118	23	3	42	31	3	23	5
久留米市	33	35	41	105	27	5	53	39	20	67	2
長崎市	50	32	36	166	30	5	73	51	9	63	2
佐世保市	19	14	24	70	7	3	23	20	1	26	1
大分市	29	25	33	99	18	3	40	24	6	35	8
宮崎市	38	34	31	132	15	6	60	41	4	54	5
鹿児島市	72	27	63	176	22	5	87	54	19	83	8
那覇市	21	6	24	70	11	11	33	20	1	34	-

注：2つ以上の診療科に従事している場合、各々の科に重複計上している。

都道府県－指定都市・特別区・中核市（再掲）、診療科（複数回答）別（12－4）

数

平成28年12月31日現在

婦人科	リハビリテーション科	放射線科	麻酔科	病理診断科	臨床検査科	救急科	臨床研修医	全科	その他	不詳
372	813	922	1 196	286	110	445	2 132	9	810	151
66	281	155	313	63	10	81	286	8	141	11
32	110	100	126	24	10	38	127	5	84	21
20	74	48	87	9	5	34	104	-	36	1
34	76	70	97	21	8	29	127	2	87	3
61	227	173	338	52	18	132	487	2	139	53
22	91	102	102	25	10	67	191	1	52	20
18	53	41	68	17	6	24	141	2	40	9
35	76	68	62	26	6	28	78	-	36	-
15	54	19	49	13	3	21	131	-	47	17
6	110	55	83	18	6	27	127	-	84	3
43	245	183	251	62	17	70	363	1	105	26
38	232	266	213	48	16	87	369	4	114	47
106	466	414	334	50	24	132	527	7	171	24
19	74	49	57	12	4	26	88	-	26	1
55	179	149	202	34	6	63	232	2	93	39
13	148	128	151	23	13	27	187	1	37	40
17	195	140	143	19	7	41	155	7	72	48
19	220	110	136	19	12	36	130	1	55	-
58	249	172	236	45	16	65	375	-	99	13
24	179	134	150	13	5	84	187	1	75	1
6	80	27	104	10	7	27	114	2	30	4
1	41	17	38	4	-	12	54	1	12	1
3	38	21	15	3	3	7	52	2	27	8
3	34	30	53	11	8	19	58	-	23	1
5	39	25	38	11	5	12	83	-	21	-
10	28	33	34	6	2	10	71	-	13	-
8	41	16	17	1	2	7	10	-	10	-
19	43	29	39	7	4	17	25	-	28	2
7	45	61	70	18	9	33	78	1	17	2
12	28	11	22	4	2	4	34	-	11	2
2	18	16	51	9	1	36	41	-	17	10
6	30	10	33	9	2	13	44	1	7	-
7	37	13	31	4	1	13	33	-	15	-
13	27	33	29	5	3	9	71	1	27	-
9	53	25	24	5	2	29	26	1	21	5
5	30	19	30	4	1	16	53	1	11	4
2	65	37	58	8	8	16	88	-	33	1
5	82	76	61	15	4	21	85	-	44	10
7	46	17	39	6	6	15	74	-	22	-
13	90	66	69	13	5	35	97	1	27	-
6	41	19	22	1	2	1	37	-	26	-
3	25	10	15	2	2	11	61	-	6	-
3	29	11	11	3	2	8	14	1	8	-
8	46	40	50	11	2	28	128	-	23	-
10	57	34	58	15	6	22	141	7	23	1
13	73	40	23	4	-	18	23	1	7	12
5	59	21	20	4	1	6	23	1	10	2
10	42	47	43	10	4	21	114	-	17	10
1	73	39	39	7	3	10	57	3	8	1
9	56	59	67	13	6	27	143	2	26	33
4	68	27	57	5	1	19	62	1	24	18
12	53	32	24	8	2	25	47	4	12	-
6	115	97	63	7	5	32	170	-	24	1
19	88	84	66	18	12	40	117	-	32	2
1	52	39	22	6	2	6	54	-	3	6
8	66	41	42	3	4	12	36	-	14	1
2	56	19	21	6	-	3	51	-	10	-
5	87	39	44	8	5	5	48	2	27	3
15	106	71	55	9	6	10	106	1	34	3
12	79	40	53	7	2	38	76	-	32	1
7	69	64	59	10	2	30	124	1	32	1
16	131	66	59	16	8	17	89	2	31	1
3	47	31	21	3	3	7	21	2	10	-
12	92	38	51	7	2	12	58	-	14	10
14	87	75	60	14	4	25	67	1	25	-
23	176	103	128	22	6	41	146	-	72	4
5	37	16	29	4	1	6	59	1	22	-

第43表　医療施設従事医師数，病院－診療所、主たる従業地による

病

	総　数	内　科	呼吸器内科	循環器内科	消化器内科(胃腸内科)	腎臓内科	神経内科	糖尿病内科(代謝内科)	血液内科	皮膚科	アレルギー科
全　　国	202 302	35 044	6 849	12 337	13 850	4 526	5 292	5 155	3 016	4 024	832
北　海　道	9 308	1 938	325	666	863	129	176	199	146	144	37
青　　森	1 700	333	36	88	114	14	30	53	28	37	4
岩　　手	1 656	263	60	107	105	21	68	30	26	29	16
宮　　城	3 629	546	158	211	256	97	121	91	43	71	14
秋　　田	1 576	243	42	80	127	25	30	49	34	35	2
山　　形	1 603	262	53	82	105	32	39	32	18	27	1
福　　島	2 392	425	70	147	189	45	62	44	34	33	9
茨　　城	3 546	576	142	210	234	87	87	71	54	83	12
栃　　木	2 830	501	107	174	178	67	92	77	43	52	31
群　　馬	2 767	498	110	195	154	83	79	54	49	50	54
埼　　玉	7 346	1 357	211	443	397	175	160	151	89	152	48
千　　葉	8 027	1 275	249	424	526	115	187	168	101	117	49
東　　京	26 914	3 843	901	1 515	1 564	773	672	738	440	650	126
神　奈　川	12 160	1 676	379	654	785	347	349	292	160	272	48
新　　潟	2 912	531	117	127	189	87	120	63	48	59	10
富　　山	1 827	481	47	100	105	63	42	57	22	40	23
石　　川	2 392	466	68	165	172	63	55	83	46	66	3
福　　井	1 380	261	44	89	75	29	41	25	24	32	4
山　　梨	1 279	211	30	72	72	27	27	29	14	21	1
長　　野	3 216	508	89	158	200	63	111	68	36	68	13
岐　　阜	2 588	414	85	207	220	55	51	94	32	58	10
静　　岡	4 717	581	165	247	268	106	103	89	56	98	8
愛　　知	10 231	1 324	377	595	654	286	310	276	187	231	34
三　　重	2 437	484	53	142	182	42	72	46	49	45	7
滋　　賀	2 129	275	48	132	164	47	52	68	33	38	2
京　　都	5 682	837	173	341	399	128	236	166	125	119	9
大　　阪	15 788	2 391	500	1 035	1 064	314	320	414	231	293	65
兵　　庫	8 554	1 484	256	582	617	167	194	250	108	139	26
奈　　良	2 191	392	81	103	125	20	68	45	23	43	9
和　歌　山	1 709	296	52	103	135	57	28	56	21	39	6
鳥　　取	1 154	173	45	57	59	10	53	22	13	21	3
島　　根	1 245	193	30	62	83	21	60	25	25	26	－
岡　　山	4 017	791	144	205	242	76	89	124	73	78	27
広　　島	4 510	945	154	281	373	81	119	76	42	88	12
山　　口	2 217	480	56	154	180	38	66	55	43	36	10
徳　　島	1 609	453	69	99	136	25	54	52	26	42	9
香　　川	1 781	370	47	116	161	27	30	43	20	29	7
愛　　媛	2 345	501	51	139	180	28	36	48	36	30	4
高　　知	1 670	463	61	116	122	25	22	49	15	35	8
福　　岡	10 367	2 081	412	764	765	246	271	327	148	185	29
佐　　賀	1 562	359	62	104	123	26	41	25	25	28	2
長　　崎	2 647	596	161	167	208	63	69	56	40	51	3
熊　　本	3 430	709	171	253	294	92	144	136	72	80	8
大　　分	2 081	446	107	158	175	57	60	78	38	27	17
宮　　崎	1 719	423	53	116	116	37	32	41	14	30	6
鹿　児　島	2 892	798	120	220	265	55	129	55	39	49	5
沖　　縄	2 570	591	78	132	130	55	35	65	27	48	1

注：2つ以上の診療科に従事している場合、各々の科に重複計上している。

都道府県－指定都市・特別区・中核市（再掲）、診療科（複数回答）別（12－5）

院

平成28年12月31日現在

リウマチ科	感染症内科	小児科	精神科	心療内科	外科	呼吸器外科	心臓血管外科	乳腺外科	気管食道外科	消化器外科（胃腸外科）
2 655	868	10 956	12 184	1 933	15 705	2 240	3 277	2 689	600	7 619
110	11	461	630	140	716	64	179	92	7	240
17	8	87	136	8	207	12	29	18	1	31
18	2	92	109	14	162	16	26	21	1	46
31	19	198	221	27	319	47	60	40	7	144
22	7	75	129	13	116	23	16	17	6	42
13	2	83	130	15	141	20	33	20	5	28
45	4	129	164	32	280	30	45	29	8	81
42	15	217	209	46	290	46	56	58	8	178
44	17	155	154	23	223	33	43	25	14	139
54	4	163	180	37	259	32	46	44	14	120
71	16	470	488	66	552	68	118	108	20	334
88	35	433	491	70	664	85	122	106	47	368
396	177	1 552	1 305	133	1 581	273	437	357	86	1 044
147	55	645	627	63	749	129	212	157	44	442
29	20	176	189	26	193	28	46	43	4	103
31	13	113	125	20	132	18	38	24	14	62
43	9	125	143	14	147	27	38	38	13	91
17	4	93	85	9	147	15	23	17	1	59
12	2	86	78	6	124	14	21	39	27	60
33	15	240	192	39	282	39	55	43	2	108
30	6	153	146	16	252	19	38	45	4	85
45	15	230	255	42	369	57	91	62	9	183
108	29	580	569	60	701	90	164	119	20	293
10	8	129	180	44	246	32	40	36	3	96
10	–	136	110	11	158	36	34	32	1	70
88	26	305	235	30	404	87	87	76	12	212
196	55	794	735	117	1 080	154	263	214	41	565
108	39	422	420	65	742	93	125	105	10	354
21	15	110	128	12	162	14	37	53	38	112
8	5	79	73	3	128	17	25	24	2	79
12	4	82	83	2	98	19	22	18	1	47
12	2	65	92	9	80	15	20	22	–	38
57	17	222	233	23	351	50	67	60	9	145
47	9	211	302	54	468	60	64	60	13	187
25	10	94	169	27	233	38	39	39	20	95
36	2	82	118	38	172	23	26	23	6	41
44	3	102	124	33	128	36	20	20	4	70
39	11	116	120	22	213	29	37	32	2	100
29	2	81	112	21	146	19	26	12	9	48
161	56	508	708	139	751	151	160	125	27	358
21	6	85	147	24	125	15	26	24	3	76
69	49	123	189	50	239	25	35	38	5	94
40	19	174	315	46	288	29	42	42	4	156
51	4	109	162	69	223	30	28	24	4	120
42	15	72	169	28	206	25	25	24	7	85
55	5	127	263	66	268	32	37	40	10	116
28	21	172	242	81	190	26	56	24	7	74

第43表 医療施設従事医師数, 病院－診療所、主たる従業地による

病

	総数	内科	呼吸器内科	循環器内科	消化器内科(胃腸内科)	腎臓内科	神経内科	糖尿病内科(代謝内科)	血液内科	皮膚科	アレルギー科
指定都市・特別区(再掲)											
東京都区部	21 592	2 912	709	1 195	1 299	633	518	631	377	563	107
札幌市	4 699	859	172	351	435	85	103	130	95	84	30
仙台市	2 444	270	109	150	178	77	79	67	33	57	9
さいたま市	1 223	209	26	77	62	23	21	17	22	19	3
千葉市	1 916	237	77	98	117	18	60	56	36	29	18
横浜市	5 063	596	168	263	323	150	146	134	64	118	19
川崎市	2 172	313	56	106	127	70	71	46	25	54	6
相模原市	1 314	203	38	72	101	33	40	36	17	24	12
新潟市	1 514	235	73	73	117	54	66	40	27	41	5
静岡市	1 046	74	38	55	46	30	36	24	15	15	5
浜松市	1 416	132	58	61	78	32	24	32	18	28	1
名古屋市	4 548	565	176	256	275	146	166	128	105	103	14
京都市	4 449	590	145	248	309	110	197	146	119	96	7
大阪市	5 686	739	190	351	413	128	124	173	97	108	14
堺市	1 207	229	69	67	62	32	20	25	12	14	2
神戸市	3 127	478	89	229	210	52	63	111	38	56	6
岡山市	2 123	326	65	113	134	37	33	61	44	46	8
広島市	2 212	354	79	133	193	38	62	40	30	53	7
北九州市	2 193	399	84	183	147	53	48	68	35	41	3
福岡市	4 003	689	134	254	254	82	116	132	82	70	14
熊本市	2 285	361	112	179	185	67	102	87	59	63	3
中核市(再掲)											
旭川市	1 030	175	36	62	111	18	26	24	21	25	2
函館市	559	94	36	58	55	4	9	7	6	6	2
青森市	393	64	5	19	18	2	14	10	3	7	1
盛岡市	902	116	39	58	49	16	36	19	20	22	13
秋田市	879	87	26	48	73	22	17	36	28	21	–
郡山市	559	60	16	33	37	4	17	11	7	9	1
いわき市	304	64	8	22	33	5	8	3	4	1	1
宇都宮市	530	79	21	28	30	7	15	14	4	7	2
前橋市	1 100	144	64	95	74	30	49	34	27	26	39
高崎市	389	63	7	32	19	19	5	5	2	3	1
川越市	641	95	13	22	27	19	18	11	9	16	1
越谷市	538	74	27	33	26	9	14	16	10	15	17
船橋市	513	78	16	23	29	6	2	7	4	8	1
柏市	733	104	23	24	74	10	12	11	9	9	1
八王子市	678	136	12	44	33	18	18	10	5	10	1
横須賀市	536	88	20	40	36	17	11	10	9	12	2
富山市	1 019	235	25	56	51	42	17	25	12	21	15
金沢市	1 344	238	42	102	99	34	36	49	34	41	2
長野市	604	104	21	28	32	14	10	12	12	10	2
岐阜市	1 129	138	44	105	98	23	21	37	17	32	8
豊橋市	445	70	14	41	27	9	11	11	5	10	–
豊田市	443	54	16	23	34	9	13	6	5	7	1
岡崎市	239	52	11	13	15	8	7	3	5	4	1
大津市	932	96	25	48	72	27	24	33	20	18	1
高槻市	1 047	85	30	64	77	8	12	28	17	21	1
東大阪市	455	70	10	29	24	6	9	5	1	9	–
豊中市	410	99	29	13	19	7	24	11	6	5	–
枚方市	922	126	27	52	69	23	15	18	9	21	4
姫路市	712	114	28	46	46	9	14	15	7	7	3
西宮市	1 097	143	29	57	83	28	16	27	25	17	5
尼崎市	702	119	17	54	42	18	18	22	7	7	2
奈良市	534	100	21	31	37	6	20	14	–	3	4
和歌山市	1 063	121	29	61	89	45	21	37	17	30	2
倉敷市	1 319	246	43	60	71	28	41	42	28	23	8
呉市	483	91	16	22	45	12	14	7	8	–	1
福山市	625	177	10	42	37	6	17	8	2	4	3
下関市	423	100	14	30	26	12	7	8	5	11	1
高松市	657	115	20	51	70	8	18	18	8	10	5
松山市	1 002	194	27	46	89	16	12	19	19	7	3
高知市	913	240	32	55	61	8	13	24	9	12	7
久留米市	1 384	176	49	120	114	52	20	53	17	31	2
長崎市	1 291	242	88	79	102	35	25	27	25	29	2
佐世保市	432	77	20	20	29	13	14	10	6	6	1
大分市	721	142	39	56	59	20	21	19	13	7	6
宮崎市	992	191	26	66	68	23	25	25	13	23	1
鹿児島市	1 790	348	80	134	167	35	90	47	30	34	4
那覇市	492	141	19	24	23	4	5	13	2	11	1

注：2つ以上の診療科に従事している場合、各々の科に重複計上している。

都道府県－指定都市・特別区・中核市（再掲）、診療科（複数回答）別（12－6）

院

平成28年12月31日現在

リウマチ科	感染症内科	小児科	精神科	心療内科	外科	呼吸器外科	心臓血管外科	乳腺外科	気管食道外科	消化器外科（胃腸外科）
327	154	1 165	769	78	1 256	222	362	298	76	836
86	7	190	281	76	307	38	98	49	5	134
26	17	154	114	8	173	32	49	27	1	107
13	1	130	66	8	89	7	20	14	3	42
32	9	117	109	4	122	23	33	26	32	116
51	22	313	261	26	249	53	86	59	11	208
37	6	96	91	13	132	18	40	30	24	80
26	12	67	58	3	97	13	20	16	2	42
13	15	82	86	12	74	16	25	23	1	63
6	1	58	59	5	68	9	30	15	2	27
8	6	73	67	3	83	22	31	13	4	53
48	16	252	228	22	275	42	74	64	11	140
80	23	208	149	17	266	65	70	55	6	175
75	33	257	90	9	399	59	76	79	20	213
7	2	42	97	6	96	11	13	10	-	29
44	22	187	155	8	234	30	45	34	4	117
30	5	115	135	13	160	31	43	31	7	75
25	9	110	133	38	198	28	32	27	10	102
46	9	118	131	17	182	39	25	28	3	81
59	33	175	183	35	255	58	68	49	9	140
28	13	106	156	13	147	17	36	29	2	93
11	1	66	49	26	56	10	22	17	1	33
-	-	22	23	3	50	3	11	7	-	22
6	-	17	36	2	36	3	9	2	1	6
9	1	52	51	9	47	12	21	13	-	30
17	4	44	67	8	26	11	11	11	5	32
3	-	26	35	11	48	12	12	10	2	22
3	-	16	30	10	40	-	6	1	-	3
2	1	21	39	1	40	9	6	7	5	34
28	3	67	48	5	82	16	17	13	12	33
9	-	15	35	26	41	3	7	9	-	16
9	1	57	33	3	25	5	9	7	4	46
3	3	27	46	9	33	3	9	8	-	12
5	-	20	42	2	54	4	7	9	1	19
1	3	25	47	4	55	15	5	7	9	57
4	3	19	110	12	31	8	12	8	1	38
5	2	28	34	1	42	7	7	7	1	17
18	3	74	62	6	58	14	25	11	14	30
30	6	77	81	13	82	19	25	17	9	38
10	2	30	37	3	56	11	11	10	2	19
19	4	81	55	2	80	10	22	16	2	44
6	-	23	34	12	35	3	10	1	-	-
12	1	18	33	11	35	5	5	3	-	16
2	-	20	7	1	15	6	6	9	2	14
2	-	56	43	2	57	17	15	14	-	36
13	1	72	45	5	40	9	19	14	1	46
-	1	15	31	1	39	6	9	8	-	11
-	1	17	43	1	28	7	4	5	-	7
9	1	46	59	19	56	11	9	10	2	30
10	1	26	20	-	73	14	16	12	-	44
19	2	44	42	5	74	11	11	15	2	53
3	1	37	6	1	49	7	12	7	2	23
6	1	29	32	1	39	3	7	8	-	23
7	5	43	34	1	51	12	16	18	2	53
25	5	76	47	6	93	17	20	22	2	42
2	-	16	33	-	35	6	5	3	-	14
5	-	29	42	3	75	12	10	13	-	30
2	3	14	32	15	36	6	10	3	-	12
14	1	23	37	2	51	17	11	12	1	38
26	4	38	44	11	85	18	18	13	1	48
15	1	32	55	10	76	11	15	6	4	28
14	6	111	98	6	61	16	34	21	11	64
28	39	48	81	20	96	14	18	21	3	55
18	4	14	25	10	47	2	7	4	-	20
10	-	42	74	33	58	12	12	3	-	28
24	15	40	65	5	97	12	16	12	1	39
26	4	71	114	18	125	19	30	24	4	80
4	1	36	38	16	48	2	5	4	1	14

第43表　医療施設従事医師数，病院－診療所、主たる従業地による

病

	泌尿器科	肛門外科	脳神経外科	整形外科	形成外科	美容外科	眼科	耳鼻いんこう科	小児外科	産婦人科	産科
全　国	5 368	1 867	6 548	14 363	2 184	167	4 779	3 907	955	6 720	500
北　海　道	247	83	360	674	84	1	226	186	23	276	20
青　森	68	12	39	128	11	1	27	23	5	47	9
岩　手	57	10	64	109	20	2	41	23	5	67	1
宮　城	90	10	90	216	40	-	76	77	20	112	18
秋　田	61	8	64	119	9	-	27	35	7	66	4
山　形	53	12	48	133	12	-	35	39	5	63	5
福　島	69	34	84	165	35	7	54	61	11	70	1
茨　城	96	39	144	262	34	-	96	52	25	141	14
栃　木	71	25	77	190	38	21	60	57	14	102	9
群　馬	82	19	85	208	16	2	50	40	10	87	6
埼　玉	228	70	233	511	96	10	165	134	42	223	33
千　葉	222	73	270	583	105	2	185	161	41	245	19
東　京	611	170	799	1 530	355	46	764	583	124	1 047	54
神　奈　川	323	117	371	863	161	19	301	262	40	453	43
新　潟	75	34	107	224	26	3	49	55	16	100	7
富　山	43	17	60	141	17	1	49	39	4	72	1
石　川	65	32	73	166	26	2	57	54	13	76	2
福　井	38	16	53	100	8	-	36	34	3	54	-
山　梨	36	37	50	98	9	-	33	36	9	48	3
長　野	79	19	105	239	52	-	66	51	18	101	8
岐　阜	83	33	96	201	15	-	64	56	8	82	16
静　岡	126	45	178	356	59	2	75	101	17	169	11
愛　知	250	61	328	678	76	9	258	218	44	384	8
三　重	68	46	86	165	9	-	49	36	13	104	1
滋　賀	66	23	66	145	21	-	54	55	7	74	3
京　都	164	44	163	370	53	-	140	117	35	166	15
大　阪	435	123	530	1 126	206	8	417	295	78	522	51
兵　庫	204	86	284	673	108	7	237	155	38	264	18
奈　良	73	65	73	191	17	-	51	50	43	76	2
和　歌　山	43	21	66	140	7	-	43	29	6	54	1
鳥　取	30	5	28	81	6	1	31	30	2	43	1
島　根	34	9	32	84	9	-	22	20	6	47	1
岡　山	89	34	141	260	53	3	95	70	16	112	26
広　島	103	50	156	359	26	3	89	96	24	137	14
山　口	78	41	89	159	13	2	50	43	10	81	3
徳　島	53	20	69	143	21	4	33	29	4	51	-
香　川	67	13	70	165	26	-	46	34	9	61	2
愛　媛	80	18	83	179	30	2	63	55	8	61	-
高　知	51	16	62	139	21	-	41	30	7	33	5
福　岡	222	99	273	793	109	2	203	159	60	262	29
佐　賀	36	13	54	133	12	-	27	25	5	37	3
長　崎	64	18	70	209	34	1	58	41	11	79	4
熊　本	96	46	94	275	25	1	70	34	25	89	6
大　分	64	27	74	172	20	-	26	22	10	40	8
宮　崎	44	28	52	155	10	1	47	30	5	57	-
鹿　児　島	81	29	94	199	19	-	53	32	21	78	7
沖　縄	50	17	61	154	25	4	40	43	8	107	8

注：2つ以上の診療科に従事している場合、各々の科に重複計上している。

都道府県－指定都市・特別区・中核市（再掲）、診療科（複数回答）別（12－7）

院

平成28年12月31日現在

婦人科	リハビリテーション科	放射線科	麻酔科	病理診断科	臨床検査科	救急科	臨床研修医	全科	その他	不詳
962	6 172	6 735	9 341	1 932	800	4 075	16 697	136	3 813	518
41	396	208	560	88	24	126	657	11	210	17
8	70	38	72	12	10	36	184	3	41	5
4	33	43	73	11	8	25	144	1	34	1
23	100	110	153	33	15	71	244	1	86	5
6	48	28	54	14	11	14	148	1	18	1
4	39	56	61	18	4	25	140	1	14	–
8	42	73	106	17	8	45	194	4	42	2
20	74	95	146	32	10	70	325	16	72	1
11	50	75	133	28	23	62	273	4	64	2
13	75	100	143	31	14	52	178	3	46	21
47	155	179	353	74	24	171	560	5	136	38
45	182	199	347	64	34	189	756	6	170	3
138	491	882	1 257	324	131	595	2 514	8	515	115
66	208	364	600	127	50	313	1 178	2	237	40
14	64	88	100	36	13	42	183	–	51	–
5	98	57	92	16	14	28	132	–	48	2
3	81	99	91	20	8	39	182	1	85	8
4	59	64	60	9	6	44	106	1	19	2
9	38	36	52	12	4	21	115	1	23	–
15	104	84	152	34	25	88	269	10	76	8
16	62	73	91	28	13	58	239	5	35	–
18	153	127	204	52	14	77	444	2	148	17
25	243	329	465	110	35	165	923	1	185	21
7	48	95	71	21	5	32	218	2	46	1
9	58	81	98	27	4	49	199	–	41	–
22	148	237	249	48	21	120	431	3	111	22
101	396	574	724	142	57	354	1 240	12	256	57
37	256	299	422	80	22	185	709	6	134	51
5	72	97	86	22	7	50	194	–	20	–
4	95	57	67	12	6	43	186	–	31	2
1	34	40	48	11	3	9	65	1	29	1
6	39	45	75	11	6	24	95	–	25	–
20	155	164	218	42	25	76	322	–	63	18
20	150	164	221	32	18	70	311	6	72	19
5	85	98	106	10	8	29	149	–	31	–
3	107	78	65	10	6	24	102	–	28	–
13	86	78	99	22	8	26	121	–	26	3
16	122	122	93	21	10	25	181	1	30	2
7	83	57	75	9	6	43	117	–	22	7
57	430	387	438	86	40	192	778	3	181	12
9	68	53	75	17	1	32	112	1	24	1
14	139	106	108	19	16	42	169	5	32	2
15	185	130	163	18	6	90	208	1	87	1
15	134	95	104	20	6	29	136	–	22	4
7	99	76	93	16	6	37	88	1	22	1
15	237	120	158	26	7	53	169	1	71	4
11	81	75	120	20	8	85	309	6	54	1

第43表　医療施設従事医師数，病院－診療所、主たる従業地による

病

	泌尿器科	肛門外科	脳神経外科	整形外科	形成外科	美容外科	眼科	耳鼻いんこう科	小児外科	産婦人科	産科
指定都市・特別区（再掲）											
東京都区部	492	132	631	1 239	291	44	663	499	112	845	50
札幌市	118	40	184	318	49	1	122	110	15	125	16
仙台市	56	4	53	144	27	-	63	56	17	76	17
さいたま市	35	8	28	61	12	1	37	21	13	35	4
千葉市	63	12	67	138	23	1	43	50	17	39	13
横浜市	130	37	163	336	64	1	134	103	16	204	17
川崎市	52	37	68	162	35	1	61	59	12	97	4
相模原市	33	7	29	101	19	7	42	32	5	35	14
新潟市	42	14	55	109	16	2	33	35	11	48	7
静岡市	23	3	32	66	12	-	15	24	8	32	8
浜松市	38	13	39	90	22	-	23	36	3	70	2
名古屋市	110	21	129	297	25	2	138	91	19	186	1
京都市	118	27	124	260	46	-	113	99	28	130	15
大阪市	167	48	193	421	87	2	159	117	22	156	22
堺市	26	12	32	103	14	-	32	18	2	30	-
神戸市	81	23	103	237	48	4	84	58	19	88	16
岡山市	45	11	84	140	30	-	51	38	8	63	10
広島市	47	17	84	160	11	-	52	50	19	72	6
北九州市	49	19	62	181	26	-	34	43	10	69	2
福岡市	96	24	95	298	39	-	110	75	29	95	22
熊本市	66	22	66	161	19	1	59	26	20	67	6
中核市（再掲）											
旭川市	32	14	32	75	5	-	33	27	2	32	4
函館市	13	6	24	42	9	-	21	7	1	20	-
青森市	15	1	10	24	-	1	5	4	1	9	4
盛岡市	29	4	33	51	16	2	29	20	5	39	1
秋田市	33	5	38	55	5	-	21	18	5	35	4
郡山市	15	10	20	30	10	6	16	16	2	15	-
いわき市	11	2	16	26	6	-	6	7	2	6	-
宇都宮市	15	3	18	53	5	4	14	8	1	12	-
前橋市	27	1	29	75	8	1	32	22	3	42	1
高崎市	15	5	18	36	1	-	4	1	-	15	-
川越市	14	7	20	49	10	-	13	11	6	26	20
越谷市	18	4	15	33	4	-	21	13	7	20	4
船橋市	11	1	22	78	6	-	6	5	3	28	2
柏市	10	14	17	26	11	-	15	20	2	21	1
八王子市	13	15	29	31	9	-	12	12	2	17	-
横須賀市	15	7	16	30	6	1	8	17	1	18	-
富山市	22	5	35	67	6	-	24	22	4	48	-
金沢市	36	15	38	93	7	-	29	27	4	46	-
長野市	17	5	20	45	9	-	8	8	1	15	-
岐阜市	42	19	38	84	4	-	29	26	6	39	16
豊橋市	15	2	13	32	1	1	12	11	-	14	-
豊田市	8	12	11	29	6	-	7	8	2	25	-
岡崎市	3	4	6	21	3	-	3	1	2	11	1
大津市	29	10	23	45	7	-	27	25	4	35	3
高槻市	26	5	38	57	14	1	39	21	6	40	-
東大阪市	14	1	19	39	7	-	9	5	2	26	-
豊中市	8	1	10	26	1	-	5	8	4	9	1
枚方市	29	13	19	64	12	-	35	23	4	21	7
姫路市	19	9	33	56	12	-	39	15	3	25	-
西宮市	24	13	32	75	8	1	31	27	5	27	1
尼崎市	12	3	20	59	10	-	16	13	3	27	-
奈良市	19	11	19	51	4	-	10	9	-	22	1
和歌山市	25	8	39	77	5	-	28	24	5	32	1
倉敷市	35	13	39	76	20	3	36	25	7	37	16
呉市	9	5	16	39	3	-	16	11	1	14	-
福山市	16	12	20	53	9	3	9	14	3	21	7
下関市	15	3	21	26	2	2	8	7	2	10	1
高松市	24	7	27	66	8	-	12	11	2	17	1
松山市	33	12	38	58	13	-	20	25	5	25	1
高知市	28	9	34	86	15	-	19	12	5	13	5
久留米市	21	20	35	67	21	2	29	19	18	48	-
長崎市	38	12	32	90	20	1	35	21	8	33	1
佐世保市	10	1	19	44	4	-	9	10	-	18	1
大分市	20	5	27	59	11	-	4	3	4	11	8
宮崎市	20	8	25	74	7	-	30	20	3	35	-
鹿児島市	54	12	50	102	15	-	39	25	16	55	6
那覇市	7	4	19	35	3	-	7	5	-	21	-

注：2つ以上の診療科に従事している場合、各々の科に重複計上している。

都道府県－指定都市・特別区・中核市（再掲）、診療科（複数回答）別（12－8）

院

平成28年12月31日現在

婦人科	リハビリテーション科	放射線科	麻酔科	病理診断科	臨床検査科	救急科	臨床研修医	全科	その他	不詳
122	362	738	1 054	283	105	436	2 132	6	442	88
34	177	131	286	60	10	79	285	8	115	6
17	61	81	102	24	9	38	127	1	65	5
3	13	39	73	9	4	34	104	–	23	–
13	34	60	86	20	8	29	127	2	64	1
20	70	144	295	52	18	128	487	1	88	18
10	30	86	93	25	10	67	191	1	33	5
11	33	39	63	16	6	23	141	–	39	4
10	34	55	54	26	6	28	78	–	29	–
4	24	14	43	12	3	20	131	–	34	13
1	46	43	75	17	6	27	127	–	74	–
13	83	166	222	60	16	68	363	–	59	18
19	99	203	188	42	16	85	369	3	83	22
49	105	231	288	50	21	131	527	5	115	18
8	24	34	46	10	4	25	88	–	17	1
15	62	111	170	33	5	63	232	1	58	18
5	60	80	135	23	13	27	187	–	28	12
8	51	76	117	18	7	40	155	6	45	15
7	112	87	112	19	12	36	130	1	39	–
34	118	138	189	42	16	65	375	–	62	10
11	94	92	123	13	5	84	187	1	69	–
2	61	26	96	10	7	27	114	–	26	4
1	13	13	33	4	–	12	54	–	5	1
1	21	10	13	3	3	7	52	–	24	1
2	5	30	49	10	7	19	57	–	20	1
4	22	20	33	11	5	12	83	–	13	–
3	8	23	31	6	2	10	71	–	4	–
1	10	8	11	1	2	6	10	–	3	–
2	13	17	27	6	4	15	25	–	20	–
2	23	55	65	18	9	33	78	1	14	–
2	13	9	14	4	2	4	34	–	3	–
–	13	13	45	9	1	36	41	–	12	4
4	14	10	32	9	2	13	44	1	1	–
4	24	8	29	4	–	13	33	–	10	–
5	8	32	28	5	3	9	71	–	25	–
3	24	18	21	5	2	28	26	1	11	4
1	1	14	26	4	1	16	53	–	8	1
1	42	29	56	8	8	16	88	–	29	–
–	51	72	57	10	4	21	85	–	41	7
5	26	14	32	6	6	15	74	–	20	–
9	30	46	59	13	5	34	97	1	18	–
–	11	14	20	1	1	1	37	–	22	–
1	9	7	13	2	1	11	61	–	4	–
1	7	11	10	3	2	8	14	1	6	–
5	22	35	45	11	2	28	128	–	22	–
3	39	30	54	15	6	21	141	7	15	1
7	12	20	17	4	–	18	23	–	5	3
1	24	11	12	4	1	6	23	–	2	–
7	24	40	40	10	4	21	114	–	14	10
–	28	28	34	7	3	9	57	3	4	–
4	24	38	57	13	6	27	143	1	20	16
–	21	18	47	5	1	19	62	–	18	11
1	19	15	20	5	2	24	47	–	9	–
1	58	37	49	7	3	32	170	–	18	1
14	50	56	63	18	12	40	117	–	30	–
–	19	22	21	6	2	6	54	–	3	1
7	31	27	36	3	4	12	36	–	9	1
1	22	12	15	6	–	3	51	–	8	–
3	41	25	34	8	4	5	48	–	16	3
13	51	51	39	9	6	10	106	–	16	–
6	51	35	44	7	2	38	76	–	18	1
3	28	58	54	10	2	30	124	–	24	1
6	55	47	57	14	8	17	89	2	23	1
2	17	23	21	3	3	7	21	2	7	–
8	41	31	29	7	2	11	58	–	5	1
4	31	50	52	14	4	21	67	1	18	–
10	103	76	115	22	6	41	146	–	61	4
2	17	14	22	4	1	6	59	–	15	–

第43表　医療施設従事医師数，病院－診療所、主たる従業地による

診　療

	総　数	内　科	呼吸器内科	循環器内科	消化器内科(胃腸内科)	腎臓内科	神経内科	糖尿病内科(代謝内科)	血液内科	皮膚科	アレルギー科
全　国	102 457	52 717	6 556	10 337	15 628	2 324	2 325	3 848	440	10 118	5 622
北　海　道	3 447	1 633	250	345	501	78	52	108	7	283	154
青　　森	863	482	108	122	171	17	28	38	8	86	39
岩　　手	802	434	102	110	152	12	43	49	2	75	46
宮　　城	1 775	930	161	200	319	45	54	67	9	158	104
秋　　田	681	401	66	102	160	18	17	42	4	51	43
山　　形	840	467	49	93	163	16	31	25	1	90	33
福　　島	1 328	832	117	182	298	27	36	44	4	106	74
茨　　城	1 694	962	114	168	249	46	34	96	7	214	75
栃　　木	1 455	841	145	231	280	57	47	70	6	167	102
群　　馬	1 663	894	134	197	266	41	35	74	12	157	119
埼　　玉	4 321	2 298	211	362	590	116	97	165	18	531	296
千　　葉	3 816	1 985	210	322	543	74	72	140	16	480	228
東　　京	14 531	7 171	713	1 134	1 651	321	316	537	74	1 875	810
神　奈　川	6 624	3 134	335	503	767	164	129	232	17	726	358
新　　潟	1 474	814	74	95	204	28	31	38	4	133	123
富　　山	739	399	58	74	109	16	21	22	4	55	32
石　　川	838	442	48	83	136	10	25	27	3	59	19
福　　井	542	282	52	61	109	9	9	23	3	57	40
山　　梨	645	335	21	42	89	18	8	19	－	50	25
長　　野	1 508	827	82	120	201	31	31	50	8	114	77
岐　　阜	1 635	970	148	228	300	40	49	96	5	207	142
静　　岡	2 687	1 249	126	250	399	47	62	87	11	235	136
愛　　知	5 364	2 729	306	532	836	134	88	196	15	687	444
三　　重	1 487	808	128	175	281	27	31	58	12	137	103
滋　　賀	992	584	46	123	156	15	14	30	5	82	55
京　　都	2 521	1 286	105	211	364	27	66	78	11	244	136
大　　阪	8 098	4 215	288	660	983	142	164	207	23	731	341
兵　　庫	4 828	2 162	226	488	675	98	96	148	16	350	194
奈　　良	1 106	632	46	96	142	18	25	36	5	113	46
和　歌　山	1 059	633	130	181	248	33	30	74	8	69	69
鳥　　取	545	329	55	73	118	17	21	32	1	45	40
島　　根	634	386	35	69	117	16	23	27	5	48	26
岡　　山	1 735	959	146	186	270	42	31	76	11	132	109
広　　島	2 714	1 449	275	355	522	79	81	136	17	183	181
山　　口	1 219	615	115	173	244	21	36	42	10	92	57
徳　　島	760	465	106	135	166	9	30	34	4	72	37
香　　川	902	429	50	120	147	21	22	35	4	74	35
愛　　媛	1 264	572	80	153	194	9	14	36	4	86	45
高　　知	536	291	56	75	103	19	16	21	2	45	20
福　　岡	4 821	2 231	350	538	874	130	93	162	21	369	230
佐　　賀	730	392	69	91	171	15	17	29	3	60	47
長　　崎	1 395	650	107	155	251	37	21	57	7	104	54
熊　　本	1 571	895	170	227	356	62	71	97	11	129	131
大　　分	1 034	568	116	149	194	19	26	46	8	69	49
宮　　崎	894	438	52	95	171	21	22	27	1	61	33
鹿　児　島	1 412	766	111	179	276	34	43	58	5	106	45
沖　　縄	928	451	64	74	112	48	17	57	8	121	20

注：2つ以上の診療科に従事している場合、各々の科に重複計上している。

都道府県－指定都市・特別区・中核市（再掲）、診療科（複数回答）別（12－9）

所

平成28年12月31日現在

リウマチ科	感染症内科	小児科	精神科	心療内科	外科	呼吸器外科	心臓血管外科	乳腺外科	気管食道外科	消化器外科（胃腸外科）
3 531	458	16 805	4 893	3 684	9 968	127	313	733	331	1 109
104	10	456	161	124	213	1	12	35	11	25
28	6	167	33	28	99	2	2	6	5	9
33	1	96	26	32	120	1	2	6	2	4
47	8	249	80	51	161	2	8	14	5	7
13	7	116	26	29	70	－	1	6	1	7
29	2	111	37	34	91	－	4	5	4	5
50	4	270	60	51	139	－	4	5	8	7
51	2	353	58	51	229	1	6	18	2	17
61	2	319	34	44	160	－	2	10	6	29
58	7	318	66	54	184	1	2	13	2	25
136	24	887	185	140	420	5	15	33	16	58
110	16	690	194	126	400	6	7	30	10	50
362	101	2 112	977	663	1 002	17	52	105	44	116
172	25	958	442	303	475	5	17	42	24	52
33	4	218	46	41	101	－	4	7	5	6
29	1	106	17	9	73	2	3	5	6	11
24	2	114	28	26	90	3	1	5	2	20
34	2	137	15	13	71	－	2	3	5	9
34	4	127	22	11	62	－	2	3	2	4
47	8	270	62	56	151	2	3	10	3	6
80	7	453	47	41	207	1	5	9	8	4
103	8	418	109	88	289	3	7	21	9	41
220	12	1 466	235	172	578	6	17	34	27	32
67	5	227	53	44	170	4	6	14	5	15
31	2	239	32	25	117	1	4	6	－	5
87	8	373	154	96	260	4	2	18	8	21
271	14	1 146	414	302	802	3	19	50	13	33
181	11	663	216	158	481	3	9	38	5	67
30	5	182	44	39	132	－	4	6	5	9
26	9	177	37	43	125	3	5	6	－	15
38	3	120	23	15	65	1	2	2	4	6
24	6	127	30	30	48	－	－	－	－	2
67	7	363	91	64	152	2	6	10	7	28
106	18	333	112	94	283	4	7	23	9	28
57	5	171	51	47	141	2	3	10	2	18
23	3	183	35	35	98	4	7	3	3	7
45	2	108	37	32	103	－	2	8	2	15
55	5	150	50	37	132	－	7	4	6	22
19	5	74	19	16	47	－	2	4	1	3
212	31	616	218	154	475	10	23	28	16	82
38	4	138	24	17	87	－	－	4	1	13
33	16	180	49	38	202	6	6	12	6	47
78	10	253	48	43	174	6	10	12	14	33
37	5	126	42	33	114	5	4	13	5	29
43	3	108	35	27	108	4	2	8	3	28
69	11	180	43	36	180	7	4	18	8	33
36	7	157	76	72	87	－	1	11	1	6

第43表　医療施設従事医師数，病院－診療所、主たる従業地による

診　療

	総　数	内　科	呼吸器内科	循環器内科	消化器内科（胃腸内科）	腎臓内科	神経内科	糖尿病内科（代謝内科）	血液内科	皮　膚　科	アレルギー科
指定都市・特別区（再掲）											
東京都区部	11 371	5 576	562	873	1 274	243	240	418	57	1 507	619
札幌市	1 623	682	92	136	199	33	29	48	2	129	68
仙台市	1 045	526	99	116	170	23	35	42	2	88	67
さいたま市	980	469	38	63	116	39	18	39	1	121	60
千葉市	721	319	41	47	104	14	12	29	3	73	43
横浜市	3 066	1 389	161	235	350	73	72	114	9	360	183
川崎市	1 058	506	57	76	127	28	15	36	3	125	61
相模原市	343	179	14	28	40	16	4	13	2	40	31
新潟市	646	310	42	44	79	17	13	20	1	58	65
静岡市	565	233	21	55	81	14	11	14	4	34	30
浜松市	624	292	25	59	101	9	14	16	2	59	37
名古屋市	2 102	1 062	120	195	313	52	42	69	6	277	159
京都市	1 712	874	75	154	246	20	54	61	7	181	95
大阪市	3 155	1 681	111	231	403	60	60	86	13	289	139
堺市	699	351	24	51	83	15	13	16	1	52	32
神戸市	1 542	642	70	150	216	22	29	44	7	108	44
岡山市	835	422	75	86	131	24	18	41	6	66	56
広島市	1 325	643	138	172	245	34	42	72	13	81	84
北九州市	915	426	75	98	195	18	15	31	3	60	32
福岡市	1 684	729	102	176	247	45	35	62	14	141	91
熊本市	772	427	82	106	163	32	37	55	5	57	61
中核市（再掲）											
旭川市	260	119	28	29	31	3	4	13	－	21	21
函館市	214	105	33	40	56	4	5	12	2	26	8
青森市	238	130	41	38	51	10	12	15	4	16	10
盛岡市	261	119	30	30	44	2	18	18	1	20	16
秋田市	280	144	26	38	62	8	8	15	3	25	23
郡山市	259	151	21	37	50	8	13	9	－	19	24
いわき市	257	150	34	40	76	7	4	12	2	24	9
宇都宮市	476	267	48	78	83	17	12	17	3	47	33
前橋市	387	204	51	63	76	16	5	18	5	29	32
高崎市	401	174	26	37	60	7	7	24	2	35	23
川越市	199	99	11	18	21	7	4	10	1	27	10
越谷市	189	101	12	14	26	7	6	10	－	22	16
船橋市	371	192	23	40	47	6	7	7	1	51	25
柏市	258	143	15	16	36	9	2	14	－	36	26
八王子市	413	211	27	44	50	8	8	15	3	34	22
横須賀市	313	154	14	19	40	5	6	6	－	26	9
富山市	342	174	13	26	43	5	9	9	1	20	15
金沢市	420	198	21	35	60	3	11	13	2	34	7
長野市	287	129	13	26	32	6	4	6	－	21	11
岐阜市	468	252	47	75	76	12	14	39	2	53	44
豊橋市	297	140	19	29	46	10	4	11	－	31	24
豊田市	220	107	10	22	24	6	1	8	－	27	15
岡崎市	249	111	13	27	30	10	3	8	－	22	9
大津市	284	162	9	31	43	3	2	8	1	27	13
高槻市	299	132	9	28	33	3	8	8	－	28	6
東大阪市	409	225	14	39	50	8	6	9	－	43	13
豊中市	396	197	16	37	48	7	10	11	－	30	24
枚方市	253	127	8	24	29	7	6	9	3	17	14
姫路市	423	174	17	33	61	5	8	12	1	21	10
西宮市	478	197	23	49	49	11	7	18	1	37	39
尼崎市	476	235	22	50	65	9	10	11	1	32	19
奈良市	385	189	13	29	32	3	8	12	2	47	17
和歌山市	494	279	65	84	116	11	14	36	3	34	34
倉敷市	384	211	28	35	53	5	3	11	2	24	23
呉市	247	155	26	46	45	19	7	10	－	19	12
福山市	342	191	30	45	82	4	9	15	2	26	26
下関市	274	137	22	37	53	9	6	10	1	16	7
高松市	489	208	30	68	67	13	6	24	3	34	19
松山市	574	239	37	72	88	4	5	17	1	36	24
高知市	312	148	34	37	54	8	11	9	1	29	15
久留米市	340	147	32	52	70	13	10	12	1	29	17
長崎市	583	243	43	71	90	12	4	23	1	42	23
佐世保市	221	108	24	30	47	7	4	13	2	16	6
大分市	476	228	58	74	93	12	12	30	2	35	24
宮崎市	428	203	22	42	76	11	14	12	1	28	17
鹿児島市	627	293	44	80	100	13	21	25	3	40	16
那覇市	289	138	28	23	36	11	6	18	2	41	4

注：2つ以上の診療科に従事している場合、各々の科に重複計上している。

都道府県－指定都市・特別区・中核市（再掲）、診療科（複数回答）別（12－10）

所

平成28年12月31日現在

リウマチ科	感染症内科	小児科	精神科	心療内科	外科	呼吸器外科	心臓血管外科	乳腺外科	気管食道外科	消化器外科（胃腸外科）
278	88	1 561	795	545	761	16	38	81	36	101
52	4	171	94	64	55	–	4	27	1	9
23	4	115	53	29	85	2	7	10	2	5
26	7	152	64	40	79	1	2	14	2	12
30	4	110	48	30	63	1	2	7	1	8
81	13	404	213	148	169	2	11	16	13	14
25	4	163	63	44	94	1	1	9	2	10
8	1	82	20	13	34	1	–	3	2	1
16	1	76	21	17	24	–	3	4	1	1
23	2	66	22	15	46	1	2	7	4	11
36	–	102	33	20	66	1	2	4	–	8
70	5	514	109	83	196	2	7	12	8	8
51	5	218	117	70	157	2	1	12	7	13
112	7	411	155	113	298	2	9	27	7	8
20	–	84	42	32	57	–	1	4	–	2
48	5	186	78	50	150	2	2	16	3	16
32	3	147	59	41	63	–	6	6	2	15
56	11	136	71	57	110	2	3	11	4	11
45	2	101	40	33	92	4	4	3	3	12
77	15	161	123	76	124	2	10	13	4	21
33	6	112	37	27	78	4	9	4	4	14
10	–	31	8	8	17	–	–	1	1	5
10	–	22	11	9	14	–	1	1	–	1
7	2	48	16	8	15	–	–	2	1	2
15	1	19	12	15	30	–	–	1	1	1
6	4	39	18	14	20	–	–	5	1	5
10	2	46	19	21	21	–	–	1	1	1
16	2	41	7	6	30	–	1	2	–	4
21	–	98	16	19	40	–	1	7	3	18
12	1	63	20	14	44	1	1	3	–	10
14	1	50	20	18	36	–	–	3	–	5
6	2	45	12	9	17	–	1	1	–	3
7	–	38	11	11	19	1	2	2	–	3
8	2	59	26	10	26	1	1	3	–	2
8	–	46	13	6	19	–	–	1	–	1
10	1	95	23	9	38	1	4	5	3	4
12	–	34	16	12	22	–	–	2	2	3
13	–	42	13	6	25	1	1	4	5	4
9	–	43	20	20	34	2	–	4	1	10
9	–	37	16	12	28	–	1	3	–	3
22	2	95	18	16	44	1	4	2	4	1
11	1	70	16	12	31	–	1	2	3	4
8	–	66	14	7	22	–	–	–	1	3
15	–	57	10	6	28	1	1	2	2	1
5	–	51	11	7	38	1	1	1	–	2
8	–	44	18	9	37	–	3	3	–	1
12	–	52	20	12	55	–	2	1	–	2
11	–	57	24	22	28	–	–	1	3	1
5	1	43	9	7	20	–	2	4	–	3
20	–	53	21	16	37	–	–	2	1	9
17	1	70	27	18	42	–	1	2	–	9
20	1	64	19	15	42	–	1	4	–	8
12	–	47	21	20	38	–	1	3	2	1
12	3	64	19	19	48	1	3	4	–	8
15	–	71	16	12	23	1	–	–	5	8
8	1	36	7	5	28	–	–	2	1	2
16	2	50	6	4	44	–	–	2	–	7
14	1	38	13	11	25	–	3	4	–	4
24	–	41	25	18	48	–	1	7	2	10
28	2	42	29	21	30	–	5	2	4	8
13	3	34	15	11	26	–	2	4	1	–
7	3	47	9	6	38	1	2	2	3	14
13	4	53	26	23	69	1	4	5	1	21
5	3	33	10	6	27	1	1	–	2	5
19	2	51	28	23	43	1	1	9	4	13
24	1	37	24	15	47	2	2	4	1	15
37	3	64	31	25	66	5	3	9	3	15
9	2	48	33	32	36	–	1	4	–	1

第43表　医療施設従事医師数，病院－診療所、主たる従業地による

診療

	泌尿器科	肛門外科	脳神経外科	整形外科	形成外科	美容外科	眼科	耳鼻いんこう科	小児外科	産婦人科	産科
全　　国	3 122	2 485	1 479	10 743	1 393	853	8 578	5 629	264	4 322	221
北　海　道	109	51	54	351	33	30	263	189	6	116	7
青　　森	47	20	15	117	4	4	59	50	-	34	2
岩　　手	44	29	31	98	14	4	64	42	1	38	2
宮　　城	60	49	21	200	23	16	138	85	3	81	5
秋　　田	27	24	9	73	3	2	65	30	5	29	2
山　　形	43	27	17	105	4	1	61	39	-	34	1
福　　島	52	44	22	165	8	7	99	64	6	50	2
茨　　城	58	46	35	205	24	9	156	96	5	70	5
栃　　木	44	56	13	164	12	4	106	78	4	73	4
群　　馬	57	48	21	176	19	10	128	73	7	64	1
埼　　玉	117	104	74	443	58	34	425	257	13	198	8
千　　葉	126	93	38	426	53	27	338	204	14	192	11
東　　京	404	250	158	1 189	337	307	1 253	804	34	587	49
神　奈　川	181	126	107	618	97	51	549	357	14	281	15
新　　潟	32	28	33	137	7	8	129	85	2	47	7
富　　山	15	19	9	94	8	4	67	45	4	31	1
石　　川	14	33	16	91	18	11	67	47	1	34	4
福　　井	17	20	3	82	9	3	44	44	1	23	-
山　　梨	24	13	11	81	11	5	58	30	1	27	1
長　　野	37	25	23	153	24	9	117	74	1	55	2
岐　　阜	56	41	36	194	15	2	148	98	10	75	3
静　　岡	118	75	47	265	35	14	237	141	7	131	9
愛　　知	177	136	66	540	52	22	518	339	17	284	11
三　　重	29	52	12	177	3	3	123	88	7	57	1
滋　　賀	23	22	9	119	14	7	76	47	2	40	8
京　　都	71	51	12	251	26	14	195	159	5	89	1
大　　阪	270	153	103	850	95	48	735	498	18	359	9
兵　　庫	137	98	53	497	63	31	438	265	7	200	11
奈　　良	36	30	19	129	14	5	96	68	4	40	3
和　歌　山	24	46	25	105	13	6	66	51	1	50	1
鳥　　取	19	19	4	72	8	1	38	20	2	21	-
島　　根	16	9	5	56	8	1	47	31	1	20	-
岡　　山	42	32	23	183	15	12	125	99	2	66	3
広　　島	65	81	49	285	29	18	212	135	7	102	3
山　　口	33	43	30	149	11	4	87	61	-	38	2
徳　　島	18	24	6	91	9	3	58	39	3	28	-
香　　川	34	25	19	123	5	5	67	54	1	31	-
愛　　媛	41	27	22	144	11	4	97	71	4	58	1
高　　知	16	12	12	65	10	4	43	30	-	16	-
福　　岡	132	137	90	535	76	52	374	229	10	203	11
佐　　賀	24	22	12	91	7	3	54	43	2	30	2
長　　崎	36	67	18	176	19	9	93	69	7	64	3
熊　　本	63	52	21	191	41	7	125	83	8	56	1
大　　分	20	39	11	100	10	4	81	44	6	44	2
宮　　崎	36	40	17	110	12	7	72	41	2	40	5
鹿　児　島	49	37	35	171	13	5	99	79	7	66	2
沖　　縄	29	10	13	106	13	16	88	54	2	50	-

注：2つ以上の診療科に従事している場合、各々の科に重複計上している。

都道府県－指定都市・特別区・中核市（再掲）、診療科（複数回答）別（12－11）

所

平成28年12月31日現在

婦人科	リハビリテーション科	放射線科	麻酔科	病理診断科	臨床検査科	救急科	臨床研修医	全科	その他	不詳
1 414	8 643	2 528	1 657	59	42	97	4	116	1 775	570
49	250	43	58	3	1	7	1	14	51	13
11	72	45	15	-	-	-	-	2	12	9
8	80	10	11	1	2	1	1	-	13	-
17	104	22	44	-	1	1	-	5	36	17
7	35	9	9	-	1	-	-	-	11	7
10	62	5	2	-	-	-	-	-	9	-
28	116	26	19	1	1	2	-	-	23	-
27	110	39	26	1	2	1	-	7	44	1
27	107	41	34	1	-	2	-	1	32	9
38	88	22	30	1	-	1	-	4	19	5
59	275	49	64	2	2	3	-	2	62	21
65	248	50	50	1	3	4	-	5	71	2
286	624	225	170	6	7	15	-	14	436	83
90	375	73	85	2	2	5	-	5	107	73
33	101	29	17	-	-	-	-	1	12	1
2	56	16	12	-	-	-	-	-	7	2
11	72	11	9	5	-	-	-	-	7	8
5	58	7	4	-	-	-	-	4	5	-
10	58	16	9	-	-	-	-	1	10	-
17	85	21	32	2	2	1	-	1	18	23
14	212	59	21	1	-	2	-	3	17	-
36	207	37	36	3	1	4	-	2	46	13
67	544	48	61	3	3	3	-	1	88	9
12	167	22	11	-	-	-	-	1	20	2
18	102	27	19	1	-	1	-	2	17	1
29	218	90	40	6	-	3	-	1	37	26
119	844	345	123	3	4	6	-	4	121	43
68	438	135	83	4	1	2	-	4	65	47
27	117	65	16	3	3	1	-	4	11	4
12	117	124	23	-	2	2	-	1	11	7
5	59	11	15	-	-	2	-	-	12	7
7	47	17	10	-	-	1	-	2	17	2
15	201	99	25	-	1	-	-	3	17	36
16	283	127	48	1	-	2	-	1	37	42
6	165	60	31	-	-	2	1	1	7	1
11	122	30	18	1	-	-	-	3	5	1
3	118	37	22	-	1	-	-	2	17	-
4	133	38	36	-	-	1	-	1	21	12
8	56	21	14	-	1	1	-	-	21	2
50	523	101	117	4	-	2	1	2	82	14
7	108	29	19	-	-	1	-	-	18	2
18	206	49	10	2	1	1	-	1	20	3
17	194	67	56	-	-	1	-	1	12	1
10	114	19	42	-	-	1	-	1	15	18
12	116	38	14	-	-	4	-	1	12	-
17	181	65	32	-	-	6	-	2	13	1
6	75	9	15	1	-	6	-	7	31	2

第43表　医療施設従事医師数，病院−診療所、主たる従業地による

診　療

	泌尿器科	肛門外科	脳神経外科	整形外科	形成外科	美容外科	眼科	耳鼻いんこう科	小児外科	産婦人科	産科
指定都市・特別区（再掲）											
東京都区部	334	193	102	885	295	286	962	634	21	466	46
札幌市	41	13	17	130	20	23	135	80	4	68	2
仙台市	32	26	11	114	20	16	83	51	1	44	3
さいたま市	27	26	15	98	23	20	102	52	1	37	15
千葉市	15	13	7	72	9	9	57	36	4	34	15
横浜市	87	49	51	264	54	34	251	167	3	138	8
川崎市	20	25	17	110	12	2	94	63	5	29	1
相模原市	10	4	3	32	5	4	22	17	2	13	6
新潟市	15	11	10	63	6	6	63	43	1	18	2
静岡市	15	18	4	48	11	7	47	34	3	26	2
浜松市	35	17	8	66	8	3	63	27	1	26	2
名古屋市	72	38	14	179	20	11	204	129	3	124	5
京都市	55	31	7	151	22	14	124	107	4	57	3
大阪市	117	68	36	323	50	31	287	188	8	151	3
堺市	15	14	5	70	6	7	66	35	1	31	
神戸市	33	26	15	154	21	17	142	78	2	52	3
岡山市	19	22	9	69	8	7	57	42	−	40	1
広島市	29	39	25	137	15	18	103	68	1	50	1
北九州市	21	22	12	111	8	6	80	40	1	38	6
福岡市	37	37	31	148	46	40	112	77	1	66	6
熊本市	24	23	11	92	22	5	60	40	4	23	−
中核市（再掲）											
旭川市	13	5	1	30	3	1	22	18	−	11	−
函館市	13	7	3	26	3	2	11	10	−	11	−
青森市	10	6	5	29	2	3	12	13	−	6	−
盛岡市	8	7	13	35	6	3	29	16	1	15	−
秋田市	10	12	1	28	3	2	30	10	3	14	−
郡山市	15	4	3	25	1	2	20	12	2	12	1
いわき市	8	11	2	34	2	1	19	9	−	12	−
宇都宮市	11	17	5	53	5	4	31	27	2	19	3
前橋市	12	16	2	46	3	3	28	16	1	15	1
高崎市	15	4	7	35	5	4	35	21	1	17	−
川越市	9	6	2	16	3	2	18	13	−	9	−
越谷市	6	3	4	16	1	3	18	9	2	8	−
船橋市	14	14	2	30	9	5	33	19	−	10	−
柏市	8	4	3	21	6	7	20	13	1	9	1
八王子市	10	8	14	46	2	2	29	18	4	14	−
横須賀市	9	6	3	44	2	−	24	18	−	11	1
富山市	9	6	4	38	4	3	29	21	1	20	−
金沢市	5	16	7	33	12	9	35	22	−	21	3
長野市	6	8	8	27	7	3	23	13	−	12	−
岐阜市	11	11	12	52	4	2	49	37	−	23	1
豊橋市	9	11	4	30	5	1	21	17	−	21	2
豊田市	6	3	3	19	1	2	24	14	2	10	−
岡崎市	7	2	3	30	−	1	23	16	−	17	1
大津市	6	4	2	37	4	3	21	15	−	13	1
高槻市	16	6	4	26	6	1	37	17	1	10	−
東大阪市	15	7	3	65	1	−	36	25	1	16	1
豊中市	8	4	2	32	4	−	34	28	−	21	2
枚方市	8	3	5	18	2	1	24	17	−	8	1
姫路市	10	8	10	49	3	2	37	23	2	27	−
西宮市	11	12	5	39	5	1	39	34	1	17	1
尼崎市	18	11	4	55	2	−	46	29	−	17	2
奈良市	14	8	6	41	6	2	36	25	−	13	2
和歌山市	12	20	8	51	7	5	34	25	−	26	2
倉敷市	11	4	4	47	1	2	34	26	−	13	1
呉市	9	4	2	32	−	−	14	11	−	7	1
福山市	13	13	7	37	5	−	25	19	2	12	−
下関市	7	10	6	34	1	2	17	11	−	8	−
高松市	20	14	12	56	5	5	39	30	1	27	−
松山市	18	12	9	56	5	4	48	30	−	26	1
高知市	11	9	9	32	8	3	23	19	−	10	−
久留米市	12	15	6	38	6	3	24	20	2	19	2
長崎市	12	20	4	76	10	4	38	30	1	30	1
佐世保市	9	13	5	26	3	3	14	10	1	8	1
大分市	9	20	6	40	7	3	36	21	2	24	−
宮崎市	18	26	6	58	8	6	30	21	1	19	5
鹿児島市	18	15	13	74	7	5	48	29	3	28	2
那覇市	14	2	5	35	8	11	26	15	1	13	−

注：2つ以上の診療科に従事している場合、各々の科に重複計上している。

都道府県－指定都市・特別区・中核市（再掲）、診療科（複数回答）別（12－12）

所

平成28年12月31日現在

婦人科	リハビリテーション科	放射線科	麻酔科	病理診断科	臨床検査科	救急科	臨床研修医	全科	その他	不詳
250	451	184	142	3	5	9	－	3	368	63
32	104	24	27	3	－	2	1	－	26	5
15	49	19	24	－	1	－	－	4	19	16
17	61	9	14	－	1	－	－	－	13	1
21	42	10	11	1	－	－	－	－	23	2
41	157	29	43	－	－	4	－	1	51	35
12	61	16	9	－	－	－	－	－	19	15
7	20	2	5	1	－	1	－	2	1	5
25	42	13	8	－	－	－	－	－	7	－
11	30	5	6	1	－	1	－	－	13	4
5	64	12	8	1	－	－	－	－	10	3
30	162	17	29	2	1	2	－	1	46	8
19	133	63	25	6	－	2	－	1	31	25
57	361	183	46	－	3	1	－	2	56	6
11	50	15	11	2	－	1	－	－	9	－
40	117	38	32	1	1	－	－	1	35	21
8	88	48	16	－	－	－	－	1	9	28
9	144	64	26	1	－	1	－	1	27	33
12	108	23	24	－	－	－	－	－	16	－
24	131	34	47	3	－	－	－	－	37	3
13	85	42	27	－	－	－	－	－	6	1
4	19	1	8	－	－	－	－	2	4	－
－	28	4	5	－	－	－	－	1	7	－
2	17	11	2	－	－	－	－	2	3	7
1	29	－	4	1	1	－	1	－	3	－
1	17	5	5	－	－	－	－	－	8	－
7	20	10	3	－	－	－	－	－	9	－
7	31	8	6	－	－	1	－	－	7	－
17	30	12	12	1	－	2	－	－	8	2
5	22	6	5	－	－	－	－	－	3	－
10	15	2	8	－	－	－	－	－	8	2
2	5	3	6	－	－	－	－	－	5	6
2	16	－	1	－	－	－	－	－	6	－
3	13	5	2	－	1	－	－	－	5	－
8	19	1	1	－	－	－	－	1	2	－
6	29	7	3	－	－	－	1	－	10	1
4	29	5	4	－	－	－	－	1	3	3
1	23	8	2	－	－	－	－	－	4	1
5	31	4	4	5	－	－	－	－	3	3
2	20	3	7	－	－	－	－	－	2	－
4	60	20	10	－	－	－	1	－	9	－
6	30	5	2	－	1	－	－	－	4	－
2	16	3	2	－	1	－	－	－	2	－
2	22	－	1	－	－	－	－	－	2	－
3	24	5	5	－	－	－	－	－	1	－
7	18	4	4	－	－	－	1	－	8	－
6	61	20	6	－	－	－	－	1	2	9
4	35	10	8	－	－	－	－	1	8	2
3	18	7	3	－	－	－	－	－	3	－
1	45	11	5	－	－	－	1	－	4	1
5	32	21	10	－	－	－	－	1	6	17
4	47	9	10	－	－	－	－	1	6	7
11	34	17	4	3	－	1	－	4	3	－
5	57	60	14	－	2	－	－	－	6	－
5	38	28	3	－	－	－	－	－	2	2
1	33	17	1	－	－	－	－	－	－	5
1	35	14	6	－	－	－	－	－	5	－
1	34	7	6	－	－	－	－	－	2	－
2	46	14	10	－	1	－	－	2	11	－
2	55	20	16	－	－	－	－	1	18	3
6	28	5	9	－	－	－	－	－	14	－
4	41	6	5	－	－	－	－	1	8	－
10	76	19	2	2	－	－	－	－	8	－
1	30	8	－	－	－	－	－	－	3	－
4	51	7	22	－	－	－	1	－	9	9
10	56	25	8	－	－	－	4	－	7	－
13	73	27	13	－	－	－	－	－	11	－
3	20	2	7	－	－	－	－	1	7	－

第44表　人口10万対医療施設従事医師数，主たる従業地による

	総　数	内　科	呼吸器内科	循環器内科	消化器内科（胃腸内科）	腎臓内科	神経内科	糖尿病内科（代謝内科）	血液内科	皮膚科	アレルギー科
全　　国	240.1	69.1	10.6	17.9	23.2	5.4	6.0	7.1	2.7	11.1	5.1
北　海　道	238.3	66.7	10.7	18.9	25.5	3.9	4.3	5.7	2.9	8.0	3.6
青　　森	198.2	63.0	11.1	16.2	22.0	2.4	4.5	7.0	2.8	9.5	3.3
岩　　手	193.8	55.0	12.8	17.1	20.3	2.6	8.8	6.2	2.2	8.2	4.9
宮　　城	231.9	63.3	13.7	17.6	24.7	6.1	7.5	6.8	2.2	9.8	5.1
秋　　田	223.5	63.8	10.7	18.0	28.4	4.3	4.7	9.0	3.8	8.5	4.5
山　　形	219.5	65.5	9.2	15.7	24.1	4.3	6.3	5.1	1.7	10.5	3.1
福　　島	195.7	66.1	9.8	17.3	25.6	3.8	5.2	4.6	2.0	7.3	4.4
茨　　城	180.4	52.9	8.8	13.0	16.6	4.6	4.2	5.7	2.1	10.2	3.0
栃　　木	218.0	68.3	12.8	20.6	23.3	6.3	7.1	7.5	2.5	11.1	6.8
群　　馬	225.2	70.8	12.4	19.9	21.4	6.3	5.8	6.5	3.1	10.5	8.8
埼　　玉	160.1	50.1	5.8	11.0	13.5	4.0	3.5	4.3	1.5	9.4	4.7
千　　葉	189.9	52.3	7.4	12.0	17.1	3.0	4.2	4.9	1.9	9.6	4.4
東　　京	304.2	80.8	11.8	19.4	23.6	8.0	7.3	9.4	3.8	18.5	6.9
神　奈　川	205.4	52.6	7.8	12.7	17.0	5.6	5.2	5.7	1.9	10.9	4.4
新　　潟	191.9	58.8	8.4	9.7	17.2	5.0	6.6	4.4	2.3	8.4	5.8
富　　山	241.8	82.9	9.9	16.4	20.2	7.4	5.9	7.4	2.5	9.0	5.2
石　　川	280.6	78.9	10.1	21.5	26.8	6.3	7.0	9.6	4.3	10.9	1.9
福　　井	245.8	69.4	12.3	19.2	23.5	4.9	6.4	6.1	3.5	11.4	5.6
山　　梨	231.8	65.8	6.1	13.7	19.4	5.4	4.2	5.8	1.7	8.6	3.1
長　　野	226.2	63.9	8.2	13.3	19.2	4.5	6.8	5.7	2.1	8.7	4.3
岐　　阜	208.9	68.4	11.5	21.5	25.7	4.7	4.9	9.4	1.8	13.1	7.5
静　　岡	200.8	49.6	7.9	13.5	18.1	4.1	4.5	4.8	1.8	9.0	3.9
愛　　知	207.7	54.0	9.1	15.0	19.8	5.6	5.3	6.3	2.7	12.2	6.4
三　　重	217.0	71.5	10.0	17.5	25.6	3.8	5.7	5.8	3.4	10.1	6.1
滋　　賀	220.9	60.8	6.7	18.0	22.6	4.4	4.7	6.9	2.7	8.5	4.0
京　　都	314.9	81.5	10.7	21.2	29.3	6.0	11.6	9.4	5.2	13.9	5.6
大　　阪	270.4	74.8	8.9	19.2	23.2	5.2	5.5	7.0	2.9	11.6	4.6
兵　　庫	242.4	66.1	8.7	19.4	23.4	4.8	5.3	7.2	2.2	8.9	4.0
奈　　良	243.1	75.5	9.4	14.7	19.7	2.8	6.9	6.0	2.1	11.5	4.1
和　歌　山	290.1	97.4	19.1	29.8	40.1	9.4	6.1	13.6	3.0	11.3	7.9
鳥　　取	298.1	88.1	17.5	22.8	31.1	4.7	13.0	9.5	2.5	11.6	7.5
島　　根	272.3	83.9	9.4	19.0	29.0	5.4	12.0	7.5	4.3	10.7	3.8
岡　　山	300.4	91.4	15.1	20.4	26.7	6.2	6.3	10.4	4.4	11.0	7.1
広　　島	254.6	84.4	15.1	22.4	31.5	5.6	7.0	7.5	2.1	9.6	6.8
山　　口	246.5	78.6	12.3	23.5	30.4	4.2	7.3	7.0	3.8	9.2	4.8
徳　　島	315.9	122.4	23.3	31.2	40.3	4.5	11.2	11.5	4.0	15.2	6.1
香　　川	276.0	82.2	10.0	24.3	31.7	4.9	5.3	8.0	2.5	10.6	4.3
愛　　媛	262.5	78.0	9.5	21.2	27.2	2.7	3.6	6.1	2.9	8.4	3.6
高　　知	306.0	104.6	16.2	26.5	31.2	6.1	5.3	9.7	2.4	11.1	3.9
福　　岡	297.6	84.5	14.9	25.5	32.1	7.4	7.1	9.6	3.3	10.9	5.1
佐　　賀	276.8	90.7	15.8	23.6	35.5	5.0	7.0	6.5	3.4	10.6	5.9
長　　崎	295.7	91.1	19.6	23.6	33.6	7.3	6.6	8.3	3.4	11.3	4.2
熊　　本	281.9	90.4	19.2	27.1	36.6	8.7	12.1	13.1	4.7	11.8	7.8
大　　分	268.5	87.4	19.2	26.5	31.8	6.6	7.4	10.7	4.0	8.3	5.7
宮　　崎	238.4	78.6	9.6	19.3	26.2	5.3	4.9	6.2	1.4	8.3	3.6
鹿　児　島	262.9	95.5	14.1	24.4	33.0	5.4	10.5	6.9	2.7	9.5	3.1
沖　　縄	243.1	72.4	9.9	14.3	16.8	7.2	3.6	8.5	2.4	11.7	1.5

注：２つ以上の診療科に従事している場合、各々の科に重複計上している。

都道府県－指定都市・特別区・中核市（再掲）、診療科（複数回答）別（４－１）

平成28年12月31日現在

リウマチ科	感染症内科	小児科	精神科	心療内科	外科	呼吸器外科	心臓血管外科	乳腺外科	気管食道外科	消化器外科（胃腸外科）
4.9	1.0	21.9	13.5	4.4	20.2	1.9	2.8	2.7	0.7	6.9
4.0	0.4	17.1	14.8	4.9	17.4	1.2	3.6	2.4	0.3	5.0
3.5	1.1	19.6	13.1	2.8	23.7	1.1	2.4	1.9	0.5	3.1
4.0	0.2	14.8	10.6	3.6	22.2	1.3	2.2	2.1	0.2	3.9
3.3	1.2	19.2	12.9	3.3	20.6	2.1	2.9	2.3	0.5	6.5
3.5	1.4	18.9	15.3	4.2	18.4	2.3	1.7	2.3	0.7	4.9
3.8	0.4	17.4	15.0	4.4	20.8	1.8	3.3	2.2	0.8	3.0
5.0	0.4	21.0	11.8	4.4	22.0	1.6	2.6	1.8	0.8	4.6
3.2	0.6	19.6	9.2	3.3	17.9	1.6	2.1	2.6	0.3	6.7
5.3	1.0	24.1	9.6	3.4	19.5	1.7	2.3	1.8	1.0	8.5
5.7	0.6	24.5	12.5	4.6	22.5	1.7	2.4	2.9	0.8	7.4
2.8	0.5	18.6	9.2	2.8	13.3	1.0	1.8	1.9	0.5	5.4
3.2	0.8	18.0	11.0	3.1	17.1	1.5	2.1	2.2	0.9	6.7
5.6	2.0	26.9	16.7	5.8	19.0	2.1	3.6	3.4	1.0	8.5
3.5	0.9	17.5	11.7	4.0	13.4	1.5	2.5	2.2	0.7	5.4
2.7	1.0	17.2	10.3	2.9	12.9	1.2	2.2	2.2	0.4	4.8
5.7	1.3	20.6	13.4	2.7	19.3	1.9	3.9	2.7	1.9	6.9
5.8	1.0	20.8	14.9	3.5	20.6	2.6	3.4	3.7	1.3	9.6
6.5	0.8	29.4	12.8	2.8	27.9	1.9	3.2	2.6	0.8	8.7
5.5	0.7	25.7	12.0	2.0	22.4	1.7	2.8	5.1	3.5	7.7
3.8	1.1	24.4	12.2	4.5	20.7	2.0	2.8	2.5	0.2	5.5
5.4	0.6	30.0	9.5	2.8	22.7	1.0	2.1	2.7	0.6	4.4
4.0	0.6	17.6	9.9	3.5	17.8	1.6	2.7	2.3	0.5	6.1
4.4	0.5	27.3	10.7	3.1	17.0	1.3	2.4	2.0	0.6	4.3
4.3	0.7	19.7	12.9	4.9	23.0	2.0	2.5	2.8	0.4	6.1
2.9	0.1	26.5	10.0	2.7	19.5	2.6	2.7	2.7	0.7	5.3
6.7	1.3	26.0	14.9	4.8	25.5	3.5	3.4	3.6	0.8	8.9
5.3	0.8	22.0	13.0	4.7	21.3	1.8	3.2	3.0	0.6	6.8
5.2	0.9	19.7	11.5	4.0	22.2	1.7	2.4	2.6	0.3	7.6
3.8	1.5	21.5	12.7	3.8	21.7	1.0	3.0	4.4	3.2	8.9
3.6	1.5	26.8	11.5	4.8	26.5	2.1	3.1	3.1	0.2	9.9
8.8	1.2	35.4	18.6	3.0	28.6	3.5	4.2	3.5	0.9	9.3
5.2	1.2	27.8	17.7	5.7	18.6	2.2	2.9	3.2	－	5.8
6.5	1.3	30.5	16.9	4.5	26.3	2.7	3.8	3.7	0.8	9.0
5.4	1.0	19.2	14.6	5.2	26.5	2.3	2.5	2.9	0.8	7.6
5.9	1.1	19.0	15.8	5.3	26.8	2.9	3.0	3.5	1.6	8.1
7.9	0.7	35.3	20.4	9.7	36.0	3.6	4.4	3.5	1.2	6.4
9.2	0.5	21.6	16.6	6.7	23.8	3.7	2.3	2.9	0.6	8.7
6.8	1.2	19.3	12.4	4.3	25.1	2.1	3.2	2.6	0.6	8.9
6.7	1.0	21.5	18.2	5.1	26.8	2.6	3.9	2.2	1.4	7.1
7.3	1.7	22.0	18.1	5.7	24.0	3.2	3.6	3.0	0.8	8.6
7.1	1.2	26.9	20.7	5.0	25.6	1.8	3.1	3.4	0.5	10.7
7.5	4.8	22.2	17.4	6.4	32.3	2.3	3.0	3.7	0.8	10.3
6.7	1.6	24.1	20.5	5.0	26.0	2.0	2.9	3.0	1.0	10.7
7.6	0.8	20.3	17.6	8.8	29.1	3.0	2.8	3.2	0.8	12.8
7.8	1.6	16.4	18.6	5.0	28.6	2.6	2.5	2.9	0.9	10.3
7.6	1.0	18.8	18.7	6.2	27.4	2.4	2.5	3.5	1.1	9.1
4.4	1.9	22.9	22.1	10.6	19.2	1.8	4.0	2.4	0.6	5.6

225

第44表　人口10万対医療施設従事医師数，主たる従業地による

注：2つ以上の診療科に従事している場合、各々の科に重複計上している。

	総数	内科	呼吸器内科	循環器内科	消化器内科(胃腸内科)	腎臓内科	神経内科	糖尿病内科(代謝内科)	血液内科	皮膚科	アレルギー科
指定都市・特別区(再掲)											
東京都区部	351.6	90.5	13.6	22.1	27.4	9.3	8.1	11.2	4.6	22.1	7.7
札幌市	322.9	78.7	13.5	24.9	32.4	6.0	6.7	9.1	5.0	10.9	5.0
仙台市	321.6	73.4	19.2	24.5	32.1	9.2	10.5	10.0	3.2	13.4	7.0
さいたま市	172.8	53.2	5.0	11.0	14.0	4.9	3.1	4.4	1.8	11.0	4.9
千葉市	270.7	57.1	12.1	14.9	22.7	3.3	7.4	8.7	4.0	10.5	6.3
横浜市	217.9	53.2	8.8	13.3	18.0	6.0	5.8	6.6	2.0	12.8	5.4
川崎市	216.9	55.0	7.6	12.2	17.1	6.6	5.8	5.5	1.9	12.0	4.5
相模原市	229.5	52.9	7.2	13.9	19.5	6.8	6.1	6.8	2.6	8.9	6.0
新潟市	267.7	67.5	14.3	14.5	24.3	8.8	9.8	7.4	3.5	12.3	8.7
静岡市	229.5	43.7	8.4	15.7	18.1	6.3	6.7	5.4	2.7	7.0	5.0
浜松市	256.0	53.2	10.4	15.1	22.5	5.1	4.8	6.0	2.5	10.9	4.8
名古屋市	288.5	70.6	12.8	19.6	25.5	8.6	9.0	8.5	4.8	16.5	7.5
京都市	417.7	99.3	14.9	27.3	37.6	8.8	17.0	14.0	8.5	18.8	6.9
大阪市	327.2	89.6	11.1	21.5	30.2	7.0	6.8	9.6	4.1	14.7	5.7
堺市	227.4	69.2	11.1	14.1	17.3	5.6	3.9	4.9	1.6	7.9	4.1
神戸市	304.0	72.9	10.4	24.7	27.7	4.8	6.0	10.1	2.9	10.7	3.3
岡山市	410.3	103.7	19.4	27.6	36.8	8.5	7.1	14.1	6.9	15.5	8.9
広島市	295.7	83.4	18.1	25.5	36.6	6.0	8.7	9.4	3.6	11.2	7.6
北九州市	325.1	86.3	16.6	29.4	35.8	7.4	6.6	10.4	4.0	10.6	3.7
福岡市	366.0	91.2	15.2	27.7	32.2	8.2	9.7	12.5	6.2	13.6	6.8
熊本市	413.1	106.5	26.2	38.5	47.0	13.4	18.8	19.2	8.6	16.2	8.6
中核市(再掲)											
旭川市	376.1	85.7	18.7	26.5	41.4	6.1	8.7	10.8	6.1	13.4	6.7
函館市	290.6	74.8	25.9	36.8	41.7	3.0	5.3	7.1	3.0	12.0	3.8
青森市	221.4	68.1	16.1	20.0	24.2	4.2	9.1	8.8	2.5	8.1	3.9
盛岡市	391.6	79.1	23.2	29.6	31.3	6.1	18.2	12.5	7.1	14.1	9.8
秋田市	369.1	73.6	16.6	27.4	43.0	9.6	8.0	16.2	9.9	14.6	7.3
郡山市	243.5	62.8	11.0	20.8	25.9	3.6	8.9	6.0	2.1	8.3	7.4
いわき市	161.2	61.5	12.1	17.8	31.3	3.4	3.4	4.3	1.7	7.2	2.9
宇都宮市	193.5	66.5	13.3	20.4	21.7	4.6	5.2	6.0	1.3	10.4	6.7
前橋市	438.6	102.7	33.9	46.6	44.2	13.6	15.9	15.3	9.4	16.2	20.9
高崎市	210.1	63.0	8.8	18.4	21.0	6.9	3.2	7.7	1.1	10.1	6.4
川越市	238.6	55.1	6.8	11.4	13.6	7.4	6.3	6.0	2.8	12.2	3.1
越谷市	213.8	51.5	11.5	13.8	15.3	4.7	5.9	7.6	2.9	10.9	9.7
船橋市	140.3	42.9	6.2	10.0	12.1	1.9	1.4	2.2	0.8	9.4	4.1
柏市	237.6	59.2	9.1	9.6	26.4	4.6	3.4	6.0	2.2	10.8	6.2
八王子市	193.6	61.6	6.9	15.6	14.7	4.6	4.6	4.4	1.4	7.8	4.1
横須賀市	210.1	59.9	8.4	14.6	18.8	5.4	4.2	4.0	2.2	9.4	2.7
富山市	325.6	97.8	9.1	19.6	22.5	11.2	6.2	8.1	3.1	9.8	7.2
金沢市	378.5	93.6	13.5	29.4	34.1	7.9	10.1	13.3	7.7	16.1	1.9
長野市	233.2	61.0	8.9	14.1	16.8	5.2	3.7	4.7	3.1	8.1	3.4
岐阜市	393.3	96.1	22.4	44.3	42.9	8.6	8.6	18.7	4.7	20.9	12.8
豊橋市	198.4	56.1	8.8	18.7	19.5	5.1	4.0	5.9	1.3	11.0	6.4
豊田市	156.0	37.9	6.1	10.6	13.6	3.5	3.3	3.8	1.2	8.0	3.5
岡崎市	127.4	42.6	6.3	10.4	11.7	4.7	2.6	2.9	1.3	6.8	2.6
大津市	356.6	75.7	10.0	23.2	33.7	8.8	7.6	12.0	6.2	13.2	3.8
高槻市	380.2	61.3	11.0	26.0	31.1	3.1	5.6	10.2	4.8	13.8	2.0
東大阪市	173.1	59.1	4.8	13.6	14.8	2.8	3.0	2.8	0.2	10.4	2.6
豊中市	203.5	74.7	11.4	12.6	16.9	3.5	8.6	5.6	1.5	8.8	6.1
枚方市	291.6	62.3	8.7	18.9	24.3	7.4	5.2	6.7	3.0	9.4	4.5
姫路市	212.5	53.9	8.4	14.8	20.0	2.6	4.1	5.1	1.5	5.2	2.4
西宮市	322.1	69.5	10.6	21.7	27.0	8.0	4.7	9.2	5.3	11.0	9.0
尼崎市	260.6	78.3	8.6	23.0	23.7	6.0	6.2	7.3	1.8	8.6	4.6
奈良市	256.0	80.5	9.5	16.7	19.2	2.5	7.8	7.2	0.6	13.9	4.7
和歌山市	430.1	110.5	26.0	40.1	56.6	15.5	9.7	20.2	5.5	17.7	9.9
倉敷市	357.0	95.8	14.9	19.9	26.0	6.9	9.2	11.1	6.3	9.9	6.5
呉市	314.7	106.0	18.1	29.3	38.8	13.4	9.1	7.8	3.0	11.6	5.6
福山市	208.0	79.1	8.6	18.7	25.6	2.2	5.6	4.9	0.9	6.5	6.2
下関市	262.0	89.1	13.5	25.2	29.7	7.9	4.9	4.9	2.3	10.2	3.0
高松市	272.2	76.7	11.9	28.3	32.5	5.0	5.7	10.0	2.6	10.5	5.7
松山市	306.6	84.2	12.5	23.0	34.4	3.9	3.3	7.0	3.9	8.4	5.3
高知市	365.7	115.8	19.7	27.5	34.3	4.8	7.2	9.9	3.0	12.2	6.6
久留米市	561.6	105.2	26.4	56.0	59.9	21.2	9.8	21.2	5.9	19.5	6.2
長崎市	438.9	113.6	30.7	35.1	45.0	11.0	6.8	11.7	6.1	16.6	5.4
佐世保市	257.1	72.8	17.3	19.7	29.9	7.9	7.1	9.1	3.1	8.7	2.8
大分市	249.9	77.2	20.3	27.1	31.7	6.7	6.9	10.2	3.1	8.8	6.3
宮崎市	355.0	98.5	12.0	27.0	36.0	8.5	9.8	9.3	3.5	12.8	4.5
鹿児島市	403.5	107.0	20.7	35.7	44.6	8.0	18.5	12.0	5.5	12.4	3.3
那覇市	244.1	87.2	13.1	14.7	18.4	4.7	3.4	9.7	1.3	16.3	1.6

都道府県－指定都市・特別区・中核市（再掲）、診療科（複数回答）別（4－2）

平成28年12月31日現在

リウマチ科	感染症内科	小 児 科	精 神 科	心 療 内 科	外 科	呼吸器外科	心臓血管外科	乳 腺 外 科	気管食道外科	消化器外科（胃腸外科）
6.5	2.6	29.1	16.7	6.6	21.5	2.5	4.3	4.0	1.2	10.0
7.0	0.6	18.4	19.2	7.2	18.5	1.9	5.2	3.9	0.3	7.3
4.5	1.9	24.8	15.4	3.4	23.8	3.1	5.2	3.4	0.3	10.3
3.1	0.6	22.1	10.2	3.8	13.2	0.6	1.7	2.2	0.4	4.2
6.4	1.3	23.3	16.1	3.5	19.0	2.5	3.6	3.4	3.4	12.7
3.5	0.9	19.2	12.7	4.7	11.2	1.5	2.6	2.0	0.6	6.0
4.2	0.7	17.4	10.3	3.8	15.2	1.3	2.8	2.6	1.7	6.0
4.7	1.8	20.6	10.8	2.2	18.1	1.9	2.8	2.6	0.6	6.0
3.6	2.0	19.6	13.3	3.6	12.1	2.0	3.5	3.3	0.2	7.9
4.1	0.4	17.7	11.5	2.8	16.2	1.4	4.6	3.1	0.9	5.4
5.5	0.8	22.0	12.5	2.9	18.7	2.9	4.1	2.1	0.5	7.7
5.1	0.9	33.2	14.6	4.6	20.4	1.9	3.5	3.3	0.8	6.4
8.9	1.9	28.9	18.0	5.9	28.7	4.5	4.8	4.5	0.9	12.7
6.9	1.5	24.7	9.1	4.5	25.8	2.3	3.1	3.9	1.0	8.7
3.2	0.2	15.0	16.6	4.5	18.3	1.3	1.7	1.7	–	3.7
6.0	1.8	24.3	15.2	3.8	25.0	2.1	3.1	3.3	0.5	8.7
8.6	1.1	36.3	26.9	7.5	30.9	4.3	6.8	5.1	1.2	12.5
6.8	1.7	20.6	17.1	7.9	25.8	2.5	2.9	3.2	1.2	9.4
9.5	1.2	22.9	17.9	5.2	28.7	4.5	3.0	3.2	0.6	9.7
8.8	3.1	21.6	19.7	7.1	24.4	3.9	5.0	4.0	0.8	10.4
8.2	2.6	29.5	26.1	5.4	30.4	2.8	6.1	4.5	0.8	14.5
6.1	0.3	28.3	16.6	9.9	21.3	2.9	6.4	5.2	0.6	11.1
3.8	–	16.5	12.8	4.5	24.1	1.1	4.5	3.0	–	8.6
4.6	0.7	22.8	18.2	3.5	17.9	1.1	3.2	1.4	0.7	2.8
8.1	0.7	23.9	21.2	8.1	25.9	4.0	7.1	5.1	0.3	10.4
7.3	2.5	26.4	27.1	7.0	14.6	3.5	3.5	5.1	1.9	11.8
3.9	0.6	21.4	16.1	9.5	20.5	3.6	3.6	3.3	0.9	6.8
5.5	0.6	16.4	10.6	4.6	20.1	–	2.0	0.9	–	2.0
4.4	0.2	22.9	10.6	3.8	15.4	1.7	1.3	2.7	1.5	10.0
11.8	1.2	38.3	20.1	5.6	37.2	5.0	5.3	4.7	3.5	12.7
6.1	0.3	17.3	14.6	11.7	20.5	0.8	1.9	3.2	–	5.6
4.3	0.9	29.0	12.8	3.4	11.9	1.4	2.8	2.3	1.1	13.9
2.9	0.9	19.1	16.8	5.9	15.3	1.2	3.2	2.9	–	4.4
2.1	0.3	12.5	10.8	1.9	12.7	0.8	1.3	1.9	0.2	3.3
2.2	0.7	17.0	14.4	2.4	17.7	3.6	1.2	1.9	2.2	13.9
2.5	0.7	20.2	23.6	3.7	12.3	1.6	2.8	2.3	0.7	7.5
4.2	0.5	15.3	12.4	3.2	15.8	1.7	1.7	2.2	0.7	5.0
7.4	0.7	27.8	17.9	2.9	19.9	3.6	6.2	3.6	4.5	8.1
8.4	1.3	25.8	21.7	7.1	24.9	4.5	5.4	4.5	2.1	10.3
5.0	0.5	17.5	13.9	3.9	22.0	2.9	3.1	3.4	0.5	5.8
10.1	1.5	43.3	18.0	4.4	30.5	2.7	6.4	4.4	1.5	11.1
4.5	0.3	24.9	13.4	6.4	17.6	0.8	2.9	0.8	0.8	1.1
4.7	0.2	19.8	11.1	4.2	13.4	1.2	1.2	0.7	0.2	4.5
4.4	–	20.1	4.4	1.8	11.2	1.8	1.8	2.3	1.0	3.9
2.1	–	31.4	15.8	2.6	27.9	5.3	4.7	4.4	–	11.1
5.9	0.3	32.8	17.8	4.0	21.8	2.5	6.2	4.8	0.3	13.3
2.4	0.2	13.4	10.2	2.6	18.8	1.2	2.2	1.8	–	2.6
2.8	0.3	18.7	16.9	5.8	14.1	1.8	1.0	1.5	0.8	2.0
3.5	0.5	22.1	16.9	6.5	18.9	2.7	2.7	3.5	0.5	8.2
5.6	0.2	14.8	7.7	3.0	20.6	2.6	3.0	2.6	0.2	9.9
7.4	0.6	23.3	14.1	4.7	23.7	2.2	2.5	3.5	0.4	12.7
5.1	0.4	22.3	5.5	3.5	20.1	1.5	2.9	2.4	0.4	6.9
5.0	0.3	21.2	14.8	5.8	21.4	0.8	2.2	3.1	0.6	6.7
5.2	2.2	29.6	14.6	5.5	27.3	3.6	5.2	6.1	0.6	16.9
8.4	1.0	30.8	13.2	3.8	24.3	3.8	4.2	4.6	1.5	10.5
4.3	0.4	22.4	17.2	2.2	27.2	2.6	2.6	2.2	0.4	6.9
4.5	0.4	17.0	10.3	1.5	25.6	2.6	2.2	3.2	–	8.0
6.0	1.5	19.5	16.9	9.8	22.9	2.3	4.9	2.6	–	6.0
9.0	0.2	15.2	14.7	4.8	23.5	4.0	2.9	4.5	0.7	11.4
10.5	1.2	15.6	14.2	6.2	22.4	3.5	4.5	2.9	1.0	10.9
8.4	1.2	19.7	20.9	6.3	30.4	3.3	5.1	3.0	1.5	8.4
6.8	2.9	51.5	34.9	3.9	32.2	5.5	11.7	7.5	4.6	25.4
9.6	10.1	23.7	25.1	10.1	38.6	3.5	5.2	6.1	0.9	17.8
9.1	2.8	18.5	13.8	6.3	29.1	1.2	3.1	1.6	0.8	9.8
6.1	0.4	19.4	21.3	11.7	21.1	2.7	2.7	2.5	0.8	8.6
12.0	4.0	19.3	22.3	5.0	36.0	3.5	4.3	4.0	0.5	13.5
10.5	1.2	22.5	24.2	7.2	31.9	4.0	5.5	5.5	1.2	15.9
4.1	0.9	26.3	22.2	15.0	26.3	0.6	1.9	2.5	0.3	4.7

第44表　人口10万対医療施設従事医師数，主たる従業地による

	泌尿器科	肛門外科	脳神経外科	整形外科	形成外科	美容外科	眼科	耳鼻いんこう科	小児外科	産婦人科	産科
全国	6.7	3.4	6.3	19.8	2.8	0.8	10.5	7.5	1.0	8.7	0.6
北海道	6.7	2.5	7.7	19.2	2.2	0.6	9.1	7.0	0.5	7.3	0.5
青森	8.9	2.5	4.2	18.9	1.2	0.4	6.7	5.6	0.4	6.3	0.9
岩手	8.0	3.1	7.5	16.3	2.7	0.5	8.3	5.1	0.5	8.3	0.2
宮城	6.4	2.5	4.8	17.9	2.7	0.7	9.2	7.0	1.0	8.3	1.0
秋田	8.7	3.2	7.2	19.0	1.2	0.2	9.1	6.4	1.2	9.4	0.6
山形	8.6	3.5	5.8	21.4	1.4	0.1	8.6	7.0	0.4	8.7	0.5
福島	6.4	4.1	5.6	17.4	2.3	0.7	8.0	6.6	0.9	6.3	0.2
茨城	5.3	2.9	6.2	16.1	2.0	0.3	8.7	5.1	1.0	7.3	0.7
栃木	5.8	4.1	4.6	18.0	2.5	1.3	8.4	6.9	0.9	8.9	0.7
群馬	7.1	3.4	5.4	19.5	1.8	0.6	9.0	5.7	0.9	7.7	0.4
埼玉	4.7	2.4	4.2	13.1	2.1	0.6	8.1	5.4	0.8	5.8	0.6
千葉	5.6	2.7	4.9	16.2	2.5	0.5	8.4	5.9	0.9	7.0	0.5
東京	7.5	3.1	7.0	20.0	5.1	2.6	14.8	10.2	1.2	12.0	0.8
神奈川	5.5	2.7	5.2	16.2	2.8	0.8	9.3	6.8	0.6	8.0	0.6
新潟	4.7	2.7	6.1	15.8	1.4	0.5	7.8	6.1	0.8	6.4	0.6
富山	5.5	3.4	6.5	22.1	2.4	0.5	10.9	7.9	0.8	9.7	0.2
石川	6.9	5.6	7.7	22.3	3.8	1.1	10.8	8.8	1.2	9.6	0.5
福井	7.0	4.6	7.2	23.3	2.2	0.4	10.2	10.0	0.5	9.8	－
山梨	7.2	6.0	7.3	21.6	2.4	0.6	11.0	8.0	1.2	9.0	0.5
長野	5.6	2.1	6.1	18.8	3.6	0.4	8.8	6.0	0.9	7.5	0.5
岐阜	6.9	3.7	6.5	19.5	1.5	0.1	10.5	7.6	0.9	7.8	0.9
静岡	6.6	3.3	6.1	16.8	2.5	0.4	8.5	6.6	0.7	8.1	0.5
愛知	5.7	2.6	5.2	16.2	1.7	0.4	10.3	7.4	0.8	8.9	0.3
三重	5.4	5.4	5.4	18.9	0.7	0.2	9.5	6.9	1.1	8.9	0.1
滋賀	6.3	3.2	5.3	18.7	2.5	0.5	9.2	7.2	0.6	8.1	0.8
京都	9.0	3.6	6.7	23.8	3.0	0.5	12.9	10.6	1.5	9.8	0.6
大阪	8.0	3.1	7.2	22.4	3.4	0.6	13.0	9.0	1.1	10.0	0.7
兵庫	6.2	3.3	6.1	21.2	3.1	0.7	12.2	7.6	0.8	8.4	0.4
奈良	8.0	7.0	6.8	23.6	2.3	0.4	10.8	8.7	3.5	8.6	0.4
和歌山	7.0	7.0	9.5	25.7	2.1	0.6	11.4	8.4	0.7	10.9	0.2
鳥取	8.6	4.2	5.6	26.8	2.5	0.4	12.1	8.8	0.7	11.2	0.2
島根	7.2	2.6	5.4	20.3	2.5	0.1	10.0	7.4	1.0	9.7	0.1
岡山	6.8	3.4	8.6	23.1	3.6	0.8	11.5	8.8	0.9	9.3	1.5
広島	5.9	4.6	7.2	22.7	1.9	0.7	10.6	8.1	1.1	8.4	0.6
山口	8.0	6.0	8.5	22.1	1.7	0.4	9.8	7.5	0.7	8.5	0.4
徳島	9.5	5.9	10.0	31.2	4.0	0.9	12.1	9.1	0.9	10.5	－
香川	10.4	3.9	9.2	29.6	3.2	0.5	11.6	9.1	1.0	9.5	0.2
愛媛	8.8	3.3	7.6	23.5	3.0	0.4	11.6	9.2	0.9	8.7	0.1
高知	9.3	3.9	10.3	28.3	4.3	0.6	11.7	8.3	1.0	6.8	0.7
福岡	6.9	4.6	7.1	26.0	3.6	1.1	11.3	7.6	1.4	9.1	0.8
佐賀	7.2	4.2	8.0	27.1	2.3	0.4	9.8	8.2	0.8	8.1	0.6
長崎	7.3	6.2	6.4	28.2	3.9	0.7	11.0	8.0	1.3	10.5	0.5
熊本	9.0	5.5	6.5	26.3	3.7	0.5	11.0	6.6	1.9	8.2	0.4
大分	7.2	5.7	7.3	23.4	2.6	0.3	9.2	5.7	1.4	7.2	0.9
宮崎	7.3	6.2	6.3	24.2	2.0	0.7	10.9	6.5	0.6	8.9	0.5
鹿児島	7.9	4.0	7.9	22.6	2.0	0.3	9.3	6.8	1.7	8.8	0.5
沖縄	5.5	1.9	5.1	18.1	2.6	1.4	8.9	6.7	0.7	10.9	0.6

注：2つ以上の診療科に従事している場合、各々の科に重複計上している。

都道府県－指定都市・特別区・中核市（再掲）、診療科（複数回答）別（4－3）

平成28年12月31日現在

婦人科	リハビリテーション科	放射線科	麻酔科	病理診断科	臨床検査科	救急科	臨床研修医	全科	その他	不詳
1.9	11.7	7.3	8.7	1.6	0.7	3.3	13.2	0.2	4.4	0.9
1.7	12.1	4.7	11.5	1.7	0.5	2.5	12.3	0.5	4.9	0.6
1.5	11.0	6.4	6.7	0.9	0.8	2.8	14.2	0.4	4.1	1.1
0.9	8.9	4.2	6.6	0.9	0.8	2.1	11.4	0.1	3.7	0.1
1.7	8.8	5.7	8.5	1.4	0.7	3.1	10.5	0.3	5.2	0.9
1.3	8.2	3.7	6.2	1.4	1.2	1.4	14.7	0.1	2.9	0.8
1.3	9.1	5.5	5.7	1.6	0.4	2.2	12.6	0.1	2.1	-
1.9	8.3	5.2	6.6	0.9	0.5	2.5	10.2	0.2	3.4	0.1
1.6	6.3	4.6	5.9	1.1	0.4	2.4	11.2	0.8	4.0	0.1
1.9	8.0	5.9	8.5	1.5	1.2	3.3	13.9	0.3	4.9	0.6
2.6	8.3	6.2	8.8	1.6	0.7	2.7	9.0	0.4	3.3	1.3
1.5	5.9	3.1	5.7	1.0	0.4	2.4	7.7	0.1	2.7	0.8
1.8	6.9	4.0	6.4	1.0	0.6	3.1	12.1	0.2	3.9	0.1
3.1	8.2	8.1	10.5	2.4	1.0	4.5	18.5	0.2	7.0	1.5
1.7	6.4	4.8	7.5	1.4	0.6	3.5	12.9	0.1	3.8	1.2
2.1	7.2	5.1	5.1	1.6	0.6	1.8	8.0	0.0	2.8	0.0
0.7	14.5	6.9	9.8	1.5	1.3	2.6	12.4	-	5.2	0.4
1.2	13.3	9.6	8.7	2.2	0.7	3.4	15.8	0.1	8.0	1.4
1.2	15.0	9.1	8.2	1.2	0.8	5.6	13.6	0.6	3.1	0.3
2.3	11.6	6.3	7.3	1.4	0.5	2.5	13.9	0.2	4.0	-
1.5	9.1	5.0	8.8	1.7	1.3	4.3	12.9	0.5	4.5	1.5
1.5	13.6	6.5	5.5	1.4	0.6	3.0	11.8	0.4	2.6	-
1.5	9.8	4.4	6.5	1.5	0.4	2.2	12.0	0.1	5.3	0.8
1.2	10.5	5.0	7.0	1.5	0.5	2.2	12.3	0.0	3.6	0.4
1.1	11.9	6.5	4.5	1.2	0.3	1.8	12.1	0.2	3.7	0.2
1.9	11.3	7.6	8.3	2.0	0.3	3.5	14.1	0.1	4.1	0.1
2.0	14.0	12.6	11.1	2.1	0.8	4.7	16.5	0.2	5.7	1.8
2.5	14.0	10.4	9.6	1.6	0.7	4.1	14.0	0.2	4.3	1.1
1.9	12.6	7.9	9.1	1.5	0.4	3.4	12.8	0.2	3.6	1.8
2.4	13.9	11.9	7.5	1.8	0.7	3.8	14.3	0.3	2.3	0.3
1.7	22.2	19.0	9.4	1.3	0.8	4.7	19.5	0.1	4.4	0.9
1.1	16.3	8.9	11.1	1.9	0.5	1.9	11.4	0.2	7.2	1.4
1.9	12.5	9.0	12.3	1.6	0.9	3.6	13.8	0.3	6.1	0.3
1.8	18.6	13.7	12.7	2.2	1.4	4.0	16.8	0.2	4.2	2.8
1.3	15.3	10.3	9.5	1.2	0.6	2.5	11.0	0.2	3.8	2.2
0.8	17.9	11.3	9.8	0.7	0.6	2.2	10.8	0.1	2.7	0.1
1.9	30.5	14.4	11.1	1.5	0.8	3.2	13.6	0.4	4.4	0.1
1.6	21.0	11.8	12.4	2.3	0.9	2.7	12.4	0.2	4.4	0.3
1.5	18.5	11.6	9.4	1.5	0.7	1.9	13.2	0.1	3.7	1.0
2.1	19.3	10.8	12.3	1.2	1.0	6.1	16.2	-	6.0	1.2
2.1	18.7	9.6	10.9	1.8	0.8	3.8	15.3	0.1	5.2	0.5
1.9	21.3	9.9	11.4	2.1	0.1	4.0	13.5	0.1	5.1	0.4
2.3	25.2	11.3	8.6	1.5	1.2	3.1	12.4	0.4	3.8	0.4
1.8	21.4	11.1	12.3	1.0	0.3	5.1	11.7	0.1	5.6	0.1
2.2	21.4	9.8	12.6	1.7	0.5	2.6	11.7	0.1	3.2	1.9
1.7	19.6	10.4	9.8	1.5	0.5	3.7	8.0	0.2	3.1	0.1
2.0	25.5	11.3	11.6	1.6	0.4	3.6	10.3	0.2	5.1	0.3
1.2	10.8	5.8	9.4	1.5	0.6	6.3	21.5	0.9	5.9	0.2

第44表　人口10万対医療施設従事医師数，主たる従業地による

	泌尿器科	肛門外科	脳神経外科	整形外科	形成外科	美容外科	眼科	耳鼻いんこう科	小児外科	産婦人科	産科
指定都市・特別区（再掲）											
東京都区部	8.8	3.5	7.8	22.7	6.3	3.5	17.3	12.1	1.4	14.0	1.0
札幌市	8.1	2.7	10.3	22.9	3.5	1.2	13.1	9.7	1.0	9.9	0.9
仙台市	8.1	2.8	5.9	23.8	4.3	1.5	13.5	9.9	1.7	11.1	1.8
さいたま市	4.9	2.7	3.4	12.5	2.7	1.6	10.9	5.7	1.1	5.6	0.4
千葉市	8.0	2.6	7.6	21.6	3.3	1.0	10.3	8.8	2.2	7.5	1.8
横浜市	5.8	2.3	5.7	16.1	3.2	0.9	10.3	7.2	0.5	9.2	0.7
川崎市	4.8	4.2	5.7	18.3	3.2	0.2	10.4	8.2	1.1	8.5	0.3
相模原市	6.0	1.5	4.4	18.4	3.3	1.5	8.9	6.8	1.0	6.6	1.9
新潟市	7.1	3.1	8.1	21.3	2.7	1.0	11.9	9.7	1.5	8.2	1.6
静岡市	5.4	3.0	5.1	16.2	3.3	1.0	8.8	8.3	1.6	8.3	1.4
浜松市	9.2	3.8	5.9	19.6	3.8	0.4	10.8	7.9	0.5	12.0	0.5
名古屋市	7.9	2.6	6.2	20.7	2.0	0.6	14.8	9.5	1.0	13.4	0.3
京都市	11.7	3.9	8.9	27.9	4.6	0.9	16.1	14.0	2.2	12.7	1.1
大阪市	10.5	4.3	8.5	27.5	5.1	1.2	16.5	11.3	1.1	11.4	0.9
堺市	4.9	3.1	4.4	20.6	2.4	0.8	11.7	6.3	0.4	7.3	－
神戸市	7.4	3.2	7.7	25.5	4.5	1.4	14.7	8.9	1.4	9.1	1.2
岡山市	8.9	4.6	12.9	29.0	5.3	1.0	15.0	11.1	1.1	14.3	1.5
広島市	6.4	4.7	9.1	24.8	2.2	1.5	13.0	9.9	1.7	10.2	0.6
北九州市	7.3	4.3	7.7	30.5	3.6	0.6	11.9	8.7	1.2	11.2	0.3
福岡市	8.6	3.9	8.1	28.7	5.5	2.6	14.3	9.8	1.9	10.4	1.8
熊本市	12.2	6.1	10.4	34.2	5.5	0.8	16.1	8.9	3.2	12.2	0.8
中核市（再掲）											
旭川市	13.1	5.5	9.6	30.6	2.3	0.3	16.0	13.1	0.6	12.5	1.2
函館市	9.8	4.9	10.2	25.6	4.5	0.8	12.0	6.4	0.4	11.7	－
青森市	8.8	2.5	5.3	18.6	0.7	1.4	6.0	6.0	0.4	5.3	1.4
盛岡市	12.5	3.7	15.5	29.0	7.4	1.7	19.5	12.1	2.0	18.2	0.3
秋田市	13.7	5.4	12.4	26.4	2.5	0.6	16.2	8.9	2.5	15.6	1.3
郡山市	8.9	4.2	6.8	16.4	3.3	2.4	10.7	8.3	1.2	8.0	0.3
いわき市	5.5	3.7	5.2	17.2	2.3	0.3	7.2	4.6	0.6	5.2	－
宇都宮市	5.0	3.8	4.4	20.4	1.9	1.5	8.7	6.7	0.6	6.0	0.6
前橋市	11.5	5.0	9.1	35.7	3.2	1.2	17.7	11.2	1.2	16.8	0.6
高崎市	8.0	2.4	6.6	18.9	1.6	1.1	10.4	5.9	0.3	8.5	
川越市	6.5	3.7	6.3	18.5	3.7	0.6	8.8	6.8	1.7	9.9	5.7
越谷市	7.1	2.1	5.6	14.4	1.5	0.9	11.5	6.5	2.6	8.2	1.2
船橋市	4.0	2.4	3.8	17.1	2.4	0.8	6.2	3.8	0.5	6.0	0.3
柏市	4.3	4.3	4.8	11.3	4.1	1.7	8.4	7.9	0.5	7.2	0.5
八王子	4.1	4.1	7.6	13.7	2.0	0.4	7.3	5.3	1.1	5.5	
横須賀市	5.9	3.2	4.7	18.3	2.0	0.2	7.9	8.7	0.2	7.2	0.2
富山市	7.4	2.6	9.3	25.1	2.4	0.7	12.7	10.3	1.2	16.3	－
金沢市	8.8	6.7	9.7	27.0	4.1	1.9	13.7	10.5	0.9	14.4	0.6
長野市	6.0	3.4	7.3	18.8	4.2	0.8	8.1	5.5	0.3	7.1	－
岐阜市	13.1	7.4	12.3	33.5	2.0	0.5	19.2	15.5	1.5	15.3	4.2
豊橋市	6.4	3.5	4.5	16.6	1.6	0.5	8.8	7.5	－	9.4	0.5
豊田市	3.3	3.5	3.3	11.3	1.6	0.5	7.3	5.9	0.5	8.2	－
岡崎市	2.6	1.6	2.3	13.3	0.8	0.3	6.8	4.4	0.5	7.3	0.5
大津市	10.3	4.1	7.3	24.0	3.2	0.9	14.1	11.7	1.2	14.1	1.2
高槻市	11.9	3.1	11.9	23.4	5.6	0.6	21.5	10.7	2.0	14.1	－
東大阪市	5.8	1.6	4.4	20.8	1.6	－	9.0	6.0	0.6	8.4	0.2
豊中市	4.0	1.3	3.0	14.6	1.3	－	9.8	9.1	－	7.6	0.8
枚方市	9.2	4.0	6.0	20.3	3.5	0.2	14.6	9.9	1.0	7.2	2.0
姫路市	5.4	3.2	8.1	19.7	2.8	0.4	14.2	7.1	0.9	9.7	0.4
西宮市	7.2	5.1	7.6	23.3	2.7	0.4	14.3	12.5	1.2	9.0	0.4
尼崎市	6.6	3.1	5.3	25.2	2.7	－	13.7	9.3	0.7	9.7	0.4
奈良市	9.2	5.3	7.0	25.6	2.8	0.6	12.8	9.5	－	9.7	0.8
和歌山市	10.2	7.7	13.0	35.4	3.3	1.4	17.1	13.5	1.4	16.0	0.4
倉敷市	9.6	3.6	9.0	25.8	4.4	1.0	14.7	10.7	1.5	10.5	3.8
呉市	7.8	3.4	7.8	30.6	1.3	－	12.9	9.5	0.4	9.1	0.4
福山市	6.2	5.4	5.8	19.4	3.0	0.6	7.3	7.1	1.1	7.1	1.5
下関市	8.3	4.9	10.2	22.6	1.1	1.5	9.4	6.8	0.7	6.8	0.4
高松市	10.5	5.0	9.3	29.0	3.1	1.2	12.1	9.7	0.7	10.5	0.2
松山市	9.9	4.7	9.1	22.2	3.5	0.8	13.2	10.7	1.0	9.9	0.2
高知	11.6	5.4	12.8	35.2	6.9	0.9	12.5	9.3	0.9	6.9	1.5
久留米市	10.7	11.4	13.4	34.2	8.8	1.6	17.3	12.7	6.5	21.8	0.7
長崎市	11.7	7.5	8.4	38.9	7.0	1.2	17.1	11.9	2.1	14.8	0.5
佐世保市	7.5	5.5	9.4	27.6	2.8	1.2	9.1	7.9	0.4	10.2	0.4
大分市	6.1	5.2	6.9	20.7	3.8	0.6	8.4	5.0	1.3	7.3	1.7
宮崎市	9.5	8.5	7.8	33.0	3.8	1.5	15.0	10.3	1.0	13.5	1.3
鹿児島市	12.0	4.5	10.5	29.4	3.7	0.8	14.5	9.0	3.2	13.9	1.3
那覇市	6.6	1.9	7.5	21.9	3.4	3.4	10.3	6.3	0.3	10.6	－

注：2つ以上の診療科に従事している場合、各々の科に重複計上している。

都道府県－指定都市・特別区・中核市（再掲）、診療科（複数回答）別（4－4）

平成28年12月31日現在

婦 人 科	リハビリテーション科	放射線科	麻 酔 科	病理診断科	臨床検査科	救 急 科	臨床研修医	全 科	その他	不 詳
4.0	8.7	9.8	12.8	3.1	1.2	4.7	22.7	0.1	8.6	1.6
3.4	14.4	7.9	16.0	3.2	0.5	4.1	14.6	0.4	7.2	0.6
2.9	10.1	9.2	11.6	2.2	0.9	3.5	11.7	0.5	7.7	1.9
1.6	5.8	3.8	6.8	0.7	0.4	2.7	8.2	-	2.8	0.1
3.5	7.8	7.2	10.0	2.2	0.8	3.0	13.0	0.2	8.9	0.3
1.6	6.1	4.6	9.1	1.4	0.5	3.5	13.1	0.1	3.7	1.4
1.5	6.1	6.9	6.9	1.7	0.7	4.5	12.8	0.1	3.5	1.3
2.5	7.3	5.7	9.4	2.4	0.8	3.3	19.5	0.3	5.5	1.2
4.3	9.4	8.4	7.7	3.2	0.7	3.5	9.7	-	4.5	-
2.1	7.7	2.7	7.0	1.9	0.4	3.0	18.7	-	6.7	2.4
0.8	13.8	6.9	10.4	2.3	0.8	3.4	15.9	-	10.5	0.4
1.9	10.6	7.9	10.9	2.7	0.7	3.0	15.7	0.0	4.6	1.1
2.6	15.7	18.0	14.4	3.3	1.1	5.9	25.0	0.3	7.7	3.2
3.9	17.2	15.3	12.4	1.9	0.9	4.9	19.5	0.3	6.3	0.9
2.3	8.8	5.8	6.8	1.4	0.5	3.1	10.5	-	3.1	0.1
3.6	11.7	9.7	13.2	2.2	0.4	4.1	15.1	0.1	6.1	2.5
1.8	20.5	17.8	20.9	3.2	1.8	3.7	25.9	0.1	5.1	5.5
1.4	16.3	11.7	12.0	1.6	0.6	3.4	13.0	0.6	6.0	4.0
2.0	23.0	11.5	14.2	2.0	1.3	3.8	13.6	0.1	5.8	-
3.7	16.0	11.1	15.2	2.9	1.0	4.2	24.1	-	6.4	0.8
3.2	24.2	18.1	20.3	1.8	0.7	11.4	25.3	0.1	10.1	0.1
1.7	23.3	7.9	30.3	2.9	2.0	7.9	33.2	0.6	8.7	1.2
0.4	15.4	6.4	14.3	1.5	-	4.5	20.3	0.4	4.5	0.4
1.1	13.3	7.4	5.3	1.1	1.1	2.5	18.2	0.7	9.5	2.8
1.0	11.4	10.1	17.8	3.7	2.7	6.4	19.5	-	7.7	0.3
1.6	12.4	8.0	12.1	3.5	1.6	3.8	26.4	-	6.7	-
3.0	8.3	9.8	10.1	1.8	0.6	3.0	21.1	-	3.9	-
2.3	11.8	4.6	4.9	0.3	0.6	2.0	2.9	-	2.9	-
3.7	8.3	5.6	7.5	1.3	0.8	3.3	4.8	-	5.4	0.4
2.1	13.3	18.0	20.6	5.3	2.7	9.7	23.0	0.3	5.0	0.4
3.2	7.4	2.9	5.9	1.1	0.5	1.1	9.0	-	2.9	0.5
0.6	5.1	4.5	14.5	2.6	0.3	10.2	11.6	-	4.8	2.8
1.8	8.8	2.9	9.7	2.6	0.6	3.8	12.9	0.3	2.1	-
1.1	5.9	2.1	4.9	0.6	0.2	2.1	5.2	-	2.4	-
3.1	6.5	7.9	7.0	1.2	0.7	2.2	17.0	0.2	6.5	-
1.6	9.4	4.4	4.3	0.9	0.4	5.2	4.6	0.2	3.7	0.9
1.2	7.4	4.7	7.4	1.0	0.2	4.0	13.1	0.2	2.7	1.0
0.5	15.6	8.9	13.9	1.9	1.9	3.8	21.1	-	7.9	0.2
1.1	17.6	16.3	13.1	3.2	0.9	4.5	18.2	-	9.4	2.1
1.8	12.0	4.5	10.2	1.6	1.6	3.9	19.4	-	5.8	-
3.2	22.2	16.3	17.0	3.2	1.2	8.6	23.9	0.2	6.7	-
1.6	11.0	5.1	5.9	0.3	0.5	0.3	9.9	-	7.0	-
0.7	5.9	2.4	3.5	0.5	0.5	2.6	14.4	-	1.4	-
0.8	7.6	2.9	2.9	0.8	0.5	2.1	3.7	0.3	2.1	-
2.3	13.5	11.7	14.7	3.2	0.6	8.2	37.5	-	6.7	-
2.8	16.1	9.6	16.4	4.2	1.7	6.2	39.8	2.0	6.5	0.3
2.6	14.6	8.0	4.6	0.8	-	3.6	4.6	0.2	1.4	2.4
1.3	14.9	5.3	5.1	1.0	0.3	1.5	5.8	0.3	1.5	0.5
2.5	10.4	11.7	10.7	2.5	1.0	5.2	28.3	-	4.2	2.5
0.2	13.7	7.3	7.3	1.3	0.6	1.9	10.7	0.6	1.5	0.2
1.8	11.5	12.1	13.7	2.7	1.2	5.5	29.2	0.4	5.3	6.7
0.9	15.0	6.0	12.6	1.1	0.2	4.2	13.7	0.2	5.3	4.0
3.3	14.8	8.9	6.7	2.2	0.6	7.0	13.1	1.1	3.3	-
1.7	31.8	26.8	17.4	1.9	1.4	8.8	47.0	-	6.6	0.3
4.0	18.4	17.6	13.8	3.8	2.5	8.4	24.5	-	6.7	0.4
0.4	22.4	16.8	9.5	2.6	0.9	2.6	23.3	-	1.3	2.6
1.7	14.2	8.8	9.0	0.6	0.9	2.6	7.7	-	3.0	0.2
0.8	21.1	7.1	7.9	2.3	-	1.1	19.2	-	3.8	-
1.2	20.7	9.3	10.5	1.9	1.2	1.2	11.4	0.5	6.4	0.7
2.9	20.6	13.8	10.7	1.8	1.2	1.9	20.6	0.2	6.6	0.6
3.6	23.6	11.9	15.8	2.1	0.6	11.3	22.7	-	9.6	0.3
2.3	22.5	20.8	19.2	3.3	0.7	9.8	40.4	0.3	10.4	0.3
3.7	30.7	15.5	13.8	3.7	1.9	4.0	20.8	0.5	7.3	0.2
1.2	18.5	12.2	8.3	1.2	1.2	2.8	8.3	0.8	3.9	-
2.5	19.2	7.9	10.6	1.5	0.4	2.5	12.1	-	2.9	2.1
3.5	21.8	18.8	15.0	3.5	1.0	6.3	16.8	-	6.3	-
3.8	29.4	17.2	21.4	3.7	1.0	6.8	24.4	-	12.0	0.7
1.6	11.6	5.0	9.1	1.3	0.3	1.9	18.4	0.3	6.9	-

第45表　医師数，取得している広告可能な医師の専門性に

	総数	医療施設の従事者	病院の従事者	開設者又は法人の代表者	勤務者(医育機関附属の病院を除く)	医育機関附属の病院の勤務者	臨床系の教官又は教員	臨床系の大学院生	臨床系の教官又は教員及び大学院生以外の従事者	診療所の従事者	開設者又は法人の代表者	勤務者
総　　　　　数	319 480	304 759	202 302	5 149	141 966	55 187	28 318	6 000	20 869	102 457	71 888	30 569
総 合 内 科 専 門 医	23 374	22 522	15 513	241	10 866	4 406	3 739	140	527	7 009	4 701	2 308
小 児 科 専 門 医	14 094	13 551	8 206	47	5 814	2 345	1 549	225	571	5 345	3 821	1 524
皮 膚 科 専 門 医	5 707	5 609	1 993	8	1 129	856	615	35	206	3 616	2 613	1 003
精 神 科 専 門 医	9 623	9 177	6 212	590	4 694	928	758	62	108	2 965	2 087	878
外 科 専 門 医	21 555	21 168	18 317	537	13 093	4 687	3 386	539	762	2 851	1 932	919
整 形 外 科 専 門 医	16 745	16 463	10 171	414	7 778	1 979	1 417	224	338	6 292	5 100	1 192
産 婦 人 科 専 門 医	11 498	11 242	6 402	161	4 370	1 871	1 248	226	397	4 840	3 020	1 820
眼 科 専 門 医	9 888	9 812	3 312	41	2 036	1 235	893	78	264	6 500	4 751	1 749
耳 鼻 咽 喉 科 専 門 医	7 813	7 687	2 934	20	1 733	1 181	835	85	261	4 753	3 932	821
泌 尿 器 科 専 門 医	6 111	6 003	4 208	70	3 047	1 091	822	102	167	1 795	1 320	475
脳 神 経 外 科 専 門 医	6 929	6 763	5 553	180	4 112	1 261	991	128	142	1 210	960	250
放 射 線 科 専 門 医	5 873	5 687	4 922	29	3 193	1 700	1 290	113	297	765	356	409
麻 酔 科 専 門 医	7 222	7 107	6 270	63	4 368	1 839	1 444	93	302	837	565	272
病 理 専 門 医	1 997	1 603	1 522	1	1 027	494	419	15	60	81	43	38
救 急 科 専 門 医	3 896	3 795	3 380	76	2 336	968	801	38	129	415	287	128
形 成 外 科 専 門 医	2 171	2 141	1 395	11	878	506	384	23	99	746	525	221
リハビリテーション科専門医	2 604	2 516	1 683	110	1 264	309	275	5	29	833	641	192
呼 吸 器 専 門 医	5 594	5 414	4 125	66	2 803	1 256	928	107	221	1 289	850	439
循 環 器 専 門 医	12 558	12 170	8 118	231	5 939	1 948	1 575	78	295	4 052	3 076	976
消 化 器 病 専 門 医	18 217	17 814	11 933	360	8 676	2 897	2 123	259	515	5 881	4 278	1 603
腎 臓 専 門 医	4 122	3 988	2 761	61	1 788	912	677	95	140	1 227	662	565
肝 臓 専 門 医	5 514	5 384	3 887	109	2 665	1 113	890	65	158	1 497	1 069	428
神 経 内 科 専 門 医	4 798	4 518	3 609	75	2 387	1 147	801	176	170	909	608	301
糖 尿 病 専 門 医	4 924	4 768	3 082	72	1 991	1 019	685	116	218	1 686	1 122	564
内 分 泌 代 謝 科 専 門 医	2 090	2 003	1 428	23	867	538	446	28	64	575	396	179
血 液 専 門 医	3 374	3 167	2 728	22	1 596	1 110	868	81	161	439	280	159
ア レ ル ギ ー 専 門 医	3 186	3 106	1 695	23	1 098	574	513	8	53	1 411	1 104	307
リ ウ マ チ 専 門 医	4 675	4 563	2 746	101	1 834	811	684	26	101	1 817	1 424	393
感 染 症 専 門 医	1 222	1 141	909	14	553	342	309	8	25	232	150	82
心 療 内 科 専 門 医	340	305	144	4	97	43	31	－	12	161	117	44
呼 吸 器 外 科 専 門 医	1 437	1 422	1 344	22	905	417	366	21	30	78	48	30
心 臓 血 管 外 科 専 門 医	2 058	2 028	1 906	30	1 293	583	531	11	41	122	74	48
乳 腺 専 門 医	1 377	1 354	1 111	19	772	320	266	13	41	243	146	97
気 管 食 道 科 専 門 医	1 032	1 016	449	4	239	206	190	－	16	567	506	61
消 化 器 外 科 専 門 医	6 353	6 236	5 709	150	4 121	1 438	1 244	57	137	527	373	154
小 児 外 科 専 門 医	569	545	475	8	272	195	179	2	14	70	48	22
超 音 波 専 門 医	1 741	1 699	1 165	45	752	368	338	4	26	534	376	158
細 胞 診 専 門 医	2 121	1 919	1 595	11	1 051	533	478	15	40	324	214	110
透 析 専 門 医	4 429	4 329	2 824	118	1 954	752	563	68	121	1 505	782	723
老 年 病 専 門 医	1 282	1 199	813	42	541	230	202	8	20	386	270	116
消 化 器 内 視 鏡 専 門 医	13 745	13 537	8 673	248	6 490	1 935	1 474	141	320	4 864	3 563	1 301
臨 床 遺 伝 専 門 医	1 061	973	827	4	395	428	394	3	31	146	74	72
漢 方 専 門 医	1 769	1 718	518	37	353	128	110	4	14	1 200	984	216
レ ー ザ ー 専 門 医	223	222	113	1	61	51	45	－	6	109	81	28
気 管 支 鏡 専 門 医	1 897	1 858	1 656	17	1 148	491	412	22	57	202	129	73
核 医 学 専 門 医	835	812	707	2	458	247	217	8	22	105	31	74
大 腸 肛 門 病 専 門 医	1 599	1 568	1 110	71	797	242	222	－	20	458	356	102
婦 人 科 腫 瘍 専 門 医	686	677	622	2	350	270	256	4	10	55	27	28
ペインクリニック専門医	1 316	1 301	925	21	603	301	275	5	21	376	286	90
熱 傷 専 門 医	291	285	252	－	144	108	94	－	14	33	25	8
脳 血 管 内 治 療 専 門 医	889	880	854	7	602	245	200	24	21	26	19	7
が ん 薬 物 療 法 専 門 医	1 033	1 003	961	－	578	383	329	19	35	42	30	12
周 産 期 (新 生 児) 専 門 医	1 074	1 063	997	2	609	386	327	16	43	66	28	38
生 殖 医 療 専 門 医	503	497	268	5	120	143	139	1	3	229	138	91
小 児 神 経 専 門 医	934	880	630	3	454	173	152	5	16	250	170	80
一般病院連携精神医学専門医	241	230	182	6	124	52	49	－	3	48	34	14
麻 酔 科 標 榜 医	10 078	9 772	7 644	167	5 215	2 262	1 554	120	588	2 128	1 580	548

注：2つ以上の資格を取得している場合、各々の資格名に重複計上している。

関する資格名及び麻酔科の標榜資格（複数回答）、主たる業務の種別

平成28年12月31日現在

介護老人保健施設の従事者			医療施設・介護老人保健施設以外の従事者	医育機関の臨床系以外の大学院生	医育機関の臨床系以外の勤務者	医育機関以外の教育機関又は研究機関の勤務者	行政機関・産業医・保健衛生業務の従事者				その他の業務の従事者	無職の者	不詳
	開設者又は法人の代表者	勤務者						行政機関	産業医	保健衛生業務			
3 346	373	2 973	9 057	627	3 004	1 582	3 844	1 740	1 128	976	642	1 659	17
147	15	132	639	18	247	138	236	74	125	37	41	25	–
48	6	42	447	30	120	120	177	133	15	29	17	31	–
20	2	18	51	4	15	12	20	7	6	7	3	24	–
46	5	41	374	6	60	127	181	121	48	12	13	13	–
150	18	132	221	41	61	38	81	41	16	24	9	7	–
76	9	67	171	19	51	54	47	18	17	12	13	22	–
86	6	80	130	16	29	25	60	32	12	16	11	29	–
7	–	7	47	4	10	18	15	11	2	2	1	21	–
34	3	31	49	3	17	9	20	8	7	5	7	36	–
46	2	44	55	8	16	6	25	17	3	5	3	4	–
55	10	45	99	8	38	18	35	22	5	8	7	5	–
29	2	27	132	–	28	44	60	12	17	31	20	5	–
40	6	34	67	23	15	13	16	8	6	2	2	6	–
12	–	12	370	6	295	44	25	6	–	19	10	1	1
13	2	11	85	12	14	24	35	27	5	3	1	2	–
11	–	11	17	5	6	3	3	2	1	–	1	1	–
28	3	25	57	1	13	33	10	8	1	1	–	3	–
33	2	31	139	10	43	29	57	18	30	9	4	4	–
63	12	51	294	18	108	60	108	24	65	19	24	7	–
114	12	102	258	13	83	54	108	33	44	31	12	17	2
19	5	14	104	17	29	27	31	8	17	6	3	7	1
24	2	22	101	2	43	23	33	13	14	6	4	1	–
46	6	40	221	11	85	86	39	15	15	9	8	5	–
24	2	22	119	6	48	26	39	13	21	5	10	3	–
13	3	10	65	1	25	20	19	5	8	6	4	5	–
18	–	18	175	11	63	39	62	22	19	21	10	4	–
9	1	8	66	1	27	19	19	9	9	1	2	3	–
23	3	20	78	3	29	20	26	7	15	4	5	6	–
14	2	12	63	1	24	18	20	10	6	4	4	–	–
4	2	2	28	1	9	10	8	3	4	1	2	1	–
6	–	6	9	2	1	1	5	–	4	1	–	–	–
12	2	10	16	1	3	2	10	2	1	7	2	–	–
5	–	5	15	1	4	3	7	2	2	3	2	1	–
4	–	4	10	–	3	4	3	2	–	1	1	1	–
41	4	37	71	3	21	16	31	19	4	8	4	1	–
8	2	6	15	–	3	2	10	5	3	2	1	–	–
13	1	12	25	–	5	8	12	2	8	2	2	2	–
8	–	8	186	3	146	23	14	6	–	8	7	1	–
21	4	17	70	14	20	15	21	5	14	2	5	4	–
28	5	23	51	–	19	23	9	4	2	3	1	3	–
48	2	46	141	7	44	25	65	19	23	23	12	6	1
2	–	2	84	2	52	21	9	5	1	3	2	–	–
22	5	17	23	–	6	12	5	2	2	1	3	3	–
–	–	–	1	–	–	1	–	–	–	–	–	–	–
6	–	6	32	2	12	6	12	3	9	–	1	–	–
2	–	2	18	–	7	7	4	2	–	2	2	1	–
13	2	11	17	1	4	6	6	3	2	1	1	–	–
–	–	–	8	–	4	1	3	2	1	–	1	–	–
7	1	6	7	–	3	2	2	–	–	2	–	1	–
1	–	1	5	1	2	2	–	–	–	–	–	–	–
1	–	1	7	3	1	1	2	1	1	–	1	–	–
1	–	1	24	3	7	3	11	10	1	–	3	2	–
1	–	1	9	1	3	4	1	1	–	–	–	1	–
1	–	1	3	–	1	1	1	–	–	1	–	2	–
3	–	3	50	1	14	24	11	9	–	2	1	–	–
–	–	–	10	–	3	6	1	1	–	–	1	–	–
81	10	71	197	29	39	32	97	38	28	31	9	19	–

第46表　取得している広告可能な医師の専門性に関する資格名及び

(単位：%)

	総数	医療施設の従事者	病院の従事者	開設者又は法人の代表者	勤務者(医育機関附属の病院を除く)	医育機関附属の病院の勤務者	臨床系の教官又は教員	臨床系の大学院生	臨床系の教官又は教員及び大学院生以外の従事者	診療所の従事者	開設者又は法人の代表者	勤務者
総　　数	100.0	100.0	100.0	100.0	100.0	100.0	100.0	100.0	100.0	100.0	100.0	100.0
総合内科専門医	7.3	7.4	7.7	4.7	7.7	8.0	13.2	2.3	2.5	6.8	6.5	7.6
小児科専門医	4.4	4.4	4.1	0.9	4.1	4.2	5.5	3.8	2.7	5.2	5.3	5.0
皮膚科専門医	1.8	1.8	1.0	0.2	0.8	1.6	2.2	0.6	1.0	3.5	3.6	3.3
精神科専門医	3.0	3.0	3.1	11.5	3.3	1.7	2.7	1.0	0.5	2.9	2.9	2.9
外科専門医	6.7	6.9	9.1	10.4	9.2	8.5	12.0	9.0	3.7	2.8	2.7	3.0
整形外科専門医	5.2	5.4	5.0	8.0	5.5	3.6	5.0	3.7	1.6	6.1	7.1	3.9
産婦人科専門医	3.6	3.7	3.2	3.1	3.1	3.4	4.4	3.8	1.9	4.7	4.2	6.0
眼科専門医	3.1	3.2	1.6	0.8	1.4	2.2	3.2	1.3	1.3	6.3	6.6	5.7
耳鼻咽喉科専門医	2.4	2.5	1.5	0.4	1.2	2.1	2.9	1.4	1.3	4.6	5.5	2.7
泌尿器科専門医	1.9	2.0	2.1	1.4	2.1	2.0	2.9	1.7	0.8	1.8	1.8	1.6
脳神経外科専門医	2.2	2.2	2.7	3.5	2.9	2.3	3.5	2.1	0.7	1.2	1.3	0.8
放射線科専門医	1.8	1.9	2.4	0.6	2.2	3.1	4.6	1.9	1.4	0.7	0.5	1.3
麻酔科専門医	2.3	2.3	3.1	1.2	3.1	3.3	5.1	1.6	1.4	0.8	0.8	0.9
病理専門医	0.6	0.5	0.8	0.0	0.7	0.9	1.5	0.3	0.3	0.1	0.1	0.1
救急科専門医	1.2	1.2	1.7	1.5	1.6	1.8	2.8	0.6	0.6	0.4	0.4	0.4
形成外科専門医	0.7	0.7	0.7	0.2	0.6	0.9	1.4	0.4	0.5	0.7	0.7	0.7
リハビリテーション科専門医	0.8	0.8	0.8	2.1	0.9	0.6	1.0	0.1	0.1	0.8	0.9	0.6
呼吸器専門医	1.8	1.8	2.0	1.3	2.0	2.3	3.3	1.8	1.1	1.3	1.2	1.4
循環器専門医	3.9	4.0	4.0	4.5	4.2	3.5	5.6	1.3	1.4	4.0	4.3	3.2
消化器病専門医	5.7	5.8	5.9	7.0	6.1	5.2	7.5	4.3	2.5	5.7	6.0	5.2
腎臓専門医	1.3	1.3	1.4	1.2	1.3	1.7	2.4	1.6	0.7	1.2	0.9	1.8
肝臓専門医	1.7	1.8	1.9	2.1	1.9	2.0	3.1	1.1	0.8	1.5	1.5	1.4
神経内科専門医	1.5	1.5	1.8	1.5	1.7	2.1	2.8	2.9	0.8	0.9	0.8	1.0
糖尿病専門医	1.5	1.6	1.5	1.4	1.4	1.8	2.4	1.9	1.0	1.6	1.6	1.8
内分泌代謝科専門医	0.7	0.7	0.7	0.4	0.6	1.0	1.6	0.5	0.3	0.6	0.6	0.6
血液専門医	1.1	1.0	1.3	0.4	1.1	2.0	3.1	1.4	0.8	0.4	0.4	0.5
アレルギー専門医	1.0	1.0	0.8	0.4	0.8	1.0	1.8	0.1	0.1	1.4	1.5	1.0
リウマチ専門医	1.5	1.5	1.4	2.0	1.3	1.5	2.4	0.4	0.5	1.8	2.0	1.3
感染症専門医	0.4	0.4	0.4	0.3	0.4	0.6	1.1	0.1	0.2	0.2	0.2	0.3
心療内科専門医	0.1	0.1	0.1	0.1	0.1	0.1	0.1	-	0.1	0.2	0.2	0.1
呼吸器外科専門医	0.4	0.5	0.7	0.4	0.8	0.8	1.3	0.4	0.1	0.1	0.1	0.1
心臓血管外科専門医	0.6	0.7	0.9	0.6	0.9	1.1	1.9	0.2	0.2	0.1	0.1	0.1
乳腺専門医	0.4	0.4	0.5	0.4	0.5	0.6	0.9	0.2	0.2	0.2	0.2	0.3
気管食道科専門医	0.3	0.3	0.2	0.1	0.2	0.4	0.7	-	0.1	0.6	0.7	0.2
消化器外科専門医	2.0	2.0	2.8	2.9	2.9	2.6	4.4	1.0	0.7	0.5	0.5	0.5
小児外科専門医	0.2	0.2	0.2	0.2	0.2	0.4	0.6	0.0	0.1	0.1	0.1	0.1
超音波専門医	0.5	0.6	0.6	0.9	0.5	0.7	1.2	0.1	0.1	0.5	0.5	0.5
細胞診専門医	0.7	0.6	0.8	0.2	0.7	1.0	1.7	0.3	0.2	0.3	0.3	0.4
透析専門医	1.4	1.4	1.4	2.3	1.4	1.4	2.0	1.1	0.6	1.5	1.1	2.4
老年病専門医	0.4	0.4	0.4	0.8	0.4	0.4	0.7	0.1	0.2	0.4	0.4	0.4
消化器内視鏡専門医	4.3	4.4	4.3	4.8	4.6	3.5	5.2	2.4	1.5	4.7	5.0	4.3
臨床遺伝専門医	0.3	0.3	0.4	0.1	0.3	0.8	1.4	0.1	0.1	0.1	0.1	0.2
漢方専門医	0.6	0.6	0.3	0.7	0.2	0.2	0.4	0.1	0.1	1.2	1.4	0.7
レーザー専門医	0.1	0.1	0.1	0.0	0.0	0.1	0.2	-	0.0	0.1	0.1	0.1
気管支鏡専門医	0.6	0.6	0.8	0.3	0.8	0.9	1.5	0.4	0.3	0.2	0.2	0.2
核医学専門医	0.3	0.3	0.3	0.0	0.3	0.4	0.4	0.1	0.1	0.1	0.0	0.2
大腸肛門病専門医	0.5	0.5	0.5	1.4	0.6	0.4	0.8	-	0.1	0.4	0.5	0.3
婦人科腫瘍専門医	0.2	0.2	0.3	0.0	0.2	0.5	0.9	0.1	0.0	0.1	0.0	0.1
ペインクリニック専門医	0.4	0.4	0.5	0.4	0.4	0.5	1.0	0.1	0.1	0.4	0.4	0.3
熱傷専門医	0.1	0.1	0.1	-	0.1	0.2	0.3	-	0.1	0.0	0.0	0.0
脳血管内治療専門医	0.3	0.3	0.4	0.1	0.4	0.4	0.7	0.4	0.1	0.0	0.0	0.0
がん薬物療法専門医	0.3	0.3	0.5	-	0.4	0.7	1.2	0.3	0.2	0.0	0.0	0.0
周産期(新生児)専門医	0.3	0.3	0.5	0.0	0.4	0.7	1.2	0.3	0.2	0.1	0.0	0.1
生殖医療専門医	0.2	0.2	0.1	0.1	0.1	0.3	0.5	0.0	0.0	0.2	0.2	0.3
小児神経専門医	0.3	0.3	0.3	0.1	0.3	0.3	0.5	0.1	0.1	0.2	0.0	0.3
一般病院連携精神医学専門医	0.1	0.1	0.1	0.1	0.1	0.1	0.2	-	0.1	0.0	0.0	0.0
麻酔科標榜医	3.2	3.2	3.8	3.2	3.7	4.1	5.5	2.0	2.8	2.1	2.2	1.8

注：2つ以上の資格を取得している場合、各々の資格名に重複計上している。

麻酔科の標榜資格（複数回答）別医師数の医師数に対する割合，主たる業務の種別

平成28年12月31日現在

介護老人保健施設の従事者	開設者又は法人の代表者	勤務者	医療施設・介護老人保健施設以外の従事者	医育機関の臨床系以外の大学院生	医育機関の臨床系以外の勤務者	医育機関以外の教育機関又は研究機関の勤務者	行政機関・産業医・保健衛生業務の従事者	行政機関	産業医	保健衛生業務	その他の業務の従事者	無職の者	不詳
100.0	100.0	100.0	100.0	100.0	100.0	100.0	100.0	100.0	100.0	100.0	100.0	100.0	100.0
4.4	4.0	4.4	7.1	2.9	8.2	8.7	6.1	4.3	11.1	3.8	6.4	1.5	–
1.4	1.6	1.4	4.9	4.8	4.0	7.6	4.6	7.6	1.3	3.0	2.6	1.9	–
0.6	0.5	0.6	0.6	0.6	0.5	0.8	0.5	0.4	0.5	0.7	0.5	1.4	–
1.4	1.3	1.4	4.1	1.0	2.0	8.0	4.7	7.0	4.3	1.2	2.0	0.8	–
4.5	4.8	4.4	2.4	6.5	2.0	2.4	2.1	2.4	1.4	2.5	1.4	0.4	–
2.3	2.4	2.3	1.9	3.0	1.7	3.4	1.2	1.0	1.5	1.2	2.0	1.3	–
2.6	1.6	2.7	1.4	2.6	1.0	1.6	1.6	1.8	1.1	1.6	1.7	1.7	–
0.2	–	0.2	0.5	0.6	0.3	1.1	0.4	0.6	0.2	0.2	0.2	1.3	–
1.0	0.8	1.0	0.5	0.5	0.6	0.6	0.5	0.5	0.6	0.5	1.1	2.2	–
1.4	0.5	1.5	0.6	1.3	0.5	0.4	0.7	1.0	0.3	0.5	0.5	0.2	–
1.6	2.7	1.5	1.1	1.3	1.3	1.1	0.9	1.3	0.4	0.8	1.1	0.3	–
0.9	0.5	0.9	1.5	–	0.9	2.8	1.6	0.7	1.5	3.2	3.1	0.3	–
1.2	1.6	1.1	0.7	3.7	0.5	0.8	0.4	0.5	0.5	0.2	0.3	0.4	–
0.4	–	0.4	4.1	1.0	9.8	2.8	0.7	0.3	–	1.9	1.6	0.1	5.9
0.4	0.5	0.4	0.9	1.9	0.5	1.5	0.9	1.6	0.4	0.3	0.2	0.1	–
0.3	–	0.4	0.2	0.8	0.2	0.2	0.1	0.1	0.1	–	0.2	0.1	–
0.8	0.8	0.8	0.6	0.2	0.4	2.1	0.3	0.5	0.1	0.1	–	0.2	–
1.0	0.5	1.0	1.5	1.6	1.4	1.8	1.5	1.0	2.7	0.9	0.6	0.2	–
1.9	3.2	1.7	3.2	2.9	3.6	3.8	2.8	1.4	5.8	1.9	3.7	0.4	–
3.4	3.2	3.4	2.8	2.1	2.8	3.4	2.8	1.9	3.9	3.2	1.9	1.0	11.8
0.6	1.3	0.5	1.1	2.7	1.0	1.7	0.8	0.5	1.5	0.6	0.5	0.4	5.9
0.7	0.5	0.7	1.1	0.3	1.4	1.5	0.9	0.7	1.2	0.6	0.6	0.1	–
1.4	1.6	1.3	2.4	1.8	2.8	5.4	1.0	0.9	1.3	0.9	1.2	0.3	–
0.7	0.5	0.7	1.3	1.0	1.6	1.6	1.0	0.7	1.9	0.5	1.6	0.2	–
0.4	0.8	0.3	0.7	0.2	0.8	1.3	0.5	0.3	0.7	0.6	0.6	0.3	–
0.5	–	0.6	1.9	1.8	2.1	2.5	1.6	1.3	1.7	2.2	1.6	0.2	–
0.3	0.3	0.3	0.7	0.2	0.9	1.2	0.5	0.5	0.8	0.1	0.3	0.2	–
0.7	0.8	0.7	0.9	0.5	1.0	1.3	0.7	0.4	1.3	0.4	0.8	0.4	–
0.4	0.5	0.4	0.7	0.2	0.8	1.1	0.5	0.6	0.5	0.4	0.6	–	–
0.1	0.5	0.1	0.3	0.2	0.3	0.6	0.2	0.2	0.4	0.1	0.3	0.1	–
0.2	–	0.2	0.1	0.3	0.0	0.1	0.1	–	0.4	0.1	–	–	–
0.4	0.5	0.3	0.2	0.2	0.1	0.1	0.3	0.1	0.1	0.7	0.3	–	–
0.1	–	0.2	0.2	0.2	0.1	0.2	0.2	0.1	0.2	0.3	0.3	0.1	–
0.1	–	0.1	0.1	–	0.1	0.2	0.1	0.1	–	0.1	0.2	0.1	–
1.2	1.1	1.2	0.8	0.5	0.7	1.0	0.8	1.1	0.4	0.8	0.6	0.1	–
0.2	0.5	0.2	0.2	–	0.1	0.1	0.3	0.3	0.3	0.2	0.2	–	–
0.4	0.3	0.4	0.3	–	0.2	0.5	0.3	0.1	0.7	0.2	0.3	0.1	–
0.2	–	0.3	2.1	0.5	4.9	1.5	0.4	0.3	–	0.8	1.1	0.1	–
0.6	1.1	0.6	0.8	2.2	0.7	0.9	0.5	0.3	1.2	0.2	0.8	0.2	–
0.8	1.3	0.8	0.6	–	0.6	1.5	0.2	0.2	0.2	0.3	0.2	0.2	–
1.4	0.5	1.5	1.6	1.1	1.5	1.6	1.7	1.1	2.0	2.4	1.9	0.4	5.9
0.1	–	0.1	0.9	0.3	1.7	1.3	0.2	0.3	0.1	0.3	0.3	–	–
0.7	1.3	0.6	0.3	–	0.2	0.8	0.1	0.1	0.2	0.1	0.5	0.2	–
–	–	–	0.0	–	–	0.1	–	–	–	–	–	–	–
0.2	–	0.2	0.4	0.3	0.4	0.4	0.3	0.2	0.8	–	0.2	–	–
0.1	–	0.1	0.2	–	0.2	0.4	0.1	0.1	–	0.2	0.3	0.1	–
0.4	0.5	0.4	0.2	0.2	0.1	0.4	0.2	0.2	0.2	0.1	0.2	–	–
–	–	–	0.1	–	0.1	0.1	0.1	0.1	0.1	–	0.2	–	–
0.2	0.3	0.2	0.1	–	0.1	0.1	0.1	–	–	0.2	–	0.1	–
0.0	–	0.0	0.1	0.2	0.1	0.1	–	–	–	–	–	–	–
0.0	–	0.0	0.1	0.5	0.0	0.1	0.1	0.1	0.1	–	0.2	–	–
0.0	–	0.0	0.3	0.5	0.2	0.2	0.3	0.6	0.1	–	0.5	0.1	–
0.0	–	0.0	0.1	0.2	0.1	0.3	0.0	0.1	–	–	–	0.1	–
0.0	–	0.0	0.0	–	0.0	0.1	0.0	–	–	–	–	0.1	–
0.1	–	0.1	0.6	0.2	0.5	1.5	0.3	0.5	–	0.2	0.2	–	–
–	–	–	0.1	–	0.1	0.4	–	0.1	–	–	0.2	–	–
2.4	2.7	2.4	2.2	4.6	1.3	2.0	2.5	2.2	2.5	3.2	1.4	1.1	–

第47表　医師数、平均年齢，年齢階級、性、取得している広告可能な

	総　数	総合内科専門医	小児科専門医	皮膚科専門医	精神科専門医	外科専門医	整形外科専門医	産婦人科専門医	眼科専門医
総　数	319 480	23 374	14 094	5 707	9 623	21 555	16 745	11 498	9 888
男	251 987	19 318	9 339	3 265	7 608	19 950	16 032	7 771	6 118
女	67 493	4 056	4 755	2 442	2 015	1 605	713	3 727	3 770
24歳以下	634	-	-	-	-	-	-	-	-
男	385	-	-	-	-	-	-	-	-
女	249	-	-	-	-	-	-	-	-
25 ～ 29	27 317	-	9	-	8	10	-	16	-
男	17 896	-	7	-	7	6	-	6	-
女	9 421	-	2	-	1	4	-	10	-
30 ～ 34	33 609	357	1 248	170	360	1 803	583	1 156	383
男	22 808	266	684	49	241	1 451	526	401	203
女	10 801	91	564	121	119	352	57	755	180
35 ～ 39	33 105	2 896	2 020	680	858	2 919	1 815	1 383	947
男	22 869	2 129	1 135	255	581	2 436	1 662	508	533
女	10 236	767	885	425	277	483	153	875	414
40 ～ 44	34 910	4 285	1 983	896	1 516	3 300	2 413	1 386	1 443
男	25 476	3 327	1 175	438	1 096	2 917	2 217	686	872
女	9 434	958	808	458	420	383	196	700	571
45 ～ 49	35 963	4 409	1 668	824	1 471	3 548	2 530	1 343	1 704
男	27 874	3 496	986	449	1 118	3 344	2 399	828	1 011
女	8 089	913	682	375	353	204	131	515	693
50 ～ 54	34 990	4 424	1 486	700	1 484	3 209	2 575	1 227	1 461
男	28 984	3 749	1 003	429	1 188	3 096	2 485	921	895
女	6 006	675	483	271	296	113	90	306	566
55 ～ 59	35 738	3 601	1 709	749	1 382	2 922	2 400	1 364	1 334
男	30 887	3 207	1 269	451	1 134	2 875	2 363	1 136	912
女	4 851	394	440	298	248	47	37	228	422
60 ～ 64	29 694	1 786	1 697	661	1 097	1 892	1 839	1 153	1 126
男	26 412	1 638	1 325	452	944	1 880	1 811	1 027	744
女	3 282	148	372	209	153	12	28	126	382
65 ～ 69	22 843	801	1 252	516	744	1 015	1 176	1 102	732
男	20 701	748	999	352	661	1 010	1 164	1 019	481
女	2 142	53	253	164	83	5	12	83	251
70 ～ 74	11 146	289	457	201	287	410	623	491	305
男	10 040	273	330	137	257	408	619	452	180
女	1 106	16	127	64	30	2	4	39	125
75 ～ 79	8 095	216	258	159	215	241	426	343	213
男	7 436	205	193	122	200	241	424	319	131
女	659	11	65	37	15	-	2	24	82
80 ～ 84	6 086	162	168	101	131	178	263	298	136
男	5 569	151	119	86	117	178	262	265	91
女	517	11	49	15	14	-	1	33	45
85歳以上	5 350	148	139	50	70	108	102	236	104
男	4 650	129	114	45	64	108	100	203	65
女	700	19	25	5	6	-	2	33	39
平均年齢　総数	50.0	50.5	51.5	53.2	52.9	49.7	52.9	53.0	52.9
男	51.7	51.2	53.2	55.7	53.9	50.5	53.3	57.3	53.4
女	43.9	47.1	48.3	49.9	49.0	40.7	45.2	44.2	52.0

注：2つ以上の資格を取得している場合、各々の資格名に重複計上している。

医師の専門性に関する資格名及び麻酔科の標榜資格（複数回答）別（3－1）

平成28年12月31日現在

耳鼻咽喉科専門医	泌尿器科専門医	脳神経外科専門医	放射線科専門医	麻酔科専門医	病理専門医	救急科専門医	形成外科専門医	リハビリテーション科専門医	呼吸器専門医
7 813	6 111	6 929	5 873	7 222	1 997	3 896	2 171	2 604	5 594
6 292	5 823	6 620	4 549	4 927	1 567	3 578	1 670	2 191	4 735
1 521	288	309	1 324	2 295	430	318	501	413	859
-	-	-	-	-	-	-	-	-	-
-	-	-	-	-	-	-	-	-	-
-	-	-	-	-	-	-	-	-	-
-	-	-	10	3	-	2	-	-	-
-	-	-	5	2	-	-	-	-	-
-	-	-	5	1	-	2	-	-	-
413	382	388	552	527	102	405	110	26	276
283	329	353	348	269	48	328	59	14	188
130	53	35	204	258	54	77	51	12	88
749	691	704	865	1 481	192	704	446	138	840
533	601	622	567	748	116	614	285	67	630
216	90	82	298	733	76	90	161	71	210
1 006	940	944	860	1 147	246	666	446	274	969
743	872	862	615	667	161	600	316	185	741
263	68	82	245	480	85	66	130	89	228
1 162	916	992	929	1 059	278	556	283	376	797
930	881	944	717	763	202	514	222	294	661
232	35	48	212	296	76	42	61	82	136
1 079	887	1 006	849	964	301	508	309	401	833
904	867	984	681	738	237	487	267	341	737
175	20	22	168	226	64	21	42	60	96
1 098	849	1 109	819	876	290	531	277	459	720
904	833	1 086	701	711	249	521	244	414	683
194	16	23	118	165	41	10	33	45	37
876	653	820	576	621	250	302	159	386	550
758	648	806	521	525	232	296	143	354	517
118	5	14	55	96	18	6	16	32	33
571	450	497	272	305	172	143	82	261	375
486	450	495	258	280	164	139	78	247	353
85	-	2	14	25	8	4	4	14	22
241	154	241	69	102	89	49	31	130	108
210	153	240	65	93	83	49	29	126	100
31	1	1	4	9	6	-	2	4	8
247	115	139	27	65	43	15	19	92	80
216	115	139	26	60	41	15	18	90	80
31	-	-	1	5	2	-	1	2	-
227	54	71	21	48	25	11	6	43	30
208	54	71	21	47	25	11	6	42	30
19	-	-	-	1	-	-	-	1	-
144	20	18	24	24	9	4	3	18	16
117	20	18	24	24	9	4	3	17	15
27	-	-	-	-	-	-	-	1	1
53.9	51.5	52.5	49.1	48.6	53.4	47.8	48.2	56.2	50.4
54.7	52.0	52.9	50.4	50.8	55.4	48.4	49.7	57.7	51.5
50.4	41.7	43.8	44.4	43.7	46.0	40.9	43.3	48.6	44.5

第47表　医師数、平均年齢, 年齢階級、性、取得している広告可能な

	循環器専門医	消化器病専門医	腎臓専門医	肝臓専門医	神経内科専門医	糖尿病専門医	内分泌代謝科専門医	血液専門医	アレルギー専門医
総数	12 558	18 217	4 122	5 514	4 798	4 924	2 090	3 374	3 186
男	11 338	16 224	3 280	5 033	3 819	3 626	1 636	2 727	2 538
女	1 220	1 993	842	481	979	1 298	454	647	648
24歳以下	–	–	–	–	–	–	–	–	–
男	–	–	–	–	–	–	–	–	–
女	–	–	–	–	–	–	–	–	–
25 ～ 29	–	–	–	–	–	–	–	–	–
男	–	–	–	–	–	–	–	–	–
女	–	–	–	–	–	–	–	–	–
30 ～ 34	271	852	265	111	340	329	57	251	24
男	210	644	165	91	229	159	36	172	13
女	61	208	100	20	111	170	21	79	11
35 ～ 39	1 463	2 058	621	673	591	687	247	495	254
男	1 206	1 636	390	565	413	417	156	331	162
女	257	422	231	108	178	270	91	164	92
40 ～ 44	1 987	2 634	659	926	714	775	306	524	507
男	1 705	2 210	485	813	539	504	197	377	346
女	282	424	174	113	175	271	109	147	161
45 ～ 49	2 036	2 931	604	961	720	705	266	504	507
男	1 787	2 560	461	869	543	497	189	397	383
女	249	371	143	92	177	208	77	107	124
50 ～ 54	1 906	2 855	500	873	702	651	307	489	561
男	1 750	2 604	424	800	551	509	246	422	468
女	156	251	76	73	151	142	61	67	93
55 ～ 59	1 661	2 573	466	770	679	575	275	454	537
男	1 577	2 409	420	727	591	491	246	407	466
女	84	164	46	43	88	84	29	47	71
60 ～ 64	1 477	2 041	466	556	485	518	307	321	405
男	1 413	1 945	423	534	422	452	269	302	360
女	64	96	43	22	63	66	38	19	45
65 ～ 69	1 077	1 312	296	399	322	363	186	227	225
男	1 034	1 270	276	393	301	323	170	212	196
女	43	42	20	6	21	40	16	15	29
70 ～ 74	347	500	130	136	135	158	78	70	81
男	334	491	124	134	125	134	71	70	70
女	13	9	6	2	10	24	7	–	11
75 ～ 79	191	267	77	64	68	95	35	25	51
男	185	263	74	63	64	84	33	24	44
女	6	4	3	1	4	11	2	1	7
80 ～ 84	89	131	27	35	31	55	22	8	20
男	87	129	27	34	30	44	19	7	18
女	2	2	–	1	1	11	3	1	2
85歳以上	53	63	11	10	11	13	4	6	14
男	50	63	11	10	11	12	4	6	12
女	3	–	–	–	–	1	–	–	2
平均年齢　総数	52.3	51.8	50.8	51.5	50.9	51.1	53.1	49.9	53.2
男	52.9	52.6	52.4	52.1	52.0	52.9	54.6	51.3	54.2
女	46.9	45.5	44.4	46.1	46.6	46.1	47.6	44.2	49.3

注：2つ以上の資格を取得している場合、各々の資格名に重複計上している。

医師の専門性に関する資格名及び麻酔科の標榜資格（複数回答）別（3－2）

平成28年12月31日現在

リウマチ専門医	感染症専門医	心療内科専門医	呼吸器外科専門医	心臓血管外科専門医	乳腺専門医	気管食道専門医	消化器外科専門医	小児外科専門医	超音波専門医
4 675	1 222	340	1 437	2 058	1 377	1 032	6 353	569	1 741
4 162	1 084	270	1 376	2 008	1 035	939	6 191	503	1 471
513	138	70	61	50	342	93	162	66	270
-	-	-	-	-	-	-	-	-	-
-	-	-	-	-	-	-	-	-	-
-	-	-	-	-	-	-	-	-	-
-	-	-	-	-	-	-	-	-	-
-	-	-	-	-	-	-	-	-	-
-	-	-	-	-	-	-	-	-	-
85	30	3	44	43	39	8	96	4	15
46	25	2	36	40	6	7	91	3	8
39	5	1	8	3	33	1	5	1	7
348	159	17	162	229	150	44	663	47	91
259	133	9	151	218	43	38	619	36	55
89	26	8	11	11	107	6	44	11	36
599	167	29	269	378	228	90	1 084	98	204
468	141	16	251	355	143	81	1 027	71	141
131	26	13	18	23	85	9	57	27	63
716	169	43	299	358	242	143	1 275	97	241
630	153	34	283	351	179	129	1 251	85	193
86	16	9	16	7	63	14	24	12	48
786	187	53	234	357	228	152	1 126	87	242
716	165	42	227	354	195	139	1 106	78	211
70	22	11	7	3	33	13	20	9	31
811	179	58	212	328	225	208	964	83	317
757	157	51	212	326	211	188	953	80	276
54	22	7	-	2	14	20	11	3	41
590	144	60	126	185	146	202	612	71	335
565	135	46	125	185	140	185	612	71	308
25	9	14	1	-	6	17	-	-	27
383	102	39	59	82	66	109	314	40	206
370	97	38	59	81	65	103	313	39	194
13	5	1	-	1	1	6	1	1	12
172	32	19	16	48	26	30	111	30	55
169	30	15	16	48	26	29	111	28	51
3	2	4	-	-	-	1	-	2	4
112	33	10	9	37	18	18	63	6	24
111	31	9	9	37	18	14	63	6	23
1	2	1	-	-	-	4	-	-	1
54	13	5	6	10	8	19	33	3	8
54	11	4	6	10	8	19	33	3	8
-	2	1	-	-	-	-	-	-	-
19	7	4	1	3	1	9	12	3	3
17	6	4	1	3	1	7	12	3	3
2	1	-	-	-	-	2	-	-	-
54.1	52.9	57.0	50.0	51.1	51.2	56.6	51.2	53.2	55.5
55.1	53.3	58.2	50.3	51.3	54.0	56.7	51.4	54.1	56.5
46.6	49.9	52.4	43.0	43.1	43.0	55.3	43.6	46.0	49.6

第47表　医師数、平均年齢，年齢階級、性、取得している広告可能な

	細胞診専門医	透析専門医	老年病専門医	消化器内視鏡専門医	臨床遺伝専門医	漢方専門医	レーザー専門医	気管支鏡専門医	核医学専門医
総数	2 121	4 429	1 282	13 745	1 061	1 769	223	1 897	835
男	1 671	3 637	1 116	12 197	745	1 485	174	1 714	691
女	450	792	166	1 548	316	284	49	183	144
24歳以下	–	–	–	–	–	–	–	–	–
男	–	–	–	–	–	–	–	–	–
女	–	–	–	–	–	–	–	–	–
25 ～ 29	–	–	–	–	–	–	–	–	–
男	–	–	–	–	–	–	–	–	–
女	–	–	–	–	–	–	–	–	–
30 ～ 34	61	229	20	426	6	5	5	66	37
男	33	152	13	312	2	5	4	57	24
女	28	77	7	114	4	–	1	9	13
35 ～ 39	164	526	62	1 490	117	35	18	247	110
男	92	323	45	1 168	58	22	12	211	79
女	72	203	17	322	59	13	6	36	31
40 ～ 44	294	670	139	2 063	224	111	40	372	121
男	189	497	103	1 710	132	68	24	306	86
女	105	173	36	353	92	43	16	66	35
45 ～ 49	310	661	149	2 484	239	172	48	363	144
男	222	523	121	2 160	166	122	38	328	118
女	88	138	28	324	73	50	10	35	26
50 ～ 54	357	608	191	2 408	201	188	36	325	119
男	287	522	161	2 203	158	141	35	303	106
女	70	86	30	205	43	47	1	22	13
55 ～ 59	357	618	187	2 180	154	302	30	287	139
男	310	562	165	2 046	128	256	22	281	122
女	47	56	22	134	26	46	8	6	17
60 ～ 64	261	473	192	1 471	76	350	25	152	99
男	240	447	178	1 414	64	313	20	147	93
女	21	26	14	57	12	37	5	5	6
65 ～ 69	172	334	171	784	32	276	11	61	44
男	161	314	163	756	26	261	9	58	41
女	11	20	8	28	6	15	2	3	3
70 ～ 74	82	171	61	263	7	145	4	12	7
男	77	163	59	256	6	131	4	11	7
女	5	8	2	7	1	14	–	1	–
75 ～ 79	36	95	59	115	4	102	5	7	10
男	33	93	57	113	4	93	5	7	10
女	3	2	2	2	–	9	–	–	–
80 ～ 84	17	34	34	44	1	48	1	5	4
男	17	31	34	42	1	44	1	5	4
女	–	3	–	2	–	4	–	–	–
85歳以上	10	10	17	17	–	35	–	–	1
男	10	10	17	17	–	29	–	–	1
女	–	–	–	–	–	6	–	–	–
平均年齢 総数	53.5	52.0	57.4	51.3	49.6	60.8	51.6	49.3	50.8
男	55.2	53.5	58.5	52.0	50.9	61.8	52.4	49.7	51.9
女	47.3	45.1	49.7	45.7	46.5	55.3	48.5	44.9	45.4

注：2つ以上の資格を取得している場合、各々の資格名に重複計上している。

医師の専門性に関する資格名及び麻酔科の標榜資格（複数回答）別（3－3）

平成28年12月31日現在

大腸肛門病専門医	婦人科腫瘍専門医	ペインクリニック専門医	熱傷専門医	脳血管内治療専門医	がん薬物療法専門医	周産期（新生児）専門医	生殖医療専門医	小児神経専門医	一般病院連携精神医学専門医	麻酔科標榜医
1 599	686	1 316	291	889	1 033	1 074	503	934	241	10 078
1 550	589	1 013	264	847	869	698	424	613	216	7 078
49	97	303	27	42	164	376	79	321	25	3 000
－	－	－	－	－	－	－	－	－	－	－
－	－	－	－	－	－	－	－	－	－	－
－	－	－	－	－	－	－	－	－	－	－
－	－	－	－	－	－	－	－	－	－	181
－	－	－	－	－	－	－	－	－	－	78
－	－	－	－	－	－	－	－	－	－	103
7	2	8	1	40	26	45	1	5	1	1 322
6	1	3	1	37	21	19	－	2	－	638
1	1	5	－	3	5	26	1	3	1	684
62	51	82	29	172	227	278	20	92	14	1 578
49	28	43	22	155	179	135	14	56	10	854
13	23	39	7	17	48	143	6	36	4	724
190	126	150	48	245	286	308	61	131	28	1 273
179	90	99	40	233	225	198	36	71	23	780
11	36	51	8	12	61	110	25	60	5	493
291	122	197	45	173	216	194	97	120	45	1 200
279	105	141	41	167	183	132	70	65	41	873
12	17	56	4	6	33	62	27	55	4	327
265	120	233	65	143	150	114	96	128	52	1 185
261	107	185	62	141	137	92	86	87	47	932
4	13	48	3	2	13	22	10	41	5	253
256	129	279	46	82	91	87	113	163	49	1 153
251	124	224	43	80	87	77	105	111	46	957
5	5	55	3	2	4	10	8	52	3	196
230	78	210	36	31	25	36	65	160	30	921
227	78	174	35	31	25	33	63	123	29	800
3	－	36	1	－	－	3	2	37	1	121
171	41	86	11	2	8	8	36	92	9	647
171	40	79	10	2	8	8	36	68	9	580
－	1	7	1	－	－	－	－	24	－	67
65	10	37	7	1	－	2	10	27	4	285
65	9	33	7	1	－	2	10	18	3	265
－	1	4	－	－	－	－	－	9	1	20
37	4	14	2	－	3	－	3	10	5	164
37	4	13	2	－	3	－	3	7	5	158
－	－	1	－	－	－	－	－	3	－	6
14	1	12	1	－	－	1	1	3	2	119
14	1	11	1	－	－	1	1	2	1	115
－	－	1	－	－	－	－	－	1	1	4
11	2	8	－	－	1	1	－	3	2	50
11	2	8	－	－	1	1	－	3	2	48
－	－	－	－	－	－	－	－	－	－	2
55.4	52.2	54.6	51.7	45.9	45.7	44.9	53.7	54.0	53.7	49.1
55.7	53.4	55.7	52.3	46.1	46.3	46.6	54.9	55.2	54.2	52.0
45.4	44.9	50.6	45.9	42.0	42.8	41.9	46.8	51.8	49.3	42.5

第48表　医師数－（再掲）医療施設従事医師数, 主たる従業地による都道府県－指定都市・特別区・

総

	総　数	総合内科専門医	小児科専門医	皮膚科専門医	精神科専門医	外科専門医	整形外科専門医	産婦人科専門医	眼科専門医	耳鼻咽喉科専門医
全　国	319 480	23 374	14 094	5 707	9 623	21 555	16 745	11 498	9 888	7 813
北　海　道	13 309	812	562	260	421	864	691	409	358	313
青　森	2 702	136	110	59	85	194	161	99	67	61
岩　手	2 631	116	108	51	75	177	123	105	76	57
宮　城	5 653	422	235	88	169	440	281	220	158	138
秋　田	2 384	136	102	39	94	168	135	98	67	57
山　形	2 597	161	104	48	80	168	171	98	77	63
福　島	3 888	238	171	45	143	277	215	135	124	106
茨　城	5 513	418	225	97	156	391	284	205	173	116
栃　木	4 498	310	189	78	114	339	207	168	126	107
群　馬	4 620	379	245	89	145	331	260	173	137	84
埼　玉	12 172	958	596	245	372	864	612	480	421	308
千　葉	12 278	813	509	215	377	966	661	457	354	291
東　京	44 136	3 656	2 102	909	1 409	2 828	1 830	1 716	1 476	1 102
神　奈　川	19 476	1 493	917	406	649	1 261	1 032	772	627	492
新　潟	4 698	411	218	82	120	267	287	160	146	119
富　山	2 723	240	121	61	79	176	164	94	97	76
石　川	3 405	272	148	70	104	225	175	109	96	81
福　井	2 002	140	92	34	51	146	118	72	57	69
山　梨	1 990	140	105	41	54	146	127	79	66	58
長　野	4 930	353	258	78	135	335	270	152	132	107
岐　阜	4 358	349	185	79	121	260	235	161	154	121
静　岡	7 662	581	364	130	217	563	391	294	231	203
愛　知	16 410	1 149	740	325	460	1 023	838	623	563	472
三　重	4 081	355	163	68	118	295	229	146	127	114
滋　賀	3 270	236	184	52	81	212	177	129	89	86
京　都	8 723	608	380	143	251	664	438	269	253	232
大　阪	25 003	1 746	988	395	635	1 671	1 258	933	909	637
兵　庫	13 979	1 090	625	218	343	930	797	495	537	346
奈　良	3 407	278	120	65	107	225	238	116	108	100
和　歌　山	2 868	184	109	43	71	173	160	105	81	58
鳥　取	1 805	126	103	25	52	116	94	58	55	37
島　根	1 975	160	88	31	74	125	102	68	53	48
岡　山	5 975	472	253	92	215	404	287	179	166	139
広　島	7 534	594	327	134	251	565	444	231	230	200
山　口	3 615	209	135	62	118	245	203	112	95	89
徳　島	2 500	213	95	40	82	141	129	84	70	56
香　川	2 813	209	138	45	75	176	184	86	84	72
愛　媛	3 745	282	157	61	97	264	222	132	126	110
高　知	2 276	172	76	44	88	149	137	61	62	54
福　岡	15 997	1 086	700	249	481	1 094	887	524	402	313
佐　賀	2 377	190	108	40	77	141	156	70	60	52
長　崎	4 218	301	167	72	135	269	231	159	100	83
熊　本	5 230	331	187	85	147	322	322	163	135	99
大　分	3 230	211	135	51	104	245	184	104	82	57
宮　崎	2 754	160	98	44	76	198	187	96	81	61
鹿　児　島	4 461	243	172	76	164	291	246	149	115	95
沖　縄	3 609	235	180	43	151	231	165	150	85	74

注：2つ以上の資格を取得している場合、各々の資格名に重複計上している。

中核市（再掲）、取得している広告可能な医師の専門性に関する資格名及び麻酔科の標榜資格（複数回答）別（12－1）

数

平成28年12月31日現在

泌尿器科専門医	脳神経外科専門医	神経内科専門医	放射線科専門医	麻酔科専門医	病理専門医	救急科専門医	形成外科専門医	呼吸器専門医	循環器専門医
6 111	6 929	5 873	7 222	1 997	3 896	2 171	2 604	5 594	12 558
289	362	173	411	92	140	97	91	227	551
66	50	40	59	22	26	9	17	36	70
67	72	41	47	13	41	20	19	48	96
102	111	90	125	35	66	44	62	116	183
64	59	25	36	23	15	7	16	27	83
63	62	47	41	13	22	10	23	42	106
90	94	69	75	20	46	21	26	44	141
98	159	76	126	31	63	27	38	115	208
79	80	57	108	30	62	27	39	82	150
98	90	86	120	34	38	13	37	96	175
240	274	181	289	73	154	93	78	197	488
227	262	178	260	70	168	97	102	214	422
663	857	795	982	336	560	421	262	848	1 676
389	412	338	483	119	303	162	144	336	727
86	122	87	76	28	37	26	39	100	151
49	68	57	71	25	24	17	22	49	113
66	82	79	73	36	29	31	29	56	158
41	49	49	41	13	33	8	13	33	95
45	56	32	42	9	18	10	20	28	78
92	105	65	122	36	85	49	43	79	175
76	105	54	80	27	54	19	30	79	231
163	196	106	153	53	75	52	74	146	276
298	331	259	301	107	170	76	122	332	673
77	92	74	60	21	35	10	35	45	194
59	74	63	79	27	39	20	24	42	153
165	168	207	192	56	120	52	88	134	362
503	535	529	563	125	381	191	185	409	1 035
266	289	272	325	78	174	100	104	215	671
89	74	85	73	24	49	19	27	60	142
40	70	46	58	12	35	7	37	36	96
28	27	35	39	16	16	5	17	39	53
37	35	35	58	10	24	8	20	28	61
90	120	124	138	35	71	53	73	120	189
132	176	135	173	27	91	29	64	149	286
83	98	83	88	19	37	13	32	40	182
54	59	52	56	16	32	19	26	40	115
72	68	66	70	22	25	19	38	47	133
97	95	110	84	25	29	28	31	47	155
57	61	37	49	14	34	17	33	32	83
278	305	376	354	89	180	108	134	312	711
52	52	54	59	14	31	11	23	31	91
82	72	75	86	21	38	34	23	106	154
109	92	127	131	19	56	17	70	115	188
70	75	71	82	17	32	20	31	65	133
62	59	77	81	17	26	13	35	35	87
100	109	99	115	28	37	17	75	61	143
58	66	57	88	20	75	25	33	56	115

第48表　医師数−(再掲) 医療施設従事医師数, 主たる従業地による都道府県−指定都市・特別区・

総

	総数	総合内科専門医	小児科専門医	皮膚科専門医	精神科専門医	外科専門医	整形外科専門医	産婦人科専門医	眼科専門医	耳鼻咽喉科専門医
指定都市・特別区(再掲)										
東 京 都 区 部	35 257	2 956	1 601	740	998	2 314	1 444	1 413	1 199	905
札 幌 市	6 614	451	275	142	219	424	321	222	196	157
仙 台 市	3 677	292	174	58	97	289	186	146	107	93
さ い た ま 市	2 304	209	158	49	67	153	91	79	99	57
千 葉 市	2 813	194	151	40	95	230	144	99	73	76
横 浜 市	8 442	645	438	202	308	533	424	354	278	217
川 崎 市	3 352	283	152	67	84	222	196	121	109	92
相 模 原 市	1 714	134	80	26	42	119	85	69	52	39
新 潟 市	2 352	219	114	44	54	133	142	80	79	71
静 岡 市	1 671	115	121	19	56	98	71	58	43	48
浜 松 市	2 138	182	97	39	54	165	106	91	67	54
名 古 屋 市	7 084	537	305	136	206	459	347	316	258	190
京 都 市	6 604	476	265	112	186	511	291	205	184	173
大 阪 市	9 299	674	327	136	165	580	468	351	360	250
堺 市	1 967	146	78	29	62	130	101	61	80	42
神 戸 市	4 943	419	254	72	146	322	276	192	179	116
岡 山 市	3 081	243	133	54	134	214	148	103	86	68
広 島 市	3 708	315	178	72	132	264	206	122	114	107
北 九 州 市	3 314	227	133	45	78	228	196	107	74	71
福 岡 市	6 027	457	246	99	166	421	305	215	159	115
熊 本 市	3 206	216	112	50	72	194	183	103	79	56
中核市(再掲)										
旭 川 市	1 339	90	78	30	24	84	80	45	39	39
函 館 市	801	33	25	15	18	61	48	24	19	14
青 森 市	668	37	30	17	22	44	37	18	17	15
盛 岡 市	1 240	62	58	29	28	91	56	54	39	30
秋 田 市	1 227	82	67	27	55	84	57	53	37	26
郡 山 市	836	40	34	11	37	64	40	31	27	24
い わ き 市	583	31	22	4	25	37	42	25	21	15
宇 都 宮 市	1 046	68	39	22	31	78	57	36	33	29
前 橋 市	1 581	131	80	31	39	108	80	51	46	29
高 崎 市	815	67	42	17	30	48	56	36	33	18
川 越 市	860	68	56	15	24	67	47	49	22	18
越 谷 市	745	55	29	17	25	49	38	30	20	13
船 橋 市	914	60	38	22	37	74	85	47	29	21
柏 市	1 025	69	32	12	23	107	28	38	23	25
八 王 子 市	1 129	79	41	18	66	78	49	33	25	23
横 須 賀 市	877	83	37	20	31	48	54	30	22	23
富 山 市	1 449	142	71	24	47	91	90	65	42	42
金 沢 市	1 866	165	92	41	69	124	89	63	51	41
長 野 市	937	65	33	14	28	64	54	32	22	17
岐 阜 市	1 659	150	86	30	45	91	82	66	56	51
豊 橋 市	767	48	34	14	24	39	44	34	27	23
豊 田 市	697	37	27	11	23	46	31	25	20	19
岡 崎 市	536	43	30	11	14	30	33	23	19	15
大 津 市	1 288	100	73	20	30	87	58	50	36	36
高 槻 市	1 387	103	60	17	33	93	63	47	49	27
東 大 阪 市	888	46	29	17	29	68	57	47	34	22
豊 中 市	869	79	31	17	39	48	42	34	34	31
枚 方 市	1 225	80	54	17	40	78	49	34	40	35
姫 路 市	1 160	94	50	15	23	93	67	45	56	30
西 宮 市	1 679	109	70	34	34	105	77	39	62	48
尼 崎 市	1 200	80	49	20	18	64	74	35	47	34
奈 良 市	945	64	37	26	32	48	69	43	39	28
和 歌 山 市	1 616	99	57	26	37	90	85	59	49	33
倉 敷 市	1 757	155	74	21	34	121	76	49	48	38
呉 市	758	67	27	10	21	51	45	21	25	17
福 山 市	997	65	41	11	21	97	57	31	25	29
下 関 市	714	41	24	12	23	47	41	19	17	14
高 松 市	1 199	110	55	21	22	81	85	40	38	34
松 山 市	1 623	122	55	28	48	125	83	61	56	49
高 知 市	1 257	90	40	22	51	90	81	37	34	30
久 留 米 市	1 815	94	111	27	59	149	69	67	35	31
長 崎 市	1 993	171	74	41	60	131	103	77	50	40
佐 世 保 市	662	43	24	9	19	46	35	27	13	17
大 分 市	1 237	81	62	24	48	85	73	46	29	23
宮 崎 市	1 507	108	52	27	36	114	92	55	42	37
鹿 児 島 市	2 510	154	94	42	83	171	130	97	70	49
那 覇 市	809	48	36	15	23	47	40	34	21	17

注：2つ以上の資格を取得している場合、各々の資格名に重複計上している。

中核市（再掲）、取得している広告可能な医師の専門性に関する資格名及び麻酔科の標榜資格（複数回答）別（12－2）

数

平成28年12月31日現在

泌尿器科専門医	脳神経外科専門医	放射線科専門医	麻酔科専門医	病理専門医	救急科専門医	形成外科専門医	リハビリテーション科専門医	呼吸器専門医	循環器専門医
521	654	667	810	289	406	361	191	686	1 351
133	181	106	233	60	79	60	53	116	285
63	61	71	83	25	37	32	37	81	124
39	39	42	55	7	36	19	9	36	95
57	60	57	67	23	36	25	24	71	88
165	187	131	248	48	132	78	67	160	311
50	74	82	66	23	52	25	22	55	133
39	27	32	37	17	20	15	4	29	68
44	56	54	40	17	22	19	24	59	82
24	26	10	29	11	17	12	14	28	64
48	41	39	60	21	22	15	32	58	68
127	125	127	146	55	74	29	54	160	287
117	130	175	151	48	92	44	54	109	262
186	195	221	208	48	137	88	70	157	347
32	32	27	38	9	34	16	12	49	84
88	101	104	112	33	64	45	34	80	255
44	65	69	96	20	31	29	31	60	113
60	87	66	97	17	48	15	33	95	153
54	62	85	90	21	52	23	39	62	137
104	110	147	151	39	46	49	34	113	249
61	58	96	93	15	46	12	46	77	127
34	27	22	52	13	14	6	8	31	61
18	20	10	28	4	9	9	4	6	30
16	14	8	13	4	5	2	3	6	17
30	30	26	32	10	28	15	5	28	56
34	31	17	23	16	9	5	9	19	52
22	24	23	22	6	10	4	1	9	39
15	15	8	7	2	8	4	7	4	18
17	22	9	23	7	16	9	12	25	41
29	30	43	49	19	17	6	11	38	68
20	20	10	18	4	3	3	7	14	36
16	20	11	35	7	15	9	4	7	21
20	18	6	21	8	16	4	3	19	27
14	21	9	29	4	15	10	10	13	41
10	19	29	19	8	8	11	4	23	29
15	34	15	19	7	25	6	4	15	44
21	16	17	18	5	13	5	5	13	32
26	40	31	38	16	12	9	13	27	60
32	40	59	44	23	15	13	19	37	92
18	25	12	24	4	15	9	10	19	33
31	36	33	51	15	29	8	11	33	105
17	14	8	16	3	1	2	5	13	36
8	11	4	9	3	11	4	2	14	32
9	4	10	5	4	3	3	5	13	21
25	26	22	41	12	21	6	10	24	55
25	33	28	38	11	20	13	18	23	65
19	16	25	13	5	17	7	5	9	31
14	15	11	18	3	8	3	14	22	31
29	20	27	32	9	15	11	5	15	48
25	36	26	30	8	10	9	13	31	49
28	32	40	50	12	28	7	13	25	64
20	22	17	29	4	18	7	12	15	51
28	18	18	22	7	19	7	6	20	37
21	43	34	42	7	17	5	24	16	53
31	33	44	30	12	34	17	22	32	46
16	19	19	17	4	11	2	4	11	29
23	23	22	26	1	14	7	15	12	33
19	22	16	14	6	3	2	8	7	40
33	29	23	30	8	6	9	23	28	72
46	42	46	43	12	18	12	12	23	63
31	36	22	31	6	27	14	20	18	48
26	31	56	40	18	29	17	14	43	108
41	30	36	45	12	12	20	12	61	73
15	18	13	15	3	12	5	3	15	29
25	30	19	34	5	16	12	13	25	50
30	30	57	51	14	15	8	14	18	48
55	60	60	79	22	23	11	37	43	85
17	19	8	21	3	11	7	6	11	27

第48表　医師数－(再掲)医療施設従事医師数, 主たる従業地による都道府県－指定都市・特別区・

総

	消化器病専門医	腎臓専門医	肝臓専門医	神経内科専門医	糖尿病専門医	内分泌代謝専門医	血液専門医	アレルギー専門医	リウマチ専門医
全　国	18 217	4 122	5 514	4 798	4 924	2 090	3 374	3 186	4 675
北　海　道	1 023	85	236	162	169	59	163	81	163
青　森	135	28	27	29	45	17	23	26	26
岩　手	131	23	47	62	35	5	24	30	41
宮　城	378	76	53	98	71	32	49	44	67
秋　田	167	34	35	31	40	5	37	27	33
山　形	153	26	34	37	37	14	25	12	31
福　島	204	59	58	61	54	19	40	36	54
茨　城	255	85	95	66	80	39	52	43	56
栃　木	237	67	69	78	58	36	53	78	62
群　馬	256	75	64	52	71	31	68	81	85
埼　玉	608	175	183	194	191	83	115	153	171
千　葉	618	111	212	194	142	85	113	137	175
東　京	2 268	743	776	731	734	316	552	516	571
神　奈　川	1 074	325	283	313	272	129	182	277	307
新　潟	256	85	87	118	54	20	61	32	56
富　山	169	35	58	36	67	27	23	31	35
石　川	219	63	90	52	61	33	43	44	56
福　井	155	35	44	30	27	12	32	24	46
山　梨	146	28	36	28	31	23	19	15	35
長　野	263	52	63	96	56	28	43	38	74
岐　阜	256	42	98	41	94	43	30	46	73
静　岡	435	98	106	110	88	70	55	90	129
愛　知	882	253	240	274	272	145	201	252	265
三　重	291	31	101	75	40	13	56	46	57
滋　賀	199	34	25	52	50	25	32	27	44
京　都	535	111	134	226	155	77	138	58	142
大　阪	1 475	304	478	306	464	190	266	226	390
兵　庫	888	145	247	143	244	82	125	118	236
奈　良	194	32	72	59	32	9	29	23	56
和　歌　山	212	35	49	25	79	21	15	13	24
鳥　取	94	18	40	50	27	19	17	22	30
島　根	125	15	51	50	36	21	21	9	24
岡　山	344	89	117	78	111	36	71	79	89
広　島	524	88	165	97	77	19	55	90	95
山　口	199	27	77	48	48	14	28	18	55
徳　島	164	20	39	34	43	28	31	23	40
香　川	184	39	62	26	54	21	30	27	45
愛　媛	245	34	98	28	78	16	44	23	66
高　知	123	26	32	25	43	13	19	17	34
福　岡	844	189	343	194	245	87	149	94	239
佐　賀	141	21	55	24	23	7	32	13	36
長　崎	222	47	72	48	44	15	39	30	68
熊　本	252	63	94	107	99	35	56	36	82
大　分	189	35	48	44	51	20	32	40	60
宮　崎	127	33	27	27	37	13	20	10	59
鹿　児　島	238	32	72	113	48	18	44	19	67
沖　縄	120	51	22	26	47	20	22	12	26

注：2つ以上の資格を取得している場合、各々の資格名に重複計上している。

中核市（再掲）、取得している広告可能な医師の専門性に関する資格名及び麻酔科の標榜資格（複数回答）別（12－3）数

平成28年12月31日現在

感染症専門医	心療内科専門医	呼吸器外科専門医	心臓血管外科専門医	乳腺専門医	気管食道専門医	消化器外科専門医	小児外科専門医	超音波専門医	細胞診専門医
1 222	340	1 437	2 058	1 377	1 032	6 353	569	1 741	2 121
36	14	49	117	47	23	256	9	46	138
8	6	10	22	6	3	49	4	5	27
3	6	7	14	7	6	55	7	19	26
22	18	30	35	26	10	133	15	29	69
11	–	17	12	6	5	56	5	28	32
4	3	10	24	11	8	40	2	11	16
12	5	21	31	17	13	76	10	15	30
10	3	28	46	22	9	107	13	33	46
16	3	26	25	18	26	106	8	53	27
14	1	20	28	35	16	91	10	6	25
43	9	57	81	61	53	250	31	66	79
47	17	53	76	58	38	266	30	65	87
246	59	180	292	210	183	740	69	262	348
77	18	86	122	73	84	372	35	95	133
21	5	17	28	13	10	127	11	10	29
4	4	13	18	9	13	67	4	7	22
8	1	17	22	9	7	69	7	7	26
8	1	7	14	9	8	52	1	6	15
3	–	8	12	9	9	38	5	10	14
14	5	24	30	27	11	86	11	22	29
12	3	13	29	21	20	103	4	13	18
30	7	44	60	30	18	163	13	38	49
58	17	68	111	68	57	318	35	72	66
14	1	22	31	13	19	109	7	15	20
5	4	23	17	14	12	67	5	11	26
24	4	53	47	39	42	154	19	50	43
53	28	110	163	142	67	515	42	184	139
34	10	53	80	57	44	300	21	98	64
18	4	10	27	14	15	87	5	30	23
4	3	9	13	17	7	65	3	17	14
6	–	11	14	4	7	51	–	12	26
5	1	6	12	10	1	34	2	16	21
23	5	32	34	29	8	96	11	36	29
17	5	35	39	33	26	166	13	45	42
10	2	19	22	6	2	76	4	28	19
9	1	16	16	12	7	54	4	23	20
13	2	22	14	10	8	61	6	32	22
20	2	22	22	18	15	88	6	31	26
6	2	10	16	8	7	28	4	12	11
101	38	77	94	63	41	314	39	66	91
11	1	5	15	5	7	36	4	13	15
56	–	18	26	15	8	73	4	18	22
18	2	14	23	21	16	100	10	26	19
16	3	19	16	14	16	80	2	11	18
14	–	13	16	9	8	47	1	15	13
18	13	19	21	16	12	88	13	26	29
20	4	14	31	16	7	44	5	8	18

第48表　医師数－（再掲）医療施設従事医師数, 主たる従業地による都道府県－指定都市・特別区・

総

	消化器病専門医	腎臓専門医	肝臓専門医	神経内科専門医	糖尿病専門医	内分泌代謝科専門医	血液専門医	アレルギー専門医	リウマチ専門医
指定都市・特別区（再掲）									
東京都区部	1 898	604	658	554	617	255	480	405	464
札幌市	546	57	128	114	96	33	107	44	82
仙台市	253	58	42	73	49	26	37	34	48
さいたま市	129	39	39	28	30	16	27	38	28
千葉市	131	22	47	57	46	27	27	44	43
横浜市	476	134	121	139	113	66	80	159	119
川崎市	191	58	72	51	55	20	30	29	64
相模原市	77	34	13	28	33	18	13	21	33
新潟市	120	42	47	71	31	10	37	10	23
静岡市	70	24	13	31	21	16	13	20	24
浜松市	133	34	35	29	26	28	20	28	37
名古屋市	385	128	122	144	119	74	112	92	108
京都市	400	90	102	192	127	70	130	42	105
大阪市	594	101	187	108	198	84	108	88	139
堺市	107	28	32	20	28	15	12	19	28
神戸市	312	50	86	53	103	42	51	41	89
岡山市	179	52	64	34	58	18	38	32	38
広島市	244	39	81	53	39	12	36	49	49
北九州市	199	35	70	23	47	23	41	10	55
福岡市	294	63	119	89	109	41	72	49	92
熊本市	157	48	62	65	65	28	44	20	45
中核市（再掲）									
旭川市	108	12	29	18	22	12	18	10	13
函館市	46	4	12	5	6	2	3	3	7
青森市	32	4	6	18	15	6	9	5	6
盛岡市	62	13	24	33	19	3	16	20	22
秋田市	87	24	23	17	26	4	26	18	17
郡山市	31	9	12	14	10	2	6	10	8
いわき市	43	11	11	9	12	1	4	1	7
宇都宮市	56	11	17	9	9	7	9	17	13
前橋市	86	31	25	21	31	14	36	30	29
高崎市	34	13	9	6	15	6	4	16	18
川越市	35	17	8	17	11	6	9	2	16
越谷市	32	6	6	18	15	5	3	14	8
船橋市	58	9	26	12	7	6	7	7	11
柏市	71	8	15	10	10	6	11	5	6
八王子市	47	16	16	15	14	5	12	15	10
横須賀市	53	17	16	10	3	3	12	8	13
富山市	82	17	28	20	30	16	14	15	19
金沢市	122	34	56	31	35	23	29	32	42
長野市	41	10	12	13	9	5	10	8	20
岐阜市	90	16	40	20	46	22	17	16	25
豊橋市	40	9	7	8	8	6	6	14	16
豊田市	36	10	9	10	12	6	7	8	13
岡崎市	29	8	5	9	6	2	8	5	8
大津市	80	16	12	17	22	14	18	11	11
高槻市	89	11	22	9	21	9	14	9	31
東大阪市	46	14	17	10	11	3	4	6	12
豊中市	47	10	14	24	20	4	9	8	8
枚方市	74	20	28	14	22	6	12	7	19
姫路市	75	6	20	17	22	3	7	12	20
西宮市	110	26	47	17	19	9	19	19	25
尼崎市	67	13	23	10	16	3	10	10	16
奈良市	52	11	18	18	7	-	4	3	16
和歌山市	105	24	29	18	46	17	13	8	13
倉敷市	95	28	34	28	32	13	28	21	35
呉市	53	17	18	11	7	1	6	7	8
福山市	71	12	29	15	12	4	5	4	16
下関市	36	9	11	6	4	1	9	2	11
高松市	82	17	33	13	26	7	16	13	23
松山市	102	17	40	13	33	5	20	11	31
高知市	72	15	14	16	27	9	11	9	23
久留米市	86	38	50	14	31	7	17	5	12
長崎市	120	27	40	17	22	8	25	17	35
佐世保市	36	8	8	8	6	1	7	3	12
大分市	83	18	19	15	21	5	13	12	22
宮崎市	79	22	19	21	31	9	14	4	39
鹿児島市	148	20	52	74	39	17	36	13	41
那覇市	32	7	5	4	10	4	2	4	8

注：2つ以上の資格を取得している場合、各々の資格名に重複計上している。

中核市（再掲）、取得している広告可能な医師の専門性に関する資格名及び麻酔科の標榜資格（複数回答）別（12－4）数

平成28年12月31日現在

感染症専門医	心療内科専門医	呼吸器外科専門医	心臓血管外科専門医	乳腺専門医	気管食道専門医	消化器外科専門医	小児外科専門医	超音波専門医	細胞診専門医
213	47	148	238	187	145	627	57	212	290
21	9	24	64	32	12	146	6	26	93
15	14	20	31	20	6	86	13	24	47
6	2	6	15	9	9	50	7	17	12
15	1	14	19	16	7	62	11	16	26
39	12	34	56	31	34	171	13	44	51
16	3	15	21	17	13	76	13	18	24
8	1	13	11	6	11	25	3	6	20
15	3	9	17	6	6	60	7	7	18
7	2	5	17	8	5	22	4	5	13
8	1	17	25	11	5	41	4	16	17
24	9	36	47	34	21	141	14	36	32
21	3	40	40	30	30	113	13	41	36
26	8	45	50	51	35	194	14	76	51
6	4	8	13	8	4	36	–	10	12
17	3	14	30	21	21	98	8	30	27
9	3	20	20	21	3	63	6	14	13
15	5	15	20	18	13	80	7	28	22
18	9	20	20	13	7	71	5	13	23
51	17	28	32	29	13	120	18	23	34
14	2	11	20	18	11	63	8	18	14
7	1	7	14	3	4	21	1	9	19
–	–	4	10	2	1	18	–	4	4
2	1	2	6	1	1	19	–	2	4
3	4	5	12	4	3	29	5	13	17
6	–	7	7	4	3	33	4	21	16
2	1	5	6	4	1	16	2	1	11
1	2	4	6	–	–	12	2	3	3
3	–	6	4	2	4	31	2	11	9
9	–	9	12	16	6	26	2	2	11
–	–	2	5	3	–	13	–	2	5
3	–	5	8	6	4	24	2	6	5
4	2	3	5	7	3	10	3	4	7
1	1	5	6	2	4	18	1	8	7
4	–	7	3	5	3	35	1	2	8
1	2	6	9	4	5	26	3	3	7
2	1	4	4	1	4	16	1	3	6
2	–	9	15	5	6	35	3	4	14
4	1	10	16	5	5	37	3	5	16
2	–	4	6	7	–	17	–	1	4
5	2	7	21	6	5	34	–	5	9
5	–	1	6	3	5	11	1	4	2
2	–	5	3	3	–	11	–	5	3
–	–	3	4	6	3	6	–	2	1
1	1	14	7	3	7	27	2	5	7
3	1	5	9	8	3	25	4	10	11
1	–	4	8	5	2	14	–	5	7
1	2	3	2	7	4	11	–	2	7
3	4	8	8	5	3	29	1	7	7
5	–	7	12	7	4	30	3	8	7
5	2	7	7	7	4	42	3	20	8
1	–	4	7	3	6	22	2	3	5
–	–	4	8	5	3	19	–	8	7
3	2	6	6	11	3	32	3	10	6
12	1	10	11	6	3	20	5	17	13
–	–	6	4	3	–	16	1	4	9
1	–	7	7	7	3	26	3	3	1
3	–	5	7	1	–	15	1	2	3
5	1	10	8	5	6	36	1	13	9
8	1	11	10	12	11	39	3	15	13
3	2	9	12	7	3	21	2	9	5
13	1	7	20	8	5	35	9	14	20
28	–	12	12	8	5	46	2	13	12
9	–	2	5	4	–	9	2	1	5
6	2	7	8	4	9	24	2	2	8
11	–	8	12	9	4	30	1	7	10
12	11	13	17	13	5	51	9	7	23
3	1	3	1	7	–	11	1	2	3

第48表　医師数−（再掲）医療施設従事医師数，主たる従業地による都道府県−指定都市・特別区・

総

	透析専門医	老年病専門医	消化器内視鏡専門医	臨床遺伝専門医	漢方専門医	レーザー専門医	気管支鏡専門医	核医学専門医	大腸肛門病専門医
全　　国	4 429	1 282	13 745	1 061	1 769	223	1 897	835	1 599
北　海　道	147	62	637	45	82	3	82	41	62
青　　森	26	6	106	5	15	2	12	3	12
岩　　手	26	4	90	4	13	−	10	5	4
宮　　城	50	19	235	30	33	2	42	21	22
秋　　田	30	5	120	14	21	−	4	9	9
山　　形	27	4	112	5	17	−	10	4	6
福　　島	44	12	193	7	33	−	25	19	16
茨　　城	90	17	216	16	35	7	46	5	23
栃　　木	73	16	228	21	34	4	50	5	27
群　　馬	78	13	207	9	31	3	21	17	17
埼　　玉	192	56	547	37	72	9	81	28	95
千　　葉	120	27	491	33	54	11	91	41	80
東　　京	690	247	1 842	237	227	50	252	116	238
神　奈　川	296	59	929	59	111	11	139	35	143
新　　潟	58	10	166	19	23	6	15	13	16
富　　山	44	16	165	6	27	3	26	8	15
石　　川	50	24	208	11	26	2	39	19	19
福　　井	25	10	135	6	7	1	19	7	17
山　　梨	41	2	93	7	10	−	5	4	10
長　　野	58	10	188	15	32	−	15	15	10
岐　　阜	49	18	183	5	26	2	29	20	17
静　　岡	109	18	362	24	39	6	44	24	45
愛　　知	232	77	594	55	80	24	126	36	65
三　　重	42	8	137	6	20	2	27	9	48
滋　　賀	49	18	139	26	20	3	19	14	9
京　　都	124	37	348	26	49	−	32	23	27
大　　阪	344	105	1 029	72	102	19	140	78	139
兵　　庫	143	53	567	48	75	14	68	30	62
奈　　良	63	10	164	10	14	−	23	12	23
和　歌　山	43	12	178	8	21	1	11	−	13
鳥　　取	16	5	64	11	12	1	8	7	12
島　　根	17	13	96	7	17	−	13	6	7
岡　　山	77	35	287	18	27	5	39	22	24
広　　島	123	43	371	31	41	−	42	14	50
山　　口	32	13	141	8	21	8	14	6	14
徳　　島	52	5	102	9	9	1	20	7	6
香　　川	54	13	141	7	20	−	24	19	8
愛　　媛	49	56	184	6	20	3	7	22	14
高　　知	28	24	88	8	12	1	9	4	7
福　　岡	187	48	578	35	99	9	85	21	59
佐　　賀	40	4	97	2	13	1	4	3	7
長　　崎	65	16	166	14	18	2	33	5	18
熊　　本	83	5	224	12	29	1	29	8	14
大　　分	61	5	191	7	22	2	22	11	20
宮　　崎	52	2	121	6	16	−	17	4	14
鹿　児　島	62	16	181	9	27	3	13	7	28
沖　　縄	68	4	104	5	17	1	15	8	8

注：2つ以上の資格を取得している場合、各々の資格名に重複計上している。

中核市（再掲）、取得している広告可能な医師の専門性に関する資格名及び麻酔科の標榜資格（複数回答）別（12－5）

数

平成28年12月31日現在

婦人科腫瘍専門医	ペインクリニック専門医	熱傷専門医	脳血管内治療専門医	がん薬物療法専門医	周産期（新生児）専門医	生殖医療専門医	小児神経専門医	一般病院連携精神医学専門医	麻酔科標榜医
686	1 316	291	889	1 033	1 074	503	934	241	10 078
30	70	13	37	48	31	18	35	16	495
3	9	6	5	6	3	2	6	1	65
6	12	2	4	4	13	1	6	-	94
16	18	6	12	23	13	10	17	1	205
7	14	1	9	5	16	5	9	2	47
3	9	3	4	6	10	1	3	4	48
6	15	2	6	7	7	11	7	7	96
13	29	3	14	6	25	4	15	1	148
9	41	4	8	4	21	11	15	5	189
6	33	5	17	10	16	11	11	7	140
30	45	10	23	24	35	16	37	10	366
25	33	17	34	40	30	21	39	15	339
130	197	45	106	160	215	111	156	45	1 264
43	68	16	65	61	77	40	43	16	622
12	14	3	9	10	27	10	11	2	93
7	16	3	11	15	12	1	9	2	71
5	20	4	3	27	6	2	10	2	83
4	5	1	10	6	10	3	4	1	69
4	5	1	3	5	10	3	10	3	63
10	34	5	9	14	8	5	12	2	177
9	16	5	18	21	10	6	10	4	124
13	24	1	15	16	26	9	27	2	198
25	53	15	56	66	67	32	39	13	583
7	12	3	19	10	14	6	6	3	95
13	15	-	15	4	14	7	21	-	109
14	38	6	42	27	25	7	38	7	249
60	110	31	71	104	74	40	65	21	824
15	54	6	44	43	48	20	45	8	489
9	17	3	6	6	9	-	3	2	98
3	17	-	11	6	9	2	7	1	68
5	6	1	4	7	9	5	9	1	59
5	12	1	6	9	6	6	5	5	70
9	32	7	9	30	14	10	27	6	245
17	30	2	29	28	26	4	17	8	238
6	9	3	13	5	8	5	9	1	133
4	5	1	6	11	3	11	10	4	93
3	12	1	9	12	9	-	17	1	128
8	19	5	9	17	11	4	13	2	132
-	9	1	9	4	5	3	5	1	83
42	50	18	43	55	41	14	36	2	498
3	14	3	6	14	3	-	3	-	67
9	15	11	8	13	9	4	12	-	103
10	12	7	6	16	7	6	11	-	196
8	14	2	12	9	13	6	13	1	114
5	12	2	12	7	7	-	7	-	106
8	11	4	14	9	11	4	10	2	186
7	11	2	8	3	11	6	14	4	116

第48表　医師数-（再掲）医療施設従事医師数, 主たる従業地による都道府県-指定都市・特別区・
総

	透析専門医	老年病専門医	消化器内視鏡専門医	臨床遺伝専門医	漢方専門医	レーザー専門医	気管支鏡専門医	核医学専門医	大腸肛門病専門医
指定都市・特別区（再掲）									
東京都区部	556	196	1 521	194	179	45	196	93	209
札幌市	88	38	355	33	32	3	51	23	33
仙台市	31	10	153	28	21	1	28	18	15
さいたま市	39	9	114	7	17	3	19	7	22
千葉市	16	9	102	20	18	5	39	17	10
横浜市	129	20	406	32	62	5	51	21	55
川崎市	53	17	170	10	9	-	35	5	32
相模原市	33	2	80	5	9	1	15	5	16
新潟市	31	4	81	15	7	4	12	9	8
静岡市	20	2	55	5	6	2	5	5	7
浜松市	40	3	104	14	11	2	20	9	17
名古屋市	111	33	255	32	35	11	57	18	21
京都市	102	30	258	23	40	-	27	23	17
大阪市	127	36	421	22	35	11	45	34	59
堺市	32	15	61	4	10	3	22	3	9
神戸市	43	23	197	26	27	7	16	14	18
岡山市	43	18	143	12	20	3	26	11	11
広島市	60	18	168	23	16	-	27	7	26
北九州市	34	6	138	5	18	-	30	4	13
福岡市	54	28	188	22	40	3	23	7	19
熊本市	56	4	131	10	16	1	24	8	7
中核市（再掲）									
旭川市	19	5	57	8	7	-	9	7	10
函館市	5	2	40	-	5	-	2	2	7
青森市	5	1	27	1	6	1	4	-	5
盛岡市	13	3	45	3	6	-	5	4	2
秋田市	22	3	62	13	8	-	3	6	5
郡山市	7	2	41	2	6	-	5	7	2
いわき市	11	3	33	1	6	-	1	3	2
宇都宮市	16	4	62	2	8	-	11	-	6
前橋市	18	4	51	3	10	1	7	11	7
高崎市	21	4	44	1	6	1	2	2	2
川越市	15	4	31	1	8	-	6	3	4
越谷市	9	-	28	3	3	1	5	2	9
船橋市	8	3	49	1	4	1	7	2	6
柏市	6	3	46	4	4	-	10	3	10
八王子市	13	3	46	4	4	-	11	4	7
横須賀市	9	-	40	-	1	-	5	1	4
富山市	19	8	85	5	15	2	17	4	4
金沢市	22	14	114	7	15	1	26	14	10
長野市	9	-	27	-	8	-	2	1	4
岐阜市	21	9	63	2	7	-	18	10	7
豊橋市	15	4	26	2	5	1	6	1	5
豊田市	8	1	29	-	5	-	5	1	8
岡崎市	8	1	21	1	2	-	6	-	15
大津市	18	7	66	16	11	2	13	8	6
高槻市	8	4	63	5	5	-	7	4	6
東大阪市	13	2	30	1	4	-	5	2	5
豊中市	10	5	30	3	8	-	7	2	3
枚方市	19	-	43	5	2	-	8	6	4
姫路市	10	1	50	4	9	1	8	1	6
西宮市	16	9	68	8	8	2	8	4	17
尼崎市	16	4	51	5	10	1	3	2	5
奈良市	22	1	42	2	2	-	4	1	7
和歌山市	27	7	84	6	14	1	6	-	6
倉敷市	21	7	84	4	4	2	11	9	10
呉市	14	-	36	5	3	-	5	1	7
福山市	15	7	57	2	10	-	3	3	6
下関市	8	1	20	-	5	1	2	2	1
高松市	24	2	60	2	10	-	15	6	3
松山市	29	27	80	2	9	-	5	10	9
高知市	20	15	52	2	12	-	6	2	6
久留米市	33	-	63	4	7	2	8	4	12
長崎市	33	9	81	8	6	1	17	5	10
佐世保市	12	3	30	2	5	-	6	-	4
大分市	31	2	77	-	9	-	7	6	9
宮崎市	28	1	72	3	8	-	9	3	12
鹿児島市	36	8	94	5	13	1	7	6	18
那覇市	15	2	30	9	9	-	4	2	2

注：2つ以上の資格を取得している場合、各々の資格名に重複計上している。

中核市（再掲）、取得している広告可能な医師の専門性に関する資格名及び麻酔科の標榜資格（複数回答）別（12－6）数

平成28年12月31日現在

婦人科腫瘍専門医	ペインクリニック専門医	熱傷専門医	脳血管内治療専門医	がん薬物療法専門医	周産期（新生児）専門医	生殖医療専門医	小児神経専門医	一般病院連携精神医学専門医	麻酔科標榜医
106	156	30	91	138	180	99	97	37	1 056
18	38	9	23	35	14	13	17	16	269
11	13	5	11	16	11	8	15	1	146
4	9	1	3	2	12	5	12	3	77
7	6	6	9	7	12	8	14	1	86
20	31	5	28	30	46	20	24	8	307
8	13	3	17	12	10	6	7	1	89
6	7	2	3	4	8	1	5	1	61
9	9	3	8	6	12	5	9	1	51
1	3	-	2	-	5	1	10	-	39
5	10	1	4	6	15	5	15	1	65
14	28	8	23	47	34	23	11	7	274
13	26	5	37	26	23	7	25	5	193
27	28	11	23	40	29	17	29	8	321
4	11	2	5	5	5	1	4	1	60
5	15	1	18	20	23	10	17	4	185
5	21	1	6	20	6	8	21	3	150
10	17	1	21	15	19	4	9	3	120
11	14	9	8	11	12	3	11	-	108
19	17	3	17	29	23	8	17	1	202
7	12	5	4	14	7	6	5	-	135
4	14	2	3	6	7	3	5	-	71
3	3	1	4	1	1	-	2	-	27
-	1	-	2	2	2	1	2	-	14
6	8	2	3	3	9	1	4	-	51
7	6	1	6	4	13	3	8	1	31
-	4	2	1	-	3	-	2	2	14
3	3	-	1	1	1	2	-	-	13
1	8	-	3	2	1	3	1	1	46
1	8	4	8	4	5	5	5	1	42
2	5	-	3	1	1	6	1	1	22
2	2	-	1	3	7	2	3	-	40
2	8	1	5	6	1	1	4	1	35
2	3	1	5	2	2	1	-	2	29
3	3	-	-	21	-	2	2	1	28
2	3	3	2	3	-	-	4	-	25
2	1	-	3	-	2	-	1	1	26
4	7	1	9	13	12	1	8	2	44
5	11	1	1	21	6	1	6	2	42
3	7	1	2	2	-	1	3	1	35
5	7	-	9	13	9	3	6	3	56
3	1	1	4	-	3	1	1	-	25
2	3	-	2	4	3	2	2	-	21
1	1	-	2	3	2	1	3	-	8
6	6	-	9	3	9	4	6	-	50
7	12	2	5	4	8	1	4	5	49
-	-	1	1	-	-	4	-	-	24
-	6	-	1	4	1	2	4	1	29
1	6	3	5	5	4	3	2	-	42
-	5	1	6	4	5	4	4	-	37
1	12	2	9	1	4	4	5	-	63
2	6	-	5	2	5	-	2	1	50
3	5	2	3	2	4	-	2	-	30
2	13	-	9	6	6	1	5	-	39
4	8	5	3	5	7	2	2	1	62
4	5	1	4	4	2	-	-	1	22
2	4	-	1	8	2	-	2	2	37
-	1	-	1	1	1	-	-	-	21
2	6	-	2	5	5	-	6	-	56
4	13	4	4	12	7	3	6	1	59
-	6	-	6	2	2	2	3	1	54
6	6	2	8	7	2	-	2	-	67
6	6	6	4	10	6	4	6	-	46
3	4	2	2	-	2	-	-	-	20
2	8	1	6	2	7	1	6	1	40
5	6	3	4	6	6	3	6	-	67
8	7	4	8	8	10	3	6	2	130
-	2	-	-	3	-	-	3	-	32

第48表　医師数－（再掲）医療施設従事医師数，主たる従業地による都道府県－指定都市・特別区・

（再掲）医療施設

	総　数	総合内科専門医	小児科専門医	皮膚科専門医	精神科専門医	外科専門医	整形外科専門医	産婦人科専門医	眼科専門医	耳鼻咽喉科専門医
全　国	304 759	22 522	13 551	5 609	9 177	21 168	16 463	11 242	9 812	7 687
北　海　道	12 755	782	529	257	406	841	683	400	357	309
青　森	2 563	131	107	53	82	190	159	94	67	60
岩　手	2 458	114	103	49	72	174	120	99	75	54
宮　城	5 404	409	226	87	164	433	279	211	156	134
秋　田	2 257	130	97	38	93	163	131	94	67	54
山　形	2 443	160	99	48	79	163	167	96	76	61
福　島	3 720	230	167	43	136	273	206	133	124	103
茨　城	5 240	401	214	95	141	383	273	200	173	115
栃　木	4 285	293	183	76	103	332	203	165	124	106
群　馬	4 430	374	237	88	139	327	257	167	135	83
埼　玉	11 667	925	579	241	349	849	601	473	418	306
千　葉	11 843	784	494	215	363	950	647	452	353	286
東　京	41 445	3 420	1 989	892	1 295	2 756	1 786	1 684	1 462	1 083
神　奈　川	18 784	1 453	883	400	616	1 246	1 024	760	623	484
新　潟	4 386	396	208	80	113	263	279	154	144	116
富　山	2 566	227	121	60	78	172	162	91	97	74
石　川	3 230	268	140	70	103	221	174	106	95	81
福　井	1 922	136	90	33	49	145	116	70	57	68
山　梨	1 924	138	102	39	50	145	124	78	66	57
長　野	4 724	347	246	77	131	328	265	148	130	105
岐　阜	4 223	344	180	77	120	255	234	159	153	121
静　岡	7 404	571	356	128	209	557	383	290	231	201
愛　知	15 595	1 114	720	322	443	1 008	825	610	560	462
三　重	3 924	344	160	66	116	290	227	141	127	112
滋　賀	3 121	230	179	51	81	210	175	125	89	85
京　都	8 203	579	351	142	228	652	429	261	248	228
大　阪	23 886	1 680	948	388	608	1 646	1 240	914	902	627
兵　庫	13 382	1 049	614	214	324	923	786	478	528	345
奈　良	3 297	271	117	63	107	222	233	115	108	99
和　歌　山	2 768	175	107	43	67	170	159	105	80	58
鳥　取	1 699	122	100	25	50	114	93	58	55	34
島　根	1 879	153	85	31	72	122	100	66	53	48
岡　山	5 752	466	245	90	208	397	284	178	166	138
広　島	7 224	569	315	133	241	558	437	228	228	195
山　口	3 436	205	132	62	117	243	202	111	94	86
徳　島	2 369	205	88	40	78	140	127	80	68	55
香　川	2 683	207	131	44	74	172	181	84	84	72
愛　媛	3 609	271	156	59	96	257	217	129	125	109
高　知	2 206	168	75	43	84	145	137	61	61	52
福　岡	15 188	1 054	672	243	462	1 066	868	506	398	303
佐　賀	2 292	186	107	40	76	138	155	67	60	52
長　崎	4 042	287	162	71	133	261	226	157	100	83
熊　本	5 001	322	173	83	139	310	318	156	134	98
大　分	3 115	205	131	49	100	243	183	98	82	57
宮　崎	2 613	154	93	43	73	196	184	92	81	60
鹿　児　島	4 304	241	166	76	158	289	241	148	114	94
沖　縄	3 498	232	174	42	151	230	163	150	84	74

注：2つ以上の資格を取得している場合、各々の資格名に重複計上している。

中核市（再掲）、取得している広告可能な医師の専門性に関する資格名及び麻酔科の標榜資格（複数回答）別（12－7）

従 事 医 師 数

平成28年12月31日現在

泌尿器科専門医	脳神経外科専門医	放射線科専門医	麻酔科専門医	病理専門医	救急科専門医	形成外科専門医	リハビリテーション科専門医	呼吸器専門医	循環器専門医
6 003	6 763	5 687	7 107	1 603	3 795	2 141	2 516	5 414	12 170
287	358	170	410	70	135	96	90	216	535
66	49	37	58	15	26	9	14	35	70
65	70	40	47	9	39	20	19	44	93
101	110	82	123	29	66	43	57	112	178
64	59	25	35	18	15	7	16	27	80
63	59	47	41	11	22	10	22	41	103
89	92	68	75	16	45	21	24	44	141
98	153	69	120	27	63	26	36	110	202
77	78	55	108	23	61	26	35	78	147
95	88	84	120	28	38	13	35	95	170
234	269	178	283	62	152	93	74	194	479
223	257	166	258	58	165	96	98	204	413
652	828	769	964	248	526	415	255	798	1 591
375	398	333	476	105	295	160	140	331	705
83	118	84	76	25	36	25	37	99	147
46	65	57	70	14	24	16	21	47	112
66	81	77	73	21	28	28	28	56	156
40	49	49	41	6	32	8	12	32	94
44	55	30	40	9	18	10	20	27	78
90	105	65	121	28	84	48	42	77	172
76	102	54	80	23	53	19	27	77	226
162	191	106	152	47	75	52	71	143	272
296	325	246	298	86	167	76	118	318	652
75	87	73	58	18	35	10	35	43	185
56	73	60	78	21	38	19	24	41	148
163	153	187	185	43	115	52	85	129	348
496	527	519	554	116	371	190	181	404	991
262	286	269	321	70	173	99	100	209	646
89	74	83	72	22	48	19	26	59	139
40	69	46	56	11	34	7	37	36	94
27	27	35	39	11	16	5	17	38	53
37	35	35	58	9	24	8	20	28	59
88	113	122	135	31	69	52	71	119	186
130	173	125	172	22	89	28	59	145	275
83	98	81	88	10	37	13	30	38	175
53	58	52	55	9	30	19	26	39	108
71	66	60	69	16	24	19	36	45	129
96	95	106	83	25	27	28	31	46	150
55	61	37	49	9	34	17	33	31	83
272	295	364	331	64	174	104	130	304	687
50	52	52	59	14	31	10	23	30	90
80	70	74	85	19	37	34	22	105	153
105	89	122	129	16	55	17	69	110	182
68	72	70	81	14	32	20	30	63	133
61	58	72	79	14	25	13	34	34	85
99	108	95	115	24	37	16	73	59	142
55	65	57	87	17	75	25	33	54	113

第48表　医師数−(再掲)医療施設従事医師数，主たる従業地による都道府県−指定都市・特別区・

(再掲)医療施設

	総数	総合内科専門医	小児科専門医	皮膚科専門医	精神科専門医	外科専門医	整形外科専門医	産婦人科専門医	眼科専門医	耳鼻咽喉科専門医
指定都市・特別区（再掲）										
東京都区部	32 963	2 745	1 495	725	918	2 248	1 403	1 385	1 185	888
札幌市	6 322	436	255	141	213	414	316	220	195	156
仙台市	3 489	281	165	57	94	282	184	141	105	89
さいたま市	2 203	203	152	49	62	152	90	79	99	57
千葉市	2 637	185	144	40	85	224	140	98	73	74
横浜市	8 129	626	417	200	290	526	420	346	275	214
川崎市	3 230	273	144	66	78	218	193	118	109	91
相模原市	1 657	133	79	26	37	118	85	69	52	38
新潟市	2 160	208	107	43	49	130	138	80	78	69
静岡市	1 611	110	117	19	51	97	70	56	43	46
浜松市	2 040	180	94	38	53	163	100	89	67	54
名古屋市	6 650	518	294	133	198	451	342	305	257	185
京都市	6 161	451	240	111	167	499	282	197	181	170
大阪市	8 841	645	308	135	160	571	462	338	357	245
堺市	1 906	145	76	29	59	130	101	61	79	42
神戸市	4 669	393	247	71	136	317	269	181	174	116
岡山市	2 958	239	129	52	128	208	148	103	86	68
広島市	3 537	299	171	71	127	262	206	119	112	107
北九州市	3 108	221	127	44	73	222	190	103	73	68
福岡市	5 687	439	237	96	162	409	297	207	157	111
熊本市	3 057	207	104	48	66	185	180	100	78	55
中核市（再掲）										
旭川市	1 290	89	73	29	23	84	80	42	39	38
函館市	773	33	25	15	18	57	48	23	19	14
青森市	631	35	29	15	21	43	37	16	17	15
盛岡市	1 163	62	55	27	27	89	54	53	38	29
秋田市	1 159	79	64	26	54	81	57	52	37	24
郡山市	818	39	34	10	37	64	39	31	27	23
いわき市	561	29	20	4	25	37	42	25	21	13
宇都宮市	1 006	64	38	21	26	78	57	35	33	29
前橋市	1 487	129	75	30	34	107	78	46	45	29
高崎市	790	65	41	17	30	48	55	36	32	18
川越市	840	65	56	14	22	67	47	49	22	18
越谷市	727	53	28	17	22	49	38	30	20	13
船橋市	884	58	37	22	36	73	85	46	29	20
柏市	991	66	32	12	23	106	27	38	23	25
八王子市	1 091	79	41	18	63	77	49	33	25	23
横須賀市	849	79	35	20	30	47	54	30	22	23
富山市	1 361	132	71	23	47	90	88	62	42	40
金沢市	1 764	161	87	41	68	124	88	62	51	41
長野市	891	64	31	14	28	62	52	29	22	17
岐阜市	1 597	147	82	29	45	89	81	64	55	51
豊橋市	742	48	34	14	24	39	44	34	26	22
豊田市	663	35	26	11	21	45	31	25	20	19
岡崎市	488	42	30	11	13	29	33	23	19	14
大津市	1 216	96	69	19	30	85	57	48	36	36
高槻市	1 346	102	60	17	33	92	62	47	49	27
東大阪市	864	45	28	17	29	66	57	47	34	22
豊中市	806	73	29	17	34	46	41	27	34	30
枚方市	1 175	80	54	17	39	78	49	33	40	33
姫路市	1 135	89	50	14	23	92	67	44	56	30
西宮市	1 575	105	67	33	33	105	77	38	61	48
尼崎市	1 178	79	49	19	18	64	74	35	46	34
奈良市	919	64	36	26	32	48	69	42	39	28
和歌山市	1 557	91	55	26	33	90	85	59	48	33
倉敷市	1 703	153	71	21	34	121	76	49	48	37
呉市	730	46	27	10	20	50	43	21	25	17
福山市	967	65	39	11	21	96	56	31	25	28
下関市	697	41	24	12	23	47	41	19	17	14
高松市	1 146	109	52	20	22	78	85	39	38	34
松山市	1 576	118	54	27	47	124	82	60	56	49
高知市	1 225	89	39	21	49	88	81	37	33	29
久留米市	1 724	91	104	26	58	143	67	66	35	31
長崎市	1 874	160	69	40	58	125	100	77	50	40
佐世保市	653	41	24	9	19	44	35	27	13	17
大分市	1 197	79	59	22	47	83	73	45	29	23
宮崎市	1 420	102	50	26	35	113	90	52	42	36
鹿児島市	2 417	152	91	42	77	171	129	97	70	48
那覇市	781	46	35	15	23	47	39	34	21	17

注：2つ以上の資格を取得している場合、各々の資格名に重複計上している。

中核市（再掲）、取得している広告可能な医師の専門性に関する資格名及び麻酔科の標榜資格（複数回答）別（12－8）

従事医師数

平成28年12月31日現在

泌尿器科専門医	脳神経外科専門医	神経内科専門医	放射線科専門医	麻酔科専門医	病理専門医	救急科専門医	形成外科専門医	リハビリテーション科専門医	呼吸器専門医	循環器専門医
511	629	643	798	208	380	356	188		639	1 278
132	181	104	232	43	77	59	52		110	276
63	61	64	82	19	37	31	35		77	119
38	39	42	54	7	35	19	7		35	95
54	59	48	66	18	34	24	22		66	84
155	181	130	244	43	129	77	65		157	300
49	71	81	66	21	51	25	22		55	125
38	25	32	36	14	20	15	3		29	67
44	53	53	40	14	21	19	22		58	78
24	25	10	29	11	17	12	13		27	64
48	40	39	60	16	22	15	30		58	65
125	125	120	145	41	73	29	54		152	275
115	116	157	144	36	87	44	51		104	250
185	191	218	206	46	131	88	68		154	332
32	32	27	38	8	34	16	12		48	84
86	99	103	111	27	64	44	32		79	242
44	61	68	95	17	31	28	31		59	112
60	86	59	96	13	47	15	32		91	143
53	61	79	86	14	48	23	38		60	132
101	106	143	138	30	45	48	32		108	237
60	56	93	91	12	45	12	45		72	121
34	27	22	52	9	13	6	8		31	60
18	20	9	28	4	9	9	4		6	30
16	14	8	13	4	5	2	2		6	17
29	30	26	32	9	26	15	5		27	54
34	31	17	22	11	9	5	9		19	49
22	23	23	22	6	10	4	1		9	39
15	15	7	7	2	8	4	7		4	18
17	22	9	23	7	16	9	12		23	41
29	29	43	49	13	17	6	10		32	65
19	20	10	18	4	3	3	6		14	34
16	20	11	35	5	15	9	4		7	21
20	18	6	21	8	16	4	2		19	25
14	21	8	29	4	15	10	10		13	41
10	18	27	19	4	8	11	4		22	29
15	34	15	15	7	22	6	3		15	44
21	15	17	18	4	13	5	4		13	32
24	38	31	38	6	12	9	13		25	60
32	40	57	44	14	15	13	18		37	91
18	25	12	24	4	15	9	10		19	31
31	36	33	51	11	29	8	8		32	104
17	14	8	16	3	1	2	5		13	36
8	11	4	9	3	11	4	2		12	31
9	4	9	4	3	3	3	4		12	21
25	25	22	40	6	20	5	10		23	52
25	32	28	38	10	19	13	18		22	62
19	16	25	13	5	17	7	5		9	30
13	14	11	17	3	8	3	14		22	27
29	20	26	32	7	14	11	5		15	46
25	36	26	29	8	10	9	13		30	49
27	32	39	49	10	28	7	12		22	58
20	22	17	29	4	18	7	12		14	49
28	18	18	21	7	19	7	6		20	37
21	42	34	42	6	16	5	24		16	51
31	31	43	30	12	32	17	21		32	44
15	18	19	17	4	11	2	3		11	28
23	22	22	26	1	14	7	15		12	33
19	22	15	14	6	3	2	8		7	38
32	28	22	30	7	5	9	23		27	70
46	42	45	43	12	17	12	12		23	62
31	36	22	31	6	27	14	20		18	48
25	28	56	37	9	28	15	14		42	106
40	29	35	45	10	11	20	11		60	72
15	18	13	14	3	12	5	3		15	29
24	29	18	34	5	16	12	13		26	50
29	29	54	51	11	14	8	13		18	46
55	59	59	79	19	23	10	36		41	84
16	19	8	20	3	11	7	6		11	27

第48表　医師数−(再掲)医療施設従事医師数，主たる従業地による都道府県−指定都市・特別区・

(再掲)医療施設

	消化器病専門医	腎臓専門医	肝臓専門医	神経内科専門医	糖尿病専門医	内分泌代謝科専門医	血液専門医	アレルギー専門医	リウマチ専門医
全　　国	17 814	3 988	5 384	4 518	4 768	2 003	3 167	3 106	4 563
北　海　道	1 002	83	229	157	167	58	156	79	163
青　　森	134	27	27	26	44	17	22	25	25
岩　　手	128	21	45	61	35	5	24	30	40
宮　　城	365	73	51	94	71	30	48	42	65
秋　　田	160	34	34	30	40	5	35	27	31
山　　形	146	25	30	35	36	13	24	12	30
福　　島	201	56	58	60	53	18	39	36	53
茨　　城	251	77	94	56	78	37	52	41	55
栃　　木	234	65	67	75	55	36	48	77	59
群　　馬	254	75	64	50	69	31	65	79	85
埼　　玉	597	171	179	181	189	81	108	151	167
千　　葉	604	109	204	184	137	83	106	132	170
東　　京	2 184	707	741	675	695	299	492	495	552
神　奈　川	1 053	321	279	303	271	126	174	273	293
新　　潟	251	78	86	105	54	20	54	31	55
富　　山	167	35	58	34	62	25	22	30	35
石　　川	217	61	89	52	61	32	42	43	55
福　　井	152	34	43	25	27	12	28	24	44
山　　梨	146	28	36	26	31	23	18	14	35
長　　野	259	52	59	94	56	28	39	37	72
岐　　阜	249	41	97	39	93	42	30	45	73
静　　岡	432	95	105	109	84	67	54	87	128
愛　　知	863	247	232	254	263	143	184	248	259
三　　重	286	30	98	71	38	12	56	46	56
滋　　賀	196	34	12	44	49	24	30	27	44
京　　都	522	103	132	212	151	67	120	53	136
大　　阪	1 444	295	469	286	438	177	251	221	381
兵　　庫	870	140	245	137	231	77	118	113	231
奈　　良	192	28	70	57	30	9	29	22	55
和　歌　山	211	33	49	24	77	18	15	13	24
鳥　　取	92	18	38	47	27	18	17	21	29
島　　根	122	15	51	50	35	20	21	9	23
岡　　山	338	89	115	75	110	34	68	78	89
広　　島	511	85	160	86	73	17	50	89	92
山　　口	196	27	75	47	48	14	27	18	55
徳　　島	159	18	39	34	39	25	31	21	39
香　　川	183	38	61	22	53	21	30	25	44
愛　　媛	243	33	97	27	77	15	43	22	64
高　　知	120	26	31	25	42	13	18	17	34
福　　岡	826	186	338	185	242	85	143	93	232
佐　　賀	133	21	55	24	22	7	30	13	36
長　　崎	212	46	70	46	41	14	36	30	65
熊　　本	248	62	93	98	96	34	55	36	82
大　　分	185	34	46	41	48	20	32	40	57
宮　　崎	122	32	27	25	35	13	20	10	58
鹿　児　島	234	31	71	104	48	18	43	19	67
沖　　縄	120	49	22	26	47	20	20	12	26

注：2つ以上の資格を取得している場合、各々の資格名に重複計上している。

中核市（再掲）、取得している広告可能な医師の専門性に関する資格名及び麻酔科の標榜資格（複数回答）別（12-9）

従 事 医 師 数

平成28年12月31日現在

感染症専門医	心療内科専門医	呼吸器外科専門医	心臓血管外科専門医	乳腺専門医	気管食道専門医	消化器外科専門医	小児外科専門医	超音波専門医	細胞診専門医
1 141	305	1 422	2 028	1 354	1 016	6 236	545	1 699	1 919
34	11	48	116	46	23	251	8	44	128
7	6	9	22	6	3	48	4	5	22
3	6	7	14	7	6	52	7	19	23
22	16	30	34	26	10	131	15	28	62
11	–	17	11	6	5	55	5	28	31
4	2	10	23	10	8	39	2	11	15
12	4	20	31	17	13	74	10	15	26
10	3	28	46	21	9	103	13	33	43
16	3	24	25	18	24	106	8	52	26
13	1	20	28	34	15	89	9	6	22
39	8	56	81	60	53	246	30	65	75
45	16	53	74	57	37	262	28	62	80
219	51	179	285	205	181	722	65	253	306
71	17	85	121	71	82	368	31	94	128
20	4	17	26	13	9	124	10	10	28
3	4	13	18	9	13	66	4	7	17
8	1	17	22	7	7	69	6	7	21
5	1	7	14	8	8	51	1	6	11
3	–	8	11	9	9	37	5	9	13
14	5	24	30	27	11	83	11	22	22
11	3	13	29	21	20	102	4	13	16
30	7	44	58	29	18	162	12	37	47
53	16	67	110	67	56	308	33	71	56
14	1	22	30	13	19	109	7	14	19
4	3	23	17	14	12	67	5	11	25
22	4	53	45	38	40	152	19	48	37
50	26	108	163	141	66	509	40	177	135
31	9	53	78	56	44	295	21	95	59
16	4	10	27	14	14	86	5	30	21
4	2	9	13	17	7	65	3	17	14
6	–	11	14	3	6	49	–	12	23
5	1	6	12	10	1	34	1	15	19
23	4	32	33	28	8	93	11	36	28
16	5	35	39	33	25	163	13	43	41
10	2	19	22	6	2	76	4	27	12
8	1	16	16	12	7	54	4	23	16
12	1	22	14	10	8	59	6	30	17
19	2	22	21	18	15	87	6	30	25
5	2	10	16	8	7	27	4	12	8
96	32	77	93	63	41	306	37	65	78
11	1	5	14	5	7	35	4	13	15
54	–	18	25	15	8	69	4	18	21
15	2	13	23	21	16	98	9	26	18
16	3	18	16	14	16	79	2	11	18
14	–	12	16	9	8	47	1	15	10
17	11	19	21	16	12	85	13	26	27
20	4	13	31	16	7	44	5	8	15

第48表　医師数−（再掲）医療施設従事医師数，主たる従業地による都道府県−指定都市・特別区・

（再掲）医療施設

	消化器病専門医	腎臓専門医	肝臓専門医	神経内科専門医	糖尿病専門医	内分泌代謝科専門医	血液専門医	アレルギー専門医	リウマチ専門医
指定都市・特別区（再掲）									
東京都区部	1 818	574	623	520	581	240	423	385	447
札幌市	530	55	124	111	95	32	103	44	82
仙台市	242	55	41	69	49	24	36	32	46
さいたま市	126	37	38	27	30	16	26	38	28
千葉市	128	20	44	51	41	26	26	42	41
横浜市	466	133	120	138	113	64	78	157	115
川崎市	190	55	72	50	55	20	29	29	57
相模原市	75	34	13	27	32	17	13	20	32
新潟市	116	39	46	59	31	10	31	9	23
静岡市	70	22	13	30	18	14	12	18	23
浜松市	132	33	35	29	25	27	20	28	37
名古屋市	374	123	114	138	112	72	107	89	105
京都市	390	83	101	178	123	60	112	38	99
大阪市	581	98	186	104	182	76	102	85	136
堺市	105	28	31	20	26	15	12	18	28
神戸市	303	49	86	51	95	38	46	39	84
岡山市	176	52	62	32	58	18	37	31	38
広島市	236	39	78	47	36	10	32	48	47
北九州市	195	35	70	23	47	23	40	10	52
福岡市	286	61	117	83	108	40	69	48	90
熊本市	155	47	61	60	62	27	44	20	45
中核市（再掲）									
旭川市	108	12	29	18	22	12	18	10	13
函館市	46	4	12	4	6	2	3	3	7
青森市	31	4	6	16	15	6	9	5	5
盛岡市	61	13	24	33	19	3	16	20	21
秋田市	83	24	22	16	26	4	24	18	16
郡山市	31	8	12	14	9	2	6	10	8
いわき市	43	11	11	9	12	1	4	1	7
宇都宮市	55	11	17	9	8	7	9	17	13
前橋市	86	31	25	20	30	14	34	29	29
高崎市	34	13	9	5	15	6	4	16	18
川越市	34	17	8	17	11	6	9	2	16
越谷市	32	6	6	15	15	5	2	14	8
船橋市	56	9	26	11	7	6	5	7	11
柏市	68	8	14	10	10	6	10	5	6
八王子市	47	15	16	15	14	5	11	15	10
横須賀市	50	17	15	10	3	3	11	8	13
富山市	80	17	28	19	27	14	13	14	19
金沢市	121	33	56	31	35	22	28	31	41
長野市	40	10	11	13	9	5	9	8	19
岐阜市	89	16	40	19	45	21	17	15	25
豊橋市	40	9	7	8	8	6	6	14	16
豊田市	36	9	9	10	11	6	6	8	13
岡崎市	26	8	5	7	6	2	7	5	8
大津市	77	16	12	14	21	14	17	11	11
高槻市	87	11	20	8	21	9	14	9	31
東大阪市	46	14	17	9	11	3	4	6	12
豊中市	46	9	13	24	19	4	9	7	7
枚方市	73	20	28	13	20	6	10	7	19
姫路市	75	5	20	16	20	3	6	12	20
西宮市	108	25	45	15	18	9	18	17	25
尼崎市	67	13	23	10	16	3	10	10	16
奈良市	52	11	18	16	7	-	4	3	16
和歌山市	105	22	29	17	44	14	13	8	13
倉敷市	94	28	34	27	32	12	26	21	35
呉市	51	14	18	10	6	1	6	7	7
福山市	70	12	28	14	12	4	5	4	16
下関市	36	9	11	6	4	1	9	2	11
高松市	81	17	32	13	26	7	16	12	23
松山市	102	16	40	12	33	5	20	11	31
高知市	70	15	14	16	26	9	11	9	23
久留米市	83	38	48	14	30	7	16	5	12
長崎市	115	27	40	16	21	8	22	17	33
佐世保市	36	7	8	7	6	1	7	3	12
大分市	81	18	18	13	20	5	13	12	22
宮崎市	75	21	19	19	29	9	14	4	38
鹿児島市	146	19	51	67	39	17	35	13	41
那覇市	32	7	5	4	10	4	1	4	8

注：2つ以上の資格を取得している場合、各々の資格名に重複計上している。

中核市（再掲）、取得している広告可能な医師の専門性に関する資格名及び麻酔科の標榜資格（複数回答）別（12−10）

従事医師数

平成28年12月31日現在

感染症専門医	心療内科専門医	呼吸器外科専門医	心臓血管外科専門医	乳腺専門医	気管食道専門医	消化器外科専門医	小児外科専門医	超音波専門医	細胞診専門医
190	41	147	232	182	143	609	54	204	254
19	8	24	64	32	12	144	5	25	87
15	12	20	30	20	6	84	13	23	42
6	2	6	15	9	9	49	7	16	12
14	1	14	19	15	6	60	9	15	23
37	11	34	55	31	33	168	11	43	49
14	3	14	21	16	13	76	11	18	24
8	1	13	11	6	10	24	3	6	19
15	2	9	15	6	5	58	7	7	17
7	2	5	16	8	5	22	3	5	13
8	1	17	24	11	5	40	4	15	15
20	9	36	47	34	21	136	14	35	26
19	3	40	38	29	29	111	13	41	31
24	8	44	50	51	35	192	13	72	50
6	4	8	13	8	4	36	-	10	11
15	3	14	30	20	21	93	8	28	23
9	2	20	19	21	3	60	6	14	13
14	5	15	20	18	13	78	7	28	21
17	7	20	19	13	7	71	5	12	21
48	16	28	32	29	13	117	16	23	29
12	2	10	20	18	11	61	7	18	13
7	1	7	14	3	4	21	1	8	16
-	-	3	9	2	1	18	-	4	4
1	1	2	6	1	1	19	-	2	5
3	4	5	12	4	3	27	5	13	17
6	-	7	6	4	3	33	4	21	15
2	1	5	6	4	1	16	2	1	11
1	2	3	6	-	-	10	2	3	3
3	-	6	4	2	4	31	2	10	9
8	-	9	12	15	5	25	2	2	8
-	-	2	5	3	-	13	-	2	5
3	-	5	8	6	4	24	2	6	4
4	1	3	5	7	3	10	3	4	7
1	1	5	6	2	4	18	3	7	7
4	-	7	3	5	3	35	1	2	6
1	2	6	9	4	5	26	3	3	7
1	1	4	4	1	4	16	1	3	5
1	-	9	15	5	6	34	3	4	9
4	1	10	16	5	5	37	3	5	13
2	-	4	6	7	-	15	-	1	4
5	2	7	21	6	5	34	-	5	7
5	-	1	6	3	5	11	1	4	2
2	-	4	3	2	-	10	-	5	3
-	-	3	6	6	3	6	-	2	1
1	-	14	7	3	7	27	2	5	6
3	1	5	9	8	3	25	4	10	11
1	-	4	8	4	2	14	-	4	7
1	2	3	2	7	4	11	-	2	7
3	4	8	8	5	2	29	1	7	7
5	-	7	11	7	4	30	3	8	7
4	2	7	7	7	4	42	3	20	7
1	-	4	7	3	6	22	2	3	5
-	-	4	8	5	3	19	-	8	7
3	1	6	6	11	3	32	3	10	6
12	1	10	11	5	3	20	5	17	13
-	-	6	4	3	-	16	1	2	9
1	-	7	7	7	3	26	3	3	1
3	-	5	7	1	-	15	1	2	3
5	1	10	8	5	6	35	1	12	7
8	1	11	10	12	11	39	3	15	12
3	2	9	12	7	3	20	2	9	5
13	1	7	20	8	5	33	9	14	14
26	-	12	11	8	5	42	2	13	11
9	-	2	5	4	-	9	1	1	5
6	2	6	8	4	9	23	2	2	8
11	-	7	10	9	4	30	1	7	8
11	9	13	17	13	5	50	9	7	21
3	1	3	1	7	-	11	1	2	3

第48表　医師数－(再掲)医療施設従事医師数，主たる従業地による都道府県－指定都市・特別区・

(再掲)医療施設

	透析専門医	老年病専門医	消化器内視鏡専門医	臨床遺伝専門医	漢方専門医	レーザー専門医	気管支鏡専門医	核医学専門医	大腸肛門病専門医
全　　国	4 329	1 199	13 537	973	1 718	222	1 858	812	1 568
北　海　道	144	60	628	41	81	3	80	41	59
青　　森	25	6	104	5	12	2	12	3	10
岩　　手	26	4	89	4	13	-	8	5	4
宮　　城	49	19	230	25	30	2	42	19	20
秋　　田	30	5	115	14	20	-	4	9	9
山　　形	26	4	110	5	17	-	10	4	4
福　　島	41	12	191	6	32	-	25	19	15
茨　　城	83	15	213	13	32	7	45	5	22
栃　　木	71	14	226	17	34	3	47	5	27
群　　馬	78	12	205	8	31	3	21	16	16
埼　　玉	191	52	539	34	71	9	80	28	95
千　　葉	119	23	483	30	52	11	89	37	80
東　　京	662	235	1 795	214	222	50	245	113	233
神　奈　川	293	54	917	55	111	11	135	35	142
新　　潟	54	9	165	18	21	6	15	12	15
富　　山	43	16	161	6	26	3	26	8	15
石　　川	48	23	207	11	25	2	38	19	19
福　　井	24	9	135	5	7	1	19	7	16
山　　梨	41	2	92	7	9	-	5	4	10
長　　野	58	10	188	13	32	-	15	15	9
岐　　阜	49	17	182	5	25	2	29	20	17
静　　岡	106	18	360	24	38	6	44	24	45
愛　　知	225	68	587	50	78	24	125	34	64
三　　重	41	5	135	6	19	2	26	9	48
滋　　賀	47	16	136	25	19	3	19	14	9
京　　都	116	33	344	21	48	-	30	21	27
大　　阪	339	98	1 008	67	101	19	139	75	138
兵　　庫	141	50	558	46	72	14	68	30	62
奈　　良	62	8	162	10	14	-	22	12	23
和　歌　山	43	11	178	8	19	1	11	-	13
鳥　　取	16	5	64	9	12	1	7	7	12
島　　根	17	13	94	7	16	-	13	6	7
岡　　山	77	35	285	17	27	5	38	21	24
広　　島	122	39	361	29	37	-	41	13	50
山　　口	31	12	138	8	21	8	14	6	14
徳　　島	52	4	100	8	9	1	20	7	6
香　　川	53	11	141	7	19	-	23	19	8
愛　　媛	47	54	182	6	19	3	7	21	13
高　　知	28	22	86	8	12	1	9	4	6
福　　岡	185	47	574	33	96	9	82	21	58
佐　　賀	40	4	91	-	13	1	4	3	7
長　　崎	63	16	162	12	18	2	32	4	16
熊　　本	83	4	224	11	28	1	28	7	12
大　　分	60	4	191	6	22	2	22	11	19
宮　　崎	51	2	117	5	15	-	17	4	14
鹿　児　島	61	15	180	9	26	3	13	7	28
沖　　縄	68	4	104	5	17	1	14	8	8

注：2つ以上の資格を取得している場合、各々の資格名に重複計上している。

中核市（再掲）、取得している広告可能な医師の専門性に関する資格名及び麻酔科の標榜資格（複数回答）別（12-11）

従 事 医 師 数

平成28年12月31日現在

婦人科腫瘍専門医	ペインクリニック専門医	熱傷専門医	脳血管内治療専門医	がん薬物療法専門医	周産期（新生児）専門医	生殖医療専門医	小児神経専門医	一般病院連携精神医学専門医	麻酔科標榜医
677	1 301	285	880	1 003	1 063	497	880	230	9 772
30	70	13	36	47	31	16	35	16	485
3	9	6	5	6	3	2	5	1	63
6	11	2	4	4	13	1	5	–	92
16	18	6	12	22	13	10	15	1	199
7	14	1	9	5	16	4	9	2	44
3	9	3	4	6	10	1	3	4	43
6	15	2	6	6	7	11	7	7	95
13	29	3	14	6	25	4	12	1	143
9	41	4	8	4	21	11	14	5	184
5	33	5	17	10	16	11	11	7	139
30	43	10	23	24	35	16	36	8	355
25	33	17	34	38	29	21	38	15	334
128	195	44	105	146	211	110	147	41	1 217
42	66	15	64	60	76	40	41	15	602
12	14	3	9	10	27	10	10	2	88
7	16	3	11	15	12	1	9	2	70
5	20	3	3	27	6	2	9	2	81
4	5	1	10	6	10	3	4	1	67
4	5	1	3	5	10	3	8	3	58
10	34	5	9	14	8	5	11	2	171
9	16	5	18	21	10	6	9	4	120
13	24	1	15	16	26	9	26	2	196
24	53	15	56	65	67	32	36	13	566
7	11	3	19	9	13	6	5	3	93
12	14	–	15	4	13	7	20	–	107
14	38	6	37	22	22	6	32	6	237
58	109	30	71	104	74	40	62	21	797
15	53	6	44	43	48	20	45	8	477
9	16	3	6	6	9	–	3	2	94
3	17	–	11	6	9	2	7	1	64
5	6	1	4	7	9	5	9	1	56
5	12	1	6	9	6	6	5	5	69
9	31	6	9	30	14	10	25	5	239
17	30	2	29	28	26	4	15	8	231
6	9	3	13	4	8	5	9	1	127
4	5	1	6	11	3	10	9	4	90
3	12	1	9	12	9	–	16	1	120
8	18	5	9	17	11	4	13	2	126
–	9	1	9	4	5	3	5	1	83
42	49	17	42	55	41	14	32	2	475
3	14	3	6	12	3	–	3	–	66
9	15	11	8	13	9	4	12	–	103
9	12	7	6	16	7	6	9	–	190
8	14	2	12	9	13	6	13	1	114
5	12	2	12	7	7	–	7	–	103
8	11	4	14	9	11	4	10	–	185
7	11	2	8	3	11	6	14	4	114

第48表　医師数－（再掲）医療施設従事医師数，主たる従業地による都道府県－指定都市・特別区・

（再掲）医療施設

	透析専門医	老年病専門医	消化器内視鏡専門医	臨床遺伝専門医	漢方専門医	レーザー専門医	気管支鏡専門医	核医学専門医	大腸肛門病専門医
指定都市・特別区（再掲）									
東京都区部	532	187	1 477	174	174	45	189	90	204
札幌市	86	36	348	31	31	3	49	23	32
仙台市	30	10	148	23	20	1	28	17	13
さいたま市	38	9	113	7	17	3	19	7	22
千葉市	15	8	100	18	17	5	37	15	10
横浜市	127	19	400	29	62	5	48	21	54
川崎市	52	14	170	10	9	-	34	5	32
相模原市	33	1	78	5	9	1	15	5	16
新潟市	29	3	80	14	7	4	12	8	7
静岡市	18	2	55	5	6	2	5	5	7
浜松市	40	3	103	14	10	2	20	9	17
名古屋市	105	31	251	29	34	11	56	17	21
京都市	94	27	255	19	39	-	25	21	17
大阪市	127	35	412	22	35	11	44	34	59
堺市	32	15	59	4	10	3	22	3	9
神戸市	43	21	193	25	26	7	16	14	18
岡山市	43	18	143	12	20	3	25	11	11
広島市	60	16	163	21	13	-	26	6	26
北九州市	34	6	137	5	17	-	29	4	13
福岡市	52	28	187	22	38	3	22	7	18
熊本市	56	3	131	9	16	1	24	7	6
中核市（再掲）									
旭川市	19	5	57	7	7	-	9	7	10
函館市	5	2	40	-	5	-	2	2	7
青森市	4	1	26	1	6	1	4	-	4
盛岡市	13	-	44	3	6	-	5	4	2
秋田市	22	3	59	13	7	-	3	6	5
郡山市	6	2	41	2	6	-	5	7	2
いわき市	11	3	33	-	6	-	1	3	2
宇都宮市	16	4	62	2	8	-	10	-	6
前橋市	18	4	51	3	10	1	7	11	2
高崎市	21	3	44	1	6	1	2	2	2
川越市	15	3	31	1	8	-	6	3	4
越谷市	9	-	28	3	3	1	5	2	9
船橋市	8	2	49	1	3	1	7	2	6
柏市	6	2	44	4	4	-	10	2	10
八王子市	13	3	45	4	4	-	11	4	7
横須賀市	9	4	38	-	1	-	5	1	4
富山市	18	8	81	5	14	2	17	4	4
金沢市	21	13	114	7	15	1	25	14	10
長野市	9	-	27	-	8	-	2	1	3
岐阜市	21	9	63	2	7	-	18	10	7
豊橋市	15	4	26	2	5	1	6	1	5
豊田市	8	1	29	-	5	-	5	1	8
岡崎市	8	1	19	1	1	-	6	-	5
大津市	18	6	63	15	11	2	13	8	6
高槻市	8	3	60	5	5	-	7	4	6
東大阪市	13	2	30	-	4	-	5	2	5
豊中市	10	5	29	3	8	-	6	2	3
枚方市	19	-	43	5	2	-	7	6	4
姫路市	9	1	50	4	8	1	8	1	6
西宮市	16	9	68	7	8	2	8	4	17
尼崎市	16	3	50	5	9	1	3	2	5
奈良市	22	1	42	2	2	-	4	1	7
和歌山市	27	6	84	6	13	1	6	-	6
倉敷市	21	7	84	3	4	2	11	8	10
呉市	13	-	34	5	3	-	1	1	7
福山市	15	7	57	2	10	-	3	3	6
下関市	8	1	20	-	5	1	1	2	1
高松市	24	2	60	2	9	-	14	6	3
松山市	29	26	79	2	9	-	8	10	9
高知市	20	14	51	2	12	-	2	2	5
久留米市	33	-	63	4	7	2	7	4	12
長崎市	33	9	79	6	6	1	16	4	8
佐世保市	11	3	30	2	5	-	6	-	4
大分市	31	2	77	2	9	-	7	6	9
宮崎市	27	1	68	3	7	-	9	3	12
鹿児島市	35	8	93	5	13	1	7	6	18
那覇市	15	2	50	1	9	-	4	2	2

注：2つ以上の資格を取得している場合、各々の資格名に重複計上している。

中核市（再掲）、取得している広告可能な医師の専門性に関する資格名及び麻酔科の標榜資格（複数回答）別（12-12）

従 事 医 師 数

平成28年12月31日現在

婦人科腫瘍専門医	ペインクリニック専門医	熱傷専門医	脳血管内治療専門医	がん薬物療法専門医	周産期（新生児）専門医	生殖医療専門医	小児神経専門医	一般病院連携精神医学専門医	麻酔科標榜医
104	156	30	90	125	177	98	90	35	1 018
18	38	9	23	34	14	12	17	16	264
11	13	5	11	15	11	8	13	1	140
4	8	1	3	2	12	5	11	3	77
7	6	6	9	7	11	8	13	1	85
20	30	5	27	30	45	20	23	7	294
7	13	3	17	11	10	6	6	1	87
6	6	2	3	4	8	1	5	1	59
9	9	3	8	6	12	5	8	1	47
1	3	-	2	-	5	1	9	-	37
5	10	1	4	6	15	5	15	1	65
13	28	8	23	46	34	23	11	7	264
13	26	5	32	21	20	6	20	4	183
25	28	11	23	40	29	17	29	8	304
4	11	2	5	5	5	1	4	1	60
5	15	1	18	20	23	10	17	4	180
5	20	1	6	20	6	8	19	2	145
10	17	1	21	15	19	4	9	3	115
11	14	8	7	11	12	3	10	-	104
19	16	3	17	29	23	8	14	1	187
6	12	5	4	14	7	6	3	-	132
4	14	2	3	6	7	2	5	-	70
3	3	1	4	1	1	-	2	-	26
-	1	-	2	2	2	1	1	-	14
6	7	2	3	3	9	1	4	-	49
7	6	1	6	4	13	3	8	1	29
-	4	2	1	-	3	-	2	2	14
3	3	-	1	1	1	2	-	-	13
1	8	-	3	2	1	3	1	1	46
-	8	4	8	4	5	5	5	1	42
2	5	-	3	1	1	6	1	1	21
2	2	-	1	3	7	2	3	-	40
2	8	1	5	6	1	1	4	-	35
2	3	1	5	2	2	1	2	2	28
3	3	-	-	19	-	2	2	1	28
2	2	3	2	3	-	-	4	-	20
2	1	-	3	-	2	-	1	1	26
4	7	1	9	13	12	1	8	2	43
5	11	1	1	21	6	1	5	2	41
3	7	1	2	2	-	1	3	1	35
5	7	-	9	13	9	3	5	3	54
3	1	1	4	-	3	1	1	-	25
2	3	-	2	4	3	2	2	-	20
1	1	-	2	3	2	1	3	-	8
6	5	-	9	3	8	4	5	-	49
7	12	2	5	4	8	1	4	5	49
-	-	1	1	-	-	4	-	-	24
-	6	-	1	4	4	2	4	1	28
1	6	3	5	5	4	3	2	-	41
-	5	1	6	4	5	4	5	-	36
1	12	2	9	1	4	4	5	-	59
2	6	-	5	2	5	-	2	1	50
3	5	2	3	2	4	-	2	-	29
2	13	-	9	6	6	1	5	-	37
4	8	4	3	5	7	2	2	1	62
4	5	1	4	4	2	-	-	1	22
2	4	-	1	8	2	-	1	-	37
-	1	-	1	1	1	-	-	-	20
-	6	-	2	5	5	-	5	-	53
4	12	4	4	12	7	3	2	1	58
-	6	1	4	-	4	-	3	1	54
6	6	2	8	7	2	-	2	-	64
6	6	6	4	10	6	4	6	-	46
3	4	2	2	-	2	-	-	-	20
2	8	1	6	2	7	1	6	1	40
5	8	-	4	6	5	-	4	-	65
8	7	4	8	8	10	3	6	-	129
-	2	-	3	-	-	-	3	1	31

第49表　人口10万対医師数－（再掲）人口10万対医療施設従事医師数, 主たる従業地による都道府県－

総

	総　数	総合内科専門医	小児科専門医	皮膚科専門医	精神科専門医	外科専門医	整形外科専門医	産婦人科専門医	眼科専門医	耳鼻咽喉科専門医
全　　国	251.7	18.4	11.1	4.5	7.6	17.0	13.2	9.1	7.8	6.2
北　海　道	248.7	15.2	10.5	4.9	7.9	16.1	12.9	7.6	6.7	5.8
青　　森	209.0	10.5	8.5	4.6	6.6	15.0	12.5	7.7	5.2	4.7
岩　　手	207.5	9.1	8.5	4.0	5.9	14.0	9.7	8.3	6.0	4.5
宮　　城	242.6	18.1	10.1	3.8	7.3	18.9	12.1	9.4	6.8	5.9
秋　　田	236.0	13.5	10.1	3.9	9.3	16.6	13.4	9.7	6.6	5.6
山　　形	233.3	14.5	9.3	4.3	7.2	15.1	15.4	8.8	6.9	5.7
福　　島	204.5	12.5	9.0	2.4	7.5	14.6	11.3	7.1	6.5	5.6
茨　　城	189.8	14.4	7.7	3.3	5.4	13.5	9.8	7.1	6.0	4.0
栃　　木	228.8	15.8	9.6	4.0	5.8	17.2	10.5	8.5	6.4	5.4
群　　馬	234.9	19.3	12.5	4.5	7.4	16.8	13.2	8.8	7.0	4.3
埼　　玉	167.0	13.1	8.2	3.4	5.1	11.9	8.4	6.6	5.8	4.2
千　　葉	196.9	13.0	8.2	3.4	6.0	15.5	10.6	7.3	5.7	4.7
東　　京	324.0	26.8	15.4	6.7	10.3	20.8	13.4	12.6	10.8	8.1
神　奈　川	213.0	16.3	10.0	4.4	7.1	13.8	11.3	8.4	6.9	5.4
新　　潟	205.5	18.0	9.5	3.6	5.2	11.7	12.6	7.0	6.4	5.2
富　　山	256.6	22.6	11.4	5.7	7.4	16.6	15.5	8.9	9.1	7.2
石　　川	295.8	23.6	12.9	6.1	9.0	19.5	15.2	9.5	8.3	7.0
福　　井	256.0	17.9	11.8	4.3	6.5	18.7	15.1	9.2	7.3	8.8
山　　梨	239.8	16.9	12.7	4.9	6.5	17.6	15.3	9.5	8.0	7.0
長　　野	236.1	16.9	12.4	3.7	6.5	16.0	12.9	7.3	6.3	5.1
岐　　阜	215.5	17.3	9.1	3.9	6.0	12.9	11.6	8.0	7.6	6.0
静　　岡	207.8	15.8	9.9	3.5	5.9	15.3	10.6	8.0	6.3	5.5
愛　　知	218.6	15.3	9.9	4.3	6.1	13.6	11.2	8.3	7.5	6.3
三　　重	225.7	19.6	9.0	3.8	6.5	16.3	12.7	8.1	7.0	6.3
滋　　賀	231.4	16.7	13.0	3.7	5.7	15.0	12.5	9.1	6.3	6.1
京　　都	334.9	23.3	14.6	5.5	9.6	25.5	16.8	10.3	9.7	8.9
大　　阪	283.1	19.8	11.2	4.5	7.2	18.9	14.2	10.6	10.3	7.2
兵　　庫	253.2	19.7	11.3	3.9	6.2	16.8	14.4	9.0	9.7	6.3
奈　　良	251.3	20.5	8.8	4.8	7.9	16.6	17.6	8.6	8.0	7.4
和　歌　山	300.6	19.3	11.4	4.5	7.4	18.1	16.8	11.0	8.5	6.1
鳥　　取	316.7	22.1	18.1	4.4	9.1	20.4	16.5	10.2	9.6	6.5
島　　根	286.2	23.2	12.8	4.5	10.7	18.1	14.8	9.9	7.7	7.0
岡　　山	312.0	24.6	13.2	4.8	11.2	21.1	15.0	9.3	8.7	7.3
広　　島	265.6	20.9	11.5	4.7	8.8	19.9	15.7	8.1	8.1	7.0
山　　口	259.3	15.0	9.7	4.4	8.5	17.6	14.6	8.0	6.8	6.4
徳　　島	333.3	28.4	12.7	5.3	10.9	18.8	17.2	11.2	9.3	7.5
香　　川	289.4	21.5	14.2	4.6	7.7	18.1	18.9	8.8	8.6	7.4
愛　　媛	272.4	20.5	11.4	4.4	7.1	19.2	16.1	9.6	9.2	8.0
高　　知	315.7	23.9	10.5	6.1	12.2	20.7	19.0	8.5	8.6	7.5
福　　岡	313.4	21.3	13.7	4.9	9.4	21.4	17.4	10.3	7.9	6.1
佐　　賀	287.1	22.9	13.0	4.8	9.3	17.0	18.8	8.5	7.2	6.3
長　　崎	308.6	22.0	12.2	5.3	9.9	19.7	16.9	11.6	7.3	6.1
熊　　本	294.8	18.7	10.5	4.8	8.3	18.2	18.2	9.2	7.6	5.6
大　　分	278.4	18.2	11.6	4.4	9.0	21.1	15.9	9.0	7.1	4.9
宮　　崎	251.3	14.6	8.9	4.0	6.9	18.1	17.1	8.8	7.4	5.6
鹿　児　島	272.5	14.8	10.5	4.6	10.0	17.8	15.0	9.1	7.0	5.8
沖　　縄	250.8	16.3	12.5	3.0	10.5	16.1	11.5	10.4	5.9	5.1

注：2つ以上の資格を取得している場合、各々の資格名に重複計上している。

指定都市・特別区・中核市（再掲）、取得している広告可能な医師の専門性に関する資格名及び麻酔科の標榜資格（複数回答）別（12－1）

数

平成28年12月31日現在

泌尿器科専門医	脳神経外科専門医	放射線科専門医	麻酔科専門医	病理専門医	救急科専門医	形成外科専門医	リハビリテーション科専門医	呼吸器専門医	循環器専門医
4.8	5.5	4.6	5.7	1.6	3.1	1.7	2.1	4.4	9.9
5.4	6.8	3.2	7.7	1.7	2.6	1.8	1.7	4.2	10.3
5.1	3.9	3.1	4.6	1.7	2.0	0.7	1.3	2.8	5.4
5.3	5.7	3.2	3.7	1.0	3.2	1.6	1.5	3.8	7.6
4.4	4.8	3.9	5.4	1.5	2.8	1.9	2.7	5.0	7.9
6.3	5.8	2.5	3.6	2.3	1.5	0.7	1.6	2.7	8.2
5.7	5.6	4.2	3.7	1.2	2.0	0.9	2.1	3.8	9.5
4.7	4.9	3.6	3.9	1.1	2.4	1.1	1.4	2.3	7.4
3.4	5.5	2.6	4.3	1.1	2.2	0.9	1.3	4.0	7.2
4.0	4.1	2.9	5.5	1.5	3.2	1.4	2.0	4.2	7.6
5.0	4.6	4.4	6.1	1.7	1.9	0.7	1.9	4.9	8.9
3.3	3.8	2.5	4.0	1.0	2.1	1.3	1.1	2.7	6.7
3.6	4.2	2.9	4.2	1.1	2.7	1.6	1.6	3.4	6.8
4.9	6.3	5.8	7.2	2.5	4.1	3.1	1.9	6.2	12.3
4.3	4.5	3.7	5.3	1.3	3.3	1.8	1.6	3.7	7.9
3.8	5.3	3.8	3.3	1.2	1.6	1.1	1.7	4.4	6.6
4.6	6.4	5.4	6.7	2.4	2.3	1.6	2.1	4.6	10.7
5.7	7.1	6.9	6.3	3.1	2.5	2.7	2.5	4.9	13.7
5.2	6.3	6.3	5.2	1.7	4.2	1.0	1.7	4.2	12.1
5.4	6.7	3.9	5.1	1.1	2.2	1.2	2.4	3.4	9.4
4.4	5.0	3.1	5.8	1.7	4.1	2.3	2.1	3.8	8.4
3.8	5.2	2.7	4.0	1.3	2.7	0.9	1.5	3.9	11.4
4.4	5.3	2.9	4.1	1.4	2.0	1.4	2.0	4.0	7.5
4.0	4.4	3.5	4.0	1.4	2.3	1.0	1.6	4.4	9.0
4.3	5.1	4.1	3.3	1.2	1.9	0.6	1.9	2.5	10.7
4.2	5.2	4.5	5.6	1.9	2.8	1.4	1.7	3.0	10.8
6.3	6.4	7.9	7.4	2.1	4.6	2.0	3.4	5.1	13.9
5.7	6.1	6.0	6.4	1.4	4.3	2.2	2.1	4.6	11.7
4.8	5.2	4.9	5.9	1.4	3.2	1.8	1.9	3.9	12.2
6.6	5.5	6.3	5.4	1.8	3.6	1.4	2.0	4.4	10.5
4.2	7.3	4.8	6.1	1.3	3.7	0.7	3.9	3.8	10.1
4.9	4.7	6.1	6.8	2.8	2.8	0.9	3.0	6.8	9.3
5.4	5.1	5.1	8.4	1.4	3.5	1.2	2.9	4.1	8.8
4.7	6.3	6.5	7.2	1.8	3.7	2.8	3.8	6.3	9.9
4.7	6.2	4.8	6.1	1.0	3.2	1.0	2.3	5.3	10.1
6.0	7.0	6.0	6.3	1.4	2.7	0.9	2.3	2.9	13.1
7.2	7.9	6.9	7.5	2.1	4.3	2.5	3.5	5.3	15.3
7.4	7.0	6.8	7.2	2.3	2.6	2.0	3.9	4.8	13.7
7.1	6.9	8.0	6.1	1.8	2.1	2.0	2.3	3.4	11.3
7.9	8.5	5.1	6.8	1.9	4.7	2.4	4.6	4.4	11.5
5.4	6.0	7.4	6.9	1.7	3.5	2.1	2.6	6.1	13.9
6.3	6.3	6.5	7.1	1.7	3.7	1.3	2.8	3.7	11.0
6.0	5.3	5.5	6.3	1.5	2.8	2.5	1.7	7.8	11.3
6.1	5.2	7.2	7.4	1.1	3.2	1.0	3.9	6.5	10.6
6.0	6.5	6.1	7.1	1.5	2.8	1.7	2.7	5.6	11.5
5.7	5.4	7.0	7.4	1.6	2.4	1.2	3.2	3.2	7.9
6.1	6.7	6.0	7.0	1.7	2.3	1.0	4.6	3.7	8.7
4.0	4.6	4.0	6.1	1.4	5.2	1.7	2.3	3.9	8.0

第49表　人口10万対医師数－（再掲）人口10万対医療施設従事医師数，主たる従業地による都道府県－

総

	総数	総合内科専門医	小児科専門医	皮膚科専門医	精神科専門医	外科専門医	整形外科専門医	産婦人科専門医	眼科専門医	耳鼻咽喉科専門医
指定都市・特別区(再掲)										
東京都区部	376.1	31.5	17.1	7.9	10.6	24.7	15.4	15.1	12.8	9.7
札幌市	337.8	23.0	14.0	7.3	11.2	21.7	16.4	11.3	10.0	8.0
仙台市	338.9	26.9	16.0	5.3	8.9	26.6	17.1	13.5	9.9	8.6
さいたま市	180.7	16.4	12.4	3.8	5.3	12.0	7.1	6.2	7.8	4.5
千葉市	288.8	19.9	15.5	4.1	9.8	23.6	14.8	10.2	7.5	7.8
横浜市	226.3	17.3	11.7	5.4	8.3	14.3	11.4	9.5	7.5	5.8
川崎市	225.1	19.0	10.2	4.5	5.6	14.9	13.2	8.1	7.3	6.2
相模原市	237.4	18.6	11.1	3.6	5.8	16.5	11.8	9.6	7.2	5.4
新潟市	291.4	27.1	14.1	5.5	6.7	16.5	17.6	9.9	9.8	8.8
静岡市	238.0	16.4	17.2	2.7	8.0	14.0	10.1	8.3	6.1	6.8
浜松市	268.3	22.8	12.2	4.9	6.8	20.7	13.3	11.4	8.4	6.8
名古屋市	307.3	23.3	13.2	5.9	8.9	19.9	15.1	13.7	11.2	8.2
京都市	447.7	32.3	18.0	7.6	12.6	34.6	19.7	13.9	12.5	11.7
大阪市	344.2	24.9	12.1	5.0	6.1	21.5	17.3	13.0	13.3	9.3
堺市	234.7	17.4	9.3	3.5	7.4	15.5	12.1	7.3	9.5	5.0
神戸市	321.8	27.3	16.5	4.7	9.5	21.0	18.0	12.5	11.7	7.6
岡山市	427.3	33.7	18.4	7.5	18.6	29.7	20.5	14.3	11.9	9.4
広島市	310.0	26.3	14.9	6.0	11.0	22.1	17.2	10.2	9.5	8.9
北九州市	346.7	23.7	13.9	4.7	8.2	23.8	20.5	11.2	7.7	7.4
福岡市	387.8	29.4	15.8	6.4	10.7	27.1	19.6	13.8	10.2	7.4
熊本市	433.2	29.2	15.1	6.8	9.7	26.2	24.7	13.9	10.7	7.6
中核市(再掲)										
旭川市	390.4	26.2	22.7	8.7	7.0	24.5	23.3	13.1	11.4	11.4
函館市	301.1	12.4	9.4	5.6	6.8	22.9	18.0	9.0	7.1	5.3
青森市	234.4	13.0	10.5	6.0	7.7	15.4	13.0	6.3	6.0	5.3
盛岡市	417.5	20.9	19.5	9.8	9.4	30.6	18.9	18.2	13.1	10.1
秋田市	390.8	26.1	21.3	8.6	17.5	26.8	18.2	16.9	11.8	8.3
郡山市	248.8	11.9	10.1	3.3	11.0	19.0	11.9	9.2	8.0	7.1
いわき市	167.5	8.9	6.3	1.1	7.2	10.6	12.1	7.2	6.0	4.3
宇都宮市	201.2	13.1	7.5	4.2	6.0	15.0	11.0	6.9	6.3	5.6
前橋市	466.4	38.6	23.6	9.1	11.5	31.9	23.6	15.0	13.6	8.6
高崎市	216.8	17.8	11.2	4.5	8.0	12.8	14.9	9.6	8.8	4.8
川越市	244.3	19.3	15.9	4.3	6.8	19.0	13.4	13.9	6.3	5.1
越谷市	219.1	16.2	8.5	5.0	7.4	14.4	11.2	8.8	5.9	3.8
船橋市	145.1	9.5	6.0	3.5	5.9	11.7	13.5	7.5	4.6	3.3
柏市	245.8	16.5	7.7	2.9	5.5	25.7	6.7	9.1	5.5	6.0
八王子市	200.5	14.0	7.3	3.2	11.7	13.9	8.7	5.9	4.4	4.1
横須賀市	217.1	20.5	9.2	5.0	7.7	11.9	13.4	7.4	5.4	5.7
富山市	346.7	34.0	17.0	5.7	11.2	21.8	21.5	15.6	10.0	10.0
金沢市	400.4	35.4	19.7	8.8	14.8	26.6	19.1	13.5	10.9	8.8
長野市	245.3	17.0	8.6	3.7	7.3	16.8	14.1	8.4	5.8	4.5
岐阜市	408.6	36.9	21.2	7.4	11.1	22.4	20.2	16.3	13.8	12.6
豊橋市	205.1	12.8	9.1	3.7	6.4	10.4	11.8	9.1	7.2	6.1
豊田市	164.0	8.7	6.4	2.6	5.4	10.8	7.3	5.9	4.7	4.5
岡崎市	139.9	11.2	7.8	2.9	3.7	7.8	8.6	6.0	5.0	3.9
大津市	377.7	29.3	21.4	5.9	8.8	25.5	17.0	14.7	10.6	10.6
高槻市	391.8	29.1	16.9	4.8	9.3	26.3	17.8	13.3	13.8	7.6
東大阪市	178.0	9.2	5.8	3.4	5.8	13.6	11.4	9.4	6.8	4.4
豊中市	219.4	19.9	7.8	4.3	9.8	12.1	10.6	7.1	8.6	7.8
枚方市	304.0	19.9	13.4	4.2	9.9	19.4	12.2	8.4	9.9	8.7
姫路市	217.2	17.6	9.4	2.8	4.3	17.4	12.5	8.4	10.5	5.6
西宮市	343.4	22.3	14.3	7.0	7.0	21.5	15.7	8.0	12.7	9.8
尼崎市	265.5	17.7	10.8	4.4	4.0	14.2	16.4	7.7	10.4	7.5
奈良市	263.2	17.8	10.3	7.2	8.9	13.4	19.2	12.0	10.9	7.8
和歌山市	446.4	27.3	15.7	7.2	10.2	24.9	23.5	16.3	13.5	9.1
倉敷市	368.3	32.5	15.5	4.4	7.1	25.4	15.9	10.3	10.1	8.0
呉市	326.7	28.9	11.6	4.3	9.1	22.0	19.4	9.1	10.8	7.3
福山市	214.4	14.0	8.8	2.4	4.5	20.9	12.3	6.7	5.4	6.2
下関市	268.4	15.4	9.0	4.5	8.6	17.7	15.4	7.1	6.4	5.3
高松市	284.8	26.1	13.1	5.0	5.2	19.2	20.2	9.5	9.0	8.1
松山市	315.8	23.7	10.7	5.4	9.3	24.3	16.1	11.9	10.9	9.5
高知市	375.2	26.9	11.9	6.6	15.2	26.9	24.2	11.0	10.1	9.0
久留米市	591.2	30.6	36.2	8.8	19.2	48.5	22.5	21.8	11.4	10.1
長崎市	466.7	40.0	17.3	9.6	14.1	30.7	24.1	18.0	11.7	9.4
佐世保市	260.6	16.9	9.4	3.5	7.5	18.1	13.8	10.6	5.1	6.7
大分市	258.2	16.9	12.9	5.0	10.0	17.7	15.2	9.6	6.1	4.8
宮崎市	376.8	27.0	13.0	6.8	9.0	28.5	23.0	13.8	10.5	9.3
鹿児島市	419.0	25.7	15.7	7.0	13.9	28.5	21.7	16.2	11.7	8.2
那覇市	252.8	15.0	11.3	4.7	7.2	14.7	12.5	10.6	6.6	5.3

注：2つ以上の資格を取得している場合、各々の資格名に重複計上している。

指定都市・特別区・中核市（再掲）、取得している広告可能な医師の専門性に関する資格名及び麻酔科の標榜資格（複数回答）別（12－2）

数

平成28年12月31日現在

泌尿器科専門医	脳神経外科専門医	放射線科専門医	麻酔科専門医	病理専門医	救急科専門医	形成外科専門医	リハビリテーション科専門医	呼吸器専門医	循環器専門医
5.6	7.0	7.1	8.6	3.1	4.3	3.9	2.0	7.3	14.4
6.8	9.2	5.4	11.9	3.1	4.0	3.1	2.7	5.9	14.6
5.8	5.6	6.5	7.6	2.3	3.4	2.9	3.4	7.5	11.4
3.1	3.1	3.3	4.3	0.5	2.8	1.5	0.7	2.8	7.5
5.9	6.2	5.9	6.9	2.4	3.7	2.6	2.5	7.3	9.0
4.4	5.0	3.5	6.6	1.3	3.5	2.1	1.8	4.3	8.3
3.4	5.0	5.5	4.4	1.5	3.5	1.7	1.5	3.7	8.9
5.4	3.7	4.4	5.1	2.4	2.8	2.1	0.6	4.0	9.4
5.5	6.9	6.7	5.0	2.1	2.7	2.4	3.0	7.3	10.2
3.4	3.7	1.4	4.1	1.6	2.4	1.7	2.0	4.0	9.1
6.0	5.1	4.9	7.5	2.6	2.8	1.9	4.0	7.3	8.5
5.5	5.4	5.5	6.3	2.4	3.2	1.3	2.3	6.9	12.5
7.9	8.8	11.9	10.2	3.3	6.2	3.0	3.7	7.4	17.8
6.9	7.2	8.2	7.7	1.8	5.1	3.3	2.6	5.8	12.8
3.8	3.8	3.2	4.5	1.1	4.1	1.9	1.4	5.8	10.0
5.7	6.6	6.8	7.3	2.1	4.2	2.9	2.2	5.2	16.6
6.1	9.0	9.6	13.3	2.8	4.3	4.0	4.3	8.3	15.7
5.0	7.3	5.5	8.1	1.4	4.0	1.3	2.8	7.9	12.8
5.6	6.5	8.9	9.4	2.2	5.4	2.4	4.1	6.5	14.3
6.7	7.1	9.5	9.7	2.5	3.0	3.2	2.2	7.3	16.0
8.2	7.8	13.0	12.6	2.0	6.2	1.6	6.2	10.4	17.2
9.9	7.9	6.4	15.2	3.8	4.1	1.7	2.3	9.0	17.8
6.8	7.5	3.8	10.5	1.5	3.4	3.4	1.5	2.3	11.3
5.6	4.9	2.8	4.6	1.4	1.8	0.7	1.1	2.1	6.0
10.1	10.1	8.8	10.8	3.4	9.4	5.1	1.7	9.4	18.9
10.8	9.9	5.4	7.3	5.1	2.9	1.6	2.9	6.1	16.6
6.5	7.1	6.8	6.5	1.8	3.0	1.2	0.3	2.7	11.6
4.3	4.3	2.3	2.0	0.6	2.3	1.1	2.0	1.1	5.2
3.3	4.2	1.7	4.4	1.3	3.1	1.7	2.3	4.8	7.9
8.6	8.8	12.7	14.5	5.6	5.0	1.8	3.2	9.7	20.1
5.3	5.3	2.7	4.8	1.1	0.8	0.8	1.9	3.7	9.6
4.5	5.7	3.1	9.9	2.0	4.3	2.6	1.1	2.0	6.0
5.9	5.3	1.8	6.2	2.4	4.7	1.2	0.9	5.6	7.9
2.2	3.3	1.4	4.6	0.6	2.4	1.6	1.6	2.1	6.5
2.4	4.6	7.0	4.6	1.9	1.9	2.6	1.0	5.5	7.0
2.7	6.0	2.7	3.4	1.2	4.4	1.1	0.7	2.7	7.8
5.2	4.0	4.2	4.5	1.2	3.2	1.2	1.2	3.2	7.9
6.2	9.6	7.4	9.1	3.8	2.9	2.2	3.1	6.5	14.4
6.9	8.6	12.7	9.4	4.9	3.2	2.8	4.1	7.9	19.7
4.7	6.5	3.1	6.3	1.0	3.9	2.4	2.6	5.0	8.6
7.6	8.9	8.1	12.6	3.7	7.1	2.0	2.7	8.1	25.9
4.5	3.7	2.1	4.3	0.8	0.3	0.5	1.3	3.5	9.6
1.9	2.6	0.9	2.1	0.7	2.6	0.9	0.5	3.3	7.5
2.3	1.0	2.6	1.3	1.0	0.8	0.8	1.3	3.4	5.5
7.3	7.6	6.5	12.0	3.5	6.2	1.8	2.9	7.0	16.1
7.1	9.3	7.9	10.7	3.1	5.6	3.7	5.1	6.5	18.4
3.8	3.2	5.0	2.6	1.0	3.4	1.4	1.0	1.8	6.2
3.5	3.8	2.8	4.5	0.8	2.0	0.8	3.5	5.6	7.8
7.2	5.0	6.7	7.9	2.2	3.7	2.7	1.2	3.7	11.9
4.7	6.7	4.9	5.6	1.5	1.9	1.7	2.4	5.8	9.2
5.7	6.5	8.2	10.2	2.5	5.7	1.4	2.7	5.1	13.1
4.4	4.9	3.8	6.4	0.9	4.0	1.5	2.7	3.3	11.3
7.8	5.0	5.0	6.1	1.9	5.3	1.9	1.7	5.6	10.3
5.8	11.9	9.4	11.6	1.9	4.7	1.4	6.6	4.4	14.6
6.5	6.9	9.2	6.3	2.5	7.1	3.6	4.6	6.7	9.6
6.9	8.2	8.2	7.3	1.7	4.7	0.9	1.7	4.7	12.5
4.9	4.9	4.7	5.6	0.2	3.0	1.5	3.2	2.6	7.1
7.1	8.3	6.0	5.3	2.3	1.1	0.8	3.0	2.6	15.0
7.8	6.9	5.5	7.1	1.9	1.4	2.1	5.5	6.7	17.1
8.9	8.2	8.9	8.4	2.3	3.5	2.3	2.3	4.5	12.3
9.3	10.7	6.6	9.3	1.8	8.1	4.2	6.0	5.4	14.3
8.5	10.1	18.2	13.0	5.9	9.4	5.5	4.6	14.0	35.2
9.6	7.0	8.4	10.5	2.8	2.8	4.7	2.8	14.3	17.1
5.9	7.1	5.1	5.9	1.2	4.7	2.0	1.2	5.9	11.4
5.2	6.3	4.0	7.1	1.0	3.3	2.5	2.7	5.6	10.4
7.5	7.5	14.3	12.8	3.5	3.8	2.0	3.5	4.5	12.0
9.2	10.0	10.0	13.2	3.7	3.8	1.8	6.2	7.2	14.2
5.3	5.9	2.5	6.6	0.9	3.4	2.2	1.9	3.4	8.4

第49表　人口10万対医師数 −（再掲）人口10万対医療施設従事医師数，主たる従業地による都道府県−

総

	消化器病専門医	腎臓専門医	肝臓専門医	神経内科専門医	糖尿病専門医	内分泌代謝専門医	血液専門医	アレルギー専門医	リウマチ専門医
全　　　国	14.4	3.2	4.3	3.8	3.9	1.6	2.7	2.5	3.7
北　海　道	19.1	1.6	4.4	3.0	3.2	1.1	3.0	1.5	3.0
青　　　森	10.4	2.2	2.1	2.2	3.5	1.3	1.8	2.0	2.0
岩　　　手	10.3	1.8	3.7	4.9	2.8	0.4	1.9	2.4	3.2
宮　　　城	16.2	3.3	2.3	4.2	3.0	1.4	2.1	1.9	2.9
秋　　　田	16.5	3.4	3.5	3.1	4.0	0.5	3.7	2.7	3.3
山　　　形	13.7	2.3	3.1	3.3	3.3	1.3	2.2	1.1	2.8
福　　　島	10.7	3.1	3.1	3.2	2.8	1.0	2.1	1.9	2.8
茨　　　城	8.8	2.9	3.3	2.3	2.8	1.3	1.8	1.5	1.9
栃　　　木	12.1	3.4	3.5	4.0	3.0	1.8	2.7	4.0	3.2
群　　　馬	13.0	3.8	3.3	2.6	3.6	1.6	3.5	4.1	4.3
埼　　　玉	8.3	2.4	2.5	2.7	2.6	1.1	1.6	2.1	2.3
千　　　葉	9.9	1.8	3.4	3.1	2.3	1.4	1.8	2.2	2.8
東　　　京	16.6	5.5	5.7	5.4	5.4	2.3	4.1	3.8	4.2
神　奈　川	11.7	3.6	3.1	3.4	3.0	1.4	2.0	3.0	3.4
新　　　潟	11.2	3.7	3.8	5.2	2.4	0.9	2.7	1.4	2.4
富　　　山	15.9	3.3	5.5	3.4	6.3	2.5	2.2	2.9	3.3
石　　　川	19.0	5.5	7.8	4.5	5.3	2.9	3.7	3.8	4.9
福　　　井	19.8	4.5	5.6	3.8	3.5	1.5	4.1	3.1	5.9
山　　　梨	17.6	3.4	4.3	3.4	3.7	2.8	2.3	1.8	4.2
長　　　野	12.6	2.5	3.0	4.6	2.7	1.3	2.1	1.8	3.5
岐　　　阜	12.7	2.1	4.8	2.0	4.6	2.1	1.5	2.3	3.6
静　　　岡	11.8	2.7	2.9	3.0	2.4	1.9	1.5	2.4	3.5
愛　　　知	11.7	3.4	3.2	3.6	3.6	1.9	2.7	3.4	3.5
三　　　重	16.1	1.7	5.6	4.1	2.2	0.7	3.1	2.5	3.2
滋　　　賀	14.1	2.4	1.8	3.7	3.5	1.8	2.3	1.9	3.1
京　　　都	20.5	4.3	5.1	8.7	6.0	3.0	5.3	2.2	5.5
大　　　阪	16.7	3.4	5.4	3.5	5.3	2.2	3.0	2.6	4.4
兵　　　庫	16.1	2.6	4.5	2.6	4.4	1.5	2.3	2.1	4.3
奈　　　良	14.3	2.4	5.3	4.4	2.4	0.7	2.1	1.7	4.1
和　歌　山	22.2	3.7	5.1	2.6	8.3	2.2	1.6	1.4	2.5
鳥　　　取	16.5	3.2	7.0	8.8	4.7	3.3	3.0	3.9	5.3
島　　　根	18.1	2.2	7.4	7.2	5.2	3.0	3.0	1.3	3.5
岡　　　山	18.0	4.6	6.1	4.1	5.8	1.9	3.7	4.1	4.6
広　　　島	18.5	3.1	5.8	3.4	2.7	0.7	1.9	3.2	3.3
山　　　口	14.3	1.9	5.5	3.4	3.4	1.0	2.0	1.3	3.9
徳　　　島	21.9	2.7	5.2	4.5	5.7	3.7	4.1	3.1	5.3
香　　　川	18.9	4.0	6.4	2.7	5.6	2.2	3.1	2.8	4.6
愛　　　媛	17.8	2.5	7.1	2.0	5.7	1.2	3.2	1.7	4.8
高　　　知	17.1	3.6	4.4	3.5	6.0	1.8	2.6	2.4	4.7
福　　　岡	16.5	3.7	6.7	3.8	4.8	1.7	2.9	1.8	4.7
佐　　　賀	17.0	2.5	6.6	2.9	2.8	0.8	3.9	1.6	4.3
長　　　崎	16.2	3.4	5.3	3.5	3.2	1.1	2.9	2.2	5.0
熊　　　本	14.2	3.6	5.3	6.0	5.6	2.0	3.2	2.0	4.6
大　　　分	16.3	3.0	4.1	3.8	4.4	1.7	2.8	3.4	5.2
宮　　　崎	11.6	3.0	2.5	2.5	3.4	1.2	1.8	0.9	5.4
鹿　児　島	14.5	2.0	4.4	6.9	2.9	1.1	2.7	1.2	4.1
沖　　　縄	8.3	3.5	1.5	1.8	3.3	1.4	1.5	0.8	1.8

注：2つ以上の資格を取得している場合、各々の資格名に重複計上している。

指定都市・特別区・中核市（再掲）、取得している広告可能な医師の専門性に関する資格名及び麻酔科の標榜資格（複数回答）別（12−3）

数

平成28年12月31日現在

感染症専門医	心療内科専門医	呼吸器外科専門医	心臓血管外科専門医	乳腺専門医	気管食道専門医	消化器外科専門医	小児外科専門医	超音波専門医	細胞診専門医
1.0	0.3	1.1	1.6	1.1	0.8	5.0	0.4	1.4	1.7
0.7	0.3	0.9	2.2	0.9	0.4	4.8	0.2	0.9	2.6
0.6	0.5	0.8	1.7	0.5	0.2	3.8	0.3	0.4	2.1
0.2	0.5	0.6	1.1	0.6	0.5	4.3	0.6	1.5	2.1
0.9	0.8	1.3	1.5	1.1	0.4	5.7	0.6	1.2	3.0
1.1	−	1.7	1.2	0.6	0.5	5.5	0.5	2.8	3.2
0.4	0.3	0.9	2.2	1.0	0.7	3.6	0.2	1.0	1.4
0.6	0.3	1.1	1.6	0.9	0.7	4.0	0.5	0.8	1.6
0.3	0.1	1.0	1.6	0.8	0.3	3.7	0.4	1.1	1.6
0.8	0.2	1.3	1.3	0.9	1.3	5.4	0.4	2.7	1.4
0.7	0.1	1.0	1.4	1.8	0.8	4.6	0.5	0.3	1.3
0.6	0.1	0.8	1.1	0.8	0.7	3.4	0.4	0.9	1.1
0.8	0.3	0.8	1.2	0.9	0.6	4.3	0.5	1.0	1.4
1.8	0.4	1.3	2.1	1.5	1.3	5.4	0.5	1.9	2.6
0.8	0.2	0.9	1.3	0.8	0.9	4.1	0.4	1.0	1.5
0.9	0.2	0.7	1.2	0.6	0.4	5.6	0.5	0.4	1.3
0.4	0.4	1.2	1.7	0.8	1.2	6.3	0.4	0.7	2.1
0.7	0.1	1.5	1.9	0.8	0.6	6.0	0.6	0.6	2.3
1.0	0.1	0.9	1.8	1.2	1.0	6.6	0.1	0.8	1.9
0.4	−	1.0	1.4	1.1	1.1	4.6	0.6	1.2	1.7
0.7	0.2	1.1	1.4	1.3	0.5	4.1	0.5	1.1	1.4
0.6	0.1	0.6	1.4	1.0	1.0	5.1	0.2	0.6	0.9
0.8	0.2	1.2	1.6	0.8	0.5	4.4	0.4	1.0	1.3
0.8	0.2	0.9	1.5	0.9	0.8	4.2	0.5	1.0	0.9
0.8	0.1	1.2	1.7	0.7	1.1	6.0	0.4	0.8	1.1
0.4	0.3	1.6	1.2	1.0	0.8	4.7	0.4	0.8	1.8
0.9	0.2	2.0	1.8	1.5	1.6	5.9	0.7	1.9	1.7
0.6	0.3	1.2	1.8	1.6	0.8	5.8	0.5	2.1	1.6
0.6	0.2	1.0	1.4	1.0	0.8	5.4	0.4	1.8	1.2
1.3	0.3	0.7	2.0	1.0	1.1	6.4	0.4	2.2	1.7
0.4	0.3	0.9	1.4	1.8	0.7	6.8	0.3	1.8	1.5
1.1	−	1.9	2.5	0.7	1.2	8.9	−	2.1	4.6
0.7	0.1	0.9	1.7	1.4	0.1	4.9	0.3	2.3	3.0
1.2	0.3	1.7	1.8	1.5	0.4	5.0	0.6	1.9	1.5
0.6	0.2	1.2	1.4	1.2	0.9	5.9	0.5	1.6	1.5
0.7	0.1	1.4	1.6	0.4	0.1	5.5	0.3	2.0	1.4
1.2	0.1	2.1	2.1	1.6	0.9	7.2	0.5	3.1	2.7
1.3	0.2	2.3	1.4	1.0	0.8	6.3	0.6	3.3	2.3
1.5	0.1	1.6	1.6	1.3	1.1	6.4	0.4	2.3	1.9
0.8	0.3	1.4	2.2	1.1	1.0	3.9	0.6	1.7	1.5
2.0	0.7	1.5	1.8	1.2	0.8	6.2	0.8	1.3	1.8
1.3	0.1	0.6	1.8	0.6	0.8	4.3	0.5	1.6	1.8
4.1	−	1.3	1.9	1.1	0.6	5.3	0.3	1.3	1.6
1.0	0.1	0.8	1.3	1.2	0.9	5.6	0.6	1.5	1.1
1.4	0.3	1.6	1.4	1.2	1.4	6.9	0.2	0.9	1.6
1.3	−	1.2	1.5	0.8	0.7	4.3	0.1	1.4	1.2
1.1	0.8	1.2	1.3	1.0	0.7	5.4	0.8	1.6	1.8
1.4	0.3	1.0	2.2	1.1	0.5	3.1	0.3	0.6	1.3

第49表　人口10万対医師数－（再掲）人口10万対医療施設従事医師数，主たる従業地による都道府県－

総

	消化器病専門医	腎臓専門医	肝臓専門医	神経内科専門医	糖尿病専門医	内分泌代謝科専門医	血液専門医	アレルギー専門医	リウマチ専門医
指定都市・特別区（再掲）									
東京都区部	20.2	6.4	7.0	5.9	6.6	2.7	5.1	4.3	4.9
札　幌　市	27.9	2.9	6.5	5.8	4.9	1.7	5.5	2.2	4.2
仙　台　市	23.3	5.3	3.9	6.7	4.5	2.4	3.4	3.1	4.4
さいたま市	10.1	3.1	3.1	2.2	2.4	1.3	2.1	3.0	2.2
千　葉　市	13.4	2.3	4.8	5.9	4.7	2.8	2.8	4.5	4.4
横　浜　市	12.8	3.6	3.2	3.7	3.0	1.8	2.1	4.3	3.2
川　崎　市	12.8	3.9	4.8	3.4	3.7	1.3	2.0	1.9	4.3
相　模　原　市	10.7	4.7	1.8	3.9	4.6	2.5	1.8	2.9	4.6
新　潟　市	14.9	5.2	5.8	8.8	3.8	1.2	4.6	1.2	2.9
静　岡　市	10.0	3.4	1.9	4.4	3.0	2.3	1.9	2.8	3.4
浜　松　市	16.7	4.3	4.4	3.6	3.3	3.5	2.5	3.5	4.7
名　古　屋　市	16.7	5.6	5.3	6.2	5.2	3.2	4.9	4.0	4.7
京　都　市	27.1	6.1	6.9	13.0	8.6	4.7	8.8	2.8	7.1
大　阪　市	22.0	3.7	6.9	4.0	7.3	3.1	4.0	2.3	5.1
堺　　　市	12.8	3.3	3.8	2.4	3.3	1.8	1.4	2.3	4.2
神　戸　市	20.3	3.3	5.6	3.5	6.7	2.7	3.3	2.7	5.8
岡　山　市	24.8	7.2	8.9	4.7	8.0	2.5	5.3	4.4	5.3
広　島　市	20.4	3.3	6.8	4.4	3.3	1.0	3.0	4.1	4.1
北　九　州　市	20.8	3.7	7.3	2.4	4.9	2.4	4.3	1.0	5.8
福　岡　市	18.9	4.1	7.7	5.7	7.0	2.6	4.6	3.2	5.9
熊　本　市	21.2	6.5	8.4	8.8	8.8	3.8	5.9	2.7	6.1
中核市（再掲）									
旭　川　市	31.5	3.5	8.5	5.2	6.4	3.5	5.2	2.9	3.8
函　館　市	17.3	1.5	4.5	1.9	2.3	0.8	1.1	1.1	2.6
青　森　市	11.2	1.4	2.1	6.3	5.3	2.1	3.2	1.8	2.1
盛　岡　市	20.9	4.4	8.1	11.1	6.4	1.0	5.4	6.7	7.4
秋　田　市	27.7	7.6	7.3	5.4	8.3	1.3	8.3	5.7	5.4
郡　山　市	9.2	2.7	3.6	4.2	3.0	0.6	1.8	3.0	2.4
い　わ　き　市	12.4	3.2	3.2	2.6	3.4	0.3	1.1	0.3	2.0
宇　都　宮　市	10.8	2.1	3.3	1.7	1.7	1.3	1.7	3.3	2.5
前　橋　市	25.4	9.1	7.4	6.2	9.1	4.1	10.6	8.8	8.6
高　崎　市	9.0	3.5	2.4	1.6	4.0	1.6	1.1	4.3	4.8
川　越　市	9.9	4.8	2.3	4.8	3.1	1.7	2.6	0.6	4.5
越　谷　市	9.4	1.8	1.8	5.3	4.4	1.5	0.9	4.1	2.4
船　橋　市	9.2	1.4	4.1	1.9	1.1	1.0	1.1	1.1	1.7
柏　　　市	17.0	1.9	3.6	2.4	2.4	1.4	2.6	1.2	1.4
八　王　子	8.3	2.8	2.8	2.7	2.5	0.9	2.1	2.7	1.8
横　須　賀　市	13.1	4.2	4.0	2.5	0.7	0.7	3.0	2.0	3.2
富　山　市	19.6	4.1	6.7	4.8	7.2	3.8	3.3	3.6	4.5
金　沢　市	26.2	7.3	12.0	6.7	7.5	4.9	6.2	6.9	9.0
長　野　市	10.7	2.6	3.1	3.4	2.4	1.3	2.6	2.1	5.2
岐　阜　市	22.2	3.9	9.9	4.9	11.3	5.4	4.2	3.9	6.2
豊　橋　市	10.7	2.4	1.9	2.1	2.1	1.6	1.6	3.7	4.3
豊　田　市	8.5	2.4	2.1	2.4	2.8	1.4	1.6	1.9	3.1
岡　崎　市	7.6	2.1	1.3	2.3	1.6	0.5	2.1	1.3	3.2
大　津　市	23.5	4.7	3.5	5.0	6.5	4.1	5.3	3.2	3.2
高　槻　市	25.1	3.1	6.2	2.5	5.9	2.5	4.0	2.5	8.8
東　大　阪　市	9.2	2.8	3.4	2.0	2.2	0.6	0.8	1.2	2.4
豊　中　市	11.9	2.5	3.5	6.1	5.1	1.0	2.3	2.0	2.0
枚　方　市	18.4	5.0	6.9	3.5	5.5	1.5	3.0	1.7	4.7
姫　路　市	14.0	1.1	3.7	3.2	4.1	0.6	1.3	2.2	3.7
西　宮　市	22.5	5.3	9.6	3.5	3.9	1.8	3.9	3.9	5.1
尼　崎　市	14.8	2.9	5.1	2.2	3.5	0.7	2.2	2.2	3.5
奈　良　市	14.5	3.1	5.0	5.0	1.9	－	1.1	0.8	4.5
和　歌　山　市	29.0	6.6	8.0	5.0	12.7	4.7	3.6	2.2	3.6
倉　敷　市	19.9	5.9	7.1	5.9	6.7	2.7	5.9	4.4	7.3
呉　　　市	22.8	7.3	7.8	4.7	3.0	0.4	2.6	3.0	3.4
福　山　市	15.3	2.6	6.2	3.2	2.6	0.9	1.1	0.9	3.4
下　関　市	13.5	3.4	4.1	2.3	1.5	0.4	3.4	0.8	4.1
高　松　市	19.5	4.0	7.8	3.1	6.2	1.7	3.8	3.1	5.5
松　山　市	19.8	3.3	7.8	2.5	6.4	1.0	3.9	2.1	6.0
高　知　市	21.5	4.5	4.2	4.8	8.1	2.7	3.3	2.7	6.9
久　留　米　市	28.0	12.4	16.3	4.6	10.1	2.3	5.5	1.6	3.9
長　崎　市	28.1	6.3	9.4	4.0	5.2	1.9	5.9	4.0	8.2
佐　世　保　市	14.2	3.1	3.1	3.1	2.4	0.4	2.8	1.2	4.7
大　分　市	17.3	3.8	4.0	3.1	4.4	1.0	2.7	2.5	4.6
宮　崎　市	19.8	5.5	4.8	5.3	7.8	2.3	2.3	1.0	9.8
鹿　児　島　市	24.7	3.3	8.7	12.4	6.5	2.8	6.0	2.2	6.8
那　覇　市	10.0	2.2	1.6	1.3	3.1	1.3	0.6	1.3	2.5

注：2つ以上の資格を取得している場合、各々の資格名に重複計上している。

指定都市・特別区・中核市（再掲）、取得している広告可能な医師の専門性に関する資格名及び麻酔科の標榜資格（複数回答）別（12－4）

数

平成28年12月31日現在

感染症専門医	心療内科専門医	呼吸器外科専門医	心臓血管外科専門医	乳腺専門医	気管食道専門医	消化器外科専門医	小児外科専門医	超音波専門医	細胞診専門医
2.3	0.5	1.6	2.5	2.0	1.5	6.7	0.6	2.3	3.1
1.1	0.5	1.2	3.3	1.6	0.6	7.5	0.3	1.3	4.7
1.4	1.3	1.8	2.9	1.8	0.6	7.9	1.2	2.2	4.3
0.5	0.2	0.5	1.2	0.7	0.7	3.9	0.5	1.3	0.9
1.5	0.1	1.4	2.0	1.6	0.7	6.4	1.1	1.6	2.7
1.0	0.3	0.9	1.5	0.8	0.9	4.6	0.3	1.2	1.4
1.1	0.2	1.0	1.4	1.1	0.9	5.1	0.9	1.2	1.6
1.1	0.1	1.8	1.5	0.8	1.5	3.5	0.4	0.8	2.8
1.9	0.4	1.1	2.1	0.7	0.7	7.4	0.9	0.9	2.2
1.0	0.3	0.7	2.4	1.1	0.7	3.1	0.6	0.7	1.9
1.0	0.1	2.1	3.1	1.4	0.6	5.1	0.5	2.0	2.1
1.0	0.4	1.6	2.0	1.5	0.9	6.1	0.6	1.6	1.4
1.4	0.2	2.7	2.7	2.0	2.0	7.7	0.9	2.8	2.4
1.0	0.3	1.7	1.9	1.9	1.3	7.2	0.5	2.8	1.9
0.7	0.5	1.0	1.6	1.0	0.5	4.3	–	1.2	1.4
1.1	0.2	0.9	2.0	1.4	1.4	6.4	0.5	2.0	1.8
1.2	0.4	2.8	2.8	2.9	0.4	8.7	0.8	1.9	1.8
1.3	0.4	1.3	1.7	1.5	1.1	6.7	0.6	2.3	1.8
1.9	0.9	2.1	2.1	1.4	0.7	7.4	0.5	1.4	2.4
3.3	1.1	1.8	2.1	1.9	0.8	7.7	1.2	1.5	2.2
1.9	0.3	1.5	2.7	2.4	1.5	8.5	1.1	2.4	1.9
2.0	0.3	2.0	4.1	0.9	1.2	6.1	0.3	2.6	5.5
–	–	1.5	3.8	0.8	0.4	6.8	–	1.5	1.5
0.7	0.4	0.7	2.1	0.4	0.4	6.7	–	0.7	1.8
1.0	1.3	1.7	4.0	1.3	1.0	9.8	1.7	4.4	5.7
1.9	–	2.2	2.2	1.3	1.0	10.5	1.3	6.7	5.1
0.6	0.3	1.5	1.8	1.2	0.3	4.8	0.6	0.3	3.3
0.3	0.6	1.1	1.7	–	–	3.4	0.6	0.9	0.9
0.6	–	1.2	0.8	0.4	0.8	6.0	0.4	2.1	1.7
2.7	–	2.7	3.5	4.7	1.8	7.7	0.6	0.6	3.2
–	–	0.5	1.3	0.8	–	3.5	–	0.5	1.3
0.9	–	1.4	2.3	1.7	1.1	6.8	0.6	1.7	1.4
1.2	0.6	0.9	1.5	2.1	0.9	2.9	0.9	1.2	2.1
0.2	0.2	0.8	1.0	0.3	0.6	2.9	0.5	1.3	1.1
1.0	–	1.7	0.7	1.2	0.7	8.4	0.2	0.5	1.9
0.2	0.4	1.1	1.6	0.7	0.9	4.6	0.5	0.5	1.2
0.5	0.2	1.0	1.0	0.2	1.0	4.0	0.2	0.7	1.5
0.5	–	2.2	3.6	1.2	1.4	8.4	0.7	1.0	3.3
0.9	0.2	2.1	3.4	1.1	1.1	7.9	0.6	1.1	3.4
0.5	–	1.0	1.6	1.8	–	4.5	–	0.3	1.0
1.2	0.5	1.7	5.2	1.5	1.2	8.4	–	1.2	2.2
1.3	–	0.3	1.6	0.8	1.3	2.9	0.3	1.1	0.5
0.5	–	1.2	0.7	0.7	–	2.6	–	1.2	0.7
–	–	0.8	1.0	1.6	0.8	1.6	–	0.5	0.3
0.3	0.3	4.1	2.1	0.9	2.1	7.9	0.6	1.5	2.1
0.8	0.3	1.4	2.5	2.3	0.8	7.1	1.1	2.8	3.1
0.2	–	0.8	1.6	1.0	0.4	2.8	–	1.0	1.4
0.3	0.5	0.8	0.5	1.8	1.0	2.8	–	0.5	0.5
0.7	1.0	2.0	2.0	1.2	0.7	7.2	0.2	1.7	1.7
0.9	–	1.3	2.2	1.3	0.7	5.6	0.6	1.5	1.3
1.0	0.4	1.4	1.4	1.4	0.8	8.6	0.6	4.1	1.6
0.2	–	0.9	1.5	0.7	1.3	4.9	0.4	0.7	1.1
–	–	1.1	2.2	1.4	0.8	5.3	–	2.2	1.9
0.8	0.6	1.7	1.7	3.0	0.8	8.8	0.8	2.8	1.7
2.5	0.2	2.1	2.3	1.3	0.6	4.2	1.0	3.6	2.7
–	–	2.6	1.7	1.3	–	6.9	0.4	1.7	3.9
0.2	–	1.5	1.5	1.5	0.6	5.6	0.6	0.6	0.2
1.1	–	1.9	2.6	0.4	–	5.6	0.4	0.8	1.1
1.2	0.2	2.4	1.9	1.2	1.4	8.6	0.2	3.1	2.1
1.6	0.2	2.1	1.9	2.3	2.1	7.6	0.6	2.9	2.5
0.9	0.6	2.7	3.6	2.1	0.9	6.3	0.6	2.7	1.5
4.2	0.3	2.3	6.5	2.6	1.6	11.4	2.9	4.6	6.5
6.6	–	2.8	2.8	1.9	1.2	10.8	0.5	3.0	2.3
3.5	–	0.8	2.0	1.6	–	3.5	0.4	0.4	2.0
1.3	0.4	1.5	1.7	0.8	1.9	5.0	0.4	0.4	1.7
2.8	–	2.0	2.5	2.3	1.0	7.5	0.3	1.8	2.5
2.0	1.8	2.2	2.8	2.2	0.8	8.5	1.5	1.2	3.8
0.9	0.3	0.9	0.3	2.2	–	3.4	0.3	0.6	0.9

第49表 人口10万対医師数-(再掲)人口10万対医療施設従事医師数,主たる従業地による都道府県-

総

	透析専門医	老年病専門医	消化器内視鏡専門医	臨床遺伝専門医	漢方専門医	レーザー専門医	気管支鏡専門医	核医学専門医	大腸肛門病専門医
全 国	3.5	1.0	10.8	0.8	1.4	0.2	1.5	0.7	1.3
北 海 道	2.7	1.2	11.9	0.8	1.5	0.1	1.5	0.8	1.2
青 森	2.0	0.5	8.2	0.4	1.2	0.2	0.9	0.2	0.9
岩 手	2.1	0.3	7.1	0.3	1.0	-	0.8	0.4	0.3
宮 城	2.1	0.8	10.1	1.3	1.4	0.1	1.8	0.9	0.9
秋 田	3.0	0.5	11.9	1.4	2.1	-	0.4	0.9	0.9
山 形	2.4	0.4	10.1	0.4	1.5	-	0.9	0.4	0.5
福 島	2.3	0.6	10.2	0.4	1.7	-	1.3	1.0	0.8
茨 城	3.1	0.6	7.4	0.6	1.2	0.2	1.6	0.2	0.9
栃 木	3.7	0.8	11.6	1.1	1.7	0.2	2.5	0.3	1.4
群 馬	4.0	0.7	10.5	0.5	1.6	0.2	1.1	0.9	0.9
埼 玉	2.6	0.8	7.5	0.5	1.0	0.1	1.1	0.4	1.3
千 葉	1.9	0.4	7.9	0.5	0.9	0.2	1.5	0.7	1.3
東 京	5.1	1.8	13.5	1.7	1.7	0.4	1.8	0.9	1.7
神 奈 川	3.2	0.6	10.2	0.6	1.2	0.1	1.5	0.4	1.6
新 潟	2.5	0.4	7.3	0.8	1.0	0.3	0.7	0.6	0.7
富 山	4.1	1.5	15.6	0.6	2.5	0.3	2.5	0.8	1.4
石 川	4.3	2.1	18.1	1.0	2.3	0.2	3.4	1.7	1.7
福 井	3.2	1.3	17.3	0.8	0.9	0.1	2.4	0.9	2.2
山 梨	4.9	0.2	11.2	0.8	1.2	-	0.6	0.5	1.2
長 野	2.8	0.5	9.0	0.7	1.5	-	0.7	0.7	0.5
岐 阜	2.4	0.9	9.1	0.2	1.3	0.1	1.4	1.0	0.8
静 岡	3.0	0.5	9.8	0.7	1.1	0.2	1.2	0.7	1.2
愛 知	3.1	1.0	7.9	0.7	1.1	0.3	1.7	0.5	0.9
三 重	2.3	0.4	7.6	0.3	1.1	0.1	1.5	0.5	2.7
滋 賀	3.5			1.8	1.4	0.2	1.3	1.0	0.6
京 都	4.8	1.4	13.4	1.0	1.9	-	1.2	0.9	1.0
大 阪	3.9	1.2	11.6	0.8	1.2	0.2	1.6	0.9	1.6
兵 庫	2.6	1.0	10.3	0.9	1.4	0.3	1.2	0.5	1.1
奈 良	4.6	0.7	12.1	0.7	1.0	-	1.7	0.9	1.7
和 歌 山	4.5	1.3	18.7	0.8	2.2	0.1	1.2	-	1.4
鳥 取	2.8	0.9	11.2	1.9	2.1	0.2	1.4	1.2	2.1
島 根	2.5	1.9	13.9	1.0	2.5	-	1.9	0.9	1.0
岡 山	4.0	1.8	15.0	0.9	1.4	0.3	2.0	1.1	1.3
広 島	4.3	1.5	13.1	1.1	1.4	-	1.5	0.5	1.8
山 口	2.3	0.9	10.1	0.6	1.5	0.6	1.0	0.4	1.0
徳 島	6.9	0.7	13.6	1.2	1.2	0.1	2.7	0.9	0.8
香 川	5.6	1.3	14.5	0.7	2.1	-	2.5	2.0	0.8
愛 媛	3.6	4.1	13.4	0.4	1.5	0.2	0.5	1.6	1.0
高 知	3.9	3.3	12.2	1.1	1.7	0.1	1.2	0.6	1.0
福 岡	3.7	0.9	11.3	0.7	1.9	0.2	1.7	0.4	1.2
佐 賀	4.8	0.5	11.7	0.2	1.6	0.1	0.5	0.4	0.8
長 崎	4.8	1.2	12.1	1.0	1.3	0.1	2.4	0.4	1.3
熊 本	4.7	0.3	12.6	0.7	1.6	0.1	1.6	0.5	0.8
大 分	5.3	0.4	16.5	0.6	1.9	0.2	1.9	0.9	1.7
宮 崎	4.7	0.2	11.0	0.5	1.5	-	1.6	0.4	1.3
鹿 児 島	3.8	1.0	11.1	0.5	1.6	0.2	0.8	0.4	1.7
沖 縄	4.7	0.3	7.2	0.3	1.2	0.1	1.0	0.6	0.6

注:2つ以上の資格を取得している場合、各々の資格名に重複計上している。

指定都市・特別区・中核市（再掲）、取得している広告可能な医師の専門性に関する資格名及び麻酔科の標榜資格（複数回答）別（12－5）

数

平成28年12月31日現在

婦人科腫瘍専門医	ペインクリニック専門医	熱傷専門医	脳血管内治療専門医	がん薬物療法専門医	周産期（新生児）専門医	生殖医療専門医	小児神経専門医	一般病院連携精神医学専門医	麻酔科標榜医
0.5	1.0	0.2	0.7	0.8	0.8	0.4	0.7	0.2	7.9
0.6	1.3	0.2	0.7	0.9	0.6	0.3	0.7	0.3	9.2
0.2	0.7	0.5	0.4	0.5	0.2	0.2	0.5	0.1	5.0
0.5	0.9	0.2	0.3	0.3	1.0	0.1	0.5	－	7.4
0.7	0.8	0.3	0.5	1.0	0.6	0.4	0.7	0.0	8.8
0.7	1.4	0.1	0.9	0.5	1.6	0.5	0.9	0.2	4.7
0.3	0.8	0.3	0.4	0.5	0.9	0.1	0.3	0.4	4.3
0.3	0.8	0.1	0.3	0.4	0.4	0.6	0.4	0.4	5.0
0.4	1.0	0.1	0.5	0.2	0.9	0.1	0.5	0.0	5.1
0.5	2.1	0.2	0.4	0.2	1.1	0.6	0.8	0.3	9.6
0.3	1.7	0.3	0.9	0.5	0.8	0.6	0.6	0.4	7.1
0.4	0.6	0.1	0.3	0.3	0.5	0.2	0.5	0.1	5.0
0.4	0.5	0.3	0.5	0.6	0.5	0.3	0.6	0.2	5.4
1.0	1.4	0.3	0.8	1.2	1.6	0.8	1.1	0.3	9.3
0.5	0.7	0.2	0.7	0.7	0.8	0.4	0.5	0.2	6.8
0.5	0.6	0.1	0.4	0.4	1.2	0.4	0.5	0.1	4.1
0.7	1.5	0.3	1.0	1.4	1.1	0.1	0.8	0.2	6.7
0.4	1.7	0.3	0.3	2.3	0.5	0.2	0.9	0.2	7.2
0.5	0.6	0.1	1.3	0.8	1.3	0.4	0.5	0.1	8.8
0.5	0.6	0.1	0.4	0.6	1.2	0.4	1.2	0.4	7.6
0.5	1.6	0.2	0.4	0.7	0.4	0.2	0.6	0.1	8.5
0.4	0.8	0.2	0.9	1.0	0.5	0.3	0.5	0.2	6.1
0.4	0.7	0.0	0.4	0.4	0.7	0.2	0.7	0.1	5.4
0.3	0.7	0.2	0.7	0.9	0.9	0.4	0.5	0.2	7.8
0.4	0.7	0.2	1.1	0.6	0.8	0.3	0.3	0.2	5.3
0.9	1.1	－	1.1	0.3	1.0	0.5	1.5	－	7.7
0.5	1.5	0.2	1.6	1.0	1.0	0.3	1.5	0.3	9.6
0.7	1.2	0.4	0.8	1.2	0.8	0.5	0.7	0.2	9.3
0.3	1.0	0.1	0.8	0.8	0.9	0.4	0.8	0.1	8.9
0.7	1.3	0.2	0.4	0.4	0.7	－	0.2	0.1	7.2
0.3	1.8	－	1.2	0.6	0.9	0.2	0.7	0.1	7.1
0.9	1.1	0.2	0.7	1.2	1.6	0.9	1.6	0.2	10.4
0.7	1.7	0.1	0.9	1.3	0.9	0.9	0.7	0.7	10.1
0.5	1.7	0.4	0.5	1.6	0.7	0.5	1.4	0.3	12.8
0.6	1.1	0.1	1.0	1.0	0.9	0.1	0.6	0.3	8.4
0.4	0.6	0.2	0.9	0.4	0.6	0.4	0.6	0.1	9.5
0.5	0.7	0.1	0.8	1.5	0.4	1.5	1.3	0.5	12.4
0.3	1.2	0.1	0.9	1.2	0.9	－	1.7	0.1	13.2
0.6	1.4	0.4	0.7	1.2	0.8	0.3	0.9	0.1	9.6
－	1.2	0.1	1.2	0.6	0.7	0.4	0.7	0.1	11.5
0.8	1.0	0.4	0.8	1.1	0.8	0.3	0.7	0.0	9.8
0.4	1.7	0.4	0.7	1.7	0.4	－	0.4	－	8.1
0.7	1.1	0.8	0.6	1.0	0.7	0.3	0.9	－	7.5
0.6	0.7	0.4	0.3	0.9	0.4	0.3	0.6	－	11.0
0.7	1.2	0.2	1.0	0.8	1.1	0.5	1.1	－	9.8
0.5	1.1	0.2	1.1	0.6	0.6	－	0.6	－	9.7
0.5	0.7	0.2	0.9	0.5	0.7	0.2	0.6	0.1	11.4
0.5	0.8	0.1	0.6	0.2	0.8	0.4	1.0	0.3	8.1

第49表　人口10万対医師数−（再掲）人口10万対医療施設従事医師数，主たる従業地による都道府県−

総

	透析専門医	老年病専門医	消化器内視鏡専門医	臨床遺伝専門医	漢方専門医	レーザー専門医	気管支鏡専門医	核医学専門医	大腸肛門病専門医
指定都市・特別区（再掲）									
東京都区部	5.9	2.1	16.2	2.1	1.9	0.5	2.1	1.0	2.2
札幌市	4.5	1.9	18.1	1.7	1.6	0.2	2.6	1.2	1.7
仙台市	2.9	0.9	14.1	2.6	1.9	0.1	2.6	1.7	1.4
さいたま市	3.1	0.7	8.9	0.5	1.3	0.2	1.5	0.5	1.7
千葉市	1.6	0.9	10.5	2.1	1.8	0.5	4.0	1.7	1.0
横浜市	3.5	0.5	10.9	0.9	1.7	0.1	1.4	0.6	1.5
川崎市	3.6	1.1	11.4	0.7	0.6		2.4	0.3	2.1
相模原市	4.6	0.3	11.1	0.7	1.2	0.1	2.1	0.7	2.2
新潟市	3.8	0.5	10.0	1.9	0.9	0.5	1.5	1.1	1.0
静岡市	2.8	0.3	7.8	0.7	0.9	0.3	0.7	0.7	1.0
浜松市	5.0	0.4	13.0	1.8	1.4	0.3	2.5	1.1	2.1
名古屋市	4.8	1.4	11.1	1.4	1.5	0.5	2.5	0.8	0.9
京都市	6.9	2.0	17.5	1.6	2.7	−	1.8	1.6	1.2
大阪市	4.7	1.3	15.6	0.8	1.3	0.4	1.7	1.3	2.2
堺市	3.8	1.8	7.3	0.5	1.2	0.4	2.6	0.4	1.1
神戸市	2.8	1.5	12.8	1.7	1.8	0.5	1.0	0.9	1.2
岡山市	6.0	2.5	19.8	1.7	2.8	0.4	3.6	1.5	1.5
広島市	5.0	1.5	14.0	1.9	1.3	−	2.3	0.6	2.2
北九州市	3.6	0.6	14.4	0.5	1.9	−	3.1	0.4	1.4
福岡市	3.5	1.8	12.1	1.4	2.6	0.2	1.5	0.5	1.2
熊本市	7.6	0.5	17.7	1.4	2.2	0.1	3.2	1.1	0.9
中核市（再掲）									
旭川市	5.5	1.5	16.6	2.3	2.0	−	2.6	2.0	2.9
函館市	1.9	0.8	15.0	−	1.9	−	0.8	0.8	2.6
青森市	1.8	0.4	9.5	0.4	2.1	0.4	1.4	−	1.8
盛岡市	4.4	−	15.2	1.0	2.0	−	1.7	1.3	0.7
秋田市	7.0	1.0	19.7	4.1	2.5	−	1.0	1.9	1.6
郡山市	2.1	0.6	12.2	0.6	1.8	−	1.5	2.1	0.6
いわき市	3.2	0.9	9.5	0.3	1.7	−	0.3	0.9	0.6
宇都宮市	3.1	0.8	11.9	0.4	1.5	−	2.1	−	1.2
前橋市	5.3	1.2	15.0	0.9	2.9	0.3	2.1	3.2	2.1
高崎市	5.6	1.1	11.7	0.3	1.6	0.3	0.5	0.5	0.5
川越市	4.3	1.1	8.8	0.3	2.3	−	1.7	0.9	1.1
越谷市	2.6	−	8.2	0.9	0.9	0.3	1.5	0.6	2.6
船橋市	1.3	0.5	7.8	0.2	1.0	0.2	1.1	0.3	1.0
柏市	1.4	0.7	11.0	1.0	1.0	−	2.4	0.7	2.4
八王子市	2.3	0.5	8.2	0.7	0.7	−	2.0	0.7	1.2
横須賀市	2.2	1.0	9.9	−	0.2	−	1.2	0.2	1.0
富山市	4.5	1.9	20.3	1.2	3.6	0.5	4.1	1.0	1.0
金沢市	4.7	3.0	24.5	1.5	3.2	0.2	5.6	3.0	2.1
長野市	2.4	−	7.1	−	2.1	−	0.5	0.3	1.0
岐阜市	5.2	2.2	15.5	0.5	1.7	−	4.4	2.5	1.7
豊橋市	4.0	1.1	7.0	0.5	1.3	0.3	1.6	0.3	1.3
豊田市	1.9	0.2	6.8	−	1.2	−	1.2	0.2	1.9
岡崎市	2.1	0.3	5.5	0.3	0.5	−	1.6	−	0.3
大津市	5.3	2.1	19.4	4.7	3.2	0.6	3.8	2.3	1.5
高槻市	2.3	1.1	17.8	1.4	1.4	−	2.0	1.1	1.7
東大阪市	2.6	0.4	6.0	0.2	0.8	−	1.0	0.4	1.0
豊中市	2.5	1.3	7.6	0.8	2.0	−	1.5	0.5	0.8
枚方市	4.7	−	10.7	1.2	0.5	−	1.7	1.5	1.0
姫路市	1.9	0.2	9.4	0.7	1.7	0.2	1.5	0.2	1.1
西宮市	3.3	1.8	13.9	1.6	1.6	0.4	1.6	0.8	3.5
尼崎市	3.5	0.9	11.3	1.1	2.2	0.2	0.7	0.4	1.1
奈良市	6.1	0.3	11.7	0.6	0.6	−	1.1	0.3	1.9
和歌山市	7.5	1.9	23.2	1.7	3.9	0.3	1.7	−	1.7
倉敷市	4.4	1.5	17.6	0.8	0.8	0.4	2.3	1.9	2.1
呉市	6.0	1.3	15.5	2.2	1.3	−	2.2	0.4	3.0
福山市	3.2	1.5	12.3	0.4	2.2	−	0.6	0.6	1.3
下関市	3.0	0.4	7.5	−	1.9	0.4	0.4	0.8	0.4
高松市	5.7	0.5	14.3	0.5	2.4	−	3.6	1.4	0.7
松山市	5.6	5.3	15.6	0.4	1.8	−	1.0	1.9	1.8
高知市	6.0	4.5	15.5	0.6	3.6	−	1.8	0.6	1.8
久留米市	10.7	−	20.5	1.3	2.3	0.7	2.6	1.3	3.9
長崎市	7.7	2.1	19.0	1.9	1.4	0.2	4.0	1.2	2.3
佐世保市	4.7	1.2	11.8	0.8	2.0	−	2.4	−	1.6
大分市	6.5	0.4	16.1	0.7	1.9	−	1.5	1.3	1.9
宮崎市	7.0	0.3	18.0	−	2.0	−	2.3	0.8	3.0
鹿児島市	6.0	1.3	15.7	0.8	2.2	0.2	1.2	1.0	3.0
那覇市	4.7	0.6	9.4	0.3	2.8	−	1.3	0.6	0.6

注：2つ以上の資格を取得している場合、各々の資格名に重複計上している。

指定都市・特別区・中核市（再掲）、取得している広告可能な医師の専門性に関する資格名及び麻酔科の標榜資格（複数回答）別（12－6）

数

平成28年12月31日現在

婦人科腫瘍専門医	ペインクリニック専門医	熱傷専門医	脳血管内治療専門医	がん薬物療法専門医	周産期（新生児）専門医	生殖医療専門医	小児神経専門医	一般病院連携精神医学専門医	麻酔科標榜医
1.1	1.7	0.3	1.0	1.5	1.9	1.1	1.0	0.4	11.3
0.9	1.9	0.5	1.2	1.8	0.7	0.7	0.9	0.8	13.7
1.0	1.2	0.5	1.0	1.5	1.0	0.7	1.4	0.1	13.5
0.3	0.7	0.1	0.2	0.2	0.9	0.4	0.9	0.2	6.0
0.7	0.6	0.6	0.9	0.7	1.2	0.8	1.4	0.1	8.8
0.5	0.8	0.1	0.8	0.8	1.2	0.5	0.6	0.2	8.2
0.5	0.9	0.2	1.1	0.8	0.7	0.4	0.5	0.1	6.0
0.8	1.0	0.3	0.4	0.6	1.1	0.1	0.7	0.1	8.4
1.1	1.1	0.4	1.0	0.7	1.5	0.6	1.1	0.1	6.3
0.1	0.4	-	0.3	-	0.7	0.1	1.4	-	5.6
0.6	1.3	0.1	0.5	0.8	1.9	0.6	1.9	0.1	8.2
0.6	1.2	0.3	1.0	2.0	1.5	1.0	0.5	0.3	11.9
0.9	1.8	0.3	2.5	1.8	1.6	0.5	1.7	0.3	13.1
1.0	1.0	0.4	0.9	1.5	1.1	0.6	1.1	0.3	11.9
0.5	1.3	0.2	0.6	0.6	0.6	0.1	0.5	0.1	7.2
0.3	1.0	0.1	1.2	1.3	1.5	0.7	1.1	0.3	12.0
0.7	2.9	0.1	0.8	2.8	0.8	1.1	2.9	0.4	20.8
0.8	1.4	0.1	1.8	1.3	1.6	0.3	0.8	0.3	10.0
1.2	1.5	0.9	0.8	1.2	1.3	0.3	1.2	-	11.3
1.2	1.1	0.2	1.1	1.9	1.5	0.5	1.1	0.1	13.0
0.9	1.6	0.7	0.5	1.9	0.9	0.8	0.7		18.2
1.2	4.1	0.6	0.9	1.7	2.0	0.9	1.5	-	20.7
1.1	1.1	0.4	1.5	0.4	0.4	-	0.8	-	10.2
-	0.4	-	0.7	0.7	0.7	0.4	0.7	-	4.9
2.0	2.7	0.7	1.0	1.0	3.0	0.3	1.3	-	17.2
2.2	1.9	0.3	1.9	1.3	4.1	1.0	2.5	0.3	9.9
-	1.2	0.6	0.3	-	0.9	-	0.6	0.6	4.2
0.9	0.9	-	0.3	0.3	0.3	0.6	-	-	3.7
0.2	1.5	-	0.6	0.4	0.2	0.6	0.2	0.2	8.8
0.3	2.4	1.2	2.4	1.2	1.5	1.5	1.5	0.3	12.4
0.5	1.3	-	0.8	0.3	0.3	1.6	0.3	0.3	5.9
0.6	0.6	-	0.3	0.9	2.0	0.6	0.9	-	11.4
0.6	2.4	0.3	1.5	1.8	0.3	0.3	1.2	0.3	10.3
0.3	0.5	0.2	0.8	0.3	0.3	0.2	-	0.3	4.6
0.7	0.7	-	-	5.0	-	0.5	0.5	0.2	6.7
0.4	0.5	0.5	0.4	0.5	-	-	0.7	-	4.4
0.5	0.2	-	0.7	-	0.5	-	0.2	0.2	6.4
1.0	1.7	0.2	2.2	3.1	2.9	0.2	1.9	0.5	10.5
1.1	2.4	0.2	0.2	4.5	1.3	0.2	1.3	0.4	9.0
0.8	1.8	0.3	0.5	0.5	-	0.3	0.8	0.3	9.2
1.2	1.7	-	2.2	3.2	2.2	0.7	1.5	0.7	13.8
0.8	0.3	0.3	1.1	-	0.8	0.3	0.3	-	6.7
0.5	0.7	-	0.5	0.9	0.7	0.5	0.5	-	4.9
0.3	0.3	-	0.5	0.8	0.5	0.3	0.8	-	2.1
1.8	1.8	-	2.6	0.9	2.6	1.2	1.8	-	14.7
2.0	3.4	0.6	1.4	1.1	2.3	0.3	1.1	1.4	13.8
-	-	0.2	0.2	-	-	0.8	-	-	4.8
-	1.5	-	0.3	1.0	0.3	0.5	1.0	0.3	7.3
0.2	1.5	0.7	1.2	1.2	1.0	0.7	0.5	-	10.4
-	0.9	0.2	1.1	0.7	0.9	0.7	0.7	-	6.9
0.2	2.5	0.4	1.8	0.2	0.8	0.8	1.0	-	12.9
0.4	1.3	-	1.1	0.4	1.1	-	0.4	0.2	11.1
0.8	1.4	0.6	0.8	0.6	1.1	-	0.6	-	8.4
0.6	3.6	-	2.5	1.7	1.7	0.3	1.4	-	10.8
0.8	1.7	1.0	0.6	1.0	1.5	0.4	0.4	0.2	13.0
1.7	2.2	0.4	1.7	1.7	0.9	-	-	0.4	9.5
0.4	0.9	-	0.2	1.7	0.4	-	0.4	0.4	8.0
-	0.4	-	0.4	0.4	0.4	-	-	-	7.9
0.5	1.4	-	0.5	1.2	1.2	-	1.4	-	13.3
0.8	2.5	0.8	0.8	2.3	1.4	0.6	1.2	-	11.5
-	1.8	0.3	1.8	0.6	0.6	-	0.9	0.3	16.1
2.0	2.0	0.7	2.6	2.3	0.7	-	0.7	-	21.8
1.4	1.4	1.4	0.9	2.3	1.4	0.9	1.4	-	10.8
1.2	1.6	0.8	0.8	-	0.8	-	-	-	7.9
0.4	1.7	0.2	1.3	0.4	1.5	0.2	1.3	0.2	8.4
1.3	2.0	-	1.0	1.5	1.3	-	1.0	-	16.8
1.3	1.2	0.7	1.3	1.3	1.7	0.5	1.0	0.3	21.7
-	0.6	-	0.9	-	-	-	0.9	0.3	10.0

第49表　人口10万対医師数－（再掲）人口10万対医療施設従事医師数, 主たる従業地による都道府県－

（再掲）医療施設

	総　数	総合内科専門医	小児科専門医	皮膚科専門医	精神科専門医	外科専門医	整形外科専門医	産婦人科専門医	眼科専門医	耳鼻咽喉科鼻科専門医
全　　国	240.1	17.7	10.7	4.4	7.2	16.7	13.0	8.9	7.7	6.1
北　海　道	238.3	14.6	9.9	4.8	7.6	15.7	12.8	7.5	6.7	5.8
青　　森	198.2	10.1	8.3	4.1	6.3	14.7	12.3	7.3	5.2	4.6
岩　　手	193.8	9.0	8.1	3.9	5.7	13.7	9.5	7.8	5.9	4.3
宮　　城	231.9	17.6	9.7	3.7	7.0	18.6	12.0	9.1	6.7	5.8
秋　　田	223.5	12.9	9.6	3.8	9.2	16.1	13.0	9.3	6.6	5.3
山　　形	219.5	14.4	8.9	4.3	7.1	14.6	15.0	8.6	6.8	5.5
福　　島	195.7	12.1	8.8	2.3	7.2	14.4	10.8	7.0	6.5	5.4
茨　　城	180.4	13.8	7.4	3.3	4.9	13.2	9.4	6.9	6.0	4.0
栃　　木	218.0	14.9	9.3	3.9	5.2	16.9	10.3	8.4	6.3	5.4
群　　馬	225.2	19.0	12.0	4.5	7.1	16.6	13.1	8.5	6.9	4.2
埼　　玉	160.1	12.7	7.9	3.3	4.8	11.6	8.2	6.5	5.7	4.2
千　　葉	189.9	12.6	7.9	3.4	5.8	15.2	10.4	7.2	5.7	4.6
東　　京	304.2	25.1	14.6	6.5	9.5	20.2	13.1	12.4	10.7	7.9
神　奈　川	205.4	15.9	9.7	4.4	6.7	13.6	11.2	8.3	6.8	5.3
新　　潟	191.9	17.3	9.1	3.5	4.9	11.5	12.2	6.7	6.3	5.1
富　　山	241.8	21.4	11.4	5.7	7.4	16.2	15.3	8.6	9.1	7.0
石　　川	280.6	23.3	12.2	6.1	8.9	19.2	15.1	9.2	8.3	7.0
福　　井	245.8	17.4	11.5	4.2	6.3	18.5	14.8	9.0	7.3	8.7
山　　梨	231.8	16.6	12.3	4.7	6.0	17.5	14.9	9.4	8.0	6.9
長　　野	226.2	16.6	11.8	3.7	6.3	15.7	12.7	7.1	6.2	5.0
岐　　阜	208.9	17.0	8.9	3.8	5.9	12.6	11.6	7.9	7.6	6.0
静　　岡	200.8	15.5	9.7	3.5	5.7	15.1	10.4	7.9	6.3	5.5
愛　　知	207.7	14.8	9.6	4.3	5.9	13.4	11.0	8.1	7.5	6.2
三　　重	217.0	19.0	8.8	3.7	6.4	16.0	12.6	7.8	7.0	6.2
滋　　賀	220.9	16.3	12.7	3.6	5.7	14.9	12.4	8.8	6.3	6.0
京　　都	314.9	22.2	13.5	5.5	8.8	25.0	16.5	10.0	9.5	8.8
大　　阪	270.4	19.0	10.7	4.4	6.9	18.6	14.0	10.3	10.2	7.1
兵　　庫	242.4	19.0	11.1	3.9	5.9	16.7	14.2	8.7	9.6	6.3
奈　　良	243.1	20.0	8.6	4.6	7.9	16.4	17.2	8.5	8.0	7.3
和　歌　山	290.1	18.3	11.2	4.5	7.0	17.8	16.7	11.0	8.4	6.1
鳥　　取	298.1	21.4	17.5	4.4	8.8	20.0	16.3	10.2	9.6	6.0
島　　根	272.3	22.2	12.3	4.5	10.4	17.7	14.5	9.6	7.7	7.0
岡　　山	300.4	24.3	12.8	4.7	10.9	20.7	14.8	9.3	8.7	7.2
広　　島	254.6	20.1	11.1	4.7	8.5	19.7	15.4	8.0	8.0	6.9
山　　口	246.5	14.7	9.5	4.4	8.4	17.4	14.5	8.0	6.7	6.2
徳　　島	315.9	27.3	11.7	5.3	10.4	18.7	16.9	10.7	9.1	7.3
香　　川	276.0	21.3	13.5	4.5	7.6	17.7	18.6	8.6	8.6	7.4
愛　　媛	262.5	19.7	11.3	4.3	7.0	18.7	15.8	9.4	9.1	7.9
高　　知	306.0	23.3	10.4	6.0	11.7	20.1	19.0	8.5	8.5	7.2
福　　岡	297.6	20.7	13.2	4.8	9.1	20.9	17.0	9.9	7.8	5.9
佐　　賀	276.8	22.5	12.9	4.8	9.2	16.7	18.7	8.1	7.2	6.3
長　　崎	295.7	21.0	11.9	5.2	9.7	19.1	16.5	11.5	7.3	6.1
熊　　本	281.9	18.2	9.8	4.7	7.8	17.5	17.9	8.8	7.6	5.5
大　　分	268.5	17.7	11.3	4.2	8.6	20.9	15.8	8.4	7.1	4.9
宮　　崎	238.4	14.1	8.5	3.9	6.7	17.9	16.8	8.4	7.4	5.5
鹿　児　島	262.9	14.7	10.1	4.6	9.7	17.7	14.7	9.0	7.0	5.7
沖　　縄	243.1	16.1	12.1	2.9	10.5	16.0	11.3	10.4	5.8	5.1

注：2つ以上の資格を取得している場合、各々の資格名に重複計上している。

指定都市・特別区・中核市（再掲）、取得している広告可能な医師の専門性に関する資格名及び麻酔科の標榜資格（複数回答）別（12-7）

従 事 医 師 数

平成28年12月31日現在

泌尿器科専門医	脳神経外科専門医	放射線科専門医	麻酔科専門医	病理専門医	救急科専門医	形成外科専門医	リハビリテーション科専門医	呼吸器専門医	循環器専門医
4.7	5.3	4.5	5.6	1.3	3.0	1.7	2.0	4.3	9.6
5.4	6.7	3.2	7.7	1.3	2.5	1.8	1.7	4.0	10.0
5.1	3.8	2.9	4.5	1.2	2.0	0.7	1.1	2.7	5.4
5.1	5.5	3.2	3.7	0.7	3.1	1.6	1.5	3.5	7.3
4.3	4.7	3.5	5.3	1.2	2.8	1.8	2.4	4.8	7.6
6.3	5.8	2.5	3.5	1.8	1.5	0.7	1.6	2.7	7.9
5.7	5.3	4.2	3.7	1.0	2.0	0.9	2.0	3.7	9.3
4.7	4.8	3.6	3.9	0.8	2.4	1.1	1.3	2.3	7.4
3.4	5.3	2.4	4.1	0.9	2.2	0.9	1.2	3.8	7.0
3.9	4.0	2.8	5.5	1.2	3.1	1.3	1.8	4.0	7.5
4.8	4.5	4.3	6.1	1.4	1.9	0.7	1.8	4.8	8.6
3.2	3.7	2.4	3.9	0.9	2.1	1.3	1.0	2.7	6.6
3.6	4.1	2.7	4.1	0.9	2.6	1.5	1.6	3.3	6.6
4.8	6.1	5.6	7.1	1.8	3.9	3.0	1.9	5.9	11.7
4.1	4.4	3.6	5.2	1.1	3.2	1.7	1.5	3.6	7.7
3.6	5.2	3.7	3.3	1.1	1.6	1.1	1.6	4.3	6.4
4.3	6.1	5.4	6.6	1.3	2.3	1.5	2.0	4.4	10.6
5.7	7.0	6.7	6.3	1.8	2.4	2.4	2.4	4.9	13.6
5.1	6.3	6.3	5.2	0.8	4.1	1.0	1.5	4.1	12.0
5.3	6.6	3.6	4.8	1.1	2.2	1.2	2.4	3.3	9.4
4.3	5.0	3.1	5.8	1.3	4.0	2.3	2.0	3.7	8.2
3.8	5.0	2.7	4.0	1.1	2.6	0.9	1.3	3.8	11.2
4.4	5.2	2.9	4.1	1.3	2.0	1.4	1.9	3.9	7.4
3.9	4.3	3.3	4.0	1.1	2.2	1.0	1.6	4.2	8.7
4.1	4.8	4.0	3.2	1.0	1.9	0.6	1.9	2.4	10.2
4.0	5.2	4.2	5.5	1.5	2.7	1.3	1.7	2.9	10.5
6.3	5.9	7.2	7.1	1.7	4.4	2.0	3.3	5.0	13.4
5.6	6.0	5.9	6.3	1.3	4.2	2.2	2.0	4.6	11.2
4.7	5.2	4.9	5.8	1.3	3.1	1.8	1.8	3.8	11.7
6.6	5.5	6.1	5.3	1.6	3.5	1.4	1.9	4.4	10.3
4.2	7.2	4.8	5.9	1.2	3.6	0.7	3.9	3.8	9.9
4.7	4.7	6.1	6.8	1.9	2.8	0.9	3.0	6.7	9.3
5.4	5.1	5.1	8.4	1.3	3.5	1.2	2.9	4.1	8.6
4.6	5.9	6.4	7.0	1.6	3.6	2.7	3.7	6.2	9.7
4.6	6.1	4.4	6.1	0.8	3.1	1.0	2.1	5.1	9.7
6.0	7.0	5.8	6.3	0.7	2.7	0.9	2.2	2.7	12.6
7.1	7.7	6.9	7.3	1.2	4.0	2.5	3.5	5.2	14.4
7.3	6.8	6.2	7.1	1.6	2.5	2.0	3.7	4.6	13.3
7.0	6.9	7.7	6.0	1.8	2.0	2.0	2.3	3.3	10.9
7.6	8.5	5.1	6.8	1.2	4.7	2.4	4.6	4.3	11.5
5.3	5.8	7.1	6.5	1.3	3.4	2.0	2.5	6.0	13.5
6.0	6.3	6.3	7.1	1.7	3.7	1.2	2.8	3.6	10.9
5.9	5.1	5.4	6.2	1.4	2.7	2.5	1.6	7.7	11.2
5.9	5.0	6.9	7.3	0.9	3.1	1.0	3.9	6.2	10.3
5.9	6.2	6.0	7.0	1.2	2.8	1.7	2.6	5.4	11.5
5.6	5.3	6.6	7.2	1.3	2.3	1.2	3.1	3.1	7.8
6.0	6.6	5.8	7.0	1.5	2.3	1.0	4.5	3.6	8.7
3.8	4.5	4.0	6.0	1.2	5.2	1.7	2.3	3.8	7.9

第49表　人口10万対医師数－（再掲）人口10万対医療施設従事医師数，主たる従業地による都道府県－

（再掲）医　療　施　設

	総　数	総合内科専門医	小児科専門医	皮膚科専門医	精神科専門医	外科専門医	整形外科専門医	産婦人科専門医	眼科専門医	耳鼻咽喉科専門医
指定都市・特別区（再掲）										
東京都区部	351.6	29.3	15.9	7.7	9.8	24.0	15.0	14.8	12.6	9.5
札　幌　市	322.9	22.3	13.0	7.2	10.9	21.1	16.1	11.2	10.0	8.0
仙　台　市	321.6	25.9	15.2	5.3	8.7	26.0	17.0	13.0	9.7	8.2
さいたま市	172.8	15.9	11.9	3.8	4.9	11.9	7.1	6.2	7.8	4.5
千　葉　市	270.7	19.0	14.8	4.1	8.7	23.0	14.4	10.1	7.5	7.6
横　浜　市	217.9	16.8	11.2	5.4	7.8	14.1	11.3	9.3	7.4	5.7
川　崎　市	216.9	18.3	9.7	4.4	5.2	14.6	13.0	7.9	7.3	6.1
相 模 原 市	229.5	18.4	10.9	3.6	5.1	16.3	11.8	9.6	7.2	5.3
新　潟　市	267.7	25.8	13.3	5.3	6.1	16.1	17.1	9.9	9.7	8.6
静　岡　市	229.5	15.7	16.7	2.7	7.3	13.8	10.0	8.0	6.1	6.6
浜　松　市	256.0	22.6	11.8	4.8	6.6	20.5	12.5	11.2	8.4	6.8
名 古 屋 市	288.5	22.5	12.8	5.8	8.6	19.6	14.8	13.2	11.1	8.0
京　都　市	417.7	30.6	16.3	7.5	11.3	33.8	19.1	13.4	12.3	11.5
大　阪　市	327.2	23.9	11.4	5.0	5.9	21.1	17.1	12.5	13.2	9.1
堺　　　市	227.4	17.3	9.1	3.5	7.0	15.5	12.1	7.3	9.4	5.0
神　戸　市	304.0	25.6	16.1	4.6	8.9	20.6	17.5	11.8	11.3	7.6
岡　山　市	410.3	33.1	17.9	7.2	17.8	28.8	20.5	14.3	11.9	9.4
広　島　市	295.7	25.0	14.3	5.9	10.6	21.9	17.2	9.9	9.4	8.9
北 九 州 市	325.1	23.1	13.3	4.6	7.6	23.2	19.9	10.8	7.6	7.1
福　岡　市	366.0	28.2	15.3	6.2	10.4	26.3	19.1	13.3	10.1	7.1
熊　本　市	413.1	28.0	14.1	6.5	8.9	25.0	24.3	13.5	10.5	7.4
中核市（再掲）										
旭　川　市	376.1	25.9	21.3	8.5	6.7	24.5	23.3	12.2	11.4	11.1
函　館　市	290.6	12.4	9.4	5.6	6.8	21.4	18.0	8.6	7.1	5.3
青　森　市	221.4	12.3	10.2	5.3	7.4	15.1	13.0	5.6	6.0	5.3
盛　岡　市	391.6	20.9	18.5	9.1	9.1	30.0	18.2	17.8	12.8	9.8
秋　田　市	369.1	25.2	20.4	8.3	17.2	25.8	18.2	16.6	11.8	7.6
郡　山　市	243.5	11.6	10.1	3.0	11.0	19.0	11.6	9.2	8.0	6.8
い わ き 市	161.2	8.3	5.7	1.1	7.2	10.6	12.1	7.2	6.0	3.7
宇 都 宮 市	193.5	12.3	7.3	4.0	5.0	15.0	11.0	6.7	6.3	5.6
前　橋　市	438.6	38.1	22.1	8.8	10.0	31.6	23.0	13.6	13.3	8.6
高　崎　市	210.1	17.3	10.9	4.5	8.0	12.8	14.6	9.6	8.5	4.8
川　越　市	238.6	18.5	15.9	4.0	6.3	19.0	13.4	13.9	6.3	5.1
越　谷　市	213.8	15.6	8.2	5.0	6.5	14.4	11.2	8.8	5.9	3.8
船　橋　市	140.3	9.2	5.9	3.5	5.7	11.6	13.5	7.3	4.6	3.2
柏　　　市	237.6	15.8	7.7	2.9	5.5	25.4	6.5	9.1	5.5	6.0
八 王 子 市	193.8	14.0	7.3	3.2	11.2	13.7	8.7	5.9	4.4	4.1
横 須 賀 市	210.1	19.6	8.7	5.0	7.4	11.6	13.4	7.4	5.4	5.7
富　山　市	325.6	31.6	17.0	5.5	11.2	21.5	21.1	14.8	10.0	9.6
金　沢　市	378.5	34.5	18.7	8.8	14.6	26.6	18.9	13.3	10.9	8.8
長　野　市	233.2	16.8	8.1	3.7	7.3	16.2	13.6	7.6	5.8	4.5
岐　阜　市	393.3	36.2	20.2	7.1	11.1	21.9	20.0	15.8	13.5	12.6
豊　橋　市	198.4	12.8	9.1	3.7	6.4	10.4	11.8	9.1	7.0	5.9
豊　田　市	156.0	8.2	6.1	2.6	4.9	10.6	7.3	5.9	4.7	4.5
岡　崎　市	127.4	11.0	7.8	2.9	3.4	7.6	8.6	6.0	5.5	3.7
大　津　市	356.6	28.2	20.2	5.6	8.8	24.9	16.7	14.1	10.6	10.6
高　槻　市	380.2	28.8	16.9	4.8	9.3	26.0	17.5	13.3	13.8	7.6
東 大 阪 市	173.1	9.0	5.6	3.4	5.8	13.2	11.4	9.4	6.8	4.4
豊　中　市	203.5	18.4	7.3	4.3	8.6	11.6	10.4	6.8	8.6	7.6
枚　方　市	291.6	19.9	13.4	4.2	9.7	19.4	12.2	8.2	9.9	8.2
姫　路　市	212.5	16.7	9.4	2.6	4.3	17.2	12.5	8.2	10.5	5.6
西　宮　市	322.1	21.5	13.7	6.7	6.7	21.5	15.7	7.8	12.5	9.8
尼　崎　市	260.6	17.5	10.8	4.2	4.0	14.2	16.4	7.7	10.2	7.5
奈　良　市	256.0	17.8	10.0	7.2	8.9	13.4	19.2	11.7	10.9	7.8
和 歌 山 市	430.1	25.1	15.2	7.2	9.1	24.9	23.5	16.3	13.3	9.1
倉　敷　市	357.0	32.1	14.9	4.4	7.1	25.4	15.9	10.3	10.1	7.8
呉　　　市	314.7	26.3	11.6	4.3	8.6	21.6	18.5	9.1	10.8	7.3
福　山　市	208.0	14.0	8.4	2.4	4.5	20.6	12.0	6.7	5.4	6.0
下　関　市	262.0	15.4	9.0	4.5	8.6	17.7	15.4	7.1	6.4	5.3
高　松　市	272.2	25.9	12.4	4.8	5.2	18.5	20.2	9.3	9.0	8.1
松　山　市	306.6	23.0	10.5	5.3	9.1	24.1	16.0	11.7	10.9	9.5
高　知　市	365.7	26.6	11.6	6.3	14.6	26.3	24.2	11.0	9.9	8.7
久 留 米 市	561.6	29.6	33.9	8.5	18.9	46.6	21.8	21.5	11.4	10.1
長　崎　市	438.9	37.5	16.2	9.4	13.6	29.3	23.4	18.0	11.7	9.4
佐 世 保 市	257.1	16.1	9.4	3.5	7.5	17.3	13.8	10.6	5.1	6.7
大　分　市	249.9	16.5	12.3	4.6	9.8	17.3	15.2	9.4	6.1	4.8
宮　崎　市	355.0	25.5	12.5	6.5	8.8	28.3	22.5	13.0	10.5	9.0
鹿 児 島 市	403.5	25.4	15.2	7.0	12.9	28.5	21.5	16.2	11.7	8.0
那　覇　市	244.1	14.4	10.9	4.7	7.2	14.7	12.2	10.6	6.6	5.3

注：2つ以上の資格を取得している場合、各々の資格名に重複計上している。

指定都市・特別区・中核市（再掲）、取得している広告可能な医師の専門性に関する資格名及び麻酔科の標榜資格（複数回答）別（12−8）

従 事 医 師 数

平成28年12月31日現在

泌尿器科専門医	脳神経外科専門医	放射線科専門医	麻酔科専門医	病理専門医	救急科専門医	形成外科専門医	リハビリテーション科専門医	呼吸器専門医	循環器専門医
5.5	6.7	6.9	8.5	2.2	4.1	3.8	2.0	6.8	13.6
6.7	9.2	5.3	11.8	2.2	3.9	3.0	2.7	5.6	14.1
5.8	5.6	5.9	7.6	1.8	3.4	2.9	3.2	7.1	11.0
3.0	3.1	3.3	4.2	0.5	2.7	1.5	0.5	2.7	7.5
5.5	6.1	4.9	6.8	1.8	3.5	2.5	2.3	6.8	8.6
4.2	4.9	3.5	6.5	1.2	3.5	2.1	1.7	4.2	8.0
3.3	4.8	5.4	4.4	1.4	3.4	1.7	1.5	3.7	8.4
5.3	3.5	4.4	5.0	1.9	2.8	2.1	0.4	4.0	9.3
5.5	6.6	6.6	5.0	1.7	2.6	2.4	2.7	7.2	9.7
3.4	3.6	1.4	4.1	1.6	2.4	1.7	1.9	3.8	9.1
6.0	5.0	4.9	7.5	2.0	2.8	1.9	3.8	7.3	8.2
5.4	5.4	5.2	6.3	1.8	3.2	1.3	2.3	6.6	11.9
7.8	7.9	10.6	9.8	2.4	5.9	3.0	3.5	7.1	16.9
6.8	7.1	8.1	7.6	1.7	4.8	3.3	2.5	5.7	12.3
3.8	3.8	3.2	4.5	1.0	4.1	1.9	1.4	5.7	10.0
5.6	6.4	6.7	7.2	1.8	4.2	2.9	2.1	5.1	15.8
6.1	8.5	9.4	13.2	2.4	4.3	3.9	4.3	8.2	15.5
5.0	7.2	4.9	8.0	1.1	3.9	1.3	2.7	7.6	12.0
5.5	6.4	8.3	9.0	1.5	5.0	2.4	4.0	6.3	13.8
6.5	6.8	9.2	8.9	1.9	2.9	3.1	2.1	6.9	15.3
8.1	7.6	12.6	12.3	1.6	6.1	1.6	6.1	9.7	16.4
9.9	7.9	6.4	15.2	2.6	3.8	1.7	2.3	9.0	17.5
6.8	7.5	3.4	10.5	1.5	3.4	3.4	1.5	2.3	11.3
5.6	4.9	2.8	4.6	1.4	1.8	0.7	0.7	2.1	6.0
9.8	10.1	8.8	10.8	3.0	8.8	5.1	1.7	9.1	18.2
10.8	9.9	5.4	7.0	3.5	2.9	1.6	2.9	6.1	15.6
6.5	6.8	6.8	6.5	1.8	3.0	1.2	0.3	2.7	11.6
4.3	4.3	2.0	2.0	0.6	2.3	1.1	2.0	1.1	5.2
3.3	4.2	1.7	4.4	1.3	3.1	1.7	2.3	4.4	7.9
8.6	8.6	12.7	14.5	3.8	5.0	1.8	2.9	9.4	19.2
5.1	5.3	2.7	4.8	1.1	0.8	0.8	1.6	3.7	9.0
4.5	5.7	3.1	9.9	1.4	4.3	2.6	1.1	2.0	6.0
5.9	5.3	1.8	6.2	2.4	4.7	1.2	0.6	5.6	7.4
2.2	3.3	1.3	4.6	0.6	2.4	1.6	1.6	2.1	6.5
2.4	4.3	6.5	4.6	1.0	1.9	2.6	1.0	5.3	7.0
2.7	6.0	2.7	2.7	1.2	3.9	1.1	0.5	2.7	7.8
5.2	3.7	4.2	4.5	1.0	3.2	1.2	1.0	3.2	7.9
5.7	9.1	7.4	9.1	1.4	2.9	2.2	3.1	6.0	14.4
6.9	8.6	12.2	9.4	3.0	3.2	2.8	3.9	7.9	19.5
4.7	6.5	3.1	6.3	1.0	3.9	2.4	2.6	5.0	8.1
7.6	8.9	8.1	12.6	2.7	7.1	2.0	2.0	7.9	25.6
4.5	3.7	2.1	4.3	0.8	0.3	0.5	1.3	3.5	9.6
1.9	2.6	0.9	2.1	0.7	2.6	0.9	0.5	2.8	7.3
2.3	1.0	2.3	1.0	0.8	0.8	0.8	1.0	3.1	5.5
7.3	7.3	6.5	11.7	1.8	5.9	1.5	2.9	6.7	15.2
7.1	9.0	7.9	10.7	2.8	5.4	3.7	5.1	6.2	17.5
3.8	3.2	5.0	2.6	1.0	3.4	1.4	1.0	1.8	6.0
3.3	3.5	2.8	4.3	0.8	2.0	0.8	3.5	5.6	6.8
7.2	5.0	6.5	7.9	1.7	3.5	2.7	1.2	3.7	11.4
4.7	6.7	4.9	5.4	1.5	1.9	1.7	2.4	5.6	9.2
5.5	6.5	8.0	10.0	2.0	5.7	1.4	2.5	4.5	11.9
4.4	4.9	3.8	6.4	0.9	4.0	1.5	2.7	3.1	10.8
7.8	5.0	5.0	5.8	1.9	5.3	1.9	1.7	5.6	10.3
5.8	11.6	9.4	11.6	1.7	4.4	1.4	6.6	4.4	14.1
6.5	6.5	9.0	6.3	2.5	6.7	3.6	4.4	6.7	9.2
6.5	7.8	8.2	7.3	1.7	4.7	0.9	1.3	4.7	12.1
4.9	4.7	4.7	5.6	0.2	3.0	1.5	3.2	2.6	7.1
7.1	8.3	5.6	5.3	2.3	1.1	0.8	3.0	2.6	14.3
7.6	6.7	5.2	7.1	1.7	1.2	2.1	5.5	6.4	16.6
8.9	8.2	8.8	8.4	2.3	3.3	2.3	2.3	4.5	12.1
9.3	10.7	6.6	9.3	1.8	8.1	2.3	6.0	5.4	14.3
8.1	9.1	18.2	12.1	2.9	9.1	4.9	4.6	13.7	34.5
9.4	6.8	8.2	10.5	2.3	2.6	4.7	2.6	14.1	16.9
5.9	7.1	5.1	5.5	1.2	4.7	2.0	1.2	5.9	11.4
5.0	6.1	3.8	7.1	1.0	3.3	2.5	2.7	5.4	10.4
7.3	7.3	13.5	12.8	2.8	3.5	2.0	3.3	4.5	11.5
9.2	9.8	9.8	13.2	3.2	3.8	1.7	6.0	6.8	14.0
5.0	5.9	2.5	6.3	0.9	3.4	2.2	1.9	3.4	8.4

第49表　人口10万対医師数－（再掲）人口10万対医療施設従事医師数，主たる従業地による都道府県－

（再掲）医療施設

	消化器病専門医	腎臓専門医	肝臓専門医	神経内科専門医	糖尿病専門医	内分泌代謝科専門医	血液専門医	アレルギー専門医	リウマチ専門医
全　　　国	14.0	3.1	4.2	3.6	3.8	1.6	2.5	2.4	3.6
北　海　道	18.7	1.6	4.3	2.9	3.1	1.1	2.9	1.5	3.0
青　　　森	10.4	2.1	2.1	2.0	3.4	1.3	1.7	1.9	1.9
岩　　　手	10.1	1.7	3.5	4.8	2.8	0.4	1.9	2.4	3.2
宮　　　城	15.7	3.1	2.2	4.0	3.0	1.3	2.1	1.8	2.8
秋　　　田	15.8	3.4	3.4	3.0	4.0	0.5	3.5	2.7	3.1
山　　　形	13.1	2.2	2.7	3.1	3.2	1.2	2.2	1.1	2.7
福　　　島	10.6	2.9	3.1	3.2	2.8	0.9	2.1	1.9	2.8
茨　　　城	8.6	2.7	3.2	1.9	2.7	1.3	1.8	1.4	1.9
栃　　　木	11.9	3.3	3.4	3.8	2.8	1.8	2.4	3.9	3.0
群　　　馬	12.9	3.8	3.3	2.5	3.5	1.6	3.3	4.0	4.3
埼　　　玉	8.2	2.3	2.5	2.5	2.6	1.1	1.5	2.1	2.3
千　　　葉	9.7	1.7	3.3	3.0	2.2	1.3	1.7	2.1	2.7
東　　　京	16.0	5.2	5.4	5.0	5.1	2.2	3.6	3.6	4.1
神　奈　川	11.5	3.5	3.1	3.3	3.0	1.4	1.9	3.0	3.2
新　　　潟	11.0	3.4	3.8	4.6	2.4	0.9	2.4	1.4	2.4
富　　　山	15.7	3.3	5.5	3.2	5.8	2.4	2.1	2.8	3.3
石　　　川	18.9	5.3	7.7	4.5	5.3	2.8	3.6	3.7	4.8
福　　　井	19.4	4.3	5.5	3.2	3.5	1.5	3.6	3.1	5.6
山　　　梨	17.6	3.4	4.3	3.1	3.7	2.8	2.2	1.7	4.2
長　　　野	12.4	2.5	2.8	4.5	2.7	1.3	1.9	1.8	3.4
岐　　　阜	12.3	2.0	4.8	1.9	4.6	2.1	1.5	2.2	3.6
静　　　岡	11.7	2.6	2.8	3.0	2.3	1.8	1.5	2.4	3.5
愛　　　知	11.5	3.3	3.1	3.4	3.5	1.9	2.5	3.3	3.5
三　　　重	15.8	1.7	5.4	3.9	2.1	0.7	3.1	2.5	3.1
滋　　　賀	13.9	2.4	1.8	3.1	3.5	1.7	2.1	1.9	3.1
京　　　都	20.0	4.0	5.1	8.1	5.8	2.6	4.6	2.0	5.2
大　　　阪	16.3	3.3	5.3	3.2	5.0	2.0	2.8	2.5	4.3
兵　　　庫	15.8	2.5	4.4	2.5	4.2	1.4	2.1	2.0	4.2
奈　　　良	14.2	2.1	5.2	4.2	2.2	0.7	2.1	1.6	4.1
和　歌　山	22.1	3.5	5.1	2.5	8.1	1.9	1.6	1.4	2.5
鳥　　　取	16.1	3.2	6.7	8.2	4.7	3.2	3.0	3.7	5.1
島　　　根	17.7	2.2	7.4	7.2	5.1	2.9	3.0	1.3	3.3
岡　　　山	17.7	4.6	6.0	3.9	5.7	1.8	3.6	4.1	4.6
広　　　島	18.0	3.0	5.6	3.0	2.6	0.6	1.8	3.1	3.2
山　　　口	14.1	1.9	5.4	3.4	3.4	1.0	1.9	1.3	3.9
徳　　　島	21.2	2.4	5.2	4.5	5.2	3.3	4.1	2.8	5.2
香　　　川	18.8	3.9	6.3	2.3	5.5	2.2	3.1	2.6	4.5
愛　　　媛	17.7	2.4	7.1	2.0	5.6	1.1	3.1	1.6	4.7
高　　　知	16.6	3.6	4.3	3.5	5.8	1.8	2.5	2.4	4.7
福　　　岡	16.2	3.6	6.6	3.6	4.7	1.7	2.8	1.8	4.5
佐　　　賀	16.1	2.5	6.6	2.9	2.7	0.8	3.6	1.6	4.3
長　　　崎	15.5	3.4	5.1	3.4	3.0	1.0	2.6	2.2	4.8
熊　　　本	14.0	3.5	5.2	5.5	5.4	1.9	3.1	2.0	4.6
大　　　分	15.9	2.9	4.0	3.5	4.1	1.7	2.8	3.4	4.9
宮　　　崎	11.1	2.9	2.5	2.3	3.2	1.2	1.8	0.9	5.3
鹿　児　島	14.3	1.9	4.3	6.4	2.9	1.1	2.6	1.2	4.1
沖　　　縄	8.3	3.4	1.5	1.8	3.3	1.4	1.4	0.8	1.8

注：2つ以上の資格を取得している場合、各々の資格名に重複計上している。

指定都市・特別区・中核市 (再掲)、取得している広告可能な医師の専門性に関する資格名及び麻酔科の標榜資格 (複数回答) 別 (12-9)

従 事 医 師 数

平成28年12月31日現在

感染症専門医	心療内科専門医	呼吸器外科専門医	心臓血管外科専門医	乳腺専門医	気管食道専門医	消化器外科専門医	小児外科専門医	超音波専門医	細胞診専門医
0.9	0.2	1.1	1.6	1.1	0.8	4.9	0.4	1.3	1.5
0.6	0.2	0.9	2.2	0.9	0.4	4.7	0.1	0.8	2.4
0.5	0.5	0.7	1.7	0.5	0.2	3.7	0.3	0.4	1.7
0.2	0.5	0.6	1.1	0.6	0.5	4.1	0.6	1.5	1.8
0.9	0.7	1.3	1.5	1.1	0.4	5.6	0.6	1.2	2.7
1.1	–	1.7	1.1	0.6	0.5	5.4	0.5	2.8	3.1
0.4	0.2	0.9	2.1	0.9	0.7	3.5	0.2	1.0	1.3
0.6	0.2	1.1	1.6	0.9	0.7	3.9	0.5	0.8	1.4
0.3	0.1	1.0	1.6	0.7	0.3	3.5	0.4	1.1	1.5
0.8	0.2	1.2	1.3	0.9	1.2	5.4	0.4	2.6	1.3
0.7	0.1	1.0	1.4	1.7	0.8	4.5	0.5	0.3	1.1
0.5	0.1	0.8	1.1	0.8	0.7	3.4	0.4	0.9	1.0
0.7	0.3	0.8	1.2	0.9	0.6	4.2	0.4	1.0	1.3
1.6	0.4	1.3	2.1	1.5	1.3	5.3	0.5	1.9	2.2
0.8	0.2	0.9	1.3	0.8	0.9	4.0	0.3	1.0	1.4
0.9	0.2	0.7	1.1	0.6	0.4	5.4	0.4	0.4	1.2
0.3	0.4	1.2	1.7	0.8	1.2	6.2	0.4	0.7	1.6
0.7	0.1	1.5	1.9	0.6	0.6	6.0	0.5	0.6	1.8
0.6	0.1	0.9	1.8	1.0	1.0	6.5	0.1	0.8	1.4
0.4	–	1.0	1.3	1.1	1.1	4.5	0.6	1.1	1.6
0.7	0.2	1.1	1.4	1.3	0.5	4.0	0.5	1.1	1.1
0.5	0.1	0.6	1.4	1.0	1.0	5.0	0.2	0.6	0.8
0.8	0.2	1.2	1.6	0.8	0.5	4.4	0.3	1.0	1.3
0.7	0.2	0.9	1.5	0.9	0.7	4.1	0.4	0.9	0.7
0.8	0.1	1.2	1.7	0.7	1.1	6.0	0.4	0.8	1.1
0.3	0.2	1.6	1.2	1.0	0.8	4.7	0.4	0.8	1.8
0.8	0.2	2.0	1.7	1.5	1.5	5.8	0.7	1.8	1.4
0.6	0.3	1.2	1.8	1.6	0.7	5.8	0.5	2.0	1.5
0.6	0.2	1.0	1.4	1.0	0.8	5.3	0.4	1.7	1.1
1.2	0.3	0.7	2.0	1.0	1.0	6.3	0.4	2.2	1.5
0.4	0.2	0.9	1.4	1.8	0.7	6.8	0.3	1.8	1.5
1.1	–	1.9	2.5	0.5	1.1	8.6	–	2.1	4.0
0.7	0.1	0.9	1.7	1.4	0.1	4.9	0.1	2.2	2.8
1.2	0.2	1.7	1.7	1.5	0.4	4.9	0.6	1.9	1.5
0.6	0.2	1.2	1.4	1.2	0.9	5.7	0.5	1.5	1.4
0.7	0.1	1.4	1.6	0.4	0.1	5.5	0.3	1.9	0.9
1.1	0.1	2.1	2.1	1.6	0.9	7.2	0.5	3.1	2.1
1.2	0.1	2.3	1.4	1.0	0.8	6.1	0.6	3.1	1.7
1.4	0.1	1.6	1.5	1.3	1.1	6.3	0.4	2.2	1.8
0.7	0.3	1.4	2.2	1.1	1.0	3.7	0.6	1.7	1.1
1.9	0.6	1.5	1.8	1.2	0.8	6.0	0.7	1.3	1.5
1.3	0.1	0.6	1.7	0.6	0.8	4.2	0.5	1.6	1.8
4.0	–	1.3	1.8	1.1	0.6	5.0	0.3	1.3	1.5
0.8	0.1	0.7	1.3	1.2	0.9	5.5	0.5	1.5	1.0
1.4	0.3	1.6	1.4	1.2	1.4	6.8	0.2	0.9	1.6
1.3	–	1.1	1.5	0.8	0.7	4.3	0.1	1.4	0.9
1.0	0.7	1.2	1.3	1.0	0.7	5.2	0.8	1.6	1.6
1.4	0.3	0.9	2.2	1.1	0.5	3.1	0.3	0.6	1.0

第49表　人口10万対医師数－（再掲）人口10万対医療施設従事医師数, 主たる従業地による都道府県－

（再掲）医 療 施 設

	消化器病専門医	腎臓専門医	肝臓専門医	神経内科専門医	糖尿病専門医	内分泌代謝科専門医	血液専門医	アレルギー専門医	リウマチ専門医
指定都市・特別区（再掲）									
東京都区部	19.4	6.1	6.6	5.5	6.2	2.6	4.5	4.1	4.8
札幌市	27.1	2.8	6.3	5.7	4.9	1.6	5.3	2.2	4.2
仙台市	22.3	5.1	3.8	6.4	4.5	2.2	3.3	2.9	4.2
さいたま市	9.9	2.9	3.0	2.1	2.4	1.3	2.0	3.0	2.2
千葉市	13.1	2.1	4.5	5.2	4.2	2.7	2.7	4.3	4.2
横浜市	12.5	3.6	3.2	3.7	3.0	1.7	2.1	4.2	3.1
川崎市	12.8	3.7	4.8	3.4	3.7	1.3	1.9	1.9	3.8
相模原市	10.4	4.7	1.8	3.7	4.4	2.4	1.8	2.8	4.4
新潟市	14.4	4.8	5.7	7.3	3.8	1.2	3.8	1.1	2.9
静岡市	10.0	3.1	1.9	4.3	2.6	2.0	1.7	2.6	3.3
浜松市	16.6	4.1	4.4	3.6	3.1	3.4	2.5	3.5	4.6
名古屋市	16.2	5.3	4.9	6.0	4.9	3.1	4.6	3.9	4.6
京都市	26.4	5.6	6.8	12.1	8.3	4.1	7.6	2.6	6.7
大阪市	21.5	3.6	6.9	3.8	6.7	2.8	3.8	3.1	5.0
堺市	12.5	3.3	3.7	2.4	3.1	1.8	1.4	2.1	3.3
神戸市	19.7	3.2	5.6	3.3	6.2	2.5	3.0	2.5	5.5
岡山市	24.4	7.2	8.6	4.4	8.0	2.5	5.1	4.3	5.3
広島市	19.7	3.3	6.5	3.9	3.0	0.8	2.7	4.0	3.9
北九州市	20.4	3.7	7.3	2.4	4.9	2.4	4.2	1.0	5.4
福岡市	18.4	3.9	7.5	5.3	6.9	2.6	4.4	3.1	5.8
熊本市	20.9	6.4	8.2	8.1	8.4	3.6	5.9	2.7	6.1
中核市（再掲）									
旭川市	31.5	3.5	8.5	5.2	6.4	3.5	5.2	2.9	3.8
函館市	17.3	1.5	4.5	1.5	2.3	0.8	1.1	1.1	2.6
青森市	10.9	1.4	2.1	5.6	5.3	2.1	3.2	1.8	1.8
盛岡市	20.5	4.4	8.1	11.1	6.4	1.0	5.4	6.7	7.1
秋田市	26.4	7.6	7.0	5.1	8.3	1.3	7.6	5.7	5.1
郡山市	9.2	2.4	3.6	4.2	2.7	0.6	1.8	3.0	2.4
いわき市	12.4	3.2	3.2	2.6	3.4	0.3	1.1	0.3	2.0
宇都宮市	10.6	2.1	3.3	1.7	1.5	1.3	1.7	3.3	2.5
前橋市	25.4	9.1	7.4	5.9	8.8	4.1	10.0	8.6	8.6
高崎市	9.0	3.5	2.4	1.3	4.0	1.6	1.1	4.3	4.8
川越市	9.7	4.8	2.3	4.8	3.1	1.7	2.6	0.6	4.5
越谷市	9.4	1.8	1.8	4.4	4.4	1.5	0.6	4.1	2.4
船橋市	8.9	1.4	4.1	1.7	1.1	1.0	0.8	1.1	1.7
柏市	16.3	1.9	3.4	2.4	2.4	1.4	2.4	1.2	1.4
八王子市	8.3	2.7	2.8	2.7	2.5	0.9	2.0	2.7	1.8
横須賀市	12.4	4.2	3.7	2.5	0.7	0.7	2.7	2.0	3.2
富山市	19.1	4.1	6.7	4.5	6.5	3.3	3.1	3.3	4.5
金沢市	26.0	7.1	12.0	6.7	7.5	4.7	6.7	6.7	8.8
長野市	10.5	2.6	2.9	3.4	2.4	1.3	2.4	2.1	5.0
岐阜市	21.9	3.9	9.9	4.7	11.1	5.2	4.2	3.7	6.2
豊橋市	10.7	2.4	1.9	2.1	2.1	1.6	1.6	3.7	4.3
豊田市	8.5	2.1	2.1	2.4	2.6	1.4	1.4	1.9	3.1
岡崎市	6.8	2.1	1.3	1.8	1.6	0.5	1.8	1.3	2.1
大津市	22.6	4.7	3.5	4.1	6.2	4.1	5.0	3.2	3.2
高槻市	24.6	3.1	5.6	2.3	5.9	2.5	4.0	2.5	8.8
東大阪市	9.2	2.8	3.4	1.8	2.2	0.6	0.8	1.2	2.4
豊中市	11.6	2.3	3.3	6.1	4.8	1.0	2.3	2.0	1.8
枚方市	18.1	5.0	6.9	3.2	5.0	1.5	2.5	1.7	4.7
姫路市	14.0	0.9	3.7	3.0	3.7	0.6	1.1	2.2	3.7
西宮市	22.1	5.1	9.2	3.1	3.7	1.8	3.7	3.5	5.1
尼崎市	14.8	2.9	5.1	2.2	3.5	0.7	2.2	2.2	3.5
奈良市	14.5	3.1	5.0	4.5	1.9	-	1.1	0.8	4.5
和歌山市	29.0	6.1	8.0	4.7	12.2	3.9	3.6	2.2	3.6
倉敷市	19.7	5.9	7.1	5.7	6.7	2.5	5.5	4.4	7.3
呉市	22.0	6.0	7.8	2.6	2.6	0.4	2.6	3.0	3.0
福山市	15.1	2.6	6.0	3.0	2.6	0.9	1.1	0.9	3.4
下関市	13.5	3.4	4.1	2.3	1.5	0.4	3.4	0.8	4.1
高松市	19.2	4.0	7.6	3.1	6.2	1.7	3.8	2.9	5.5
松山市	19.8	3.1	7.8	2.3	6.4	1.0	3.9	2.1	6.0
高知市	20.9	4.5	4.2	4.8	7.8	2.7	3.3	2.7	6.9
久留米市	27.0	12.4	15.6	4.6	9.8	2.3	5.2	1.6	3.9
長崎市	26.9	6.3	9.4	3.7	4.9	1.9	4.0	4.0	7.7
佐世保市	14.2	2.8	3.1	2.8	2.4	0.4	2.8	1.2	4.7
大分市	16.9	3.8	3.8	2.7	4.2	1.0	2.7	2.5	4.6
宮崎市	18.8	5.3	4.8	4.8	7.3	2.3	3.5	1.0	9.5
鹿児島市	24.4	3.2	8.5	11.2	6.5	2.8	5.8	2.2	6.8
那覇市	10.0	2.2	1.6	1.3	3.1	1.3	0.3	1.3	2.5

注：2つ以上の資格を取得している場合、各々の資格名に重複計上している。

指定都市・特別区・中核市（再掲）、取得している広告可能な医師の専門性に関する資格名及び麻酔科の標榜資格（複数回答）別（12-10）

従事医師数

平成28年12月31日現在

感染症専門医	心療内科専門医	呼吸器外科専門医	心臓血管外科専門医	乳腺専門医	気管食道専門医	消化器外科専門医	小児外科専門医	超音波専門医	細胞診専門医
2.0	0.4	1.6	2.5	1.9	1.5	6.5	0.6	2.2	2.7
1.0	0.4	1.2	3.3	1.6	0.6	7.4	0.3	1.3	4.4
1.4	1.1	1.8	2.8	1.8	0.6	7.7	1.2	2.1	3.9
0.5	0.2	0.5	1.2	0.7	0.7	3.8	0.5	1.3	0.9
1.4	0.1	1.4	2.0	1.5	0.6	6.2	0.9	1.5	2.4
1.0	0.3	0.9	1.5	0.8	0.9	4.5	0.3	1.2	1.3
0.9	0.2	0.9	1.4	1.1	0.9	5.1	0.7	1.2	1.6
1.1	0.1	1.8	1.5	0.8	1.4	3.3	0.4	0.8	2.6
1.9	0.2	1.1	1.9	0.7	0.6	7.2	0.9	0.9	2.1
1.0	0.3	0.7	2.3	1.1	0.7	3.1	0.4	0.7	1.9
1.0	0.1	2.1	3.0	1.4	0.6	5.0	0.5	1.9	1.9
0.9	0.4	1.6	2.0	1.5	0.9	5.9	0.6	1.5	1.1
1.3	0.2	2.7	2.6	2.0	2.0	7.5	0.9	2.8	2.1
0.9	0.3	1.6	1.9	1.9	1.3	7.1	0.5	2.7	1.9
0.7	0.5	1.0	1.6	1.0	0.5	4.3	–	1.2	1.3
1.0	0.2	0.9	2.0	1.3	1.4	6.1	0.5	1.8	1.5
1.2	0.3	2.8	2.6	2.9	0.4	8.3	0.8	1.9	1.8
1.2	0.4	1.3	1.7	1.5	1.1	6.5	0.6	2.3	1.8
1.8	0.7	2.1	2.0	1.4	0.7	7.4	0.5	1.3	2.2
3.1	1.0	1.8	2.1	1.9	0.8	7.5	1.0	1.5	1.9
1.6	0.3	1.4	2.7	2.4	1.5	8.2	0.9	2.4	1.8
2.0	0.3	2.0	4.1	0.9	1.2	6.1	0.3	2.3	4.7
–	–	1.1	3.4	0.8	0.4	6.8	–	1.5	1.5
0.4	0.4	0.7	2.1	0.4	0.4	6.7	–	0.7	1.8
1.0	1.3	1.7	4.0	1.3	1.0	9.1	1.7	4.4	5.7
1.9	–	2.2	1.9	1.3	1.0	10.5	1.3	6.7	4.8
0.6	0.3	1.5	1.8	1.2	0.3	4.8	0.6	0.3	3.3
0.3	0.6	0.9	1.7	–	–	2.9	0.6	0.9	0.9
0.6	–	1.2	0.8	0.4	0.8	6.0	0.4	1.9	1.7
2.4	–	2.7	3.5	4.4	1.5	7.4	0.6	0.6	2.4
–	–	0.5	1.3	0.8	–	3.5	–	0.5	1.3
0.9	–	1.4	2.3	1.7	1.1	6.8	0.6	1.7	1.1
1.2	0.3	0.9	1.5	2.1	0.9	2.9	0.9	1.2	2.1
0.2	0.2	0.8	1.0	0.3	0.6	2.9	0.5	1.1	1.1
1.0	–	1.7	0.7	1.2	0.7	8.4	0.2	0.5	1.4
0.2	0.4	1.1	1.6	0.7	0.9	4.6	0.5	0.5	1.2
0.2	0.2	1.0	1.0	0.2	1.0	4.0	0.2	0.7	1.2
0.2	–	2.2	3.6	1.2	1.4	8.1	0.7	1.0	2.2
0.9	0.2	2.1	3.4	1.1	1.1	7.9	0.6	1.1	2.8
0.5	–	1.0	1.6	1.8	–	3.9	–	0.3	1.0
1.2	0.5	1.7	5.2	1.5	1.2	8.4	–	1.2	1.7
1.3	–	0.3	1.6	0.8	1.3	2.9	0.3	1.1	0.5
0.5	–	0.9	0.7	0.5	–	2.4	–	1.2	0.7
–	–	0.8	1.6	0.8	1.6	–		0.5	0.3
0.3	–	4.1	2.1	0.9	2.1	7.9	0.6	1.5	1.8
0.8	0.3	1.4	2.5	2.3	0.8	7.1	1.1	2.8	3.1
0.2	–	0.8	1.6	0.8	0.4	2.8	–	0.8	1.4
0.3	0.5	0.8	0.5	1.8	1.0	2.8	–	0.5	0.5
0.7	1.0	2.0	2.0	1.2	0.5	7.2	0.2	1.7	1.7
0.9	–	1.3	2.1	1.3	0.7	5.6	0.6	1.5	1.3
0.8	0.4	1.4	1.4	1.4	0.8	8.6	0.6	4.1	1.4
0.2	–	0.9	1.5	0.7	1.3	4.9	0.4	0.7	1.1
–	–	1.1	2.2	1.4	0.8	5.3	–	2.2	1.9
0.8	0.3	1.7	1.7	3.0	0.8	8.8	0.8	2.8	1.7
2.5	0.2	2.1	2.3	1.0	0.6	4.2	1.0	3.6	2.7
–	–	2.6	1.7	1.3	–	6.9	0.4	0.9	3.9
0.2	–	1.5	1.5	1.5	0.6	5.6	0.6	0.6	0.2
1.1	–	1.9	2.6	0.4	–	5.6	0.4	0.8	1.1
1.2	0.2	2.4	1.9	1.2	1.4	8.3	0.2	2.9	1.7
1.6	0.2	2.1	1.9	2.3	2.1	7.6	0.6	2.9	2.3
0.9	0.6	2.7	3.6	2.1	0.9	6.0	0.6	2.7	1.5
4.2	0.3	2.3	6.5	2.6	1.6	10.7	2.9	4.6	4.6
6.1	–	2.8	2.6	1.9	1.2	9.8	3.0	3.0	2.6
3.5	–	0.8	2.0	1.6	–	3.5	0.4	0.4	2.0
1.3	0.4	1.3	1.7	0.8	1.9	4.8	0.4	0.4	1.7
2.8	–	1.8	2.5	2.3	1.0	7.5	0.3	1.8	2.0
1.8	1.5	2.2	2.8	2.2	0.8	8.3	1.5	1.2	3.5
0.9	0.3	0.9	0.3	2.2	–	3.4	0.3	0.6	0.9

第49表　人口10万対医師数－（再掲）人口10万対医療施設従事医師数，主たる従業地による都道府県－

（再掲）医療施設

	透析専門医	老年病専門医	消化器内視鏡専門医	臨床遺伝専門医	漢方専門医	レーザー専門医	気管支鏡専門医	核医学専門医	大腸肛門専門医・腸病医
全　　　国	3.4	0.9	10.7	0.8	1.4	0.2	1.5	0.6	1.2
北　海　道	2.7	1.1	11.7	0.8	1.5	0.1	1.5	0.8	1.1
青　　森	1.9	0.5	8.0	0.4	0.9	0.2	0.9	0.2	0.8
岩　　手	2.1	0.3	7.0	0.3	1.0	－	0.6	0.4	0.3
宮　　城	2.1	0.8	9.9	1.1	1.3	0.1	1.8	0.8	0.9
秋　　田	3.0	0.5	11.4	1.4	2.0	－	0.4	0.9	0.9
山　　形	2.3	0.4	9.9	0.4	1.5	－	0.9	0.4	0.4
福　　島	2.2	0.6	10.0	0.3	1.7	－	1.3	1.0	0.8
茨　　城	2.9	0.5	7.3	0.4	1.1	0.2	1.5	0.2	0.8
栃　　木	3.6	0.7	11.5	0.9	1.7	0.2	2.4	0.3	1.4
群　　馬	4.0	0.6	10.4	0.4	1.6	0.2	1.1	0.8	0.8
埼　　玉	2.6	0.7	7.4	0.5	1.0	0.2	1.1	0.4	1.3
千　　葉	1.9	0.4	7.7	0.5	0.8	0.2	1.4	0.6	1.3
東　　京	4.9	1.7	13.2	1.6	1.6	0.4	1.8	0.8	1.7
神　奈　川	3.2	0.6	10.0	0.6	1.2	0.1	1.5	0.4	1.6
新　　潟	2.4	0.4	7.2	0.8	0.9	0.3	0.7	0.5	0.7
富　　山	4.1	1.5	15.2	0.6	2.5	0.3	2.5	0.8	1.4
石　　川	4.2	2.0	18.0	1.0	2.2	0.2	3.3	1.7	1.7
福　　井	3.1	1.2	17.3	0.6	0.9	0.1	2.4	0.9	2.0
山　　梨	4.9	0.2	11.1	0.8	1.1	－	0.6	0.5	1.2
長　　野	2.8	0.5	9.0	0.6	1.5	－	0.7	0.7	0.4
岐　　阜	2.4	0.8	9.0	0.2	1.2	0.1	1.4	1.0	0.8
静　　岡	2.9	0.5	9.8	0.7	1.0	0.2	1.2	0.7	1.2
愛　　知	3.0	0.9	7.8	0.7	1.0	0.3	1.7	0.5	0.9
三　　重	2.3	0.3	7.5	0.3	1.1	0.1	1.4	0.5	2.7
滋　　賀	3.3	1.1	9.6	1.8	1.3	0.2	1.3	1.0	0.6
京　　都	4.5	1.3	13.2	0.8	1.8	－	1.2	0.8	1.0
大　　阪	3.8	1.1	11.4	0.8	1.1	0.2	1.6	0.8	1.6
兵　　庫	2.6	0.9	10.1	0.8	1.3	0.3	1.2	0.5	1.1
奈　　良	4.6	0.6	11.9	0.7	1.0	－	1.6	0.9	1.7
和　歌　山	4.5	1.2	18.7	0.8	2.0	0.1	1.2	－	1.4
鳥　　取	2.8	0.9	11.2	1.6	2.1	0.2	1.2	1.2	2.1
島　　根	2.5	1.9	13.6	1.0	2.3	－	1.9	0.9	1.0
岡　　山	4.0	1.8	14.9	0.9	1.4	0.3	2.0	1.1	1.3
広　　島	4.3	1.4	12.7	1.0	1.3	－	1.4	0.5	1.8
山　　口	2.2	0.9	9.9	0.6	1.5	0.6	1.0	0.4	1.0
徳　　島	6.9	0.5	13.3	1.1	1.2	0.1	2.7	0.9	0.8
香　　川	5.5	1.1	14.5	0.7	2.0	－	2.4	2.0	0.8
愛　　媛	3.4	3.9	13.2	0.4	1.4	0.2	0.5	1.5	0.9
高　　知	3.9	3.1	11.9	1.1	1.7	0.1	1.2	0.6	0.8
福　　岡	3.6	0.9	11.2	0.6	1.9	0.2	1.6	0.4	1.1
佐　　賀	4.8	0.5	11.0	－	1.6	0.1	0.5	0.4	0.8
長　　崎	4.6	1.2	11.9	0.9	1.3	0.1	2.3	0.3	1.2
熊　　本	4.7	0.2	12.6	0.6	1.6	0.1	1.6	0.4	0.7
大　　分	5.2	0.3	16.5	0.5	1.9	0.2	1.9	0.9	1.6
宮　　崎	4.7	0.2	10.7	0.5	1.4	－	1.6	0.4	1.3
鹿　児　島	3.7	0.9	11.0	0.5	1.6	0.2	0.8	0.4	1.7
沖　　縄	4.7	0.3	7.2	0.3	1.2	0.1	1.0	0.6	0.6

注：2つ以上の資格を取得している場合、各々の資格名に重複計上している。

指定都市・特別区・中核市（再掲）、取得している広告可能な医師の専門性に関する資格名及び麻酔科の標榜資格（複数回答）別（12-11）

従 事 医 師 数

平成28年12月31日現在

婦人科腫瘍専門医	ペインクリニック専門医	熱傷専門医	脳血管内治療専門医	がん薬物療法専門医	周産期（新生児）専門医	生殖医療専門医	小児神経専門医	一般病院連携精神医学専門医	麻酔科標榜医
0.5	1.0	0.2	0.7	0.8	0.8	0.4	0.7	0.2	7.7
0.6	1.3	0.2	0.7	0.9	0.6	0.3	0.7	0.3	9.1
0.2	0.7	0.5	0.4	0.5	0.2	0.2	0.4	0.1	4.9
0.5	0.9	0.2	0.3	0.3	1.0	0.1	0.4	-	7.3
0.7	0.8	0.3	0.5	0.9	0.6	0.4	0.6	0.0	8.5
0.7	1.4	0.1	0.9	0.5	1.6	0.4	0.9	0.2	4.4
0.3	0.8	0.3	0.4	0.5	0.9	0.1	0.3	0.4	3.9
0.3	0.8	0.1	0.3	0.3	0.4	0.6	0.4	0.4	5.0
0.4	1.0	0.1	0.5	0.2	0.9	0.1	0.4	0.0	4.9
0.5	2.1	0.2	0.4	0.2	1.1	0.6	0.7	0.3	9.4
0.3	1.7	0.3	0.9	0.5	0.8	0.6	0.6	0.4	7.1
0.4	0.6	0.1	0.3	0.3	0.5	0.2	0.5	0.1	4.9
0.4	0.5	0.3	0.5	0.6	0.5	0.3	0.6	0.2	5.4
0.9	1.4	0.3	0.8	1.1	1.5	0.8	1.1	0.3	8.9
0.5	0.7	0.2	0.7	0.7	0.8	0.4	0.4	0.2	6.6
0.5	0.6	0.1	0.4	0.4	1.2	0.4	0.4	0.1	3.8
0.7	1.5	0.3	1.0	1.4	1.1	0.1	0.8	0.2	6.6
0.4	1.7	0.3	0.3	2.3	0.5	0.2	0.8	0.2	7.0
0.5	0.6	0.1	1.3	0.8	1.3	0.4	0.5	0.1	8.6
0.5	0.6	0.1	0.4	0.6	1.2	0.4	1.0	0.4	7.0
0.5	1.6	0.2	0.4	0.7	0.4	0.2	0.5	0.1	8.2
0.4	0.8	0.2	0.9	1.0	0.5	0.3	0.4	0.2	5.9
0.4	0.7	0.0	0.4	0.4	0.7	0.2	0.7	0.1	5.3
0.3	0.7	0.2	0.7	0.9	0.9	0.4	0.5	0.2	7.5
0.4	0.6	0.2	1.1	0.5	0.7	0.3	0.3	0.2	5.1
0.8	1.0	-	1.1	0.3	0.9	0.5	1.4	-	7.6
0.5	1.5	0.2	1.4	0.8	0.8	0.2	1.2	0.2	9.1
0.7	1.2	0.3	0.8	1.2	0.8	0.5	0.7	0.2	9.0
0.3	1.0	0.1	0.8	0.8	0.9	0.4	0.8	0.1	8.6
0.7	1.2	0.2	0.4	0.4	0.7	-	0.2	0.1	6.9
0.3	1.8	-	1.2	0.6	0.9	0.2	0.7	0.1	6.7
0.9	1.1	0.2	0.7	1.2	1.6	0.9	1.6	0.2	9.8
0.7	1.7	0.1	0.9	1.3	0.9	0.9	0.7	0.7	10.0
0.5	1.6	0.3	0.5	1.6	0.7	0.5	1.3	0.3	12.5
0.6	1.1	0.1	1.0	1.0	0.9	0.1	0.5	0.3	8.1
0.4	0.6	0.2	0.9	0.3	0.6	0.4	0.6	0.1	9.1
0.5	0.7	0.1	0.8	1.5	0.4	1.3	1.2	0.5	12.0
0.3	1.2	0.1	0.9	1.2	0.9	-	1.6	0.1	12.3
0.6	1.3	0.4	0.7	1.2	0.8	0.3	0.9	0.1	9.2
-	1.2	0.1	1.2	0.6	0.7	0.4	0.7	0.1	11.5
0.8	1.0	0.3	0.8	1.1	0.8	0.3	0.6	0.0	9.3
0.4	1.7	0.4	0.7	1.4	0.4	-	0.4	-	8.0
0.7	1.1	0.8	0.6	1.0	0.7	0.3	0.9	-	7.5
0.5	0.7	0.4	0.3	0.9	0.4	0.3	0.5	-	10.7
0.7	1.2	0.2	1.0	0.8	1.1	0.5	1.1	0.1	9.8
0.5	1.1	0.2	1.1	0.6	0.6	-	0.6		9.4
0.5	0.7	0.2	0.9	0.5	0.7	0.2	0.6	-	11.3
0.5	0.8	0.1	0.6	0.2	0.8	0.4	1.0	0.3	7.9

第49表　人口10万対医師数-（再掲）人口10万対医療施設従事医師数，主たる従業地による都道府県-

（再掲）医療施設

	透析専門医	老年病専門医	消化器内視鏡専門医	臨床遺伝専門医	漢方専門医	レーザー専門医	気管支鏡専門医	核医学専門医	大腸肛門病専門医
指定都市・特別区（再掲）									
東京都区部	5.7	2.0	15.8	1.9	1.9	0.5	2.0	1.0	2.2
札幌市	4.4	1.8	17.8	1.6	1.6	0.2	2.5	1.2	1.6
仙台市	2.8	0.9	13.6	2.1	1.8	0.1	2.6	1.6	1.2
さいたま市	3.0	0.7	8.9	0.5	1.3	0.2	1.5	0.5	1.7
千葉市	1.5	0.8	10.3	1.8	1.7	0.5	3.8	1.5	1.0
横浜市	3.4	0.5	10.7	0.8	1.7	0.1	1.3	0.6	1.4
川崎市	3.5	0.9	11.4	0.7	0.6	-	2.3	0.3	2.1
相模原市	4.6	0.1	10.8	0.7	1.2	0.1	2.1	0.7	2.2
新潟市	3.6	0.4	9.9	1.7	0.9	0.5	1.5	1.0	0.9
静岡市	2.6	0.3	7.8	0.7	0.9	0.3	0.7	0.7	1.0
浜松市	5.0	0.4	12.9	1.8	1.3	-	2.5	1.1	2.1
名古屋市	4.6	1.3	10.9	1.3	1.5	0.5	2.4	0.7	0.9
京都市	6.4	1.8	17.3	1.3	2.6	-	1.7	1.4	1.2
大阪市	4.7	1.3	15.2	0.8	1.3	0.4	1.6	1.3	2.2
堺市	3.8	1.8	7.0	0.5	1.2	0.4	2.6	0.4	1.1
神戸市	2.8	1.4	12.6	1.6	1.7	0.5	1.0	0.9	1.2
岡山市	6.0	2.5	19.8	1.7	2.8	0.4	3.5	1.5	1.5
広島市	5.0	1.3	13.6	1.8	1.1	-	2.2	0.5	2.2
北九州市	3.6	0.6	14.3	0.5	1.8	-	3.0	0.4	1.4
福岡市	3.3	1.8	12.0	1.4	2.4	0.2	1.4	0.5	1.2
熊本市	7.6	0.4	17.7	1.2	2.2	0.1	3.2	0.9	0.8
中核市（再掲）									
旭川市	5.5	1.5	16.6	2.0	2.0	-	2.6	2.0	2.9
函館市	1.9	0.8	15.0	-	1.9	-	0.8	0.8	2.6
青森市	1.4	0.4	9.1	0.4	2.1	0.4	1.4	-	1.4
盛岡市	4.4	-	14.8	1.0	2.0	-	1.7	1.3	0.7
秋田市	7.0	1.0	18.8	4.1	2.2	-	1.0	1.9	1.6
郡山市	1.8	0.6	12.2	0.6	1.8	-	1.5	2.1	0.6
いわき市	3.2	0.9	9.5	-	1.7	-	0.3	0.9	0.6
宇都宮市	3.1	0.8	11.9	0.4	1.5	-	1.9	-	1.2
前橋市	5.3	1.2	15.0	0.9	2.9	0.3	2.1	3.2	1.8
高崎市	5.6	0.8	11.7	0.3	1.6	0.3	0.5	0.5	0.5
川越市	4.3	0.9	8.8	0.3	2.3	-	1.7	0.9	1.1
越谷市	2.6	-	8.2	0.9	0.9	0.3	1.5	0.6	2.6
船橋市	1.3	0.3	7.8	0.2	0.5	0.2	1.1	0.3	1.0
柏市	1.4	0.5	10.6	1.0	1.0	-	2.4	0.5	2.4
八王子市	2.3	0.5	8.0	0.7	0.7	-	2.0	0.7	1.2
横須賀市	2.2	1.0	9.4	-	0.2	-	1.2	0.2	1.0
富山市	4.3	1.9	19.4	1.2	3.3	0.5	4.1	1.0	1.0
金沢市	4.5	2.8	24.5	1.5	3.2	0.2	5.4	3.0	2.1
長野市	2.4	-	7.1	-	2.1	-	0.5	0.3	0.8
岐阜市	5.2	2.2	15.5	0.5	1.7	-	4.4	2.5	1.7
豊橋市	4.0	1.1	7.0	0.5	1.3	0.3	1.6	0.3	1.3
豊田市	1.9	0.2	6.8	-	1.2	-	1.2	0.2	1.9
岡崎市	2.1	0.3	5.0	0.3	0.3	-	1.6	-	-
大津市	5.3	1.8	18.5	4.4	3.2	0.6	3.8	2.3	1.5
高槻市	2.3	0.8	16.9	1.4	1.4	-	2.0	1.1	1.7
東大阪市	2.6	0.4	6.0	-	0.8	-	1.0	0.4	1.0
豊中市	2.5	1.3	7.3	0.8	2.0	-	1.5	0.5	0.8
枚方市	4.7	-	10.7	1.2	0.5	-	1.7	1.5	1.0
姫路市	1.7	0.2	9.4	0.7	1.5	0.2	1.5	0.2	1.1
西宮市	3.3	1.8	13.9	1.4	1.6	0.4	1.6	0.8	3.5
尼崎市	3.5	0.7	11.1	1.1	2.0	0.2	0.7	0.4	1.1
奈良市	6.1	0.3	11.7	0.6	0.6	-	1.1	0.3	1.9
和歌山市	7.5	1.7	23.2	1.7	3.6	0.3	1.7	-	1.7
倉敷市	4.4	1.5	17.6	0.6	0.8	0.4	2.3	1.7	2.1
呉市	5.6	0.9	14.7	2.2	1.3	-	2.2	0.4	3.0
福山市	3.2	1.5	12.3	0.4	2.2	-	0.6	0.6	1.3
下関市	3.0	0.4	7.5	-	1.9	0.4	0.4	0.8	0.4
高松市	5.7	0.5	14.3	0.5	2.1	-	3.3	1.4	0.7
松山市	5.6	5.1	15.4	0.4	1.8	-	1.0	1.9	1.8
高知市	6.0	4.2	15.2	0.6	3.6	-	1.8	0.6	1.5
久留米市	10.7	-	20.5	1.3	2.3	0.7	2.3	1.3	3.9
長崎市	7.7	2.1	18.5	1.4	1.4	0.2	3.7	0.9	1.9
佐世保市	4.3	1.2	11.8	0.8	2.0	-	2.4	-	1.6
大分市	6.5	0.4	16.1	1.7	1.9	-	1.5	1.3	1.9
宮崎市	6.8	0.3	17.0	0.8	1.9	-	1.3	0.8	3.0
鹿児島市	5.8	1.3	15.5	0.8	2.2	0.2	1.2	1.0	3.0
那覇市	4.7	0.6	9.4	0.3	2.8	-	1.3	0.6	0.6

注：2つ以上の資格を取得している場合、各々の資格名に重複計上している。

指定都市・特別区・中核市（再掲）、取得している広告可能な医師の専門性に関する資格名及び麻酔科の標榜資格（複数回答）別（12－12）

従事医師数

平成28年12月31日現在

婦人科腫瘍専門医	ペインクリニック専門医	熱傷専門医	脳血管内治療専門医	がん薬物療法専門医	周産期（新生児）専門医	生殖医療専門医	小児神経専門医	一般病院連携精神医学専門医	麻酔科標榜医
1.1	1.7	0.3	1.0	1.3	1.9	1.0	1.0	0.4	10.9
0.9	1.9	0.5	1.2	1.7	0.7	0.6	0.9	0.8	13.5
1.0	1.2	0.5	1.0	1.4	1.0	0.7	1.2	0.1	12.9
0.3	0.6	0.1	0.2	0.2	0.9	0.4	0.9	0.2	6.0
0.7	0.6	0.6	0.9	0.7	1.1	0.8	1.3	0.1	8.7
0.5	0.8	0.1	0.7	0.8	1.2	0.5	0.6	0.2	7.9
0.5	0.9	0.2	1.1	0.7	0.7	0.4	0.4	0.1	5.8
0.8	0.8	0.3	0.4	0.6	1.1	0.1	0.7	0.1	8.2
1.1	1.1	0.4	1.0	0.7	1.5	0.6	1.0	0.1	5.8
0.1	0.4	–	0.3	–	0.7	0.1	1.3	–	5.3
0.6	1.3	0.1	0.5	0.8	1.9	0.6	1.9	0.1	8.2
0.6	1.2	0.3	1.0	2.0	1.5	1.0	0.5	0.3	11.5
0.9	1.8	0.3	2.2	1.4	1.4	0.4	1.4	0.3	12.4
0.9	1.0	0.4	0.9	1.5	1.1	0.6	1.1	0.3	11.3
0.5	1.3	0.2	0.6	0.6	0.6	0.6	0.5	0.1	7.2
0.3	1.0	0.1	1.2	1.3	1.5	0.7	1.1	0.3	11.7
0.7	2.8	0.1	0.8	2.8	0.8	1.1	2.6	0.3	20.1
0.8	1.4	0.1	1.8	1.3	1.6	0.3	0.8	0.3	9.6
1.2	1.5	0.8	0.7	1.2	1.3	0.3	1.0	–	10.9
1.2	1.0	0.2	1.1	1.9	1.5	0.5	0.9	0.1	12.0
0.8	1.6	0.7	0.5	1.9	0.9	0.8	0.4	–	17.8
1.2	4.1	0.6	0.9	1.7	2.0	0.6	1.5	–	20.4
1.1	1.1	0.4	1.5	0.4	0.4	–	0.8	–	9.8
–	0.4	–	0.7	0.7	0.7	0.4	0.4	–	4.9
2.0	2.4	0.7	1.0	1.0	3.0	0.3	1.3	–	16.5
2.2	1.9	0.3	1.9	1.3	4.1	1.0	2.5	0.3	9.2
–	1.2	0.6	0.3	–	0.9	–	0.6	0.6	4.2
0.9	0.9	–	0.3	0.3	0.3	0.6	0.2	–	3.7
0.2	1.5	–	0.6	0.4	0.2	0.6	0.2	0.2	8.8
–	2.4	1.2	2.4	1.2	1.5	1.5	1.5	0.3	12.4
0.5	1.3	–	0.8	0.3	0.3	1.6	0.3	0.3	5.6
0.6	0.6	–	0.3	0.9	2.0	0.6	0.9	–	11.4
0.6	2.4	0.3	1.5	1.8	0.3	0.3	1.2	–	10.3
0.3	0.5	0.2	0.8	0.3	0.3	0.2	–	0.3	4.4
0.7	0.7	–	–	4.6	–	0.5	0.5	0.2	6.7
0.4	0.4	0.5	0.4	0.5	–	–	0.7	–	3.6
0.5	0.2	–	0.7	–	0.5	–	0.2	0.2	6.4
1.0	1.7	0.2	2.2	3.1	2.9	0.2	1.9	0.5	10.3
1.1	2.4	0.2	0.2	4.5	1.3	0.2	1.1	0.4	8.8
0.8	1.8	0.3	0.5	0.5	–	0.3	0.8	0.3	9.2
1.2	1.7	–	2.2	3.2	2.2	0.7	1.2	0.7	13.3
0.8	0.3	0.3	1.1	–	0.8	0.3	0.3	–	6.7
0.5	0.7	–	0.5	0.9	0.7	0.5	0.5	–	4.7
0.3	0.3	–	0.5	0.8	0.5	0.3	0.8	–	2.1
1.8	1.5	–	2.6	0.9	2.3	1.2	1.5	–	14.4
2.0	3.4	0.6	1.4	1.1	2.3	0.3	1.1	1.4	13.8
–	–	0.2	0.2	–	0.3	0.8	–	–	4.8
–	1.5	–	0.3	1.0	0.5	0.5	1.0	0.3	7.1
0.2	1.5	0.7	1.2	1.2	1.0	0.7	0.5	–	10.2
–	0.9	0.2	1.1	0.7	0.9	0.7	0.7	–	6.7
0.2	2.5	0.4	1.8	0.2	0.8	0.8	1.0	–	12.1
0.4	1.3	–	1.1	0.4	1.1	–	0.4	0.2	11.1
0.8	1.4	0.6	0.8	0.6	1.1	–	0.6	–	8.1
0.6	3.6	–	2.5	1.7	1.7	0.3	1.4	–	10.2
0.8	1.7	0.8	0.6	1.0	1.5	0.4	0.4	0.2	13.0
1.7	2.2	0.4	1.7	1.7	0.9	–	–	0.4	9.5
0.4	0.9	–	0.2	1.7	0.4	–	0.2	0.4	8.0
–	0.4	–	0.4	0.4	0.4	–	–	–	7.5
0.5	1.4	–	0.5	1.2	1.2	–	1.2	–	12.6
0.8	2.3	0.8	0.8	2.3	1.4	0.6	1.2	0.2	11.3
–	1.8	0.3	1.8	0.6	0.6	0.6	0.9	0.3	16.1
2.0	2.0	0.7	2.6	2.3	0.7	–	0.7	–	20.8
1.4	1.4	1.4	0.9	2.3	1.4	0.9	1.4	–	10.8
1.2	1.6	0.8	0.8	–	0.8	–	0.2	–	7.9
0.4	1.7	0.2	1.3	0.4	1.5	0.2	1.3	0.2	8.4
1.3	2.0	–	1.0	1.5	1.3	–	1.0	–	16.3
1.3	1.2	0.7	1.3	1.3	1.7	0.5	1.0	–	21.5
–	0.6	–	0.9	–	–	–	0.9	0.3	9.7

第50表　医療施設従事医師数、平均年齢, 病院－診療所、年齢階級、性、

総

	総　数	総合内科専門医	小児科専門医	皮膚科専門医	精神科専門医	外科専門医	整形外科専門医	産婦人科専門医	眼科専門医
総　数	304 759	22 522	13 551	5 609	9 177	21 168	16 463	11 242	9 812
男	240 454	18 668	9 006	3 203	7 281	19 590	15 765	7 575	6 076
女	64 305	3 854	4 545	2 406	1 896	1 578	698	3 667	3 736
24歳以下	633	–	–	–	–	–	–	–	–
男	384	–	–	–	–	–	–	–	–
女	249	–	–	–	–	–	–	–	–
25 ～ 29	27 092	–	9	–	8	10	–	16	–
男	17 744	–	7	–	7	6	–	6	–
女	9 348	–	2	–	1	4	–	10	–
30 ～ 34	32 793	351	1 217	167	353	1 764	572	1 136	380
男	22 293	263	665	47	236	1 418	517	388	203
女	10 500	88	552	120	117	346	55	748	177
35 ～ 39	32 085	2 811	1 973	670	816	2 877	1 793	1 367	939
男	22 230	2 068	1 108	254	557	2 399	1 644	503	529
女	9 855	743	865	416	259	478	149	864	410
40 ～ 44	33 777	4 188	1 934	888	1 455	3 277	2 392	1 367	1 432
男	24 782	3 266	1 156	433	1 059	2 900	2 199	682	865
女	8 995	922	778	455	396	377	193	685	567
45 ～ 49	34 567	4 262	1 606	820	1 405	3 520	2 508	1 330	1 696
男	26 944	3 403	961	448	1 072	3 321	2 381	820	1 006
女	7 623	859	645	372	333	199	127	510	690
50 ～ 54	33 384	4 250	1 426	689	1 398	3 182	2 548	1 218	1 451
男	27 773	3 624	967	423	1 124	3 072	2 458	915	892
女	5 611	626	459	266	274	110	90	303	559
55 ～ 59	33 902	3 451	1 613	741	1 297	2 889	2 369	1 339	1 329
男	29 406	3 076	1 212	445	1 066	2 842	2 333	1 119	910
女	4 496	375	401	296	231	47	36	220	419
60 ～ 64	28 091	1 727	1 621	651	1 042	1 868	1 804	1 133	1 120
男	25 062	1 588	1 273	446	901	1 857	1 777	1 008	739
女	3 029	139	348	205	141	11	27	125	381
65 ～ 69	21 539	760	1 202	509	721	969	1 137	1 075	730
男	19 528	708	960	346	639	964	1 125	994	479
女	2 011	52	242	163	82	5	12	81	251
70 ～ 74	10 258	266	431	191	277	379	605	468	301
男	9 237	251	309	131	249	378	601	430	178
女	1 021	15	122	60	28	1	4	38	123
75 ～ 79	7 231	194	239	148	211	204	401	319	209
男	6 629	183	178	114	196	204	399	296	127
女	602	11	61	34	15	–	2	23	82
80 ～ 84	5 168	139	152	93	126	137	243	267	133
男	4 731	130	107	79	113	137	242	236	89
女	437	9	45	14	13	–	1	31	44
85歳以上	4 239	123	128	42	68	92	91	207	92
男	3 711	108	103	37	62	92	89	178	59
女	528	15	25	5	6	–	2	29	33
平均年齢　総数	49.6	50.4	51.4	53.1	52.9	49.6	52.8	52.8	52.8
男	51.2	51.1	53.0	55.5	53.9	50.3	53.1	57.0	53.4
女	43.5	47.0	48.2	49.8	49.0	40.7	45.3	44.1	52.0

注：２つ以上の資格を取得している場合、各々の資格名に重複計上している。

取得している広告可能な医師の専門性に関する資格名及び麻酔科の標榜資格（複数回答）別（9－1）

数

平成28年12月31日現在

耳鼻咽喉科専門医	泌尿器科専門医	脳神経外科専門医	放射線科専門医	麻酔科専門医	病理専門医	救急科専門医	形成外科専門医	リハビリテーション科専門医	呼吸器専門医
7 687	6 003	6 763	5 687	7 107	1 603	3 795	2 141	2 516	5 414
6 186	5 723	6 467	4 412	4 847	1 249	3 492	1 647	2 111	4 594
1 501	280	296	1 275	2 260	354	303	494	405	820
–	–	–	–	–	–	–	–	–	–
–	–	–	–	–	–	–	–	–	–
–	–	–	10	3	–	1	–	–	–
–	–	–	5	2	–	–	–	–	–
–	–	–	5	1	–	1	–	–	–
409	376	381	547	512	81	396	109	26	267
279	324	346	344	259	39	319	58	14	180
130	52	35	203	253	42	77	51	12	87
743	681	692	847	1 460	148	685	443	135	819
528	595	611	556	738	88	602	284	65	617
215	86	81	291	722	60	83	159	70	202
999	930	927	843	1 136	195	656	441	270	950
737	864	850	608	661	120	591	312	183	729
262	66	77	235	475	75	65	129	87	221
1 153	908	977	894	1 054	210	545	281	368	780
922	873	931	700	759	149	507	221	287	650
231	35	46	194	295	61	38	60	81	130
1 071	881	995	818	953	248	496	306	392	809
898	861	974	656	731	196	475	266	333	719
173	20	21	162	222	52	21	40	59	90
1 085	840	1 084	794	867	232	515	275	445	697
896	825	1 063	679	705	197	506	242	401	663
189	15	21	115	162	35	9	33	44	34
864	641	797	554	613	203	299	154	369	526
748	636	785	501	520	187	293	139	339	500
116	5	12	53	93	16	6	15	30	26
563	432	482	255	295	151	132	78	244	354
481	432	480	242	272	145	129	74	230	332
82	–	2	13	23	6	3	4	14	22
234	142	221	63	98	76	45	29	126	97
203	141	220	59	90	70	45	27	122	89
31	1	1	4	8	6	–	2	4	8
233	107	131	25	59	34	12	18	84	73
203	107	131	25	54	33	12	17	82	73
30	–	–	–	5	1	–	1	2	–
199	48	61	16	38	17	9	4	41	28
183	48	61	16	37	17	9	4	40	28
16	–	–	–	1	–	–	–	1	–
134	17	15	21	19	8	4	3	16	14
108	17	15	21	19	8	4	3	15	14
26	–	–	–	–	–	–	–	1	–
53.7	51.3	52.3	48.9	48.5	53.6	47.7	48.1	56.1	50.3
54.5	51.8	52.7	50.2	50.7	55.7	48.3	49.6	57.5	51.4
50.3	41.8	43.6	44.3	43.7	46.2	40.9	43.3	48.5	44.3

第50表　医療施設従事医師数、平均年齢，病院－診療所、年齢階級、性、

総

	循環器専門医	消化器病専門医	腎臓専門医	肝臓専門医	神経内科専門医	糖尿病専門医	内分泌代謝専門医	血液専門医	アレルギー専門医
総数	12 170	17 814	3 988	5 384	4 518	4 768	2 003	3 167	3 106
男	11 009	15 876	3 176	4 924	3 601	3 511	1 568	2 565	2 478
女	1 161	1 938	812	460	917	1 257	435	602	628
24歳以下	–	–	–	–	–	–	–	–	–
男	–	–	–	–	–	–	–	–	–
女	–	–	–	–	–	–	–	–	–
25 ～ 29	–	–	–	–	–	–	–	–	–
男	–	–	–	–	–	–	–	–	–
女	–	–	–	–	–	–	–	–	–
30 ～ 34	261	840	252	109	330	320	56	237	23
男	202	635	160	90	222	152	35	162	13
女	59	205	92	19	108	168	21	75	10
35 ～ 39	1 431	2 031	605	661	569	669	241	469	250
男	1 183	1 616	379	556	402	408	153	314	160
女	248	415	226	105	167	261	88	155	90
40 ～ 44	1 952	2 596	649	911	681	757	300	507	497
男	1 681	2 185	479	805	515	495	195	368	340
女	271	411	170	106	166	262	105	139	157
45 ～ 49	1 976	2 888	592	944	685	687	255	485	497
男	1 741	2 527	455	855	521	486	182	386	376
女	235	361	137	89	164	201	73	99	121
50 ～ 54	1 854	2 811	483	857	662	619	291	463	546
男	1 706	2 571	411	789	519	486	235	401	456
女	148	240	72	68	143	133	56	62	90
55 ～ 59	1 622	2 510	442	748	627	557	262	430	522
男	1 542	2 350	398	705	544	473	233	387	454
女	80	160	44	43	83	84	29	43	68
60 ～ 64	1 427	1 992	453	541	440	500	292	293	394
男	1 369	1 902	410	521	386	436	255	279	352
女	58	90	43	20	54	64	37	14	42
65 ～ 69	1 024	1 255	287	381	295	347	174	192	217
男	983	1 214	268	375	278	309	160	179	189
女	41	41	19	6	17	38	14	13	28
70 ～ 74	321	477	123	130	128	158	77	59	77
男	309	468	117	128	118	134	70	59	66
女	12	9	6	2	10	24	7	–	11
75 ～ 79	173	239	68	58	64	90	32	21	49
男	168	235	65	57	60	79	30	20	42
女	5	4	3	1	4	11	2	1	7
80 ～ 84	84	118	25	35	27	51	20	8	20
男	82	116	25	34	26	41	17	7	18
女	2	2	–	1	1	10	3	1	2
85歳以上	45	57	9	9	10	13	3	3	14
男	43	57	9	9	10	12	3	3	12
女	2	–	–	–	–	1	–	–	2
平均年齢　総数	52.2	51.6	50.7	51.4	50.7	51.0	53.0	49.6	53.2
男	52.8	52.4	52.2	51.9	51.8	52.8	54.4	50.9	54.1
女	46.7	45.5	44.5	46.1	46.4	46.1	47.6	44.0	49.3

注：2つ以上の資格を取得している場合、各々の資格名に重複計上している。

取得している広告可能な医師の専門性に関する資格名及び麻酔科の標榜資格（複数回答）別（9－2）

数

平成28年12月31日現在

リウマチ専門医	感染症専門医	心療内科専門医	呼吸器外科専門医	心臓血管外科専門医	乳腺専門医	気管食道専門医	消化器外科専門医	小児外科専門医	超音波専門医
4 563	1 141	305	1 422	2 028	1 354	1 016	6 236	545	1 699
4 075	1 010	247	1 362	1 979	1 015	923	6 077	483	1 435
488	131	58	60	49	339	93	159	62	264
－	－	－	－	－	－	－	－	－	－
－	－	－	－	－	－	－	－	－	－
－	－	－	－	－	－	－	－	－	－
－	－	－	－	－	－	－	－	－	－
84	29	3	42	43	38	8	96	4	15
45	24	2	34	40	5	7	91	3	8
39	5	1	8	3	33	1	5	1	7
330	153	14	161	226	148	43	651	46	90
247	127	9	150	216	42	37	608	35	55
83	26	5	11	10	106	6	43	11	35
587	160	26	269	377	227	90	1 076	96	203
460	136	14	251	354	143	81	1 020	70	140
127	24	12	18	23	84	9	56	26	63
703	156	38	298	357	240	141	1 269	94	240
622	141	31	282	350	178	127	1 245	83	192
81	15	7	16	7	62	14	24	11	48
772	175	46	234	356	227	152	1 116	85	236
706	155	37	227	353	194	139	1 097	77	207
66	20	9	7	3	33	13	19	8	29
801	170	53	211	325	220	206	949	82	305
749	149	48	211	323	206	186	938	79	266
52	21	5	－	2	14	20	11	3	39
575	135	55	125	183	145	198	601	70	324
552	127	42	125	183	139	181	601	70	298
23	8	13	－	－	6	17	－	－	26
369	93	36	56	78	64	107	294	35	202
357	88	35	56	77	63	101	293	34	190
12	5	1	－	1	1	6	1	1	12
168	27	17	13	42	25	28	103	24	52
165	25	13	13	42	25	27	103	23	48
3	2	4	－	－	－	1	－	1	4
108	26	10	7	31	13	17	52	6	23
107	24	9	7	31	13	13	52	6	22
1	2	1	－	－	－	4	－	－	1
51	13	4	5	8	6	17	21	2	6
51	11	4	5	8	6	17	21	2	6
－	2	－	－	－	－	－	－	－	－
15	4	3	1	2	1	9	8	1	3
14	3	3	1	2	1	7	8	1	3
1	1	－	－	－	－	2	－	－	－
54.1	52.6	57.1	49.9	50.9	51.0	56.5	51.0	52.7	55.3
55.0	52.9	58.2	50.2	51.1	53.8	56.6	51.1	53.7	56.4
46.5	49.8	52.7	42.8	43.2	43.0	55.3	43.7	45.4	49.5

第50表　医療施設従事医師数、平均年齢，病院−診療所、年齢階級、性、

総

	細胞診専門医	透析専門医	老年病専門医	消化器内視鏡専門医	臨床遺伝専門医	漢方専門医	レーザー専門医	気管支鏡専門医	核医学専門医
総数	1 919	4 329	1 199	13 537	973	1 718	222	1 858	812
男	1 519	3 563	1 042	12 028	679	1 439	173	1 679	669
女	400	766	157	1 509	294	279	49	179	143
24歳以下	-	-	-	-	-	-	-	-	-
男	-	-	-	-	-	-	-	-	-
女	-	-	-	-	-	-	-	-	-
25 ～ 29	-	-	-	-	-	-	-	-	-
男	-	-	-	-	-	-	-	-	-
女	-	-	-	-	-	-	-	-	-
30 ～ 34	47	218	20	422	6	5	5	64	36
男	26	147	13	310	2	5	4	55	23
女	21	71	7	112	4	-	1	9	13
35 ～ 39	137	515	58	1 472	110	35	18	244	108
男	76	317	43	1 155	53	22	12	208	77
女	61	198	15	317	57	13	6	36	31
40 ～ 44	265	657	133	2 036	216	107	40	368	120
男	168	490	97	1 694	129	65	24	303	86
女	97	167	36	342	87	42	16	65	34
45 ～ 49	279	653	143	2 449	223	169	48	354	141
男	199	517	116	2 134	157	119	38	321	115
女	80	136	27	315	66	50	10	33	26
50 ～ 54	329	591	185	2 384	177	181	36	320	113
男	268	509	155	2 187	139	136	35	298	100
女	61	82	30	197	38	45	1	22	13
55 ～ 59	330	605	175	2 148	138	296	30	283	136
男	290	551	156	2 016	114	251	22	277	119
女	40	54	19	132	24	45	8	6	17
60 ～ 64	238	470	179	1 448	63	344	25	147	96
男	217	444	167	1 393	52	308	20	143	90
女	21	26	12	55	11	36	5	4	6
65 ～ 69	166	326	156	763	28	271	11	57	43
男	155	307	149	735	22	256	9	54	40
女	11	19	7	28	6	15	2	3	3
70 ～ 74	73	164	56	254	7	137	3	10	6
男	68	156	54	247	6	123	3	9	6
女	5	8	2	7	1	14	-	1	-
75 ～ 79	34	89	53	106	4	98	5	7	10
男	31	87	51	104	4	89	5	7	10
女	3	2	2	2	-	9	-	-	-
80 ～ 84	14	33	29	40	1	42	1	4	2
男	14	30	29	38	1	38	1	4	2
女	-	3	-	2	-	4	-	-	-
85歳以上	7	8	12	15	-	33	-	-	1
男	7	8	12	15	-	27	-	-	1
女	-	-	-	-	-	6	-	-	-
平均年齢　総数	53.8	51.9	57.0	51.2	49.4	60.7	51.5	49.2	50.7
男	55.4	53.4	58.2	51.9	50.7	61.7	52.3	49.6	51.8
女	47.6	45.1	49.5	45.7	46.4	55.3	48.5	44.8	45.4

注：2つ以上の資格を取得している場合、各々の資格名に重複計上している。

取得している広告可能な医師の専門性に関する資格名及び麻酔科の標榜資格（複数回答）別（9－3）

数

平成28年12月31日現在

大腸肛門病専門医	婦人科腫瘍専門医	ペインクリニック専門医	熱傷専門医	脳血管内治療専門医	がん薬物療法専門医	周産期（新生児）専門医	生殖医療専門医	小児神経専門医	一般病院連携精神医学専門医	麻酔科標榜医
1 568	677	1 301	285	880	1 003	1 063	497	880	230	9 772
1 521	585	1 002	260	840	847	693	418	579	206	6 858
47	92	299	25	40	156	370	79	301	24	2 914
–	–	–	–	–	–	–	–	–	–	–
–	–	–	–	–	–	–	–	–	–	–
–	–	–	–	–	–	–	–	–	–	180
–	–	–	–	–	–	–	–	–	–	78
–	–	–	–	–	–	–	–	–	–	102
7	2	8	1	37	25	44	1	5	1	1 297
6	1	3	1	34	20	18	–	2	–	621
1	1	5	–	3	5	26	1	3	1	676
61	50	82	27	170	217	276	20	87	14	1 551
49	28	43	21	153	172	134	14	53	10	839
12	22	39	6	17	45	142	6	34	4	712
190	123	149	48	244	279	305	61	128	28	1 242
179	90	99	40	233	222	196	36	69	23	764
11	33	50	8	11	57	109	25	59	5	478
289	120	197	45	170	213	192	95	110	42	1 174
277	104	141	41	165	181	132	68	62	38	861
12	16	56	4	5	32	60	27	48	4	313
259	120	231	65	143	148	113	96	123	48	1 152
256	107	185	62	141	135	92	86	83	44	914
3	13	46	3	2	13	21	10	40	4	238
253	127	276	46	82	88	86	113	152	47	1 115
248	122	221	43	80	84	77	105	103	44	928
5	5	55	3	2	4	9	8	49	3	187
226	78	207	36	31	23	35	63	147	28	893
223	78	172	35	31	23	32	61	114	27	777
3	–	35	1	–	–	3	2	33	1	116
164	41	83	8	2	8	8	36	89	9	610
164	40	76	8	2	8	8	36	66	9	546
–	1	7	–	–	–	–	–	23	–	64
60	10	37	7	1	–	2	8	26	4	259
60	9	33	7	1	–	2	8	18	3	241
–	1	4	–	–	–	–	–	8	1	18
35	4	14	1	–	2	–	3	8	5	151
35	4	13	1	–	2	–	3	5	5	146
–	–	1	–	–	–	–	–	3	–	5
13	–	10	1	–	–	1	1	2	2	103
13	–	9	1	–	–	1	1	1	1	100
–	–	1	–	–	–	–	–	1	1	3
11	2	7	–	–	–	1	–	3	2	45
11	2	7	–	–	–	1	–	3	2	43
–	–	–	–	–	–	–	–	–	–	2
55.3	52.2	54.4	51.6	45.9	45.7	44.9	53.6	53.9	53.7	48.9
55.6	53.4	55.6	52.2	46.1	46.2	46.6	54.8	55.0	54.2	51.7
45.5	45.1	50.6	45.5	41.8	42.9	41.8	46.8	51.7	49.2	42.4

第50表　医療施設従事医師数、平均年齢，病院－診療所、年齢階級、性、

病

	総　　数	総合内科専門医	小児科専門医	皮膚科専門医	精神科専門医	外科専門医	整形外科専門医	産婦人科専門医	眼科専門医
総　数	202 302	15 513	8 206	1 993	6 212	18 317	10 171	6 402	3 312
男	157 385	12 863	5 357	1 102	4 963	16 894	9 669	3 959	1 976
女	44 917	2 650	2 849	891	1 249	1 423	502	2 443	1 336
24 歳 以 下	633	–	–	–	–	–	–	–	–
男	384	–	–	–	–	–	–	–	–
女	249	–	–	–	–	–	–	–	–
25 ～ 29	26 911	–	9	–	8	10	–	15	–
男	17 629	–	7	–	7	6	–	6	–
女	9 282	–	2	–	1	4	–	9	–
30 ～ 34	31 681	326	1 185	147	323	1 745	554	1 076	353
男	21 702	249	653	43	216	1 406	502	377	192
女	9 979	77	532	104	107	339	52	699	161
35 ～ 39	28 657	2 531	1 794	451	693	2 771	1 681	1 169	705
男	20 357	1 886	1 033	183	477	2 326	1 553	446	406
女	8 300	645	761	268	216	445	128	723	299
40 ～ 44	26 154	3 436	1 550	455	1 123	2 998	1 939	958	716
男	19 826	2 736	959	230	835	2 663	1 789	511	417
女	6 328	700	591	225	288	335	150	447	299
45 ～ 49	22 938	3 122	1 066	317	1 009	3 070	1 717	781	605
男	18 612	2 524	680	196	784	2 904	1 637	505	355
女	4 326	598	386	121	225	166	80	276	250
50 ～ 54	19 751	2 736	789	215	910	2 698	1 490	676	388
男	17 004	2 370	562	140	758	2 608	1 438	526	233
女	2 747	366	227	75	152	90	52	150	155
55 ～ 59	17 497	2 011	731	189	751	2 391	1 180	629	263
男	15 756	1 828	571	141	633	2 357	1 157	557	179
女	1 741	183	160	48	118	34	23	72	84
60 ～ 64	12 269	874	578	120	601	1 522	723	476	156
男	11 318	811	485	89	531	1 516	712	443	104
女	951	63	93	31	70	6	11	33	52
65 ～ 69	7 781	300	327	45	379	700	428	343	71
男	7 273	284	267	34	342	696	425	326	50
女	508	16	60	11	37	4	3	17	21
70 ～ 74	3 519	90	101	22	156	236	218	134	25
男	3 282	89	77	18	140	236	216	128	16
女	237	1	24	4	16	–	2	6	9
75 ～ 79	2 253	45	50	17	125	99	139	69	14
男	2 139	45	42	14	115	99	138	64	11
女	114	–	8	3	10	–	1	5	3
80 ～ 84	1 391	25	14	13	84	47	73	50	13
男	1 314	25	10	12	80	47	73	47	10
女	77	–	4	1	4	–	–	3	3
85 歳 以 上	867	17	12	2	50	30	29	26	3
男	789	16	11	2	45	30	29	23	3
女	78	1	1	–	5	–	–	3	–
平均年齢　総数	44.5	48.2	46.0	46.6	51.3	48.4	49.2	47.3	45.7
男	46.1	48.8	47.5	49.1	52.4	49.1	49.5	51.6	46.4
女	38.8	45.1	43.2	43.5	47.1	40.1	43.5	40.4	44.8

注：2つ以上の資格を取得している場合、各々の資格名に重複計上している。

取得している広告可能な医師の専門性に関する資格名及び麻酔科の標榜資格（複数回答）別（9－4）

院

平成28年12月31日現在

耳鼻咽喉科専門医	泌尿器科専門医	脳神経外科専門医	放射線科専門医	麻酔科専門医	病理専門医	救急科専門医	形成外科専門医	リハビリテーション科専門医	呼吸器専門医
2 934	4 208	5 553	4 922	6 270	1 522	3 380	1 395	1 683	4 125
2 269	3 968	5 286	3 833	4 183	1 181	3 093	1 078	1 344	3 452
665	240	267	1 089	2 087	341	287	317	339	673
–	–	–	–	–	–	–	–	–	–
–	–	–	–	–	–	–	–	–	–
–	–	–	–	–	–	–	–	–	–
–	–	–	10	3	–	1	–	–	–
–	–	–	5	2	–	–	–	–	–
–	–	–	5	1	–	1	–	–	–
393	366	373	534	508	80	390	102	23	259
272	317	341	338	256	39	313	55	12	176
121	49	32	196	252	41	77	47	11	83
649	642	679	809	1 418	148	649	353	119	762
466	564	600	536	711	88	570	232	56	577
183	78	79	273	707	60	79	121	63	185
611	790	878	778	1 068	191	598	312	224	806
459	737	807	570	620	118	536	233	148	623
152	53	71	208	448	73	62	79	76	183
456	677	851	786	933	204	477	187	263	606
374	649	808	633	674	145	443	149	195	504
82	28	43	153	259	59	34	38	68	102
300	572	819	697	834	241	429	179	270	573
252	555	801	570	644	193	410	161	220	512
48	17	18	127	190	48	19	18	50	61
238	532	831	640	720	226	439	140	315	482
195	520	818	559	589	191	431	131	279	459
43	12	13	81	131	35	8	9	36	23
151	329	547	432	489	187	247	68	225	326
135	326	539	397	413	172	242	66	203	309
16	3	8	35	76	15	5	2	22	17
76	185	324	175	199	133	97	31	130	203
69	185	322	165	183	128	95	29	121	189
7	–	2	10	16	5	2	2	9	14
23	60	127	35	57	65	35	12	57	55
20	60	126	34	53	60	35	12	54	50
3	–	1	1	4	5	–	–	3	5
19	39	79	13	22	29	8	8	30	33
15	39	79	13	19	29	8	7	30	33
4	–	–	–	3	–	–	1	–	–
14	11	38	8	12	12	7	2	17	12
11	11	38	8	12	12	7	2	16	12
3	–	–	–	–	–	–	–	1	–
4	5	7	5	7	6	3	1	10	8
1	5	7	5	7	6	3	1	10	8
3	–	–	–	–	–	–	–	–	–
45.5	48.5	50.7	47.8	47.2	53.0	47.0	46.0	54.1	48.5
46.2	48.9	51.1	49.0	49.3	55.1	47.6	47.4	55.8	49.5
43.1	41.2	42.9	43.3	43.0	45.9	40.5	41.2	47.8	43.3

第50表　医療施設従事医師数、平均年齢，病院-診療所、年齢階級、性、

病

		循環器専門医	消化器病専門医	腎臓専門医	肝臓専門医	神経内科専門医	糖尿病専門医	内分泌代謝科専門医	血液専門医	アレルギー専門医
総数		8 118	11 933	2 761	3 887	3 609	3 082	1 428	2 728	1 695
	男	7 325	10 543	2 178	3 535	2 859	2 211	1 100	2 193	1 342
	女	793	1 390	583	352	750	871	328	535	353
24歳以下		-	-	-	-	-	-	-	-	-
	男	-	-	-	-	-	-	-	-	-
	女	-	-	-	-	-	-	-	-	-
25 ～ 29		-	-	-	-	-	-	-	-	-
	男	-	-	-	-	-	-	-	-	-
	女	-	-	-	-	-	-	-	-	-
30 ～ 34		256	808	240	105	325	301	53	227	19
	男	199	616	152	88	220	147	35	157	12
	女	57	192	88	17	105	154	18	70	7
35 ～ 39		1 334	1 819	533	594	543	561	211	442	215
	男	1 116	1 464	339	498	390	338	134	299	143
	女	218	355	194	96	153	223	77	143	72
40 ～ 44		1 633	2 092	526	744	600	553	243	471	344
	男	1 425	1 774	400	659	462	363	155	341	242
	女	208	318	126	85	138	190	88	130	102
45 ～ 49		1 433	2 051	421	716	574	475	215	439	305
	男	1 275	1 802	338	645	438	338	153	351	241
	女	158	249	83	71	136	137	62	88	64
50 ～ 54		1 240	1 733	315	597	516	374	215	396	279
	男	1 156	1 602	275	553	410	297	174	346	228
	女	84	131	40	44	106	77	41	50	51
55 ～ 59		911	1 450	282	502	454	306	182	349	253
	男	871	1 368	257	476	393	272	167	317	227
	女	40	82	25	26	61	34	15	32	26
60 ～ 64		669	1 034	224	306	290	232	158	228	160
	男	649	993	206	297	258	196	139	216	146
	女	20	41	18	9	32	36	19	12	14
65 ～ 69		406	567	130	207	178	148	81	113	76
	男	400	549	124	205	169	139	76	105	65
	女	6	18	6	2	9	9	5	8	11
70 ～ 74		127	218	46	70	75	70	39	41	23
	男	127	216	43	69	68	65	38	41	20
	女	-	2	3	1	7	5	1	-	3
75 ～ 79		64	101	29	27	33	39	22	15	12
	男	63	99	29	26	30	37	21	14	11
	女	1	2	-	1	3	2	1	1	1
80 ～ 84		31	38	11	14	14	20	9	5	5
	男	30	38	11	14	14	16	8	4	4
	女	1	-	-	-	-	4	1	1	1
85歳以上		14	22	4	5	7	3	-	2	4
	男	14	22	4	5	7	3	-	2	3
	女	-	-	-	-	-	-	-	-	1
平均年齢 総数		49.3	49.2	48.0	49.7	49.0	48.2	50.8	48.5	50.4
	男	49.9	49.9	49.5	50.3	50.0	50.2	52.4	49.8	51.4
	女	44.0	43.5	42.4	44.7	45.2	43.3	45.5	43.4	46.9

注：2つ以上の資格を取得している場合、各々の資格名に重複計上している。

取得している広告可能な医師の専門性に関する資格名及び麻酔科の標榜資格（複数回答）別（9－5）

院

平成28年12月31日現在

リウマチ専門医	感染症専門医	心療内科専門医	呼吸器外科専門医	心臓血管外科専門医	乳腺専門医	気管食道専門医	消化器外科専門医	小児外科専門医	超音波専門医
2 746	909	144	1 344	1 906	1 111	449	5 709	475	1 165
2 414	807	117	1 285	1 859	819	404	5 554	421	973
332	102	27	59	47	292	45	155	54	192
-	-	-	-	-	-	-	-	-	-
-	-	-	-	-	-	-	-	-	-
-	-	-	-	-	-	-	-	-	-
-	-	-	-	-	-	-	-	-	-
-	-	-	-	-	-	-	-	-	-
-	-	-	-	-	-	-	-	-	-
78	25	3	41	43	37	8	95	4	15
39	22	2	34	40	5	7	90	3	8
39	3	1	7	3	32	1	5	1	7
295	145	10	159	222	136	41	641	45	78
221	119	7	148	212	39	35	599	35	46
74	26	3	11	10	97	6	42	10	32
453	147	16	254	369	205	64	1,039	94	172
367	124	8	236	346	135	57	985	68	121
86	23	8	18	23	70	7	54	26	51
486	137	25	285	345	208	84	1 185	83	193
435	124	21	269	339	160	73	1 161	75	154
51	13	4	16	6	48	11	24	8	39
449	145	26	228	338	186	69	1 019	69	174
417	133	22	221	335	159	64	1 000	63	155
32	12	4	7	3	27	5	19	6	19
423	124	20	197	311	172	87	855	68	192
393	110	19	197	309	160	79	845	66	167
30	14	1	-	2	12	8	10	2	25
274	97	19	117	167	104	58	524	63	188
262	90	15	117	167	99	54	524	63	176
12	7	4	-	-	5	4	-	-	12
168	56	12	45	60	37	28	231	28	108
162	55	12	45	60	36	26	230	27	104
6	1	-	-	-	1	2	1	1	4
66	10	8	8	28	16	7	76	16	30
64	10	6	8	28	16	7	76	16	28
2	-	2	-	-	-	-	-	-	2
36	14	-	5	18	6	2	36	3	10
36	13	-	5	18	6	1	36	3	9
-	1	-	-	-	-	1	-	-	1
16	7	2	4	4	3	1	5	2	4
16	6	2	4	4	3	1	5	2	4
-	1	-	-	-	-	-	-	-	-
2	2	3	1	1	1	-	3	-	1
2	1	3	1	1	1	-	3	-	1
-	1	-	-	-	-	-	-	-	-
51.5	50.8	54.5	49.5	50.2	49.9	52.1	50.3	51.8	53.6
52.4	51.2	55.7	49.8	50.4	52.6	52.3	50.5	52.8	54.8
44.5	47.6	49.6	42.9	42.6	42.6	50.4	43.6	44.3	47.5

第50表　医療施設従事医師数、平均年齢，病院－診療所、年齢階級、性、

病

	細胞診専門医	透析専門医	老年病専門医	消化器内視鏡専門医	臨床遺伝専門医	漢方専門医	レーザー専門医	気管支鏡専門医	核医学専門医
総数	1 595	2 824	813	8 673	827	518	113	1 656	707
男	1 250	2 308	699	7 640	586	440	97	1 495	583
女	345	516	114	1 033	241	78	16	161	124
24歳以下	-	-	-	-	-	-	-	-	-
男	-	-	-	-	-	-	-	-	-
女	-	-	-	-	-	-	-	-	-
25 ～ 29	-	-	-	-	-	-	-	-	-
男	-	-	-	-	-	-	-	-	-
女	-	-	-	-	-	-	-	-	-
30 ～ 34	47	205	20	403	3	4	5	63	33
男	26	138	13	299	1	4	4	55	21
女	21	67	7	104	2	-	1	8	12
35 ～ 39	135	436	55	1 310	102	20	9	238	101
男	75	278	41	1 043	51	14	7	205	72
女	60	158	14	267	51	6	2	33	29
40 ～ 44	247	522	102	1 591	191	55	19	340	109
男	158	402	73	1 338	113	36	13	278	80
女	89	120	29	253	78	19	6	62	29
45 ～ 49	249	437	109	1 659	195	78	25	308	128
男	181	366	87	1 452	142	58	22	279	103
女	68	71	22	207	53	20	3	29	25
50 ～ 54	297	377	136	1 387	148	71	19	272	95
男	243	333	114	1 288	120	61	19	255	88
女	54	44	22	99	28	10	-	17	7
55 ～ 59	271	357	118	1 159	115	97	16	254	118
男	236	328	107	1 099	98	86	13	248	103
女	35	29	11	60	17	11	3	6	15
60 ～ 64	185	239	113	681	50	80	12	124	79
男	174	226	108	654	42	73	11	121	75
女	11	13	5	27	8	7	1	3	4
65 ～ 69	106	133	81	307	19	57	4	40	32
男	102	125	77	296	15	53	4	38	29
女	4	8	4	11	4	4	-	2	3
70 ～ 74	40	68	28	108	4	29	1	8	2
男	37	64	28	104	4	28	1	7	2
女	3	4	-	4	-	1	-	1	-
75 ～ 79	13	30	30	49	-	17	3	6	8
男	13	29	30	48	-	17	3	6	8
女	-	1	-	1	-	-	-	-	-
80 ～ 84	4	15	13	15	-	6	-	3	2
男	4	14	13	15	-	6	-	3	2
女	-	1	-	-	-	-	-	-	-
85歳以上	1	5	8	4	-	4	-	-	-
男	1	5	8	4	-	4	-	-	-
女	-	-	-	-	-	-	-	-	-
平均年齢　総数	52.1	49.3	55.1	48.9	48.8	56.6	50.6	48.7	50.1
男	53.7	50.6	56.4	49.6	50.1	57.7	51.4	49.1	51.2
女	46.3	43.3	47.3	43.9	45.8	50.1	46.1	44.4	44.9

注：2つ以上の資格を取得している場合、各々の資格名に重複計上している。

取得している広告可能な医師の専門性に関する資格名及び麻酔科の標榜資格（複数回答）別（9−6）

院

平成28年12月31日現在

大腸肛門病専門医	婦人科腫瘍専門医	ペインクリニック専門医	熱傷専門医	脳血管内治療専門医	がん薬物療法専門医	周産期（新生児）専門医	生殖医療専門医	小児神経専門医	一般病院連携精神医学専門医	麻酔科標榜医
1 110	622	925	252	854	961	997	268	630	182	7 644
1 075	535	701	230	814	809	647	226	411	163	5 095
35	87	224	22	40	152	350	42	219	19	2 549
—	—	—	—	—	—	—	—	—	—	—
—	—	—	—	—	—	—	—	—	—	—
—	—	—	—	—	—	—	—	—	—	180
—	—	—	—	—	—	—	—	—	—	78
—	—	—	—	—	—	—	—	—	—	102
7	1	8	1	37	24	44	—	5	1	1 283
6	1	3	1	34	20	18	—	2	—	616
1	—	5	—	3	4	26	—	3	1	667
52	50	75	24	169	214	266	15	86	13	1 473
42	28	38	18	152	170	129	11	52	9	789
10	22	37	6	17	44	137	4	34	4	684
169	121	132	44	241	274	284	34	117	24	1 106
160	88	86	36	230	217	183	19	64	20	676
9	33	46	8	11	57	101	15	53	4	430
216	111	147	39	164	202	179	54	90	34	948
208	95	102	36	159	170	124	42	49	32	699
8	16	45	3	5	32	55	12	41	2	249
196	111	169	55	137	136	103	48	83	37	882
194	100	139	53	135	125	84	45	58	33	697
2	11	30	2	2	11	19	3	25	4	185
183	114	195	44	77	84	83	61	95	38	755
181	110	156	41	75	80	74	54	65	35	631
2	4	39	3	2	4	9	7	30	3	124
150	74	124	30	27	19	30	38	88	21	532
147	74	106	30	27	19	27	37	74	21	466
3	—	18	—	—	—	3	1	14	—	66
70	34	44	8	1	7	6	13	48	7	294
70	33	42	8	1	7	6	13	35	7	263
—	1	2	—	—	—	—	—	13	—	31
35	6	20	5	1	—	2	3	11	1	102
35	6	18	5	1	—	2	3	7	1	94
—	—	2	—	—	—	—	—	4	—	8
21	—	5	1	—	1	—	1	5	3	52
21	—	5	1	—	1	—	1	4	3	50
—	—	—	—	—	—	—	—	1	—	2
7	—	3	1	—	—	—	1	1	1	27
7	—	3	1	—	—	—	1	—	1	27
—	—	—	—	—	—	—	—	1	1	—
4	—	3	—	—	—	—	—	1	2	10
4	—	3	—	—	—	—	—	1	2	9
—	—	—	—	—	—	—	—	—	—	1
53.7	51.6	52.8	51.5	45.7	45.5	44.7	53.0	51.7	53.0	45.9
54.0	52.7	54.1	52.1	45.9	46.0	46.3	54.1	52.9	53.6	48.5
44.8	44.6	48.7	44.5	41.8	42.8	41.7	46.8	49.3	47.9	40.8

第50表　医療施設従事医師数、平均年齢，病院－診療所、年齢階級、性、

診　療

	総　　数	総合内科専門医	小児科専門医	皮膚科専門医	精神科専門医	外科専門医	整形外科専門医	産婦人科専門医	眼科専門医
総　数	102 457	7 009	5 345	3 616	2 965	2 851	6 292	4 840	6 500
男	83 069	5 805	3 649	2 101	2 318	2 696	6 096	3 616	4 100
女	19 388	1 204	1 696	1 515	647	155	196	1 224	2 400
24 歳 以 下	–	–	–	–	–	–	–	–	–
男	–	–	–	–	–	–	–	–	–
女	–	–	–	–	–	–	–	–	–
25 ～ 29	181	–	–	–	–	–	–	1	–
男	115	–	–	–	–	–	–	–	–
女	66	–	–	–	–	–	–	1	–
30 ～ 34	1 112	25	32	20	30	19	18	60	27
男	591	14	12	4	20	12	15	11	11
女	521	11	20	16	10	7	3	49	16
35 ～ 39	3 428	280	179	219	123	106	112	198	234
男	1 873	182	75	71	80	73	91	57	123
女	1 555	98	104	148	43	33	21	141	111
40 ～ 44	7 623	752	384	433	332	279	453	409	716
男	4 956	530	197	203	224	237	410	171	448
女	2 667	222	187	230	108	42	43	238	268
45 ～ 49	11 629	1 140	540	503	396	450	791	549	1 091
男	8 332	879	281	252	288	417	744	315	651
女	3 297	261	259	251	108	33	47	234	440
50 ～ 54	13 633	1 514	637	474	488	484	1 058	542	1 063
男	10 769	1 254	405	283	366	464	1 020	389	659
女	2 864	260	232	191	122	20	38	153	404
55 ～ 59	16 405	1 440	882	552	546	498	1 189	710	1 066
男	13 650	1 248	641	304	433	485	1 176	562	731
女	2 755	192	241	248	113	13	13	148	335
60 ～ 64	15 822	853	1 043	531	441	346	1 081	657	964
男	13 744	777	788	357	370	341	1 065	565	635
女	2 078	76	255	174	71	5	16	92	329
65 ～ 69	13 758	460	875	464	342	269	709	732	659
男	12 255	424	693	312	297	268	700	668	429
女	1 503	36	182	152	45	1	9	64	230
70 ～ 74	6 739	176	330	169	121	143	387	334	276
男	5 955	162	232	113	109	142	385	302	162
女	784	14	98	56	12	1	2	32	114
75 ～ 79	4 978	149	189	131	86	105	262	250	195
男	4 490	138	136	100	81	105	261	232	116
女	488	11	53	31	5	–	1	18	79
80 ～ 84	3 777	114	138	80	42	90	170	217	120
男	3 417	105	97	67	33	90	169	189	79
女	360	9	41	13	9	–	1	28	41
85 歳 以 上	3 372	106	116	40	18	62	62	181	89
男	2 922	92	92	35	17	62	60	155	56
女	450	14	24	5	1	–	2	26	33
平均年齢　総数	59.6	55.2	59.6	56.7	56.2	57.2	58.6	60.0	56.4
男	60.9	56.1	61.0	58.9	57.2	57.8	58.9	62.8	56.7
女	54.3	51.2	56.6	53.6	52.8	45.6	49.8	51.5	56.0

注：2つ以上の資格を取得している場合、各々の資格名に重複計上している。

取得している広告可能な医師の専門性に関する資格名及び麻酔科の標榜資格（複数回答）別（9－7）

所

平成28年12月31日現在

耳鼻咽喉科専門医	泌尿器科専門医	脳神経外科専門医	放射線科専門医	麻酔科専門医	病理専門医	救急科専門医	形成外科専門医	リハビリテーション科専門医	呼吸器専門医
4 753	1 795	1 210	765	837	81	415	746	833	1 289
3 917	1 755	1 181	579	664	68	399	569	767	1 142
836	40	29	186	173	13	16	177	66	147
–	–	–	–	–	–	–	–	–	–
–	–	–	–	–	–	–	–	–	–
–	–	–	–	–	–	–	–	–	–
–	–	–	–	–	–	–	–	–	–
–	–	–	–	–	–	–	–	–	–
–	–	–	–	–	–	–	–	–	–
16	10	8	13	4	1	6	7	3	8
7	7	5	6	3	–	6	3	2	4
9	3	3	7	1	1	–	4	1	4
94	39	13	38	42	–	36	90	16	57
62	31	11	20	27	–	32	52	9	40
32	8	2	18	15	–	4	38	7	17
388	140	49	65	68	4	58	129	46	144
278	127	43	38	41	2	55	79	35	106
110	13	6	27	27	2	3	50	11	38
697	231	126	108	121	6	68	94	105	174
548	224	123	67	85	4	64	72	92	146
149	7	3	41	36	2	4	22	13	28
771	309	176	121	119	7	67	127	122	236
646	306	173	86	87	3	65	105	113	207
125	3	3	35	32	4	2	22	9	29
847	308	253	154	147	6	76	135	130	215
701	305	245	120	116	6	75	111	122	204
146	3	8	34	31	–	1	24	8	11
713	312	250	122	124	16	52	86	144	200
613	310	246	104	107	15	51	73	136	191
100	2	4	18	17	1	1	13	8	9
487	247	158	80	96	18	35	47	114	151
412	247	158	77	89	17	34	45	109	143
75	–	–	3	7	1	1	2	5	8
211	82	94	28	41	11	10	17	69	42
183	81	94	25	37	10	10	15	68	39
28	1	–	3	4	1	–	2	1	3
214	68	52	12	37	5	4	10	54	40
188	68	52	12	35	4	4	10	52	40
26	–	–	–	2	1	–	–	2	–
185	37	23	8	26	5	2	2	24	16
172	37	23	8	25	5	2	2	24	16
13	–	–	–	1	–	–	–	–	–
130	12	8	16	12	2	1	2	6	6
107	12	8	16	12	2	1	2	5	6
23	–	–	–	–	–	–	–	1	–
58.7	58.0	59.8	56.2	57.7	64.0	53.1	52.1	59.9	56.0
59.3	58.3	60.0	58.1	59.3	66.0	53.4	53.6	60.6	56.9
55.9	45.4	49.4	50.0	51.6	53.2	46.8	47.1	52.4	48.8

303

第50表　医療施設従事医師数、平均年齢，病院－診療所、年齢階級、性、

診　　療

	循環器専門医	消化器病専門医	腎臓専門医	肝臓専門医	神経内科専門医	糖尿病専門医	内分泌代謝科専門医	血液専門医	アレルギー専門医
総数	4 052	5 881	1 227	1 497	909	1 686	575	439	1 411
男	3 684	5 333	998	1 389	742	1 300	468	372	1 136
女	368	548	229	108	167	386	107	67	275
24歳以下	-	-	-	-	-	-	-	-	-
男	-	-	-	-	-	-	-	-	-
女	-	-	-	-	-	-	-	-	-
25 ～ 29	-	-	-	-	-	-	-	-	-
男	-	-	-	-	-	-	-	-	-
女	-	-	-	-	-	-	-	-	-
30 ～ 34	5	32	12	4	5	19	3	10	4
男	3	19	8	2	2	5	-	5	1
女	2	13	4	2	3	14	3	5	3
35 ～ 39	97	212	72	67	26	108	30	27	35
男	67	152	40	58	12	70	19	15	17
女	30	60	32	9	14	38	11	12	18
40 ～ 44	319	504	123	167	81	204	57	36	153
男	256	411	79	146	53	132	40	27	98
女	63	93	44	21	28	72	17	9	55
45 ～ 49	543	837	171	228	111	212	40	46	192
男	466	725	117	210	83	148	29	35	135
女	77	112	54	18	28	64	11	11	57
50 ～ 54	614	1 078	168	260	146	245	76	67	267
男	550	969	136	236	109	189	61	55	228
女	64	109	32	24	37	56	15	12	39
55 ～ 59	711	1 060	160	246	173	251	80	81	269
男	671	982	141	229	151	201	66	70	227
女	40	78	19	17	22	50	14	11	42
60 ～ 64	758	958	229	235	150	268	134	65	234
男	720	909	204	224	128	240	116	63	206
女	38	49	25	11	22	28	18	2	28
65 ～ 69	618	688	157	174	117	199	93	79	141
男	583	665	144	170	109	170	84	74	124
女	35	23	13	4	8	29	9	5	17
70 ～ 74	194	259	77	60	53	88	38	18	54
男	182	252	74	59	50	69	32	18	46
女	12	7	3	1	3	19	6	-	8
75 ～ 79	109	138	39	31	31	51	10	6	37
男	105	136	36	31	30	42	9	6	31
女	4	2	3	-	1	9	1	-	6
80 ～ 84	53	80	14	21	13	31	11	3	15
男	52	78	14	20	12	25	9	3	14
女	1	2	-	1	1	6	2	-	1
85歳以上	31	35	5	4	3	10	3	1	10
男	29	35	5	4	3	9	3	1	9
女	2	-	-	-	-	1	-	-	1
平均年齢　総数	58.0	56.7	56.7	55.9	57.5	56.1	58.3	56.5	56.5
男	58.5	57.3	58.2	56.2	58.8	57.3	59.3	57.9	57.4
女	52.6	50.3	49.8	50.8	51.6	52.3	53.9	48.7	52.4

注：2つ以上の資格を取得している場合、各々の資格名に重複計上している。

取得している広告可能な医師の専門性に関する資格名及び麻酔科の標榜資格（複数回答）別（9-8）

所

平成28年12月31日現在

リウマチ専門医	感染症専門医	心療内科専門医	呼吸器外科専門医	心臓血管外科専門医	乳腺専門医	気管食道専門医	消化器外科専門医	小児外科専門医	超音波専門医
1 817	232	161	78	122	243	567	527	70	534
1 661	203	130	77	120	196	519	523	62	462
156	29	31	1	2	47	48	4	8	72
-	-	-	-	-	-	-	-	-	-
-	-	-	-	-	-	-	-	-	-
-	-	-	-	-	-	-	-	-	-
-	-	-	-	-	-	-	-	-	-
6	4	-	1	-	1	-	1	-	-
6	2	-	-	-	-	-	1	-	-
-	2	-	1	-	1	-	-	-	-
35	8	4	2	4	12	2	10	1	12
26	8	2	2	4	3	2	9	-	9
9	-	2	-	-	9	-	1	1	3
134	13	10	15	8	22	26	37	2	31
93	12	6	15	8	8	24	35	2	19
41	1	4	-	-	14	2	2	-	12
217	19	13	13	12	32	57	84	11	47
187	17	10	13	11	18	54	84	8	38
30	2	3	-	1	14	3	-	3	9
323	30	20	6	18	41	83	97	16	62
289	22	15	6	18	35	75	97	14	52
34	8	5	-	-	6	8	-	2	10
378	46	33	14	14	48	119	94	14	113
356	39	29	14	14	46	107	93	13	99
22	7	4	-	-	2	12	1	1	14
301	38	36	8	16	41	140	77	7	136
290	37	27	8	16	40	127	77	7	122
11	1	9	-	-	1	13	-	-	14
201	37	24	11	18	27	79	63	7	94
195	33	23	11	17	27	75	63	7	86
6	4	1	-	1	-	4	-	-	8
102	17	9	5	14	9	21	27	8	22
101	15	7	5	14	9	20	27	7	20
1	2	2	-	-	-	1	-	1	2
72	12	10	2	13	7	15	16	3	13
71	11	9	2	13	7	12	16	3	13
1	1	1	-	-	-	3	-	-	-
35	6	2	1	4	3	16	16	-	2
35	5	2	1	4	3	16	16	-	2
-	1	-	-	-	-	-	-	-	-
13	2	-	-	1	-	9	5	1	2
12	2	-	-	1	-	7	5	1	2
1	-	-	-	-	-	2	-	-	-
58.1	59.5	59.5	55.5	61.1	56.1	59.9	57.7	58.8	59.0
58.8	59.8	60.4	55.8	61.2	58.7	59.9	57.8	59.6	59.7
50.5	57.8	55.4	34.8	57.3	45.3	60.0	43.8	52.8	54.8

第50表　医療施設従事医師数、平均年齢，病院－診療所、年齢階級、性、

診　療

	細胞診専門医	透析専門医	老年病専門医	消化器内視鏡専門医	臨床遺伝専門医	漢方専門医	レーザー専門医	気管支鏡専門医	核医学専門医
総数	324	1 505	386	4 864	146	1 200	109	202	105
男	269	1 255	343	4 388	93	999	76	184	86
女	55	250	43	476	53	201	33	18	19
24歳以下	-	-	-	-	-	-	-	-	-
男	-	-	-	-	-	-	-	-	-
女	-	-	-	-	-	-	-	-	-
25 ～ 29	-	-	-	-	-	-	-	-	-
男	-	-	-	-	-	-	-	-	-
女	-	-	-	-	-	-	-	-	-
30 ～ 34	-	13	-	19	3	1	-	1	3
男	-	9	-	11	1	1	-	-	2
女	-	4	-	8	2	-	-	1	1
35 ～ 39	2	79	3	162	8	15	9	6	7
男	1	39	2	112	2	8	5	3	5
女	1	40	1	50	6	7	4	3	2
40 ～ 44	18	135	31	445	25	52	21	28	11
男	10	88	24	356	16	29	11	25	6
女	8	47	7	89	9	23	10	3	5
45 ～ 49	30	216	34	790	28	91	23	46	13
男	18	151	29	682	15	61	16	42	12
女	12	65	5	108	13	30	7	4	1
50 ～ 54	32	214	49	997	29	110	17	48	18
男	25	176	41	899	19	75	16	43	12
女	7	38	8	98	10	35	1	5	6
55 ～ 59	59	248	57	989	23	199	14	29	18
男	54	223	49	917	16	165	9	29	16
女	5	25	8	72	7	34	5	-	2
60 ～ 64	53	231	66	767	13	264	13	23	17
男	43	218	59	739	10	235	9	22	15
女	10	13	7	28	3	29	4	1	2
65 ～ 69	60	193	75	456	9	214	7	17	11
男	53	182	72	439	7	203	5	16	11
女	7	11	3	17	2	11	2	1	-
70 ～ 74	33	96	28	146	3	108	2	2	4
男	31	92	26	143	2	95	2	2	4
女	2	4	2	3	1	13	-	-	-
75 ～ 79	21	59	23	57	4	81	2	1	2
男	18	58	21	56	4	72	2	1	2
女	3	1	2	1	-	9	-	-	-
80 ～ 84	10	18	16	25	1	36	1	1	-
男	10	16	16	23	1	32	1	1	-
女	-	2	-	2	-	4	-	-	-
85歳以上	6	3	4	11	-	29	-	-	1
男	6	3	4	11	-	23	-	-	1
女	-	-	-	-	-	6	-	-	-
平均年齢　総数	61.9	56.9	61.0	55.3	52.6	62.4	52.3	53.2	54.9
男	63.1	58.5	61.7	55.9	54.4	63.5	53.5	53.7	56.2
女	55.8	48.8	55.4	49.6	49.4	57.3	49.6	47.7	48.7

注：2つ以上の資格を取得している場合、各々の資格名に重複計上している。

取得している広告可能な医師の専門性に関する資格名及び麻酔科の標榜資格（複数回答）別（9－9）

所

平成28年12月31日現在

大腸肛門病専門医	婦人腫瘍専門医	ペインクリニック専門医	熱傷専門医	脳血管内治療専門医	がん薬物療法専門医	周産期（新生児）専門医	生殖医療専門医	小児神経専門医	一般病院連携精神医学専門医	麻酔科標榜医
458	55	376	33	26	42	66	229	250	48	2 128
446	50	301	30	26	38	46	192	168	43	1 763
12	5	75	3	-	4	20	37	82	5	365
-	-	-	-	-	-	-	-	-	-	-
-	-	-	-	-	-	-	-	-	-	-
-	-	-	-	-	-	-	-	-	-	-
-	-	-	-	-	-	-	-	-	-	-
-	-	-	-	-	-	-	-	-	-	-
-	-	-	-	-	-	-	-	-	-	-
-	1	-	-	-	1	-	1	-	-	14
-	-	-	-	-	-	-	-	-	-	5
-	1	-	-	-	1	-	1	-	-	9
9	-	7	3	1	3	10	5	1	1	78
7	-	5	3	1	2	5	3	1	1	50
2	-	2	-	-	1	5	2	-	-	28
21	2	17	4	3	5	21	27	11	4	136
19	2	13	4	3	5	13	17	5	3	88
2	-	4	-	-	-	8	10	6	1	48
73	9	50	6	6	11	13	41	20	8	226
69	9	39	5	6	11	8	26	13	6	162
4	-	11	1	-	-	5	15	7	2	64
63	9	62	10	6	12	10	48	40	11	270
62	7	46	9	6	10	8	41	25	11	217
1	2	16	1	-	2	2	7	15	-	53
70	13	81	2	5	4	3	52	57	9	360
67	12	65	2	5	4	3	51	38	9	297
3	1	16	-	-	-	-	1	19	-	63
76	4	83	6	4	4	5	25	59	7	361
76	4	66	5	4	4	5	24	40	6	311
-	-	17	1	-	-	-	1	19	1	50
94	7	39	-	1	1	2	23	41	2	316
94	7	34	-	1	1	2	23	31	2	283
-	-	5	-	-	-	-	-	10	-	33
25	4	17	2	-	-	-	5	15	3	157
25	3	15	2	-	-	-	5	11	2	147
-	1	2	-	-	-	-	-	4	1	10
14	4	9	-	-	1	-	2	3	2	99
14	4	8	-	-	1	-	2	1	2	96
-	-	1	-	-	-	-	-	2	-	3
6	-	7	-	-	-	-	1	-	1	76
6	-	6	-	-	-	-	1	-	1	73
-	-	1	-	-	-	-	-	-	-	3
7	2	4	-	-	-	-	1	-	2	35
7	2	4	-	-	-	-	1	-	2	34
-	-	-	-	-	-	-	-	-	-	1
59.2	59.2	58.5	52.4	52.7	50.6	48.3	54.3	59.5	56.3	59.7
59.5	59.8	59.0	52.4	52.7	51.2	50.3	55.7	60.2	56.5	61.1
47.3	53.1	56.2	52.8	-	44.4	43.6	46.7	58.2	54.1	53.4

307

第51表　外国人医師数，

	総数	医療施設の従事者	病院の従事者	開設者又は法人の代表者	勤務者(医育機関附属の病院を除く)	医育機関附属の病院の勤務者	臨床系の教官又は教員	臨床系の大学院生	臨床系の教官又は教員及び大学院生以外の従事者	診療所の従事者	開設者又は法人の代表者	勤務者
総　数	2 409	2 350	1 595	25	1 194	376	151	48	177	755	585	170
男	1 923	1 876	1 219	25	946	248	119	34	95	657	535	122
女	486	474	376	–	248	128	32	14	82	98	50	48
24歳以下	5	5	5	–	4	1	–	–	1	–	–	–
男	3	3	3	–	3	–	–	–	–	–	–	–
女	2	2	2	–	1	1	–	–	1	–	–	–
25 ～ 29	197	197	197	–	130	67	6	3	58	–	–	–
男	114	114	114	–	80	34	4	2	28	–	–	–
女	83	83	83	–	50	33	2	1	30	–	–	–
30 ～ 34	285	280	272	1	166	105	25	28	52	8	4	4
男	201	197	192	1	124	67	17	19	31	5	2	3
女	84	83	80	–	42	38	8	9	21	3	2	1
35 ～ 39	274	270	245	–	164	81	33	12	36	25	7	18
男	180	178	168	–	115	53	23	10	20	10	1	9
女	94	92	77	–	49	28	10	2	16	15	6	9
40 ～ 44	286	279	225	1	170	54	29	4	21	54	37	17
男	224	217	177	1	140	36	22	3	11	40	33	7
女	62	62	48	–	30	18	7	1	10	14	4	10
45 ～ 49	304	296	201	–	174	27	23	1	3	95	66	29
男	256	250	168	–	147	21	21	–	–	82	60	22
女	48	46	33	–	27	6	2	1	3	13	6	7
50 ～ 54	300	297	176	2	150	24	20	–	4	121	95	26
男	251	249	141	2	119	20	17	–	3	108	88	20
女	49	48	35	–	31	4	3	–	1	13	7	6
55 ～ 59	261	253	111	–	100	11	9	–	2	142	116	26
男	229	224	100	–	89	11	9	–	2	124	106	18
女	32	29	11	–	11	–	–	–	–	18	10	8
60 ～ 64	205	196	70	3	62	5	5	–	–	126	110	16
男	193	185	69	3	61	5	5	–	–	116	103	13
女	12	11	1	–	1	–	–	–	–	10	7	3
65 ～ 69	147	141	48	7	40	1	1	–	–	93	79	14
男	137	131	44	7	36	1	1	–	–	87	75	12
女	10	10	4	–	4	–	–	–	–	6	4	2
70 ～ 74	71	70	27	7	20	–	–	–	–	43	38	5
男	67	66	26	7	19	–	–	–	–	40	35	5
女	4	4	1	–	1	–	–	–	–	3	3	–
75 ～ 79	41	38	13	2	11	–	–	–	–	25	17	8
男	39	36	12	2	10	–	–	–	–	24	17	7
女	2	2	1	–	1	–	–	–	–	1	–	1
80 ～ 84	25	21	4	2	2	–	–	–	–	17	13	4
男	22	20	4	2	2	–	–	–	–	16	12	4
女	3	1	–	–	–	–	–	–	–	1	1	–
85歳以上	8	7	1	–	1	–	–	–	–	6	3	3
男	7	6	1	–	1	–	–	–	–	5	3	2
女	1	1	–	–	–	–	–	–	–	1	–	1

年齢階級、性、主たる業務の種別

平成28年12月31日現在

介護老人保健施設の従事者	開設者又は法人の代表者	勤務者	医療施設・介護老人保健施設以外の従事者	医育機関の臨床系以外の大学院生	医育機関の臨床系以外の勤務者	医育機関以外の教育機関又は研究機関の勤務者	行政機関・産業医・保健衛生業務の従事者	行政機関	産業医	保健衛生業務	その他の業務の従事者	無職の者	不詳
13	3	10	36	3	12	5	16	3	10	3	4	6	-
11	3	8	28	3	8	5	12	1	9	2	3	5	-
2	-	2	8	-	4	-	4	2	1	1	1	1	-
-	-	-	-	-	-	-	-	-	-	-	-	-	-
-	-	-	-	-	-	-	-	-	-	-	-	-	-
-	-	-	-	-	-	-	-	-	-	-	-	-	-
-	-	-	-	-	-	-	-	-	-	-	-	-	-
-	-	-	-	-	-	-	-	-	-	-	-	-	-
-	-	-	-	-	-	-	-	-	-	-	-	-	-
-	-	-	5	1	-	1	3	1	1	1	-	-	-
-	-	-	4	1	-	1	2	-	1	1	-	-	-
-	-	-	1	-	-	-	1	1	-	-	-	-	-
1	-	1	2	1	1	-	-	-	-	-	1	-	-
-	-	-	1	1	-	-	-	-	-	-	1	-	-
1	-	1	1	-	1	-	-	-	-	-	-	-	-
1	-	1	5	1	2	-	2	-	2	-	-	1	-
1	-	1	5	1	2	-	2	-	2	-	-	1	-
-	-	-	-	-	-	-	-	-	-	-	-	-	-
1	-	1	7	-	4	1	2	-	1	1	-	-	-
1	-	1	5	-	3	1	1	-	1	-	-	-	-
-	-	-	2	-	1	-	1	-	-	1	-	-	-
-	-	-	2	-	-	-	2	1	1	-	1	-	-
-	-	-	1	-	-	-	1	-	1	-	1	-	-
-	-	-	1	-	-	-	1	1	-	-	-	-	-
-	-	-	7	-	3	1	3	1	2	-	1	-	-
-	-	-	5	-	2	1	2	1	1	-	1	-	-
-	-	-	2	-	1	-	1	-	1	-	-	-	-
4	1	3	4	-	2	1	1	-	1	-	-	1	-
4	1	3	3	-	1	1	1	-	1	-	-	1	-
-	-	-	1	-	1	-	-	-	-	-	-	-	-
2	-	2	4	-	-	1	3	-	2	1	-	-	-
2	-	2	4	-	-	1	3	-	2	1	-	-	-
-	-	-	-	-	-	-	-	-	-	-	-	-	-
1	1	-	-	-	-	-	-	-	-	-	-	-	-
1	1	-	-	-	-	-	-	-	-	-	-	-	-
-	-	-	-	-	-	-	-	-	-	-	-	-	-
1	1	-	-	-	-	-	-	-	-	-	1	1	-
1	1	-	-	-	-	-	-	-	-	-	1	1	-
-	-	-	-	-	-	-	-	-	-	-	-	-	-
2	-	2	-	-	-	-	-	-	-	-	-	2	-
1	-	1	-	-	-	-	-	-	-	-	-	1	-
1	-	1	-	-	-	-	-	-	-	-	-	1	-
-	-	-	-	-	-	-	-	-	-	-	-	1	-
-	-	-	-	-	-	-	-	-	-	-	-	1	-
-	-	-	-	-	-	-	-	-	-	-	-	-	-

第52表　外国人医師数，主たる従業地による

	総　数	医療施設の従事者	病院の従事者	開設者又は法人の代表者	勤務者(医育機関附属の病院を除く)	医育機関附属の病院の勤務者	臨床系の教官又は教員	臨床系の大学院生	臨床系の教官又は教員及び大学院生以外の従事者	診療所の従事者	開設者又は法人の代表者	勤務者
全　　国	2 409	2 350	1 595	25	1 194	376	151	48	177	755	585	170
北　海　道	52	51	43	1	38	4	2	-	2	8	6	2
青　　森	11	10	7	-	4	3	1	-	2	3	3	-
岩　　手	9	9	6	-	3	3	3	-	-	3	3	-
宮　　城	33	32	23	1	19	3	2	1	-	9	7	2
秋　　田	13	13	9	1	4	4	2	-	2	4	4	-
山　　形	9	9	6	-	3	3	-	-	3	3	2	1
福　　島	16	15	9	-	8	1	1	-	-	6	6	-
茨　　城	37	36	27	-	24	3	3	-	3	9	5	4
栃　　木	22	22	15	-	7	8	5	-	3	7	6	1
群　　馬	14	13	11	1	7	3	-	-	3	2	-	2
埼　　玉	101	100	65	-	54	11	8	-	3	35	34	1
千　　葉	114	113	76	-	58	18	9	-	9	37	27	10
東　　京	427	419	249	5	145	99	40	13	46	170	129	41
神　奈　川	157	153	89	1	63	25	12	3	10	64	43	21
新　　潟	9	9	6	-	5	1	1	-	-	3	3	-
富　　山	3	3	2	-	1	1	-	-	1	1	1	-
石　　川	13	13	6	-	6	-	-	-	-	7	5	2
福　　井	4	4	3	-	2	1	-	-	1	1	1	-
山　　梨	7	7	6	-	2	4	2	-	2	1	1	-
長　　野	19	19	14	1	12	1	1	-	-	5	3	2
岐　　阜	21	21	16	-	13	3	-	-	3	5	5	-
静　　岡	63	63	45	1	38	6	2	2	2	18	12	6
愛　　知	96	94	72	-	55	17	8	2	7	22	18	4
三　　重	16	15	13	-	11	2	-	-	2	2	-	2
滋　　賀	25	25	21	-	16	5	-	1	4	4	3	1
京　　都	112	110	79	-	57	22	5	10	7	31	27	4
大　　阪	482	468	325	8	269	48	21	5	22	143	119	24
兵　　庫	194	184	113	4	93	16	6	-	10	71	59	12
奈　　良	31	31	23	-	13	10	3	1	6	8	5	3
和　歌　山	16	15	13	-	9	4	3	-	1	2	-	2
鳥　　取	3	3	3	-	1	2	1	-	1	-	-	-
島　　根	6	5	5	-	4	1	-	1	-	-	-	-
岡　　山	25	25	22	-	14	8	2	2	4	3	2	1
広　　島	24	23	15	-	13	2	-	2	-	8	5	3
山　　口	15	15	12	-	10	2	1	-	1	3	3	-
徳　　島	5	5	4	-	2	2	1	-	1	1	1	-
香　　川	10	9	6	-	4	2	1	-	1	3	2	1
愛　　媛	9	9	7	1	4	2	-	-	2	2	1	1
高　　知	11	11	7	-	3	4	2	-	2	4	2	2
福　　岡	93	88	64	-	48	16	5	5	6	24	19	5
佐　　賀	10	9	8	-	6	2	-	-	2	1	1	-
長　　崎	8	8	5	-	5	-	-	-	-	3	1	2
熊　　本	12	12	8	-	7	1	-	-	-	4	2	2
大　　分	12	12	11	-	10	1	-	-	1	1	-	1
宮　　崎	10	10	8	-	6	2	-	-	2	2	2	-
鹿　児　島	10	10	6	-	6	-	-	-	-	4	3	1
沖　　縄	20	20	12	-	12	-	-	-	-	8	4	4

都道府県－指定都市・特別区・中核市（再掲）、主たる業務の種別（2－1）

平成28年12月31日現在

介護老人保健施設の従事者	開設者又は法人の代表者	勤務者	医療施設・介護老人保健施設以外の従事者	医育機関の臨床系以外の大学院生	医育機関の臨床系以外の勤務者	医育機関以外の教育機関又は研究機関の勤務者	行政機関・産業医・保健衛生業務の従事者	行政機関	産業医	保健衛生業務	その他の業務の従事者	無職の者	不詳
13	3	10	36	3	12	5	16	3	10	3	4	6	－
－	－	－	1	1	－	－	－	－	－	－	－	－	－
1	－	1	－	－	－	－	－	－	－	－	－	－	－
－	－	－	1	－	1	－	－	－	－	－	－	－	－
－	－	－	－	－	－	－	－	－	－	－	－	－	－
1	－	1	－	－	－	－	－	－	－	－	－	－	－
1	－	1	－	－	－	－	－	－	－	－	－	－	－
1	－	1	－	－	－	－	－	－	－	－	－	－	－
－	－	－	1	－	1	－	－	－	－	－	－	－	－
1	1	－	－	－	－	－	－	－	－	－	－	－	－
－	－	－	7	－	5	1	1	－	1	－	－	1	－
1	－	1	3	－	1	－	2	－	2	－	－	－	－
－	－	－	－	－	－	－	－	－	－	－	－	－	－
－	－	－	－	－	－	－	－	－	－	－	－	－	－
－	－	－	－	－	－	－	－	－	－	－	－	－	－
－	－	－	－	－	－	－	－	－	－	－	－	－	－
－	－	－	2	－	－	1	1	－	1	－	－	－	－
－	－	－	1	－	－	－	1	－	1	－	－	－	－
－	－	－	2	1	1	－	－	－	－	－	－	－	－
2	1	1	8	－	1	2	5	1	2	2	1	3	－
2	－	2	4	－	－	－	4	1	2	1	3	1	－
－	－	－	1	－	1	－	－	－	－	－	－	－	－
1	－	1	－	－	－	－	－	－	－	－	－	－	－
－	－	－	－	－	－	－	－	－	－	－	－	1	－
－	－	－	－	－	－	－	－	－	－	－	－	－	－
－	－	－	1	－	－	1	－	－	－	－	－	－	－
－	－	－	－	－	－	－	－	－	－	－	－	－	－
1	1	－	4	1	1	－	2	1	1	－	－	－	－
1	－	1	－	－	－	－	－	－	－	－	－	－	－
－	－	－	－	－	－	－	－	－	－	－	－	－	－
－	－	－	－	－	－	－	－	－	－	－	－	－	－

第52表　外国人医師数，主たる従業地による

	総数	医療施設の従事者	病院の従事者	開設者又は法人の代表者	勤務者(医育機関附属の病院を除く)	医育機関附属病院の勤務者	臨床系の教官又は教員	臨床系の大学院生	臨床系の教官又は教員及び大学院生以外の従事者	診療所の従事者	開設者又は法人の代表者	勤務者
指定都市・特別区(再掲)												
東京都区部	364	357	210	5	116	89	35	13	41	147	112	35
札幌市	26	25	23	1	18	4	2	-	2	2	2	-
仙台市	20	19	12	-	9	3	2	1	-	7	5	2
さいたま市	26	26	11	-	10	3	1	-	1	15	14	1
千葉市	25	25	20	-	14	6	2	-	4	5	4	1
横浜市	56	54	22	-	14	8	2	2	4	32	21	11
川崎市	34	32	23	-	14	9	4	-	5	9	5	4
相模原市	8	8	5	-	3	2	2	-	-	3	3	-
新潟市	8	8	5	-	4	1	1	-	-	3	3	-
静岡市	19	19	12	-	12	-	-	-	-	7	7	-
浜松市	12	12	7	-	5	2	-	-	2	5	2	3
名古屋市	36	36	29	-	21	8	3	2	3	7	6	1
京都市	89	87	66	-	44	22	5	10	7	21	18	3
大阪市	212	204	118	3	106	9	2	-	7	86	72	14
堺市	43	43	34	-	34	-	-	-	-	9	6	3
神戸市	86	78	44	4	32	8	8	-	7	34	28	6
岡山市	10	10	8	-	3	5	1	1	3	2	1	1
広島市	18	17	12	-	10	2	-	2	-	5	3	2
北九州市	18	18	9	-	8	1	-	-	1	9	7	2
福岡市	38	36	29	-	18	11	4	4	3	7	4	3
熊本市	6	6	5	-	4	1	1	-	-	1	-	1
中核市(再掲)												
旭川市	2	2	1	-	1	-	-	-	-	1	1	-
函館市	1	1	1	-	1	-	-	-	-	-	-	-
青森市	1	1	-	-	-	-	-	-	-	1	1	-
盛岡市	5	5	4	-	2	2	2	-	-	1	1	-
秋田市	7	7	5	-	1	4	2	-	2	2	2	-
郡山市	3	3	2	-	2	-	-	-	-	1	1	-
いわき市	5	5	2	-	2	-	-	-	-	3	3	-
宇都宮市	4	4	2	-	2	-	-	-	-	2	2	-
前橋市	5	5	5	-	2	3	-	-	3	-	-	-
高崎市	1	1	1	-	1	-	-	-	-	-	-	-
川越市	9	9	7	-	1	6	5	-	1	2	2	-
越谷市	4	4	3	-	-	3	2	-	1	1	1	-
船橋市	9	9	5	-	5	-	-	-	-	4	4	-
柏市	8	8	5	-	4	1	1	-	-	3	1	2
八王子市	5	5	4	-	3	1	1	-	-	1	1	-
横須賀市	8	8	3	-	3	-	-	-	-	5	4	1
富山市	2	2	2	-	1	1	-	-	1	-	-	-
金沢市	9	9	3	-	3	-	-	-	-	6	4	2
長野市	1	1	1	-	1	-	-	-	-	-	-	-
岐阜市	5	5	5	-	2	3	-	-	3	-	-	-
豊橋市	3	3	1	-	1	-	-	-	-	2	-	2
豊田市	5	4	4	-	3	-	-	-	-	1	1	-
岡崎市	2	2	-	-	-	-	-	-	-	2	1	1
大津市	8	8	8	-	3	5	-	1	4	-	-	-
高槻市	23	23	20	-	11	9	3	1	5	3	-	3
東大阪市	23	23	13	1	12	-	-	-	-	10	7	3
豊中市	15	15	9	-	9	-	-	-	-	6	6	-
枚方市	14	14	11	-	6	5	2	-	3	3	2	1
姫路市	10	10	8	-	8	-	-	-	-	2	2	-
西宮市	19	19	12	-	4	8	5	-	3	7	7	-
尼崎市	12	12	7	-	7	-	-	-	-	5	4	1
奈良市	4	4	3	-	3	-	-	-	-	1	-	1
和歌山市	8	7	7	-	3	4	3	-	1	-	-	-
倉敷市	13	13	12	-	9	3	1	1	1	1	1	-
呉市	1	1	1	-	1	-	-	-	-	-	-	-
福山市	1	1	-	-	-	-	-	-	-	1	1	-
下関市	4	4	3	-	3	-	-	-	-	1	1	-
高松市	2	2	1	-	1	-	-	-	-	1	1	-
松山市	4	4	2	-	2	-	-	-	-	2	1	1
高知市	4	4	3	-	2	-	-	-	-	1	-	1
久留米市	9	8	6	-	3	3	1	1	1	2	2	-
長崎市	3	3	3	-	2	-	-	-	-	-	-	1
佐世保市	3	3	1	-	1	-	-	-	-	-	-	-
大分市	5	5	4	-	4	2	-	-	2	1	1	-
宮崎市	5	5	4	-	4	2	-	-	2	1	-	1
鹿児島市	6	6	3	-	3	-	-	-	-	3	2	1
那覇市	3	3	1	-	1	-	-	-	-	2	-	2

都道府県－指定都市・特別区・中核市（再掲）、主たる業務の種別（2－2）

平成28年12月31日現在

介護老人保健施設の従事者	開設者又は法人の代表者	勤務者	医療施設・介護老人保健施設以外の従事者	医育機関の臨床系以外の大学院生	医育機関の臨床系以外の勤務者	医育機関以外の教育機関又は研究機関の勤務者	行政機関・産業医・保健衛生業務の従事者	行政機関	産業医	保健衛生業務	その他の業務の従事者	無職の者	不詳
-	-	-	6	-	5	-	1	-	1	-	-	1	-
-	-	-	1	1	-	-	-	-	-	-	-	-	-
-	-	-	1	-	1	-	-	-	-	-	-	-	-
-	-	-	-	-	-	-	-	-	-	-	-	-	-
-	-	-	-	-	-	-	-	-	-	-	-	-	-
-	-	-	2	-	1	-	1	-	1	-	-	-	-
1	-	1	1	-	-	-	1	-	1	-	-	-	-
-	-	-	-	-	-	-	-	-	-	-	-	-	-
-	-	-	-	-	-	-	-	-	-	-	-	-	-
-	-	-	-	-	-	-	-	-	-	-	-	-	-
-	-	-	2	1	1	-	-	-	-	-	-	-	-
-	-	-	4	-	-	-	4	1	1	2	1	3	-
-	-	-	-	-	-	-	-	-	-	-	-	-	-
1	-	1	4	-	-	-	4	1	2	1	2	1	-
-	-	-	-	-	-	-	-	-	-	-	-	1	-
-	-	-	-	-	-	-	-	-	-	-	-	-	-
-	-	-	-	-	-	-	-	-	-	-	-	-	-
-	-	-	2	-	1	-	1	-	1	-	-	-	-
-	-	-	-	-	-	-	-	-	-	-	-	-	-
-	-	-	-	-	-	-	-	-	-	-	-	-	-
-	-	-	-	-	-	-	-	-	-	-	-	-	-
-	-	-	-	-	-	-	-	-	-	-	-	-	-
-	-	-	-	-	-	-	-	-	-	-	-	-	-
-	-	-	-	-	-	-	-	-	-	-	-	-	-
-	-	-	-	-	-	-	-	-	-	-	-	-	-
-	-	-	-	-	-	-	-	-	-	-	-	-	-
-	-	-	-	-	-	-	-	-	-	-	-	-	-
-	-	-	-	-	-	-	-	-	-	-	-	-	-
-	-	-	-	-	-	-	-	-	-	-	-	-	-
-	-	-	-	-	-	-	-	-	-	-	-	-	-
-	-	-	-	-	-	-	-	-	-	-	-	-	-
-	-	-	-	-	-	-	-	-	-	-	-	-	-
-	-	-	-	-	-	-	-	-	-	-	-	-	-
-	-	-	1	-	-	-	1	-	1	-	-	-	-
-	-	-	1	-	-	1	-	-	-	-	-	-	-
-	-	-	-	-	-	-	-	-	-	-	-	-	-
-	-	-	-	-	-	-	-	-	-	-	-	-	-
-	-	-	-	-	-	-	-	-	-	-	-	-	-
-	-	-	-	-	-	-	-	-	-	-	-	-	-
-	-	-	1	-	1	-	-	-	-	-	-	-	-
-	-	-	-	-	-	-	-	-	-	-	-	-	-
-	-	-	-	-	-	-	-	-	-	-	-	-	-
-	-	-	-	-	-	-	-	-	-	-	-	-	-
-	-	-	-	-	-	-	-	-	-	-	-	-	-
-	-	-	1	1	-	-	-	-	-	-	-	-	-
-	-	-	-	-	-	-	-	-	-	-	-	-	-
-	-	-	-	-	-	-	-	-	-	-	-	-	-
-	-	-	-	-	-	-	-	-	-	-	-	-	-
-	-	-	-	-	-	-	-	-	-	-	-	-	-

第53表　歯科医師数、平均年齢，

	総数	医療施設の従事者	病院の従事者	開設者又は法人の代表者	勤務者(医育機関附属の病院を除く)	医育機関附属の病院の勤務者	臨床系の教官又は教員	臨床系の大学院生	臨床系の教官又は教員及び大学院生以外の従事者	診療所の従事者	開設者又は法人の代表者	勤務者
総数	104 533	101 551	12 385	22	3 055	9 308	3 476	1 861	3 971	89 166	59 482	29 684
男	80 189	78 160	8 113	20	2 251	5 842	2 614	1 144	2 084	70 047	54 084	15 963
女	24 344	23 391	4 272	2	804	3 466	862	717	1 887	19 119	5 398	13 721
24歳以下	143	143	126	–	14	112	–	–	112	17	–	17
男	80	80	72	–	9	63	–	–	63	8	–	8
女	63	63	54	–	5	49	–	–	49	9	–	9
25 ～ 29	6 373	6 271	3 689	–	377	3 312	123	1 190	1 999	2 582	84	2 498
男	3 524	3 474	1 960	–	224	1 736	58	694	984	1 514	50	1 464
女	2 849	2 797	1 729	–	153	1 576	65	496	1 015	1 068	34	1 034
30 ～ 34	9 527	9 243	2 894	–	460	2 434	590	577	1 267	6 349	801	5 548
男	6 046	5 905	1 813	–	318	1 495	379	387	729	4 092	687	3 405
女	3 481	3 338	1 081	–	142	939	211	190	538	2 257	114	2 143
35 ～ 39	9 943	9 653	1 534	2	462	1 070	628	73	369	8 119	2 941	5 178
男	6 551	6 394	978	2	309	667	426	49	192	5 416	2 612	2 804
女	3 392	3 259	556	–	153	403	202	24	177	2 703	329	2 374
40 ～ 44	10 967	10 689	1 102	3	440	659	529	15	115	9 587	5 335	4 252
男	7 528	7 372	737	3	303	431	367	11	53	6 635	4 670	1 965
女	3 439	3 317	365	–	137	228	162	4	62	2 952	665	2 287
45 ～ 49	11 888	11 598	875	5	370	500	452	4	44	10 723	7 633	3 090
男	9 074	8 895	658	3	281	374	349	1	24	8 237	6 866	1 371
女	2 814	2 703	217	2	89	126	103	3	20	2 486	767	1 719
50 ～ 54	12 014	11 730	711	5	292	414	393	1	20	11 019	8 741	2 278
男	9 671	9 469	588	5	244	339	329	1	9	8 881	7 922	959
女	2 343	2 261	123	–	48	75	64	–	11	2 138	819	1 319
55 ～ 59	14 098	13 812	782	2	369	411	395	–	16	13 030	11 033	1 997
男	11 808	11 611	690	2	322	366	360	–	6	10 921	10 098	823
女	2 290	2 201	92	–	47	45	35	–	10	2 109	935	1 174
60 ～ 64	11 933	11 673	455	–	164	291	282	–	9	11 218	9 774	1 444
男	10 143	9 947	420	–	146	274	267	–	7	9 527	8 952	575
女	1 790	1 726	35	–	18	17	15	–	2	1 691	822	869
65 ～ 69	9 220	8 976	167	2	79	86	73	1	12	8 809	7 684	1 125
男	8 195	7 998	149	2	69	78	68	1	9	7 849	7 159	690
女	1 025	978	18	–	10	8	5	–	3	960	525	435
70 ～ 74	3 740	3 603	36	2	19	15	8	–	7	3 567	2 811	756
男	3 397	3 285	34	2	17	15	8	–	7	3 251	2 647	604
女	343	318	2	–	2	–	–	–	–	316	164	152
75 ～ 79	2 246	2 070	12	1	7	4	3	–	1	2 058	1 442	616
男	2 065	1 910	12	1	7	4	3	–	1	1 898	1 355	543
女	181	160	–	–	–	–	–	–	–	160	87	73
80 ～ 84	1 317	1 168	2	–	2	–	–	–	–	1 166	722	444
男	1 189	1 058	2	–	2	–	–	–	–	1 056	663	393
女	128	110	–	–	–	–	–	–	–	110	59	51
85歳以上	1 124	922	–	–	–	–	–	–	–	922	481	441
男	918	762	–	–	–	–	–	–	–	762	403	359
女	206	160	–	–	–	–	–	–	–	160	78	82
平均年齢 総数	51.2	51.1	37.9	53.4	43.7	35.9	45.1	29.7	30.9	52.9	56.6	45.5
男	53.0	52.9	39.9	54.0	45.1	37.9	46.7	29.9	31.1	54.4	56.8	46.1
女	45.3	45.1	34.0	46.6	39.6	32.7	40.1	29.5	30.6	47.6	54.8	44.8

歯科医師

年齢階級、性、主たる業務の種別

平成28年12月31日現在

介護老人保健施設の従事者	医療施設・介護老人保健施設以外の従事者	医育機関の臨床系以外の大学院生	医育機関の臨床系以外の勤務者	医育機関以外の教育又は研究機関の勤務者	行政機関・保健衛生業務の従事者	行政機関	保健衛生業務	その他の業務の従事者	無職の者	不詳
33	1 543	125	897	173	348	299	49	311	1 086	9
21	1 097	72	689	120	216	189	27	180	726	5
12	446	53	208	53	132	110	22	131	360	4
–	–	–	–	–	–	–	–	–	–	–
–	–	–	–	–	–	–	–	–	–	–
–	–	–	–	–	–	–	–	–	–	–
–	77	65	5	4	3	2	1	4	21	–
–	40	36	3	1	–	–	–	2	8	–
–	37	29	2	3	3	2	1	2	13	–
3	174	44	88	11	31	26	5	32	75	–
1	105	28	55	5	17	16	1	17	18	–
2	69	16	33	6	14	10	4	15	57	–
4	197	12	136	13	36	31	5	29	60	–
1	121	4	93	6	18	17	1	18	17	–
3	76	8	43	7	18	14	4	11	43	–
3	200	2	149	12	37	35	2	31	43	1
–	133	2	99	10	22	21	1	11	11	1
3	67	–	50	2	15	14	1	20	32	–
3	206	1	131	24	50	45	5	47	33	1
2	145	1	102	11	31	30	1	23	9	–
1	61	–	29	13	19	15	4	24	24	1
2	213	–	141	28	44	37	7	35	34	–
2	166	–	117	22	27	24	3	19	15	–
–	47	–	24	6	17	13	4	16	19	–
3	204	1	111	25	67	58	9	39	38	2
2	153	1	92	17	43	36	7	21	20	1
1	51	–	19	8	24	22	2	18	18	1
5	154	–	89	16	49	45	4	30	71	–
5	128	–	82	12	34	31	3	19	44	–
–	26	–	7	4	15	14	1	11	27	–
8	82	–	40	20	22	17	5	28	126	–
7	74	–	39	19	16	12	4	21	95	–
1	8	–	1	1	6	5	1	7	31	–
1	25	–	4	14	7	2	5	9	102	–
–	21	–	4	11	6	1	5	7	84	–
1	4	–	–	3	1	1	–	2	18	–
–	8	–	2	4	2	1	1	12	154	2
–	8	–	2	4	2	1	1	10	135	2
–	–	–	–	–	–	–	–	2	19	–
–	2	–	1	1	–	–	–	4	143	–
–	2	–	1	1	–	–	–	3	126	–
–	–	–	–	–	–	–	–	1	17	–
1	1	–	–	1	–	–	–	11	186	3
1	1	–	–	1	–	–	–	9	144	1
–	–	–	–	–	–	–	–	2	42	2
55.6	48.1	30.9	48.2	54.0	51.2	50.8	53.4	53.2	67.7	69.5
61.0	49.7	31.2	49.6	56.6	52.5	51.4	59.9	55.6	73.5	67.6
46.0	44.2	30.5	43.6	48.0	49.1	49.8	45.3	49.8	55.9	71.9

315

第54表　歯科医師数，主たる従業地による都道府県－

	総　数	医療施設の従事者	病院の従事者	開設者又は法人の代表者	勤務者(医育機関附属の病院を除く)	医育機関附属病院の勤務者	臨床系の教官又は教員	臨床系の大学院生	臨床系の教官又は教員及び大学院生以外の従事者	診療所の従事者	開設者又は法人の代表者	勤務者
全　　国	104 533	101 551	12 385	22	3 055	9 308	3 476	1 861	3 971	89 166	59 482	29 684
北　海　道	4 440	4 304	587	3	167	417	138	91	188	3 717	2 581	1 136
青　　森	762	734	52	－	33	19	6	3	10	682	501	181
岩　　手	1 029	977	196	1	25	170	83	27	60	781	561	220
宮　　城	1 918	1 830	329	1	54	274	99	75	100	1 501	972	529
秋　　田	627	620	33	－	22	11	4	－	7	587	410	177
山　　形	689	670	44	－	31	13	4	1	8	626	448	178
福　　島	1 377	1 324	217	－	63	154	86	14	54	1 107	794	313
茨　　城	1 934	1 913	96	－	75	21	7	1	13	1 817	1 297	520
栃　　木	1 379	1 360	92	－	46	46	18	3	25	1 268	917	351
群　　馬	1 420	1 394	80	－	58	22	7	1	14	1 314	900	414
埼　　玉	5 293	5 202	398	1	113	284	112	35	137	4 804	2 983	1 821
千　　葉	5 180	5 095	794	－	121	673	238	135	300	4 301	2 712	1 589
東　　京	16 639	16 107	2 569	－	312	2 257	743	544	970	13 538	8 379	5 159
神　奈　川	7 298	7 119	789	2	156	631	250	76	305	6 330	3 812	2 518
新　　潟	2 086	1 967	484	1	73	410	196	80	134	1 483	1 083	400
富　　山	649	626	43	－	27	16	5	4	7	583	417	166
石　　川	696	674	54	－	24	30	12	10	8	620	440	180
福　　井	434	428	28	－	20	8	5	1	2	400	278	122
山　　梨	597	590	33	－	15	18	3	2	13	557	417	140
長　　野	1 639	1 566	252	1	77	174	76	3	95	1 314	962	352
岐　　阜	1 682	1 637	272	－	59	213	112	50	51	1 365	932	433
静　　岡	2 366	2 318	120	－	103	17	6	2	9	2 198	1 590	608
愛　　知	5 683	5 525	684	3	213	468	192	66	210	4 841	3 234	1 607
三　　重	1 182	1 162	50	－	31	19	9	－	10	1 112	798	314
滋　　賀	806	791	61	－	44	17	4	－	13	730	507	223
京　　都	1 911	1 866	153	－	84	69	12	12	45	1 713	1 169	544
大　　阪	7 850	7 630	968	4	200	764	219	187	358	6 662	4 473	2 189
兵　　庫	3 907	3 840	210	1	135	74	18	15	41	3 630	2 636	994
奈　　良	925	910	59	－	25	34	9	2	23	851	595	256
和　歌　山	733	718	42	－	23	19	8	1	10	676	521	155
鳥　　取	359	340	33	－	12	21	5	－	16	307	234	73
島　　根	419	399	37	－	27	10	4	－	6	362	252	110
岡　　山	1 752	1 704	340	1	53	286	102	74	110	1 364	903	461
広　　島	2 510	2 452	325	－	89	236	86	63	87	2 127	1 445	682
山　　口	979	962	57	1	36	20	6	1	13	905	627	278
徳　　島	818	773	165	－	7	158	80	32	46	608	397	211
香　　川	730	714	39	－	25	14	5	1	8	675	450	225
愛　　媛	961	938	45	－	29	16	5	2	9	893	672	221
高　　知	520	501	22	－	12	10	5	－	5	479	359	120
福　　岡	5 477	5 202	846	－	101	745	274	175	296	4 356	2 673	1 683
佐　　賀	617	606	22	－	13	9	4	－	5	584	399	185
長　　崎	1 216	1 172	211	1	22	188	92	34	62	961	701	260
熊　　本	1 373	1 336	123	1	78	44	7	10	27	1 213	777	436
大　　分	756	737	33	－	21	12	5	－	7	704	499	205
宮　　崎	717	696	38	－	21	17	5	1	11	658	485	173
鹿　児　島	1 340	1 293	189	－	27	162	102	26	34	1 104	778	326
沖　　縄	858	829	71	－	53	18	8	1	9	758	512	246

指定都市・特別区・中核市（再掲）、主たる業務の種別（2－1）

平成28年12月31日現在

介護老人保健施設の従事者	医療施設・介護老人保健施設以外の従事者	医育機関の臨床系以外の大学院生	医育機関の臨床系以外の勤務者	医育機関以外の教育又は研究機関の勤務者	行政機関・保健衛生業務の従事者	行政機関	保健衛生業務	その他の業務の従事者	無職の者	不詳
33	1 543	125	897	173	348	299	49	311	1 086	9
1	73	2	45	4	22	20	2	16	46	－
－	7	－	4	－	3	3	－	2	19	－
2	23	1	18	1	3	3	－	12	15	－
2	66	2	48	4	12	12	－	9	11	－
－	4	－	1	－	3	1	2	－	2	1
－	2	－	－	－	2	－	2	－	17	－
1	34	－	29	4	1	1	－	4	14	－
2	4	－	－	1	3	2	1	4	11	－
－	6	－	2	2	2	2	－	2	11	－
1	5	1	1	1	2	2	－	3	17	－
－	52	3	29	10	10	9	1	9	30	－
－	43	1	24	7	11	9	2	11	31	－
2	368	54	197	38	79	59	20	49	112	1
1	119	7	74	9	29	28	1	11	45	3
－	71	1	48	13	9	9	－	14	34	－
－	5	－	－	1	4	4	－	2	16	－
1	5	－	2	1	2	2	－	4	12	－
1	1	－	1	－	－	－	－	1	3	－
1	4	－	2	－	2	2	－	2	－	－
1	33	2	28	－	3	3	－	6	33	－
－	34	1	27	4	2	2	－	5	6	－
1	18	－	3	5	10	10	－	6	23	－
1	49	2	28	8	11	11	－	15	93	－
－	7	－	2	－	5	4	1	3	10	－
－	5	－	－	－	5	5	－	3	7	－
2	23	4	10	1	8	7	1	7	13	－
－	106	6	67	18	15	11	4	17	96	1
－	17	1	5	5	6	5	1	9	40	1
－	5	－	2	1	2	2	－	2	7	1
1	2	－	1	－	1	1	－	3	9	－
1	2	－	1	1	－	－	－	－	15	1
－	5	－	1	2	2	2	－	4	11	－
－	33	2	25	1	5	5	－	2	13	－
1	40	4	21	3	12	8	4	7	10	－
1	3	－	1	－	2	2	－	1	12	－
－	37	6	26	2	3	3	－	2	6	－
－	4	－	－	－	4	3	1	3	9	－
－	4	－	2	－	2	2	－	9	10	－
－	7	－	1	－	6	5	1	1	11	－
4	116	22	73	10	11	9	2	21	134	－
－	8	2	4	－	2	2	－	1	2	－
－	27	－	21	1	5	5	－	7	10	－
1	16	－	2	6	8	7	1	5	15	－
－	7	－	－	3	4	4	－	1	11	－
1	6	－	1	2	3	3	－	6	8	－
2	24	－	16	3	5	4	1	7	14	－
1	13	1	4	1	7	6	1	3	12	－

第54表　歯科医師数，主たる従業地による都道府県－

	総数	医療施設の従事者	病院の従事者	開設者又は法人の代表者	勤務者（医育機関附属の病院を除く）	医育機関附属病院の勤務者	臨床系の教官又は教員	臨床系の大学院生	臨床系の教官又は教員及び大学院生以外の従事者	診療所の従事者	開設者又は法人の代表者	勤務者
指定都市・特別区（再掲）												
東京都区部	13 464	12 974	2 462	-	223	2 239	731	544	964	10 512	6 551	3 961
札　幌　市	2 113	2 041	473	1	66	406	134	91	181	1 568	1 058	510
仙　台　市	1 237	1 159	302	-	28	274	99	75	100	857	543	314
さいたま市	986	966	19	-	14	5	-	-	5	947	561	386
千　葉　市	980	962	281	-	20	261	65	49	147	681	434	247
横　浜　市	3 280	3 202	471	1	70	400	160	51	189	2 731	1 599	1 132
川　崎　市	1 040	1 027	22	-	22	-	-	-	-	1 005	611	394
相　模　原　市	477	471	11	-	8	3	-	-	3	460	281	179
新　潟　市	1 162	1 068	431	-	21	410	196	80	134	637	449	188
静　岡　市	479	470	23	-	23	-	-	-	-	447	294	153
浜　松　市	541	526	41	-	24	17	6	2	9	485	344	141
名　古　屋　市	2 296	2 196	489	1	63	425	173	60	192	1 707	1 159	548
京　都　市	1 229	1 194	114	-	45	69	12	12	45	1 080	722	358
大　阪　市	3 062	3 015	434	1	77	356	117	67	172	2 581	1 720	861
堺　　市	566	548	22	-	22	-	-	-	-	526	346	180
神　戸　市	1 214	1 193	92	-	46	46	8	11	27	1 101	809	292
岡　山　市	944	903	300	-	17	283	101	74	108	603	388	215
広　島　市	1 289	1 242	262	-	26	236	86	63	87	980	641	339
北　九　州　市	1 214	1 122	221	-	20	201	81	62	58	901	593	308
福　岡　市	2 178	2 044	568	-	43	525	182	113	230	1 476	821	655
熊　本　市	715	691	102	1	57	44	7	10	27	589	359	230
中核市（再掲）												
旭　川　市	254	248	25	1	13	11	4	-	7	223	171	52
函　館　市	183	177	18	-	18	-	-	-	-	159	118	41
青　森　市	189	180	9	-	9	-	-	-	-	171	127	44
盛　岡　市	469	447	181	-	11	170	83	27	60	266	188	78
秋　田　市	242	239	15	-	4	11	4	-	7	224	154	70
郡　山　市	433	395	167	-	26	141	81	14	46	228	151	77
い　わ　き　市	207	206	5	-	5	-	-	-	-	201	153	48
宇　都　宮　市	435	428	18	-	18	-	-	-	-	410	288	122
前　橋　市	305	297	31	-	9	22	7	1	14	266	181	85
高　崎　市	312	299	15	-	15	-	-	-	-	284	178	106
川　越　市	266	263	27	1	9	17	14	-	3	236	150	86
越　谷　市	241	235	3	-	3	-	-	-	-	232	139	93
船　橋　市	476	470	13	-	13	-	-	-	-	457	278	179
柏　　市	324	319	8	-	8	-	-	-	-	311	193	118
八　王　子　市	400	398	19	-	10	9	6	-	3	379	218	161
横　須　賀　市	565	520	224	-	20	204	78	24	102	296	180	116
富　山　市	286	277	28	-	12	16	5	4	7	249	177	72
金　沢　市	341	329	32	-	12	20	5	10	5	297	195	102
長　野　市	285	273	15	-	15	-	-	-	-	258	190	68
岐　阜　市	432	424	44	-	15	29	13	7	9	380	242	138
豊　橋　市	289	284	19	1	18	-	-	-	-	265	180	85
豊　田　市	253	249	9	-	9	-	-	-	-	240	149	91
岡　崎　市	265	256	13	-	13	-	-	-	-	243	149	94
大　津　市	219	214	27	-	10	17	4	-	13	187	124	63
高　槻　市	237	231	17	-	1	16	5	-	11	214	149	65
東　大　阪　市	372	370	4	-	4	-	-	-	-	366	252	114
豊　中　市	337	324	8	-	8	-	-	-	-	316	197	119
枚　方　市	337	288	13	1	9	3	-	2	1	275	188	87
姫　路　市	403	397	10	-	10	-	-	-	-	387	263	124
西　宮　市	377	364	31	-	3	28	10	4	14	333	231	102
尼　崎　市	335	333	13	-	13	-	-	-	-	320	221	99
奈　良　市	285	276	3	-	3	-	-	-	-	273	162	111
和　歌　山　市	335	328	26	-	7	19	8	1	10	302	227	75
倉　敷　市	350	349	20	1	16	3	1	-	2	329	204	125
呉　　市	232	230	23	-	23	-	-	-	-	207	144	63
福　山　市	318	318	12	-	12	-	-	-	-	306	214	92
下　関　市	215	206	9	-	9	-	-	-	-	197	129	68
高　松　市	344	334	16	-	16	-	-	-	-	318	215	103
松　山　市	385	373	11	-	11	-	-	-	-	362	252	110
高　知　市	298	282	8	-	8	-	-	-	-	274	197	77
久　留　米　市	305	294	29	-	10	19	11	-	8	265	165	100
長　崎　市	581	551	194	-	6	188	92	34	62	357	254	103
佐　世　保　市	197	191	10	1	9	-	-	-	-	181	138	43
大　分　市	321	309	11	-	11	-	-	-	-	298	200	98
宮　崎　市	324	313	24	-	7	17	5	1	11	289	215	74
鹿　児　島　市	731	694	169	-	7	162	102	26	34	525	359	166
那　覇　市	239	233	11	-	11	-	-	-	-	222	160	62

指定都市・特別区・中核市（再掲）、主たる業務の種別（２－２）

平成28年12月31日現在

介護老人保健施設の従事者	医療施設・介護老人保健施設以外の従事者	医育機関の臨床系以外の大学院生	医育機関の臨床系以外の勤務者	医育機関以外の教育又は研究機関の勤務者	行政機関・保健衛生業務の従事者	行政機関	保健衛生業務	その他の業務の従事者	無職の者	不詳
1	357	54	192	38	73	53	20	43	88	1
-	43	2	30	3	8	6	2	8	21	-
-	63	2	48	4	9	9	-	7	8	-
-	7	-	-	1	6	5	1	3	10	-
-	12	-	1	4	7	6	1	2	4	-
-	55	2	37	7	9	8	1	5	18	-
-	7	-	3	-	4	4	-	2	4	-
-	3	-	1	-	2	2	-	1	2	-
-	65	1	48	11	5	5	-	10	19	-
-	6	-	-	3	3	3	-	2	1	-
-	6	-	3	-	3	3	-	3	6	-
-	37	2	25	2	8	8	-	10	53	-
1	20	4	10	1	5	4	1	5	9	-
-	15	-	1	3	11	7	4	9	23	-
-	3	-	-	1	2	2	-	3	12	-
-	11	1	4	2	4	4	-	2	7	1
-	32	2	24	1	5	5	-	1	8	-
-	38	3	21	3	11	7	4	4	5	-
1	34	3	27	2	2	2	-	4	53	-
-	69	14	42	5	8	7	1	10	55	-
1	10	-	2	3	5	5	-	5	8	-
-	2	-	-	-	2	2	-	1	3	-
-	1	-	-	-	1	1	-	-	5	-
-	3	-	-	-	3	3	-	-	6	-
-	5	1	2	-	2	2	-	11	6	-
-	3	-	1	-	2	1	1	-	-	-
-	31	-	28	3	-	-	-	2	5	-
-	1	-	-	1	-	-	-	1	-	-
-	4	-	-	2	2	2	-	1	2	-
-	4	1	1	-	2	2	-	1	3	-
-	1	-	-	1	-	-	-	1	11	-
-	-	-	-	-	-	-	-	1	2	-
-	2	-	-	2	-	-	-	-	4	-
-	-	-	-	-	-	-	-	1	5	-
-	2	-	-	1	1	1	-	-	3	-
1	-	-	-	-	-	-	-	-	1	-
-	40	5	31	1	3	3	-	2	3	-
-	3	-	-	-	3	3	-	2	4	-
-	4	-	1	1	2	2	-	3	5	-
-	2	-	-	-	2	2	-	2	8	-
-	4	-	2	-	2	2	-	-	4	-
-	-	-	-	-	-	-	-	-	5	-
-	1	-	-	1	-	-	-	-	3	-
-	2	-	-	2	-	-	-	1	6	-
-	4	-	-	-	4	4	-	1	-	-
-	1	-	1	-	-	-	-	1	4	-
-	2	-	-	1	1	1	-	-	-	-
-	-	-	-	-	-	-	-	-	13	-
-	40	3	36	-	1	1	-	-	9	-
-	2	-	1	1	-	-	-	3	1	-
-	2	-	-	1	1	-	1	-	11	-
-	-	-	-	-	-	-	-	-	2	-
-	2	-	-	-	2	2	-	1	6	-
-	2	-	1	-	1	1	-	2	3	-
-	1	-	1	-	-	-	-	-	2	-
1	-	-	-	-	-	-	-	1	7	-
-	4	-	-	-	4	3	1	1	5	-
-	1	-	-	-	1	1	-	6	5	-
-	4	-	-	-	4	3	1	1	11	-
1	9	5	4	-	-	-	-	-	1	-
-	26	-	21	1	4	4	-	2	2	-
-	1	-	-	-	1	1	-	3	2	-
-	5	-	-	2	3	3	-	-	7	-
1	4	-	1	-	3	3	-	2	4	-
-	22	-	16	3	3	2	1	3	12	-
-	4	-	-	-	4	4	-	-	2	-

319

第55表　人口10万対歯科医師数，主たる従業地による都道府県－

	総　数	医療施設の従事者	病院の従事者	開設者又は法人の代表者	勤務者（医育機関附属の病院を除く）	医育機関附属病院の勤務者	臨床系の教官又は教員	臨床系の大学院生	臨床系の教官又は教員及び大学院生以外の従事者	診療所の従事者	開設者又は法人の代表者	勤務者
全　　国	82.4	80.0	9.8	0.0	2.4	7.3	2.7	1.5	3.1	70.2	46.9	23.4
北　海　道	83.0	80.4	11.0	0.1	3.1	7.8	2.6	1.7	3.5	69.5	48.2	21.2
青　　森	58.9	56.8	4.0	－	2.6	1.5	0.5	0.2	0.8	52.7	38.7	14.0
岩　　手	81.2	77.1	15.5	0.1	2.0	13.4	6.5	2.1	4.7	61.6	44.2	17.4
宮　　城	82.3	78.5	14.1	0.0	2.3	11.8	4.2	3.2	4.3	64.4	41.7	22.7
秋　　田	62.1	61.4	3.3		2.2	1.1	0.4	－	0.7	58.1	40.6	17.5
山　　形	61.9	60.2	4.0	－	2.8	1.2	0.4	0.1	0.7	56.2	40.3	16.0
福　　島	72.4	69.6	11.4		3.3	8.1	4.5	0.7	2.8	58.2	41.8	16.5
茨　　城	66.6	65.9	3.3		2.6	0.7	0.2	0.0	0.4	62.5	44.6	17.9
栃　　木	70.1	69.2	4.7		2.3	2.3	0.9	0.0	1.3	64.5	46.6	17.9
群　　馬	72.2	70.9	4.1		2.9	1.1	0.4	0.1	0.7	66.8	45.8	21.0
埼　　玉	72.6	71.4	5.5	0.0	1.6	3.9	1.5	0.5	1.9	65.9	40.9	25.0
千　　葉	83.1	81.7	12.7	－	1.9	10.8	3.8	2.2	4.8	69.0	43.5	25.5
東　　京	122.1	118.2	18.9	－	2.3	16.6	5.5	4.0	7.1	99.4	61.5	37.9
神　奈　川	79.8	77.8	8.6	0.0	1.7	6.9	2.7	0.8	3.3	69.2	41.7	27.5
新　　潟	91.3	86.0	21.2	0.0	3.2	17.9	8.6	3.5	5.9	64.9	47.4	17.5
富　　山	61.2	59.0	4.1	－	2.5	1.5	0.5	0.4	0.7	54.9	39.3	15.6
石　　川	60.5	58.6	4.7	－	2.1	2.6	1.0	0.9	0.7	53.9	38.2	15.6
福　　井	55.5	54.7	3.6	－	2.6	1.0	0.6	0.1	0.3	51.2	35.5	15.6
山　　梨	71.9	71.1	4.0	－	1.8	2.2	0.4	0.2	1.6	67.1	50.2	16.9
長　　野	78.5	75.0	12.1	0.0	3.7	8.3	3.6	0.1	4.5	62.9	46.1	16.9
岐　　阜	83.2	81.0	13.5	－	2.9	10.5	5.5	2.5	2.5	67.5	46.1	21.4
静　　岡	64.2	62.9	3.3	－	2.8	0.5	0.2	0.1	0.2	59.6	43.1	16.5
愛　　知	75.7	73.6	9.1	0.0	2.8	6.2	2.6	0.9	2.8	64.5	43.1	21.4
三　　重	65.4	64.3	2.8	－	1.7	1.1	0.5	－	0.6	61.5	44.1	17.4
滋　　賀	57.0	56.0	4.3	－	3.1	1.2	0.3	－	0.9	51.7	35.9	15.8
京　　都	73.4	71.6	5.9	－	3.2	2.6	0.8	0.5	1.7	65.8	44.9	20.9
大　　阪	88.9	86.4	11.0	0.0	2.3	8.6	2.5	2.1	4.1	75.4	50.6	24.8
兵　　庫	70.8	69.6	3.8	0.0	2.4	1.3	0.3	0.3	0.7	65.8	47.8	18.0
奈　　良	68.2	67.1	4.4	－	1.8	2.5	0.7	0.1	1.7	62.8	43.9	18.9
和　歌　山	76.8	75.3	4.4	－	2.4	2.0	0.8	0.1	1.0	70.9	54.6	16.2
鳥　　取	63.0	59.6	5.8	－	2.1	3.7	0.9	－	2.8	53.9	41.1	12.8
島　　根	60.7	57.8	5.4	－	3.9	1.4	0.6	－	0.9	52.5	36.5	15.9
岡　　山	91.5	89.0	17.8	0.1	2.8	14.9	5.3	3.9	5.7	71.2	47.2	24.1
広　　島	88.5	86.4	11.5	－	3.1	8.3	3.0	2.2	3.1	75.0	50.9	24.0
山　　口	70.2	69.0	4.1	0.1	2.6	1.4	0.4	0.1	0.9	64.9	45.0	19.9
徳　　島	109.1	103.1	22.0	－	0.9	21.1	10.7	4.3	6.1	81.1	52.9	28.1
香　　川	75.1	73.5	4.0	－	2.6	1.4	0.5	0.1	0.8	69.4	46.3	23.1
愛　　媛	69.9	68.2	3.3	－	2.1	1.2	0.4	0.1	0.7	64.9	48.9	16.1
高　　知	72.1	69.5	3.1	－	1.7	1.4	0.7	－	0.7	66.4	49.8	16.6
福　　岡	107.3	101.9	16.6	－	2.0	14.6	5.4	3.4	5.8	85.3	52.4	33.0
佐　　賀	74.5	73.2	2.7	－	1.6	1.1	0.5	－	0.6	70.5	48.2	22.3
長　　崎	89.0	85.7	15.4	0.1	1.6	13.8	6.7	2.5	4.5	70.3	51.3	19.0
熊　　本	77.4	75.3	6.9	0.1	4.4	2.5	0.4	0.6	1.5	68.4	43.8	24.6
大　　分	65.2	63.5	2.8	－	1.8	1.0	0.4	－	0.6	60.7	43.0	17.7
宮　　崎	65.4	63.5	3.5	－	1.9	1.6	0.5	0.1	1.0	60.0	44.3	15.8
鹿　児　島	81.9	79.0	11.5	－	1.6	9.9	6.2	1.6	2.1	67.4	47.5	19.9
沖　　縄	59.6	57.6	4.9	－	3.7	1.3	0.6	0.1	0.6	52.7	35.6	17.1

指定都市・特別区・中核市（再掲）、主たる業務の種別（2－1）

平成28年12月31日現在

介護老人保健施設の従事者	医療施設・介護老人保健施設以外の従事者	医育機関の臨床系以外の大学院生	医育機関の臨床系以外の勤務者	医育機関以外の教育又は研究機関の勤務者	行政機関・保健衛生業務の従事者			その他の業務の従事者	無職の者	不詳
						行政機関	保健衛生業務			
0.0	1.2	0.1	0.7	0.1	0.3	0.2	0.0	0.2	0.9	0.0
0.0	1.4	0.0	0.8	0.1	0.4	0.4	0.0	0.3	0.9	-
-	0.5	-	0.3	-	0.2	0.2	-	0.2	1.5	-
0.2	1.8	0.1	1.4	0.1	0.2	0.2	-	0.9	1.2	-
0.1	2.8	0.1	2.1	0.2	0.5	0.5	-	0.4	0.5	-
-	0.4	-	0.1	-	0.3	0.1	0.2	-	0.2	0.1
-	0.2		-	-	0.2	-	0.2	-	1.5	
0.1	1.8	-	1.5	0.2	0.1	0.1	-	0.2	0.7	-
0.1	0.1	-	-	0.0	0.1	0.1	0.0	0.1	0.4	-
-	0.3	-	0.1	0.1	0.1	0.1	-	0.1	0.6	-
0.1	0.3	0.1	0.1	0.1	0.1	0.1	-	0.2	0.9	-
-	0.7	0.0	0.4	0.1	0.1	0.1	0.0	0.1	0.4	-
-	0.7	0.0	0.4	0.1	0.2	0.1	0.0	0.2	0.5	-
0.0	2.7	0.4	1.4	0.3	0.6	0.4	0.1	0.4	0.8	0.0
0.0	1.3	0.1	0.8	0.1	0.3	0.3	0.0	0.1	0.5	0.0
-	3.1	0.0	2.1	0.6	0.4	0.4	-	0.6	1.5	-
-	0.5		-	0.1	0.4	0.4	-	0.2	1.5	-
0.1	0.4	-	0.2	0.1	0.2	0.2	-	0.3	1.0	-
0.1	0.1	-	0.1	-	-	-	-	0.1	0.4	-
0.1	0.5	-	0.2	-	0.2	0.2	-	0.2	-	-
0.0	1.6	0.1	1.3	-	0.1	0.1	-	0.3	1.6	-
-	1.7	0.0	1.3	0.2	0.1	0.1	-	0.2	0.3	-
0.0	0.5	-	0.1	0.1	0.3	0.3	-	0.2	0.6	-
0.0	0.7	0.0	0.4	0.1	0.1	0.1	-	0.2	1.2	-
-	0.4	-	0.1	-	0.3	0.2	0.1	0.2	0.6	-
-	0.4	-	-	-	0.4	0.4	-	0.2	0.5	-
0.1	0.9	0.2	0.4	0.0	0.3	0.3	0.0	0.3	0.5	-
-	1.2	0.1	0.8	0.2	0.2	0.1	0.0	0.2	1.1	0.0
-	0.3	0.0	0.1	0.1	0.1	0.1	0.0	0.2	0.7	0.0
-	0.4	-	0.1	0.1	0.1	0.1	-	0.1	0.5	0.1
0.1	0.2	-	0.1	-	0.1	0.1	-	0.3	0.9	-
0.2	0.4	-	0.2	0.2	-	-	-	-	2.6	0.2
-	0.7	-	0.1	0.3	0.3	0.3	-	0.6	1.6	-
-	1.7	0.1	1.3	0.1	0.3	0.3	-	0.1	0.7	-
0.0	1.4	0.1	0.7	0.1	0.4	0.3	0.1	0.2	0.4	-
0.1	0.2	-	0.1	-	0.1	0.1	-	0.1	0.9	-
-	4.9	0.8	3.5	0.3	0.4	0.4	-	0.3	0.8	-
-	0.4	-	-	-	0.4	0.3	0.1	0.3	0.9	-
-	0.3	-	0.1	-	0.1	0.1	-	0.7	0.7	-
-	1.0	-	0.1	-	0.8	0.7	0.1	0.1	1.5	-
0.1	2.3	0.4	1.4	0.2	0.2	0.2	0.0	0.4	2.6	-
-	1.0	0.2	0.5	-	0.2	0.2	-	0.1	0.2	-
-	2.0	-	1.5	0.1	0.4	0.4	-	0.5	0.7	-
0.1	0.9	-	0.1	0.3	0.5	0.4	0.1	0.3	0.8	-
-	0.6	-	-	0.3	0.3	0.3	-	0.1	0.9	-
0.1	0.5	-	0.1	0.2	0.3	0.3	-	0.5	0.7	-
0.1	1.5	-	1.0	0.2	0.3	0.2	0.1	0.4	0.9	-
0.1	0.9	0.1	0.3	0.1	0.5	0.4	0.1	0.2	0.8	-

第55表　人口10万対歯科医師数，主たる従業地による都道府県－

	総数	医療施設の従事者	病院の従事者	開設者又は法人の代表者	勤務者(医育機関附属の病院を除く)	医育機関附属の病院の勤務者	臨床系の教官又は教員	臨床系の大学院生	臨床系の教官又は教員及び大学院生以外の従事者	診療所の従事者	開設者又は法人の代表者	勤務者
指定都市・特別区（再掲）												
東京都区部	143.6	138.4	26.3	-	2.4	23.9	7.8	5.8	10.3	112.1	69.9	42.3
札幌市	107.9	104.2	24.2	0.1	3.4	20.7	6.8	4.6	9.2	80.1	54.0	26.0
仙台市	114.0	106.8	27.8	-	2.6	25.3	9.1	6.9	9.2	79.0	50.0	28.9
さいたま市	77.3	75.8	1.5	-	1.1	0.4	-	-	0.4	74.3	44.0	30.3
千葉市	100.6	98.8	28.9	-	2.1	26.8	6.7	5.0	15.1	69.9	44.6	25.4
横浜市	87.9	85.8	12.6	0.0	1.9	10.7	4.3	1.4	5.1	73.2	42.9	30.3
川崎市	69.8	69.0	1.5	-	1.5	-	-	-	-	67.5	41.0	26.5
相模原市	66.1	65.2	1.5	-	1.1	0.4	-	-	0.4	63.7	38.9	24.8
新潟市	144.0	132.3	53.4	-	2.6	50.8	24.3	9.9	16.6	78.9	55.6	23.3
静岡市	68.2	67.0	3.3	-	3.3	-	-	-	-	63.7	41.9	21.8
浜松市	67.9	66.0	5.1	-	3.0	2.1	0.8	0.3	1.1	60.9	43.2	17.7
名古屋市	99.6	95.3	21.2	0.0	2.7	18.4	7.5	2.6	8.3	74.1	50.3	23.8
京都市	83.3	80.9	7.7	-	3.1	4.7	0.8	0.8	3.1	73.2	48.9	24.3
大阪市	113.3	111.6	16.1	0.0	2.8	13.2	4.3	2.5	6.4	95.5	63.7	31.9
堺市	67.5	65.4	2.6	-	2.6	-	-	-	-	62.8	41.3	21.5
神戸市	79.0	77.7	6.0	-	3.0	3.0	0.5	0.7	1.8	71.7	52.7	19.0
岡山市	130.9	125.2	41.6	-	2.4	39.3	14.0	10.3	15.0	83.6	53.8	29.8
広島市	107.8	103.8	21.9	-	2.2	19.7	7.2	5.3	7.3	81.9	53.6	28.3
北九州市	127.0	117.4	23.1	-	2.1	21.0	8.5	6.5	6.1	94.2	62.0	32.2
福岡市	140.2	131.5	36.6	-	2.8	33.8	11.7	7.3	14.8	95.0	52.8	42.1
熊本市	96.6	93.4	13.8	0.1	7.7	5.9	0.9	1.4	3.6	79.6	48.5	31.1
中核市（再掲）												
旭川市	74.1	72.3	7.3	0.3	3.8	3.2	1.2	-	2.0	65.0	49.9	15.2
函館市	68.8	66.5	6.8	-	6.8	-	-	-	-	59.8	44.4	15.4
青森市	66.3	63.2	3.2	-	3.2	-	-	-	-	60.0	44.6	15.4
盛岡市	157.9	150.5	60.9	-	3.7	57.2	27.9	9.1	20.2	89.6	63.3	26.3
秋田市	77.1	76.1	4.8	-	1.3	3.5	1.3	-	2.2	71.3	49.0	22.3
郡山市	128.9	117.6	49.7	-	7.7	42.0	24.1	4.2	13.7	67.9	44.9	22.9
いわき市	59.5	59.2	1.4	-	1.4	-	-	-	-	57.8	44.0	13.8
宇都宮市	83.7	82.3	3.5	-	3.5	-	-	-	-	78.8	55.4	23.5
前橋市	90.0	87.6	9.1	-	2.7	6.5	2.1	0.3	4.1	78.5	53.4	25.1
高崎市	83.0	79.5	4.0	-	4.0	-	-	-	-	75.5	47.3	28.2
川越市	75.6	74.7	7.7	0.3	2.6	4.8	4.0	-	0.9	67.0	42.6	24.4
越谷市	70.9	69.1	0.9	-	0.9	-	-	-	-	68.2	40.9	27.4
船橋市	75.6	74.6	2.1	-	2.1	-	-	-	-	72.5	44.1	28.4
柏市	77.7	76.5	1.9	-	1.9	-	-	-	-	74.6	46.3	28.3
八王子市	71.0	70.7	3.4	-	1.8	1.6	1.1	-	0.5	67.3	38.7	28.6
横須賀市	139.9	128.7	55.4	-	5.0	50.5	19.3	5.9	25.2	73.3	44.6	28.7
富山市	68.4	66.3	6.7	-	2.9	3.8	1.2	1.0	1.7	59.6	42.3	17.2
金沢市	73.2	70.6	6.9	-	2.6	4.3	1.1	2.1	1.1	63.7	41.8	21.9
長野市	74.6	71.5	3.9	-	3.9	-	-	-	-	67.5	49.7	17.8
岐阜市	106.4	104.4	10.8	-	3.7	7.1	3.2	1.7	2.2	93.6	59.6	34.0
豊橋市	77.3	75.9	5.1	0.3	4.8	-	-	-	-	70.9	48.1	22.7
豊田市	59.5	58.6	2.1	-	2.1	-	-	-	-	56.5	35.1	21.4
岡崎市	69.2	66.8	3.4	-	3.4	-	-	-	-	63.4	38.9	24.5
大津市	64.2	62.8	7.9	-	2.9	5.0	1.2	-	3.8	54.8	36.4	18.5
高槻市	66.9	65.3	4.8	-	0.3	4.5	1.4	-	3.1	60.5	42.1	18.4
東大阪市	74.5	74.1	0.8	-	0.8	-	-	-	-	73.3	50.5	22.8
豊中市	85.1	81.8	2.0	-	2.0	-	-	-	-	79.8	49.7	30.1
枚方市	83.6	71.5	3.2	0.2	2.2	0.7	0.5	-	0.2	68.2	46.7	21.6
姫路市	75.5	74.3	1.9	-	1.9	-	-	-	-	72.5	49.3	23.2
西宮市	77.1	74.4	6.3	-	0.6	5.7	2.0	0.8	2.9	68.1	47.2	20.9
尼崎市	74.1	73.7	2.9	-	2.9	-	-	-	-	70.8	48.9	21.9
奈良市	79.4	76.9	0.8	-	0.8	-	-	-	-	76.0	45.1	30.9
和歌山市	92.5	90.6	7.2	-	1.9	5.2	2.2	0.3	2.8	83.4	62.7	20.7
倉敷市	73.4	73.2	4.2	0.2	3.4	0.6	0.2	-	0.4	69.0	42.8	26.2
呉市	100.0	99.1	9.9	-	9.9	-	-	-	-	89.2	62.1	27.2
福山市	68.4	68.4	2.6	-	2.6	-	-	-	-	65.8	46.0	19.8
下関市	80.8	77.4	3.4	-	3.4	-	-	-	-	74.1	48.5	25.6
高松市	81.7	79.3	3.8	-	3.8	-	-	-	-	75.5	51.1	24.5
松山市	74.9	72.6	2.1	-	2.1	-	-	-	-	70.4	49.0	21.4
高知市	89.0	84.2	2.4	-	2.4	-	-	-	-	81.8	58.8	23.0
久留米市	99.3	95.8	9.4	-	3.3	6.2	3.6	-	2.6	86.3	53.7	32.6
長崎市	136.1	129.0	45.4	-	1.4	44.0	21.5	8.0	14.5	83.6	59.5	24.1
佐世保市	77.6	75.2	3.9	0.4	3.5	-	-	-	-	71.3	54.3	16.9
大分市	67.0	64.5	2.3	-	2.3	-	-	-	-	62.2	41.8	20.5
宮崎市	81.0	78.3	6.0	-	1.8	4.3	1.3	0.3	2.8	72.3	53.8	18.5
鹿児島市	122.0	115.9	28.2	-	1.2	27.0	17.0	4.3	5.7	87.6	59.9	27.7
那覇市	74.7	72.8	3.4	-	3.4	-	-	-	-	69.4	50.0	19.4

指定都市・特別区・中核市（再掲）、主たる業務の種別（2－2）

平成28年12月31日現在

介護老人保健施設の従事者	医療施設・介護老人保健施設以外の従事者	医育機関の臨床系以外の大学院生	医育機関の臨床系以外の勤務者	医育機関以外の教育又は研究の機関の勤務者	行政機関・保健衛生業務の従事者	行政機関	保健衛生業務	その他の業務の従事者	無職の者	不詳
0.0	3.8	0.6	2.0	0.4	0.8	0.6	0.2	0.5	0.9	0.0
-	2.2	0.1	1.5	0.2	0.4	0.3	0.1	0.4	1.1	-
-	5.8	0.2	4.4	0.4	0.8	0.8	-	0.6	0.7	-
-	0.5	-	-	0.1	0.5	0.4	0.1	0.2	0.8	-
-	1.2	-	0.1	0.4	0.7	0.6	0.1	0.2	0.4	-
-	1.5	0.1	1.0	0.2	0.2	0.2	0.0	0.1	0.5	-
-	0.5	-	0.2	-	0.3	0.3	-	0.1	0.3	-
-	0.4	-	0.1	-	0.3	0.3	-	0.1	0.3	-
-	8.1	0.1	5.9	1.4	0.6	0.6	-	1.2	2.4	-
-	0.9	-	-	0.4	0.4	0.4	-	0.3	0.1	-
-	0.8	-	0.4	-	0.4	0.4	-	0.4	0.8	-
-	1.6	0.1	1.1	0.1	0.3	0.3	-	0.4	2.3	-
0.1	1.4	0.3	0.7	0.1	0.3	0.3	0.1	0.3	0.6	-
-	0.6	-	0.0	0.1	0.4	0.3	0.1	0.3	0.9	-
-	0.4	-	-	0.1	0.2	0.2	-	0.4	1.4	-
-	0.7	0.1	0.3	0.1	0.3	0.3	-	0.1	0.5	0.1
-	4.4	0.3	3.3	0.1	0.7	0.7	-	0.1	1.1	-
-	3.2	0.3	1.8	0.3	0.9	0.6	0.3	0.3	0.4	-
0.1	3.6	0.3	2.8	0.2	0.2	0.2	-	0.4	5.5	-
-	4.4	0.9	2.7	0.3	0.5	0.5	0.1	0.6	3.5	-
0.1	1.4	-	0.3	0.4	0.7	0.7	-	0.7	1.1	-
-	0.6	-	-	-	0.6	0.6	-	0.3	0.9	-
-	0.4	-	-	-	0.4	0.4	-	-	1.9	-
-	1.1	-	-	-	1.1	1.1	-	-	2.1	-
-	1.7	0.3	0.7	-	0.7	0.7	-	3.7	2.0	-
-	1.0	-	0.3	-	0.6	0.3	0.3	-	-	-
-	9.2	-	8.3	0.9	-	-	-	0.6	1.5	-
-	0.3	-	-	0.3	-	-	-	-	-	-
-	0.8	-	-	0.4	0.4	0.4	-	0.2	0.4	-
-	1.2	0.3	0.3	-	0.6	0.6	-	0.3	0.9	-
-	0.3	-	-	0.3	-	-	-	0.3	2.9	-
-	-	-	-	-	-	-	-	0.3	0.6	-
-	0.6	-	-	0.6	-	-	-	-	1.2	-
-	-	-	-	-	-	-	-	0.2	0.8	-
-	0.5	-	-	0.2	0.2	0.2	-	-	0.7	-
0.2	-	-	-	-	-	-	-	-	0.2	-
-	9.9	1.2	7.7	0.2	0.7	0.7	-	0.5	0.7	-
-	0.7	-	-	-	0.7	0.7	-	0.5	1.0	-
-	0.9	-	0.2	0.2	0.4	0.4	-	0.6	1.1	-
-	0.5	-	-	-	0.5	0.5	-	0.5	2.1	-
-	1.0	-	0.5	-	0.5	0.5	-	-	1.0	-
-	-	-	-	-	-	-	-	-	1.3	-
-	0.2	-	-	0.2	-	-	-	-	0.7	-
-	0.5	-	-	0.5	-	-	-	0.3	1.6	-
-	1.2	-	-	-	1.2	1.2	-	0.3	-	-
-	0.3	-	0.3	-	-	-	-	0.3	1.1	-
-	0.4	-	-	0.2	0.2	0.2	-	-	-	-
-	-	-	-	-	-	-	-	-	3.3	-
-	9.9	0.7	8.9	-	0.2	0.2	-	-	2.2	-
-	0.4	-	0.2	0.2	-	-	-	0.6	0.2	-
-	0.4	-	-	0.2	0.2	-	0.2	-	2.2	-
-	-	-	-	-	-	-	-	-	0.4	-
-	0.6	-	-	-	0.6	0.6	-	0.3	1.7	-
-	0.6	-	0.3	-	0.3	0.3	-	0.6	0.8	-
-	0.2	-	0.2	-	-	-	-	-	0.9	-
0.4	-	-	-	-	-	-	-	0.4	2.6	-
-	1.0	-	-	-	1.0	0.7	0.2	0.2	1.2	-
-	0.2	-	-	-	0.2	0.2	-	1.2	1.0	-
-	1.2	-	-	-	1.2	0.9	0.3	0.3	3.3	-
0.3	2.9	1.6	1.3	-	-	-	-	-	0.3	-
-	6.1	-	4.9	0.2	0.9	0.9	-	0.5	0.5	-
-	0.4	-	-	-	0.4	0.4	-	1.2	0.8	-
-	1.0	-	-	0.4	0.6	0.6	-	-	1.5	-
0.3	1.0	-	0.3	-	0.8	0.8	-	0.5	1.0	-
-	3.7	-	2.7	0.5	0.5	0.3	0.2	0.5	2.0	-
-	1.3	-	-	-	1.3	1.3	-	-	0.6	-

第56表　歯科医師数、平均年齢，性、主たる従業地による

総

	総　　数	24 歳 以 下	25 ～ 29	30 ～ 34	35 ～ 39	40 ～ 44	45 ～ 49	50 ～ 54
全　　国	104 533	143	6 373	9 527	9 943	10 967	11 888	12 014
北　海　道	4 440	6	226	381	375	421	542	595
青　　森	762	1	18	37	46	60	87	111
岩　　手	1 029	–	56	96	81	88	111	116
宮　　城	1 918	4	137	205	189	209	194	220
秋　　田	627	–	12	33	44	62	69	99
山　　形	689	1	14	42	53	66	83	73
福　　島	1 377	1	81	122	75	111	167	165
茨　　城	1 934	–	37	108	160	195	226	245
栃　　木	1 379	–	42	84	112	133	148	171
群　　馬	1 420	–	63	102	116	146	176	175
埼　　玉	5 293	1	285	563	578	620	651	653
千　　葉	5 180	14	453	563	546	565	542	539
東　　京	16 639	39	1 458	1 772	1 750	1 808	1 948	1 855
神　奈　川	7 298	9	519	783	794	783	879	858
新　　潟	2 086	5	157	185	146	205	237	263
富　　山	649	–	10	47	53	61	82	90
石　　川	696	–	23	53	62	78	89	77
福　　井	434	1	8	25	48	59	47	53
山　　梨	597	–	20	44	39	48	58	60
長　　野	1 639	–	79	139	117	160	152	172
岐　　阜	1 682	2	127	184	155	160	157	163
静　　岡	2 366	–	45	162	201	247	247	290
愛　　知	5 683	16	414	565	591	551	517	506
三　　重	1 182	1	39	72	93	121	145	155
滋　　賀	806	1	27	52	71	103	126	108
京　　都	1 911	1	85	172	191	203	249	222
大　　阪	7 850	18	539	769	776	800	858	878
兵　　庫	3 907	1	154	285	346	442	515	441
奈　　良	925	–	26	72	80	111	102	99
和　歌　山	733	–	19	31	51	74	73	73
鳥　　取	359	–	11	13	25	32	46	51
島　　根	419	–	10	25	39	46	45	40
岡　　山	1 752	3	170	162	184	189	151	196
広　　島	2 510	3	167	208	232	266	293	289
山　　口	979	–	34	61	91	108	122	120
徳　　島	818	2	49	78	78	79	97	101
香　　川	730	–	25	54	71	102	94	69
愛　　媛	961	1	19	56	79	93	111	133
高　　知	520	–	13	30	33	57	65	57
福　　岡	5 477	8	433	590	564	605	578	571
佐　　賀	617	–	12	44	70	79	76	72
長　　崎	1 216	2	66	92	107	117	132	168
熊　　本	1 373	1	67	107	133	154	174	141
大　　分	756	–	13	57	62	67	87	70
宮　　崎	717	–	15	51	50	46	86	103
鹿　児　島	1 340	1	69	108	105	130	142	198
沖　　縄	858	–	27	43	81	107	112	110

都道府県－指定都市・特別区・中核市（再掲）、年齢階級別（6－1）

数

平成28年12月31日現在

55 ～ 59	60 ～ 64	65 ～ 69	70 ～ 74	75 ～ 79	80 ～ 84	85 歳 以 上	平 均 年 齢
14 098	11 933	9 220	3 740	2 246	1 317	1 124	51.2
746	494	395	123	77	28	31	51.4
131	118	86	31	17	7	12	55.1
150	161	112	26	15	10	7	52.1
238	216	191	64	20	19	12	50.2
117	86	54	14	15	13	9	54.2
105	101	77	24	17	13	20	54.9
224	193	124	48	36	16	14	52.6
342	309	173	61	38	15	25	53.7
248	206	114	48	40	15	18	53.6
210	186	132	48	25	25	16	52.6
683	548	405	152	65	52	37	49.8
607	599	409	178	91	41	33	49.4
2 043	1 557	1 104	500	365	225	215	49.4
899	742	566	208	120	68	70	49.6
308	240	167	71	51	29	22	51.4
86	82	55	27	29	12	15	54.5
91	84	76	31	14	10	8	52.8
54	52	48	14	15	5	5	53.0
96	116	67	19	17	6	7	54.7
240	245	167	61	37	30	40	53.6
212	230	160	62	31	21	18	50.9
358	334	261	97	57	34	33	54.0
740	707	609	242	110	67	48	51.1
178	157	104	51	35	16	15	53.5
98	85	64	32	17	8	14	52.0
238	203	160	87	50	31	19	51.7
949	852	668	309	219	135	80	51.0
485	450	397	184	117	60	30	52.7
142	115	99	44	18	11	6	52.9
108	121	106	35	21	12	9	55.7
49	52	42	13	8	8	9	55.3
56	56	40	26	15	11	10	54.8
250	161	152	60	33	25	16	49.9
327	270	258	107	41	18	31	51.4
136	105	103	44	21	19	15	53.2
109	101	78	22	8	11	5	50.7
104	83	67	30	18	7	6	52.0
165	128	97	36	21	11	11	53.7
103	55	64	17	10	4	12	54.2
602	490	499	228	149	83	77	50.4
79	72	67	27	14	5	－	52.1
173	156	119	46	17	12	9	51.8
186	163	135	47	37	17	11	51.8
100	96	101	48	26	19	10	55.1
123	100	77	31	20	6	9	54.4
228	159	125	41	17	13	4	51.7
182	97	46	26	12	14	1	51.9

第56表　歯科医師数、平均年齢，性、主たる従業地による

総

	総　数	24歳以下	25～29	30～34	35～39	40～44	45～49	50～54
指定都市・特別区（再掲）								
東京都区部	13 464	37	1 345	1 519	1 404	1 392	1 564	1 464
札幌市	2 113	5	166	246	189	209	242	247
仙台市	1 237	4	113	152	145	139	121	132
さいたま市	986	-	44	103	101	125	127	123
千葉市	980	7	136	121	100	97	86	92
横浜市	3 280	6	294	406	342	345	397	348
川崎市	1 040	-	51	96	126	132	122	127
相模原市	477	-	18	43	56	48	64	71
新潟市	1 162	5	147	138	97	131	127	131
静岡市	479	-	8	38	46	54	45	47
浜松市	541	-	17	35	57	61	53	74
名古屋市	2 296	11	234	265	224	198	199	186
京都市	1 229	1	59	117	128	140	163	131
大阪市	3 062	12	250	298	283	285	326	314
堺市	566	-	17	53	53	66	55	67
神戸市	1 214	-	50	93	109	137	160	144
岡山市	944	2	142	112	116	102	81	91
広島市	1 289	3	130	135	130	141	134	147
北九州市	1 214	-	107	106	118	120	125	120
福岡市	2 178	7	256	303	221	235	232	222
熊本市	715	1	54	68	71	85	90	77
中核市（再掲）								
旭川市	254	1	9	17	16	24	34	31
函館市	183	-	3	10	18	13	21	30
青森市	189	-	2	5	11	13	24	28
盛岡市	469	-	51	67	42	43	46	54
秋田市	242	-	7	16	22	29	26	35
郡山市	433	1	61	66	34	42	48	51
いわき市	207	-	5	10	7	18	29	19
宇都宮市	435	-	16	25	40	41	50	51
前橋市	305	-	22	23	30	26	44	32
高崎市	312	-	12	19	30	38	35	38
川越市	266	-	14	17	26	40	35	35
越谷市	241	-	15	26	29	33	20	40
船橋市	476	2	24	51	51	66	57	45
柏市	324	-	12	34	42	35	34	39
八王子市	400	-	13	33	44	43	61	43
横須賀市	565	2	91	93	55	42	49	59
富山市	286	-	7	28	26	26	30	36
金沢市	341	-	15	37	37	44	39	33
長野市	285	-	11	13	19	29	23	42
岐阜市	432	1	30	42	43	40	49	42
豊橋市	289	-	9	21	23	27	40	30
豊田市	253	1	16	23	23	26	23	27
岡崎市	265	-	27	27	25	33	22	26
大津市	219	1	14	20	22	27	28	22
高槻市	237	-	15	16	18	23	38	29
東大阪市	372	1	14	30	37	31	39	56
豊中市	337	-	12	23	36	52	45	37
枚方市	337	-	9	23	40	39	41	39
姫路市	403	-	29	28	35	35	57	45
西宮市	377	-	26	24	35	55	57	38
尼崎市	335	-	14	26	35	41	55	36
奈良市	285	-	9	29	31	44	36	26
和歌山市	335	-	12	15	28	38	32	30
倉敷市	350	1	15	24	32	42	32	42
呉市	232	-	13	14	22	20	31	29
福山市	318	-	6	20	22	38	42	36
下関市	215	-	10	14	23	18	13	30
高松市	344	-	10	23	35	46	43	33
松山市	385	1	7	25	48	41	48	50
高知市	298	-	8	19	23	39	41	36
久留米市	305	-	14	29	26	46	30	43
長崎市	581	2	48	61	56	49	77	81
佐世保市	197	-	4	11	17	14	21	16
大分市	321	-	4	26	35	37	39	22
宮崎市	324	-	7	21	29	21	48	53
鹿児島市	731	1	60	77	54	76	80	93
那覇市	239	-	2	7	19	25	33	34

都道府県－指定都市・特別区・中核市（再掲）、年齢階級別（6－2）

数

平成28年12月31日現在

55 ～ 59	60 ～ 64	65 ～ 69	70 ～ 74	75 ～ 79	80 ～ 84	85 歳 以 上	平 均 年 齢
1 616	1 243	848	384	283	182	183	48.9
331	216	165	53	25	9	10	49.3
134	111	109	46	10	14	7	48.6
134	93	74	29	5	20	8	50.2
100	114	63	35	18	5	6	47.6
391	336	224	86	50	27	28	48.6
138	106	70	34	15	12	11	50.2
61	41	48	16	3	4	4	50.7
112	120	79	34	18	13	10	48.1
74	65	49	22	19	6	6	54.0
79	71	48	20	6	10	10	52.8
274	242	228	123	56	32	24	50.3
144	121	95	63	35	19	13	51.3
385	322	251	137	96	66	37	51.2
74	59	52	31	20	14	5	52.9
145	126	128	54	38	24	6	52.5
114	63	63	21	15	13	9	46.9
142	124	113	59	14	9	8	49.2
139	113	112	61	39	22	32	51.7
205	153	166	72	61	28	17	47.9
74	75	72	23	13	8	4	50.0
60	21	22	11	4	3	1	52.7
27	29	15	9	3	1	4	54.3
36	27	27	6	6	3	1	56.2
55	39	48	12	7	4	1	48.4
40	27	21	8	7	2	2	52.6
47	32	28	8	9	4	2	46.8
37	33	26	10	7	4	2	56.0
74	61	42	19	9	2	5	53.1
43	32	28	11	6	4	4	51.4
40	42	24	13	6	9	6	53.2
40	26	19	5	5	1	3	50.6
24	21	19	11	2	–	1	49.1
49	50	40	21	14	3	3	50.3
37	36	33	10	5	4	3	50.9
56	36	39	13	14	1	4	51.6
67	40	45	10	6	3	3	45.9
45	38	21	10	11	2	6	53.1
33	34	36	15	9	5	4	51.2
52	38	26	14	8	4	6	54.7
46	53	34	30	9	7	6	51.7
47	31	33	12	8	5	3	53.4
41	23	30	14	4	–	2	51.4
29	32	25	7	3	7	2	49.8
25	24	20	6	7	1	2	50.3
25	29	23	5	6	7	3	52.3
48	50	31	19	10	3	3	52.5
30	36	28	9	13	10	6	52.2
38	32	38	18	14	3	3	52.8
44	41	42	22	17	7	1	52.3
41	33	22	21	12	8	5	51.2
34	37	29	17	6	2	3	51.3
36	27	23	12	9	1	2	50.8
41	55	48	20	8	5	3	54.9
62	31	37	20	9	2	1	52.3
30	25	28	9	7	–	4	52.8
47	32	37	17	13	3	5	54.3
32	20	26	11	6	6	6	54.2
47	42	34	18	8	4	1	52.5
58	49	24	14	12	5	3	52.1
53	27	30	8	4	3	7	52.7
26	34	25	15	7	6	4	51.5
71	57	47	18	7	4	3	49.4
35	31	26	13	3	2	4	55.5
44	35	39	19	9	6	6	53.9
51	33	35	13	9	2	2	53.3
123	71	55	22	9	7	3	49.9
57	23	18	10	5	6	–	54.2

第56表　歯科医師数、平均年齢，性、主たる従業地による

男

	総　　数	24 歳 以 下	25 〜 29	30 〜 34	35 〜 39	40 〜 44	45 〜 49	50 〜 54
全　　国	80 189	80	3 524	6 046	6 551	7 528	9 074	9 671
北　海　道	3 684	5	144	257	279	309	460	516
青　　森	599	−	12	29	35	42	68	81
岩　　手	788	−	35	69	51	65	79	89
宮　　城	1 411	3	82	134	121	148	150	155
秋　　田	512	−	6	22	35	49	52	81
山　　形	542	1	6	27	36	52	63	59
福　　島	1 112	−	60	90	56	82	121	137
茨　　城	1 493	−	27	73	98	129	167	190
栃　　木	1 070	−	25	63	67	94	113	136
群　　馬	1 115	−	38	71	82	100	133	139
埼　　玉	4 054	1	195	372	385	415	512	537
千　　葉	3 872	10	240	368	375	395	404	434
東　　京	11 629	18	731	990	1 035	1 133	1 368	1 407
神　奈　川	5 372	6	294	504	520	513	650	667
新　　潟	1 541	4	84	107	95	134	175	210
富　　山	510	−	5	26	34	37	67	77
石　　川	567	−	15	31	40	60	74	61
福　　井	349	1	6	15	30	41	40	44
山　　梨	465	−	12	29	28	31	48	50
長　　野	1 303	−	51	103	82	114	124	125
岐　　阜	1 349	2	76	123	109	115	130	133
静　　岡	1 916	−	26	119	134	164	203	250
愛　　知	4 567	10	229	384	414	408	421	430
三　　重	970	1	22	57	67	93	110	131
滋　　賀	643	1	21	29	55	77	103	85
京　　都	1 515	1	55	101	121	155	196	188
大　　阪	6 142	5	285	509	529	573	663	721
兵　　庫	3 181	−	84	192	247	304	416	374
奈　　良	739	−	17	42	49	84	83	79
和　歌　山	607	−	13	18	37	56	57	59
鳥　　取	289	−	8	8	21	26	40	38
島　　根	331	−	4	16	25	29	32	35
岡　　山	1 284	1	82	91	106	129	114	163
広　　島	1 886	2	84	119	146	188	226	230
山　　口	808	−	23	45	63	73	102	110
徳　　島	580	1	24	42	39	41	66	74
香　　川	568	−	17	34	46	72	75	56
愛　　媛	793	1	10	32	53	69	82	117
高　　知	415	−	6	15	22	39	48	42
福　　岡	4 122	4	217	370	358	406	432	457
佐　　賀	507	−	9	26	49	62	62	54
長　　崎	966	1	33	63	76	70	93	144
熊　　本	1 078	−	43	72	91	102	131	117
大　　分	638	−	7	38	46	54	68	62
宮　　崎	583	−	9	32	40	24	66	79
鹿　児　島	1 047	1	34	62	70	94	107	156
沖　　縄	677	−	18	27	54	78	80	92

都道府県－指定都市・特別区・中核市（再掲）、年齢階級別（6－3）

平成28年12月31日現在

55 ～ 59	60 ～ 64	65 ～ 69	70 ～ 74	75 ～ 79	80 ～ 84	85 歳 以 上	平 均 年 齢
11 808	10 143	8 195	3 397	2 065	1 189	918	53.0
666	439	370	115	72	28	24	52.7
103	96	71	28	17	7	10	55.8
120	136	93	26	13	8	4	53.2
177	175	160	59	18	18	11	51.7
105	68	49	14	13	12	6	54.9
86	81	64	21	14	13	19	56.1
191	168	108	40	34	15	10	53.6
288	251	151	51	36	12	20	54.9
201	173	96	43	33	13	13	54.7
178	154	119	41	23	22	15	53.9
550	458	357	138	61	46	27	51.1
497	508	346	151	81	36	27	51.1
1 599	1 276	933	438	330	190	181	51.8
730	591	488	190	107	58	54	51.2
246	185	151	65	45	25	15	53.2
72	69	51	26	26	9	11	56.1
81	76	70	28	14	10	7	54.5
49	44	41	14	15	5	4	54.5
74	97	55	16	15	6	4	55.6
199	207	152	53	35	28	30	54.7
186	202	154	54	30	21	14	52.8
293	294	236	92	51	32	22	55.2
653	622	557	230	105	62	42	53.0
149	137	96	47	34	15	11	54.5
79	69	58	29	16	8	13	53.1
205	177	148	79	47	28	14	53.3
829	756	598	279	198	121	76	53.0
430	396	373	175	110	55	25	54.3
117	107	89	43	17	8	4	54.5
97	109	93	32	19	12	5	56.7
40	41	37	9	8	7	6	55.5
49	47	38	25	13	10	8	56.7
214	132	134	54	27	24	13	52.5
271	216	227	95	39	17	26	53.4
111	89	99	41	19	18	15	54.6
95	88	68	20	8	10	4	53.6
86	69	59	29	16	6	3	53.3
150	116	91	35	19	11	7	55.2
92	53	59	15	10	4	10	56.2
519	416	448	207	141	78	69	52.9
73	68	58	27	14	5	－	53.6
146	143	115	46	16	12	8	53.9
164	139	118	43	33	16	9	53.3
88	88	90	44	26	18	9	56.5
105	93	72	29	20	6	8	56.1
205	136	113	37	15	13	4	53.6
150	88	42	24	12	11	1	53.2

329

第56表　歯科医師数、平均年齢，性、主たる従業地による

男

	総　数	24歳以下	25～29	30～34	35～39	40～44	45～49	50～54
指定都市・特別区(再掲)								
東京都区部	9 247	17	667	831	807	865	1 087	1 104
札　幌　市	1 676	4	107	164	127	149	203	203
仙　台　市	870	3	66	97	93	90	93	91
さいたま市	746	-	33	65	71	75	106	99
千　葉　市	697	5	74	76	72	61	60	77
横　浜　市	2 360	4	169	258	221	214	289	273
川　崎　市	747	-	29	56	68	87	93	97
相模原市	362	-	10	28	38	32	43	57
新　潟　市	806	4	77	75	58	85	91	97
静　岡　市	376	-	3	28	30	36	32	39
浜　松　市	434	-	11	26	35	38	46	65
名古屋市	1 829	5	127	173	161	145	165	160
京　都　市	944	1	34	65	78	104	121	110
大　阪　市	2 400	5	133	205	189	204	248	262
堺　　　市	458	-	12	34	36	47	44	52
神　戸　市	962	-	26	57	71	92	129	120
岡　山　市	659	1	65	57	69	72	61	76
広　島　市	912	2	60	74	76	94	101	119
北九州市	928	-	51	69	76	81	98	96
福　岡　市	1 532	4	128	183	128	146	163	172
熊　本　市	544	-	35	45	49	57	58	60
中核市(再掲)								
旭　川　市	224	1	7	11	13	23	28	29
函　館　市	153	-	1	6	13	10	16	28
青　森　市	145	-	2	2	8	8	17	20
盛　岡　市	349	-	33	49	29	31	30	40
秋　田　市	188	-	3	11	18	24	18	25
郡　山　市	350	-	46	54	23	33	34	45
い わ き市	174	-	3	7	7	12	20	19
宇都宮市	329	-	11	18	23	29	36	37
前　橋　市	245	-	10	18	23	21	35	24
高　崎　市	241	-	8	12	15	25	27	32
川　越　市	202	-	10	11	18	27	26	29
越　谷　市	193	-	14	19	13	26	17	33
船　橋　市	366	2	13	34	39	46	45	41
柏　　　市	246	-	5	25	27	22	26	31
八 王 子市	303	-	6	26	30	31	42	33
横須賀市	417	2	50	68	37	29	40	46
富　山　市	217	-	3	18	17	11	25	27
金　沢　市	268	-	8	19	26	34	33	26
長　野　市	221	-	7	10	14	23	20	24
岐　阜　市	344	1	18	29	28	30	38	31
豊　橋　市	243	-	6	19	18	17	32	26
豊　田　市	211	1	12	19	18	19	20	20
岡　崎　市	209	-	15	15	21	22	16	25
大　津　市	170	1	11	11	19	18	22	20
高　槻　市	184	-	6	13	15	14	25	24
東大阪市	295	-	8	23	26	21	31	44
豊　中　市	255	-	7	16	20	31	30	33
枚　方　市	265	-	5	14	26	33	35	27
姫　路　市	330	-	18	16	26	23	47	38
西　宮　市	295	-	11	14	25	34	43	36
尼　崎　市	271	-	6	20	27	29	44	29
奈　良　市	210	-	4	20	14	31	27	22
和歌山市	277	-	8	8	18	29	24	26
倉　敷　市	260	-	9	16	16	30	23	31
呉　　　市	187	-	9	11	14	16	24	22
福　山　市	258	-	4	10	15	30	36	27
下　関　市	175	-	7	11	18	11	11	27
高　松　市	266	-	6	13	22	34	37	27
松　山　市	310	1	5	12	33	30	36	44
高　知　市	224	-	4	7	15	25	27	27
久留米市	238	-	9	18	18	32	21	33
長　崎　市	441	1	24	39	41	34	45	66
佐世保市	169	-	2	10	12	8	18	14
大　分　市	265	-	2	16	27	30	26	20
宮　崎　市	255	-	5	10	21	12	38	40
鹿児島市	545	1	29	43	37	52	57	71
那　覇　市	178	-	2	3	9	18	19	29

都道府県－指定都市・特別区・中核市（再掲）、年齢階級別（6－4）

平成28年12月31日現在

55 ～ 59	60 ～ 64	65 ～ 69	70 ～ 74	75 ～ 79	80 ～ 84	85 歳 以 上	平 均 年 齢
1 251	1 009	709	341	252	154	153	51.5
288	189	153	47	23	9	10	50.9
91	85	90	43	9	13	6	50.2
99	76	64	27	5	18	8	51.5
73	94	50	31	16	4	4	49.4
311	260	191	82	45	23	20	50.3
111	83	62	30	11	10	10	52.1
52	37	42	13	3	3	4	52.3
92	95	69	30	16	11	6	50.4
58	58	44	20	18	6	4	55.5
65	64	44	20	5	10	5	54.0
240	218	213	117	55	29	21	52.7
123	104	87	56	33	17	11	53.3
332	290	229	123	82	61	37	53.3
71	50	46	29	19	13	5	54.6
124	110	117	52	37	23	4	54.5
92	57	55	20	14	13	7	50.1
116	95	95	53	12	8	7	51.7
120	98	98	53	39	20	29	54.2
169	127	151	66	55	26	14	50.7
66	64	64	22	12	8	4	51.9
54	19	20	11	4	3	1	53.5
25	24	15	9	2	1	3	55.6
28	22	23	5	6	3	1	57.4
42	33	42	12	6	2	-	49.4
34	21	18	8	6	2	-	53.1
39	29	26	7	9	4	1	47.8
32	30	22	10	7	4	1	56.9
62	51	35	15	7	2	3	54.1
36	29	27	9	6	3	4	52.9
34	35	21	12	6	8	6	55.1
32	21	16	5	5	1	1	51.6
22	18	17	11	2	-	1	50.4
38	40	32	19	11	3	3	51.4
30	31	30	8	5	4	2	52.7
45	30	33	9	13	1	4	52.7
56	31	38	8	6	3	3	47.6
37	33	20	10	10	1	5	55.2
28	30	33	13	9	5	4	53.4
41	33	23	13	7	4	2	55.2
39	49	32	27	9	7	6	53.8
42	26	31	11	7	5	3	54.3
35	19	28	14	4	-	2	52.3
24	29	25	7	3	6	1	52.0
17	18	17	6	7	1	2	51.4
22	27	21	5	5	5	2	53.9
40	42	28	18	8	3	3	53.8
25	31	26	8	12	10	6	54.6
30	28	31	16	14	3	3	54.2
40	34	41	22	17	7	1	54.4
35	30	22	21	12	7	5	53.9
27	32	29	17	6	2	3	52.9
25	23	21	12	9	1	1	52.9
37	51	44	19	6	5	2	56.4
56	24	31	17	4	2	1	53.7
27	21	26	7	7	-	3	54.0
35	30	35	15	13	3	5	56.0
25	16	24	9	5	5	6	55.1
37	34	27	17	7	4	1	53.9
52	43	23	14	11	5	1	53.7
44	26	28	8	4	3	6	55.3
24	30	23	14	6	6	4	53.5
60	54	45	18	7	4	3	51.7
30	28	26	13	3	2	3	56.7
41	30	35	19	9	5	5	55.4
43	30	31	12	9	2	2	55.0
109	58	48	22	8	7	3	52.2
42	20	16	10	5	5	-	55.9

第56表　歯科医師数、平均年齢，性、主たる従業地による

女

	総　　数	24 歳 以 下	25 〜 29	30 〜 34	35 〜 39	40 〜 44	45 〜 49	50 〜 54
全　　国	24 344	63	2 849	3 481	3 392	3 439	2 814	2 343
北　海　道	756	1	82	124	96	112	82	79
青　　森	163	1	6	8	11	18	19	30
岩　　手	241	–	21	27	30	23	32	27
宮　　城	507	1	55	71	68	61	44	65
秋　　田	115	–	6	11	9	13	17	18
山　　形	147	–	8	15	17	14	20	14
福　　島	265	1	21	32	19	29	46	28
茨　　城	441	–	10	35	62	66	59	55
栃　　木	309	–	17	21	45	39	35	35
群　　馬	305	–	25	31	34	46	43	36
埼　　玉	1 239	–	90	191	193	205	139	116
千　　葉	1 308	4	213	195	171	170	138	105
東　　京	5 010	21	727	782	715	675	580	448
神　奈　川	1 926	3	225	279	274	270	229	191
新　　潟	545	1	73	78	51	71	62	53
富　　山	139	–	5	21	19	24	15	13
石　　川	129	–	8	22	22	18	15	16
福　　井	85	–	2	10	18	18	7	9
山　　梨	132	–	8	15	11	17	10	10
長　　野	336	–	28	36	35	46	28	47
岐　　阜	333	–	51	61	46	45	27	30
静　　岡	450	–	19	43	67	83	44	40
愛　　知	1 116	6	185	181	177	143	96	76
三　　重	212	–	17	15	26	28	35	24
滋　　賀	163	–	6	23	16	26	23	23
京　　都	396	–	30	71	70	48	53	34
大　　阪	1 708	13	254	260	247	227	195	157
兵　　庫	726	1	70	93	99	138	99	67
奈　　良	186	–	9	30	31	27	19	20
和　歌　山	126	–	6	13	14	18	16	14
鳥　　取	70	–	3	5	4	6	6	13
島　　根	88	–	6	9	14	17	13	5
岡　　山	468	2	88	71	78	60	37	33
広　　島	624	1	83	89	86	78	67	59
山　　口	171	–	11	16	28	35	20	10
徳　　島	238	1	25	36	39	38	31	27
香　　川	162	–	8	20	25	30	19	13
愛　　媛	168	–	9	24	26	24	29	16
高　　知	105	–	7	15	11	18	17	15
福　　岡	1 355	4	216	220	206	199	146	114
佐　　賀	110	–	3	18	21	17	14	18
長　　崎	250	1	33	29	31	47	39	24
熊　　本	295	1	24	35	42	52	43	24
大　　分	118	–	6	19	16	13	19	8
宮　　崎	134	–	6	19	10	22	20	24
鹿　児　島	293	–	35	46	35	36	35	42
沖　　縄	181	–	9	16	27	29	32	18

都道府県－指定都市・特別区・中核市（再掲）、年齢階級別（6－5）

平成28年12月31日現在

55 ～ 59	60 ～ 64	65 ～ 69	70 ～ 74	75 ～ 79	80 ～ 84	85 歳 以 上	平 均 年 齢
2 290	1 790	1 025	343	181	128	206	45.3
80	55	25	8	5	-	7	45.0
28	22	15	3	-	-	2	52.4
30	25	19	-	2	2	3	48.5
61	41	31	5	2	1	1	46.0
12	18	5	-	2	1	3	50.9
19	20	13	3	3	-	1	50.2
33	25	16	8	2	1	4	48.8
54	58	22	10	2	3	5	49.8
47	33	18	5	7	2	5	50.1
32	32	13	7	2	3	1	48.0
133	90	48	14	4	6	10	45.6
110	91	63	27	10	5	6	44.3
444	281	171	62	35	35	34	43.9
169	151	78	18	13	10	16	45.1
62	55	16	6	6	4	7	46.1
14	13	4	1	3	3	4	48.6
10	8	6	3	-	-	1	45.4
5	8	7	-	-	-	1	46.9
22	19	12	3	2	-	3	51.2
41	38	15	8	2	2	10	49.3
26	28	6	8	1	-	4	43.6
65	40	25	5	6	2	11	49.0
87	85	52	12	5	5	6	43.3
29	20	8	4	1	1	4	48.6
19	16	6	3	1	-	1	47.9
33	26	12	8	3	3	5	45.3
120	96	70	30	21	14	4	43.9
55	54	24	9	7	5	5	45.5
25	8	10	1	1	3	2	46.4
11	12	13	3	2	-	4	50.5
9	11	5	4	-	1	3	54.4
7	9	2	1	2	1	2	47.7
36	29	18	6	6	1	3	42.9
56	54	31	12	2	1	5	45.2
25	16	4	3	2	1	-	46.7
14	13	10	2	-	1	1	43.9
18	14	8	1	2	1	3	47.5
15	12	6	1	2	-	4	46.6
11	2	5	2	-	-	2	46.4
83	74	51	21	8	5	8	43.0
6	4	9	-	-	-	-	45.4
27	13	4	-	1	-	1	43.8
22	24	17	4	4	1	2	46.3
12	8	11	4	-	1	1	47.8
18	7	5	2	-	-	1	47.4
23	23	12	4	2	-	-	45.0
32	9	4	2	-	3	-	47.2

333

第56表　歯科医師数、平均年齢，性、主たる従業地による

女

	総　数	24歳以下	25～29	30～34	35～39	40～44	45～49	50～54
指定都市・特別区(再掲)								
東京都区部	4 217	20	678	688	597	527	477	360
札幌市	437	1	59	82	62	60	39	44
仙台市	367	1	47	55	52	49	28	41
さいたま市	240	－	11	38	30	50	21	24
千葉市	283	2	62	45	28	36	26	15
横浜市	920	2	125	148	121	131	108	75
川崎市	293	－	22	40	58	45	29	30
相模原市	115	－	8	15	18	16	21	14
新潟市	356	1	70	63	39	46	36	34
静岡市	103	－	5	10	16	18	13	8
浜松市	107	－	6	9	22	23	7	9
名古屋市	467	6	107	92	63	53	34	26
京都市	285	－	25	52	50	36	42	21
大阪市	662	7	117	93	94	81	78	52
堺市	108	－	5	19	17	19	11	15
神戸市	252	－	24	36	38	45	31	24
岡山市	285	1	77	55	47	30	20	15
広島市	377	1	70	61	54	47	33	28
北九州市	286	－	56	37	42	39	27	24
福岡市	646	3	128	120	93	89	69	50
熊本市	171	1	19	23	22	28	32	17
中核市(再掲)								
旭川市	30	－	2	6	3	1	6	2
函館市	30	－	2	4	5	3	5	2
青森市	44	－	－	3	3	5	7	8
盛岡市	120	－	18	18	13	12	16	14
秋田市	54	－	4	5	4	5	8	10
郡山市	83	1	15	12	11	9	14	6
いわき市	33	－	2	3	－	6	9	－
宇都宮市	106	－	5	7	17	12	14	14
前橋市	60	－	12	5	7	5	9	8
高崎市	71	－	4	7	15	13	8	6
川越市	64	－	4	6	8	13	9	6
越谷市	48	－	1	7	16	7	3	7
船橋市	110	－	11	17	12	20	12	4
柏市	78	－	7	9	15	13	8	8
八王子市	97	－	7	7	14	12	19	10
横須賀市	148	－	41	25	18	13	9	13
富山市	69	－	4	10	9	15	5	9
金沢市	73	－	7	18	11	10	6	7
長野市	64	－	4	3	5	6	3	18
岐阜市	88	－	12	13	15	10	11	11
豊橋市	46	－	3	2	5	10	8	4
豊田市	42	－	4	4	5	7	3	7
岡崎市	56	－	12	12	4	11	6	1
大津市	49	－	3	9	3	9	6	2
高槻市	53	－	9	3	3	9	13	5
東大阪市	77	1	6	7	11	10	8	12
豊中市	82	－	5	7	16	21	15	4
枚方市	72	－	4	9	14	6	6	12
姫路市	73	－	11	12	9	12	10	7
西宮市	82	－	15	10	10	21	14	2
尼崎市	64	－	8	6	8	12	11	7
奈良市	75	－	5	9	17	13	9	4
和歌山市	58	－	4	7	10	9	8	4
倉敷市	90	1	6	8	16	12	9	11
呉市	45	－	4	3	8	4	7	7
福山市	60	－	2	10	7	8	6	9
下関市	40	－	3	3	5	7	2	3
高松市	78	－	4	10	13	12	6	6
松山市	75	－	2	13	15	11	12	6
高知	74	－	4	12	8	14	14	9
久留米市	67	－	5	11	8	14	9	10
長崎市	140	1	24	22	15	15	32	15
佐世保市	28	－	2	1	5	6	3	2
大分市	56	－	2	10	8	7	13	2
宮崎市	69	－	2	11	8	9	10	13
鹿児島市	186	－	31	34	17	24	23	22
那覇市	61	－	－	4	10	7	14	5

都道府県－指定都市・特別区・中核市（再掲）、年齢階級別（6－6）

平成28年12月31日現在

55 〜 59	60 〜 64	65 〜 69	70 〜 74	75 〜 79	80 〜 84	85 歳 以 上	平 均 年 齢
365	234	139	43	31	28	30	43.4
43	27	12	6	2	-	-	43.2
43	26	19	3	1	1	1	44.8
35	17	10	2	-	2	-	46.4
27	20	13	4	2	1	2	43.1
80	76	33	4	5	4	8	44.2
27	23	8	4	4	2	1	45.5
9	4	6	3	-	1	-	45.7
20	25	10	4	2	2	4	42.8
16	7	5	2	1	-	2	48.4
14	7	4	-	1	-	5	47.7
34	24	15	6	1	3	3	41.0
21	17	8	7	2	2	2	44.5
53	32	22	14	14	5	-	43.5
3	9	6	2	1	1	-	45.6
21	16	11	2	1	1	2	45.1
22	6	8	1	1	-	2	39.3
26	29	18	6	2	1	1	43.1
19	15	14	8	-	2	3	43.6
36	26	15	6	6	2	3	41.3
8	11	8	1	1	-	-	44.2
6	2	2	-	-	-	-	46.6
2	5	-	-	1	-	1	47.8
8	5	4	1	-	-	-	52.3
13	6	6	-	1	2	1	45.3
6	6	3	-	1	-	2	50.6
8	3	2	1	-	-	1	42.8
5	3	4	-	-	-	1	51.0
12	10	7	4	2	-	2	50.0
7	3	1	2	-	1	-	45.1
6	7	3	1	-	1	-	46.7
8	5	3	-	-	-	2	47.7
2	3	2	-	-	-	-	43.9
11	10	8	2	3	-	-	46.4
7	5	3	2	-	-	1	45.5
11	6	6	4	1	-	-	48.1
11	9	7	2	-	-	-	41.3
8	5	1	-	1	1	1	46.6
5	4	3	2	-	-	-	43.1
11	5	3	1	1	-	4	52.9
7	4	2	3	-	-	-	43.5
5	5	2	1	1	-	-	48.5
6	4	2	-	-	-	-	46.6
5	3	-	-	-	1	1	41.5
8	6	3	-	-	-	-	46.7
3	2	2	-	1	2	1	46.7
8	8	3	1	2	-	-	47.7
5	5	2	1	1	-	-	44.9
8	4	7	2	-	-	-	47.8
4	7	1	-	-	-	-	42.6
6	3	-	-	-	1	-	41.4
7	5	-	-	-	-	-	44.3
11	4	2	-	-	-	1	44.8
4	4	4	1	2	-	1	47.4
6	7	6	3	5	-	-	48.3
3	4	2	2	-	-	1	48.1
12	2	2	2	-	1	-	47.1
7	4	2	2	1	-	-	49.9
10	8	7	1	1	-	-	47.8
6	6	1	-	1	-	2	45.6
9	1	2	-	-	-	1	45.1
2	4	2	1	1	-	-	44.5
11	3	2	-	-	-	-	41.9
5	3	-	-	-	-	1	48.1
3	5	4	-	-	1	1	46.5
8	3	4	1	-	-	-	47.2
14	13	7	-	1	-	-	43.1
15	3	2	-	-	1	-	49.3

第57表　医療施設従事歯科医師数、平均年齢，性、主たる従業地による

総

		総　　数	24歳以下	25～29	30～34	35～39	40～44	45～49	50～54
全	国	101 551	143	6 271	9 243	9 653	10 689	11 598	11 730
北　海　道		4 304	6	222	368	364	408	530	582
青	森	734	1	18	35	44	60	85	107
岩	手	977	–	53	89	73	82	102	113
宮	城	1 830	4	135	192	174	196	187	214
秋	田	620	–	12	33	44	61	68	98
山	形	670	1	14	42	52	66	83	73
福	島	1 324	1	79	122	72	102	159	161
茨	城	1 913	–	37	108	155	192	224	245
栃	木	1 360	–	40	83	110	131	147	170
群	馬	1 394	–	62	99	115	146	175	173
埼	玉	5 202	1	281	552	567	615	637	644
千	葉	5 095	14	450	554	540	557	530	533
東	京	16 107	39	1 420	1 701	1 674	1 735	1 897	1 803
神　奈　川		7 119	9	510	768	777	762	864	839
新	潟	1 967	5	155	171	136	189	227	248
富	山	626	–	10	47	50	60	82	89
石	川	674	–	23	51	62	76	89	73
福	井	428	1	8	24	47	59	47	52
山	梨	590	–	20	44	39	46	57	59
長	野	1 566	–	78	133	115	159	139	164
岐	阜	1 637	2	125	180	149	153	155	157
静	岡	2 318	–	45	159	199	243	241	287
愛	知	5 525	16	410	552	574	539	509	498
三	重	1 162	1	39	72	92	120	142	151
滋	賀	791	1	27	51	71	103	125	106
京	都	1 866	1	83	164	186	199	246	218
大	阪	7 630	18	532	752	763	784	840	858
兵	庫	3 840	1	154	280	342	437	512	436
奈	良	910	–	25	72	78	108	98	99
和　歌　山		718	–	19	30	51	74	73	70
鳥	取	340	–	11	13	24	31	45	51
島	根	399	–	10	23	38	45	44	38
岡	山	1 704	3	170	155	176	186	146	192
広	島	2 452	3	164	203	224	262	283	281
山	口	962	–	34	60	89	107	121	120
徳	島	773	2	46	75	71	74	89	91
香	川	714	–	25	53	70	101	94	66
愛	媛	938	1	19	55	77	90	109	129
高	知	501	–	12	29	32	56	62	56
福	岡	5 202	8	425	563	540	585	556	554
佐	賀	606	–	12	42	70	77	76	70
長	崎	1 172	2	66	90	105	112	126	158
熊	本	1 336	1	67	104	131	153	170	137
大	分	737	–	13	57	61	67	83	70
宮	崎	696	–	15	49	49	45	83	103
鹿　児　島		1 293	1	69	103	103	129	131	188
沖	縄	829	–	27	41	78	107	110	106

336

都道府県－指定都市・特別区・中核市（再掲）、年齢階級別（6－1）

数

平成28年12月31日現在

55 ～ 59	60 ～ 64	65 ～ 69	70 ～ 74	75 ～ 79	80 ～ 84	85 歳 以 上	平 均 年 齢
13 812	11 673	8 976	3 603	2 070	1 168	922	51.1
724	475	390	117	71	26	21	51.3
126	117	83	29	13	6	10	54.8
149	158	103	26	13	9	7	52.3
221	212	187	59	19	18	12	50.3
116	84	54	14	14	13	9	54.1
105	99	74	23	13	8	17	54.3
215	187	121	46	34	13	12	52.5
340	307	172	58	36	15	24	53.7
245	205	112	48	39	14	16	53.6
210	182	130	47	23	21	11	52.4
676	535	401	147	64	48	34	49.8
598	593	397	177	87	40	25	49.3
1 998	1 508	1 076	488	352	215	201	49.4
873	723	550	203	117	65	59	49.5
296	231	158	66	42	28	15	51.2
84	81	52	25	25	9	12	54.0
90	84	75	28	12	8	3	52.4
54	52	47	14	15	5	3	52.9
95	114	67	19	17	6	7	54.7
235	239	158	56	33	28	29	53.2
206	224	157	60	31	21	17	51.0
351	328	257	94	54	32	28	53.8
729	694	590	228	97	51	38	50.8
176	155	102	50	33	16	13	53.3
97	83	61	32	16	8	10	51.8
233	199	160	84	48	28	17	51.7
931	832	645	297	195	117	66	50.8
481	446	395	179	104	51	22	52.5
142	115	97	43	18	11	4	52.8
107	117	106	33	20	10	8	55.5
49	52	39	11	6	4	4	54.2
55	55	39	23	14	8	7	54.3
247	159	144	60	31	22	13	49.8
319	267	255	107	40	18	26	51.4
135	103	101	44	18	17	13	53.0
106	98	77	21	7	11	5	50.9
102	83	65	27	17	6	5	51.8
162	125	97	36	19	10	9	53.6
103	54	61	16	9	3	8	53.9
586	476	474	212	121	54	48	49.9
77	71	65	27	14	5	–	52.1
166	152	117	44	17	10	7	51.7
182	158	129	45	35	15	9	51.6
97	95	99	48	24	17	6	54.8
121	98	73	30	16	5	9	54.3
223	155	122	39	16	12	2	51.6
179	93	42	23	11	11	1	51.6

第57表　医療施設従事歯科医師数、平均年齢，性、主たる従業地による

総

	総　数	24歳以下	25～29	30～34	35～39	40～44	45～49	50～54
指定都市・特別区（再掲）								
東京都区部	12 974	37	1 307	1 450	1 332	1 327	1 518	1 416
札　幌　市	2 041	5	163	237	184	198	236	241
仙　台　市	1 159	4	111	141	131	126	114	127
さいたま市	966	－	44	98	98	125	126	121
千　葉　市	962	7	135	118	98	97	82	91
横　浜　市	3 202	6	293	399	333	334	389	341
川　崎　市	1 027	－	50	95	124	131	121	125
相模原市	471	－	17	43	55	46	64	70
新　潟　市	1 068	5	145	125	88	115	119	118
静　岡　市	470	－	8	38	46	53	42	45
浜　松　市	526	－	17	34	56	59	52	73
名古屋市	2 196	11	230	254	215	189	194	182
京　都　市	1 194	1	57	111	124	136	160	127
大　阪　市	3 015	12	247	295	282	282	323	310
堺　　　市	548	－	17	52	52	64	54	66
神　戸　市	1 193	－	50	91	107	134	159	142
岡　山　市	903	2	142	105	109	99	76	87
広　島　市	1 242	3	128	131	125	137	125	140
北九州市	1 122	－	106	101	110	112	115	114
福　岡　市	2 044	7	250	287	209	226	221	213
熊　本　市	691	1	54	65	69	84	87	73
中核市（再掲）								
旭　川　市	248	1	8	17	16	24	32	30
函　館　市	177	－	3	10	18	13	21	30
青　森　市	180	－	2	5	10	13	24	27
盛　岡　市	447	－	48	60	38	42	42	54
秋　田　市	239	－	7	16	22	28	25	35
郡　山　市	395	1	59	66	33	35	42	47
い　わ　き　市	206	－	5	10	7	18	29	19
宇都宮市	428	－	16	24	40	39	50	51
前　橋　市	297	－	21	20	29	26	44	32
高　崎　市	299	－	12	19	30	38	35	36
川　越　市	263	－	14	14	26	40	35	35
越　谷　市	235	－	15	26	29	31	20	40
船　橋　市	470	2	24	49	51	66	57	45
柏　　　市	319	－	12	33	42	35	33	39
八　王　子　市	398	－	13	33	44	42	60	43
横　須　賀　市	520	2	86	87	52	38	44	51
富　山　市	277	－	7	28	23	25	30	36
金　沢　市	329	－	15	35	37	44	39	30
長　野　市	273	－	11	13	19	29	20	42
岐　阜　市	424	1	30	41	42	38	48	40
豊　橋　市	284	－	9	21	23	27	40	30
豊　田　市	249	1	16	23	23	26	22	27
岡　崎　市	256	－	27	26	24	31	22	26
大　津　市	214	1	14	19	22	27	28	22
高　槻　市	231	－	15	16	18	23	37	29
東　大　阪　市	370	1	14	29	37	31	39	56
豊　中　市	324	－	12	21	35	52	45	36
枚　方　市	288	－	7	22	35	33	36	34
姫　路　市	397	－	29	28	34	35	56	45
西　宮　市	364	－	26	24	35	55	56	38
尼　崎　市	333	－	14	26	34	41	55	35
奈　良　市	276	－	9	29	30	43	32	26
和　歌　山　市	328	－	12	15	28	38	32	28
倉　敷　市	349	1	15	24	31	42	32	42
呉　　　市	230	－	13	14	22	20	31	28
福　山　市	318	－	6	20	22	38	42	36
下　関　市	206	－	10	13	22	18	13	30
高　松　市	334	－	10	22	35	45	43	32
松　山　市	373	1	7	24	47	40	48	48
高　知　市	282	－	7	18	22	38	40	35
久　留　米　市	294	－	13	24	25	45	30	42
長　崎　市	551	2	48	61	55	46	71	73
佐　世　保　市	191	－	4	9	17	14	21	14
大　分　市	309	－	4	26	34	37	35	22
宮　崎　市	313	－	7	20	28	20	45	53
鹿　児　島　市	694	1	60	73	52	75	73	83
那　覇　市	233	－	2	7	19	25	31	32

都道府県－指定都市・特別区・中核市（再掲）、年齢階級別（6－2）

数

平成28年12月31日現在

55 ～ 59	60 ～ 64	65 ～ 69	70 ～ 74	75 ～ 79	80 ～ 84	85 歳 以 上	平 均 年 齢
1 574	1 198	821	372	275	176	171	49.0
322	206	162	50	23	8	6	49.2
121	108	105	42	9	13	7	48.6
133	92	71	28	5	17	8	50.2
96	112	62	35	18	5	6	47.6
383	325	215	83	50	26	25	48.5
136	105	69	34	15	11	11	50.2
60	41	48	16	3	4	4	50.8
102	112	72	33	13	13	8	47.9
73	65	49	21	19	6	5	53.9
77	69	47	20	6	8	8	52.6
266	236	220	112	49	21	17	49.9
141	118	95	61	34	17	12	51.3
383	319	248	133	84	63	34	51.0
72	58	50	30	19	12	2	52.5
143	124	128	52	38	21	4	52.4
111	61	58	21	14	10	8	46.6
134	121	110	59	13	9	7	49.1
136	110	105	54	33	13	13	50.7
196	147	153	67	41	16	11	47.3
73	72	67	23	12	7	4	49.9
59	21	22	11	3	3	1	52.7
25	27	15	9	3	1	2	53.7
34	26	25	6	4	3	1	55.9
54	39	46	12	7	4	1	48.8
40	26	21	8	7	2	2	52.6
41	27	26	7	8	2	1	46.0
36	33	26	10	7	4	2	55.9
73	61	40	19	9	2	4	53.1
43	30	28	11	6	3	4	51.5
40	41	23	12	4	6	3	52.2
40	26	19	5	5	1	3	50.8
23	19	19	10	2	－	1	48.9
49	50	40	20	12	3	2	50.1
36	36	32	10	5	4	2	50.8
56	36	39	13	14	1	4	51.6
60	37	42	10	6	3	2	45.7
43	38	21	9	10	2	5	53.0
33	34	35	13	7	4	3	50.8
50	38	25	13	6	3	4	54.1
46	53	34	29	9	7	6	51.8
47	30	32	12	7	4	2	53.0
41	22	30	13	4	－	1	51.1
29	31	25	7	2	5	1	49.4
24	23	19	6	7	1	1	50.1
24	29	23	5	5	5	2	51.7
48	49	31	19	10	3	3	52.5
30	36	28	8	11	6	4	51.6
32	27	32	16	11	2	1	52.4
43	40	42	22	16	7	－	52.2
41	33	22	20	7	5	2	50.2
34	37	29	17	6	2	3	51.3
36	27	22	12	9	1	－	50.5
40	54	48	19	7	4	3	54.6
62	31	37	20	9	2	1	52.4
30	25	28	9	7	－	3	52.6
47	32	37	17	13	3	5	54.3
31	19	25	11	4	4	6	53.7
45	42	32	16	8	3	1	52.3
57	46	24	14	10	4	3	51.9
53	26	28	7	3	4	3	52.1
26	33	25	15	7	6	3	51.8
66	54	45	17	7	4	2	49.1
35	31	26	13	3	1	3	55.4
42	35	39	19	9	4	3	53.4
50	33	34	13	6	2	2	53.2
120	68	54	20	8	6	1	49.6
57	22	18	10	5	5	－	54.1

第57表　医療施設従事歯科医師数、平均年齢，性、主たる従業地による

男

	総　数	24 歳 以 下	25 〜 29	30 〜 34	35 〜 39	40 〜 44	45 〜 49	50 〜 54
全　　国	78 160	80	3 474	5 905	6 394	7 372	8 895	9 469
北 海 道	3 588	5	141	251	273	299	453	506
青　　森	576	–	12	27	34	42	66	79
岩　　手	749	–	34	64	46	62	71	86
宮　　城	1 359	3	81	129	112	139	145	152
秋　　田	508	–	6	22	35	48	52	81
山　　形	525	1	6	27	35	52	63	59
福　　島	1 073	–	58	90	55	77	117	134
茨　　城	1 482	–	27	73	97	128	165	190
栃　　木	1 058	–	24	63	65	92	113	135
群　　馬	1 096	–	37	69	81	100	133	137
埼　　玉	3 995	1	193	368	380	411	504	529
千　　葉	3 813	10	240	365	373	389	394	429
東　　京	11 302	18	712	955	989	1 091	1 342	1 370
神 奈 川	5 269	6	293	496	512	506	642	655
新　　潟	1 459	4	83	103	91	128	167	197
富　　山	495	–	5	26	32	36	67	76
石　　川	548	–	15	30	40	58	74	58
福　　井	345	1	6	15	29	41	40	43
山　　梨	461	–	12	29	28	31	47	49
長　　野	1 245	–	51	98	80	114	116	118
岐　　阜	1 317	2	74	119	105	111	129	128
静　　岡	1 886	–	26	119	132	164	198	247
愛　　知	4 454	10	228	380	406	400	415	425
三　　重	956	1	22	57	66	93	108	128
滋　　賀	631	1	21	28	55	77	102	85
京　　都	1 484	1	53	95	118	154	194	187
大　　阪	5 968	5	279	500	520	564	652	706
兵　　庫	3 133	–	84	190	245	300	414	371
奈　　良	730	–	16	42	48	82	81	79
和 歌 山	595	–	13	18	37	56	57	57
鳥　　取	276	–	8	8	20	25	40	38
島　　根	318	–	4	15	25	29	32	33
岡　　山	1 252	1	82	88	103	127	110	160
広　　島	1 850	2	82	118	145	186	219	225
山　　口	797	–	23	45	63	72	101	110
徳　　島	554	1	23	40	37	38	60	69
香　　川	558	–	17	34	46	71	75	55
愛　　媛	778	1	10	32	52	67	81	114
高　　知	403	–	6	15	22	39	46	41
福　　岡	3 917	4	214	352	342	393	419	446
佐　　賀	500	–	9	26	49	60	62	53
長　　崎	934	1	33	61	75	68	89	136
熊　　本	1 057	–	43	71	90	102	129	115
大　　分	628	–	7	38	46	54	68	62
宮　　崎	568	–	9	31	40	24	63	79
鹿 児 島	1 013	1	34	58	68	94	100	148
沖　　縄	657	–	18	25	52	78	80	89

都道府県－指定都市・特別区・中核市（再掲）、年齢階級別（6－3）

平成28年12月31日現在

55 〜 59	60 〜 64	65 〜 69	70 〜 74	75 〜 79	80 〜 84	85 歳 以 上	平 均 年 齢
11 611	9 947	7 998	3 285	1 910	1 058	762	52.9
648	425	366	111	66	26	18	52.6
98	95	69	26	13	6	9	55.6
119	134	85	26	11	7	4	53.3
167	172	158	56	17	17	11	51.8
105	66	49	14	12	12	6	54.9
86	80	61	20	11	8	16	55.5
184	162	105	38	32	12	9	53.4
287	249	150	50	34	12	20	54.8
199	173	94	43	32	12	13	54.7
178	152	118	40	21	19	11	53.7
546	448	353	134	60	43	25	51.1
489	503	337	151	78	35	20	51.0
1 569	1 240	912	431	320	184	169	51.8
711	577	478	186	105	55	47	51.1
236	178	143	60	36	24	9	52.9
71	69	49	24	24	6	10	55.8
80	76	69	25	12	8	3	54.0
49	44	40	14	15	5	3	54.4
73	96	55	16	15	6	4	55.6
195	203	144	48	31	26	21	54.3
180	200	152	52	30	21	14	52.8
290	288	233	89	48	30	22	55.1
646	612	540	219	93	47	33	52.7
148	136	95	46	32	15	9	54.4
78	67	56	29	15	8	9	52.8
202	173	148	76	45	25	13	53.3
815	737	577	269	177	105	62	52.7
428	395	371	171	98	48	18	54.1
117	107	88	42	17	8	3	54.5
97	105	93	30	18	10	4	56.5
40	41	35	8	6	4	3	54.7
49	46	37	22	13	7	6	56.2
213	130	128	54	25	21	10	52.3
265	213	224	95	38	17	21	53.3
111	88	97	41	17	16	13	54.4
93	86	67	19	7	10	4	53.7
84	69	58	26	15	5	3	53.1
148	113	91	35	18	10	6	55.2
92	52	57	14	9	3	7	55.8
509	405	428	193	117	53	42	52.3
72	67	56	27	14	5	-	53.5
141	140	113	44	16	10	7	53.8
162	137	113	41	32	14	8	53.1
85	88	89	44	24	17	6	56.2
105	91	68	29	16	5	8	55.8
203	133	111	35	14	12	2	53.5
148	86	38	22	11	9	1	52.9

第57表　医療施設従事歯科医師数、平均年齢，性、主たる従業地による

男

	総　　数	24歳以下	25～29	30～34	35～39	40～44	45～49	50～54
指定都市・特別区(再掲)								
東京都区部	8 941	17	648	796	764	827	1 062	1 071
札幌市	1 620	4	105	160	124	140	199	197
仙台市	822	3	65	93	84	81	88	88
さいたま市	734	-	33	62	69	75	106	98
千葉市	688	5	74	76	72	61	57	76
横浜市	2 323	4	169	256	218	212	286	269
川崎市	739	-	29	56	66	86	92	97
相模原市	358	-	9	28	37	31	43	57
新潟市	747	4	76	71	55	79	85	86
静岡市	370	-	3	28	30	36	30	37
浜松市	425	-	11	26	34	38	45	64
名古屋市	1 756	5	126	169	157	139	161	157
京都市	920	1	32	61	75	103	119	109
大阪市	2 365	5	130	205	188	203	247	259
堺市	445	-	12	33	36	47	44	52
神戸市	948	-	26	56	70	89	128	118
岡山市	632	1	65	54	66	70	57	73
広島市	883	2	59	73	76	92	94	115
北九州市	858	-	50	67	71	75	92	92
福岡市	1 434	4	126	173	121	141	157	166
熊本市	532	-	35	44	48	57	57	58
中核市(再掲)								
旭川市	220	1	6	11	13	23	27	29
函館市	148	-	1	6	13	10	16	28
青森市	139	-	2	2	8	8	17	20
盛岡市	333	-	32	44	26	30	26	40
秋田市	186	-	3	11	18	23	18	25
郡山市	319	-	44	54	22	28	30	42
いわき市	173	-	3	7	7	12	20	19
宇都宮市	324	-	11	18	23	27	36	37
前橋市	239	-	9	16	22	21	35	24
高崎市	230	-	8	12	15	25	27	30
川越市	201	-	10	10	18	27	26	29
越谷市	188	-	14	19	13	24	17	33
船橋市	364	2	13	34	39	46	45	41
柏市	241	-	5	24	27	22	25	31
八王子市	303	-	6	26	30	31	42	33
横須賀市	384	2	50	63	35	27	36	39
富山市	211	-	3	18	15	10	25	27
金沢市	258	-	8	18	26	34	33	24
長野市	213	-	7	10	14	23	19	24
岐阜市	338	1	18	28	27	30	37	29
豊橋市	239	-	6	19	18	17	32	26
豊田市	207	1	12	19	18	19	19	20
岡崎市	204	-	15	15	21	21	16	25
大津市	166	1	11	10	19	18	22	20
高槻市	181	-	6	13	15	14	25	24
東大阪市	294	-	8	23	26	21	31	44
豊中市	244	-	7	15	20	31	30	32
枚方市	221	-	3	13	21	28	32	22
姫路市	326	-	18	16	25	23	47	38
西宮市	283	-	11	14	25	34	42	36
尼崎市	270	-	6	20	27	29	44	28
奈良市	205	-	4	20	14	30	25	22
和歌山市	271	-	8	8	18	29	24	24
倉敷市	260	-	9	16	16	30	23	31
呉市	185	-	9	11	14	16	24	21
福山市	258	-	4	10	15	30	36	27
下関市	170	-	7	11	18	11	11	27
高松市	258	-	6	13	22	33	37	26
松山市	301	1	5	12	32	29	36	43
高知市	215	-	4	7	15	25	27	26
久留米市	229	-	9	13	17	31	21	33
長崎市	416	1	24	39	40	32	41	59
佐世保市	165	-	2	8	12	8	18	13
大分市	260	-	2	16	27	30	26	20
宮崎市	248	-	5	10	21	12	35	40
鹿児島市	517	1	29	39	35	52	53	63
那覇市	174	-	2	3	9	18	19	27

都道府県－指定都市・特別区・中核市（再掲）、年齢階級別（6－4）

平成28年12月31日現在

55 ～ 59	60 ～ 64	65 ～ 69	70 ～ 74	75 ～ 79	80 ～ 84	85 歳 以 上	平 均 年 齢
1 221	974	688	334	246	150	143	51.5
280	181	150	45	21	8	6	50.8
83	83	88	40	8	12	6	50.2
99	76	61	26	5	16	8	51.4
70	92	50	31	16	4	4	49.3
307	252	186	79	45	22	18	50.2
109	83	61	30	11	9	10	52.1
51	37	42	13	3	3	4	52.4
83	89	63	29	11	11	5	50.1
57	58	44	19	18	6	4	55.5
64	62	43	20	5	8	5	53.9
235	213	205	108	48	19	14	52.2
121	101	87	54	32	15	10	53.3
331	287	226	120	72	58	34	53.1
69	49	44	28	18	11	2	54.1
124	109	117	51	37	21	2	54.4
91	55	51	20	13	10	6	49.9
110	92	92	53	11	8	6	51.6
119	95	93	46	33	13	12	53.2
161	122	140	62	38	15	8	50.0
66	64	59	22	11	7	4	51.7
53	19	20	11	3	3	1	53.6
23	22	15	9	2	1	2	55.2
26	21	22	5	4	3	1	57.0
41	33	41	12	6	2	–	49.8
34	20	18	8	6	2	–	53.1
34	24	24	6	8	2	1	47.1
31	30	22	10	7	4	1	56.9
61	51	33	15	7	2	3	54.1
36	28	27	9	6	2	4	53.1
34	34	21	11	4	6	3	54.1
32	21	16	5	5	1	1	51.7
21	17	17	10	2	–	1	50.3
38	40	32	19	10	3	2	51.2
29	31	29	8	5	4	1	52.5
45	30	33	9	13	1	4	52.7
50	28	35	8	6	3	2	47.2
36	33	20	9	10	1	4	55.1
28	30	32	11	7	4	3	52.9
40	33	22	12	5	3	1	54.5
39	49	32	26	9	7	6	53.9
42	26	30	11	6	4	2	54.0
35	18	28	13	4	–	1	52.0
24	28	25	7	2	4	1	51.6
16	17	17	6	7	1	1	51.1
22	27	21	5	5	3	1	53.4
40	41	28	18	8	3	3	53.7
25	31	26	7	10	6	4	53.7
24	23	26	15	11	2	1	53.9
39	34	41	22	16	7	–	54.3
35	30	22	20	7	5	2	52.8
27	32	29	17	6	2	3	52.9
25	23	20	12	9	1	–	52.8
37	50	44	18	5	4	2	56.2
56	24	31	17	4	2	1	53.7
27	21	26	7	7	–	2	53.7
35	30	35	15	13	3	5	56.0
25	15	23	9	4	3	6	54.5
35	34	26	15	7	3	1	53.6
51	40	23	14	10	4	1	53.5
44	25	27	7	3	4	3	54.5
24	29	23	14	6	6	3	53.9
56	51	43	17	7	4	2	51.5
30	28	26	13	3	1	3	56.9
39	30	35	19	9	4	3	55.0
43	30	30	12	6	2	2	54.7
108	56	47	20	7	6	1	52.0
42	19	16	10	5	4	–	55.7

第57表　医療施設従事歯科医師数、平均年齢，性、主たる従業地による

女

	総　数	24 歳以下	25 ～ 29	30 ～ 34	35 ～ 39	40 ～ 44	45 ～ 49	50 ～ 54
全　　　国	23 391	63	2 797	3 338	3 259	3 317	2 703	2 261
北　海　道	716	1	81	117	91	109	77	76
青　　　森	158	1	6	8	10	18	19	28
岩　　　手	228	－	19	25	27	20	31	27
宮　　　城	471	1	54	63	62	57	42	62
秋　　　田	112	－	6	11	9	13	16	17
山　　　形	145	－	8	15	17	14	20	14
福　　　島	251	1	21	32	17	25	42	27
茨　　　城	431	－	10	35	58	64	59	55
栃　　　木	302	－	16	20	45	39	34	35
群　　　馬	298	－	25	30	34	46	42	36
埼　　　玉	1 207	－	88	184	187	204	133	115
千　　　葉	1 282	4	210	189	167	168	136	104
東　　　京	4 805	21	708	746	685	644	555	433
神　奈　川	1 850	3	217	272	265	256	222	184
新　　　潟	508	1	72	68	45	61	60	51
富　　　山	131	－	5	21	18	24	15	13
石　　　川	126	－	8	21	22	18	15	15
福　　　井	83	－	2	9	18	18	7	9
山　　　梨	129	－	8	15	11	15	10	10
長　　　野	321	－	27	35	35	45	23	46
岐　　　阜	320	－	51	61	44	42	26	29
静　　　岡	432	－	19	40	67	79	43	40
愛　　　知	1 071	6	182	172	168	139	94	73
三　　　重	206	－	17	15	26	27	34	23
滋　　　賀	160	－	6	23	16	26	23	21
京　　　都	382	－	30	69	68	45	52	31
大　　　阪	1 662	13	253	252	243	220	188	152
兵　　　庫	707	1	70	90	97	137	98	65
奈　　　良	180	－	9	30	30	26	17	20
和　歌　山	123	－	6	12	14	18	16	13
鳥　　　取	64	－	3	5	4	6	5	13
島　　　根	81	－	6	8	13	16	12	5
岡　　　山	452	2	88	67	73	59	36	32
広　　　島	602	1	82	85	79	76	64	56
山　　　口	165	－	11	15	26	35	20	10
徳　　　島	219	1	23	35	34	36	29	22
香　　　川	156	－	8	19	24	30	19	11
愛　　　媛	160	－	9	23	25	23	28	15
高　　　知	98	－	6	14	10	17	16	15
福　　　岡	1 285	4	211	211	198	192	137	108
佐　　　賀	106	－	3	16	21	17	14	17
長　　　崎	238	1	33	29	30	44	37	22
熊　　　本	279	1	24	33	41	51	41	22
大　　　分	109	－	6	19	15	13	15	8
宮　　　崎	128	－	6	18	9	21	20	24
鹿　児　島	280	－	35	45	35	35	31	40
沖　　　縄	172	－	9	16	26	29	30	17

都道府県－指定都市・特別区・中核市（再掲）、年齢階級別（6－5）

平成28年12月31日現在

55 ～ 59	60 ～ 64	65 ～ 69	70 ～ 74	75 ～ 79	80 ～ 84	85 歳 以 上	平 均 年 齢
2 201	1 726	978	318	160	110	160	45.1
76	50	24	6	5	-	3	44.6
28	22	14	3	-	-	1	52.1
30	24	18	-	2	2	3	48.9
54	40	29	3	2	1	1	46.0
11	18	5	-	2	1	3	50.8
19	19	13	3	2	-	1	50.0
31	25	16	8	2	1	3	48.7
53	58	22	8	2	3	4	49.7
46	32	18	5	7	2	3	49.8
32	30	12	7	2	2	-	47.6
130	87	48	13	4	5	9	45.6
109	90	60	26	9	5	5	44.2
429	268	164	57	32	31	32	43.8
162	146	72	17	12	10	12	44.9
60	53	15	6	6	4	6	46.3
13	12	3	1	1	3	2	47.3
10	8	6	3	-	-	-	45.1
5	8	7	-	-	-	-	46.6
22	18	12	3	2	-	3	51.3
40	36	14	8	2	2	8	49.0
26	24	5	8	1	-	3	43.2
61	40	24	5	6	2	6	48.6
83	82	50	9	4	4	5	43.1
28	19	7	4	1	1	4	48.4
19	16	5	3	1	-	1	47.7
31	26	12	8	3	3	4	45.2
116	95	68	28	18	12	4	43.7
53	51	24	8	6	3	4	45.2
25	8	9	1	1	3	1	46.1
10	12	13	3	2	-	4	50.6
9	11	4	3	-	-	1	52.3
6	9	2	1	1	1	1	47.0
34	29	16	6	6	1	3	42.8
54	54	31	12	2	1	5	45.4
24	15	4	3	1	1	-	46.6
13	12	10	2	-	1	1	43.8
18	14	7	1	2	1	2	47.2
14	12	6	1	1	-	3	46.2
11	2	4	2	-	-	1	46.0
77	71	46	19	4	1	6	42.5
5	4	9	-	-	-	-	45.5
25	12	4	-	1	-	-	43.4
20	21	16	4	3	1	1	45.8
12	7	10	4	-	-	-	46.9
16	7	5	1	-	-	1	47.3
20	22	11	4	2	-	-	44.8
31	7	4	1	-	2	-	46.6

第57表　医療施設従事歯科医師数、平均年齢，性、主たる従業地による

女

	総　数	24 歳 以 下	25 〜 29	30 〜 34	35 〜 39	40 〜 44	45 〜 49	50 〜 54
指定都市・特別区(再掲)								
東京都区部	4 033	20	659	654	568	500	456	345
札幌市	421	1	58	77	60	58	37	44
仙台市	337	1	46	48	47	45	26	39
さいたま市	232	-	11	36	29	50	20	23
千葉市	274	2	61	42	26	36	25	15
横浜市	879	2	124	143	115	122	103	72
川崎市	288	-	21	39	58	45	29	28
相模原市	113	-	8	15	18	15	21	13
新潟市	321	1	69	54	33	36	34	32
静岡市	100	-	5	10	16	17	12	8
浜松市	101	-	6	8	22	21	7	9
名古屋市	440	6	104	85	58	50	33	25
京都市	274	-	25	50	49	33	41	18
大阪市	650	7	117	90	94	79	76	51
堺市	103	-	5	19	16	17	10	14
神戸市	245	-	24	35	37	45	31	24
岡山市	271	1	77	51	43	29	19	14
広島市	359	1	69	58	49	45	31	25
北九州市	264	-	56	34	39	37	23	22
福岡市	610	3	124	114	88	85	64	47
熊本市	159	1	19	21	21	27	30	15
中核市(再掲)								
旭川市	28	-	2	6	3	1	5	1
函館市	29	-	2	4	5	3	5	2
青森市	41	-	-	3	2	5	7	7
盛岡市	114	-	16	16	12	12	16	14
秋田市	53	-	4	5	4	5	7	10
郡山市	76	1	15	12	11	7	12	5
いわき市	33	-	2	3	-	6	9	-
宇都宮市	104	-	5	6	17	12	14	14
前橋市	58	-	12	4	7	5	9	8
高崎市	69	-	4	7	15	13	8	6
川越市	62	-	4	4	8	13	9	6
越谷市	47	-	1	7	16	7	3	7
船橋市	106	-	11	15	12	20	12	4
柏市	78	-	7	9	15	13	8	8
八王子市	95	-	7	7	14	11	18	10
横須賀市	136	-	36	24	17	11	8	12
富山市	66	-	4	10	8	15	5	9
金沢市	71	-	7	17	11	10	6	6
長野市	60	-	4	3	5	6	1	18
岐阜市	86	-	12	13	15	8	11	11
豊橋市	45	-	3	2	5	10	8	4
豊田市	42	-	4	4	5	7	3	7
岡崎市	52	-	12	11	3	10	6	1
大津市	48	-	3	9	3	9	6	2
高槻市	50	-	9	3	3	9	12	5
東大阪市	76	1	6	6	11	10	8	12
豊中市	80	-	5	6	15	21	15	4
枚方市	67	-	4	9	9	5	4	12
姫路市	71	-	11	12	9	12	9	7
西宮市	81	-	15	10	10	21	14	2
尼崎市	63	-	8	6	7	12	11	7
奈良市	71	-	5	9	16	13	7	4
和歌山市	57	-	4	7	10	9	8	4
倉敷市	89	1	6	8	15	12	9	11
呉市	45	-	4	3	8	4	7	7
福山市	60	-	2	10	7	8	6	9
下関市	36	-	3	2	4	7	2	9
高松市	76	-	4	9	13	12	6	3
松山市	72	-	2	12	15	11	12	5
高知市	67	-	3	11	7	13	13	9
久留米市	65	-	4	11	8	14	9	9
長崎市	135	1	24	22	15	14	30	14
佐世保市	26	-	2	1	5	6	3	1
大分市	49	-	2	10	7	7	9	2
宮崎市	65	-	2	10	7	8	10	13
鹿児島市	177	-	31	34	17	23	20	20
那覇市	59	-	-	4	10	7	12	5

都道府県－指定都市・特別区・中核市（再掲）、年齢階級別（6－6）

平成28年12月31日現在

55 ～ 59	60 ～ 64	65 ～ 69	70 ～ 74	75 ～ 79	80 ～ 84	85 歳 以 上	平 均 年 齢
353	224	133	38	29	26	28	43.3
42	25	12	5	2	-	-	43.2
38	25	17	2	1	1	1	44.8
34	16	10	2	-	1	-	46.2
26	20	12	4	2	1	2	43.1
76	73	29	4	5	4	7	44.0
27	22	8	4	4	2	1	45.5
9	4	6	3	-	1	-	45.7
19	23	9	4	2	2	3	42.8
16	7	5	2	1	-	1	48.0
13	7	4	-	1	-	3	47.0
31	23	15	4	1	2	3	40.8
20	17	8	7	2	2	2	44.5
52	32	22	13	12	5	-	43.4
3	9	6	2	1	1	-	45.7
19	15	11	1	1	-	2	44.7
20	6	7	1	1	-	2	39.1
24	29	18	6	2	1	1	43.1
17	15	12	8	-	1	1	42.7
35	25	13	5	3	1	3	40.9
7	8	8	1	1	-	-	43.7
6	2	2	-	-	-	-	46.3
2	5	-	-	1	-	-	46.4
8	5	3	1	-	-	-	52.3
13	6	5	-	1	2	1	45.8
6	6	3	-	1	-	2	50.6
7	3	2	1	-	-	-	41.7
5	3	4	-	-	-	1	51.0
12	10	7	4	2	-	1	49.8
7	2	1	2	-	1	-	45.1
6	7	2	1	-	-	-	45.9
8	5	3	-	-	-	2	48.2
2	2	2	-	-	-	-	43.6
11	10	8	1	2	-	-	46.2
7	5	3	2	-	-	1	45.5
11	6	6	4	1	-	-	48.2
10	9	7	2	-	-	-	41.6
7	5	1	-	-	1	1	46.2
5	4	3	2	-	-	-	43.1
10	5	3	1	1	-	3	52.4
7	4	2	3	-	-	-	43.6
5	4	2	1	1	-	-	48.1
6	4	2	-	-	-	-	46.6
5	3	-	-	-	1	-	40.8
8	6	2	-	-	-	-	46.3
2	2	2	-	-	2	1	45.9
8	8	3	1	2	-	-	47.8
5	5	2	1	1	-	-	45.1
8	4	6	1	-	-	-	47.2
4	6	1	-	-	-	-	42.3
6	3	-	-	-	-	-	40.9
7	5	-	-	-	-	-	44.4
11	4	2	-	-	-	-	44.1
3	4	4	1	2	-	1	47.2
6	7	6	3	5	-	-	48.5
3	4	2	2	-	-	1	48.1
12	2	2	2	-	-	-	47.1
6	4	2	2	-	1	-	49.9
10	8	6	1	1	-	-	47.7
6	6	1	-	-	-	2	45.2
9	1	1	-	-	-	-	44.4
2	4	2	1	1	-	-	44.7
10	3	2	-	-	-	-	41.6
5	3	-	-	-	-	-	46.3
3	5	4	-	-	-	-	44.9
7	3	4	1	-	-	-	47.5
12	12	7	2	-	-	-	42.7
15	3	2	-	-	1	-	49.4

347

第58表　医療施設従事歯科医師数、平均年齢，病院－診療所、総

	総　数	24 歳以下	25 〜 29	30 〜 34	35 〜 39	40 〜 44	45 〜 49	50 〜 54
全　国	101 551	143	6 271	9 243	9 653	10 689	11 598	11 730
北　海　道	4 304	6	222	368	364	408	530	582
青　森	734	1	18	35	44	60	85	107
岩　手	977	–	53	89	73	82	102	113
宮　城	1 830	4	135	192	174	196	187	214
秋　田	620	–	12	33	44	61	68	98
山　形	670	1	14	42	52	66	83	73
福　島	1 324	1	79	122	72	102	159	161
茨　城	1 913	–	37	108	155	192	224	245
栃　木	1 360	–	40	83	110	131	147	170
群　馬	1 394	–	62	99	115	146	175	173
埼　玉	5 202	1	281	552	567	615	637	644
千　葉	5 095	14	450	554	540	557	530	533
東　京	16 107	39	1 420	1 701	1 674	1 735	1 897	1 803
神　奈　川	7 119	9	510	768	777	762	864	839
新　潟	1 967	5	155	171	136	189	227	248
富　山	626	–	10	47	50	60	82	89
石　川	674	–	23	51	62	76	89	73
福　井	428	1	8	24	47	59	47	52
山　梨	590	–	20	44	39	46	57	59
長　野	1 566	–	78	133	115	159	139	164
岐　阜	1 637	2	125	180	149	153	155	157
静　岡	2 318	–	45	159	199	243	241	287
愛　知	5 525	16	410	552	574	539	509	498
三　重	1 162	1	39	72	92	120	142	151
滋　賀	791	1	27	51	71	103	125	106
京　都	1 866	1	83	164	186	199	246	218
大　阪	7 630	18	532	752	763	784	840	858
兵　庫	3 840	1	154	280	342	437	512	436
奈　良	910	–	25	72	78	108	98	99
和　歌　山	718	–	19	30	51	74	73	70
鳥　取	340	–	11	13	24	31	45	51
島　根	399	–	10	23	38	45	44	38
岡　山	1 704	3	170	155	176	186	146	192
広　島	2 452	3	164	203	224	262	283	281
山　口	962	–	34	60	89	107	121	120
徳　島	773	2	46	75	71	74	89	91
香　川	714	–	25	53	70	101	94	66
愛　媛	938	1	19	55	77	90	109	129
高　知	501	–	12	29	32	56	62	56
福　岡	5 202	8	425	563	540	585	556	554
佐　賀	606	–	12	42	70	77	76	70
長　崎	1 172	2	66	90	105	112	126	158
熊　本	1 336	1	67	104	131	153	170	137
大　分	737	–	13	57	61	67	83	70
宮　崎	696	–	15	49	49	45	83	103
鹿　児　島	1 293	1	69	103	103	129	131	188
沖　縄	829	–	27	41	78	107	110	106

主たる従業地による都道府県－指定都市・特別区・中核市（再掲）、年齢階級別（6－1）

数

平成28年12月31日現在

55 ～ 59	60 ～ 64	65 ～ 69	70 ～ 74	75 ～ 79	80 ～ 84	85 歳 以 上	平 均 年 齢
13 812	11 673	8 976	3 603	2 070	1 168	922	51.1
724	475	390	117	71	26	21	51.3
126	117	83	29	13	6	10	54.8
149	158	103	26	13	9	7	52.3
221	212	187	59	19	18	12	50.3
116	84	54	14	14	13	9	54.1
105	99	74	23	13	8	17	54.3
215	187	121	46	34	13	12	52.5
340	307	172	58	36	15	24	53.7
245	205	112	48	39	14	16	53.6
210	182	130	47	23	21	11	52.4
676	535	401	147	64	48	34	49.8
598	593	397	177	87	40	25	49.3
1 998	1 508	1 076	488	352	215	201	49.4
873	723	550	203	117	65	59	49.5
296	231	158	66	42	28	15	51.2
84	81	52	25	25	9	12	54.0
90	84	75	28	12	8	3	52.4
54	52	47	14	15	5	3	52.9
95	114	67	19	17	6	7	54.7
235	239	158	56	33	28	29	53.2
206	224	157	60	31	21	17	51.0
351	328	257	94	54	32	28	53.8
729	694	590	228	97	51	38	50.8
176	155	102	50	33	16	13	53.3
97	83	61	32	16	8	10	51.8
233	199	160	84	48	28	17	51.7
931	832	645	297	195	117	66	50.8
481	446	395	179	104	51	22	52.5
142	115	97	43	18	11	4	52.8
107	117	106	33	20	10	8	55.5
49	52	39	11	6	4	4	54.2
55	55	39	23	14	8	7	54.3
247	159	144	60	31	22	13	49.8
319	267	255	107	40	18	26	51.4
135	103	101	44	18	17	13	53.0
106	98	77	21	7	11	5	50.9
102	83	65	27	17	6	5	51.8
162	125	97	36	19	10	9	53.6
103	54	61	16	9	3	8	53.9
586	476	474	212	121	54	48	49.9
77	71	65	27	14	5	–	52.1
166	152	117	44	17	10	7	51.7
182	158	129	45	35	15	9	51.6
97	95	99	48	24	17	6	54.8
121	98	73	30	16	5	9	54.3
223	155	122	39	16	12	2	51.6
179	93	42	23	11	11	1	51.6

349

第58表　医療施設従事歯科医師数、平均年齢，病院－診療所、総

	総　　数	24 歳以下	25 〜 29	30 〜 34	35 〜 39	40 〜 44	45 〜 49	50 〜 54
指定都市・特別区(再掲)								
東京都区部	12 974	37	1 307	1 450	1 332	1 327	1 518	1 416
札　幌　市	2 041	5	163	237	184	198	236	241
仙　台　市	1 159	4	111	141	131	126	114	127
さいたま市	966	-	44	98	98	125	126	121
千　葉　市	962	7	135	118	98	97	82	91
横　浜　市	3 202	6	293	399	333	334	389	341
川　崎　市	1 027	-	50	95	124	131	121	125
相　模　原　市	471	-	17	43	55	46	64	70
新　潟　市	1 068	5	145	125	88	115	119	118
静　岡　市	470	-	8	38	46	53	42	45
浜　松　市	526	-	17	34	56	59	52	73
名　古　屋　市	2 196	11	230	254	215	189	194	182
京　都　市	1 194	1	57	111	124	136	160	127
大　阪　市	3 015	12	247	295	282	282	323	310
堺　　市	548	-	17	52	52	64	54	66
神　戸　市	1 193	-	50	91	107	134	159	142
岡　山　市	903	2	142	105	109	99	76	87
広　島　市	1 242	3	128	131	125	137	125	140
北　九　州　市	1 122	-	106	101	110	112	115	114
福　岡　市	2 044	7	250	287	209	226	221	213
熊　本　市	691	1	54	65	69	84	87	73
中核市(再掲)								
旭　川　市	248	1	8	17	16	24	32	30
函　館　市	177	-	3	10	18	13	21	30
青　森　市	180	-	2	5	10	13	24	27
盛　岡　市	447	-	48	60	38	42	42	54
秋　田　市	239	-	7	16	22	28	25	35
郡　山　市	395	1	59	66	33	35	42	47
い　わ　き　市	206	-	5	10	7	18	29	19
宇　都　宮　市	428	-	16	24	40	39	50	51
前　橋　市	297	-	21	20	29	26	44	32
高　崎　市	299	-	12	19	30	38	35	36
川　越　市	263	-	14	14	26	40	35	35
越　谷　市	235	-	15	26	29	31	20	40
船　橋　市	470	2	24	49	51	66	57	45
柏　　市	319	-	12	33	42	35	33	39
八　王　子　市	398	-	13	33	44	42	60	43
横　須　賀　市	520	2	86	87	52	38	44	51
富　山　市	277	-	7	28	23	25	30	36
金　沢　市	329	-	15	35	37	44	39	30
長　野　市	273	-	11	13	19	29	20	42
岐　阜　市	424	1	30	41	42	38	48	40
豊　橋　市	284	-	9	21	23	27	40	30
豊　田　市	249	1	16	23	23	26	22	27
岡　崎　市	256	-	27	26	24	31	22	26
大　津　市	214	1	14	19	22	27	28	22
高　槻　市	231	-	15	16	18	23	37	29
東　大　阪　市	370	1	14	29	37	31	39	56
豊　中　市	324	-	12	21	35	52	45	36
枚　方　市	288	-	7	22	35	33	36	34
姫　路　市	397	-	29	28	34	35	56	45
西　宮　市	364	-	26	24	35	55	56	38
尼　崎　市	333	-	14	26	34	41	55	35
奈　良　市	276	-	9	29	30	43	32	26
和　歌　山　市	328	-	12	15	28	38	32	28
倉　敷　市	349	1	15	24	31	42	32	42
呉　　市	230	-	13	14	22	20	31	28
福　山　市	318	-	6	20	22	38	42	36
下　関　市	206	-	10	13	22	18	13	30
高　松　市	334	-	10	22	35	45	43	32
松　山　市	373	1	7	24	47	40	48	48
高　知　市	282	-	7	18	22	38	40	35
久　留　米　市	294	-	13	24	25	45	30	42
長　崎　市	551	2	48	61	55	46	71	73
佐　世　保　市	191	-	4	9	17	14	21	14
大　分　市	309	-	4	26	34	37	35	22
宮　崎　市	313	-	7	20	28	20	45	53
鹿　児　島　市	694	1	60	73	52	75	73	83
那　覇　市	233	-	2	7	19	25	31	32

主たる従業地による都道府県－指定都市・特別区・中核市（再掲）、年齢階級別（6－2）

数

平成28年12月31日現在

55 ～ 59	60 ～ 64	65 ～ 69	70 ～ 74	75 ～ 79	80 ～ 84	85 歳 以 上	平 均 年 齢
1 574	1 198	821	372	275	176	171	49.0
322	206	162	50	23	8	6	49.2
121	108	105	42	9	13	7	48.6
133	92	71	28	5	17	8	50.2
96	112	62	35	18	5	6	47.6
383	325	215	83	50	26	25	48.5
136	105	69	34	15	11	11	50.2
60	41	48	16	3	4	4	50.8
102	112	72	33	13	13	8	47.9
73	65	49	21	19	6	5	53.9
77	69	47	20	6	8	8	52.6
266	236	220	112	49	21	17	49.9
141	118	95	61	34	17	12	51.3
383	319	248	133	84	63	34	51.0
72	58	50	30	19	12	2	52.5
143	124	128	52	38	21	4	52.4
111	61	58	21	14	10	8	46.6
134	121	110	59	13	9	7	49.1
136	110	105	54	33	13	13	50.7
196	147	153	67	41	16	11	47.3
73	72	67	23	12	7	4	49.9
59	21	22	11	3	3	1	52.7
25	27	15	9	3	1	2	53.7
34	26	25	6	4	3	1	55.9
54	39	46	12	7	4	1	48.8
40	26	21	8	7	2	2	52.6
41	27	26	7	8	2	1	46.0
36	33	26	10	7	4	2	55.9
73	61	40	19	9	2	4	53.1
43	30	28	11	6	3	4	51.5
40	41	23	12	4	6	3	52.2
40	26	19	5	5	1	3	50.8
23	19	19	10	2	–	1	48.9
49	50	40	20	12	3	2	50.1
36	36	32	10	5	4	2	50.8
56	36	39	13	14	1	4	51.6
60	37	42	10	6	3	2	45.7
43	38	21	9	10	2	5	53.0
33	34	35	13	7	4	3	50.8
50	38	25	13	6	3	4	54.1
46	53	34	29	9	7	6	51.8
47	30	32	12	7	4	2	53.0
41	22	30	13	4	–	1	51.1
29	31	25	7	2	5	1	49.4
24	23	19	6	7	1	1	50.1
24	29	23	5	5	5	2	51.7
48	49	31	19	10	3	3	52.5
30	36	28	8	11	6	4	51.6
32	27	32	16	11	2	1	52.4
43	40	42	22	16	7	–	52.2
41	33	22	20	7	5	2	50.2
34	37	29	17	6	2	3	51.3
36	27	22	12	9	1	–	50.5
40	54	48	19	7	4	3	54.6
62	31	37	20	9	2	1	52.4
30	25	28	9	7	–	3	52.6
47	32	37	17	13	3	5	54.3
31	19	25	11	4	4	6	53.7
45	42	32	16	8	3	1	52.3
57	46	24	14	10	4	3	51.9
53	26	28	7	3	2	3	52.1
26	33	25	15	7	6	3	51.8
66	54	45	17	7	4	2	49.1
35	31	26	13	3	1	3	55.4
42	35	39	19	9	4	3	53.4
50	33	34	13	6	2	2	53.2
120	68	54	20	8	6	1	49.6
57	22	18	10	5	5	–	54.1

第58表　医療施設従事歯科医師数、平均年齢，病院－診療所、病

	総　　数	24 歳 以 下	25 ～ 29	30 ～ 34	35 ～ 39	40 ～ 44	45 ～ 49	50 ～ 54
全　　国	12 385	126	3 689	2 894	1 534	1 102	875	711
北　海　道	587	4	128	133	72	47	53	56
青　　森	52	1	12	6	6	7	3	6
岩　　手	196	-	46	51	23	19	15	16
宮　　城	329	4	91	81	40	27	17	18
秋　　田	33	-	3	7	5	5	3	3
山　　形	44	1	7	7	8	7	4	3
福　　島	217	1	59	52	24	26	15	16
茨　　城	96	-	16	15	17	8	17	8
栃　　木	92	-	18	18	16	13	9	5
群　　馬	80	-	18	18	8	8	6	9
埼　　玉	398	1	88	117	57	35	22	23
千　　葉	794	13	275	201	94	51	49	28
東　　京	2 569	36	937	642	303	161	144	120
神　奈　川	789	5	244	197	91	63	47	44
新　　潟	484	5	138	86	49	58	49	34
富　　山	43	-	10	8	5	6	3	2
石　　川	54	-	10	11	5	7	3	7
福　　井	28	1	2	6	3	7	1	5
山　　梨	33	-	11	10	2	-	3	2
長　　野	252	-	50	71	34	37	13	12
岐　　阜	272	2	84	65	30	18	17	12
静　　岡	120	-	19	25	19	17	8	9
愛　　知	684	14	221	139	79	62	50	28
三　　重	50	1	11	7	9	5	5	3
滋　　賀	61	1	17	11	10	9	7	3
京　　都	153	1	46	38	24	13	18	5
大　　阪	968	17	329	222	118	83	56	46
兵　　庫	210	-	52	41	37	27	16	11
奈　　良	59	-	10	10	14	11	3	4
和　歌　山	42	-	14	4	5	10	5	-
鳥　　取	33	-	9	5	6	5	4	2
島　　根	37	-	4	6	11	5	3	2
岡　　山	340	2	121	73	45	31	20	15
広　　島	325	3	91	75	37	33	32	19
山　　口	57	-	10	9	5	8	6	9
徳　　島	165	2	36	41	13	17	16	18
香　　川	39	-	7	12	5	4	4	3
愛　　媛	45	-	6	11	6	9	3	4
高　　知	22	-	4	6	3	5	2	-
福　　岡	846	7	276	216	93	78	54	50
佐　　賀	22	-	3	3	7	2	3	2
長　　崎	211	2	48	50	24	14	24	19
熊　　本	123	1	40	25	16	10	12	4
大　　分	33	-	2	11	8	2	-	2
宮　　崎	38	-	7	11	3	4	4	3
鹿　児　島	189	1	45	34	29	22	21	13
沖　　縄	71	-	14	7	16	8	6	8

主たる従業地による都道府県－指定都市・特別区・中核市（再掲）、年齢階級別（6－3）

院

平成28年12月31日現在

55 ～ 59	60 ～ 64	65 ～ 69	70 ～ 74	75 ～ 79	80 ～ 84	85 歳 以 上	平 均 年 齢
782	455	167	36	12	2	－	37.9
59	23	10	2	－	－	－	40.4
9	2	－	－	－	－	－	41.9
14	9	3	－	－	－	－	39.3
28	15	7	1	－	－	－	38.6
3	3	1	－	－	－	－	43.2
6	1	－	－	－	－	－	40.7
13	6	4	－	1	－	－	38.6
13	2	－	－	－	－	－	41.8
9	3	1	－	－	－	－	39.8
3	5	2	3	－	－	－	41.6
30	16	7	1	－	1	－	38.8
32	34	12	4	1	－	－	36.5
122	77	19	4	4	－	－	35.9
47	33	12	5	－	1	－	37.8
32	26	4	2	1	－	－	39.4
6	－	3	－	－	－	－	41.2
6	4	1	－	－	－	－	42.3
2	1	－	－	－	－	－	41.4
2	3	－	－	－	－	－	38.5
17	10	7	－	1	－	－	39.3
27	11	6	－	－	－	－	38.3
11	10	1	－	1	－	－	41.7
41	28	18	4	－	－	－	37.8
4	3	2	－	－	－	－	41.2
1	4	－	－	－	－	－	37.6
6	1	1	－	－	－	－	36.2
43	33	17	3	1	－	－	36.8
12	10	2	2	－	－	－	39.1
6	－	1	－	－	－	－	40.0
1	2	1	－	－	－	－	38.1
－	1	1	－	－	－	－	38.2
5	－	1	－	－	－	－	41.1
27	4	1	1	－	－	－	36.6
14	15	6	－	－	－	－	38.3
4	2	3	－	1	－	－	44.1
17	3	2	－	－	－	－	39.7
4	－	－	－	－	－	－	39.1
3	1	2	－	－	－	－	41.2
2	－	－	－	－	－	－	38.5
40	27	4	－	1	－	－	36.7
1	1	－	－	－	－	－	41.2
19	10	－	1	－	－	－	39.8
7	5	1	2	－	－	－	37.7
6	1	－	1	－	－	－	41.7
2	3	1	－	－	－	－	40.9
17	6	1	－	－	－	－	39.5
9	1	2	－	－	－	－	42.1

第58表　医療施設従事歯科医師数、平均年齢，病院－診療所、病

	総数	24歳以下	25～29	30～34	35～39	40～44	45～49	50～54
指定都市・特別区（再掲）								
東京都区部	2 462	34	926	625	291	149	132	108
札幌市	473	4	119	116	51	34	37	42
仙台市	302	4	90	80	40	22	12	16
さいたま市	19	-	-	3	4	1	2	4
千葉市	281	7	110	74	29	18	9	5
横浜市	471	3	160	109	58	38	26	25
川崎市	22	-	3	6	3	4	2	2
相模原市	11	-	1	5	1	1	2	-
新潟市	431	5	135	82	42	51	40	27
静岡市	23	-	1	5	4	2	1	1
浜松市	41	-	9	8	10	4	1	5
名古屋市	489	10	171	105	52	43	26	19
京都市	114	1	34	32	17	8	14	4
大阪市	434	12	158	92	50	30	26	15
堺市	22	-	1	3	6	3	-	3
神戸市	92	-	28	23	15	10	6	4
岡山市	300	2	119	65	38	27	17	12
広島市	262	3	81	67	28	25	25	13
北九州市	221	-	78	50	24	21	13	16
福岡市	568	7	189	157	61	46	35	26
熊本市	102	1	39	22	14	7	8	3
中核市（再掲）								
旭川市	25	-	3	5	5	4	3	1
函館市	18	-	2	3	3	1	2	4
青森市	9	-	2	-	-	-	1	1
盛岡市	181	-	46	51	22	17	13	11
秋田市	15	-	3	1	3	3	1	-
郡山市	167	1	50	47	16	14	11	10
いわき市	5	-	2	-	-	1	1	1
宇都宮市	18	-	4	5	2	3	4	1
前橋市	31	-	13	5	4	2	2	2
高崎市	15	-	1	4	2	2	1	3
川越市	27	-	5	5	5	4	4	1
越谷市	3	-	-	-	-	2	-	-
船橋市	13	1	2	1	3	1	2	1
柏市	8	-	1	1	3	3	2	-
八王子市	19	-	1	-	3	3	2	3
横須賀市	224	2	72	62	23	12	14	13
富山市	28	-	7	6	3	4	2	1
金沢市	32	-	7	10	3	6	1	3
長野市	15	-	4	4	1	3	1	1
岐阜市	44	1	13	8	5	5	6	1
豊橋市	19	-	4	2	1	1	5	3
豊田市	9	-	3	2	2	1	1	-
岡崎市	13	-	5	2	1	1	2	1
大津市	27	1	11	5	4	2	2	1
高槻市	17	-	9	1	-	2	3	1
東大阪市	4	-	-	-	1	1	-	1
豊中市	8	-	1	1	2	-	1	2
枚方市	13	-	-	1	4	2	2	-
姫路市	10	-	3	-	5	1	1	-
西宮市	31	-	12	3	4	1	3	3
尼崎市	13	-	2	2	2	3	1	1
奈良市	3	-	-	-	-	1	-	1
和歌山市	26	-	8	3	4	5	3	-
倉敷市	20	-	5	4	5	2	3	1
呉市	23	-	2	2	3	-	3	-
福山市	12	-	1	2	2	2	1	2
下関市	9	-	-	-	1	1	1	3
高松市	16	-	2	7	1	1	2	1
松山市	11	-	-	2	2	1	3	1
高知市	8	-	1	-	1	3	1	2
久留米市	29	-	8	6	2	7	-	4
長崎市	194	2	46	49	22	12	22	17
佐世保市	10	-	2	1	1	1	1	1
大分市	11	-	-	4	3	1	1	-
宮崎市	24	-	6	7	2	3	-	2
鹿児島市	169	1	45	31	23	21	18	11
那覇市	11	-	-	2	2	2	2	1

主たる従業地による都道府県−指定都市・特別区・中核市（再掲）、年齢階級別（6−4）

院

平成28年12月31日現在

55 〜 59	60 〜 64	65 〜 69	70 〜 74	75 〜 79	80 〜 84	85 歳 以 上	平 均 年 齢
109	66	17	3	2	−	−	35.5
45	17	6	2	−	−	−	39.4
22	11	4	1	−	−	−	37.3
3	1	1	−	−	−	−	47.0
8	15	4	2	−	−	−	35.3
26	15	7	4	−	−	−	37.2
−	1	−	1	−	−	−	40.0
−	2	−	−	−	−	−	40.7
23	22	3	1	−	−	−	38.3
3	6	−	−	−	−	−	46.5
3	1	−	−	−	−	−	38.7
23	22	16	2	−	−	−	37.2
3	1	−	−	−	−	−	35.6
21	19	9	2	−	−	−	36.6
3	1	2	−	−	−	−	45.3
3	3	−	−	−	−	−	36.4
16	4	−	−	−	−	−	35.4
7	12	1	−	−	−	−	36.9
12	6	1	−	−	−	−	36.8
24	19	3	−	1	−	−	36.1
3	2	1	2	−	−	−	35.8
2	−	2	−	−	−	−	41.6
2	−	1	−	−	−	−	44.3
6	−	−	−	−	−	−	49.8
12	6	3	−	−	−	−	38.2
2	1	1	−	−	−	−	42.7
11	3	3	−	1	−	−	37.6
−	−	−	−	−	−	−	39.0
3	1	−	−	−	−	−	43.5
−	1	−	2	−	−	−	37.7
−	1	−	1	−	−	−	44.0
1	1	1	−	−	−	−	40.0
1	−	−	−	−	−	−	47.8
−	1	−	−	−	−	−	40.3
−	−	−	−	−	−	−	38.9
3	2	−	−	2	−	−	49.3
15	9	2	−	−	−	−	37.1
3	−	2	−	−	−	−	40.2
1	2	1	−	−	−	−	39.3
1	−	−	−	−	−	−	37.9
4	1	−	−	−	−	−	38.0
2	−	−	1	−	−	−	43.8
2	−	−	−	−	−	−	38.6
1	1	−	−	−	−	−	37.1
1	1	−	−	−	−	−	34.1
−	1	−	−	−	−	−	36.3
1	−	−	−	−	−	−	47.4
−	2	1	−	−	−	−	46.9
2	−	−	−	−	−	−	44.8
−	−	−	−	−	−	−	35.7
3	1	1	−	−	−	−	39.2
2	−	−	−	−	−	−	41.4
−	−	−	−	−	−	−	44.6
−	2	1	−	−	−	−	38.8
4	−	−	1	−	−	−	44.1
2	2	1	−	−	−	−	43.1
1	1	−	−	−	−	−	43.3
−	1	1	−	−	−	−	49.3
2	−	−	−	−	−	−	38.9
2	−	−	−	−	−	−	45.1
1	−	−	−	−	−	−	40.5
1	1	−	−	−	−	−	38.6
16	8	−	−	−	−	−	39.1
1	1	−	1	−	−	−	46.1
2	−	−	1	−	−	−	43.1
−	2	1	−	−	−	−	39.1
14	4	1	−	−	−	−	38.9
2	−	2	−	−	−	−	51.1

第58表　医療施設従事歯科医師数、平均年齢，病院－診療所、

診　療

	総　数	24歳以下	25～29	30～34	35～39	40～44	45～49	50～54
全　　国	89 166	17	2 582	6 349	8 119	9 587	10 723	11 019
北　海　道	3 717	2	94	235	292	361	477	526
青　　森	682	－	6	29	38	53	82	101
岩　　手	781	－	7	38	50	63	87	97
宮　　城	1 501	－	44	111	134	169	170	196
秋　　田	587	－	9	26	39	56	65	95
山　　形	626	－	7	35	44	59	79	70
福　　島	1 107	－	20	70	48	76	144	145
茨　　城	1 817	－	21	93	138	184	207	237
栃　　木	1 268	－	22	65	94	118	138	165
群　　馬	1 314	－	44	81	107	138	169	164
埼　　玉	4 804	－	193	435	510	580	615	621
千　　葉	4 301	1	175	353	446	506	481	505
東　　京	13 538	3	483	1 059	1 371	1 574	1 753	1 683
神　奈　川	6 330	4	266	571	686	699	817	795
新　　潟	1 483	－	17	85	87	131	178	214
富　　山	583	－	－	39	45	54	79	87
石　　川	620	－	13	40	57	69	86	66
福　　井	400	－	6	18	44	52	46	47
山　　梨	557	－	9	34	37	46	54	57
長　　野	1 314	－	28	62	81	122	126	152
岐　　阜	1 365	－	41	115	119	135	138	145
静　　岡	2 198	－	26	134	180	226	233	278
愛　　知	4 841	2	189	413	495	477	459	470
三　　重	1 112	－	28	65	83	115	137	148
滋　　賀	730	－	10	40	61	96	118	103
京　　都	1 713	－	37	126	162	186	228	213
大　　阪	6 662	1	203	530	645	701	784	812
兵　　庫	3 630	1	102	239	305	410	496	425
奈　　良	851	－	15	62	64	97	95	95
和　歌　山	676	－	5	26	46	64	68	70
鳥　　取	307	－	2	8	18	26	41	49
島　　根	362	－	6	17	27	40	41	36
岡　　山	1 364	1	49	82	131	155	126	177
広　　島	2 127	－	73	128	187	229	251	262
山　　口	905	－	24	51	84	99	115	111
徳　　島	608	－	10	34	58	57	73	73
香　　川	675	－	18	41	65	97	90	63
愛　　媛	893	1	13	44	71	81	106	125
高　　知	479	－	8	23	29	51	60	56
福　　岡	4 356	1	149	347	447	507	502	504
佐　　賀	584	－	9	39	63	75	73	68
長　　崎	961	－	18	40	81	98	102	139
熊　　本	1 213	－	27	79	115	143	158	133
大　　分	704	－	11	46	53	65	83	68
宮　　崎	658	－	8	38	46	41	79	100
鹿　児　島	1 104	－	24	69	74	107	110	175
沖　　縄	758	－	13	34	62	99	104	98

主たる従業地による都道府県－指定都市・特別区・中核市（再掲）、年齢階級別（6－5）

所

平成28年12月31日現在

55 ～ 59	60 ～ 64	65 ～ 69	70 ～ 74	75 ～ 79	80 ～ 84	85 歳 以 上	平 均 年 齢
13 030	11 218	8 809	3 567	2 058	1 166	922	52.9
665	452	380	115	71	26	21	53.0
117	115	83	29	13	6	10	55.8
135	149	100	26	13	9	7	55.5
193	197	180	58	19	18	12	52.9
113	81	53	14	14	13	9	54.7
99	98	74	23	13	8	17	55.2
202	181	117	46	33	13	12	55.2
327	305	172	58	36	15	24	54.3
236	202	111	48	39	14	16	54.6
207	177	128	44	23	21	11	53.0
646	519	394	146	64	47	34	50.7
566	559	385	173	86	40	25	51.7
1 876	1 431	1 057	484	348	215	201	52.0
826	690	538	198	117	64	59	51.0
264	205	154	64	41	28	15	55.1
78	81	49	25	25	9	12	55.0
84	80	74	28	12	8	3	53.2
52	51	47	14	15	5	3	53.7
93	111	67	19	17	6	7	55.6
218	229	151	56	32	28	29	55.9
179	213	151	60	31	21	17	53.5
340	318	256	94	53	32	28	54.5
688	666	572	224	97	51	38	52.7
172	152	100	50	33	16	13	53.9
96	79	61	32	16	8	10	52.9
227	198	159	84	48	28	17	53.0
888	799	628	294	194	117	66	52.8
469	436	393	177	104	51	22	53.2
136	115	96	43	18	11	4	53.7
106	115	105	33	20	10	8	56.5
49	51	38	11	6	4	4	55.9
50	55	38	23	14	8	7	55.7
220	155	143	59	31	22	13	53.1
305	252	249	107	40	18	26	53.3
131	101	98	44	17	17	13	53.6
89	95	75	21	7	11	5	53.9
98	83	65	27	17	6	5	52.5
159	124	95	36	19	10	9	54.3
101	54	61	16	9	3	8	54.6
546	449	470	212	120	54	48	52.5
76	70	65	27	14	5	－	52.6
147	142	117	43	17	10	7	54.3
175	153	128	43	35	15	9	53.0
91	94	99	47	24	17	6	55.4
119	95	72	30	16	5	9	55.0
206	149	121	39	16	12	2	53.7
170	92	40	23	11	11	1	52.5

357

第58表　医療施設従事歯科医師数、平均年齢，病院－診療所、

診　療

	総　数	24 歳 以 下	25 〜 29	30 〜 34	35 〜 39	40 〜 44	45 〜 49	50 〜 54
指定都市・特別区(再掲)								
東京都区部	10 512	3	381	825	1 041	1 178	1 386	1 308
札　幌　市	1 568	1	44	121	133	164	199	199
仙　台　市	857	－	21	61	91	104	102	111
さいたま市	947	－	44	95	94	124	124	117
千　葉　市	681	－	25	44	69	79	73	86
横　浜　市	2 731	3	133	290	275	296	363	316
川　崎　市	1 005	－	47	89	121	127	119	123
相模原市	460	－	16	38	54	45	63	70
新　潟　市	637	－	10	43	46	64	79	91
静　岡　市	447	－	7	33	42	51	41	44
浜　松　市	485	－	8	26	46	55	51	68
名古屋市	1 707	1	59	149	163	146	168	163
京　都　市	1 080	－	23	79	107	128	146	123
大　阪　市	2 581	－	89	203	232	252	297	295
堺　　市	526	－	16	49	46	61	54	63
神　戸　市	1 101	－	22	68	92	124	153	138
岡　山　市	603	－	23	40	71	72	59	75
広　島　市	980	－	47	64	97	112	100	127
北九州市	901	－	28	51	86	91	102	98
福　岡　市	1 476	－	61	130	148	180	186	187
熊　本　市	589	－	15	43	55	77	79	70
中核市(再掲)								
旭　川　市	223	1	5	12	11	20	29	29
函　館　市	159	－	1	7	15	12	19	26
青　森　市	171	－	－	5	10	13	23	27
盛　岡　市	266	－	2	9	16	25	29	43
秋　田　市	224	－	4	15	19	25	24	35
郡　山　市	228	－	9	19	17	21	31	37
い わ き 市	201	－	3	10	7	17	28	18
宇都宮市	410	－	12	24	38	36	46	50
前　橋　市	266	－	8	15	25	24	42	30
高　崎　市	284	－	11	15	28	36	34	33
川　越　市	236	－	9	9	21	36	31	34
越　谷　市	232	－	15	26	29	29	20	40
船　橋　市	457	1	22	48	48	65	54	44
柏　　市	311	－	11	32	39	33	32	39
八 王 子 市	379	－	12	30	41	42	58	40
横須賀市	296	－	14	25	29	26	30	38
富　山　市	249	－	－	22	20	21	28	35
金　沢　市	297	－	8	25	36	38	38	27
長　野　市	258	－	7	9	18	26	19	41
岐　阜　市	380	－	17	33	37	33	42	39
豊　橋　市	265	－	5	19	22	26	35	27
豊　田　市	240	1	13	21	22	26	21	27
岡　崎　市	243	－	22	24	23	29	21	26
大　津　市	187	－	3	14	18	25	27	21
高　槻　市	214	－	6	15	18	21	34	28
東大阪市	366	1	14	29	36	30	39	55
豊　中　市	316	－	11	20	33	52	44	36
枚　方　市	275	－	7	21	31	31	34	32
姫　路　市	387	－	26	28	29	34	55	45
西　宮　市	333	－	14	21	31	54	53	35
尼　崎　市	320	－	12	24	32	38	54	34
奈　良　市	273	－	9	29	29	42	32	25
和歌山市	302	－	4	12	24	33	29	28
倉　敷　市	329	1	14	20	26	40	32	39
呉　　市	207	－	8	12	19	16	28	27
福　山　市	306	－	5	18	20	36	41	34
下　関　市	197	－	9	13	21	17	12	27
高　松　市	318	－	8	15	34	44	41	31
松　山　市	362	1	7	22	46	37	47	46
高　知　市	274	－	6	16	22	35	39	35
久留米市	265	－	5	18	23	38	30	38
長　崎　市	357	－	2	12	33	34	49	56
佐世保市	181	－	2	8	16	13	20	13
大　分　市	298	－	4	22	31	36	35	22
宮　崎　市	289	－	1	13	26	17	44	51
鹿児島市	525	－	15	42	29	54	55	72
那　覇　市	222	－	2	7	17	23	29	31

主たる従業地による都道府県－指定都市・特別区・中核市（再掲）、年齢階級別（6－6）

所

平成28年12月31日現在

55 ～ 59	60 ～ 64	65 ～ 69	70 ～ 74	75 ～ 79	80 ～ 84	85 歳 以 上	平 均 年 齢
1 465	1 132	804	369	273	176	171	52.1
277	189	156	48	23	8	6	52.1
99	97	101	41	9	13	7	52.6
130	91	70	28	5	17	8	50.3
88	97	58	33	18	5	6	52.6
357	310	208	79	50	26	25	50.4
136	104	69	33	15	11	11	50.5
60	39	48	16	3	4	4	51.0
79	90	69	32	13	13	8	54.4
70	59	49	21	19	6	5	54.3
74	68	47	20	6	8	8	53.7
243	214	204	110	49	21	17	53.6
138	117	95	61	34	17	12	53.0
362	300	239	131	84	63	34	53.4
69	57	48	30	19	12	2	52.8
140	121	128	52	38	21	4	53.7
95	57	58	21	14	10	8	52.2
127	109	109	59	13	9	7	52.4
124	104	104	54	33	13	13	54.2
172	128	150	67	40	16	11	51.6
70	70	66	21	12	7	4	52.3
57	21	20	11	3	3	1	54.0
23	27	14	9	3	1	2	54.8
28	26	25	6	4	3	1	56.2
42	33	43	12	7	4	1	56.0
38	25	20	8	7	2	2	53.2
30	24	23	7	7	2	1	52.2
36	33	26	10	7	4	2	56.4
70	60	40	19	9	2	4	53.5
43	29	28	9	6	3	4	53.1
40	40	23	11	4	6	3	52.7
39	25	18	5	5	1	3	52.1
22	19	19	10	2	-	1	49.0
49	49	40	20	12	3	2	50.4
36	36	32	10	5	4	2	51.1
53	34	39	13	12	1	4	51.7
45	28	40	10	6	3	2	52.2
40	38	19	9	10	2	5	54.4
32	32	34	13	7	4	3	52.0
49	38	25	13	6	3	4	55.0
42	52	34	29	9	7	6	53.4
45	30	32	11	7	4	2	53.7
39	22	30	13	4	-	1	51.6
28	30	25	7	2	5	1	50.1
23	22	19	6	7	1	1	52.4
24	28	23	5	5	5	2	53.0
47	49	31	19	10	3	3	52.6
30	34	27	8	11	6	4	51.7
30	27	32	16	11	2	1	52.7
43	40	42	22	16	7	-	52.6
38	32	21	20	7	5	2	51.2
32	37	29	17	6	2	3	51.7
36	27	22	12	9	1	-	50.6
40	52	47	19	7	4	3	56.0
58	31	37	19	9	2	1	52.9
28	23	27	9	7	-	3	53.7
46	31	37	17	13	3	5	54.8
31	18	24	11	4	4	6	53.9
43	42	32	16	8	3	1	53.0
55	46	24	14	10	4	3	52.1
52	26	28	7	3	2	2	52.4
25	32	25	15	7	6	3	53.3
50	46	45	17	7	4	2	54.5
34	30	26	12	3	1	3	56.0
40	35	39	18	9	4	3	53.8
50	31	33	13	6	4	2	54.4
106	64	53	20	8	6	1	53.1
55	22	16	10	5	5	-	54.3

第59表　歯科医師数、構成割合、

	総　数	医療施設の従事者	病院の従事者	開設者又は法人の代表者	勤務者(医育機関附属の病院を除く)	医育機関附属の病院の勤務者	臨床系の教官又は教員	臨床系の大学院生	臨床系の教官又は教員及び大学院生以外の従事者	診療所の従事者	開設者又は法人の代表者	勤務者
総　　　　数	104 533	101 551	12 385	22	3 055	9 308	3 476	1 861	3 971	89 166	59 482	29 684
診　　　　療	96 788	96 715	9 455	7	3 010	6 438	2 583	·	3 855	87 260	58 483	28 777
教　育・研　究	2 052	1 043	929	-	13	916	840	·	76	114	24	90
管　　　　理	1 042	937	63	15	7	41	39	·	2	874	505	369
そ　の　他	602	346	25	-	13	12	4	·	8	321	44	277
不　　　　詳	666	649	52	-	12	40	10	·	30	597	426	171
医育機関の臨床系の大学院生・臨床系以外の大学院生・その他の業務の従事者・無職	3 383	1 861	1 861	·	·	1 861	·	1 861	·	·	·	·
										構		成
総　　　　数	100.0	100.0	100.0	100.0	100.0	100.0	100.0	100.0	100.0	100.0	100.0	100.0
診　　　　療	92.6	95.2	76.3	31.8	98.5	69.2	74.3	·	97.1	97.9	98.3	96.9
教　育・研　究	2.0	1.0	7.5	-	0.4	9.8	24.2	·	1.9	0.1	0.0	0.3
管　　　　理	1.0	0.9	0.5	68.2	0.2	0.4	1.1	·	0.1	1.0	0.8	1.2
そ　の　他	0.6	0.3	0.2	-	0.4	0.1	0.1	·	0.2	0.4	0.1	0.9
不　　　　詳	0.6	0.6	0.4	-	0.4	0.4	0.3	·	0.8	0.7	0.7	0.6
医育機関の臨床系の大学院生・臨床系以外の大学院生・その他の業務の従事者・無職	3.2	1.8	15.0	·	·	20.0	·	100.0	·	·	·	·

主たる業務内容、主たる業務の種別

平成28年12月31日現在

介護老人保健施設の従事者	医療施設・介護老人保健施設以外の従事者	医育機関の臨床系以外の大学院生	医育機関の臨床系以外の勤務者	医育機関以外の教育又は研究機関の勤務者	行政機関・保健衛生業務の従事者			その他の業務の従事者	無職の者	不詳
						行政機関	保健衛生業務			
33	1 543	125	897	173	348	299	49	311	1 086	9
13	60	・	14	5	41	33	8	・	・	・
–	1 009	・	854	150	5	5	–	・	・	・
17	88	・	15	12	61	51	10	・	・	・
3	253	・	9	4	240	209	31	・	・	・
–	8	・	5	2	1	1	–	・	・	9
・	125	125	・	・	・	・	・	311	1 086	・

割　合　（％）

介護老人保健施設の従事者	医療施設・介護老人保健施設以外の従事者	医育機関の臨床系以外の大学院生	医育機関の臨床系以外の勤務者	医育機関以外の教育又は研究機関の勤務者	行政機関・保健衛生業務の従事者	行政機関	保健衛生業務	その他の業務の従事者	無職の者	不詳
100.0	100.0	100.0	100.0	100.0	100.0	100.0	100.0	100.0	100.0	100.0
39.4	3.9	・	1.6	2.9	11.8	11.0	16.3	・	・	・
–	65.4	・	95.2	86.7	1.4	1.7	–	・	・	・
51.5	5.7	・	1.7	6.9	17.5	17.1	20.4	・	・	・
9.1	16.4	・	1.0	2.3	69.0	69.9	63.3	・	・	・
–	0.5	・	0.6	1.2	0.3	0.3	–	・	・	100.0
・	8.1	100.0	・	・	・	・	・	100.0	100.0	・

第60表　歯科医師数，年齢階級、性、主たる業務内容別

平成28年12月31日現在

	総　数	診　療	教育・研究	管　理	その他	不　詳	医育機関の臨床系の大学院生・臨床系以外の大学院生・その他の業務の従事者・無職
総　数	104 533	96 788	2 052	1 042	602	666	3 383
男	80 189	74 952	1 599	672	334	510	2 122
女	24 344	21 836	453	370	268	156	1 261
24歳以下	143	141	1	–	–	1	–
男	80	79	1	–	–	–	–
女	63	62	–	–	–	1	–
25 ～ 29	6 373	5 001	43	4	8	37	1 280
男	3 524	2 741	22	3	1	17	740
女	2 849	2 260	21	1	7	20	540
30 ～ 34	9 527	8 463	214	18	41	63	728
男	6 046	5 398	135	7	19	37	450
女	3 481	3 065	79	11	22	26	278
35 ～ 39	9 943	9 351	271	61	49	37	174
男	6 551	6 211	181	26	18	27	88
女	3 392	3 140	90	35	31	10	86
40 ～ 44	10 967	10 427	281	66	55	47	91
男	7 528	7 224	192	27	20	30	35
女	3 439	3 203	89	39	35	17	56
45 ～ 49	11 888	11 350	268	71	65	49	85
男	9 074	8 744	202	34	27	33	34
女	2 814	2 606	66	37	38	16	51
50 ～ 54	12 014	11 405	329	99	51	60	70
男	9 671	9 240	278	49	23	46	35
女	2 343	2 165	51	50	28	14	35
55 ～ 59	14 098	13 489	286	114	68	63	78
男	11 808	11 355	254	70	35	52	42
女	2 290	2 134	32	44	33	11	36
60 ～ 64	11 933	11 337	230	126	58	81	101
男	10 143	9 698	213	70	32	67	63
女	1 790	1 639	17	56	26	14	38
65 ～ 69	9 220	8 715	89	122	46	93	155
男	8 195	7 801	84	79	29	85	117
女	1 025	914	5	43	17	8	38
70 ～ 74	3 740	3 445	20	89	36	39	111
男	3 397	3 156	18	68	27	37	91
女	343	289	2	21	9	2	20
75 ～ 79	2 246	1 928	10	70	32	40	166
男	2 065	1 782	10	66	27	35	145
女	181	146	–	4	5	5	21
80 ～ 84	1 317	1 023	5	84	31	27	147
男	1 189	933	4	77	23	23	129
女	128	90	1	7	8	4	18
85歳以上	1 124	713	5	118	62	29	197
男	918	590	5	96	53	21	153
女	206	123	–	22	9	8	44

第61表　医療施設従事歯科医師数、構成割合，
診療科（主たる－複数回答）、主たる業務の種別

平成28年12月31日現在

	総数	病院の従事者	開設者又は法人の代表者	勤務者（医育機関附属の病院を除く）	医育機関附属の病院の勤務者	臨床系の教官又は教員	臨床系の大学院生	臨床系の教官又は教員及び大学院生以外の従事者	診療所の従事者	開設者又は法人の代表者	勤務者
主たる診療科				歯　科　医　師　数（人）							
総　　　　数	101 551	12 385	22	3 055	9 308	3 476	1 861	3 971	89 166	59 482	29 684
歯　　　　科	88 768	5 574	16	1 112	4 446	2 057	1 072	1 317	83 194	56 702	26 492
矯　正　歯　科	3 760	966	－	20	946	278	296	372	2 794	1 426	1 368
小　児　歯　科	1 995	453	－	32	421	207	81	133	1 542	521	1 021
歯科口腔外科	4 087	3 648	5	1 650	1 993	901	400	692	439	227	212
臨床研修歯科医	1 882	1 640	－	201	1 439	－	－	1 439	242	－	242
不　　　　詳	1 059	104	1	40	63	33	12	18	955	606	349
				主たる業務の種別構成割合（%）							
総　　　　数	100.0	12.2	0.0	3.0	9.2	3.4	1.8	3.9	87.8	58.6	29.2
歯　　　　科	100.0	6.3	0.0	1.3	5.0	2.3	1.2	1.5	93.7	63.9	29.8
矯　正　歯　科	100.0	25.7	－	0.5	25.2	7.4	7.9	9.9	74.3	37.9	36.4
小　児　歯　科	100.0	22.7	－	1.6	21.1	10.4	4.1	6.7	77.3	26.1	51.2
歯科口腔外科	100.0	89.3	0.1	40.4	48.8	22.0	9.8	16.9	10.7	5.6	5.2
臨床研修歯科医	100.0	87.1	－	10.7	76.5	－	－	76.5	12.9	－	12.9
不　　　　詳	100.0	9.8	0.1	3.8	5.9	3.1	1.1	1.7	90.2	57.2	33.0
				主たる診療科別構成割合（%）							
総　　　　数	100.0	100.0	100.0	100.0	100.0	100.0	100.0	100.0	100.0	100.0	100.0
歯　　　　科	87.4	45.0	72.7	36.4	47.8	59.2	57.6	33.2	93.3	95.3	89.2
矯　正　歯　科	3.7	7.8	－	0.7	10.2	8.0	15.9	9.4	3.1	2.4	4.6
小　児　歯　科	2.0	3.7	－	1.0	4.5	6.0	4.4	3.3	1.7	0.9	3.4
歯科口腔外科	4.0	29.5	22.7	54.0	21.4	25.9	21.5	17.4	0.5	0.4	0.7
臨床研修歯科医	1.9	13.2	－	6.6	15.5	－	－	36.2	0.3	－	0.8
不　　　　詳	1.0	0.8	4.5	1.3	0.7	0.9	0.6	0.5	1.1	1.0	1.2
診療科（複数回答）				歯　科　医　師　数（人）							
総　　　　数	101 551	12 385	22	3 055	9 308	3 476	1 861	3 971	89 166	59 482	29 684
歯　　　　科	92 124	6 546	17	1 507	5 022	2 284	1 203	1 535	85 578	57 815	27 763
矯　正　歯　科	20 393	1 079	－	72	1 007	301	310	396	19 314	13 450	5 864
小　児　歯　科	39 586	708	2	155	551	241	129	181	38 878	26 902	11 976
歯科口腔外科	27 570	4 039	6	1 902	2 131	960	439	732	23 531	15 818	7 713
臨床研修歯科医	1 882	1 640	－	201	1 439	－	－	1 439	242	－	242
不　　　　詳	605	94	1	34	59	31	11	17	511	266	245
				主たる業務の種別割合（%）							
総　　　　数	100.0	12.2	0.0	3.0	9.2	3.4	1.8	3.9	87.8	58.6	29.2
歯　　　　科	100.0	7.1	0.0	1.6	5.5	2.5	1.3	1.7	92.9	62.8	30.1
矯　正　歯　科	100.0	5.3	－	0.4	4.9	1.5	1.5	1.9	94.7	66.0	28.8
小　児　歯　科	100.0	1.8	0.0	0.4	1.4	0.6	0.3	0.5	98.2	68.0	30.3
歯科口腔外科	100.0	14.6	0.0	6.9	7.7	3.5	1.6	2.7	85.4	57.4	28.0
臨床研修歯科医	100.0	87.1	－	10.7	76.5	－	－	76.5	12.9	－	12.9
不　　　　詳	100.0	15.5	0.2	5.6	9.8	5.1	1.8	2.8	84.5	44.0	40.5
				診療科（複数回答）別割合（%）							
総　　　　数	100.0	100.0	100.0	100.0	100.0	100.0	100.0	100.0	100.0	100.0	100.0
歯　　　　科	90.7	52.9	77.3	49.3	54.0	65.7	64.6	38.7	96.0	97.2	93.5
矯　正　歯　科	20.1	8.7	－	2.4	10.8	8.7	16.7	10.0	21.7	22.6	19.8
小　児　歯　科	39.0	5.7	9.1	5.1	5.9	6.9	6.9	4.6	43.6	45.2	40.3
歯科口腔外科	27.1	32.6	27.3	62.3	22.9	27.6	23.6	18.4	26.4	26.6	26.0
臨床研修歯科医	1.9	13.2	－	6.6	15.5	－	－	36.2	0.3	－	0.8
不　　　　詳	0.6	0.8	4.5	1.1	0.6	0.9	0.6	0.4	0.6	0.4	0.8

注：1）主たる診療科は、複数の診療科に従事している場合の主として従事する診療科と、1診療科のみに従事している場合の診療科である。
　　2）診療科（複数回答）は、2つ以上の診療科に従事している場合、各々の科に重複計上したものである。

第62表　医療施設従事歯科医師数、平均年齢，

	総　数							病		
	総　数	歯　科	矯正歯科	小児歯科	歯科口腔外科	臨床研修歯科医	不　詳	総　数	歯　科	矯正歯科
総　数	101 551	88 768	3 760	1 995	4 087	1 882	1 059	12 385	5 574	966
男	78 160	70 339	2 109	642	3 140	1 114	816	8 113	3 629	504
女	23 391	18 429	1 651	1 353	947	768	243	4 272	1 945	462
24 歳 以 下	143	–	–	–	–	143	–	126	–	–
男	80	–	–	–	–	80	–	72	–	–
女	63	–	–	–	–	63	–	54	–	–
25 ～ 29	6 271	3 614	360	155	657	1 445	40	3 689	1 345	308
男	3 474	2 053	139	46	395	822	19	1 960	712	120
女	2 797	1 561	221	109	262	623	21	1 729	633	188
30 ～ 34	9 243	7 230	565	242	888	223	95	2 894	1 368	334
男	5 905	4 758	246	62	612	162	65	1 813	867	165
女	3 338	2 472	319	180	276	61	30	1 081	501	169
35 ～ 39	9 653	8 173	477	221	633	47	102	1 534	696	132
男	6 394	5 569	206	54	463	34	68	978	412	73
女	3 259	2 604	271	167	170	13	34	556	284	59
40 ～ 44	10 689	9 262	518	260	514	19	116	1 102	524	58
男	7 372	6 579	243	69	387	13	81	737	326	32
女	3 317	2 683	275	191	127	6	35	365	198	26
45 ～ 49	11 598	10 314	524	225	391	2	142	875	462	36
男	8 895	8 079	305	61	338	1	111	658	317	30
女	2 703	2 235	219	164	53	1	31	217	145	6
50 ～ 54	11 730	10 621	425	240	311	1	132	711	383	33
男	9 469	8 739	266	70	289	1	104	588	295	27
女	2 261	1 882	159	170	22	–	28	123	88	6
55 ～ 59	13 812	12 746	374	227	351	2	112	782	417	39
男	11 611	10 836	274	72	332	1	96	690	357	34
女	2 201	1 910	100	155	19	1	16	92	60	5
60 ～ 64	11 673	10 911	237	219	191	–	115	455	257	21
男	9 947	9 387	190	95	180	–	95	420	234	20
女	1 726	1 524	47	124	11	–	20	35	23	1
65 ～ 69	8 976	8 483	155	149	93	–	96	167	98	4
男	7 998	7 620	129	80	89	–	80	149	85	2
女	978	863	26	69	4	–	16	18	13	2
70 ～ 74	3 603	3 413	77	42	35	–	36	36	16	1
男	3 285	3 123	69	26	34	–	33	34	16	1
女	318	290	8	16	1	–	3	2	–	–
75 ～ 79	2 070	1 989	28	8	16	–	29	12	7	–
男	1 910	1 838	25	4	15	–	28	12	7	–
女	160	151	3	4	1	–	1	–	–	–
80 ～ 84	1 168	1 127	14	4	4	–	19	2	1	–
男	1 058	1 025	11	–	4	–	18	2	1	–
女	110	102	3	4	–	–	1	–	–	–
85 歳 以 上	922	885	6	3	3	–	25	–	–	–
男	762	733	6	3	2	–	18	–	–	–
女	160	152	–	–	1	–	7	–	–	–
平均年齢 総数	51.1	52.3	45.6	48.0	41.6	27.7	52.3	37.9	39.6	35.2
男	52.9	53.8	48.9	51.0	43.4	28.0	53.7	39.9	41.4	37.7
女	45.1	46.5	41.5	46.6	35.8	27.2	47.5	34.0	36.0	32.5

注：複数の診療科に従事している場合の主として従事する診療科と、1診療科のみに従事している場合の診療科である。

年齢階級、性、病院－診療所、主たる診療科別

平成28年12月31日現在

院				診	療		所			
小児歯科	歯科口腔外科	臨床研修歯科医	不詳	総数	歯科	矯正歯科	小児歯科	歯科口腔外科	臨床研修歯科医	不詳
453	3 648	1 640	104	89 166	83 194	2 794	1 542	439	242	955
187	2 772	948	73	70 047	66 710	1 605	455	368	166	743
266	876	692	31	19 119	16 484	1 189	1 087	71	76	212
–	–	126	–	17	–	–	–	–	17	–
–	–	72	–	8	–	–	–	–	8	–
–	–	54	–	9	–	–	–	–	9	–
105	648	1 268	15	2 582	2 269	52	50	9	177	25
35	387	702	4	1 514	1 341	19	11	8	120	15
70	261	566	11	1 068	928	33	39	1	57	10
123	858	190	21	6 349	5 862	231	119	30	33	74
37	596	134	14	4 092	3 891	81	25	16	28	51
86	262	56	7	2 257	1 971	150	94	14	5	23
62	589	40	15	8 119	7 477	345	159	44	7	87
24	428	30	11	5 416	5 157	133	30	35	4	57
38	161	10	4	2 703	2 320	212	129	9	3	30
48	445	13	14	9 587	8 738	460	212	69	6	102
17	343	8	11	6 635	6 253	211	52	44	5	70
31	102	5	3	2 952	2 485	249	160	25	1	32
39	320	2	16	10 723	9 852	488	186	71	–	126
20	276	1	14	8 237	7 762	275	41	62	–	97
19	44	1	2	2 486	2 090	213	145	9	–	29
25	260	1	9	11 019	10 238	392	215	51	–	123
16	242	1	7	8 881	8 444	239	54	47	–	97
9	18	–	2	2 138	1 794	153	161	4	–	26
27	292	–	7	13 030	12 329	335	200	59	2	105
17	276	–	6	10 921	10 479	240	55	56	1	90
10	16	–	1	2 109	1 850	95	145	3	1	15
14	158	–	5	11 218	10 654	216	205	33	–	110
13	149	–	4	9 527	9 153	170	82	31	–	91
1	9	–	1	1 691	1 501	46	123	2	–	19
7	58	–	–	8 809	8 385	151	142	35	–	96
6	56	–	–	7 849	7 535	127	74	33	–	80
1	2	–	–	960	850	24	68	2	–	16
3	14	–	2	3 567	3 397	76	39	21	–	34
2	13	–	2	3 251	3 107	68	24	21	–	31
1	1	–	–	316	290	8	15	–	–	3
–	5	–	–	2 058	1 982	28	8	11	–	29
–	5	–	–	1 898	1 831	25	4	10	–	28
–	–	–	–	160	151	3	4	1	–	1
–	1	–	–	1 166	1 126	14	4	3	–	19
–	1	–	–	1 056	1 024	11	–	3	–	18
–	–	–	–	110	102	3	4	–	–	1
–	–	–	–	922	885	6	3	3	–	25
–	–	–	–	762	733	6	3	2	–	18
–	–	–	–	160	152	–	–	1	–	7
38.8	40.4	27.6	41.5	52.9	53.2	49.2	50.7	51.4	28.3	53.5
42.3	42.1	27.9	43.7	54.4	54.5	52.4	54.6	52.9	28.6	54.7
36.2	35.1	27.1	36.3	47.6	47.8	45.0	49.1	44.1	27.7	49.2

第63表　医療施設従事歯科医師数、平均年齢、

	総　　　　　　　　　　　　　数						病	
	歯　科	矯正歯科	小児歯科	歯科口腔外科	臨床研修歯科医	不　詳	歯　科	矯正歯科
総　数	92 124	20 393	39 586	27 570	1 882	605	6 546	1 079
男	72 245	16 005	31 277	22 656	1 114	437	4 303	581
女	19 879	4 388	8 309	4 914	768	168	2 243	498
24 歳以下	-	-	-	-	143	-	-	-
男	-	-	-	-	80	-	-	-
女	-	-	-	-	63	-	-	-
25 ～ 29	3 865	870	1 224	1 480	1 445	32	1 551	330
男	2 178	471	738	948	822	14	819	130
女	1 687	399	486	532	623	18	732	200
30 ～ 34	7 640	1 822	3 011	3 085	223	73	1 603	358
男	4 955	1 183	2 018	2 246	162	50	1 007	179
女	2 685	639	993	839	61	23	596	179
35 ～ 39	8 596	2 237	4 208	3 676	47	57	841	147
男	5 770	1 548	2 950	2 755	34	38	511	84
女	2 826	689	1 258	921	13	19	330	63
40 ～ 44	9 696	2 520	4 995	3 961	19	63	626	66
男	6 806	1 817	3 655	3 113	13	37	406	38
女	2 890	703	1 340	848	6	26	220	28
45 ～ 49	10 755	2 830	5 581	3 641	2	78	538	46
男	8 318	2 229	4 450	3 081	1	59	375	39
女	2 437	601	1 131	560	1	19	163	7
50 ～ 54	11 028	2 776	5 555	3 112	1	71	449	42
男	8 971	2 280	4 573	2 691	1	52	356	34
女	2 057	496	982	421	-	19	93	8
55 ～ 59	13 123	2 933	5 932	3 193	2	58	501	54
男	11 074	2 554	5 031	2 865	1	47	432	47
女	2 049	379	901	328	1	11	69	7
60 ～ 64	11 201	2 126	4 488	2 364	-	61	297	27
男	9 582	1 851	3 815	2 126	-	46	273	24
女	1 619	275	673	238	-	15	24	3
65 ～ 69	8 676	1 405	2 797	1 734	-	44	107	5
男	7 763	1 267	2 446	1 591	-	36	93	3
女	913	138	351	143	-	8	14	2
70 ～ 74	3 482	500	978	713	-	19	21	3
男	3 180	468	878	675	-	17	19	2
女	302	32	100	38	-	2	2	1
75 ～ 79	2 026	216	491	372	-	17	10	-
男	1 870	197	441	350	-	16	10	-
女	156	19	50	22	-	1	-	-
80 ～ 84	1 145	104	202	152	-	9	2	1
男	1 041	93	177	138	-	8	2	1
女	104	11	25	14	-	1	-	-
85 歳以上	891	54	124	87	-	23	-	-
男	737	47	105	77	-	17	-	-
女	154	7	19	10	-	6	-	-
平均年齢 総数	52.1	49.9	50.7	48.4	27.7	51.4	39.6	35.9
男	53.7	51.3	51.7	49.5	28.0	53.0	41.5	38.6
女	46.4	44.6	46.6	42.9	27.2	47.2	35.9	32.9

注：2つ以上の診療科に従事している場合、各々の科に重複計上している。

年齢階級、性、病院－診療所、診療科（複数回答）別

平成28年12月31日現在

院				診　　療　　所					
小児歯科	歯科口腔外科	臨床研修歯科医	不詳	歯科	矯正歯科	小児歯科	歯科口腔外科	臨床研修歯科医	不詳
708	4 039	1 640	94	85 578	19 314	38 878	23 531	242	511
361	3 039	948	64	67 942	15 424	30 916	19 617	166	373
347	1 000	692	30	17 636	3 890	7 962	3 914	76	138
–	–	126	–	–	–	–	–	17	–
–	–	72	–	–	–	–	–	8	–
–	–	54	–	–	–	–	–	9	–
159	708	1 268	14	2 314	540	1 065	772	177	18
66	418	702	3	1 359	341	672	530	120	11
93	290	566	11	955	199	393	242	57	7
184	946	190	20	6 037	1 464	2 827	2 139	33	53
75	646	134	13	3 948	1 004	1 943	1 600	28	37
109	300	56	7	2 089	460	884	539	5	16
90	646	40	12	7 755	2 090	4 118	3 030	7	45
45	467	30	8	5 259	1 464	2 905	2 288	4	30
45	179	10	4	2 496	626	1 213	742	3	15
73	491	13	14	9 070	2 454	4 922	3 470	6	49
35	372	8	11	6 400	1 779	3 620	2 741	5	26
38	119	5	3	2 670	675	1 302	729	1	23
69	374	2	12	10 217	2 784	5 512	3 267	–	66
42	319	1	11	7 943	2 190	4 408	2 762	–	48
27	55	1	1	2 274	594	1 104	505	–	18
45	282	1	9	10 579	2 734	5 510	2 830	–	62
28	260	1	7	8 615	2 246	4 545	2 431	–	45
17	22	–	2	1 964	488	965	399	–	17
53	335	–	7	12 622	2 879	5 879	2 858	2	51
39	313	–	6	10 642	2 507	4 992	2 552	1	41
14	22	–	1	1 980	372	887	306	1	10
21	170	–	5	10 904	2 099	4 467	2 194	–	56
19	160	–	4	9 309	1 827	3 796	1 966	–	42
2	10	–	1	1 595	272	671	228	–	14
10	65	–	–	8 569	1 400	2 787	1 669	–	44
9	63	–	–	7 670	1 264	2 437	1 528	–	36
1	2	–	–	899	136	350	141	–	8
4	16	–	1	3 461	497	974	697	–	18
3	15	–	1	3 161	466	875	660	–	16
1	1	–	–	300	31	99	37	–	2
–	5	–	–	2 016	216	491	367	–	17
–	5	–	–	1 860	197	441	345	–	16
–	–	–	–	156	19	50	22	–	1
–	1	–	–	1 143	103	202	151	–	9
–	1	–	–	1 039	92	177	137	–	8
–	–	–	–	104	11	25	14	–	1
–	–	–	–	891	54	124	87	–	23
–	–	–	–	737	47	105	77	–	17
–	–	–	–	154	7	19	10	–	6
39.3	40.5	27.6	41.3	53.1	50.7	50.9	49.7	28.3	53.2
42.0	42.2	27.9	43.8	54.5	51.8	51.9	50.7	28.6	54.6
36.5	35.3	27.1	35.9	47.8	46.1	47.1	44.9	27.7	49.6

第64表　医療施設従事歯科医師数，主たる従業地による都道府県－

	主たる診療科							診療科（複数回答）					
	総数	歯科	矯正歯科	小児歯科	歯科口腔外科	臨床研修歯科医	不詳	歯科	矯正歯科	小児歯科	歯科口腔外科	臨床研修歯科医	不詳
全　　国	101 551	88 768	3 760	1 995	4 087	1 882	1 059	92 124	20 393	39 586	27 570	1 882	605
北 海 道	4 304	3 731	142	106	211	74	40	3 902	757	1 746	1 080	74	19
青　　森	734	661	8	9	33	9	14	680	146	278	188	9	12
岩　　手	977	855	34	23	33	24	8	888	212	331	160	24	3
宮　　城	1 830	1 562	104	42	60	47	15	1 624	354	650	413	47	11
秋　　田	620	569	11	5	22	2	11	587	164	303	233	2	7
山　　形	670	605	15	10	35	3	2	623	101	220	165	3	2
福　　島	1 324	1 150	38	23	73	38	2	1 182	205	333	259	38	2
茨　　城	1 913	1 742	59	30	71	7	4	1 813	382	877	528	7	2
栃　　木	1 360	1 197	46	16	72	13	16	1 248	326	622	472	13	6
群　　馬	1 394	1 261	32	20	56	14	11	1 304	284	634	462	14	5
埼　　玉	5 202	4 709	178	84	131	52	48	4 842	1 185	2 289	1 655	52	23
千　　葉	5 095	4 383	231	111	224	117	29	4 555	1 077	2 082	1 671	117	10
東　　京	16 107	13 806	809	302	568	392	230	14 373	3 195	5 463	4 775	392	129
神 奈 川	7 119	6 096	354	127	232	152	158	6 324	1 329	2 486	1 945	152	118
新　　潟	1 967	1 638	88	57	113	66	5	1 719	349	716	507	66	1
富　　山	626	551	22	11	34	6	2	566	97	218	158	6	2
石　　川	674	585	22	6	44	3	14	630	143	250	184	3	8
福　　井	428	372	18	8	24	5	1	391	87	177	123	5	－
山　　梨	590	536	18	8	22	6	－	551	111	227	144	6	－
長　　野	1 566	1 322	53	28	93	38	32	1 382	273	521	322	38	21
岐　　阜	1 637	1 416	60	41	73	41	6	1 466	378	753	326	41	2
静　　岡	2 318	2 096	73	30	97	8	14	2 148	429	817	486	8	8
愛　　知	5 525	4 764	188	142	280	129	22	4 953	1 285	2 673	1 341	129	8
三　　重	1 162	1 053	33	25	42	4	5	1 087	260	550	347	4	－
滋　　賀	791	697	22	14	46	10	2	728	180	337	205	10	2
京　　都	1 866	1 652	53	23	79	35	24	1 704	336	675	501	35	11
大　　阪	7 630	6 783	196	111	255	176	109	7 020	1 224	2 774	1 877	176	54
兵　　庫	3 840	3 412	126	68	165	41	28	3 522	817	1 451	979	41	21
奈　　良	910	801	30	24	45	5	5	837	145	352	238	5	2
和 歌 山	718	644	14	5	34	11	10	662	109	254	149	11	6
鳥　　取	340	300	7	3	23	6	1	320	76	114	104	6	1
島　　根	399	351	10	3	32	2	1	366	64	108	100	2	－
岡　　山	1 704	1 451	71	43	56	41	42	1 504	284	543	375	41	28
広　　島	2 452	2 100	90	60	102	47	53	2 182	419	888	625	47	36
山　　口	962	886	16	16	37	6	1	909	256	438	256	6	1
徳　　島	773	657	39	26	31	16	4	684	175	373	244	16	4
香　　川	714	644	21	9	29	7	4	671	181	373	245	7	2
愛　　媛	938	854	24	17	27	7	9	880	188	380	218	7	6
高　　知	501	452	14	5	19	1	10	480	84	164	115	1	7
福　　岡	5 202	4 479	204	172	186	138	23	4 662	1 142	2 048	1 395	138	5
佐　　賀	606	565	13	8	14	4	2	586	167	344	192	4	2
長　　崎	1 172	1 022	41	36	44	21	8	1 052	255	458	267	21	4
熊　　本	1 336	1 202	31	22	59	17	5	1 237	295	615	389	17	3
大　　分	737	667	18	6	31	2	13	683	140	292	213	2	9
宮　　崎	696	627	17	12	28	7	5	654	142	310	177	7	2
鹿 児 島	1 293	1 128	43	40	53	23	6	1 173	377	658	447	23	－
沖　　縄	829	734	24	8	49	9	5	770	208	421	315	9	2

注：1）主たる診療科は、複数の診療科に従事している場合の主として従事する診療科と、1診療科のみに従事している場合の診療科である。
　　2）診療科（複数回答）は、2つ以上の診療科に従事している場合、各々の科に重複計上したものである。

指定都市・特別区・中核市（再掲）、診療科（主たる－複数回答）別

平成28年12月31日現在

| | 主たる診療科 | | | | | | | 診療科（複数回答） | | | | | |
	総数	歯科	矯正歯科	小児歯科	歯科口腔外科	臨床研修歯科医	不詳	歯科	矯正歯科	小児歯科	歯科口腔外科	臨床研修歯科医	不詳
指定都市・特別区（再掲）													
東京都区部	12 974	10 999	696	241	490	374	174	11 444	2 640	4 170	3 830	374	101
札幌市	2 041	1 685	89	63	128	56	20	1 782	351	787	534	56	8
仙台市	1 159	927	91	31	49	46	15	976	204	341	245	46	11
さいたま市	966	892	36	14	15	7	2	912	217	416	281	7	1
千葉市	962	738	71	28	62	58	5	778	200	336	275	58	2
横浜市	3 202	2 656	179	52	138	98	79	2 767	569	978	844	98	57
川崎市	1 027	921	39	20	20	2	25	953	223	429	337	2	19
相模原市	471	432	13	7	7	–	12	439	94	197	151	–	10
新潟市	1 068	807	69	44	83	64	1	862	172	333	261	64	–
静岡市	470	414	17	11	22	–	6	428	96	160	104	–	3
浜松市	526	463	20	7	29	5	2	475	106	221	133	5	2
名古屋市	2 196	1 782	105	56	154	86	13	1 870	463	860	549	86	3
京都市	1 194	1 036	37	13	56	30	22	1 074	193	387	305	30	9
大阪市	3 015	2 651	80	39	95	116	34	2 738	411	910	654	116	13
堺市	548	514	11	4	16	1	2	529	95	244	163	1	–
神戸市	1 193	1 014	49	22	72	21	15	1 052	242	401	305	21	12
岡山市	903	713	57	29	49	30	25	741	159	257	202	30	20
広島市	1 242	986	72	40	72	38	34	1 040	223	413	308	38	22
北九州市	1 122	959	49	30	42	39	3	1 003	225	381	272	39	1
福岡市	2 044	1 626	119	89	113	84	13	1 700	430	712	538	84	2
熊本市	691	583	24	16	49	17	2	610	154	325	241	17	2
中核市（再掲）													
旭川市	248	212	8	4	19	5	–	224	34	98	59	5	–
函館市	177	155	2	–	15	1	4	164	46	75	61	1	–
青森市	180	164	1	2	5	2	6	167	27	54	36	2	6
盛岡市	447	352	26	15	27	24	3	369	96	147	90	24	2
秋田市	239	216	9	1	11	2	–	222	71	129	98	2	–
郡山市	395	281	24	14	45	30	1	292	57	88	99	30	1
いわき市	206	194	4	2	3	2	1	196	25	40	24	2	1
宇都宮市	428	382	23	7	12	2	2	398	120	214	160	2	–
前橋市	297	259	9	1	20	8	–	267	63	123	123	8	–
高崎市	299	258	10	6	17	3	5	274	64	148	120	3	1
川越市	263	224	9	5	18	3	4	235	45	91	73	3	2
越谷市	235	220	7	5	3	–	–	224	58	128	78	–	–
船橋市	470	417	15	8	11	6	13	435	99	222	165	6	6
柏市	319	299	9	6	4	–	1	307	64	140	101	–	1
八王子市	398	357	17	4	15	–	5	368	60	156	123	–	1
横須賀市	520	390	46	14	17	43	10	407	85	128	86	43	9
富山市	277	232	11	6	22	6	–	242	46	98	89	6	–
金沢市	329	278	12	2	28	1	8	311	63	117	107	1	5
長野市	273	244	8	3	14	1	3	252	33	105	51	1	2
岐阜市	424	352	18	9	29	13	3	372	101	202	101	13	–
豊橋市	284	253	7	10	11	2	1	259	43	107	50	2	1
豊田市	249	220	11	4	8	4	2	230	50	132	63	4	–
岡崎市	256	232	7	4	7	6	–	238	52	135	53	6	–
大津市	214	175	10	4	18	7	–	191	48	94	79	7	–
高槻市	231	207	6	1	11	3	3	214	40	100	65	3	–
東大阪市	370	339	5	5	4	2	15	352	65	156	96	2	10
豊中市	324	294	12	8	4	1	5	308	76	150	112	1	–
枚方市	288	256	10	10	12	–	–	269	59	127	83	–	–
姫路市	397	369	12	5	6	4	1	380	83	140	86	4	1
西宮市	364	302	16	10	25	4	7	316	88	150	112	4	5
尼崎市	333	308	9	4	8	2	2	315	58	135	84	2	1
奈良市	276	240	15	14	4	–	3	257	63	134	87	–	2
和歌山市	328	289	9	2	22	5	1	295	59	125	85	5	1
倉敷市	349	321	7	4	5	6	6	333	65	147	99	6	1
呉市	230	204	3	2	8	4	9	211	28	72	59	4	6
福山市	318	298	5	3	8	2	2	305	60	150	93	2	1
下関市	206	190	7	4	5	–	–	197	37	68	36	–	–
高松市	334	304	12	4	11	2	1	312	81	180	117	2	1
松山市	373	334	20	8	5	3	3	348	79	169	73	3	2
高知市	282	253	13	4	7	1	4	268	61	103	70	1	2
久留米市	294	244	11	11	17	10	1	268	71	123	92	10	1
長崎市	551	445	28	19	36	19	4	463	114	189	135	19	2
佐世保市	191	175	5	6	3	1	1	176	40	72	43	1	1
大分市	309	272	12	6	11	1	7	283	56	130	94	1	6
宮崎市	313	272	11	8	17	5	–	285	72	165	96	5	–
鹿児島市	694	565	35	27	42	22	3	591	219	348	249	22	–
那覇市	233	212	11	4	–	–	–	222	79	143	94	–	–

第65表　人口10万対医療施設従事歯科医師数，主たる従業地による

| | 主たる診療科 | | | | | | | 診療科（複数回答） | | | | | |
	総数	歯科	矯正歯科	小児歯科	歯科口腔外科	臨床研修歯科医	不詳	歯科	矯正歯科	小児歯科	歯科口腔外科	臨床研修歯科医	不詳
全国	80.0	69.9	3.0	1.6	3.2	1.5	0.8	72.6	16.1	31.2	21.7	1.5	0.5
北海道	80.4	69.7	2.7	2.0	3.9	1.4	0.7	72.9	14.1	32.6	20.2	1.4	0.4
青森	56.8	51.1	0.6	0.7	2.6	0.7	1.1	52.6	11.3	21.5	14.5	0.7	0.9
岩手	77.1	67.4	2.7	1.8	2.6	1.9	0.6	70.0	16.7	26.1	12.6	1.9	0.2
宮城	78.5	67.0	4.5	1.8	2.6	2.0	0.6	69.7	15.2	27.9	17.7	2.0	0.5
秋田	61.4	56.3	1.1	0.5	2.2	0.2	1.1	58.1	16.2	30.0	23.1	0.2	0.7
山形	60.2	54.4	1.3	0.9	3.1	0.3	0.2	56.0	9.1	19.8	14.8	0.3	0.2
福島	69.6	60.5	2.0	1.2	3.8	2.0	0.1	62.2	10.8	17.5	13.6	2.0	0.1
茨城	65.9	60.0	2.0	1.0	2.4	0.2	0.1	62.4	13.1	30.2	18.2	0.2	0.1
栃木	69.2	60.9	2.3	0.8	3.7	0.7	0.8	63.5	16.6	31.6	24.0	0.7	0.3
群馬	70.9	64.1	1.6	1.0	2.8	0.7	0.6	66.3	14.4	32.2	23.5	0.7	0.3
埼玉	71.4	64.6	2.4	1.2	1.8	0.7	0.7	66.4	16.3	31.4	22.7	0.7	0.3
千葉	81.7	70.3	3.7	1.8	3.6	1.9	0.5	73.0	17.3	33.4	26.8	1.9	0.2
東京	118.2	101.3	5.9	2.2	4.2	2.9	1.7	105.5	23.5	40.1	35.0	2.9	0.9
神奈川	77.8	66.7	3.9	1.4	2.5	1.7	1.7	69.2	14.5	27.2	21.3	1.7	1.3
新潟	86.0	71.7	3.8	2.5	4.9	2.9	0.2	75.2	15.3	31.3	22.2	2.9	0.0
富山	59.0	51.9	2.1	1.0	3.2	0.6	0.2	53.3	9.1	20.5	14.9	0.6	0.2
石川	58.6	50.8	1.9	0.5	3.8	0.3	1.2	54.7	12.4	21.7	16.0	0.3	0.7
福井	54.7	47.6	2.3	1.0	3.1	0.6	0.1	50.0	11.1	22.6	15.7	0.6	-
山梨	71.1	64.6	2.2	1.0	2.7	0.7	-	66.4	13.4	27.3	17.3	0.7	-
長野	75.0	63.3	2.5	1.3	4.5	1.8	1.5	66.2	13.1	25.0	15.4	1.8	1.0
岐阜	81.0	70.0	3.0	2.0	3.6	2.0	0.3	72.5	18.7	37.2	16.1	2.0	0.1
静岡	62.9	56.8	2.0	0.8	2.6	0.2	0.4	58.2	11.6	22.2	13.2	0.2	0.2
愛知	73.6	63.5	2.5	1.9	3.7	1.7	0.3	66.0	17.1	35.6	17.9	1.7	0.1
三重	64.3	58.2	1.8	1.4	2.3	0.2	0.3	60.1	14.4	30.4	19.2	0.2	-
滋賀	56.0	49.3	1.6	1.0	3.3	0.7	0.1	52.1	12.7	23.8	14.5	0.7	0.1
京都	71.6	63.4	2.0	0.9	3.0	1.3	0.9	65.4	12.9	25.9	19.2	1.3	0.4
大阪	86.4	76.8	2.2	1.3	2.9	2.0	1.2	79.5	13.9	31.4	21.2	2.0	0.6
兵庫	69.6	61.8	2.3	1.2	3.0	0.7	0.5	63.8	14.8	26.3	17.7	0.7	0.4
奈良	67.1	59.1	2.2	1.8	3.3	0.4	0.4	61.7	10.7	26.0	17.6	0.4	0.1
和歌山	75.3	67.5	1.5	0.5	3.6	1.2	1.0	69.4	11.4	26.6	15.6	1.2	0.6
鳥取	59.6	52.6	1.2	0.5	4.0	1.1	0.2	56.1	13.3	20.0	18.2	1.1	0.2
島根	57.8	50.9	1.4	0.4	4.6	0.3	0.1	53.0	9.3	15.7	14.5	0.3	-
岡山	89.0	75.8	3.7	2.2	2.9	2.1	2.2	78.5	14.8	28.4	19.6	2.1	1.5
広島	86.4	74.0	3.2	2.1	3.6	1.7	1.9	76.9	14.8	31.3	22.0	1.7	1.3
山口	69.0	63.6	1.1	1.1	2.7	0.4	0.1	65.2	18.4	31.4	18.4	0.4	0.1
徳島	103.1	87.6	5.2	3.5	4.1	2.1	0.5	91.2	23.3	49.7	32.5	2.1	0.5
香川	73.5	66.3	2.2	0.9	3.0	0.7	0.4	69.0	18.6	38.4	25.2	0.7	0.2
愛媛	68.2	62.1	1.7	1.2	2.0	0.5	0.7	64.0	13.7	27.6	15.9	0.5	0.4
高知	69.5	62.7	1.9	0.7	2.6	0.1	1.4	66.6	11.7	22.7	16.0	0.1	1.0
福岡	101.9	87.8	4.0	3.4	3.6	2.7	0.5	91.3	22.4	40.1	27.3	2.7	0.1
佐賀	73.2	68.2	1.6	1.0	1.7	0.5	0.2	70.8	20.2	41.5	23.2	0.5	-
長崎	85.7	74.8	3.0	2.6	3.2	1.5	0.6	77.0	18.7	33.5	19.5	1.5	0.3
熊本	75.3	67.8	1.7	1.2	3.3	1.0	0.3	69.7	16.6	34.7	21.9	1.0	0.8
大分	63.5	57.5	1.6	0.5	2.7	0.2	1.1	58.9	12.1	25.2	18.4	0.2	0.8
宮崎	63.5	57.2	1.6	1.1	2.6	0.6	0.5	59.7	13.0	28.3	16.1	0.6	0.2
鹿児島	79.0	68.9	2.6	2.4	3.2	1.4	0.4	71.7	23.0	40.2	27.3	1.4	-
沖縄	57.6	51.0	1.7	0.6	3.4	0.6	0.3	53.5	14.5	29.3	21.9	0.6	0.1

注：1）主たる診療科は、複数の診療科に従事している場合の主として従事する診療科と、1診療科のみに従事している場合の診療科である。
2）診療科（複数回答）は、2つ以上の診療科に従事している場合、各々の科に重複計上したものである。

都道府県－指定都市・特別区・中核市（再掲）、診療科（主たる－複数回答）別

平成28年12月31日現在

	主たる診療科							診療科（複数回答）					
	総数	歯科	矯正歯科	小児歯科	歯科口腔外科	臨床研修歯科医	不詳	歯科	矯正歯科	小児歯科	歯科口腔外科	臨床研修歯科医	不詳
指定都市・特別区（再掲）													
東京都区部	138.4	117.3	7.4	2.6	5.2	4.0	1.9	122.1	28.2	44.5	40.9	4.0	1.1
札 幌 市	104.2	86.1	4.5	3.2	6.5	2.9	1.0	91.0	17.9	40.2	27.3	2.9	0.4
仙 台 市	106.8	85.4	8.4	2.9	4.5	4.2	1.4	90.0	18.8	31.4	22.6	4.2	1.0
さいたま市	75.8	70.0	2.8	1.1	1.2	0.5	0.2	71.5	17.0	32.6	22.0	0.5	0.1
千 葉 市	98.8	75.8	7.3	2.9	6.4	6.0	0.5	79.9	20.5	34.5	28.2	6.0	0.2
横 浜 市	85.8	71.2	4.8	1.4	3.7	2.6	2.1	74.2	15.3	26.2	22.6	2.6	1.5
川 崎 市	69.0	61.9	2.6	1.3	1.3	0.1	1.7	64.0	15.0	28.8	22.6	0.1	1.3
相 模 原 市	65.2	59.8	1.8	1.0	1.0	-	1.7	60.8	13.0	27.3	20.9	-	1.4
新 潟 市	132.3	100.0	8.6	5.5	10.3	7.9	0.1	106.8	21.3	41.3	32.3	7.9	-
静 岡 市	67.0	59.0	2.4	1.6	3.1	-	0.9	61.0	13.7	22.8	14.8	-	0.4
浜 松 市	66.0	58.1	2.5	0.9	3.6	0.6	0.3	59.6	13.3	27.7	16.7	0.6	0.3
名 古 屋 市	95.3	77.3	4.6	2.4	6.7	3.7	0.6	81.1	20.1	37.3	23.8	3.7	0.1
京 都 市	80.9	70.2	2.5	0.9	3.8	2.0	1.5	72.8	13.1	26.2	20.7	2.0	0.6
大 阪 市	111.6	98.1	3.0	1.4	3.5	4.3	1.3	101.3	15.2	33.7	24.2	4.3	0.5
堺 市	65.4	61.3	1.3	0.5	1.9	0.1	0.2	63.1	11.3	29.1	19.5	0.1	-
神 戸 市	77.7	66.0	3.2	1.4	4.7	1.4	1.0	68.5	15.8	26.1	19.9	1.4	0.8
岡 山 市	125.2	98.9	7.9	4.0	6.8	4.2	3.5	102.8	22.1	35.6	28.0	4.2	2.8
広 島 市	103.8	82.4	6.0	3.3	6.0	3.2	2.8	87.0	18.6	34.5	25.8	3.2	1.8
北 九 州 市	117.4	100.3	5.1	3.1	4.4	4.1	0.3	104.9	23.5	39.9	28.5	4.1	0.1
福 岡 市	131.5	104.6	7.7	5.7	7.3	5.4	0.8	109.4	27.7	45.8	34.6	5.4	0.1
熊 本 市	93.4	78.8	3.2	2.2	6.6	2.3	0.3	82.4	20.8	43.9	32.6	2.3	0.3
中核市（再掲）													
旭 川 市	72.3	61.8	2.3	1.2	5.5	1.5	-	65.3	9.9	28.6	17.2	1.5	-
函 館 市	66.5	58.3	0.8	-	5.6	0.4	1.5	61.7	17.3	28.2	22.9	0.4	-
青 森 市	63.2	57.5	0.4	0.7	1.8	0.7	2.1	58.6	9.5	18.9	12.6	0.7	2.1
盛 岡 市	150.5	118.5	8.8	5.1	9.1	8.1	1.0	124.2	32.3	49.5	30.3	8.1	0.7
秋 田 市	76.1	68.8	2.9	0.3	3.5	0.6	-	70.7	22.6	41.1	31.2	0.6	-
郡 山 市	117.6	83.6	7.1	4.2	13.4	8.9	0.3	86.9	17.0	26.2	29.5	8.9	0.3
い わ き 市	59.2	55.7	1.1	0.6	0.9	0.6	0.3	56.3	7.2	11.5	6.9	0.6	0.3
宇 都 宮 市	82.3	73.5	4.4	1.3	2.3	0.4	0.4	76.5	23.1	41.2	30.8	0.4	-
前 橋 市	87.6	76.4	2.7	0.3	5.9	2.4	-	78.8	18.6	36.3	36.3	2.4	-
高 崎 市	79.5	68.6	2.7	1.6	4.5	0.8	1.3	72.9	17.0	39.4	31.9	0.8	0.3
川 越 市	74.7	63.6	2.6	1.4	5.1	0.9	1.1	66.8	12.8	25.9	20.7	0.9	0.6
越 谷 市	69.1	64.7	2.1	1.5	0.9	-	-	65.9	17.1	37.6	22.9	-	-
船 橋 市	74.6	66.2	2.4	1.3	1.7	1.0	2.1	69.0	15.7	35.2	26.2	1.0	1.0
柏 市	76.5	71.7	2.2	1.4	1.0	-	0.2	73.6	15.3	33.6	24.2	-	0.2
八 王 子 市	70.7	63.4	3.0	0.7	2.7	-	0.9	65.4	10.7	27.7	21.8	-	0.2
横 須 賀 市	128.7	96.5	11.4	3.5	4.2	10.6	2.5	100.7	21.0	31.7	21.3	10.6	2.2
富 山 市	66.3	55.5	2.6	1.4	5.3	1.4	-	57.9	11.0	23.4	21.3	1.4	-
金 沢 市	70.6	59.7	2.6	0.4	6.0	0.2	1.7	66.7	13.5	25.1	23.0	0.2	1.1
長 野 市	71.5	63.9	2.1	0.8	3.7	0.3	0.8	66.0	8.6	27.5	13.4	0.3	0.5
岐 阜 市	104.4	86.7	4.4	2.2	7.1	3.2	0.7	91.6	24.9	49.8	24.9	3.2	-
豊 橋 市	75.9	67.6	1.9	2.7	2.9	0.5	0.3	69.3	11.5	28.6	13.4	0.5	0.3
豊 田 市	58.6	51.8	2.6	0.9	1.9	0.9	0.5	54.1	11.8	31.1	14.8	0.9	-
岡 崎 市	66.8	60.6	1.8	1.0	1.8	1.6	-	62.1	13.6	35.2	13.8	1.6	-
大 津 市	62.8	51.3	2.9	1.2	5.3	2.1	-	56.0	14.1	27.6	23.2	2.1	-
高 槻 市	65.3	58.5	1.7	0.3	3.1	0.8	0.8	60.5	11.3	28.2	18.4	0.8	-
東 大 阪 市	74.1	67.9	1.0	1.0	0.8	0.4	3.0	70.5	13.0	31.3	19.2	0.4	2.0
豊 中 市	81.8	74.2	3.0	2.0	1.0	0.3	1.3	77.8	19.2	37.9	28.3	0.3	-
枚 方 市	71.5	63.5	2.5	2.5	3.0	-	-	66.7	14.6	31.5	20.6	-	-
姫 路 市	74.3	69.1	2.2	0.9	1.1	0.7	0.2	71.2	15.5	26.2	16.1	0.7	0.2
西 宮 市	74.4	61.8	3.3	2.0	5.1	0.8	1.4	64.6	18.0	30.7	22.9	0.8	1.0
尼 崎 市	73.7	68.1	2.0	0.9	1.8	0.4	0.4	69.7	12.8	29.9	18.6	0.4	0.2
奈 良 市	76.9	66.9	4.2	3.9	1.1	-	0.8	71.6	17.5	37.3	24.2	-	0.6
和 歌 山 市	90.6	79.8	2.5	0.6	6.1	1.4	0.3	81.5	16.3	34.5	23.5	1.4	0.3
倉 敷 市	73.2	67.3	1.5	0.8	1.0	1.3	1.3	69.8	13.6	30.8	20.8	1.3	0.2
呉 市	99.1	87.9	1.3	0.9	3.4	1.7	3.9	90.9	12.1	31.0	25.4	1.7	2.6
福 山 市	68.4	64.1	1.1	0.6	1.7	0.4	0.4	65.6	12.9	32.3	20.0	0.4	0.2
下 関 市	77.4	71.4	2.6	1.5	1.9	-	0.2	74.1	13.9	25.6	13.5	-	0.2
高 松 市	79.3	72.2	2.9	1.0	2.6	0.5	0.2	74.1	19.2	42.8	27.8	0.5	0.2
松 山 市	72.6	65.0	3.9	1.6	1.0	0.6	0.6	67.7	15.4	32.9	14.2	0.6	0.4
高 知 市	84.2	75.5	3.9	1.2	2.1	0.3	1.2	80.0	18.2	30.7	20.9	0.3	0.6
久 留 米 市	95.8	79.5	3.6	3.6	5.5	3.3	0.3	87.3	23.1	40.1	30.0	3.3	0.3
長 崎 市	129.0	104.2	6.6	4.4	8.4	4.4	0.9	108.4	26.7	44.3	31.6	4.4	0.5
佐 世 保 市	75.2	68.9	2.0	2.4	1.2	0.4	0.4	69.3	15.7	28.3	16.9	0.4	0.4
大 分 市	64.5	56.8	2.5	1.3	2.3	0.2	1.5	59.1	11.7	27.1	19.6	0.2	1.3
宮 崎 市	78.3	68.0	2.8	2.0	4.3	1.3	-	71.3	18.0	41.3	24.0	1.3	-
鹿 児 島 市	115.9	94.3	5.8	4.5	7.0	3.7	0.5	98.7	36.6	58.1	41.6	3.7	-
那 覇 市	72.8	66.3	3.4	1.3	1.9	-	-	69.4	24.7	44.7	29.4	-	-

第66表　歯科医師数，取得している広告可能な歯科医師の

	総数	医療施設の従事者	病院の従事者	開設者又は法人の代表者	勤務者(医育機関附属の病院を除く)	医育機関附属の病院の勤務者	臨床系の教官又は教員	臨床系の大学院生	臨床系の教官又は教員及び大学院生以外の従事者	診療所の従事者	開設者又は法人の代表者	勤務者
総　　　　数	104 533	101 551	12 385	22	3 055	9 308	3 476	1 861	3 971	89 166	59 482	29 684
口 腔 外 科 専 門 医	2 108	2 083	1 174	2	609	563	525	2	36	909	679	230
歯 周 病 専 門 医	1 196	1 181	181	1	23	157	148	-	9	1 000	784	216
歯 科 麻 酔 専 門 医	367	363	184	-	41	143	125	2	16	179	106	73
小 児 歯 科 専 門 医	1 274	1 261	204	-	31	173	154	2	17	1 057	706	351
歯 科 放 射 線 専 門 医	189	186	128	-	3	125	122	-	3	58	43	15

注：2つ以上の資格を取得している場合、各々の資格名に重複計上している。

第67表　取得している広告可能な歯科医師の専門性に関する資格

(単位：％)

	総数	医療施設の従事者	病院の従事者	開設者又は法人の代表者	勤務者(医育機関附属の病院を除く)	医育機関附属の病院の勤務者	臨床系の教官又は教員	臨床系の大学院生	臨床系の教官又は教員及び大学院生以外の従事者	診療所の従事者	開設者又は法人の代表者	勤務者
総　　　　数	100.0	100.0	100.0	100.0	100.0	100.0	100.0	100.0	100.0	100.0	100.0	100.0
口 腔 外 科 専 門 医	2.0	2.1	9.5	9.1	19.9	6.0	15.1	0.1	0.9	1.0	1.1	0.8
歯 周 病 専 門 医	1.1	1.2	1.5	4.5	0.8	1.7	4.3	-	0.2	1.1	1.3	0.7
歯 科 麻 酔 専 門 医	0.4	0.4	1.5	-	1.3	1.5	3.6	0.1	0.4	0.2	0.2	0.2
小 児 歯 科 専 門 医	1.2	1.2	1.6	-	1.0	1.9	4.4	0.1	0.4	1.2	1.2	1.2
歯 科 放 射 線 専 門 医	0.2	0.2	1.0	-	0.1	1.3	3.5	-	0.1	0.1	0.1	0.1

注：2つ以上の資格を取得している場合、各々の資格名に重複計上している。

専門性に関する資格名（複数回答）、主たる業務の種別

平成28年12月31日現在

介護老人保健施設の従事者	医療施設・介護老人保健施設以外の従事者	医育機関の臨床系以外の大学院生	医育機関の臨床系以外の勤務者	医育機関以外の教育又は研究機関の勤務者	行政機関・保健衛生業務の従事者	行政機関	保健衛生業務	その他の業務の従事者	無職の者	不詳
33	1 543	125	897	173	348	299	49	311	1 086	9
－	18	1	2	8	7	6	1	1	6	－
－	14	1	5	2	6	6	－	－	1	－
－	4	－	1	－	3	2	1	－	－	－
－	11	1	3	4	3	3	－	－	2	－
－	3	－	3	－	－	－	－	－	－	－

名（複数回答）別歯科医師数の歯科医師数に対する割合，主たる業務の種別

平成28年12月31日現在

介護老人保健施設の従事者	医療施設・介護老人保健施設以外の従事者	医育機関の臨床系以外の大学院生	医育機関の臨床系以外の勤務者	医育機関以外の教育又は研究機関の勤務者	行政機関・保健衛生業務の従事者	行政機関	保健衛生業務	その他の業務の従事者	無職の者	不詳
100.0	100.0	100.0	100.0	100.0	100.0	100.0	100.0	100.0	100.0	100.0
－	1.2	0.8	0.2	4.6	2.0	2.0	2.0	0.3	0.6	－
－	0.9	0.8	0.6	1.2	1.7	2.0	－	－	0.1	－
－	0.3	－	0.1	－	0.9	0.7	2.0	－	－	－
－	0.7	0.8	0.3	2.3	0.9	1.0	－	－	0.2	－
－	0.2	－	0.3	－	－	－	－	－	－	－

第68表　歯科医師数、平均年齢，年齢階級、性、取得している広告可能な歯科医師の専門性に関する資格名（複数回答）別

平成28年12月31日現在

	総　数	口腔外科専門医	歯周病専門医	歯科麻酔専門医	小児歯科専門医	歯科放射線専門医
総数	104 533	2 108	1 196	367	1 274	189
男	80 189	1 917	1 022	267	728	156
女	24 344	191	174	100	546	33
24 歳 以 下	143	–	–	–	–	–
男	80	–	–	–	–	–
女	63	–	–	–	–	–
25 ～ 29	6 373	–	–	–	–	1
男	3 524	–	–	–	–	1
女	2 849	–	–	–	–	–
30 ～ 34	9 527	31	19	33	34	4
男	6 046	24	16	16	10	1
女	3 481	7	3	17	24	3
35 ～ 39	9 943	173	103	58	94	9
男	6 551	137	78	21	29	7
女	3 392	36	25	37	65	2
40 ～ 44	10 967	301	156	52	162	16
男	7 528	247	119	30	74	12
女	3 439	54	37	22	88	4
45 ～ 49	11 888	349	175	59	176	30
男	9 074	309	142	51	89	24
女	2 814	40	33	8	87	6
50 ～ 54	12 014	357	231	48	166	38
男	9 671	334	195	43	91	28
女	2 343	23	36	5	75	10
55 ～ 59	14 098	399	231	49	221	39
男	11 808	385	206	43	132	33
女	2 290	14	25	6	89	6
60 ～ 64	11 933	263	143	33	215	26
男	10 143	253	136	31	152	25
女	1 790	10	7	2	63	1
65 ～ 69	9 220	124	67	20	137	14
男	8 195	119	61	17	97	14
女	1 025	5	6	3	40	–
70 ～ 74	3 740	51	37	6	38	4
男	3 397	50	36	6	30	4
女	343	1	1	–	8	–
75 ～ 79	2 246	38	20	6	21	6
男	2 065	37	19	6	17	5
女	181	1	1	–	4	1
80 ～ 84	1 317	13	9	2	4	1
男	1 189	13	9	2	3	1
女	128	–	–	–	1	–
85 歳 以 上	1 124	9	5	1	6	1
男	918	9	5	1	4	1
女	206	–	–	–	2	–
平均年齢　総数	51.2	53.1	53.3	49.5	54.3	55.0
男	53.0	53.7	54.1	52.3	56.7	56.1
女	45.3	46.6	48.8	41.9	51.1	49.8

注：2つ以上の資格を取得している場合、各々の資格名に重複計上している。

第69表　歯科医師数－（再掲）医療施設従事歯科医師数，主たる従業地による都道府県－

	総　　　　　　数						（再掲）医療施設従事歯科医師数					
	総　数	口腔外科専門医	歯周病専門医	歯科麻酔専門医	小児歯科専門医	歯科放射線専門医	総　数	口腔外科専門医	歯周病専門医	歯科麻酔専門医	小児歯科専門医	歯科放射線専門医
全　国	104 533	2 108	1 196	367	1 274	189	101 551	2 083	1 181	363	1 261	186
北　海　道	4 440	116	67	22	68	8	4 304	115	67	22	68	8
青　森	762	14	4	－	5	1	734	14	4	－	5	－
岩　手	1 029	19	17	10	10	3	977	19	17	10	10	3
宮　城	1 918	25	17	8	23	8	1 830	25	16	8	23	8
秋　田	627	11	7	1	6	－	620	11	7	1	6	－
山　形	689	19	4	－	7	－	670	19	4	－	7	－
福　島	1 377	30	10	9	12	2	1 324	30	10	8	11	2
茨　城	1 934	31	26	－	15	－	1 913	31	26	－	15	－
栃　木	1 379	31	16	2	11	3	1 360	30	16	2	11	3
群　馬	1 420	29	10	4	9	1	1 394	29	9	4	9	1
埼　玉	5 293	78	45	19	64	8	5 202	78	45	19	64	8
千　葉	5 180	95	51	22	47	5	5 095	94	50	22	47	5
東　京	16 639	258	262	70	212	40	16 107	255	258	68	208	40
神　奈　川	7 298	138	86	21	88	9	7 119	137	83	21	88	8
新　潟	2 086	59	48	10	38	7	1 967	56	48	10	38	7
富　山	649	18	7	1	4	－	626	18	7	1	4	－
石　川	696	22	3	－	3	－	674	22	3	－	3	－
福　井	434	9	－	1	6	－	428	9	－	1	6	－
山　梨	597	7	8	2	3	－	590	7	7	2	3	－
長　野	1 639	50	27	3	25	4	1 566	50	27	3	25	4
岐　阜	1 682	43	8	3	25	3	1 637	43	8	3	23	3
静　岡	2 366	43	27	3	22	1	2 318	42	27	3	21	1
愛　知	5 683	159	58	12	79	7	5 525	158	58	12	79	7
三　重	1 182	25	9	3	11	－	1 162	25	9	3	11	－
滋　賀	806	17	5	2	10	－	791	17	5	2	10	－
京　都	1 911	41	15	7	19	2	1 866	40	15	7	19	2
大　阪	7 850	158	55	44	95	15	7 630	154	54	44	92	14
兵　庫	3 907	89	25	11	53	5	3 840	89	25	11	52	5
奈　良	925	33	6	4	9	－	910	33	6	4	9	－
和　歌　山	733	18	2	－	6	－	718	18	2	－	6	－
鳥　取	359	16	4	－	1	－	340	16	4	－	1	－
島　根	419	14	1	1	3	1	399	13	1	1	3	1
岡　山	1 752	28	34	8	25	4	1 704	28	34	8	25	4
広　島	2 510	45	25	10	44	5	2 452	44	25	9	44	5
山　口	979	15	10	4	11	1	962	15	10	4	11	1
徳　島	818	16	16	4	23	7	773	15	14	4	22	7
香　川	730	16	10	1	8	1	714	16	10	1	8	1
愛　媛	961	12	4	2	12	－	938	12	4	2	12	－
高　知	520	10	5	－	3	1	501	10	5	－	3	1
福　岡	5 477	102	74	28	74	20	5 202	101	74	28	74	20
佐　賀	617	10	－	1	10	－	606	9	－	1	10	－
長　崎	1 216	20	19	2	19	7	1 172	20	19	2	19	7
熊　本	1 373	27	22	2	12	1	1 336	26	21	2	12	1
大　分	756	27	4	－	7	－	737	27	4	－	7	－
宮　崎	717	15	6	－	11	－	696	15	6	－	11	－
鹿　児　島	1 340	32	29	7	20	5	1 293	30	29	7	20	5
沖　縄	858	18	7	4	6	4	829	18	7	4	6	4

注：2つ以上の資格を取得している場合、各々の資格名に重複計上している。

指定都市・特別区・中核市（再掲）、取得している広告可能な歯科医師の専門性に関する資格名（複数回答）別

平成28年12月31日現在

	総数						（再掲）医療施設従事歯科医師数					
	総数	口腔外科専門医	歯周病専門医	歯科麻酔専門医	小児歯科専門医	歯科放射線専門医	総数	口腔外科専門医	歯周病専門医	歯科麻酔専門医	小児歯科専門医	歯科放射線専門医
指定都市・特別区（再掲）												
東京都区部	13 464	217	242	60	173	38	12 974	214	238	58	169	38
札幌市	2 113	57	34	15	35	7	2 041	57	34	15	35	7
仙台市	1 237	19	16	6	16	7	1 159	19	15	6	16	7
さいたま市	986	13	10	4	8	2	966	13	10	4	8	2
千葉市	980	27	12	8	11	3	962	26	11	8	11	3
横浜市	3 280	77	44	13	46	4	3 202	76	43	13	46	4
川崎市	1 040	18	10	1	13	–	1 027	18	10	1	13	–
相模原市	477	7	7	–	4	1	471	7	6	–	4	1
新潟市	1 162	37	33	10	27	6	1 068	34	33	10	27	6
静岡市	479	8	3	1	6	–	470	8	3	1	5	–
浜松市	541	10	8	–	4	–	526	10	8	–	4	–
名古屋市	2 296	81	34	4	27	5	2 196	80	34	4	27	5
京都市	1 229	31	9	5	9	2	1 194	30	9	5	9	2
大阪市	3 062	60	25	19	35	7	3 015	60	24	19	34	7
堺市	566	11	2	5	9	–	548	11	2	5	9	–
神戸市	1 214	35	12	8	21	4	1 193	35	12	8	21	4
岡山市	944	17	21	5	17	4	903	17	21	5	17	4
広島市	1 289	28	17	8	26	5	1 242	27	17	7	26	5
北九州市	1 214	22	19	9	22	7	1 122	21	19	9	22	7
福岡市	2 178	54	37	14	34	10	2 044	54	37	14	34	10
熊本市	715	20	15	2	4	1	691	19	15	2	4	1
中核市（再掲）												
旭川市	254	11	5	–	2	–	248	11	5	–	2	–
函館市	183	7	–	1	2	–	177	7	–	1	2	–
青森市	189	1	–	–	1	–	180	1	–	–	1	–
盛岡市	469	12	12	8	9	3	447	12	12	8	9	3
秋田市	242	7	4	1	5	–	239	7	4	1	5	–
郡山市	433	12	2	5	3	2	395	12	2	4	3	2
いわき市	207	2	3	–	2	–	206	2	3	–	2	–
宇都宮市	435	9	7	1	3	–	428	8	7	1	3	–
前橋市	305	9	4	1	1	–	297	9	3	1	1	–
高崎市	312	7	3	1	3	1	299	7	3	1	3	1
川越市	266	6	–	–	1	–	263	6	–	–	1	–
越谷市	241	3	1	–	6	1	235	3	1	–	6	1
船橋市	476	16	5	1	7	–	470	16	5	1	7	–
柏市	324	4	3	–	6	–	319	4	3	–	6	–
八王子市	400	10	–	1	5	–	398	10	–	1	5	–
横須賀市	565	8	9	5	8	4	520	8	8	5	8	3
富山市	286	12	3	–	3	–	277	12	3	–	3	–
金沢市	341	11	3	–	2	–	329	11	3	–	2	–
長野市	285	7	7	–	4	–	273	7	7	–	4	–
岐阜市	432	15	–	–	4	1	424	15	–	–	4	1
豊橋市	289	6	2	2	8	1	284	6	2	2	8	1
豊田市	253	8	1	1	4	–	249	8	1	1	4	–
岡崎市	265	3	2	2	1	–	256	3	2	2	1	–
大津市	219	5	1	–	2	–	214	5	1	–	2	–
高槻市	237	6	–	–	1	–	231	5	–	–	1	–
東大阪市	372	3	3	1	5	–	370	3	3	1	5	–
豊中市	337	5	3	1	5	–	324	5	3	1	5	–
枚方市	337	4	4	–	7	–	288	3	4	–	7	–
姫路市	403	6	4	–	8	–	397	6	4	–	7	–
西宮市	377	11	1	–	5	–	364	11	1	–	5	–
尼崎市	335	9	2	–	4	–	333	9	2	–	4	–
奈良市	285	4	2	–	5	–	276	4	2	–	5	–
和歌山市	335	10	–	–	2	–	328	10	–	–	2	–
倉敷市	350	7	5	3	3	–	349	7	5	3	3	–
呉市	232	3	1	–	–	–	230	3	1	–	–	–
福山市	318	7	4	–	3	–	318	7	4	–	3	–
下関市	215	3	3	2	3	–	206	3	3	2	3	–
高松市	344	9	6	–	5	1	334	9	6	–	5	1
松山市	385	5	1	1	6	–	373	5	1	1	6	–
高知市	298	6	3	–	2	1	282	6	3	–	2	1
久留米市	305	9	2	2	3	–	294	9	2	2	3	–
長崎市	581	13	11	2	13	7	551	13	11	2	13	7
佐世保市	197	2	3	–	2	–	191	2	3	–	2	–
大分市	321	8	2	–	4	–	309	8	2	–	4	–
宮崎市	324	7	4	–	6	–	313	7	4	–	6	–
鹿児島市	731	24	21	6	16	5	694	22	21	6	16	5
那覇市	239	4	3	1	1	1	233	4	3	1	1	1

第70表　人口10万対歯科医師数-（再掲）人口10万対医療施設従事歯科医師数，主たる従業地による

	総　　　　　数						（再掲）医療施設従事歯科医師数					
	総　数	口腔外科専門医	歯周病専門医	歯科麻酔専門医	小児歯科専門医	歯科放射線専門医	総　　数	口腔外科専門医	歯周病専門医	歯科麻酔専門医	小児歯科専門医	歯科放射線専門医
全　　国	82.4	1.7	0.9	0.3	1.0	0.1	80.0	1.6	0.9	0.3	1.0	0.1
北　海　道	83.0	2.2	1.3	0.4	1.3	0.1	80.4	2.1	1.3	0.4	1.3	0.1
青　　森	58.9	1.1	0.3	-	0.4	0.1	56.8	1.1	0.3	-	0.4	-
岩　　手	81.2	1.5	1.3	0.8	0.8	0.2	77.1	1.5	1.3	0.8	0.8	0.2
宮　　城	82.3	1.1	0.7	0.3	1.0	0.3	78.5	1.1	0.7	0.3	1.0	0.3
秋　　田	62.1	1.1	0.7	0.1	0.6	-	61.4	1.1	0.7	0.1	0.6	-
山　　形	61.9	1.7	0.4	-	0.6	-	60.2	1.7	0.4	-	0.6	-
福　　島	72.4	1.6	0.5	0.5	0.6	0.1	69.6	1.6	0.5	0.4	0.6	0.1
茨　　城	66.6	1.1	0.9	-	0.5	-	65.9	1.1	0.9	-	0.5	-
栃　　木	70.1	1.6	0.8	0.1	0.6	0.2	69.2	1.5	0.8	0.1	0.6	0.2
群　　馬	72.2	1.5	0.5	0.2	0.5	0.1	70.9	1.5	0.5	0.2	0.5	0.1
埼　　玉	72.6	1.1	0.6	0.3	0.9	0.1	71.4	1.1	0.6	0.3	0.9	0.1
千　　葉	83.1	1.5	0.8	0.4	0.8	0.1	81.7	1.5	0.8	0.4	0.8	0.1
東　　京	122.1	1.9	1.9	0.5	1.6	0.3	118.2	1.9	1.9	0.5	1.5	0.3
神　奈　川	79.8	1.5	0.9	0.2	1.0	0.1	77.8	1.5	0.9	0.2	1.0	0.1
新　　潟	91.3	2.6	2.1	0.4	1.7	0.3	86.0	2.4	2.1	0.4	1.7	0.3
富　　山	61.2	1.7	0.7	0.1	0.4	-	59.0	1.7	0.7	0.1	0.4	-
石　　川	60.5	1.9	0.3	-	0.3	-	58.6	1.9	0.3	-	0.3	-
福　　井	55.5	1.2	-	0.1	0.8	-	54.7	1.2	-	0.1	0.8	-
山　　梨	71.9	0.8	1.0	0.2	0.4	-	71.1	0.8	0.8	0.2	0.4	-
長　　野	78.5	2.4	1.3	0.1	1.2	0.2	75.0	2.4	1.3	0.1	1.2	0.2
岐　　阜	83.2	2.1	0.4	0.1	1.2	0.1	81.0	2.1	0.4	0.1	1.1	0.1
静　　岡	64.2	1.2	0.7	0.1	0.6	0.0	62.9	1.1	0.7	0.1	0.6	0.0
愛　　知	75.7	2.1	0.8	0.2	1.1	0.1	73.6	2.1	0.8	0.2	1.1	0.1
三　　重	65.4	1.4	0.5	0.2	0.6	-	64.3	1.4	0.5	0.2	0.6	-
滋　　賀	57.0	1.2	0.4	0.1	0.7	-	56.0	1.2	0.4	0.1	0.7	-
京　　都	73.4	1.6	0.6	0.3	0.7	0.1	71.6	1.5	0.6	0.3	0.7	0.1
大　　阪	88.9	1.8	0.6	0.5	1.1	0.2	86.4	1.7	0.6	0.5	1.0	0.2
兵　　庫	70.8	1.6	0.5	0.2	1.0	0.1	69.6	1.6	0.5	0.2	0.9	0.1
奈　　良	68.2	2.4	0.4	0.3	0.7	-	67.1	2.4	0.4	0.3	0.7	-
和　歌　山	76.8	1.9	0.2	-	0.6	-	75.3	1.9	0.2	-	0.6	-
鳥　　取	63.0	2.8	0.7	-	0.2	-	59.6	2.8	0.7	-	0.2	-
島　　根	60.7	2.0	0.1	0.1	0.4	0.1	57.8	1.9	0.1	0.1	0.4	0.1
岡　　山	91.5	1.5	1.8	0.4	1.3	0.2	89.0	1.5	1.8	0.4	1.3	0.2
広　　島	88.5	1.6	0.9	0.4	1.6	0.2	86.4	1.6	0.9	0.3	1.6	0.2
山　　口	70.2	1.1	0.7	0.3	0.8	0.1	69.0	1.1	0.7	0.3	0.8	0.1
徳　　島	109.1	2.1	2.1	0.5	3.1	0.9	103.1	2.0	1.9	0.5	2.9	0.9
香　　川	75.1	1.6	1.0	0.1	0.8	0.1	73.5	1.6	1.0	0.1	0.8	0.1
愛　　媛	69.9	0.9	0.3	0.1	0.9	-	68.2	0.9	0.3	0.1	0.9	-
高　　知	72.1	1.4	0.7	-	0.4	0.1	69.5	1.4	0.7	-	0.4	0.1
福　　岡	107.3	2.0	1.4	0.5	1.4	0.4	101.9	2.0	1.4	0.5	1.4	0.4
佐　　賀	74.5	1.2	0.1	-	1.2	-	73.2	1.1	0.1	-	1.2	-
長　　崎	89.0	1.5	1.4	0.1	1.4	0.5	85.7	1.5	1.4	0.1	1.4	0.5
熊　　本	77.4	1.5	1.2	0.1	0.7	0.1	75.3	1.5	1.2	0.1	0.7	0.1
大　　分	65.2	2.3	0.3	-	0.6	-	63.5	2.3	0.3	-	0.6	-
宮　　崎	65.4	1.4	0.5	-	1.0	-	63.5	1.4	0.5	-	1.0	-
鹿　児　島	81.9	2.0	1.8	0.4	1.2	0.3	79.0	1.8	1.8	0.4	1.2	0.3
沖　　縄	59.6	1.3	0.5	0.3	0.4	0.3	57.6	1.3	0.5	0.3	0.4	0.3

注：2つ以上の資格を取得している場合、各々の資格名に重複計上している。

都道府県－指定都市・特別区・中核市（再掲）、取得している広告可能な歯科医師の専門性に関する資格名（複数回答）別

平成28年12月31日現在

	総数						(再掲)医療施設従事歯科医師数					
	総数	口腔外科専門医	歯周病専門医	歯科麻酔専門医	小児歯科専門医	歯科放射線専門医	総数	口腔外科専門医	歯周病専門医	歯科麻酔専門医	小児歯科専門医	歯科放射線専門医
指定都市・特別区（再掲）												
東京都区部	143.6	2.3	2.6	0.6	1.8	0.4	138.4	2.3	2.5	0.6	1.8	0.4
札　幌　市	107.9	2.9	1.7	0.8	1.8	0.4	104.2	2.9	1.7	0.8	1.8	0.4
仙　台　市	114.0	1.8	1.5	0.6	1.5	0.6	106.8	1.8	1.4	0.6	1.5	0.6
さいたま市	77.3	1.0	0.8	0.3	0.6	0.2	75.8	1.0	0.8	0.3	0.6	0.2
千　葉　市	100.6	2.8	1.2	0.8	1.1	0.3	98.8	2.7	1.1	0.8	1.1	0.3
横　浜　市	87.9	2.1	1.2	0.3	1.2	0.1	85.8	2.0	1.2	0.3	1.2	0.1
川　崎　市	69.8	1.2	0.7	0.1	0.9	-	69.0	1.2	0.7	0.1	0.9	-
相　模　原　市	66.1	1.0	1.0	-	0.6	0.1	65.2	1.0	0.8	-	0.6	0.1
新　潟　市	144.0	4.6	4.1	1.2	3.3	0.7	132.3	4.2	4.1	1.2	3.3	0.7
静　岡　市	68.2	1.1	0.4	0.1	0.9	-	67.0	1.1	0.4	0.1	0.7	-
浜　松　市	67.9	1.3	1.0	-	0.5	-	66.0	1.3	1.0	-	0.5	-
名　古　屋　市	99.6	3.5	1.5	0.2	1.2	0.2	95.3	3.5	1.5	0.2	1.2	0.2
京　都　市	83.3	2.1	0.6	0.3	0.6	0.1	80.9	2.0	0.6	0.3	0.6	0.1
大　阪　市	113.3	2.2	0.9	0.7	1.3	0.3	111.6	2.2	0.9	0.7	1.3	0.3
堺　市	67.5	1.3	0.2	0.6	1.1	-	65.4	1.3	0.2	0.6	1.1	-
神　戸　市	79.0	2.3	0.8	0.5	1.4	0.3	77.7	2.3	0.8	0.5	1.4	0.3
岡　山　市	130.9	2.4	2.9	0.7	2.4	0.6	125.2	2.4	2.9	0.7	2.4	0.6
広　島　市	107.8	2.3	1.4	0.7	2.2	0.4	103.8	2.3	1.4	0.6	2.2	0.4
北　九　州　市	127.0	2.3	2.0	0.9	2.3	0.7	117.4	2.2	2.0	0.9	2.3	0.7
福　岡　市	140.2	3.5	2.4	0.9	2.2	0.6	131.5	3.5	2.4	0.9	2.2	0.6
熊　本　市	96.6	2.7	2.0	0.3	0.5	0.1	93.4	2.6	2.0	0.3	0.5	0.1
中核市（再掲）												
旭　川　市	74.1	3.2	1.5	-	0.6	-	72.3	3.2	1.5	-	0.6	-
函　館　市	68.8	2.6	-	0.4	0.8	-	66.5	2.6	-	0.4	0.8	-
青　森　市	66.3	0.4	-	-	0.4	-	63.2	0.4	-	-	0.4	-
盛　岡　市	157.9	4.0	4.0	2.7	3.0	1.0	150.5	4.0	4.0	2.7	3.0	1.0
秋　田　市	77.1	2.2	1.3	0.3	1.6	-	76.1	2.2	1.3	0.3	1.6	-
郡　山　市	128.9	3.6	0.6	1.5	0.9	0.6	117.6	3.6	0.6	1.2	0.9	0.6
い　わ　き　市	59.5	0.6	0.9	-	0.6	-	59.2	0.6	0.9	-	0.6	-
宇　都　宮　市	83.7	1.7	1.3	0.2	0.6	-	82.3	1.5	1.3	0.2	0.6	-
前　橋　市	90.0	2.7	1.2	0.3	0.3	-	87.6	2.7	0.9	0.3	0.3	-
高　崎　市	83.0	1.9	0.8	0.3	0.8	0.3	79.5	1.9	0.8	0.3	0.8	0.3
川　越　市	75.6	1.7	-	-	0.3	-	74.7	1.7	-	-	0.3	-
越　谷　市	70.9	0.9	0.3	-	1.8	0.3	69.1	0.9	0.3	-	1.8	0.3
船　橋　市	75.6	2.5	0.8	0.2	1.1	-	74.6	2.5	0.8	0.2	1.1	-
柏　市	77.7	1.0	0.7	-	1.4	-	76.5	1.0	0.7	-	1.4	-
八　王　子　市	71.0	1.8	-	0.2	0.9	-	70.7	1.8	-	0.2	0.9	-
横　須　賀　市	139.9	2.0	2.2	1.2	2.0	1.0	128.7	2.0	2.0	1.2	2.0	0.7
富　山　市	68.4	2.9	0.7	-	0.7	-	66.3	2.9	0.7	-	0.7	-
金　沢　市	73.2	2.4	0.6	-	0.4	-	70.6	2.4	0.6	-	0.4	-
長　野　市	74.6	1.8	1.8	-	1.0	-	71.5	1.8	1.8	-	1.0	-
岐　阜　市	106.4	3.7	-	-	1.0	0.2	104.4	3.7	-	-	1.0	0.2
豊　橋　市	77.3	1.6	0.5	0.5	2.1	0.3	75.9	1.6	0.5	0.5	2.1	0.3
豊　田　市	59.5	1.9	0.2	0.2	0.9	-	58.6	1.9	0.2	0.2	0.9	-
岡　崎　市	69.2	0.8	0.5	0.5	0.3	-	66.8	0.8	0.5	0.5	0.3	-
大　津　市	64.2	1.5	0.3	-	0.6	-	62.8	1.5	0.3	-	0.6	-
高　槻　市	66.9	1.7	-	-	0.3	-	65.3	1.4	-	-	0.3	-
東　大　阪　市	74.5	0.6	0.6	0.2	1.0	-	74.1	0.6	0.6	0.2	1.0	-
豊　中　市	85.1	1.3	0.8	0.3	1.3	-	81.8	1.3	0.8	0.3	1.3	-
枚　方　市	83.6	1.0	1.0	-	1.7	-	71.5	0.7	1.0	-	1.7	-
姫　路　市	75.5	1.1	0.7	-	1.5	-	74.3	1.1	0.7	-	1.3	-
西　宮　市	77.1	2.2	0.2	-	1.0	-	74.4	2.2	0.2	-	1.0	-
尼　崎　市	74.1	2.0	0.4	-	0.9	-	73.7	2.0	0.4	-	0.9	-
奈　良　市	79.4	1.1	0.6	-	1.4	-	76.9	1.1	0.6	-	1.4	-
和　歌　山　市	92.5	2.8	-	-	0.6	-	90.6	2.8	-	-	0.6	-
倉　敷　市	73.4	1.5	1.0	0.6	0.6	-	73.2	1.5	1.0	0.6	0.6	-
呉　市	100.0	1.3	0.4	-	-	-	99.1	1.3	0.4	-	-	-
福　山　市	68.4	1.5	0.9	-	0.6	-	68.4	1.5	0.9	-	0.6	-
下　関　市	80.8	1.1	1.1	0.8	1.1	-	77.4	1.1	1.1	0.8	1.1	-
高　松　市	81.7	2.1	1.4	-	1.2	0.2	79.3	2.1	1.4	-	1.2	0.2
松　山　市	74.9	1.0	0.2	0.2	1.2	-	72.6	1.0	0.2	0.2	1.2	-
高　知　市	89.0	1.8	0.9	-	0.6	0.3	84.2	1.8	0.9	-	0.6	0.3
久　留　米　市	99.3	2.9	0.7	0.7	1.0	-	95.8	2.9	0.7	0.7	1.0	-
長　崎　市	136.1	3.0	2.6	0.5	3.0	1.6	129.0	3.0	2.6	0.5	3.0	1.6
佐　世　保　市	77.6	0.8	1.2	-	0.8	-	75.2	0.8	1.2	-	0.8	-
大　分　市	67.0	1.7	0.4	-	0.8	-	64.5	1.7	0.4	-	0.8	-
宮　崎　市	81.0	1.8	1.0	-	1.5	-	78.3	1.8	1.0	-	1.5	-
鹿　児　島　市	122.0	4.0	3.5	1.0	2.7	0.8	115.9	3.7	3.5	1.0	2.7	0.8
那　覇　市	74.7	1.3	0.9	0.3	0.3	0.3	72.8	1.3	0.9	0.3	0.3	0.3

第71表　医療施設従事歯科医師数、平均年齢，年齢階級、性、

	総　　　　　数						病		
	総　数	口腔外科専門医	歯周病専門医	歯科麻酔専門医	小児歯科専門医	歯科放射線専門医	総　数	口腔外科専門医	歯周病専門医
総　数	101 551	2 083	1 181	363	1 261	186	12 385	1 174	181
男	78 160	1 895	1 009	266	721	153	8 113	1 072	148
女	23 391	188	172	97	540	33	4 272	102	33
24 歳 以 下	143	－	－	－	－	－	126	－	－
男	80	－	－	－	－	－	72	－	－
女	63	－	－	－	－	－	54	－	－
25 ～ 29	6 271	－	－	－	－	1	3 689	－	－
男	3 474	－	－	－	－	1	1 960	－	－
女	2 797	－	－	－	－	－	1 729	－	－
30 ～ 34	9 243	31	19	33	34	4	2 894	19	2
男	5 905	24	16	16	10	1	1 813	15	2
女	3 338	7	3	17	24	3	1 081	4	－
35 ～ 39	9 653	173	102	57	92	9	1 534	125	19
男	6 394	137	77	21	29	7	978	102	15
女	3 259	36	25	36	63	2	556	23	4
40 ～ 44	10 689	298	152	52	159	16	1 102	210	28
男	7 372	245	116	30	71	12	737	178	19
女	3 317	53	36	22	88	4	365	32	9
45 ～ 49	11 598	348	173	58	173	30	875	198	32
男	8 895	309	140	50	88	24	658	179	25
女	2 703	39	33	8	85	6	217	19	7
50 ～ 54	11 730	355	227	47	166	37	711	195	38
男	9 469	333	191	43	91	27	588	188	29
女	2 261	22	36	4	75	10	123	7	9
55 ～ 59	13 812	393	230	49	217	38	782	228	40
男	11 611	379	206	43	130	32	690	219	36
女	2 201	14	24	6	87	6	92	9	4
60 ～ 64	11 673	260	140	32	214	26	455	138	16
男	9 947	250	133	31	151	25	420	132	16
女	1 726	10	7	1	63	1	35	6	－
65 ～ 69	8 976	120	67	20	137	13	167	45	2
男	7 998	115	61	17	97	13	149	44	2
女	978	5	6	3	40	－	18	1	－
70 ～ 74	3 603	50	37	6	38	4	36	12	3
男	3 285	49	36	6	30	4	34	11	3
女	318	1	1	－	8	－	2	1	－
75 ～ 79	2 070	38	20	6	21	6	12	4	1
男	1 910	37	19	6	17	5	12	4	1
女	160	1	1	－	4	1	－	－	－
80 ～ 84	1 168	11	9	2	4	1	2	－	－
男	1 058	11	9	2	3	1	2	－	－
女	110	－	－	－	1	－	－	－	－
85 歳 以 上	922	6	5	1	6	1	－	－	－
男	762	6	5	1	4	1	－	－	－
女	160	－	－	－	2	－	－	－	－
平均年齢　総数	51.1	53.0	53.3	49.5	54.4	54.9	37.9	51.0	50.8
男	52.9	53.6	54.1	52.3	56.8	56.0	39.9	51.5	51.6
女	45.1	46.5	48.8	41.7	51.2	49.8	34.0	45.5	47.3

注：2つ以上の資格を取得している場合、各々の資格名に重複計上している。

病院－診療所、取得している広告可能な歯科医師の専門性に関する資格名（複数回答）別

平成28年12月31日現在

院			診　療　所						
歯科麻酔専門医	小児歯科専門医	歯科放射線専門医	総　数	口腔外科専門医	歯周病専門医	歯科麻酔専門医	小児歯科専門医	歯科放射線専門医
184	204	128	89 166	909	1 000	179	1 057	58
125	102	100	70 047	823	861	141	619	53
59	102	28	19 119	86	139	38	438	5
－	－	－	17	－	－	－	－	－
－	－	－	8	－	－	－	－	－
－	－	－	9	－	－	－	－	－
－	－	－	2 582	－	－	－	－	1
－	－	－	1 514	－	－	－	－	1
－	－	－	1 068	－	－	－	－	－
23	18	2	6 349	12	17	10	16	2
10	4	1	4 092	9	14	6	6	－
13	14	1	2 257	3	3	4	10	2
31	30	9	8 119	48	83	26	62	－
11	9	7	5 416	35	62	10	20	－
20	21	2	2 703	13	21	16	42	－
36	40	12	9 587	88	124	16	119	4
18	16	9	6 635	67	97	12	55	3
18	24	3	2 952	21	27	4	64	1
32	36	23	10 723	150	141	26	137	7
27	19	17	8 237	130	115	23	69	7
5	17	6	2 486	20	26	3	68	－
19	28	29	11 019	160	189	28	138	8
19	16	20	8 881	145	162	24	75	7
－	12	9	2 138	15	27	4	63	1
28	28	29	13 030	165	190	21	189	9
25	18	23	10 921	160	170	18	112	9
3	10	6	2 109	5	20	3	77	－
13	15	19	11 218	122	124	19	199	7
13	13	18	9 527	118	117	18	138	7
－	2	1	1 691	4	7	1	61	－
1	6	5	8 809	75	65	19	131	8
1	5	5	7 849	71	59	16	92	8
－	1	－	960	4	6	3	39	－
1	3	－	3 567	38	34	5	35	4
1	2	－	3 251	38	33	5	28	4
－	1	－	316	－	1	－	7	－
－	－	－	2 058	34	19	6	21	6
－	－	－	1 898	33	18	6	17	5
－	－	－	160	1	1	－	4	1
－	－	－	1 166	11	9	2	4	1
－	－	－	1 056	11	9	2	3	1
－	－	－	110	－	－	－	1	－
－	－	－	922	6	5	1	6	1
－	－	－	762	6	5	1	4	1
－	－	－	160	－	－	－	2	－
46.4	47.9	52.9	52.9	55.5	53.8	52.7	55.7	59.2
49.4	51.1	53.7	54.4	56.3	54.5	54.9	57.7	60.4
39.9	44.7	50.3	47.6	47.7	49.2	44.4	52.7	46.9

第72表　外国人歯科医師数，

	総数	医療施設の従事者	病院の従事者	開設者又は法人の代表者	勤務者(医育機関附属の病院を除く)	医育機関附属の病院の勤務者	臨床系の教官又は教員	臨床系の大学院生	臨床系の教官又は教員及び大学院生以外の従事者	診療所の従事者	開設者又は法人の代表者	勤務者
総　数	672	660	93	-	19	74	13	21	40	567	390	177
男	521	514	53	-	11	42	11	8	23	461	355	106
女	151	146	40	-	8	32	2	13	17	106	35	71
24歳以下	2	2	2	-	-	2	-	-	2	-	-	-
男	1	1	1	-	-	1	-	-	1	-	-	-
女	1	1	1	-	-	1	-	-	1	-	-	-
25 ～ 29	68	67	41	-	3	38	-	15	23	26	-	26
男	31	31	18	-	1	17	-	4	13	13	-	13
女	37	36	23	-	2	21	-	11	10	13	-	13
30 ～ 34	63	59	23	-	4	19	5	4	10	36	3	33
男	41	38	15	-	2	13	3	3	7	23	3	20
女	22	21	8	-	2	6	2	1	3	13	-	13
35 ～ 39	57	57	13	-	4	9	3	2	4	44	19	25
男	40	40	8	-	3	5	3	1	1	32	18	14
女	17	17	5	-	1	4	-	1	3	12	1	11
40 ～ 44	72	72	4	-	2	2	1	-	1	68	40	28
男	53	53	3	-	1	2	1	-	1	50	34	16
女	19	19	1	-	1	-	-	-	-	18	6	12
45 ～ 49	93	92	4	-	3	1	1	-	-	88	68	20
男	73	73	4	-	3	1	1	-	-	69	58	11
女	20	19	-	-	-	-	-	-	-	19	10	9
50 ～ 54	114	112	2	-	-	2	2	-	-	110	86	24
男	94	93	2	-	-	2	2	-	-	91	76	15
女	20	19	-	-	-	-	-	-	-	19	10	9
55 ～ 59	112	110	4	-	3	1	1	-	-	106	96	10
男	103	101	2	-	1	1	1	-	-	99	93	6
女	9	9	2	-	2	-	-	-	-	7	3	4
60 ～ 64	54	54	-	-	-	-	-	-	-	54	48	6
男	52	52	-	-	-	-	-	-	-	52	46	6
女	2	2	-	-	-	-	-	-	-	2	2	-
65 ～ 69	24	23	-	-	-	-	-	-	-	23	22	1
男	22	21	-	-	-	-	-	-	-	21	20	1
女	2	2	-	-	-	-	-	-	-	2	2	-
70 ～ 74	10	9	-	-	-	-	-	-	-	9	6	3
男	8	8	-	-	-	-	-	-	-	8	5	3
女	2	1	-	-	-	-	-	-	-	1	1	-
75 ～ 79	3	3	-	-	-	-	-	-	-	3	2	1
男	3	3	-	-	-	-	-	-	-	3	2	1
女	-	-	-	-	-	-	-	-	-	-	-	-
80 ～ 84	-	-	-	-	-	-	-	-	-	-	-	-
男	-	-	-	-	-	-	-	-	-	-	-	-
女	-	-	-	-	-	-	-	-	-	-	-	-
85歳以上	-	-	-	-	-	-	-	-	-	-	-	-
男	-	-	-	-	-	-	-	-	-	-	-	-
女	-	-	-	-	-	-	-	-	-	-	-	-

年齢階級、性、主たる業務の種別

平成28年12月31日現在

介護老人保健施設の従事者	医療施設・介護老人保健施設以外の従事者	医育機関の臨床系以外の大学院生	医育機関の臨床系以外の勤務者	医育機関以外の教育又は研究機関の勤務者	行政機関・保健衛生業務の従事者	行政機関	保健衛生業務	その他の業務の従事者	無職の者	不詳
-	7	1	5	-	1	1	-	2	3	-
-	5	-	4	-	1	1	-	-	2	-
-	2	1	1	-	-	-	-	2	1	-
-	-	-	-	-	-	-	-	-	-	-
-	-	-	-	-	-	-	-	-	-	-
-	-	-	-	-	-	-	-	-	-	-
-	1	1	-	-	-	-	-	-	-	-
-	-	-	-	-	-	-	-	-	-	-
-	1	1	-	-	-	-	-	-	-	-
-	2	-	1	-	1	1	-	1	1	-
-	2	-	1	-	1	1	-	-	1	-
-	-	-	-	-	-	-	-	1	-	-
-	-	-	-	-	-	-	-	-	-	-
-	-	-	-	-	-	-	-	-	-	-
-	-	-	-	-	-	-	-	-	-	-
-	-	-	-	-	-	-	-	-	-	-
-	-	-	-	-	-	-	-	-	-	-
-	-	-	-	-	-	-	-	-	-	-
-	-	-	-	-	-	-	-	1	-	-
-	-	-	-	-	-	-	-	-	-	-
-	-	-	-	-	-	-	-	1	-	-
-	2	-	2	-	-	-	-	-	-	-
-	1	-	1	-	-	-	-	-	-	-
-	1	-	1	-	-	-	-	-	-	-
-	2	-	2	-	-	-	-	-	-	-
-	2	-	2	-	-	-	-	-	-	-
-	-	-	-	-	-	-	-	-	-	-
-	-	-	-	-	-	-	-	-	-	-
-	-	-	-	-	-	-	-	-	-	-
-	-	-	-	-	-	-	-	-	1	-
-	-	-	-	-	-	-	-	-	1	-
-	-	-	-	-	-	-	-	-	-	-
-	-	-	-	-	-	-	-	-	1	-
-	-	-	-	-	-	-	-	-	-	-
-	-	-	-	-	-	-	-	-	1	-
-	-	-	-	-	-	-	-	-	-	-
-	-	-	-	-	-	-	-	-	-	-
-	-	-	-	-	-	-	-	-	-	-
-	-	-	-	-	-	-	-	-	-	-
-	-	-	-	-	-	-	-	-	-	-
-	-	-	-	-	-	-	-	-	-	-

第73表　外国人歯科医師数，主たる従業地による

	総数	医療施設の従事者	病院の従事者	開設者又は法人の代表者	勤務者(医育機関附属の病院を除く)	医育機関附属病院の勤務者	臨床系の教官又は教員	臨床系の大学院生	臨床系の教官又は教員及び大学院生以外の従事者	診療所の従事者	開設者又は法人の代表者	勤務者
全　　国	672	660	93	-	19	74	13	21	40	567	390	177
北　海　道	18	18	1	-	-	1	-	-	1	17	11	6
青　　森	4	4	1	-	1	-	-	-	-	3	-	3
岩　　手	4	4	1	-	-	1	-	-	1	3	3	-
宮　　城	18	17	1	-	-	1	1	-	-	16	12	4
秋　　田	-	-	-	-	-	-	-	-	-	-	-	-
山　　形	-	-	-	-	-	-	-	-	-	-	-	-
福　　島	2	2	-	-	-	-	-	-	-	2	2	-
茨　　城	12	12	-	-	-	-	-	-	-	12	9	3
栃　　木	6	6	-	-	-	-	-	-	-	6	4	2
群　　馬	7	7	-	-	-	-	-	-	-	7	6	1
埼　　玉	33	32	4	-	-	4	1	1	2	28	20	8
千　　葉	39	39	8	-	-	8	1	2	5	31	16	15
東　　京	151	148	30	-	3	27	4	7	16	118	77	41
神　奈　川	59	55	6	-	2	4	-	-	4	49	29	20
新　　潟	3	3	1	-	1	-	-	-	-	2	2	-
富　　山	1	1	-	-	-	-	-	-	-	1	1	-
石　　川	2	2	-	-	-	-	-	-	-	2	2	-
福　　井	1	1	-	-	-	-	-	-	-	1	1	-
山　　梨	5	5	-	-	-	-	-	-	-	5	3	2
長　　野	5	5	1	-	-	1	-	-	1	4	4	-
岐　　阜	5	5	2	-	-	2	-	-	2	3	2	1
静　　岡	8	8	1	-	1	-	-	-	-	7	5	2
愛　　知	30	28	5	-	-	5	2	2	1	23	18	5
三　　重	5	5	1	-	1	-	-	-	-	4	4	-
滋　　賀	12	12	1	-	-	1	-	-	-	11	7	4
京　　都	26	26	2	-	-	2	-	-	2	24	17	7
大　　阪	105	104	7	-	4	3	1	1	1	97	72	25
兵　　庫	31	31	4	-	3	1	-	-	1	27	19	8
奈　　良	4	4	-	-	-	-	-	-	-	4	3	1
和　歌　山	1	1	-	-	-	-	-	-	-	1	1	-
鳥　　取	1	1	-	-	-	-	-	-	-	1	1	-
島　　根	-	-	-	-	-	-	-	-	-	-	-	-
岡　　山	6	6	2	-	-	2	1	-	1	4	3	1
広　　島	5	5	2	-	-	2	1	-	1	3	3	-
山　　口	3	3	-	-	-	-	-	-	-	3	3	-
徳　　島	2	2	1	-	-	1	-	1	-	1	1	-
香　　川	2	2	-	-	-	-	-	-	-	2	1	1
愛　　媛	2	2	-	-	1	-	-	-	-	1	1	-
高　　知	-	-	-	-	-	-	-	-	-	-	-	-
福　　岡	36	36	8	-	-	8	1	2	5	28	17	11
佐　　賀	1	1	-	-	-	-	-	-	-	1	-	1
長　　崎	1	1	-	-	-	-	-	-	-	1	1	-
熊　　本	1	1	-	-	-	-	-	-	-	1	1	-
大　　分	3	3	-	-	-	-	-	-	-	3	1	2
宮　　崎	2	2	-	-	-	-	-	-	-	2	1	1
鹿　児　島	5	5	1	-	-	1	-	1	-	4	3	1
沖　　縄	5	5	1	-	1	-	-	-	-	4	3	1

都道府県－指定都市・特別区・中核市（再掲）、主たる業務の種別（２－１）

平成28年12月31日現在

介護老人保健施設の従事者	医療施設・介護老人保健施設以外の従事者	医育機関の臨床系以外の大学院生	医育機関の臨床系以外の勤務者	医育機関以外の教育又は研究の機関の勤務者	行政機関・保健衛生業務の従事者	行政機関	保健衛生業務	その他の業務の従事者	無職の者	不詳
-	7	1	5	-	1	1	-	2	3	-
-	-	-	-	-	-	-	-	-	-	-
-	-	-	-	-	-	-	-	-	1	-
-	-	-	-	-	-	-	-	-	-	-
-	-	-	-	-	-	-	-	-	-	-
-	-	-	-	-	-	-	-	1	-	-
-	-	-	-	-	-	-	-	-	-	-
-	3	1	1	-	1	1	-	-	-	-
-	3	-	3	-	-	-	-	1	-	-
-	-	-	-	-	-	-	-	-	-	-
-	-	-	-	-	-	-	-	-	-	-
-	-	-	-	-	-	-	-	-	-	-
-	-	-	-	-	-	-	-	-	-	-
-	-	-	-	-	-	-	-	-	2	-
-	-	-	-	-	-	-	-	-	-	-
-	-	-	-	-	-	-	-	-	-	-
-	1	-	1	-	-	-	-	-	-	-
-	-	-	-	-	-	-	-	-	-	-
-	-	-	-	-	-	-	-	-	-	-
-	-	-	-	-	-	-	-	-	-	-
-	-	-	-	-	-	-	-	-	-	-
-	-	-	-	-	-	-	-	-	-	-
-	-	-	-	-	-	-	-	-	-	-
-	-	-	-	-	-	-	-	-	-	-

第73表　外国人歯科医師数，主たる従業地による

	総数	医療施設の従事者	病院の従事者	開設者又は法人の代表者	勤務者(医育機関附属の病院を除く)	医育機関附属病院の勤務者	臨床系の教官又は教員	臨床系の大学院生	臨床系の教官又は教員及び大学院生以外の従事者	診療所の従事者	開設者又は法人の代表者	勤務者
指定都市・特別区(再掲)												
東京都区部	136	133	30	－	3	27	4	7	16	103	69	34
札 幌 市	6	6	1	－	－	1	－	－	1	5	2	3
仙 台 市	10	9	1	－	－	1	1	－	－	8	6	2
さいたま市	6	6	－	－	－	－	－	－	－	6	4	2
千 葉 市	12	12	6	－	－	6	－	1	5	6	3	3
横 浜 市	31	29	2	－	1	1	－	－	1	27	13	14
川 崎 市	12	11	－	－	－	－	－	－	－	11	10	1
相 模 原 市	2	2	－	－	－	－	－	－	－	2	2	－
新 潟 市	1	1	－	－	－	－	－	－	－	1	1	－
静 岡 市	－	－	－	－	－	－	－	－	－	－	－	－
浜 松 市	2	2	－	－	－	－	－	－	－	2	1	1
名 古 屋 市	10	9	3	－	－	3	1	2	－	6	4	2
京 都 市	19	19	2	－	－	2	1	2	－	17	13	4
大 阪 市	59	59	4	－	3	1	1	－	－	55	41	14
堺 市	5	5	－	－	－	－	－	－	－	5	2	3
神 戸 市	16	16	－	－	－	－	－	－	－	16	12	4
岡 山 市	3	3	2	－	－	2	1	－	1	1	1	－
広 島 市	4	4	2	－	－	2	1	－	1	2	2	－
北 九 州 市	10	10	5	－	－	5	1	2	2	5	3	2
福 岡 市	15	15	3	－	－	3	－	－	3	12	8	4
熊 本 市	－	－	－	－	－	－	－	－	－	－	－	－
中核市(再掲)												
旭 川 市	1	1	－	－	－	－	－	－	－	1	1	－
函 館 市	－	－	－	－	－	－	－	－	－	－	－	－
青 森 市	1	1	－	－	－	－	－	－	－	1	－	1
盛 岡 市	3	3	1	－	－	1	－	－	1	2	2	－
秋 田 市	－	－	－	－	－	－	－	－	－	－	－	－
郡 山 市	2	2	－	－	－	－	－	－	－	2	2	－
い わ き 市	－	－	－	－	－	－	－	－	－	－	－	－
宇 都 宮 市	1	1	－	－	－	－	－	－	－	1	1	－
前 橋 市	2	2	－	－	－	－	－	－	－	2	1	1
高 崎 市	1	1	－	－	－	－	－	－	－	1	1	－
川 越 市	2	2	－	－	－	－	－	－	－	2	1	1
越 谷 市	1	1	－	－	－	－	－	－	－	1	1	－
船 橋 市	8	8	－	－	－	－	－	－	－	8	3	5
柏 市	2	2	－	－	－	－	－	－	－	2	1	1
八 王 子 市	2	2	－	－	－	－	－	－	－	2	1	1
横 須 賀 市	7	6	4	－	1	3	－	－	3	2	2	－
富 山 市	－	－	－	－	－	－	－	－	－	－	－	－
金 沢 市	1	1	－	－	－	－	－	－	－	1	1	－
長 野 市	－	－	－	－	－	－	－	－	－	－	－	－
岐 阜 市	1	1	－	－	－	－	－	－	－	1	1	－
豊 田 市	－	－	－	－	－	－	－	－	－	－	－	－
豊 橋 市	3	3	－	－	－	－	－	－	－	3	2	1
岡 崎 市	3	3	－	－	－	－	－	－	－	3	3	－
大 津 市	－	－	－	－	－	－	－	－	－	－	－	－
高 槻 市	－	－	－	－	－	－	－	－	－	－	－	－
東 大 阪 市	5	5	－	－	－	－	－	－	－	5	5	－
豊 中 市	4	4	－	－	－	－	－	－	－	4	2	2
枚 方 市	3	2	－	－	－	－	－	－	－	2	2	－
姫 路 市	－	－	－	－	－	－	－	－	－	－	－	－
西 宮 市	2	2	1	－	－	1	－	－	1	1	1	－
尼 崎 市	5	5	－	－	－	－	－	－	－	5	2	3
奈 良 市	2	1	－	－	－	－	－	－	－	2	1	1
和 歌 山 市	1	1	－	－	－	－	－	－	－	1	1	－
倉 敷 市	1	1	－	－	－	－	－	－	－	1	1	－
呉 市	－	－	－	－	－	－	－	－	－	－	－	－
福 山 市	1	1	－	－	－	－	－	－	－	1	1	－
下 関 市	－	－	－	－	－	－	－	－	－	－	－	－
高 松 市	－	－	－	－	－	－	－	－	－	－	－	－
松 山 市	－	－	－	－	－	－	－	－	－	－	－	－
高 知 市	－	－	－	－	－	－	－	－	－	－	－	－
久 留 米 市	2	2	－	－	－	－	－	－	－	2	1	1
長 崎 市	－	－	－	－	－	－	－	－	－	－	－	－
佐 世 保 市	－	－	－	－	－	－	－	－	－	－	－	－
大 分 市	2	2	－	－	－	－	－	－	－	2	1	1
宮 崎 市	1	1	－	－	－	－	－	－	－	1	1	－
鹿 児 島 市	5	5	1	－	－	－	－	1	－	4	3	1
那 覇 市	－	－	－	－	－	－	－	－	－	－	－	－

都道府県－指定都市・特別区・中核市（再掲）、主たる業務の種別（２－２）

平成28年12月31日現在

介護老人保健施設の従事者	医療施設・介護老人保健施設以外の従事者	医育機関の臨床系以外の大学院生	医育機関の臨床系以外の勤務者	医育機関以外の教育又は研究機関の勤務者	行政機関・保健衛生業務の従事者	行政機関	保健衛生業務	その他の業務の従事者	無職の者	不詳
-	3	1	1	-	1	1	-	-	-	-
-	-	-	-	-	-	-	-	-	-	-
-	-	-	-	-	-	-	-	-	1	-
-	-	-	-	-	-	-	-	-	-	-
-	1	-	1	-	-	-	-	1	-	-
-	1	-	1	-	-	-	-	-	-	-
-	-	-	-	-	-	-	-	-	-	-
-	-	-	-	-	-	-	-	-	1	-
-	-	-	-	-	-	-	-	-	-	-
-	-	-	-	-	-	-	-	-	-	-
-	-	-	-	-	-	-	-	-	-	-
-	-	-	-	-	-	-	-	-	-	-
-	-	-	-	-	-	-	-	-	-	-
-	-	-	-	-	-	-	-	-	-	-
-	-	-	-	-	-	-	-	-	-	-
-	-	-	-	-	-	-	-	-	-	-
-	-	-	-	-	-	-	-	-	-	-
-	1	-	1	-	-	-	-	-	-	-
-	-	-	-	-	-	-	-	-	-	-
-	-	-	-	-	-	-	-	-	-	-
-	-	-	-	-	-	-	-	-	-	-
-	1	-	1	-	-	-	-	-	-	-
-	-	-	-	-	-	-	-	-	-	-
-	-	-	-	-	-	-	-	-	-	-
-	-	-	-	-	-	-	-	-	-	-
-	-	-	-	-	-	-	-	-	-	-
-	-	-	-	-	-	-	-	-	-	-
-	-	-	-	-	-	-	-	-	-	-
-	-	-	-	-	-	-	-	-	-	-
-	-	-	-	-	-	-	-	-	-	-

第74表 薬剤師数、平均年齢,

	総数	薬局の			医療施設			病院の		
		従事者	開設者又は法人の代表者	勤務者	の従事者	調剤・病棟業務	その他（治験、検査等）	従事者	調剤・病棟業務	その他（治験、検査等）
総数	301 323	172 142	17 201	154 941	58 044	55 634	2 410	52 145	50 785	1 360
男	116 826	57 891	12 069	45 822	20 541	19 812	729	19 916	19 310	606
女	184 497	114 251	5 132	109 119	37 503	35 822	1 681	32 229	31 475	754
24歳以下	1 220	530	–	530	468	465	3	467	464	3
男	393	185	–	185	130	129	1	129	128	1
女	827	345	–	345	338	336	2	338	336	2
25 ～ 29	38 274	19 479	29	19 450	12 701	12 617	84	12 566	12 491	75
男	14 801	7 527	23	7 504	4 272	4 247	25	4 229	4 206	23
女	23 473	11 952	6	11 946	8 429	8 370	59	8 337	8 285	52
30 ～ 34	41 133	22 613	295	22 318	9 046	8 837	209	8 829	8 647	182
男	17 600	9 011	253	8 758	3 631	3 549	82	3 581	3 506	75
女	23 533	13 602	42	13 560	5 415	5 288	127	5 248	5 141	107
35 ～ 39	35 581	20 148	639	19 509	6 973	6 719	254	6 699	6 485	214
男	14 324	7 298	569	6 729	2 747	2 649	98	2 684	2 600	84
女	21 257	12 850	70	12 780	4 226	4 070	156	4 015	3 885	130
40 ～ 44	36 636	22 311	1 182	21 129	6 431	6 169	262	6 022	5 813	209
男	12 984	6 654	1 006	5 648	2 231	2 142	89	2 165	2 088	77
女	23 652	15 657	176	15 481	4 200	4 027	173	3 857	3 725	132
45 ～ 49	35 313	20 519	1 694	18 825	5 454	5 170	284	4 894	4 702	192
男	13 035	5 716	1 375	4 341	1 878	1 788	90	1 803	1 725	78
女	22 278	14 803	319	14 484	3 576	3 382	194	3 091	2 977	114
50 ～ 54	30 695	17 639	2 083	15 556	4 882	4 548	334	4 136	3 976	160
男	11 526	4 645	1 592	3 053	1 714	1 616	98	1 659	1 579	80
女	19 169	12 994	491	12 503	3 168	2 932	236	2 477	2 397	80
55 ～ 59	29 819	17 190	2 716	14 474	5 197	4 811	386	4 086	3 937	149
男	11 380	4 966	1 961	3 005	1 869	1 774	95	1 795	1 717	78
女	18 439	12 224	755	11 469	3 328	3 037	291	2 291	2 220	71
60 ～ 64	22 710	13 936	2 620	11 316	3 586	3 263	323	2 559	2 433	126
男	8 138	4 317	1 677	2 640	1 198	1 100	98	1 110	1 031	79
女	14 572	9 619	943	8 676	2 388	2 163	225	1 449	1 402	47
65 ～ 69	15 699	9 808	2 766	7 042	1 898	1 743	155	1 214	1 176	38
男	6 404	3 865	1 744	2 121	546	510	36	483	459	24
女	9 295	5 943	1 022	4 921	1 352	1 233	119	731	717	14
70 ～ 74	7 025	4 213	1 482	2 731	717	667	50	387	380	7
男	2 873	1 770	859	911	184	174	10	154	149	5
女	4 152	2 443	623	1 820	533	493	40	233	231	2
75 ～ 79	3 716	2 072	843	1 229	403	374	29	185	182	3
男	1 720	1 054	507	547	80	80	–	77	77	–
女	1 996	1 018	336	682	323	294	29	108	105	3
80 ～ 84	2 120	1 050	522	528	194	171	23	80	78	2
男	970	564	316	248	45	41	4	39	37	2
女	1 150	486	206	280	149	130	19	41	41	–
85歳以上	1 382	634	330	304	94	80	14	21	21	–
男	678	319	187	132	16	13	3	8	8	–
女	704	315	143	172	78	67	11	13	13	–
平均年齢 総数	46.0	46.5	59.7	45.1	42.3	42.0	50.9	40.7	40.6	45.8
男	46.0	46.2	58.1	43.1	41.8	41.5	48.8	41.5	41.3	47.8
女	46.1	46.7	63.3	45.9	42.7	42.2	51.8	40.2	40.1	44.3

薬剤師

年齢階級、性、業務の種別

平成28年12月31日現在

診療所の従事者	調剤・病棟業務	その他（治験、検査等）	大学の従事者	勤務者（研究・教育）	大学院生又は研究生	医薬品関係企業の従事者	医薬品製造販売業・製造業（研究・開発、営業、その他）	医薬品販売業	衛生行政機関又は保健衛生施設の従事者	その他の業務の従事者	無職の者	不詳
5 899	4 849	1 050	5 046	4 523	523	42 024	30 265	11 759	6 813	6 802	10 431	21
625	502	123	3 599	3 236	363	25 800	20 643	5 157	3 834	3 226	1 934	1
5 274	4 347	927	1 447	1 287	160	16 224	9 622	6 602	2 979	3 576	8 497	20
1	1	–	18	4	14	150	123	27	36	16	2	–
1	1	–	9	1	8	51	44	7	15	3	–	–
–	–	–	9	3	6	99	79	20	21	13	2	–
135	126	9	565	155	410	3 748	2 962	786	926	486	368	1
43	41	2	367	76	291	1 890	1 488	402	459	214	72	–
92	85	7	198	79	119	1 858	1 474	384	467	272	296	1
217	190	27	545	487	58	5 533	4 719	814	1 470	836	1 089	1
50	43	7	389	350	39	3 299	2 936	363	779	407	83	1
167	147	20	156	137	19	2 234	1 783	451	691	429	1 006	–
274	234	40	682	667	15	4 899	4 163	736	877	828	1 174	–
63	49	14	508	498	10	2 845	2 503	342	457	412	57	–
211	185	26	174	169	5	2 054	1 660	394	420	416	1 117	–
409	356	53	652	646	6	4 778	3 914	864	731	726	1 005	2
66	54	12	458	453	5	2 923	2 535	388	344	322	52	–
343	302	41	194	193	1	1 855	1 379	476	387	404	953	2
560	468	92	584	577	7	6 319	5 354	965	837	812	788	–
75	63	12	426	423	3	4 108	3 762	346	473	369	65	–
485	405	80	158	154	4	2 211	1 592	619	364	443	723	–
746	572	174	560	556	4	5 512	4 433	1 079	745	756	601	–
55	37	18	386	385	1	3 905	3 531	374	449	359	68	–
691	535	156	174	171	3	1 607	902	705	296	397	533	–
1 111	874	237	594	591	3	4 560	3 080	1 480	738	780	758	2
74	57	17	433	432	1	3 112	2 576	536	536	383	81	–
1 037	817	220	161	159	2	1 448	504	944	202	397	677	2
1 027	830	197	543	539	4	2 643	995	1 648	310	665	1 026	1
88	69	19	377	374	3	1 535	863	672	219	301	191	–
939	761	178	166	165	1	1 108	132	976	91	364	835	1
684	567	117	249	248	1	1 993	291	1 702	101	476	1 171	3
63	51	12	201	200	1	1 098	234	864	76	247	371	–
621	516	105	48	48	–	895	57	838	25	229	800	3
330	287	43	49	48	1	1 005	124	881	29	215	794	3
30	25	5	40	39	1	528	90	438	17	97	237	–
300	262	38	9	9	–	477	34	443	12	118	557	3
218	192	26	4	4	–	515	59	456	7	101	611	3
3	3	–	4	4	–	301	47	254	7	57	217	–
215	189	26	–	–	–	214	12	202	–	44	394	3
114	93	21	–	–	–	232	24	208	5	68	568	3
6	4	2	–	–	–	124	19	105	3	30	204	–
108	89	19	–	–	–	108	5	103	2	38	364	3
73	59	14	1	1	–	137	24	113	1	37	476	2
8	5	3	1	1	–	81	15	66	–	25	236	–
65	54	11	–	–	–	56	9	47	1	12	240	2
56.8	56.6	57.5	46.1	48.1	29.1	46.8	43.7	54.8	42.3	48.8	55.8	66.3
51.3	50.7	53.6	46.4	48.4	28.9	47.2	45.2	55.4	43.7	49.1	66.7	33.8
57.4	57.3	58.0	45.4	47.3	29.7	46.1	40.4	54.4	40.5	48.5	53.3	68.0

第75表　薬剤師数，従業地による都道府県－

	総　　数	薬局の従事者	開設者又は法人の代表者	勤務者	医療施設の従事者	調剤・病棟業務	その他（治験、検査等）	病院の従事者	調剤・病棟業務	その他（治験、検査等）
全　　国	301 323	172 142	17 201	154 941	58 044	55 634	2 410	52 145	50 785	1 360
北　海　道	11 321	6 595	687	5 908	2 802	2 724	78	2 641	2 586	55
青　　森	2 210	1 388	191	1 197	468	452	16	436	428	8
岩　　手	2 303	1 409	186	1 223	495	480	15	457	453	4
宮　　城	5 354	3 298	284	3 014	964	906	58	872	837	35
秋　　田	2 009	1 346	193	1 153	382	374	8	350	348	2
山　　形	2 035	1 247	183	1 064	420	404	16	383	376	7
福　　島	3 582	2 218	261	1 957	729	707	22	649	643	6
茨　　城	6 605	3 743	336	3 407	1 121	1 084	37	995	979	16
栃　　木	3 934	2 315	204	2 111	795	754	41	694	673	21
群　　馬	3 798	2 238	263	1 975	889	861	28	776	761	15
埼　　玉	15 100	9 467	641	8 826	2 620	2 543	77	2 370	2 334	36
千　　葉	13 556	8 465	606	7 859	2 522	2 429	93	2 288	2 220	68
東　　京	48 813	23 408	1 784	21 624	6 335	5 994	341	5 584	5 359	225
神　奈　川	22 104	14 610	941	13 669	3 430	3 276	154	3 152	3 059	93
新　　潟	4 403	2 755	278	2 477	920	892	28	859	852	7
富　　山	2 813	1 152	101	1 051	542	518	24	469	460	9
石　　川	2 689	1 409	130	1 279	646	608	38	569	542	27
福　　井	1 426	736	97	639	399	393	6	349	346	3
山　　梨	1 707	1 059	139	920	345	326	19	303	294	9
長　　野	4 393	2 666	400	2 266	989	941	48	893	869	24
岐　　阜	3 868	2 320	363	1 957	835	799	36	700	687	13
静　　岡	8 144	4 814	606	4 208	1 417	1 344	73	1 270	1 240	30
愛　　知	14 684	8 916	1 001	7 915	2 941	2 797	144	2 621	2 523	98
三　　重	3 402	2 155	258	1 897	714	696	18	611	603	8
滋　　賀	3 100	1 853	170	1 683	556	538	18	486	479	7
京　　都	6 263	3 027	254	2 773	1 469	1 410	59	1 333	1 288	45
大　　阪	25 632	12 768	1 206	11 562	4 644	4 425	219	4 179	4 021	158
兵　　庫	14 616	8 972	621	8 351	2 839	2 723	116	2 521	2 461	60
奈　　良	2 791	1 542	118	1 424	679	657	22	595	589	6
和　歌　山	2 288	1 173	204	969	562	534	28	463	448	15
鳥　　取	1 134	699	120	579	261	257	4	247	245	2
島　　根	1 316	794	110	684	325	312	13	276	272	4
岡　　山	4 121	2 320	258	2 062	1 047	1 001	46	944	912	32
広　　島	7 021	4 314	454	3 860	1 472	1 407	65	1 289	1 263	26
山　　口	3 372	2 010	294	1 716	788	749	39	704	690	14
徳　　島	2 610	1 080	119	961	577	552	25	485	474	11
香　　川	2 415	1 401	181	1 220	537	511	26	455	442	13
愛　　媛	2 832	1 613	202	1 411	724	705	19	624	616	8
高　　知	1 706	864	155	709	522	507	15	463	456	7
福　　岡	11 794	7 258	873	6 385	2 729	2 624	105	2 569	2 506	63
佐　　賀	1 907	1 196	172	1 024	393	373	20	358	352	6
長　　崎	2 901	1 733	322	1 411	709	676	33	641	626	15
熊　　本	3 724	2 014	268	1 746	1 028	986	42	937	917	20
大　　分	2 221	1 324	178	1 146	588	574	14	537	532	5
宮　　崎	2 037	1 216	219	997	454	434	20	413	408	5
鹿　児　島	3 098	1 852	354	1 498	872	842	30	810	797	13
沖　　縄	2 171	1 390	216	1 174	549	535	14	525	519	6

指定都市・特別区・中核市（再掲）、業務の種別（２－１）

平成28年12月31日現在

診療所の従事者	調剤・病棟業務	その他（治験、検査等）	大学の従事者	勤務者（研究・教育）	大学院生又は研究生	医薬品関係 企業の従事者	医薬品製造販売業・製造業（研究・開発、営業、その他）	医薬品販売業	衛生行政機関又は保健衛生施設の従事者	その他の業務の従事者	無職の者	不詳
5 899	4 849	1 050	5 046	4 523	523	42 024	30 265	11 759	6 813	6 802	10 431	21
161	138	23	214	190	24	961	489	472	174	154	421	－
32	24	8	26	23	3	154	62	92	55	24	94	1
38	27	11	43	41	2	206	98	108	37	34	79	－
92	69	23	161	140	21	527	274	253	109	97	198	－
32	26	6	5	4	1	151	67	84	38	30	57	－
37	28	9	6	6	－	191	96	95	55	21	95	－
80	64	16	69	69	－	368	218	150	69	28	101	－
126	105	21	20	17	3	1 247	1 036	211	86	154	234	－
101	81	20	46	41	5	494	354	140	101	70	113	－
113	100	13	40	38	2	344	195	149	103	72	112	－
250	209	41	158	145	13	1 914	1 287	627	212	214	513	2
234	209	25	315	280	35	1 218	508	710	203	251	582	－
751	635	116	1 030	910	120	13 339	11 138	2 201	1 236	2 206	1 254	5
278	217	61	127	121	6	2 380	1 323	1 057	410	402	743	2
61	40	21	48	46	2	328	170	158	87	81	184	－
73	58	15	66	63	3	726	598	128	118	48	160	1
77	66	11	128	119	9	254	135	119	73	57	121	1
50	47	3	9	9	－	126	80	46	72	34	50	－
42	32	10	14	14	－	146	79	67	78	35	30	－
96	72	24	10	10	－	424	277	147	76	64	163	1
135	112	23	73	62	11	309	186	123	120	97	114	－
147	104	43	73	62	11	1 111	816	295	274	160	295	－
320	274	46	280	244	36	1 329	859	470	437	269	512	－
103	93	10	45	42	3	294	177	117	69	43	82	－
70	59	11	51	46	5	383	272	111	60	59	138	－
136	122	14	273	199	74	811	660	151	274	156	252	1
465	404	61	366	324	42	5 741	5 000	741	584	697	830	2
318	262	56	277	262	15	1 408	943	465	193	284	643	－
84	68	16	13	13	－	279	221	58	81	37	160	－
99	86	13	8	7	1	174	83	91	62	74	235	－
14	12	2	7	7	－	75	32	43	30	11	51	－
49	40	9	9	9	－	83	29	54	23	26	56	－
103	89	14	117	109	8	361	182	179	84	67	124	1
183	144	39	164	158	6	627	318	309	122	124	197	1
84	59	25	7	7	－	320	196	124	58	53	136	－
92	78	14	113	105	8	631	499	132	75	40	94	－
82	69	13	36	34	2	267	164	103	77	37	60	－
100	89	11	44	43	1	209	71	138	92	44	106	－
59	51	8	10	10	－	115	45	70	63	18	114	－
160	118	42	250	228	22	814	467	347	220	185	338	－
35	21	14	10	10	－	186	109	77	63	15	44	－
68	50	18	94	89	5	172	63	109	80	28	85	－
91	69	22	126	104	22	280	174	106	67	28	81	3
51	42	9	7	7	－	123	58	65	65	28	81	3
41	26	15	41	40	1	133	47	86	57	39	97	－
62	45	17	11	10	1	166	58	108	53	57	87	－
24	16	8	6	6	－	125	52	73	27	22	52	－

第75表　薬剤師数，従業地による都道府県－

	総数	薬局の従事者	開設者又は法人の代表者	勤務者	医療施設の従事者	調剤・病棟業務	その他（治験、検査等）	病院の従事者	調剤・病棟業務	その他（治験、検査等）
指定都市・特別区(再掲)										
東京都区部	38 477	16 655	1 323	15 332	4 677	4 398	279	4 087	3 901	186
札幌市	5 398	2 895	188	2 707	1 370	1 318	52	1 309	1 264	45
仙台市	3 348	1 892	114	1 778	565	515	50	509	475	34
さいたま市	3 606	2 021	109	1 912	404	387	17	348	342	6
千葉市	2 653	1 512	85	1 427	463	436	27	415	394	21
横浜市	9 565	6 417	379	6 038	1 407	1 348	59	1 301	1 257	44
川崎市	3 520	2 494	130	2 364	496	476	20	455	444	11
相模原市	1 636	1 084	65	1 019	341	318	23	312	296	16
新潟市	2 027	1 236	96	1 140	387	370	17	357	352	5
静岡市	1 761	1 064	138	926	286	269	17	263	255	8
浜松市	1 720	1 028	116	912	377	350	27	325	313	12
名古屋市	6 252	3 476	312	3 164	1 078	1 022	56	992	944	48
京都市	4 281	1 905	142	1 763	999	954	45	899	862	37
大阪市	11 043	4 455	479	3 976	1 625	1 559	66	1 438	1 393	45
堺市	1 743	1 083	102	981	404	391	13	372	365	7
神戸市	5 145	2 908	153	2 755	898	854	44	800	771	29
岡山市	2 116	1 105	99	1 006	478	448	30	430	406	24
広島市	3 254	1 993	172	1 821	596	566	30	515	500	15
北九州市	2 245	1 465	225	1 240	552	538	14	529	524	5
福岡市	4 540	2 591	229	2 362	877	825	52	819	782	37
熊本市	2 093	999	93	906	618	587	31	563	546	17
中核市(再掲)										
旭川市	867	511	51	460	221	214	7	208	203	5
函館市	680	418	33	385	162	160	2	150	149	1
青森市	673	372	37	335	125	121	4	115	113	2
盛岡市	862	478	46	432	205	198	7	194	191	3
秋田市	857	511	54	457	169	165	4	155	153	2
郡山市	829	425	28	397	164	159	5	153	151	2
いわき市	719	500	60	440	136	133	3	117	116	1
宇都宮市	1 213	702	54	648	195	188	7	160	158	2
前橋市	864	464	43	421	213	205	8	189	184	5
高崎市	845	426	42	384	167	160	7	140	135	5
川越市	965	516	30	486	184	177	7	167	162	5
越谷市	713	523	39	484	112	105	7	96	93	3
船橋市	1 562	967	43	924	224	217	7	205	200	5
柏市	977	575	35	540	240	224	16	225	210	15
八王子市	1 520	878	62	816	243	234	9	220	215	5
横須賀市	813	588	46	542	143	133	10	132	126	6
富山市	1 482	564	43	521	252	238	14	224	218	6
金沢市	1 497	699	55	644	332	309	23	304	285	19
長野市	867	537	64	473	177	169	8	163	161	2
岐阜市	1 331	698	96	602	284	271	13	243	234	9
豊橋市	692	417	60	357	183	169	14	146	142	4
豊田市	655	443	53	390	144	136	8	129	122	7
岡崎市	639	398	51	347	99	94	5	85	83	2
大津市	855	525	36	489	158	153	5	147	142	5
高槻市	1 244	618	38	580	236	224	12	220	211	9
東大阪市	865	547	62	485	172	167	5	139	137	2
豊中市	1 368	678	50	628	171	169	2	146	145	1
枚方市	990	584	38	546	241	231	10	228	220	8
姫路市	1 178	752	63	689	283	274	9	244	241	3
西宮市	1 365	797	51	746	279	264	15	258	248	10
尼崎市	1 320	838	39	799	200	194	6	180	177	3
奈良市	808	451	26	425	185	181	4	165	163	2
和歌山市	1 172	580	70	510	269	252	17	222	213	9
倉敷市	908	481	55	426	328	318	10	303	296	7
呉市	585	334	47	287	154	143	11	139	134	5
福山市	1 165	650	63	587	250	241	9	219	216	3
下関市	598	391	48	343	143	137	6	126	124	2
高松市	1 172	685	77	608	232	221	11	194	190	4
松山市	1 260	706	72	634	289	280	9	249	245	4
高知市	996	461	69	392	305	296	9	263	259	4
久留米市	868	473	51	422	282	268	14	266	254	12
長崎市	1 282	725	140	585	309	289	20	275	266	9
佐世保市	510	294	53	241	122	116	6	108	105	3
大分市	1 044	611	68	543	234	229	5	209	209	-
宮崎市	937	535	84	451	211	200	11	188	185	3
鹿児島市	1 550	806	111	695	480	457	23	443	431	12
那覇市	654	417	64	353	126	122	4	118	117	1

指定都市・特別区・中核市（再掲）、業務の種別（２－２）

平成28年12月31日現在

診療所の従事者	調剤・病棟業務	その他（治験、検査等）	大学の従事者	勤務者（研究・教育）	大学院生又は研究生	医薬品関係 企業の従事者	医薬品製造販売業・製造業（研究・開発、営業、その他）	医薬品販売業	衛生行政機関又は保健衛生施設の従事者	その他の業務の従事者	無職の者	不詳
590	497	93	692	613	79	12 426	10 759	1 667	1 132	2 052	839	4
61	54	7	142	122	20	619	326	293	90	77	205	-
56	40	16	161	140	21	445	257	188	66	77	142	-
56	45	11	1	1	-	864	673	191	75	51	190	-
48	42	6	83	61	22	348	199	149	96	58	93	-
106	91	15	79	77	2	1 020	471	549	170	164	307	1
41	32	9	16	16	-	262	122	140	94	52	106	-
29	22	7	20	18	2	86	10	76	28	21	56	-
30	18	12	47	45	2	190	105	85	44	36	87	-
23	14	9	53	46	7	149	84	65	118	38	53	-
52	37	15	18	15	3	123	65	58	60	31	83	-
86	78	8	253	219	34	816	593	223	269	133	227	-
100	92	8	230	157	73	657	567	90	216	98	175	1
187	166	21	16	13	3	3 937	3 557	380	335	475	200	-
32	26	6	1	1	-	139	88	51	36	17	63	-
98	83	15	174	159	15	704	539	165	97	143	221	-
48	42	6	103	97	6	243	136	107	50	40	96	1
81	66	15	70	66	4	370	219	151	73	56	95	1
23	14	9	10	9	1	110	63	47	24	18	66	-
58	43	15	226	207	19	489	315	174	101	115	141	-
55	41	14	125	103	22	186	132	54	44	31	90	-
13	11	2	10	10	-	73	50	23	10	11	31	-
12	11	1	-	-	-	44	26	18	9	9	38	-
10	8	2	15	15	-	89	59	30	27	9	35	1
11	7	4	3	3	-	107	70	37	24	14	31	-
14	12	2	5	4	1	103	54	49	15	16	38	-
11	8	3	37	37	-	158	107	51	6	7	32	-
19	17	2	17	17	-	40	21	19	7	5	14	-
35	30	5	-	-	-	203	146	57	58	20	35	-
24	21	3	14	14	-	69	22	47	50	21	33	-
27	25	2	26	24	2	152	118	34	17	16	41	-
17	15	2	-	-	-	183	131	52	14	39	29	-
16	12	4	2	2	-	37	12	25	12	4	22	1
19	17	2	121	113	8	90	53	37	20	35	105	-
15	14	1	-	-	-	77	18	59	10	21	54	-
23	19	4	164	140	24	130	60	70	7	27	70	1
11	7	4	-	-	-	41	14	27	21	3	17	-
28	20	8	65	62	3	495	413	82	41	17	48	-
28	24	4	118	109	9	178	102	76	54	16	99	1
14	8	6	1	1	-	55	36	19	43	18	36	-
41	37	4	63	52	11	127	96	31	76	36	47	-
37	27	10	-	-	-	46	8	38	17	12	17	-
15	14	1	-	-	-	14	3	11	7	5	42	-
14	11	3	6	4	2	76	51	25	14	19	27	-
11	11	-	11	11	-	74	43	31	37	8	42	-
16	13	3	79	73	6	225	202	23	19	14	53	-
33	30	3	45	43	2	43	16	27	24	11	23	-
25	24	1	2	2	-	366	328	38	16	35	100	-
13	11	2	71	63	8	36	19	17	15	7	36	-
39	33	6	18	18	-	74	44	30	6	6	39	-
21	16	5	82	82	-	68	18	50	15	12	112	-
20	17	3	2	2	-	198	169	29	18	22	42	-
20	18	2	1	1	-	64	40	24	35	10	62	-
47	39	8	8	7	1	106	65	41	46	41	122	-
25	22	3	10	8	2	37	5	32	20	12	20	-
15	9	6	46	44	2	21	4	17	10	6	14	-
31	25	6	45	45	-	102	41	61	23	32	63	-
17	13	4	-	-	-	18	5	13	6	6	34	-
38	31	7	3	2	1	145	100	45	47	18	42	-
40	35	5	37	36	1	122	55	67	49	11	46	-
42	37	5	-	-	-	89	42	47	38	8	95	-
16	14	2	12	11	1	61	42	19	14	4	22	-
34	23	11	61	56	5	95	57	38	32	17	43	-
14	11	3	33	33	-	24	3	21	14	4	19	-
25	20	5	1	1	-	91	51	40	42	19	45	1
23	15	8	-	-	-	84	41	43	23	29	55	-
37	26	11	11	10	1	122	54	68	28	41	62	-
8	5	3	-	-	-	70	48	22	14	8	19	-

第76表　人口10万対薬剤師数，従業地による

	総　数	薬局の 従事者	開設者 又は法人 の代表者	勤務者	医療施設 の従事者	調　剤・ 病棟業務	その他 （治験、 検査等）	病院の 従事者	調　剤・ 病棟業務	その他 （治験、 検査等）
全　　　国	237.4	135.6	13.6	122.1	45.7	43.8	1.9	41.1	40.0	1.1
北　海　道	211.5	123.2	12.8	110.4	52.4	50.9	1.5	49.3	48.3	1.0
青　　　森	170.9	107.3	14.8	92.6	36.2	35.0	1.2	33.7	33.1	0.6
岩　　　手	181.6	111.1	14.7	96.5	39.0	37.9	1.2	36.0	35.7	0.3
宮　　　城	229.8	141.5	12.2	129.4	41.4	38.9	2.5	37.4	35.9	1.5
秋　　　田	198.9	133.3	19.1	114.2	37.8	37.0	0.8	34.7	34.5	0.2
山　　　形	182.8	112.0	16.4	95.6	37.7	36.3	1.4	34.4	33.8	0.6
福　　　島	188.4	116.7	13.7	102.9	38.3	37.2	1.2	34.1	33.8	0.3
茨　　　城	227.4	128.8	11.6	117.3	38.6	37.3	1.3	34.3	33.7	0.6
栃　　　木	200.1	117.8	10.4	107.4	40.4	38.4	2.1	35.3	34.2	1.1
群　　　馬	193.1	113.8	13.4	100.4	45.2	43.8	1.4	39.5	38.7	0.8
埼　　　玉	207.2	129.9	8.8	121.1	35.9	34.9	1.1	32.5	32.0	0.5
千　　　葉	217.4	135.7	9.7	126.0	40.4	39.0	1.5	36.7	35.6	1.1
東　　　京	358.3	171.8	13.1	158.7	46.5	44.0	2.5	41.0	39.3	1.7
神　奈　川	241.7	159.8	10.3	149.5	37.5	35.8	1.7	34.5	33.4	1.0
新　　　潟	192.6	120.5	12.2	108.4	40.2	39.0	1.2	37.6	37.3	0.3
富　　　山	265.1	108.6	9.5	99.1	51.1	48.8	2.3	44.2	43.4	0.8
石　　　川	233.6	122.4	11.3	111.1	56.1	52.8	3.3	49.4	47.1	2.3
福　　　井	182.4	94.1	12.4	81.7	51.0	50.3	0.8	44.6	44.2	0.4
山　　　梨	205.7	127.6	16.7	110.8	41.6	39.3	2.3	36.5	35.4	1.1
長　　　野	210.4	127.7	19.2	108.5	47.4·	45.1	2.3	42.8	41.6	1.1
岐　　　阜	191.3	114.7	18.0	96.8	41.3	39.5	1.8	34.6	34.0	0.6
静　　　岡	220.8	130.5	16.4	114.1	38.4	36.4	2.0	34.4	33.6	0.8
愛　　　知	195.6	118.8	13.3	105.4	39.2	37.3	1.9	34.9	33.6	1.3
三　　　重	188.2	119.2	14.3	104.9	39.5	38.5	1.0	33.8	33.4	0.4
滋　　　賀	219.4	131.1	12.0	119.1	39.3	38.1	1.3	34.4	33.9	0.5
京　　　都	240.4	116.2	9.8	106.4	56.4	54.1	2.3	51.2	49.4	1.7
大　　　阪	290.2	144.5	13.7	130.9	52.6	50.1	2.5	47.3	45.5	1.8
兵　　　庫	264.8	162.5	11.3	151.3	51.4	49.3	2.1	45.7	44.6	1.1
奈　　　良	205.8	113.7	8.7	105.0	50.1	48.5	1.6	43.9	43.4	0.4
和　歌　山	239.8	123.0	21.4	101.6	58.9	56.0	2.9	48.5	47.0	1.6
鳥　　　取	198.9	122.6	21.1	101.6	45.8	45.1	0.7	43.3	43.0	0.4
島　　　根	190.7	115.1	15.9	99.1	47.1	45.2	1.9	40.0	39.4	0.6
岡　　　山	215.2	121.1	13.5	107.7	54.7	52.3	2.4	49.3	47.6	1.7
広　　　島	247.5	152.1	16.0	136.1	51.9	49.6	2.3	45.4	44.5	0.9
山　　　口	241.9	144.2	21.1	123.1	56.5	53.7	2.8	50.5	49.5	1.0
徳　　　島	348.0	144.0	15.9	128.1	76.9	73.6	3.3	64.7	63.2	1.5
香　　　川	248.5	144.1	18.6	125.5	55.2	52.6	2.7	46.8	45.5	1.3
愛　　　媛	206.0	117.3	14.7	102.6	52.7	51.3	1.4	45.4	44.8	0.6
高　　　知	236.6	119.8	21.5	98.3	72.4	70.3	2.1	64.2	63.2	1.0
福　　　岡	231.1	142.2	17.1	125.1	53.5	51.4	2.1	50.3	49.1	1.2
佐　　　賀	230.3	144.4	20.8	123.7	47.5	45.0	2.4	43.2	42.5	0.7
長　　　崎	212.2	126.8	23.6	103.2	51.9	49.5	2.4	46.9	45.8	1.1
熊　　　本	209.9	113.5	15.1	98.4	57.9	55.6	2.4	52.8	51.7	1.1
大　　　分	191.5	114.1	15.3	98.8	50.7	49.5	1.2	46.3	45.9	0.4
宮　　　崎	185.9	110.9	20.0	91.0	41.4	39.6	1.8	37.7	37.2	0.5
鹿　児　島	189.2	113.1	21.6	91.5	53.3	51.4	1.8	49.5	48.7	0.8
沖　　　縄	150.9	96.6	15.0	81.6	38.2	37.2	1.0	36.5	36.1	0.4

都道府県－指定都市・特別区・中核市（再掲）、業務の種別（2－1）

平成28年12月31日現在

診療所の従事者	調剤・病棟業務	その他（治験、検査等）	大学の従事者	勤務者（研究・教育）	大学院生又は研究生	医薬品関係企業の従事者	医薬品製造販売業・製造業（研究・開発、営業、その他）	医薬品販売業	衛生行政機関又は保健衛生施設の従事者	その他の業務の従事者	無職の者	不詳
4.6	3.8	0.8	4.0	3.6	0.4	33.1	23.8	9.3	5.4	5.4	8.2	0.0
3.0	2.6	0.4	4.0	3.6	0.4	18.0	9.1	8.8	3.3	2.9	7.9	-
2.5	1.9	0.6	2.0	1.8	0.2	11.9	4.8	7.1	4.3	1.9	7.3	0.1
3.0	2.1	0.9	3.4	3.2	0.2	16.2	7.7	8.5	2.9	2.7	6.2	-
3.9	3.0	1.0	6.9	6.0	0.9	22.6	11.8	10.9	4.7	4.2	8.5	-
3.2	2.6	0.6	0.5	0.4	0.1	15.0	6.6	8.3	3.8	3.0	5.6	-
3.3	2.5	0.8	0.5	0.5	-	17.2	8.6	8.5	4.9	1.9	8.5	
4.2	3.4	0.8	3.6	3.6	-	19.4	11.5	7.9	3.6	1.5	5.3	
4.3	3.6	0.7	0.7	0.6	0.1	42.9	35.7	7.3	3.0	5.3	8.1	
5.1	4.1	1.0	2.3	2.1	0.3	25.1	18.0	7.1	5.1	3.6	5.7	
5.7	5.1	0.7	2.0	1.9	0.1	17.5	9.9	7.6	5.2	3.7	5.7	
3.4	2.9	0.6	2.2	2.0	0.2	26.3	17.7	8.6	2.9	2.9	7.0	0.0
3.8	3.4	0.4	5.1	4.5	0.6	19.5	8.1	11.4	3.3	4.0	9.3	-
5.5	4.7	0.9	7.6	6.7	0.9	97.9	81.8	16.2	9.1	16.2	9.2	0.0
3.0	2.4	0.7	1.4	1.3	0.1	26.0	14.5	11.6	4.5	4.4	8.1	0.0
2.7	1.7	0.9	2.1	2.0	0.1	14.3	7.4	6.9	3.8	3.5	8.0	-
6.9	5.5	1.4	6.2	5.9	0.3	68.4	56.4	12.1	11.1	4.5	15.1	0.1
6.7	5.7	1.0	11.1	10.3	0.8	22.1	11.7	10.3	6.3	5.0	10.5	0.1
6.4	6.0	0.4	1.2	1.2	-	16.1	10.2	5.9	9.2	4.3	6.4	-
5.1	3.9	1.2	1.7	1.7	-	17.6	9.5	8.1	9.4	4.2	3.6	-
4.6	3.4	1.1	0.5	0.5	-	20.3	13.3	7.0	3.6	3.1	7.8	0.0
6.7	5.5	1.1	3.6	3.1	0.5	15.3	9.2	6.1	5.9	4.8	5.6	-
4.0	2.8	1.2	2.0	1.7	0.3	30.1	22.1	8.0	7.4	4.3	8.0	-
4.3	3.6	0.6	3.7	3.3	0.5	17.7	11.4	6.3	5.8	3.6	6.8	-
5.7	5.1	0.6	2.5	2.3	0.2	16.3	9.8	6.5	3.8	2.4	4.5	-
5.0	4.2	0.8	3.6	3.3	0.4	27.1	19.2	7.9	4.2	4.2	9.8	-
5.2	4.7	0.5	10.5	7.6	2.8	31.1	25.3	5.8	10.5	6.0	9.7	0.0
5.3	4.6	0.7	4.1	3.7	0.5	65.0	56.6	8.4	6.6	7.9	9.4	0.0
5.8	4.7	1.0	5.0	4.7	0.3	25.5	17.1	8.4	3.5	5.1	11.6	-
6.2	5.0	1.2	1.0	1.0	-	20.6	16.3	4.3	6.0	2.7	11.8	-
10.4	9.0	1.4	0.8	0.7	0.1	18.2	8.7	9.5	6.5	7.8	24.6	-
2.5	2.1	0.4	1.2	1.2	-	13.2	5.6	7.5	5.3	1.9	8.9	-
7.1	5.8	1.3	1.3	1.3	-	12.0	4.2	7.8	3.3	3.8	8.1	-
5.4	4.6	0.7	6.1	5.7	0.4	18.9	9.5	9.3	4.4	3.5	6.5	0.1
6.5	5.1	1.4	5.8	5.6	0.2	22.1	11.2	10.9	4.3	4.4	6.9	0.0
6.0	4.2	1.8	0.5	0.5	-	23.0	14.1	8.9	4.2	3.8	9.8	-
12.3	10.4	1.9	15.1	14.0	1.1	84.1	66.5	17.6	10.0	5.3	12.5	-
8.4	7.1	1.3	3.7	3.5	0.2	27.5	16.9	10.6	7.9	3.8	6.2	-
7.3	6.5	0.8	3.2	3.1	0.1	15.2	5.2	10.0	6.7	3.2	7.7	-
8.2	7.1	1.1	1.4	1.4	-	16.0	6.2	9.7	8.7	2.5	15.8	-
3.1	2.3	0.8	4.9	4.5	0.4	15.9	9.1	6.8	4.3	3.6	6.6	-
4.2	2.5	1.7	1.2	1.2	-	22.5	13.2	9.3	7.6	1.8	5.3	-
5.0	3.7	1.3	6.9	6.5	0.4	12.6	4.6	8.0	5.9	2.0	6.2	-
5.1	3.9	1.2	7.1	5.9	1.2	15.8	9.8	6.0	4.3	3.2	8.1	-
4.4	3.6	0.8	0.6	0.6	-	10.6	5.0	5.6	5.8	2.4	7.0	0.3
3.7	2.4	1.4	3.7	3.6	0.1	12.1	4.3	7.8	5.2	3.6	8.9	-
3.8	2.7	1.0	0.7	0.6	0.1	10.1	3.5	6.6	3.2	3.5	5.3	-
1.7	1.1	0.6	0.4	0.4	-	8.7	3.6	5.1	1.9	1.5	3.6	-

第76表　人口10万対薬剤師数，従業地による

	総数	薬局の 従事者	開設者又は法人の代表者	勤務者	医療施設の従事者	調剤・病棟業務	その他（治験、検査等）	病院の 従事者	調剤・病棟業務	その他（治験、検査等）
指定都市・特別区（再掲）										
東京都区部	410.4	177.7	14.1	163.5	49.9	46.9	3.0	43.6	41.6	2.0
札幌市	275.7	147.9	9.6	138.3	70.0	67.3	2.7	66.9	64.6	2.3
仙台市	308.6	174.4	10.5	163.9	52.1	47.5	4.6	46.9	43.8	3.1
さいたま市	282.8	158.5	8.5	150.0	31.7	30.4	1.3	27.3	26.8	0.5
千葉市	272.4	155.2	8.7	146.5	47.5	44.8	2.8	42.6	40.5	2.2
横浜市	256.4	172.0	10.2	161.8	37.7	36.1	1.6	34.9	33.7	1.2
川崎市	236.4	167.5	8.7	158.8	33.3	32.0	1.3	30.6	29.8	0.7
相模原市	226.6	150.1	9.0	141.1	47.2	44.0	3.2	43.2	41.0	2.2
新潟市	251.2	153.2	11.9	141.3	48.0	45.8	2.1	44.2	43.6	0.6
静岡市	250.9	151.6	19.7	131.9	40.7	38.3	2.4	37.5	36.3	1.1
浜松市	215.8	129.0	14.6	114.4	47.3	43.9	3.4	40.8	39.3	1.5
名古屋市	271.2	150.8	13.5	137.3	46.8	44.3	2.4	43.0	41.0	2.1
京都市	290.2	129.2	9.6	119.5	67.7	64.7	3.1	60.9	58.4	2.5
大阪市	408.7	164.9	17.7	147.2	60.1	57.7	2.4	53.2	51.6	1.7
堺市	208.0	129.2	12.2	117.1	48.2	46.7	1.6	44.4	43.6	0.8
神戸市	335.0	189.3	10.0	179.4	58.5	55.6	2.9	52.1	50.2	1.9
岡山市	293.5	153.3	13.7	139.5	66.3	62.1	4.2	59.6	56.3	3.3
広島市	272.1	166.6	14.4	152.3	49.8	47.3	2.5	43.1	41.8	1.3
北九州市	234.8	153.2	23.5	129.7	57.7	56.3	1.5	55.3	54.8	0.5
福岡市	292.1	166.7	14.7	152.0	56.4	53.1	3.3	52.7	50.3	2.4
熊本市	282.8	135.0	12.6	122.4	83.5	79.3	4.2	76.1	73.8	2.3
中核市（再掲）										
旭川市	252.8	149.0	14.9	134.1	64.4	62.4	2.0	60.6	59.2	1.5
函館市	255.6	157.1	12.4	144.7	60.9	60.2	0.8	56.4	56.0	0.4
青森市	236.1	130.5	13.0	117.5	43.9	42.5	1.4	40.4	39.6	0.7
盛岡市	290.2	160.9	15.5	145.5	69.0	66.7	2.4	65.3	64.3	1.0
秋田市	272.9	162.7	17.2	145.5	53.8	52.5	1.3	49.4	48.7	0.6
郡山市	246.7	126.5	8.3	118.2	48.8	47.3	1.5	45.5	44.9	0.6
いわき市	206.6	143.7	17.2	126.4	39.1	38.2	0.9	33.6	33.3	0.3
宇都宮市	233.3	135.0	10.4	124.6	37.5	36.2	1.3	30.8	30.4	0.4
前橋市	254.9	136.9	12.7	124.2	62.8	60.5	2.4	55.8	54.3	1.5
高崎市	224.7	113.3	11.2	102.1	44.4	42.6	1.9	37.2	35.9	1.3
川越市	274.1	146.6	8.5	138.1	52.3	50.3	2.0	47.4	46.0	1.4
越谷市	209.7	153.8	11.5	142.4	32.9	30.9	2.1	28.2	27.4	0.9
船橋市	247.9	153.5	6.8	146.7	35.6	34.4	1.1	32.5	31.7	0.8
柏市	234.3	137.9	8.4	129.5	57.6	53.7	3.8	54.0	50.4	3.6
八王子市	270.0	156.0	11.0	144.9	43.2	41.6	1.6	39.1	38.2	0.9
横須賀市	201.2	145.5	11.4	134.2	35.4	32.9	2.5	32.7	31.2	1.5
富山市	354.5	134.9	10.3	124.6	60.3	56.9	3.3	53.6	52.2	1.4
金沢市	321.2	150.0	11.8	138.2	71.2	66.3	4.9	65.2	61.2	4.1
長野市	227.0	140.6	16.8	123.8	46.3	44.2	2.1	42.7	42.1	0.5
岐阜市	327.8	171.9	23.6	148.3	70.0	66.7	3.2	59.9	57.6	2.2
豊橋市	185.0	111.5	16.0	95.5	48.9	45.2	3.7	39.0	38.0	1.1
豊田市	154.1	104.2	12.5	91.8	33.9	32.0	1.9	30.4	28.7	1.6
岡崎市	166.8	103.9	13.3	90.6	25.8	24.5	1.3	22.2	21.7	0.5
大津市	250.7	154.0	10.6	143.4	46.3	44.9	1.5	43.1	41.6	1.5
高槻市	351.4	174.6	10.7	163.8	66.7	63.3	3.4	62.1	59.6	2.5
東大阪市	173.3	109.6	12.4	97.2	34.5	33.5	1.0	27.9	27.5	0.4
豊中市	345.5	171.2	12.6	158.6	43.2	42.7	0.5	36.9	36.6	0.3
枚方市	245.7	144.9	9.4	135.5	59.8	57.3	2.5	56.6	54.6	2.0
姫路市	220.6	140.8	11.8	129.0	53.0	51.3	1.7	45.7	45.1	0.6
西宮市	279.1	163.0	10.4	152.6	57.1	54.0	3.1	52.8	50.7	2.0
尼崎市	292.0	185.4	8.6	176.8	44.2	42.9	1.3	39.8	39.2	0.7
奈良市	225.1	125.6	7.2	118.4	51.5	50.4	1.1	46.0	45.4	0.6
和歌山市	323.8	160.2	19.3	140.9	74.3	69.6	4.7	61.3	58.8	2.5
倉敷市	190.4	100.8	11.5	89.3	68.8	66.7	2.1	63.5	62.1	1.5
呉市	252.2	144.0	20.3	123.7	66.4	61.6	4.7	59.9	57.8	2.2
福山市	250.5	139.8	13.5	126.2	53.8	51.8	1.9	47.1	46.5	0.6
下関市	224.8	147.0	18.0	128.9	53.8	51.5	2.3	47.4	46.6	0.8
高松市	278.4	162.7	18.3	144.4	55.1	52.5	2.6	46.1	45.1	1.0
松山市	245.1	137.4	14.0	123.3	56.2	54.5	1.8	48.4	47.7	0.8
高知市	297.3	137.6	20.6	117.0	91.0	88.4	2.7	78.5	77.3	1.2
久留米市	282.7	154.1	16.6	137.5	91.9	87.3	4.6	86.6	82.7	3.9
長崎市	300.2	169.8	32.8	137.0	72.4	67.7	4.7	64.4	62.3	2.1
佐世保市	200.8	115.7	20.9	94.9	48.0	45.7	2.4	42.5	41.3	1.2
大分市	218.0	127.6	14.2	113.4	48.9	47.8	1.0	43.6	43.6	-
宮崎市	234.3	133.8	21.0	112.8	52.8	50.0	2.8	47.0	46.3	0.8
鹿児島市	258.8	134.6	18.5	116.0	80.1	76.3	3.8	74.0	72.0	2.0
那覇市	204.4	130.3	20.0	110.3	39.4	38.1	1.3	36.9	36.6	0.3

都道府県－指定都市・特別区・中核市（再掲）、業務の種別（2－2）

平成28年12月31日現在

診療所の従事者			大学の従事者			医薬品関係			衛生行政機関又は保健衛生施設の従事者	その他の業務の従事者	無職の者	不詳
従事者	調剤・病棟業務	その他（治験、検査等）	従事者	勤務者（研究・教育）	大学院生又は研究生	企業の従事者	医薬品製造販売業・製造業（研究・開発、営業、その他）	医薬品販売業				
6.3	5.3	1.0	7.4	6.5	0.8	132.5	114.8	17.8	12.1	21.9	8.9	0.0
3.1	2.8	0.4	7.3	6.2	1.0	31.6	16.6	15.0	4.6	3.9	10.5	-
5.2	3.7	1.5	14.8	12.9	1.9	41.0	23.7	17.3	6.1	7.1	13.1	-
4.4	3.5	0.9	0.1	0.1	-	67.8	52.8	15.0	5.9	4.0	14.9	-
4.9	4.3	0.6	8.5	6.3	2.3	35.7	20.4	15.3	9.9	6.0	9.5	-
2.8	2.4	0.4	2.1	2.1	0.1	27.3	12.6	14.7	4.6	4.4	8.2	0.0
2.8	2.1	0.6	1.1	1.1	-	17.6	8.2	9.4	6.3	3.5	7.1	-
4.0	3.0	1.0	2.8	2.5	0.3	11.9	1.4	10.5	3.9	2.9	7.8	-
3.7	2.2	1.5	5.8	5.6	0.2	23.5	13.0	10.5	5.5	4.5	10.8	-
3.3	2.0	1.3	7.5	6.6	1.0	21.2	12.0	9.3	16.8	5.4	7.5	-
6.5	4.6	1.9	2.3	1.9	0.4	15.4	8.2	7.3	7.5	3.9	10.4	-
3.7	3.4	0.3	11.0	9.5	1.5	35.4	25.7	9.7	11.7	5.8	9.8	-
6.8	6.2	0.5	15.6	10.6	4.9	44.5	38.4	6.1	14.6	6.6	11.9	0.1
6.9	6.1	0.8	0.6	0.5	0.1	145.7	131.6	14.1	12.4	17.6	7.4	-
3.8	3.1	0.7	0.1	0.1	-	16.6	10.5	6.1	4.3	2.0	7.5	-
6.4	5.4	1.0	11.3	10.4	1.0	45.8	35.1	10.7	6.3	9.3	14.4	-
6.7	5.8	0.8	14.3	13.5	0.8	33.7	18.9	14.8	6.9	5.5	13.3	0.1
6.8	5.5	1.3	5.9	5.5	0.3	30.9	18.3	12.6	6.1	4.7	7.9	0.1
2.4	1.5	0.9	1.0	0.9	0.1	11.5	6.6	4.9	2.5	1.9	6.9	-
3.7	2.8	1.0	14.5	13.3	1.2	31.5	20.3	11.2	6.5	7.4	9.1	-
7.4	5.5	1.9	16.9	13.9	3.0	25.1	17.8	7.3	5.9	4.2	12.2	-
3.8	3.2	0.6	2.9	2.9	-	21.3	14.6	6.7	2.9	3.2	9.0	-
4.5	4.1	0.4	-	-	-	16.5	9.8	6.8	3.4	3.4	14.3	-
3.5	2.8	0.7	5.3	5.3	-	31.2	20.7	10.5	9.5	3.2	12.3	0.4
3.7	2.4	1.3	1.0	1.0	-	36.0	23.6	12.5	8.1	4.7	10.4	-
4.5	3.8	0.6	1.6	1.3	0.3	32.8	17.2	15.6	4.8	5.1	12.1	-
3.3	2.4	0.9	11.0	11.0	-	47.0	31.8	15.2	1.8	2.1	9.5	-
5.5	4.9	0.6	4.9	4.9	-	11.5	6.0	5.5	2.0	1.4	4.0	-
6.7	5.8	1.0	-	-	-	39.0	28.1	11.0	11.2	3.8	6.7	-
7.1	6.2	0.9	4.1	4.1	-	20.4	6.5	13.9	14.7	6.2	9.7	-
7.2	6.6	0.5	6.9	6.4	0.5	40.4	31.4	9.0	4.5	4.3	10.9	-
4.8	4.3	0.6	-	-	-	52.0	37.2	14.8	4.0	11.1	8.2	-
4.7	3.5	1.2	0.6	0.6	-	10.9	3.5	7.4	3.5	1.2	6.5	0.3
3.0	2.7	0.3	19.2	17.9	1.3	14.3	8.4	5.9	3.2	5.6	16.7	-
3.6	3.4	0.2	-	-	-	18.5	4.3	14.1	2.4	5.0	12.9	-
4.1	3.4	0.7	29.1	24.9	4.3	23.1	10.7	12.4	1.2	4.8	12.4	0.2
2.7	1.7	1.0	-	-	-	10.1	3.5	6.7	5.2	0.7	4.2	-
6.7	4.8	1.9	15.6	14.8	0.7	118.4	98.8	19.6	9.8	4.1	11.5	-
6.0	5.2	0.9	25.3	23.4	1.9	38.2	21.9	16.3	11.6	3.4	21.2	0.2
3.7	2.1	1.6	0.3	0.3	-	14.4	9.4	5.0	11.3	4.7	9.4	-
10.1	9.1	1.0	15.5	12.8	2.7	31.3	23.6	7.6	18.7	8.9	11.6	-
9.9	7.2	2.7	-	-	-	12.3	2.1	10.2	4.5	3.2	4.5	-
3.5	3.3	0.2	-	-	-	3.3	0.7	2.6	1.6	1.2	9.9	-
3.7	2.9	0.8	1.6	1.0	0.5	19.8	13.3	6.5	3.7	5.0	7.0	-
3.2	3.2	-	3.2	3.2	-	21.7	12.6	9.1	10.9	2.3	12.3	-
4.5	3.7	0.8	22.3	20.6	1.7	63.6	57.1	6.5	5.4	4.0	15.0	-
6.6	6.0	0.6	9.0	8.6	0.4	8.6	3.2	5.4	4.8	2.2	4.6	-
6.3	6.1	0.3	0.5	0.5	-	92.4	82.8	9.6	4.0	8.8	25.3	-
3.2	2.7	0.5	17.6	15.6	2.0	8.9	4.7	4.2	3.7	1.7	8.9	-
7.3	6.2	1.1	3.4	3.4	-	13.9	8.2	5.6	1.1	1.1	7.3	-
4.3	3.3	1.0	16.8	16.8	-	13.9	3.7	10.2	3.1	2.5	22.9	-
4.4	3.8	0.7	0.4	0.4	-	43.8	37.4	6.4	4.0	4.9	9.3	-
5.6	5.0	0.6	0.3	0.3	-	17.8	11.1	6.7	9.7	2.8	17.3	-
13.0	10.8	2.2	2.2	1.9	0.3	29.3	18.0	11.3	12.7	11.3	33.7	-
5.2	4.6	0.6	2.1	1.7	0.4	7.8	1.0	6.7	4.2	2.5	4.2	-
6.5	3.9	2.6	19.8	19.0	0.9	9.1	1.7	7.3	4.3	2.6	6.0	-
6.7	5.4	1.3	9.7	9.7	-	21.9	8.8	13.1	4.9	6.9	13.5	-
6.4	4.9	1.5	-	-	-	6.8	1.9	4.9	2.3	2.3	12.8	-
9.0	7.4	1.7	0.7	0.5	0.2	34.4	23.8	10.7	11.2	4.3	10.0	-
7.8	6.8	1.0	7.2	7.0	0.2	23.7	10.7	13.0	9.5	2.1	8.9	-
12.5	11.0	1.5	-	-	-	26.6	12.5	14.0	11.3	2.4	28.4	-
5.2	4.6	0.7	3.9	3.6	0.3	19.9	13.7	6.2	4.6	1.3	7.2	-
8.0	5.4	2.6	14.3	13.1	1.2	22.2	13.3	8.9	7.5	4.0	10.1	-
5.5	4.3	1.2	13.0	13.0	-	9.4	1.2	8.3	5.5	1.6	7.5	-
5.2	4.2	1.0	0.2	0.2	-	19.0	10.6	8.4	8.8	4.0	9.4	0.2
5.8	3.8	2.0	-	-	-	21.0	10.3	10.8	5.9	7.3	13.8	-
6.2	4.3	1.8	1.8	1.7	0.2	20.4	9.0	11.4	4.7	6.8	10.4	-
2.5	1.6	0.9	-	-	-	21.9	15.0	6.9	4.4	2.5	5.9	-

第77表　薬剤師数、平均年齢，性、従業地による

総

	総　数	24 歳 以 下	25 〜 29	30 〜 34	35 〜 39	40 〜 44	45 〜 49	50 〜 54
全　　国	301 323	1 220	38 274	41 133	35 581	36 636	35 313	30 695
北　海　道	11 321	53	1 459	1 415	1 296	1 271	1 300	1 120
青　　森	2 210	7	295	370	219	226	196	208
岩　　手	2 303	13	335	243	207	212	240	235
宮　　城	5 354	17	830	787	676	586	529	456
秋　　田	2 009	8	203	300	245	200	218	205
山　　形	2 035	4	265	276	218	197	179	174
福　　島	3 582	18	520	492	343	349	359	347
茨　　城	6 605	17	698	945	795	756	918	786
栃　　木	3 934	19	559	562	460	465	451	415
群　　馬	3 798	17	463	479	462	507	435	384
埼　　玉	15 100	67	2 045	2 362	1 771	1 864	1 804	1 486
千　　葉	13 556	50	1 914	1 830	1 618	1 682	1 466	1 287
東　　京	48 813	192	5 931	7 353	6 407	5 951	6 133	5 423
神　奈　川	22 104	105	2 789	3 022	2 733	2 797	2 686	2 286
新　　潟	4 403	20	656	628	549	520	439	376
富　　山	2 813	1	265	331	262	345	322	315
石　　川	2 689	9	310	300	282	370	304	283
福　　井	1 426	5	157	158	147	199	143	126
山　　梨	1 707	8	183	215	194	201	203	152
長　　野	4 393	9	415	494	469	555	497	451
岐　　阜	3 868	14	499	459	434	449	393	376
静　　岡	8 144	34	903	1 031	961	1 070	964	832
愛　　知	14 684	71	2 214	2 105	1 613	1 725	1 543	1 391
三　　重	3 402	15	476	437	426	437	376	297
滋　　賀	3 100	17	428	400	338	362	351	330
京　　都	6 263	44	1 058	861	732	688	715	601
大　　阪	25 632	119	3 426	3 474	3 035	3 117	3 382	2 852
兵　　庫	14 616	59	1 828	1 788	1 630	1 893	1 905	1 572
奈　　良	2 791	11	341	296	248	350	367	306
和　歌　山	2 288	9	215	225	214	256	250	196
鳥　　取	1 134	3	115	143	137	116	105	107
島　　根	1 316	5	165	183	204	144	102	103
岡　　山	4 121	14	576	583	404	499	458	392
広　　島	7 021	24	899	830	767	897	827	721
山　　口	3 372	8	298	372	375	449	418	339
徳　　島	2 610	5	251	381	269	308	314	306
香　　川	2 415	5	313	312	253	302	274	224
愛　　媛	2 832	7	338	345	308	329	302	260
高　　知	1 706	7	144	191	167	165	178	152
福　　岡	11 794	64	1 445	1 670	1 527	1 573	1 393	1 117
佐　　賀	1 907	6	203	269	217	229	212	195
長　　崎	2 901	5	347	362	341	381	334	294
熊　　本	3 724	17	494	530	492	459	399	295
大　　分	2 221	4	217	288	239	274	205	181
宮　　崎	2 037	2	231	284	213	254	195	253
鹿　児　島	3 098	10	328	451	431	365	320	313
沖　　縄	2 171	2	230	301	253	292	209	175

都道府県－指定都市・特別区・中核市（再掲）、年齢階級別（6－1）

数

平成28年12月31日現在

55 ～ 59	60 ～ 64	65 ～ 69	70 ～ 74	75 ～ 79	80 ～ 84	85 歳 以 上	平 均 年 齢
29 819	22 710	15 699	7 025	3 716	2 120	1 382	46.0
1 301	1 008	596	241	143	71	47	46.5
243	193	141	43	38	17	14	46.4
253	244	190	64	36	25	6	48.0
485	438	281	121	72	47	29	45.4
211	211	118	43	19	15	13	47.0
228	168	158	75	41	37	15	48.0
378	378	207	94	53	28	16	46.7
665	489	271	130	71	38	26	46.1
407	260	172	82	47	17	18	45.2
389	274	192	85	57	35	19	46.3
1 385	1 016	658	331	155	103	53	45.0
1 247	1 042	764	335	177	87	57	45.8
4 665	2 979	1 920	915	482	292	170	45.1
2 140	1 466	1 109	499	253	155	64	45.7
450	332	236	95	54	27	21	45.4
335	257	170	88	35	43	44	48.9
341	214	151	57	30	21	17	47.2
171	151	88	31	28	15	7	48.0
173	149	140	42	21	17	9	47.5
523	422	275	135	66	44	38	48.5
396	371	279	89	59	26	24	47.2
760	631	480	229	124	78	47	46.9
1 373	1 118	827	359	183	93	69	45.6
331	273	159	72	48	37	18	45.8
335	219	168	85	40	12	15	46.1
560	443	270	144	86	35	26	44.8
2 447	1 610	1 074	542	285	152	117	45.4
1 515	1 078	706	320	160	93	69	46.2
316	255	156	71	38	16	20	47.5
277	271	186	81	53	27	28	50.1
137	105	80	41	20	12	13	48.5
107	128	100	32	20	14	9	46.6
428	335	258	86	39	27	22	46.1
740	567	415	164	96	39	35	46.7
350	292	235	113	60	39	24	48.5
294	256	128	61	24	10	3	46.9
235	235	142	52	32	22	14	46.7
332	276	195	67	36	27	10	47.5
187	245	130	72	40	14	14	50.1
995	817	665	297	139	59	33	45.5
181	167	119	57	31	13	8	47.1
256	234	196	76	36	24	15	46.8
361	299	200	79	41	37	21	45.7
231	205	188	92	52	25	20	48.9
201	176	119	54	28	13	14	47.0
325	252	172	68	30	23	10	46.2
159	161	215	116	38	19	1	47.8

第77表　薬剤師数、平均年齢，性、従業地による

総

	総　数	24 歳 以 下	25 ～ 29	30 ～ 34	35 ～ 39	40 ～ 44	45 ～ 49	50 ～ 54
指定都市・特別区（再掲）								
東京都区部	38 477	152	4 761	6 038	5 149	4 699	4 885	4 318
札　幌　市	5 398	29	723	743	666	682	614	500
仙　台　市	3 348	13	510	509	448	384	359	286
さいたま市	3 606	12	398	563	411	442	499	429
千　葉　市	2 653	4	340	315	303	318	350	281
横　浜　市	9 565	39	1 178	1 302	1 123	1 240	1 229	1 049
川　崎　市	3 520	29	490	558	471	430	390	352
相　模　原　市	1 636	11	233	230	208	218	180	142
新　潟　市	2 027	10	301	334	269	257	183	163
静　岡　市	1 761	6	228	201	193	214	205	150
浜　松　市	1 720	7	232	245	218	228	180	166
名　古　屋　市	6 252	30	970	969	720	703	641	605
京　都　市	4 281	24	788	625	532	459	488	388
大　阪　市	11 043	52	1 504	1 597	1 351	1 255	1 510	1 273
堺　　　市	1 743	15	251	219	181	223	207	204
神　戸　市	5 145	22	713	704	589	612	627	549
岡　山　市	2 116	8	305	301	210	265	241	203
広　島　市	3 254	14	468	404	357	416	404	310
北　九　州　市	2 245	12	243	274	247	264	289	217
福　岡　市	4 540	25	596	710	658	638	522	417
熊　本　市	2 093	11	309	304	275	253	226	183
中核市（再掲）								
旭　川　市	867	7	123	117	107	99	107	88
函　館　市	680	3	89	62	75	72	98	53
青　森　市	673	4	93	118	69	61	59	65
盛　岡　市	862	5	147	85	81	90	97	83
秋　田　市	857	3	97	139	98	96	97	80
郡　山　市	829	9	148	115	90	76	103	86
い　わ　き　市	719	1	96	81	67	85	70	67
宇　都　宮　市	1 213	6	161	172	138	158	149	127
前　橋　市	864	5	112	147	111	102	89	68
高　崎　市	845	7	94	95	99	124	106	114
川　越　市	965	4	133	149	121	115	110	111
越　谷　市	713	3	112	122	81	104	77	63
船　橋　市	1 562	8	246	229	176	216	179	134
柏　　　市	977	7	154	152	127	122	100	71
八　王　子　市	1 520	5	197	182	162	185	180	148
横　須　賀　市	813	2	125	115	73	106	81	72
富　山　市	1 482	1	130	199	152	180	177	163
金　沢　市	1 497	8	160	165	178	212	179	149
長　野　市	867	2	94	125	75	112	104	76
岐　阜　市	1 331	5	169	181	172	147	131	135
豊　橋　市	692	3	90	103	74	77	55	67
豊　田　市	655	5	102	72	66	91	92	57
岡　崎　市	639	2	99	70	69	71	71	55
大　津　市	855	9	114	97	93	113	99	100
高　槻　市	1 244	3	145	160	163	169	171	149
東　大　阪　市	865	3	127	92	102	102	104	81
豊　中　市	1 368	1	100	195	193	199	204	150
枚　方　市	990	4	166	128	126	115	112	101
姫　路　市	1 178	12	182	130	113	151	164	132
西　宮　市	1 365	5	161	149	160	202	175	150
尼　崎　市	1 320	4	193	209	157	164	162	131
奈　良　市	808	1	92	103	83	105	90	81
和　歌　山　市	1 172	7	125	128	118	136	127	106
倉　敷　市	908	2	163	132	95	96	83	82
呉　　　市	585	1	85	59	62	82	56	52
福　山　市	1 165	3	131	144	136	148	139	126
下　関　市	598	2	61	71	63	77	64	64
高　松　市	1 172	2	153	152	126	137	152	115
松　山　市	1 260	2	162	163	144	145	151	110
高　知　市	996	4	93	111	87	101	105	88
久　留　米　市	868	6	140	131	117	109	112	79
長　崎　市	1 282	4	159	164	144	182	152	137
佐　世　保　市	510	-	55	61	54	59	53	59
大　分　市	1 044	3	96	131	123	148	102	84
宮　崎　市	937	1	95	139	105	127	92	116
鹿　児　島　市	1 550	5	201	252	215	194	148	140
那　覇　市	654	1	61	92	70	84	62	58

都道府県－指定都市・特別区・中核市（再掲）、年齢階級別（6－2）

数

平成28年12月31日現在

55 〜 59	60 〜 64	65 〜 69	70 〜 74	75 〜 79	80 〜 84	85 歳 以 上	平 均 年 齢
3 631	2 165	1 323	663	341	218	134	44.6
608	432	232	96	43	17	13	45.3
291	248	158	68	38	22	14	44.7
362	210	140	68	33	19	20	45.5
243	214	159	76	29	13	8	46.5
925	613	472	200	108	61	26	45.7
314	203	162	68	28	15	10	44.3
165	108	76	41	15	8	1	44.8
196	139	99	43	20	5	8	44.4
171	152	134	58	24	14	11	47.4
131	116	89	53	21	19	15	45.8
587	438	314	145	65	33	32	45.0
349	264	177	97	55	19	16	43.9
1 067	615	387	205	100	67	60	44.9
149	114	89	58	19	9	5	45.7
534	389	234	93	43	19	17	45.3
220	163	113	41	20	16	10	45.7
349	239	159	71	39	14	10	45.7
219	191	144	74	40	20	11	47.5
370	245	209	93	37	13	7	44.1
205	151	92	36	21	16	11	44.8
79	72	42	9	13	2	2	45.1
74	66	37	20	20	8	3	47.9
86	53	37	8	14	3	3	45.7
90	83	67	18	11	4	1	46.6
92	80	49	16	4	4	2	45.9
84	60	25	13	11	7	2	44.3
73	85	47	29	12	3	3	48.0
127	65	57	21	18	8	6	45.4
85	50	53	20	12	9	1	45.1
78	48	36	18	10	13	3	46.3
82	67	33	22	8	7	3	44.7
56	38	28	18	5	4	2	43.8
135	99	70	31	19	11	9	44.7
92	53	61	18	8	8	4	44.4
143	133	104	43	22	10	6	46.9
78	67	41	23	13	15	2	46.3
194	125	75	43	13	17	13	47.9
170	114	89	30	21	12	10	47.1
98	84	51	19	13	11	3	47.4
126	108	86	32	18	15	6	46.5
74	66	44	14	16	5	4	46.9
62	37	39	13	11	6	2	45.6
61	71	43	12	9	3	3	46.7
90	52	60	17	7	1	3	46.0
115	71	50	21	13	9	5	45.5
95	59	46	30	11	8	5	46.5
106	90	64	26	19	10	11	46.5
81	69	47	22	11	5	3	44.7
112	91	44	24	10	9	4	45.5
134	100	67	25	17	10	10	46.5
114	83	56	19	13	10	5	44.5
93	70	44	27	11	6	2	47.3
139	117	91	36	20	12	10	48.7
83	85	56	18	5	4	4	45.1
62	52	42	14	9	6	3	47.1
106	107	71	27	16	7	4	46.9
61	48	44	18	11	10	4	48.2
109	100	73	24	15	7	7	46.4
148	110	75	28	13	7	2	46.5
116	136	67	44	21	12	11	50.0
55	45	49	18	5	1	1	43.6
124	95	79	24	8	8	2	46.0
41	47	38	21	11	5	6	48.5
106	95	84	38	18	9	7	48.2
84	77	53	22	14	7	5	46.8
138	104	91	31	14	13	4	45.0
50	49	63	31	21	11	1	48.9

第77表　薬剤師数、平均年齢，性、従業地による

男

	総　数	24 歳 以 下	25～29	30～34	35～39	40～44	45～49	50～54
全　　国	116 826	393	14 801	17 600	14 324	12 984	13 035	11 526
北　海　道	5 816	29	783	794	669	564	656	556
青　　森	1 063	2	152	197	102	105	93	97
岩　　手	1 036	6	160	130	118	83	106	111
宮　　城	2 293	5	337	359	284	217	213	186
秋　　田	874	6	102	135	114	89	83	83
山　　形	984	2	143	152	114	75	85	85
福　　島	1 749	11	268	267	184	151	169	156
茨　　城	2 831	2	308	449	374	316	386	328
栃　　木	1 705	10	266	267	207	191	193	166
群　　馬	1 575	6	211	221	188	203	155	170
埼　　玉	5 594	20	827	1 032	704	647	601	492
千　　葉	4 576	20	764	754	591	481	392	396
東　　京	18 090	44	1 996	2 785	2 336	1 980	2 329	2 212
神　奈　川	6 902	31	1 007	1 187	937	828	707	584
新　　潟	1 947	8	315	316	204	224	186	191
富　　山	1 278	1	135	207	120	148	121	140
石　　川	1 090	-	134	137	110	132	127	113
福　　井	636	3	73	79	67	66	55	61
山　　梨	733	4	80	107	94	75	89	59
長　　野	1 867	5	185	230	217	219	216	178
岐　　阜	1 911	7	237	233	216	209	177	186
静　　岡	3 761	11	446	544	482	464	439	372
愛　　知	6 374	25	812	892	688	697	675	625
三　　重	1 502	6	210	201	197	161	177	135
滋　　賀	1 206	9	171	195	134	125	119	109
京　　都	2 365	15	357	370	289	219	260	201
大　　阪	9 271	31	1 064	1 390	1 169	1 039	1 164	1 019
兵　　庫	3 929	11	515	582	487	431	469	349
奈　　良	840	3	99	93	71	96	111	83
和　歌　山	769	4	85	82	80	79	85	59
鳥　　取	447	3	47	63	56	49	39	44
島　　根	637	3	92	104	101	76	50	43
岡　　山	1 545	4	233	262	158	164	166	143
広　　島	2 424	7	326	314	270	285	286	217
山　　口	1 363	1	125	162	172	191	156	134
徳　　島	1 012	2	102	165	111	111	119	123
香　　川	946	1	140	127	114	116	99	87
愛　　媛	1 057	1	143	143	130	125	120	85
高　　知	531	2	52	61	72	59	58	50
福　　岡	4 521	16	467	667	594	552	525	405
佐　　賀	891	2	80	130	99	110	109	89
長　　崎	1 290	2	160	174	153	170	132	120
熊　　本	1 561	5	182	252	229	177	158	118
大　　分	911	1	91	130	110	100	81	74
宮　　崎	893	1	103	133	96	114	79	105
鹿　児　島	1 389	3	133	216	207	164	141	128
沖　　縄	841	2	83	110	105	107	79	59

都道府県－指定都市・特別区・中核市（再掲）、年齢階級別（6－3）

平成28年12月31日現在

55 ～ 59	60 ～ 64	65 ～ 69	70 ～ 74	75 ～ 79	80 ～ 84	85 歳 以 上	平 均 年 齢
11 380	8 138	6 404	2 873	1 720	970	678	46.0
653	497	328	124	84	47	32	46.5
113	83	65	18	21	10	5	45.7
107	84	76	21	20	9	5	46.7
214	169	146	65	45	31	22	46.2
87	82	54	16	9	5	9	46.3
110	69	66	32	24	17	10	47.1
200	166	90	39	24	13	11	46.0
250	188	115	53	37	15	10	45.4
167	104	68	33	20	6	7	44.3
139	120	78	33	23	22	6	45.9
440	330	250	123	65	42	21	44.1
376	283	284	112	67	34	22	44.7
1 977	1 063	673	326	191	109	69	45.5
550	383	359	154	95	57	23	44.4
179	136	99	39	29	14	7	44.9
135	99	68	31	22	19	32	47.9
129	84	71	18	14	10	11	47.2
72	77	44	14	14	7	4	48.3
74	58	46	19	13	9	6	46.9
222	164	103	58	28	22	20	48.0
190	186	148	55	34	15	18	47.8
301	236	233	118	68	33	14	46.2
633	495	429	198	103	52	50	46.9
138	103	81	34	24	23	12	46.2
121	70	69	50	16	8	10	45.9
237	172	110	61	43	18	13	45.4
934	577	424	212	130	69	49	45.9
368	273	209	108	62	37	28	46.0
90	72	56	31	17	10	8	48.5
73	84	63	30	24	12	9	49.6
48	33	28	15	11	6	5	47.8
50	48	40	10	12	3	5	44.8
155	99	99	33	11	10	8	45.2
265	177	155	57	40	14	11	46.5
144	100	85	42	23	16	12	47.8
115	73	48	27	9	4	3	46.2
82	70	65	17	14	7	7	45.8
109	65	79	30	14	12	1	46.4
49	58	34	17	8	4	7	48.0
371	335	320	140	82	27	20	46.7
84	72	57	27	17	10	5	47.6
114	95	97	32	18	12	11	46.8
153	116	85	37	22	16	11	45.8
83	67	79	47	20	15	13	48.8
81	65	58	26	16	9	7	47.0
140	94	87	36	12	20	8	46.5
58	64	83	55	25	10	1	48.7

第77表　薬剤師数、平均年齢，性、従業地による

男

	総数	24歳以下	25～29	30～34	35～39	40～44	45～49	50～54
指定都市・特別区（再掲）								
東京都区部	14 875	40	1 581	2 256	1 890	1 640	1 989	1 923
札幌市	2 388	15	350	371	306	250	244	196
仙台市	1 306	3	190	230	173	128	127	109
さいたま市	1 212	4	138	238	152	131	156	157
千葉市	863	2	129	126	117	94	93	71
横浜市	2 815	16	410	472	367	368	283	246
川崎市	928	6	162	179	121	92	81	76
相模原市	517	2	80	91	72	68	49	27
新潟市	804	6	128	151	86	100	74	75
静岡市	758	2	102	101	88	85	86	63
浜松市	772	3	105	124	93	94	86	74
名古屋市	2 651	7	318	387	298	288	278	289
京都市	1 641	8	257	272	210	149	201	134
大阪市	4 557	15	450	649	575	513	629	586
堺市	583	5	81	87	60	70	62	56
神戸市	1 384	6	174	240	191	142	162	123
岡山市	800	3	122	142	81	88	95	75
広島市	1 080	4	155	132	131	121	128	104
北九州市	945	-	95	123	101	113	113	76
福岡市	1 563	4	175	230	215	201	191	150
熊本市	786	3	109	128	116	96	75	68
中核市（再掲）								
旭川市	488	3	70	69	59	55	58	57
函館市	353	1	57	40	42	33	52	25
青森市	312	2	40	59	28	24	26	30
盛岡市	342	1	59	40	39	32	41	37
秋田市	322	2	41	54	39	37	35	28
郡山市	399	6	71	57	41	35	55	48
いわき市	321	-	45	38	35	34	27	21
宇都宮市	491	3	83	86	55	55	59	48
前橋市	348	2	49	72	40	36	32	25
高崎市	339	1	44	38	33	49	44	50
川越市	389	2	52	62	55	51	43	40
越谷市	255	1	49	53	20	35	28	16
船橋市	473	2	85	81	58	55	38	43
柏市	278	2	56	58	37	30	18	20
八王子市	577	-	74	81	69	65	72	51
横須賀市	308	-	53	55	24	36	29	21
富山市	714	1	65	135	64	79	75	82
金沢市	586	-	54	73	68	77	77	55
長野市	324	1	41	51	30	39	34	20
岐阜市	645	2	84	87	73	68	68	64
豊橋市	303	2	36	43	33	35	23	25
豊田市	250	2	42	30	20	34	32	21
岡崎市	278	1	41	28	29	29	29	22
大津市	274	7	30	44	39	29	28	28
高槻市	417	-	36	63	66	52	56	49
東大阪市	304	-	43	39	31	35	32	27
豊中市	441	-	28	79	70	61	63	48
枚方市	303	2	57	50	40	32	21	26
姫路市	331	3	58	49	35	32	42	32
西宮市	240	-	23	29	32	27	25	26
尼崎市	376	1	43	75	39	39	46	39
奈良市	218	-	28	34	21	28	27	17
和歌山市	346	3	41	41	38	35	36	33
倉敷市	285	1	54	44	35	26	20	20
呉市	252	1	38	29	21	36	30	22
福山市	365	-	51	56	41	44	46	25
下関市	238	-	27	34	31	26	21	20
高松市	442	-	67	52	51	55	55	41
松山市	451	-	60	57	58	56	58	34
高知市	270	1	33	30	34	29	31	28
久留米市	319	2	36	51	44	39	42	29
長崎市	528	2	68	86	62	69	55	52
佐世保市	235	-	20	30	24	28	22	28
大分市	397	-	33	61	58	50	38	28
宮崎市	341	-	31	60	40	48	33	43
鹿児島市	574	-	62	110	89	79	44	41
那覇市	231	1	23	30	25	33	20	19

都道府県－指定都市・特別区・中核市（再掲）、年齢階級別（6－4）

平成28年12月31日現在

55 ～ 59	60 ～ 64	65 ～ 69	70 ～ 74	75 ～ 79	80 ～ 84	85 歳 以 上	平 均 年 齢
1 716	830	489	241	141	84	55	45.5
260	178	125	45	27	12	9	45.0
116	80	72	32	23	12	11	45.1
101	55	39	18	12	3	8	44.2
79	54	57	23	11	5	2	45.2
239	150	139	60	39	19	7	44.3
62	50	56	15	11	10	7	43.6
47	31	26	14	8	2	–	43.9
75	42	36	19	8	2	2	43.8
66	56	60	29	13	4	3	46.8
54	47	42	28	10	6	6	45.5
287	187	164	76	35	13	24	46.8
153	100	71	37	30	10	9	44.6
529	248	166	88	52	30	27	46.1
45	36	45	24	8	3	1	46.0
119	93	69	34	17	8	6	44.9
70	51	41	19	3	7	3	44.6
122	74	56	28	16	5	4	46.0
102	93	64	26	28	7	4	48.1
128	91	101	45	21	6	5	45.8
73	45	33	19	9	6	6	44.6
43	37	20	6	9	2	–	45.0
34	31	13	8	12	3	2	46.3
45	25	18	2	9	2	2	46.3
34	24	24	4	6	–	1	45.5
33	27	16	6	3	1	–	45.0
43	24	8	6	2	1	2	43.6
38	39	25	10	8	–	1	48.0
44	20	18	10	4	3	3	43.6
29	25	21	7	5	5	–	44.6
27	23	12	8	3	7	–	46.2
31	27	11	9	1	3	2	44.2
16	10	12	11	1	2	1	43.0
43	29	24	5	5	2	3	43.8
13	7	22	7	4	3	1	42.6
51	42	41	16	9	4	2	46.5
28	26	15	7	8	5	1	45.6
81	52	34	16	8	11	11	47.1
61	45	45	7	10	6	8	47.8
41	31	16	8	5	5	2	47.0
64	51	43	17	12	7	5	46.9
33	27	25	8	6	4	3	47.8
25	11	16	6	5	5	1	46.1
31	26	23	6	7	3	3	48.0
25	10	18	11	2	1	2	45.3
32	28	18	6	4	5	2	45.7
34	23	17	12	6	2	3	47.0
24	26	16	10	11	3	2	45.6
18	21	14	9	7	3	3	44.3
27	23	14	7	4	4	1	44.6
25	24	17	3	5	–	4	48.1
35	25	14	6	6	6	2	45.4
18	18	9	12	2	4	–	46.5
39	27	25	14	9	4	1	48.1
34	21	23	3	1	2	1	44.5
28	20	17	5	4	1	–	46.3
30	29	25	8	5	5	–	45.9
30	21	13	7	3	3	2	47.2
38	31	34	6	7	3	2	46.0
50	20	35	11	8	4	–	46.2
26	27	13	8	2	3	5	47.4
18	20	25	10	2	1	–	45.3
43	36	37	10	4	3	1	45.3
23	18	21	8	6	3	4	49.4
37	30	33	14	4	7	4	47.6
24	18	22	8	7	4	3	46.5
41	32	46	14	2	10	4	45.3
15	15	19	11	13	6	1	49.3

第77表 薬剤師数、平均年齢，性、従業地による

女

	総　数	24 歳以下	25 ～ 29	30 ～ 34	35 ～ 39	40 ～ 44	45 ～ 49	50 ～ 54
全　　国	184 497	827	23 473	23 533	21 257	23 652	22 278	19 169
北　海　道	5 505	24	676	621	627	707	644	564
青　　森	1 147	5	143	173	117	121	103	111
岩　　手	1 267	7	175	113	89	129	134	124
宮　　城	3 061	12	493	428	392	369	316	270
秋　　田	1 135	2	101	165	131	111	135	122
山　　形	1 051	2	122	124	104	122	94	89
福　　島	1 833	7	252	225	159	198	190	191
茨　　城	3 774	15	390	496	421	440	532	458
栃　　木	2 229	9	293	295	253	274	258	249
群　　馬	2 223	11	252	258	274	304	280	214
埼　　玉	9 506	47	1 218	1 330	1 067	1 217	1 203	994
千　　葉	8 980	30	1 150	1 076	1 027	1 201	1 074	891
東　　京	30 723	148	3 935	4 568	4 071	3 971	3 804	3 211
神　奈　川	15 202	74	1 782	1 835	1 796	1 969	1 979	1 702
新　　潟	2 456	12	341	312	345	296	253	185
富　　山	1 535	－	130	124	142	197	201	175
石　　川	1 599	9	176	163	172	238	177	170
福　　井	790	2	84	79	80	133	88	65
山　　梨	974	4	103	108	100	126	114	93
長　　野	2 526	4	230	264	252	336	281	273
岐　　阜	1 957	7	262	226	218	240	216	190
静　　岡	4 383	23	457	487	479	606	525	460
愛　　知	8 310	46	1 402	1 213	925	1 028	868	766
三　　重	1 900	9	266	236	229	276	199	162
滋　　賀	1 894	8	257	205	204	237	232	221
京　　都	3 898	29	701	491	443	469	455	400
大　　阪	16 361	88	2 362	2 084	1 866	2 078	2 218	1 833
兵　　庫	10 687	48	1 313	1 206	1 143	1 462	1 436	1 223
奈　　良	1 951	8	242	203	177	254	256	223
和　歌　山	1 519	5	130	143	134	177	165	137
鳥　　取	687	－	68	80	81	67	66	63
島　　根	679	2	73	79	103	68	52	60
岡　　山	2 576	10	343	321	246	335	292	249
広　　島	4 597	17	573	516	497	612	541	504
山　　口	2 009	7	173	210	203	258	262	205
徳　　島	1 598	3	149	216	158	197	195	183
香　　川	1 469	4	173	185	139	186	175	137
愛　　媛	1 775	6	195	202	178	204	182	175
高　　知	1 175	5	92	130	95	106	120	102
福　　岡	7 273	48	978	1 003	933	1 021	868	712
佐　　賀	1 016	4	123	139	118	119	103	106
長　　崎	1 611	3	187	188	188	211	202	174
熊　　本	2 163	12	312	278	263	282	241	177
大　　分	1 310	3	126	158	129	174	124	107
宮　　崎	1 144	1	128	151	117	140	116	148
鹿　児　島	1 709	7	195	235	224	201	179	185
沖　　縄	1 330	－	147	191	148	185	130	116

都道府県－指定都市・特別区・中核市（再掲）、年齢階級別（6－5）

平成28年12月31日現在

55 ～ 59	60 ～ 64	65 ～ 69	70 ～ 74	75 ～ 79	80 ～ 84	85 歳 以 上	平 均 年 齢
18 439	14 572	9 295	4 152	1 996	1 150	704	46.1
648	511	268	117	59	24	15	46.6
130	110	76	25	17	7	9	47.0
146	160	114	43	16	16	1	49.1
271	269	135	56	27	16	7	44.7
124	129	64	27	10	10	4	47.6
118	99	92	43	17	20	5	48.9
178	212	117	55	29	15	5	47.4
415	301	156	77	34	23	16	46.5
240	156	104	49	27	11	11	45.9
250	154	114	52	34	13	13	46.6
945	686	408	208	90	61	32	45.6
871	759	480	223	110	53	35	46.4
2 688	1 916	1 247	589	291	183	101	44.8
1 590	1 083	750	345	158	98	41	46.2
271	196	137	56	25	13	14	45.7
200	158	102	57	13	24	12	49.8
212	130	80	39	16	11	6	47.2
99	74	44	17	14	8	3	47.7
99	91	94	23	8	8	3	48.0
301	258	172	77	38	22	18	48.8
206	185	131	34	25	11	6	46.6
459	395	247	111	56	45	33	47.5
740	623	398	161	80	41	19	44.5
193	170	78	38	24	14	6	45.6
214	149	99	35	24	4	5	46.3
323	271	160	83	43	17	13	44.4
1 513	1 033	650	330	155	83	68	45.1
1 147	805	497	212	98	56	41	46.3
226	183	100	40	21	6	12	47.1
204	187	123	51	29	15	19	50.3
89	72	52	26	9	6	8	48.9
57	80	60	22	8	11	4	48.3
273	236	159	53	28	17	14	46.7
475	390	260	107	56	25	24	46.8
206	192	150	71	37	23	12	49.0
179	183	80	34	15	6	–	47.3
153	165	77	35	18	15	7	47.3
223	211	116	37	22	15	9	48.2
138	187	96	55	32	10	7	51.0
624	482	345	157	57	32	13	44.8
97	95	62	30	14	3	3	46.7
142	139	99	44	18	12	4	46.8
208	183	115	42	19	21	10	45.6
148	138	109	45	32	10	7	48.9
120	111	61	28	12	4	7	47.0
185	158	85	32	18	3	2	46.0
101	97	132	61	13	9	–	47.2

第77表　薬剤師数、平均年齢，性、従業地による

女

	総　数	24歳以下	25〜29	30〜34	35〜39	40〜44	45〜49	50〜54
指定都市・特別区（再掲）								
東京都区部	23 602	112	3 180	3 782	3 259	3 059	2 896	2 395
札幌市	3 010	14	373	372	360	432	370	304
仙台市	2 042	10	320	279	275	256	232	177
さいたま市	2 394	8	260	325	259	311	343	272
千葉市	1 790	2	211	189	186	224	257	210
横浜市	6 750	23	768	830	756	872	946	803
川崎市	2 592	23	328	379	350	338	309	276
相模原市	1 119	9	153	139	136	150	131	115
新潟市	1 223	4	173	183	183	157	109	88
静岡市	1 003	4	126	100	105	129	119	87
浜松市	948	4	127	121	125	134	94	92
名古屋市	3 601	23	652	582	422	415	363	316
京都市	2 640	16	531	353	322	310	287	254
大阪市	6 486	37	1 054	948	776	742	881	687
堺市	1 160	10	170	132	121	153	145	148
神戸市	3 761	16	539	464	398	470	465	426
岡山市	1 316	5	183	159	129	177	146	128
広島市	2 174	10	313	272	226	295	276	206
北九州市	1 300	12	148	151	146	151	176	141
福岡市	2 977	21	421	480	443	437	331	267
熊本市	1 307	8	200	176	159	157	151	115
中核市（再掲）								
旭川市	379	4	53	48	48	44	49	31
函館市	327	2	32	22	33	39	46	28
青森市	361	2	53	59	41	37	33	35
盛岡市	520	4	88	45	42	58	56	46
秋田市	535	1	56	85	59	59	62	52
郡山市	430	3	77	58	49	41	48	38
いわき市	398	1	51	43	32	51	43	46
宇都宮市	722	3	78	86	83	103	90	79
前橋市	516	3	63	75	71	66	57	43
高崎市	506	6	50	57	66	75	62	64
川越市	576	2	81	87	66	64	67	71
越谷市	458	2	63	69	61	69	49	47
船橋市	1 089	6	161	148	118	161	141	91
柏市	699	5	98	94	90	92	82	51
八王子市	943	5	123	101	93	120	108	97
横須賀市	505	2	72	60	49	70	52	51
富山市	768	–	65	64	88	101	102	81
金沢市	911	8	106	92	110	135	102	94
長野市	543	1	53	74	45	73	70	56
岐阜市	686	3	85	94	99	79	63	71
豊橋市	389	1	54	60	41	42	32	42
豊田市	405	3	60	42	46	57	60	36
岡崎市	361	1	58	42	40	42	42	33
大津市	581	2	84	53	54	84	71	72
高槻市	827	3	109	97	97	117	115	100
東大阪市	561	3	84	53	71	67	72	54
豊中市	927	1	72	116	123	138	141	102
枚方市	687	2	109	78	86	83	91	75
姫路市	847	9	124	81	78	119	122	100
西宮市	1 125	5	138	120	128	175	150	124
尼崎市	944	3	150	134	118	125	116	92
奈良市	590	1	64	69	62	77	63	64
和歌山市	826	4	84	87	80	101	91	73
倉敷市	623	1	109	88	60	70	63	62
呉市	333	–	47	30	41	46	26	30
福山市	800	3	80	88	95	104	93	101
下関市	360	2	34	37	32	51	43	44
高松市	730	2	86	100	75	82	97	74
松山市	809	2	102	106	86	89	93	76
高知市	726	3	60	81	53	72	74	60
久留米市	549	4	104	80	73	70	70	50
長崎市	754	2	91	78	82	113	97	85
佐世保市	275	–	35	31	30	31	31	31
大分市	647	3	63	70	65	98	64	56
宮崎市	596	1	64	79	65	79	59	73
鹿児島市	976	5	139	142	126	115	104	99
那覇市	423	–	38	62	45	51	42	39

都道府県－指定都市・特別区・中核市（再掲）、年齢階級別（6－6）

平成28年12月31日現在

55 ～ 59	60 ～ 64	65 ～ 69	70 ～ 74	75 ～ 79	80 ～ 84	85 歳 以 上	平 均 年 齢
1 915	1 335	834	422	200	134	79	44.1
348	254	107	51	16	5	4	45.4
175	168	86	36	15	10	3	44.5
261	155	101	50	21	16	12	46.2
164	160	102	53	18	8	6	47.2
686	463	333	140	69	42	19	46.3
252	153	106	53	17	5	3	44.5
118	77	50	27	7	6	1	45.3
121	97	63	24	12	3	6	44.8
105	96	74	29	11	10	8	47.8
77	69	47	25	11	13	9	46.0
300	251	150	69	30	20	8	43.7
196	164	106	60	25	9	7	43.5
538	367	221	117	48	37	33	44.0
104	78	44	34	11	6	4	45.6
415	296	165	59	26	11	11	45.5
150	112	72	22	17	9	7	46.3
227	165	103	43	23	9	6	45.6
117	98	80	48	12	13	7	47.1
242	154	108	48	16	7	2	43.2
132	106	59	17	12	10	5	45.0
36	35	22	3	4	–	2	45.4
40	35	24	12	8	5	1	49.7
41	28	19	6	5	1	1	45.2
56	59	43	14	5	4	–	47.3
59	53	33	10	1	3	2	46.5
41	36	17	7	9	6	–	44.9
35	46	22	19	4	3	2	47.9
83	45	39	11	14	5	3	46.6
56	25	32	13	7	4	1	45.4
51	25	24	10	7	6	3	46.4
51	40	22	13	7	4	1	45.1
40	28	16	7	4	2	1	44.2
92	70	46	26	14	9	6	45.0
79	46	39	11	4	5	3	45.1
92	91	63	27	13	6	4	47.2
50	41	26	16	5	10	1	46.7
113	73	41	27	5	6	2	48.7
109	69	44	23	11	6	1	46.6
57	53	35	11	8	6	1	47.7
62	57	43	15	6	8	1	46.0
41	39	19	6	10	1	1	46.1
37	26	23	7	6	1	1	45.4
30	45	20	6	2	–	–	45.7
65	42	42	6	5	–	1	46.3
83	43	32	15	9	4	3	45.3
61	36	29	18	5	6	2	46.2
82	64	48	16	8	7	9	46.9
63	48	33	13	4	2	–	44.9
85	68	30	17	6	5	3	45.8
109	76	50	22	12	10	6	46.1
79	58	42	13	7	4	3	44.1
75	52	35	15	9	2	2	47.5
100	90	66	22	11	8	9	48.9
49	64	33	15	4	2	3	45.4
34	32	25	9	5	5	3	47.6
76	78	46	19	11	2	4	47.4
31	27	31	11	8	7	5	48.9
71	69	39	18	8	4	5	46.7
98	90	40	17	5	3	2	46.7
90	109	54	36	19	9	6	51.0
37	25	24	8	3	–	1	42.6
81	59	42	14	4	5	1	46.5
18	29	17	13	5	2	2	47.8
69	65	51	24	14	2	3	48.5
60	59	31	14	7	3	2	46.9
97	72	45	17	12	3	–	44.9
35	34	44	20	8	5	–	48.6

第78表 薬局・医療施設従事薬剤師数、平均年齢，性、

総

	総　数	24 歳 以 下	25 〜 29	30 〜 34	35 〜 39	40 〜 44	45 〜 49	50 〜 54
全　　国	230 186	998	32 180	31 659	27 121	28 742	25 973	22 521
北　海　道	9 397	45	1 315	1 257	1 142	1 088	1 064	930
青　　森	1 856	6	267	320	195	195	168	171
岩　　手	1 904	11	301	228	183	180	190	191
宮　　城	4 262	15	724	646	571	481	412	348
秋　　田	1 728	6	186	262	218	177	188	181
山　　形	1 667	4	239	253	187	167	145	142
福　　島	2 947	13	472	429	294	303	281	275
茨　　城	4 864	15	617	701	533	562	626	523
栃　　木	3 110	17	487	469	346	363	354	311
群　　馬	3 127	13	423	402	395	429	349	298
埼　　玉	12 087	62	1 818	1 905	1 441	1 541	1 389	1 122
千　　葉	10 987	42	1 665	1 521	1 334	1 417	1 193	1 042
東　　京	29 743	132	4 198	4 517	3 723	3 531	3 399	3 016
神　奈　川	18 040	96	2 442	2 478	2 210	2 314	2 139	1 854
新　　潟	3 675	18	599	552	489	442	369	303
富　　山	1 694	1	197	174	172	231	210	185
石　　川	2 055	8	264	262	222	300	222	216
福　　井	1 135	5	128	125	129	166	114	101
山　　梨	1 404	5	148	176	160	177	164	122
長　　野	3 655	9	379	417	406	488	414	358
岐　　阜	3 155	12	443	381	368	377	318	287
静　　岡	6 231	28	728	747	740	857	730	613
愛　　知	11 857	60	1 952	1 682	1 301	1 423	1 246	1 075
三　　重	2 869	12	429	366	365	384	309	244
滋　　賀	2 409	15	373	319	264	297	261	258
京　　都	4 496	33	855	598	505	517	498	436
大　　阪	17 412	87	2 613	2 225	1 917	2 182	2 102	1 851
兵　　庫	11 811	52	1 604	1 433	1 305	1 592	1 546	1 274
奈　　良	2 221	10	299	243	196	289	294	251
和　歌　山	1 735	8	186	181	169	207	201	158
鳥　　取	960	2	105	128	124	95	92	95
島　　根	1 119	4	155	166	175	135	83	88
岡　　山	3 367	10	524	516	333	411	371	298
広　　島	5 786	19	795	709	651	774	651	597
山　　口	2 798	5	266	314	310	399	349	275
徳　　島	1 657	4	174	241	185	219	186	172
香　　川	1 938	4	274	265	208	257	202	168
愛　　媛	2 337	5	309	304	257	273	246	214
高　　知	1 386	6	121	159	144	146	153	118
福　　岡	9 987	56	1 281	1 437	1 329	1 360	1 170	916
佐　　賀	1 589	5	180	219	189	205	172	150
長　　崎	2 442	4	303	320	295	328	279	255
熊　　本	3 042	16	428	449	419	396	323	241
大　　分	1 912	4	200	243	212	249	179	159
宮　　崎	1 670	2	202	242	184	213	159	217
鹿　児　島	2 724	10	298	403	387	336	280	269
沖　　縄	1 939	2	214	275	239	269	183	153

従業地による都道府県－指定都市・特別区・中核市（再掲）、年齢階級別（6－1）

数

平成28年12月31日現在

55 ～ 59	60 ～ 64	65 ～ 69	70 ～ 74	75 ～ 79	80 ～ 84	85 歳 以 上	平 均 年 齢
22 387	17 522	11 706	4 930	2 475	1 244	728	45.5
1 041	776	426	160	91	39	23	45.4
209	158	98	36	21	6	6	45.3
201	197	139	44	23	12	4	46.8
368	327	196	81	49	29	15	44.3
181	177	92	31	12	10	7	46.3
188	130	111	56	20	20	5	46.4
290	310	152	65	35	18	10	45.7
503	381	214	89	51	32	17	45.8
310	206	127	63	35	12	10	44.6
315	217	148	59	41	25	13	45.6
1 085	790	489	242	107	63	33	44.3
995	809	571	215	111	47	25	45.0
2 744	2 000	1 311	605	314	163	90	44.9
1 722	1 208	858	388	182	109	40	45.3
356	261	169	58	35	15	9	44.2
204	148	92	39	17	14	10	47.5
244	145	99	34	21	9	9	45.9
130	116	65	23	23	8	2	47.3
149	121	117	30	15	11	9	47.5
437	352	215	96	44	25	15	47.6
306	300	219	71	43	16	14	46.5
595	503	378	166	78	45	23	46.6
1 076	887	642	279	136	65	33	45.0
272	232	131	52	34	27	12	45.3
254	166	118	45	23	5	11	45.1
380	317	190	83	51	15	18	44.1
1 675	1 217	796	390	188	92	77	45.4
1 238	868	522	208	95	45	29	45.5
251	205	103	45	19	7	9	46.5
205	196	123	56	25	13	7	48.5
119	91	61	25	11	7	5	47.2
90	109	76	19	15	2	2	45.2
330	246	215	58	27	17	11	45.1
594	428	327	121	66	30	24	46.0
291	248	183	84	40	24	10	47.8
159	168	82	45	16	3	3	46.5
174	190	109	39	24	15	9	46.0
273	217	148	46	24	15	6	46.6
154	200	101	39	31	8	6	49.2
827	668	545	234	103	39	22	45.1
150	145	96	37	25	11	5	46.7
218	188	152	58	26	9	7	46.1
292	232	147	50	22	18	9	44.7
196	174	147	82	41	12	14	48.2
168	134	83	38	18	7	3	46.0
284	217	135	55	23	20	7	45.8
144	147	188	91	24	10	－	47.1

第78表　薬局・医療施設従事薬剤師数、平均年齢，性、

総

	総　数	24 歳以下	25 〜 29	30 〜 34	35 〜 39	40 〜 44	45 〜 49	50 〜 54
指定都市・特別区（再掲）								
東京都区部	21 332	100	3 196	3 442	2 697	2 486	2 361	2 080
札幌市	4 265	23	639	640	560	554	487	387
仙台市	2 457	11	416	394	360	296	260	194
さいたま市	2 425	8	300	360	274	312	329	264
千葉市	1 975	4	257	225	237	250	255	212
横浜市	7 824	34	1 052	1 095	914	1 028	969	857
川崎市	2 990	28	434	486	411	376	327	288
相模原市	1 425	10	207	197	182	195	169	125
新潟市	1 623	8	269	288	237	217	135	116
静岡市	1 350	5	180	146	139	172	160	116
浜松市	1 405	6	200	210	186	197	143	135
名古屋市	4 554	25	799	697	535	512	452	393
京都市	2 904	16	609	407	350	317	308	269
大阪市	6 080	28	995	865	705	685	658	593
堺市	1 487	12	223	182	159	203	173	174
神戸市	3 806	18	577	513	424	457	465	407
岡山市	1 583	5	263	261	153	202	172	134
広島市	2 589	10	393	334	288	343	299	245
北九州市	2 017	12	220	249	220	239	261	200
福岡市	3 468	22	493	558	525	507	373	298
熊本市	1 617	10	263	244	221	201	170	143
中核市（再掲）								
旭川市	732	6	108	105	93	86	84	74
函館市	580	3	81	55	71	62	81	46
青森市	497	3	79	94	54	45	42	42
盛岡市	683	4	120	75	75	75	73	63
秋田市	680	2	85	116	79	78	73	66
郡山市	589	5	128	94	76	56	62	48
いわき市	636	1	94	75	60	74	63	63
宇都宮市	897	4	129	129	97	121	111	87
前橋市	677	4	99	122	89	79	76	53
高崎市	593	4	76	59	71	93	67	74
川越市	700	3	108	112	83	85	76	80
越谷市	635	3	107	105	73	95	71	58
船橋市	1 191	7	203	181	137	183	143	99
柏市	815	7	144	132	115	97	90	62
八王子市	1 121	4	159	144	133	142	131	100
横須賀市	731	2	116	106	65	98	71	58
富山市	816	1	97	84	88	106	99	87
金沢市	1 031	7	127	138	135	154	114	99
長野市	714	2	85	98	63	94	87	61
岐阜市	982	4	130	130	137	113	96	93
豊橋市	600	2	85	94	63	67	42	58
豊田市	587	5	100	60	60	81	84	54
豊岡市	497	1	77	56	48	55	64	40
大津市	683	9	102	74	73	93	73	81
高槻市	854	3	122	101	108	113	115	97
東大阪市	719	3	114	80	83	87	83	68
豊中市	849	1	71	95	88	130	129	101
枚方市	825	4	148	104	101	97	100	87
姫路市	1 035	11	166	116	91	135	138	118
西宮市	1 076	4	136	117	127	164	152	127
尼崎市	1 038	4	177	162	122	132	117	90
奈良市	636	-	74	82	66	85	73	66
和歌山市	849	6	105	94	89	103	101	82
倉敷市	809	2	160	121	85	87	81	73
呉市	488	1	82	47	51	73	43	45
福山市	900	2	116	129	112	115	105	97
下関市	534	2	60	64	57	73	61	59
高松市	917	2	131	128	100	109	107	86
松山市	995	1	146	138	113	112	113	86
高知市	766	4	76	87	71	85	86	70
久留米市	755	2	125	113	106	92	103	68
長崎市	1 034	3	127	139	121	146	120	115
佐世保市	416	-	52	53	44	52	42	50
大分市	845	3	84	107	97	131	81	72
宮崎市	746	1	83	119	85	101	72	97
鹿児島市	1 286	5	174	217	182	170	117	109
那覇市	543	1	48	78	63	70	47	45

従業地による都道府県－指定都市・特別区・中核市（再掲）、年齢階級別（6－2）

数

平成28年12月31日現在

55 ～ 59	60 ～ 64	65 ～ 69	70 ～ 74	75 ～ 79	80 ～ 84	85 歳 以 上	平 均 年 齢
1 874	1 359	885	435	219	124	74	44.4
444	297	141	59	24	6	4	43.9
193	167	92	41	20	8	5	43.3
263	144	98	42	12	8	11	45.1
181	161	122	48	16	5	2	46.2
730	491	361	155	79	44	15	45.1
262	167	115	56	19	13	8	43.8
137	94	59	33	9	7	1	44.5
144	101	70	22	11	1	4	42.9
132	114	105	50	13	10	8	47.4
104	97	65	37	16	7	2	44.6
393	320	236	112	47	21	12	44.4
220	188	120	54	31	6	9	43.2
549	438	269	151	63	41	40	45.0
128	100	70	41	14	5	3	45.2
398	295	162	54	24	8	4	44.8
157	103	88	23	11	7	4	44.3
268	175	135	53	27	12	7	45.3
199	166	133	66	30	12	10	47.3
266	173	150	64	28	9	2	43.4
153	108	64	20	10	7	3	43.7
67	60	33	5	8	1	2	44.5
58	55	34	14	12	6	2	47.1
68	39	18	7	5	–	1	44.1
62	67	49	10	7	2	1	45.6
71	61	35	10	1	2	1	45.0
57	35	14	5	5	4	–	42.1
57	76	34	24	10	2	3	47.1
99	45	37	13	14	7	4	45.0
62	30	38	11	8	5	1	43.9
60	35	25	13	6	9	1	46.1
53	52	26	12	7	2	1	44.1
50	31	21	15	3	2	1	43.2
98	72	44	11	9	3	1	43.2
78	33	40	8	5	3	1	42.8
102	94	63	27	12	7	3	45.7
70	64	37	19	11	13	1	46.0
113	65	37	19	5	9	6	47.3
107	67	49	14	12	4	4	45.2
85	69	41	11	10	6	2	47.0
85	83	65	23	14	7	2	46.0
66	57	37	13	12	2	2	46.2
58	33	27	13	7	5	–	45.0
50	58	35	5	6	1	1	46.4
71	46	46	8	4	–	3	45.5
86	49	33	16	6	3	2	44.9
76	49	37	23	9	5	2	45.8
84	63	49	17	11	3	7	47.5
62	53	38	19	7	4	1	44.3
99	81	39	21	9	7	4	45.4
103	75	45	12	8	3	3	45.4
94	66	47	12	7	6	2	43.8
79	55	29	19	3	3	2	46.7
99	83	55	22	5	4	1	47.0
66	65	45	13	4	4	3	44.1
51	41	33	8	8	4	1	46.2
82	67	47	15	7	3	3	45.4
56	41	33	16	6	5	1	47.0
75	83	59	16	12	4	5	45.9
119	84	52	18	7	5	1	45.6
94	103	48	19	13	6	4	48.7
50	38	40	12	5	1	–	43.3
99	75	59	18	8	3	1	45.6
36	36	27	14	6	1	3	47.0
84	78	59	30	12	3	4	47.4
69	59	37	13	6	3	1	45.6
113	85	69	25	7	10	3	44.4
44	47	53	26	13	8	–	48.6

第78表　薬局・医療施設従事薬剤師数、平均年齢，性、

男

		総　数	24 歳 以 下	25 〜 29	30 〜 34	35 〜 39	40 〜 44	45 〜 49	50 〜 54
全	国	78 432	315	11 799	12 642	10 045	8 885	7 594	6 359
北　海　道		4 724	21	702	709	586	472	506	432
青	森	880	2	130	162	86	87	79	77
岩	手	825	6	138	122	100	66	69	84
宮	城	1 695	5	270	288	226	169	140	121
秋	田	722	5	89	112	95	78	64	70
山	形	784	2	125	137	97	65	59	66
福	島	1 352	7	241	217	148	125	110	108
茨	城	1 753	2	265	294	199	199	202	146
栃	木	1 244	9	225	207	141	142	129	99
群	馬	1 218	5	187	180	160	159	105	117
埼	玉	3 997	20	714	787	549	477	367	259
千	葉	3 290	17	632	598	451	334	248	242
東	京	7 834	29	1 239	1 429	1 119	840	748	606
神　奈　川		4 834	27	844	916	680	564	413	323
新	潟	1 563	7	280	269	174	176	144	148
富	山	628	1	93	97	65	84	61	56
石	川	742	−	107	109	76	89	79	79
福	井	465	3	56	62	59	48	35	44
山	梨	550	2	58	84	72	59	65	40
長	野	1 436	5	163	186	178	176	157	123
岐	阜	1 438	6	198	188	175	159	124	121
静	岡	2 641	10	345	373	357	324	282	224
愛	知	4 770	22	684	699	538	523	492	412
三	重	1 181	6	182	162	162	135	126	96
滋	賀	813	8	143	144	100	94	74	59
京	都	1 349	10	258	214	163	127	130	97
大	阪	4 680	21	727	724	582	513	429	388
兵	庫	2 682	9	427	423	340	305	293	206
奈	良	573	3	84	69	50	70	71	46
和　歌　山		557	3	70	62	62	61	61	44
鳥	取	360	2	40	50	48	39	29	37
島	根	554	2	88	91	88	72	40	37
岡	山	1 174	1	207	226	121	122	115	90
広	島	1 798	6	271	260	203	228	178	152
山	口	1 060	−	110	128	135	162	108	92
徳	島	453	2	54	80	54	62	48	31
香	川	689	−	115	93	93	84	65	55
愛	媛	842	1	131	123	108	100	90	62
高	知	437	1	39	53	61	53	53	34
福	岡	3 546	12	375	551	488	447	399	299
佐	賀	702	2	71	101	83	96	78	59
長	崎	1 021	2	133	152	126	138	100	97
熊	本	1 165	4	136	204	181	136	114	84
大	分	759	1	78	110	93	90	65	64
宮	崎	718	1	86	112	85	98	61	83
鹿　児　島		1 207	3	115	186	189	145	123	102
沖	縄	727	2	74	99	99	93	66	48

従業地による都道府県－指定都市・特別区・中核市（再掲）、年齢階級別（6－3）

平成28年12月31日現在

55 ～ 59	60 ～ 64	65 ～ 69	70 ～ 74	75 ～ 79	80 ～ 84	85 歳 以 上	平 均 年 齢
6 835	5 515	4 411	1 954	1 134	609	335	45.0
501	382	227	90	54	25	17	45.2
100	71	49	16	14	4	3	45.3
80	67	54	14	14	8	3	45.6
144	122	99	47	32	21	11	45.2
72	67	42	13	6	4	5	45.8
87	49	45	24	13	11	4	45.5
137	131	64	30	17	11	6	45.0
141	129	90	39	27	14	6	44.9
112	78	51	24	18	5	4	43.7
107	86	55	20	15	16	6	44.9
283	216	160	82	43	29	11	42.6
245	193	193	70	39	19	9	43.3
619	460	358	182	114	61	30	43.9
339	259	247	100	66	42	14	43.2
138	101	67	26	22	8	3	43.8
63	43	26	12	11	8	8	45.7
80	52	40	13	9	5	4	45.7
48	55	31	10	10	4	－	47.2
57	43	36	12	10	6	6	46.9
164	125	80	41	16	12	10	47.0
129	136	114	43	25	10	10	47.0
209	178	179	83	44	25	8	46.0
416	361	328	159	76	38	22	46.2
97	87	62	26	16	17	7	45.4
69	41	40	23	8	4	6	43.6
109	96	72	32	26	8	7	44.3
410	333	268	141	77	40	27	45.4
231	188	134	66	32	18	10	44.6
61	53	32	18	10	4	2	46.7
48	62	38	24	11	8	3	48.3
39	29	24	9	7	4	3	47.2
41	44	31	8	10	－	2	43.9
108	65	79	22	9	7	2	43.9
186	119	107	42	30	9	7	45.5
112	81	68	33	15	11	5	47.2
40	32	24	16	5	2	3	45.4
50	52	52	12	10	4	4	45.2
85	47	59	18	9	8	1	45.2
35	54	29	9	7	4	5	47.8
270	267	242	105	62	17	12	46.2
66	58	44	19	13	9	3	47.0
89	71	68	22	12	6	5	45.7
113	87	57	21	13	9	6	45.0
66	55	62	43	17	7	8	48.2
68	47	40	21	10	5	1	45.9
123	85	71	29	12	18	6	46.3
48	58	73	45	18	4	－	48.0

第78表 薬局・医療施設従事薬剤師数、平均年齢，性、

男

	総　数	24歳以下	25～29	30～34	35～39	40～44	45～49	50～54
指定都市・特別区（再掲）								
東京都区部	5 595	27	910	1 022	788	603	523	407
札幌市	1 750	9	304	315	245	191	168	118
仙台市	808	3	129	169	125	82	65	51
さいたま市	588	4	91	125	91	64	58	46
千葉市	521	2	87	85	79	53	43	36
横浜市	1 923	14	351	381	258	248	150	126
川崎市	696	5	136	147	101	69	50	43
相模原市	436	2	69	81	61	62	48	21
新潟市	590	5	109	122	72	74	44	51
静岡市	535	2	78	72	62	58	57	37
浜松市	615	2	90	101	80	70	63	57
名古屋市	1 643	6	232	261	204	171	156	134
京都市	824	5	167	144	104	69	90	56
大阪市	1 768	8	258	268	235	202	154	151
堺市	446	4	66	73	49	55	41	38
神戸市	721	4	109	151	102	69	69	50
岡山市	525	-	101	116	49	56	52	37
広島市	745	3	117	110	91	83	73	64
北九州市	833	-	81	113	91	99	98	69
福岡市	942	3	112	149	139	136	103	79
熊本市	498	2	75	89	81	60	40	41
中核市（再掲）								
旭川市	399	2	58	63	52	46	41	45
函館市	300	1	52	35	39	28	42	22
青森市	208	2	29	42	18	14	14	16
盛岡市	239	1	42	34	34	22	22	23
秋田市	228	2	32	38	28	28	21	18
郡山市	241	3	60	41	30	22	23	19
いわき市	269	-	44	34	30	29	21	18
宇都宮市	307	2	63	54	32	36	32	22
前橋市	243	2	39	56	29	25	26	17
高崎市	193	-	34	18	23	29	17	22
川越市	224	2	40	40	34	27	19	18
越谷市	219	1	47	44	16	32	23	12
船橋市	283	1	59	57	36	38	23	17
柏市	212	2	49	51	32	19	14	15
八王子市	354	-	51	64	51	40	42	22
横須賀市	268	-	48	50	22	32	23	15
富山市	280	1	43	48	26	36	24	26
金沢市	323	-	37	51	40	42	37	30
長野市	249	1	36	37	25	28	23	17
岐阜市	406	1	54	55	55	46	40	30
豊橋市	257	2	34	39	28	30	18	20
豊田市	230	2	41	28	20	30	29	19
岡崎市	192	-	29	19	20	19	24	11
大津市	186	7	25	28	28	23	15	18
高槻市	155	-	23	29	24	16	14	11
東大阪市	228	-	37	33	24	27	20	22
豊中市	153	-	16	20	15	17	16	18
枚方市	207	2	44	34	26	20	16	17
姫路市	271	3	50	45	28	24	32	25
西宮市	166	-	22	22	24	15	20	18
尼崎市	235	1	39	50	21	25	26	15
奈良市	144	-	21	24	14	18	16	7
和歌山市	215	2	32	25	25	21	21	21
倉敷市	243	1	52	41	31	24	19	15
呉市	196	1	36	23	30	19	19	18
福山市	235	-	41	45	28	33	20	15
下関市	217	-	27	30	29	26	20	17
高松市	304	-	52	37	41	34	31	24
松山市	314	-	53	43	44	36	35	20
高知市	206	1	23	24	23	23	26	19
久留米市	258	-	28	44	38	29	36	23
長崎市	384	2	46	72	48	49	35	35
佐世保市	178	-	20	26	18	21	14	25
大分市	290	-	22	49	41	43	24	21
宮崎市	256	-	23	50	32	37	23	32
鹿児島市	441	-	46	88	73	63	29	25
那覇市	164	1	15	20	20	22	10	12

416

従業地による都道府県－指定都市・特別区・中核市（再掲）、年齢階級別（6－4）

平成28年12月31日現在

55 ～ 59	60 ～ 64	65 ～ 69	70 ～ 74	75 ～ 79	80 ～ 84	85 歳 以 上	平 均 年 齢
447	325	253	136	83	47	24	43.9
166	115	71	28	13	4	3	43.0
58	46	37	21	13	4	5	43.3
46	25	21	9	4	1	3	42.4
44	30	40	15	5	1	1	44.3
135	88	88	38	27	15	4	42.5
41	33	37	11	8	9	6	42.4
37	23	18	9	4	1	–	42.8
49	24	23	10	6	1	–	42.1
43	41	44	27	7	4	3	46.9
45	43	32	19	8	4	1	44.8
136	114	119	66	26	9	9	46.1
49	51	46	19	17	3	4	43.4
147	120	98	62	31	17	17	45.8
37	29	31	15	6	2	–	45.1
46	49	35	21	9	6	1	43.6
40	25	31	11	2	4	1	42.8
75	48	40	22	13	4	2	45.3
88	80	61	24	22	4	3	48.0
63	53	59	26	17	2	1	45.0
43	30	19	8	6	2	2	43.4
37	30	14	4	6	1	–	44.3
24	26	12	7	8	3	1	45.6
37	20	10	2	4	–	–	45.5
19	19	18	1	3	–	1	44.4
24	20	11	4	1	1	–	44.5
23	12	3	3	1	1	–	40.8
25	35	16	10	6	–	1	47.0
30	11	11	6	3	3	2	43.0
16	13	13	2	3	2	–	42.6
20	14	5	5	1	5	–	45.5
13	19	7	4	1	–	–	42.2
15	8	9	9	–	2	1	42.4
21	13	12	3	3	–	–	41.5
10	3	11	2	2	2	–	40.0
26	23	22	6	5	2	–	44.2
24	25	13	5	6	4	1	45.1
32	17	11	4	2	5	5	45.3
26	24	20	5	5	3	3	46.1
32	26	12	5	4	2	1	46.4
34	32	33	11	10	3	2	46.6
28	21	21	8	5	2	1	46.8
25	10	11	6	5	4	–	45.4
22	22	19	1	4	1	1	47.5
14	8	13	3	2	–	2	44.0
11	14	6	5	1	1	–	44.0
23	16	11	9	5	1	–	45.6
12	15	11	7	5	–	1	48.5
12	14	8	6	4	3	1	43.5
22	17	10	7	4	3	1	44.1
17	16	11	–	–	–	1	45.6
23	17	11	2	2	3	–	43.7
15	15	4	8	–	2	–	45.7
24	17	13	10	2	2	–	46.7
25	15	15	2	1	2	–	42.9
23	15	13	2	3	–	–	45.4
18	14	13	4	2	2	–	43.4
28	18	10	7	2	2	1	46.4
22	25	27	3	5	1	2	45.5
33	12	25	6	3	4	–	44.8
18	24	11	4	1	3	3	47.3
15	17	18	7	2	1	–	45.1
28	27	27	7	4	3	1	45.1
19	12	13	4	3	1	2	47.2
25	23	22	12	3	3	2	47.0
21	14	14	5	3	2	–	45.2
31	26	35	12	2	8	3	45.1
11	14	17	10	9	3	–	49.9

第78表　薬局・医療施設従事薬剤師数、平均年齢，性、

女

	総　数	24 歳以下	25 〜 29	30 〜 34	35 〜 39	40 〜 44	45 〜 49	50 〜 54
全　　国	151 754	683	20 381	19 017	17 076	19 857	18 379	16 162
北　海　道	4 673	24	613	548	556	616	558	498
青　　森	976	4	137	158	109	108	89	94
岩　　手	1 079	5	163	106	83	114	121	107
宮　　城	2 567	10	454	358	345	312	272	227
秋　　田	1 006	1	97	150	123	99	124	111
山　　形	883	2	114	116	90	102	86	76
福　　島	1 595	6	231	212	146	178	171	167
茨　　城	3 111	13	352	407	334	363	424	377
栃　　木	1 866	8	262	262	205	221	225	212
群　　馬	1 909	8	236	222	235	270	244	181
埼　　玉	8 090	42	1 104	1 118	892	1 064	1 022	863
千　　葉	7 697	25	1 033	923	883	1 083	945	800
東　　京	21 909	103	2 959	3 088	2 604	2 691	2 651	2 410
神　奈　川	13 206	69	1 598	1 562	1 530	1 750	1 726	1 531
新　　潟	2 112	11	319	283	315	266	225	155
富　　山	1 066	-	104	77	107	147	149	129
石　　川	1 313	8	157	153	146	211	143	137
福　　井	670	2	72	63	70	118	79	57
山　　梨	854	3	90	92	88	118	99	82
長　　野	2 219	4	216	231	228	312	257	235
岐　　阜	1 717	6	245	193	193	218	194	166
静　　岡	3 590	18	383	374	383	533	448	389
愛　　知	7 087	38	1 268	983	763	900	754	663
三　　重	1 688	6	247	204	203	249	183	148
滋　　賀	1 596	7	230	175	164	203	187	199
京　　都	3 147	23	597	384	342	390	368	339
大　　阪	12 732	66	1 886	1 501	1 335	1 669	1 673	1 463
兵　　庫	9 129	43	1 177	1 010	965	1 287	1 253	1 068
奈　　良	1 648	7	215	174	146	219	223	205
和　歌　山	1 178	5	116	119	107	146	140	114
鳥　　取	600	-	65	78	76	56	63	58
島　　根	565	2	67	75	87	63	43	51
岡　　山	2 193	9	317	290	212	289	256	208
広　　島	3 988	13	524	449	448	546	473	445
山　　口	1 738	5	156	186	175	237	241	183
徳　　島	1 204	2	120	161	131	157	138	141
香　　川	1 249	4	159	172	115	173	137	113
愛　　媛	1 495	4	178	181	149	173	156	152
高　　知	949	5	82	106	83	93	100	84
福　　岡	6 441	44	906	886	841	913	771	617
佐　　賀	887	3	109	118	106	109	94	91
長　　崎	1 421	2	170	168	169	190	179	158
熊　　本	1 877	12	292	245	238	260	209	157
大　　分	1 153	3	122	133	119	159	114	95
宮　　崎	952	1	116	130	99	115	98	134
鹿　児　島	1 517	7	183	217	198	191	157	167
沖　　縄	1 212	-	140	176	140	176	117	105

従業地による都道府県－指定都市・特別区・中核市（再掲）、年齢階級別（6－5）

平成28年12月31日現在

55 ～ 59	60 ～ 64	65 ～ 69	70 ～ 74	75 ～ 79	80 ～ 84	85 歳 以 上	平 均 年 齢
15 552	12 007	7 295	2 976	1 341	635	393	45.7
540	394	199	70	37	14	6	45.7
109	87	49	20	7	2	3	45.3
121	130	85	30	9	4	1	47.7
224	205	97	34	17	8	4	43.8
109	110	50	18	6	6	2	46.7
101	81	66	32	7	9	1	47.3
153	179	88	35	18	7	4	46.3
362	252	124	50	24	18	11	46.3
198	128	76	39	17	7	6	45.3
208	131	93	39	26	9	7	46.0
802	574	329	160	64	34	22	45.1
750	616	378	145	72	28	16	45.7
2 125	1 540	953	423	200	102	60	45.2
1 383	949	611	288	116	67	26	46.0
218	160	102	32	13	7	6	44.5
141	105	66	27	6	6	2	48.5
164	93	59	21	12	4	5	46.0
82	61	34	13	13	4	2	47.4
92	78	81	18	5	5	3	47.9
273	227	135	55	28	13	5	48.0
177	164	105	28	18	6	4	46.1
386	325	199	83	34	20	15	47.1
660	526	314	120	60	27	11	44.2
175	145	69	26	18	10	5	45.3
185	125	78	22	15	1	5	45.9
271	221	118	51	25	7	11	44.0
1 265	884	528	249	111	52	50	45.4
1 007	680	388	142	63	27	19	45.8
190	152	71	27	9	3	7	46.4
157	134	85	32	14	5	4	48.7
80	62	37	16	4	3	2	47.3
49	65	45	11	5	2	－	46.4
222	181	136	36	18	10	9	45.8
408	309	220	79	36	21	17	46.2
179	167	115	51	25	13	5	48.1
119	136	58	29	11	1	－	46.9
124	138	57	27	14	11	5	46.5
188	170	89	28	15	7	5	47.4
119	146	72	30	24	4	1	49.8
557	401	303	129	41	22	10	44.5
84	87	52	18	12	2	2	46.4
129	117	84	36	14	3	2	46.3
179	145	90	29	9	9	3	44.5
130	119	85	39	24	5	6	48.3
100	87	43	17	8	2	2	46.1
161	132	64	26	11	2	1	45.3
96	89	115	46	6	6	－	46.5

419

第78表　薬局・医療施設従事薬剤師数、平均年齢，性、

女

	総数	24歳以下	25～29	30～34	35～39	40～44	45～49	50～54
指定都市・特別区（再掲）								
東京都区部	15 737	73	2 286	2 420	1 909	1 883	1 838	1 673
札　幌　市	2 515	14	335	325	315	363	319	269
仙　台　市	1 649	8	287	225	235	214	195	143
さいたま市	1 837	4	209	235	183	248	271	218
千　葉　市	1 454	2	170	140	158	197	212	176
横　浜　市	5 901	20	701	714	656	780	819	731
川　崎　市	2 294	23	298	339	310	307	277	245
相 模 原 市	989	8	138	116	121	133	121	104
新　潟　市	1 033	3	160	166	165	143	91	65
静　岡　市	815	3	102	74	77	114	103	79
浜　松　市	790	4	110	109	106	127	80	78
名 古 屋 市	2 911	19	567	436	331	341	296	259
京　都　市	2 080	11	442	263	246	248	218	213
大　阪　市	4 312	20	737	597	470	483	504	442
堺　　　市	1 041	8	157	109	110	148	132	136
神　戸　市	3 085	14	468	362	322	388	396	357
岡　山　市	1 058	5	162	145	104	146	120	97
広　島　市	1 844	7	276	224	197	260	226	181
北 九 州 市	1 184	12	139	136	129	140	163	131
福　岡　市	2 526	19	381	409	386	371	270	219
熊　本　市	1 119	8	188	155	140	141	130	102
中核市（再掲）								
旭　川　市	333	4	50	42	41	40	43	29
函　館　市	280	2	29	20	32	34	39	24
青　森　市	289	1	50	52	36	31	28	26
盛　岡　市	444	3	78	41	41	53	51	40
秋　田　市	452	－	53	78	51	50	52	48
郡　山　市	348	2	68	53	46	34	39	29
い わ き 市	367	1	50	41	30	45	42	45
宇 都 宮 市	590	2	66	75	65	85	79	65
前　橋　市	434	2	60	66	60	54	50	36
高　崎　市	400	4	42	41	48	64	50	52
川　越　市	476	1	68	72	49	58	57	62
越　谷　市	416	2	60	61	57	63	48	46
船　橋　市	908	6	144	124	101	145	120	82
柏　　　市	603	5	95	81	83	78	76	47
八 王 子 市	767	4	108	80	82	102	89	78
横 須 賀 市	463	2	68	56	43	66	48	43
富　山　市	536	－	54	36	62	70	75	61
金　沢　市	708	7	90	87	95	112	77	69
長　野　市	465	1	49	61	38	66	64	44
岐　阜　市	576	3	76	75	82	67	56	63
豊　橋　市	343	－	51	55	35	37	24	38
豊　田　市	357	3	59	32	40	51	55	35
岡　崎　市	305	1	48	37	28	36	40	29
大　津　市	497	2	77	46	45	70	58	63
高　槻　市	699	3	99	72	84	97	101	86
東 大 阪 市	491	3	77	47	59	60	63	46
豊　中　市	696	1	55	75	73	113	113	83
枚　方　市	618	2	104	70	75	77	84	70
姫　路　市	764	8	116	71	63	111	106	93
西　宮　市	910	4	114	95	103	149	132	109
尼　崎　市	803	3	138	112	101	107	91	75
奈　良　市	492	－	53	58	52	67	57	59
和 歌 山 市	634	4	73	69	64	82	80	61
倉　敷　市	566	1	108	80	54	63	62	58
呉　　　市	292	－	46	24	38	43	24	27
福　山　市	665	2	75	84	84	82	85	82
下　関　市	317	2	33	34	28	47	41	42
高　松　市	613	2	79	91	59	75	76	62
松　山　市	681	1	93	95	69	76	78	66
高　知　市	560	3	53	63	45	62	60	51
久 留 米 市	497	2	97	69	68	63	67	45
長　崎　市	650	1	81	67	73	97	85	80
佐 世 保 市	238	－	32	27	26	31	28	25
大　分　市	555	3	62	58	56	88	57	51
宮　崎　市	490	1	60	69	53	64	49	65
鹿 児 島 市	845	5	128	129	109	107	88	84
那　覇　市	379	－	33	58	43	48	37	33

従業地による都道府県－指定都市・特別区・中核市（再掲）、年齢階級別（6－6）

平成28年12月31日現在

55 ～ 59	60 ～ 64	65 ～ 69	70 ～ 74	75 ～ 79	80 ～ 84	85 歳 以 上	平 均 年 齢
1 427	1 034	632	299	136	77	50	44.6
278	182	70	31	11	2	1	44.5
135	121	55	20	7	4	－	43.3
217	119	77	33	8	7	8	46.0
137	131	82	33	11	4	1	46.8
595	403	273	117	52	29	11	46.0
221	134	78	45	11	4	2	44.2
100	71	41	24	5	6	1	45.3
95	77	47	12	5	－	4	43.4
89	73	61	23	6	6	5	47.7
59	54	33	18	8	3	1	44.5
257	206	117	46	21	12	3	43.4
171	137	74	35	14	3	5	43.1
402	318	171	89	32	24	23	44.7
91	71	39	26	8	3	3	45.3
352	246	127	33	15	2	3	45.1
117	78	57	12	9	3	3	45.0
193	127	95	31	14	8	5	45.3
111	86	72	42	8	8	7	46.8
203	120	91	38	11	7	1	42.8
110	78	45	12	4	5	1	43.8
30	30	19	1	2	－	2	44.8
34	29	22	7	4	3	1	48.7
31	19	8	5	1	－	1	43.1
43	48	31	9	4	2	－	46.2
47	41	24	6	－	1	1	45.3
34	23	11	2	4	3	－	42.9
32	41	18	14	4	2	2	47.3
69	34	26	7	11	4	2	46.1
46	17	25	9	5	3	1	44.6
40	21	20	8	5	4	1	46.3
40	33	19	8	6	2	1	44.9
35	23	12	6	3	－	－	43.5
77	59	32	8	6	3	1	43.7
68	30	29	6	3	1	1	43.8
76	71	41	21	7	5	3	46.4
46	39	24	14	5	9	－	46.5
81	48	26	15	3	4	1	48.3
81	43	29	9	7	1	1	44.9
53	43	29	6	6	4	1	47.2
51	51	32	12	4	4	－	45.6
38	36	16	5	7	－	1	45.8
33	23	16	7	2	1	－	44.7
28	36	16	4	2	－	－	45.7
57	38	33	5	2	－	1	46.0
75	35	27	11	5	2	2	45.1
53	33	26	14	4	4	2	45.9
72	48	38	10	6	3	6	47.3
50	39	30	13	3	1	－	44.5
77	64	29	14	5	4	3	45.9
86	59	34	12	8	3	2	45.4
71	49	36	10	5	3	2	43.8
64	40	25	11	3	1	2	47.0
75	66	42	12	3	2	1	47.1
41	50	30	11	3	2	3	44.7
28	26	20	6	5	4	1	46.6
64	53	34	11	5	1	3	46.1
28	23	23	9	4	3	－	47.5
53	58	32	13	7	3	3	46.0
86	72	27	12	4	1	1	46.0
76	79	37	15	12	3	1	49.3
35	21	22	5	3	－	－	42.4
71	48	32	11	4	－	－	45.9
17	24	14	10	3	－	1	46.7
59	55	37	18	9	－	2	47.6
48	45	23	8	3	1	1	45.8
82	59	34	13	5	2	－	44.1
33	33	36	16	4	5	－	48.1

421

第79表　薬局・医療施設従事薬剤師数、平均年齢，薬局－医療施設－病院・

総

		総　数	24 歳以下	25 ～ 29	30 ～ 34	35 ～ 39	40 ～ 44	45 ～ 49	50 ～ 54
全　　国		230 186	998	32 180	31 659	27 121	28 742	25 973	22 521
北　海　道		9 397	45	1 315	1 257	1 142	1 088	1 064	930
青　　森		1 856	6	267	320	195	195	168	171
岩　　手		1 904	11	301	228	183	180	190	191
宮　　城		4 262	15	724	646	571	481	412	348
秋　　田		1 728	6	186	262	218	177	188	181
山　　形		1 667	4	239	253	187	167	145	142
福　　島		2 947	13	472	429	294	303	281	275
茨　　城		4 864	15	617	701	533	562	626	523
栃　　木		3 110	17	487	469	346	363	354	311
群　　馬		3 127	13	423	402	395	429	349	298
埼　　玉		12 087	62	1 818	1 905	1 441	1 541	1 389	1 122
千　　葉		10 987	42	1 665	1 521	1 334	1 417	1 193	1 042
東　　京		29 743	132	4 198	4 517	3 723	3 531	3 399	3 016
神　奈　川		18 040	96	2 442	2 478	2 210	2 314	2 139	1 854
新　　潟		3 675	18	599	552	489	442	369	303
富　　山		1 694	1	197	174	172	231	210	185
石　　川		2 055	8	264	262	222	300	222	216
福　　井		1 135	5	128	125	129	166	114	101
山　　梨		1 404	5	148	176	160	177	164	122
長　　野		3 655	9	379	417	406	488	414	358
岐　　阜		3 155	12	443	381	368	377	318	287
静　　岡		6 231	28	728	747	740	857	730	613
愛　　知		11 857	60	1 952	1 682	1 301	1 423	1 246	1 075
三　　重		2 869	12	429	366	365	384	309	244
滋　　賀		2 409	15	373	319	264	297	261	258
京　　都		4 496	33	855	598	505	517	498	436
大　　阪		17 412	87	2 613	2 225	1 917	2 182	2 102	1 851
兵　　庫		11 811	52	1 604	1 433	1 305	1 592	1 546	1 274
奈　　良		2 221	10	299	243	196	289	294	251
和　歌　山		1 735	8	186	181	169	207	201	158
鳥　　取		960	2	105	128	124	95	92	95
島　　根		1 119	4	155	166	175	135	83	88
岡　　山		3 367	10	524	516	333	411	371	298
広　　島		5 786	19	795	709	651	774	651	597
山　　口		2 798	5	266	314	310	399	349	275
徳　　島		1 657	4	174	241	185	219	186	172
香　　川		1 938	4	274	265	208	257	202	168
愛　　媛		2 337	5	309	304	257	273	246	214
高　　知		1 386	6	121	159	144	146	153	118
福　　岡		9 987	56	1 281	1 437	1 329	1 360	1 170	916
佐　　賀		1 589	5	180	219	189	205	172	150
長　　崎		2 442	4	303	320	295	328	279	255
熊　　本		3 042	16	428	449	419	396	323	241
大　　分		1 912	4	200	243	212	249	179	159
宮　　崎		1 670	2	202	242	184	213	159	217
鹿　児　島		2 724	10	298	403	387	336	280	269
沖　　縄		1 939	2	214	275	239	269	183	153

診療所（再掲）、従業地による都道府県－指定都市・特別区・中核市（再掲）、年齢階級別（10－1）

数

平成28年12月31日現在

55 ～ 59	60 ～ 64	65 ～ 69	70 ～ 74	75 ～ 79	80 ～ 84	85 歳 以 上	平 均 年 齢
22 387	17 522	11 706	4 930	2 475	1 244	728	45.5
1 041	776	426	160	91	39	23	45.4
209	158	98	36	21	6	6	45.3
201	197	139	44	23	12	4	46.8
368	327	196	81	49	29	15	44.3
181	177	92	31	12	10	7	46.3
188	130	111	56	20	20	5	46.4
290	310	152	65	35	18	10	45.7
503	381	214	89	51	32	17	45.8
310	206	127	63	35	12	10	44.6
315	217	148	59	41	25	13	45.6
1 085	790	489	242	107	63	33	44.3
995	809	571	215	· 111	47	25	45.0
2 744	2 000	1 311	605	314	163	90	44.9
1 722	1 208	858	388	182	109	40	45.3
356	261	169	58	35	15	9	44.2
204	148	92	39	17	14	10	47.5
244	145	99	34	21	9	9	45.9
130	116	65	23	23	8	2	47.3
149	121	117	30	15	11	9	47.5
437	352	215	96	44	25	15	47.6
306	300	219	71	43	16	14	46.5
595	503	378	166	78	45	23	46.6
1 076	887	642	279	136	65	33	45.0
272	232	131	52	34	27	12	45.3
254	166	118	45	23	5	11	45.1
380	317	190	83	51	15	18	44.1
1 675	1 217	796	390	188	92	77	45.4
1 238	868	522	208	95	45	29	45.5
251	205	103	45	19	7	9	46.5
205	196	123	56	25	13	7	48.5
119	91	61	25	11	7	5	47.2
90	109	76	19	15	2	2	45.2
330	246	215	58	27	17	11	45.1
594	428	327	121	66	30	24	46.0
291	248	183	84	40	24	10	47.8
159	168	82	45	16	3	3	46.5
174	190	109	39	24	15	9	46.0
273	217	148	46	24	15	6	46.6
154	200	101	39	31	8	6	49.2
827	668	545	234	103	39	22	45.1
150	145	96	37	25	11	5	46.7
218	188	152	58	26	9	7	46.1
292	232	147	50	22	18	9	44.7
196	174	147	82	41	12	14	48.2
168	134	83	38	18	7	3	46.0
284	217	135	55	23	20	7	45.8
144	147	188	91	24	10	–	47.1

第79表　薬局・医療施設従事薬剤師数、平均年齢，薬局－医療施設－病院・

総

	総数	24歳以下	25～29	30～34	35～39	40～44	45～49	50～54
指定都市・特別区（再掲）								
東京都区部	21 332	100	3 196	3 442	2 697	2 486	2 361	2 080
札幌市	4 265	23	639	640	560	554	487	387
仙台市	2 457	11	416	394	360	296	260	194
さいたま市	2 425	8	300	360	274	312	329	264
千葉市	1 975	4	257	225	237	250	255	212
横浜市	7 824	34	1 052	1 095	914	1 028	969	857
川崎市	2 990	28	434	486	411	376	327	288
相模原市	1 425	10	207	197	182	195	169	125
新潟市	1 623	8	269	288	237	217	135	116
静岡市	1 350	5	180	146	139	172	160	116
浜松市	1 405	6	200	210	186	197	143	135
名古屋市	4 554	25	799	697	535	512	452	393
京都市	2 904	16	609	407	350	317	308	269
大阪市	6 080	28	995	865	705	685	658	593
堺市	1 487	12	223	182	159	203	173	174
神戸市	3 806	18	577	513	424	457	465	407
岡山市	1 583	5	263	261	153	202	172	134
広島市	2 589	10	393	334	288	343	299	245
北九州市	2 017	12	220	249	220	239	261	200
福岡市	3 468	22	493	558	525	507	373	298
熊本市	1 617	10	263	244	221	201	170	143
中核市（再掲）								
旭川市	732	6	108	105	93	86	84	74
函館市	580	3	81	55	71	62	81	46
青森市	497	3	79	94	54	45	42	42
盛岡市	683	4	120	75	75	75	73	63
秋田市	680	2	85	116	79	78	73	66
郡山市	589	5	128	94	76	56	62	48
いわき市	636	1	94	75	60	74	63	63
宇都宮市	897	4	129	129	97	121	111	87
前橋市	677	4	99	122	89	79	76	53
高崎市	593	4	76	59	71	93	67	74
川越市	700	3	108	112	83	85	76	80
越谷市	635	3	107	105	73	95	71	58
船橋市	1 191	7	203	181	137	183	143	99
柏市	815	7	144	132	115	97	90	62
八王子市	1 121	4	159	144	133	142	131	100
横須賀市	731	2	116	106	65	98	71	58
富山市	816	1	97	84	88	106	99	87
金沢市	1 031	7	127	138	135	154	114	99
長野市	714	2	85	98	63	94	87	61
岐阜市	982	4	130	130	137	113	96	93
豊橋市	600	2	85	94	63	67	42	58
豊田市	587	5	100	60	60	81	84	54
岡崎市	497	1	77	56	48	55	64	40
大津市	683	9	102	74	73	93	73	81
高槻市	854	3	122	101	108	113	115	97
東大阪市	719	3	114	80	83	87	83	68
豊中市	849	1	71	95	88	130	129	101
枚方市	825	4	148	104	101	97	100	87
姫路市	1 035	11	166	116	91	135	138	118
西宮市	1 076	4	136	117	127	164	152	127
尼崎市	1 038	4	177	162	122	132	117	90
奈良市	636	-	74	82	66	85	73	66
和歌山市	849	6	105	94	89	103	101	82
倉敷市	809	2	160	121	85	87	81	73
呉市	488	1	82	47	51	73	43	45
福山市	900	2	116	129	112	115	105	97
下関市	534	2	60	64	57	73	61	59
高松市	917	2	131	128	100	109	107	86
松山市	995	1	146	138	113	112	113	86
高知市	766	4	76	87	71	85	86	70
久留米市	755	2	125	113	106	92	103	68
長崎市	1 034	3	127	139	121	146	120	115
佐世保市	416	-	52	53	44	52	42	50
大分市	845	3	84	107	97	131	81	72
宮崎市	746	1	83	119	85	101	72	97
鹿児島市	1 286	5	174	217	182	170	117	109
那覇市	543	1	48	78	63	70	47	45

診療所（再掲）、従業地による都道府県－指定都市・特別区・中核市（再掲）、年齢階級別（10－2）

数

平成28年12月31日現在

55 ～ 59	60 ～ 64	65 ～ 69	70 ～ 74	75 ～ 79	80 ～ 84	85 歳 以 上	平 均 年 齢
1 874	1 359	885	435	219	124	74	44.4
444	297	141	59	24	6	4	43.9
193	167	92	41	20	8	5	43.3
263	144	98	42	12	8	11	45.1
181	161	122	48	16	5	2	46.2
730	491	361	155	79	44	15	45.1
262	167	115	56	19	13	8	43.8
137	94	59	33	9	7	1	44.5
144	101	70	22	11	1	4	42.9
132	114	105	50	13	10	8	47.4
104	97	65	37	16	7	2	44.6
393	320	236	112	47	21	12	44.4
220	188	120	54	31	6	9	43.2
549	438	269	151	63	41	40	45.0
128	100	70	41	14	5	3	45.2
398	295	162	54	24	8	4	44.8
157	103	88	23	11	7	4	44.3
268	175	135	53	27	12	7	45.3
199	166	133	66	30	12	10	47.3
266	173	150	64	28	9	2	43.4
153	108	64	20	10	7	3	43.7
67	60	33	5	8	1	2	44.5
58	55	34	14	12	6	2	47.1
68	39	18	7	5	－	1	44.1
62	67	49	10	7	2	1	45.6
71	61	35	10	1	2	1	45.0
57	35	14	5	5	4	－	42.1
57	76	34	24	10	2	3	47.1
99	45	37	13	14	7	4	45.0
62	30	38	11	8	5	1	43.9
60	35	25	13	6	9	1	46.1
53	52	26	12	7	2	1	44.1
50	31	21	15	3	2	1	43.2
98	72	44	11	9	3	1	43.2
78	33	40	8	5	3	1	42.8
102	94	63	27	12	7	3	45.7
70	64	37	19	11	13	1	46.0
113	65	37	19	5	9	6	47.3
107	67	49	14	12	4	4	45.2
85	69	41	11	10	6	2	47.0
85	83	65	23	14	7	2	46.0
66	57	37	13	12	2	2	46.2
58	33	27	13	7	5	－	45.0
50	58	35	5	6	1	1	46.4
71	46	46	8	4	－	3	45.5
86	49	33	16	6	3	2	44.9
76	49	37	23	9	5	2	45.8
84	63	49	17	11	3	7	47.5
62	53	38	19	7	4	1	44.3
99	81	39	21	9	7	4	45.4
103	75	45	12	8	3	3	45.4
94	66	47	12	7	6	2	43.8
79	55	29	19	3	3	2	46.7
99	83	55	22	5	4	1	47.0
66	65	45	13	4	4	3	44.1
51	41	33	8	8	4	1	46.2
82	67	47	15	7	3	3	45.4
56	41	33	16	6	5	1	47.0
75	83	59	16	12	4	5	45.9
119	84	52	18	7	5	1	45.6
94	103	48	19	13	6	4	48.7
50	38	40	12	5	1	－	43.3
99	75	59	18	8	3	1	45.6
36	36	27	14	6	1	3	47.0
84	78	59	30	12	3	4	47.4
69	59	37	13	6	3	1	45.6
113	85	69	25	7	10	3	44.4
44	47	53	26	13	8	－	48.6

第79表　薬局・医療施設従事薬剤師数、平均年齢，薬局－医療施設－病院・薬

	総　　数	24 歳 以 下	25 ～ 29	30 ～ 34	35 ～ 39	40 ～ 44	45 ～ 49	50 ～ 54
全　　国	172 142	530	19 479	22 613	20 148	22 311	20 519	17 639
北 海 道	6 595	22	732	838	762	798	802	678
青　　森	1 388	2	168	239	151	149	124	131
岩　　手	1 409	4	161	170	148	142	139	139
宮　　城	3 298	11	472	500	446	396	320	276
秋　　田	1 346	2	107	202	172	146	154	143
山　　形	1 247	3	152	193	143	123	107	93
福　　島	2 218	10	314	325	218	220	221	212
茨　　城	3 743	5	388	509	398	446	524	422
栃　　木	2 315	13	317	357	244	297	281	231
群　　馬	2 238	10	240	279	276	319	261	226
埼　　玉	9 467	35	1 224	1 426	1 091	1 237	1 164	965
千　　葉	8 465	26	1 080	1 114	992	1 098	983	850
東　　京	23 408	83	2 777	3 426	2 840	2 819	2 771	2 505
神 奈 川	14 610	55	1 608	1 915	1 764	1 905	1 797	1 619
新　　潟	2 755	11	415	413	371	311	291	218
富　　山	1 152	1	143	127	126	151	138	120
石　　川	1 409	6	147	182	151	225	149	151
福　　井	736	3	61	78	90	112	73	64
山　　梨	1 059	2	83	120	131	140	131	90
長　　野	2 666	3	185	273	303	362	314	269
岐　　阜	2 320	4	246	275	277	298	246	220
静　　岡	4 814	13	430	564	581	691	586	472
愛　　知	8 916	35	1 239	1 219	985	1 126	982	827
三　　重	2 155	5	280	271	292	286	237	195
滋　　賀	1 853	9	227	238	201	243	221	214
京　　都	3 027	16	481	373	361	381	364	308
大　　阪	12 768	48	1 535	1 479	1 393	1 688	1 650	1 458
兵　　庫	8 972	27	982	1 028	1 003	1 250	1 242	1 025
奈　　良	1 542	5	157	168	137	206	218	181
和 歌 山	1 173	3	80	99	116	156	159	109
鳥　　取	699	1	54	87	83	70	71	71
島　　根	794	1	97	120	127	105	59	62
岡　　山	2 320	3	246	347	222	310	273	217
広　　島	4 314	7	487	481	474	613	502	462
山　　口	2 010	3	121	206	224	303	260	202
徳　　島	1 080	3	87	147	126	165	135	117
香　　川	1 401	4	166	169	144	207	163	124
愛　　媛	1 613	3	169	208	177	199	173	145
高　　知	864	-	49	94	97	96	98	74
福　　岡	7 258	17	657	962	969	1 053	929	694
佐　　賀	1 196	2	99	145	150	162	145	113
長　　崎	1 733	3	167	210	204	247	218	187
熊　　本	2 014	4	209	290	301	284	222	168
大　　分	1 324	1	102	159	135	175	138	114
宮　　崎	1 216	1	115	158	137	172	124	158
鹿 児 島	1 852	5	114	255	255	240	220	208
沖　　縄	1 390	-	109	175	160	189	140	112

診療所（再掲）、従業地による都道府県－指定都市・特別区・中核市（再掲）、年齢階級別（10－3）

局

平成28年12月31日現在

55 〜 59	60 〜 64	65 〜 69	70 〜 74	75 〜 79	80 〜 84	85 歳 以 上	平 均 年 齢
17 190	13 936	9 808	4 213	2 072	1 050	634	46.5
756	598	338	138	80	32	21	46.7
157	128	77	34	18	5	5	46.1
147	163	122	40	20	10	4	48.2
280	269	170	71	46	27	14	45.2
146	149	73	28	10	9	5	47.2
140	105	96	52	16	19	5	47.4
219	245	126	57	26	16	9	46.5
411	302	183	69	45	27	14	46.7
227	153	102	49	25	10	9	45.1
226	166	121	47	33	21	13	46.6
893	654	415	198	86	50	29	45.2
809	678	498	180	96	39	22	46.0
2 273	1 686	1 166	559	285	143	75	45.9
1 464	1 045	778	362	161	100	37	46.3
258	209	153	51	32	14	8	44.9
123	93	68	31	12	10	9	47.2
162	105	77	24	15	7	8	46.6
91	79	48	12	17	6	2	48.2
103	95	106	26	14	10	8	48.6
325	293	180	85	39	23	12	49.2
224	234	183	55	34	13	11	47.6
460	420	325	145	69	40	18	47.7
805	711	551	240	111	55	30	46.0
202	179	106	43	27	21	11	46.0
182	138	108	38	19	5	10	46.2
257	216	141	65	42	8	14	45.1
1 291	930	661	344	146	79	66	46.6
973	706	433	163	82	34	24	46.4
176	160	72	34	15	5	8	47.5
138	141	88	46	19	12	7	50.2
94	72	55	23	8	6	4	48.9
66	77	55	9	14	1	1	45.4
248	190	174	46	20	15	9	46.9
483	333	273	100	54	24	21	47.1
216	196	145	72	34	19	9	49.2
87	105	57	34	13	1	3	47.0
108	149	97	32	18	11	9	47.1
189	166	116	35	16	13	4	47.5
87	141	70	27	18	7	6	50.4
629	529	462	210	93	32	22	46.6
116	116	80	29	24	10	5	48.0
161	137	120	47	20	7	5	47.1
206	161	94	40	15	13	7	45.6
140	126	115	69	28	10	12	49.6
132	102	64	29	16	6	2	47.0
202	166	101	45	18	16	7	47.5
108	120	165	80	23	9	-	49.2

第79表　薬局・医療施設従事薬剤師数、平均年齢，薬局−医療施設−病院・薬

	総数	24歳以下	25～29	30～34	35～39	40～44	45～49	50～54
指定都市・特別区（再掲）								
東京都区部	16 655	66	2 074	2 586	2 040	1 963	1 918	1 724
札幌市	2 895	9	301	401	353	407	374	309
仙台市	1 892	9	269	302	275	246	204	159
さいたま市	2 021	7	204	294	228	269	288	234
千葉市	1 512	3	161	165	166	186	213	174
横浜市	6 417	18	723	842	727	855	824	759
川崎市	2 494	20	309	388	338	327	279	262
相模原市	1 084	6	119	151	133	157	134	103
新潟市	1 236	5	179	219	187	157	113	89
静岡市	1 064	1	103	108	111	150	132	90
浜松市	1 028	3	112	148	146	151	119	98
名古屋市	3 476	16	544	503	400	409	376	293
京都市	1 905	6	324	253	249	232	224	188
大阪市	4 455	17	580	604	502	547	508	456
堺市	1 083	5	114	114	111	164	140	137
神戸市	2 908	8	362	371	321	362	372	333
岡山市	1 105	－	109	184	106	159	128	100
広島市	1 993	5	249	241	207	279	235	206
北九州市	1 465	5	90	160	162	176	196	143
福岡市	2 591	9	285	382	391	399	314	239
熊本市	999	1	113	138	146	146	111	100
中核市（再掲）								
旭川市	511	4	61	72	58	64	59	54
函館市	418	2	45	37	45	46	73	29
青森市	372	1	50	64	44	33	36	33
盛岡市	478	1	47	48	58	57	57	50
秋田市	511	1	34	83	66	62	59	57
郡山市	425	3	76	71	53	43	53	40
いわき市	500	1	67	52	47	63	46	47
宇都宮市	702	3	91	102	79	102	95	69
前橋市	464	3	38	78	66	55	59	37
高崎市	426	2	46	41	53	68	53	61
川越市	516	1	71	78	59	61	58	66
越谷市	523	2	82	93	60	80	55	54
船橋市	967	2	145	144	109	152	126	84
柏市	575	5	82	90	72	67	74	46
八王子市	878	4	107	113	100	110	108	87
横須賀市	588	2	78	90	58	71	54	47
富山市	564	15	63	60	60	69	66	62
金沢市	699	5	60	87	96	118	74	73
長野市	537	－	52	68	46	69	64	47
岐阜市	698	－	67	88	102	82	76	67
豊橋市	417	2	50	67	49	47	32	44
豊田市	443	5	59	51	43	67	55	44
岡崎市	398	－	60	43	42	44	52	33
大津市	525	7	57	48	56	79	64	66
高槻市	618	1	60	64	69	92	93	81
東大阪市	547	1	75	57	68	58	69	54
豊中市	678	1	51	70	70	98	106	88
枚方市	584	4	91	63	72	78	72	71
姫路市	752	5	92	77	63	103	114	94
西宮市	797	1	65	77	101	136	121	100
尼崎市	838	3	115	130	112	111	96	78
奈良市	451	－	42	57	50	60	57	52
和歌山市	580	3	47	52	66	79	84	60
倉敷市	481	1	62	60	42	57	55	53
呉市	334	－	44	22	37	53	28	29
福山市	650	1	79	83	85	92	76	74
下関市	391	2	30	46	47	57	45	42
高松市	685	2	92	81	72	89	85	66
松山市	706	1	82	98	80	81	80	62
高知市	461	－	26	50	51	55	54	44
久留米市	473	－	44	64	61	71	72	50
長崎市	725	2	54	87	84	107	95	84
佐世保市	294	－	31	35	28	38	35	37
大分市	611	1	45	76	64	96	62	54
宮崎市	535	－	40	73	58	79	58	72
鹿児島市	806	2	52	128	115	119	89	81
那覇市	417	－	24	48	48	56	40	31

診療所（再掲）、従業地による都道府県－指定都市・特別区・中核市（再掲）、年齢階級別（10－4）

局

平成28年12月31日現在

55 ～ 59	60 ～ 64	65 ～ 69	70 ～ 74	75 ～ 79	80 ～ 84	85 歳 以 上	平 均 年 齢
1 558	1 149	800	397	205	110	65	45.5
320	227	116	49	21	4	4	45.6
142	141	77	35	20	8	5	44.2
225	126	87	35	7	7	10	45.7
146	135	103	41	14	3	2	47.3
625	443	330	145	73	39	14	46.2
232	145	106	52	16	12	8	44.6
110	73	54	31	6	7	－	45.7
109	87	59	18	9	1	4	43.7
104	93	98	45	13	10	6	48.8
69	79	51	31	14	6	1	45.6
302	254	210	98	42	17	12	45.3
149	119	86	41	26	2	6	44.3
422	349	217	134	47	35	37	46.3
107	73	62	38	12	4	2	47.1
329	237	137	44	21	7	4	45.8
124	89	70	21	7	5	3	46.3
229	144	113	44	25	9	7	46.5
164	145	117	57	29	11	10	49.6
208	140	132	56	28	6	2	44.8
105	70	38	16	8	5	2	45.2
53	48	24	5	7	1	1	45.7
39	43	28	12	12	5	2	48.6
52	35	12	7	4	－	1	45.2
49	57	36	9	6	2	1	48.0
58	52	27	9	1	2	－	46.6
43	22	11	3	5	2	－	42.7
46	65	31	21	9	2	3	48.1
69	34	28	13	7	6	4	45.1
50	26	34	7	6	4	1	46.0
37	27	16	10	4	7	1	46.5
41	44	23	9	4	－	1	45.0
40	22	17	13	3	2	－	43.2
86	62	37	8	9	2	1	43.9
61	27	35	7	5	3	1	44.5
84	70	55	24	11	5	－	46.3
58	54	33	19	10	13	1	46.9
74	49	29	17	3	6	5	47.8
71	46	42	10	10	4	3	46.5
64	61	39	10	9	6	2	48.6
63	66	54	15	12	5	1	47.2
37	36	31	11	7	2	2	46.5
45	25	25	13	6	5	－	46.1
39	47	27	3	6	1	1	46.6
53	41	40	7	4	－	3	46.9
71	36	29	12	5	3	2	46.7
56	44	33	20	8	4	－	46.8
65	56	42	15	9	3	6	48.3
43	37	27	18	3	4	1	45.1
80	63	30	15	8	4	4	46.8
80	58	37	9	7	3	2	46.7
75	53	41	12	7	5	－	44.4
52	44	16	15	2	3	1	47.1
65	62	35	19	3	4	1	48.3
48	47	38	9	2	4	3	47.4
39	34	30	8	6	3	1	48.4
57	45	36	12	5	3	2	45.8
43	35	20	14	4	5	1	47.9
52	64	51	13	10	3	5	46.7
88	68	41	15	5	5	－	46.7
55	72	26	12	7	5	4	50.0
34	28	33	10	5	1	－	45.9
77	60	49	15	7	3	1	47.5
22	27	24	10	4	1	2	47.9
65	57	51	24	9	3	4	48.7
59	47	32	10	5	2	－	47.3
75	57	52	22	5	6	3	46.6
35	42	51	23	12	7	－	50.8

第79表　薬局・医療施設従事薬剤師数、平均年齢，薬局－医療施設－病院・

医　療

	総　数	24歳以下	25〜29	30〜34	35〜39	40〜44	45〜49	50〜54
全　　国	58 044	468	12 701	9 046	6 973	6 431	5 454	4 882
北　海　道	2 802	23	583	419	380	290	262	252
青　　森	468	4	99	81	44	46	44	40
岩　　手	495	7	140	58	35	38	51	52
宮　　城	964	4	252	146	125	85	92	72
秋　　田	382	4	79	60	46	31	34	38
山　　形	420	1	87	60	44	44	38	49
福　　島	729	3	158	104	76	83	60	63
茨　　城	1 121	10	229	192	135	116	102	101
栃　　木	795	4	170	112	102	66	73	80
群　　馬	889	3	183	123	119	110	88	72
埼　　玉	2 620	27	594	479	350	304	225	157
千　　葉	2 522	16	585	407	342	319	210	192
東　　京	6 335	49	1 421	1 091	883	712	628	511
神　奈　川	3 430	41	834	563	446	409	342	235
新　　潟	920	7	184	139	118	131	78	85
富　　山	542	－	54	47	46	80	72	65
石　　川	646	2	117	80	71	75	73	65
福　　井	399	2	67	47	39	54	41	37
山　　梨	345	3	65	56	29	37	33	32
長　　野	989	6	194	144	103	126	100	89
岐　　阜	835	8	197	106	91	79	72	67
静　　岡	1 417	15	298	183	159	166	144	141
愛　　知	2 941	25	713	463	316	297	264	248
三　　重	714	7	149	95	73	98	72	49
滋　　賀	556	6	146	81	63	54	40	44
京　　都	1 469	17	374	225	144	136	134	128
大　　阪	4 644	39	1 078	746	524	494	452	393
兵　　庫	2 839	25	622	405	302	342	304	249
奈　　良	679	5	142	75	59	83	76	70
和　歌　山	562	5	106	82	53	51	42	49
鳥　　取	261	1	51	41	41	25	21	24
島　　根	325	3	58	46	48	30	24	26
岡　　山	1 047	7	278	169	111	101	98	81
広　　島	1 472	12	308	228	177	161	149	135
山　　口	788	2	145	108	86	96	89	73
徳　　島	577	1	87	94	59	54	51	55
香　　川	537	－	108	96	64	50	39	44
愛　　媛	724	2	140	96	80	74	73	69
高　　知	522	6	72	65	47	50	55	44
福　　岡	2 729	39	624	475	360	307	241	222
佐　　賀	393	3	81	74	39	43	27	37
長　　崎	709	1	136	110	91	81	61	68
熊　　本	1 028	12	219	159	118	112	101	73
大　　分	588	3	98	84	77	74	41	45
宮　　崎	454	1	87	84	47	41	35	59
鹿　児　島	872	5	184	148	132	96	60	61
沖　　縄	549	2	105	100	79	80	43	41

診療所（再掲）、従業地による都道府県−指定都市・特別区・中核市（再掲）、年齢階級別（10−5）

施　　　設

平成28年12月31日現在

55 ～ 59	60 ～ 64	65 ～ 69	70 ～ 74	75 ～ 79	80 ～ 84	85 歳 以 上	平 均 年 齢
5 197	3 586	1 898	717	403	194	94	42.3
285	178	88	22	11	7	2	42.4
52	30	21	2	3	1	1	42.8
54	34	17	4	3	2	–	42.5
88	58	26	10	3	2	1	41.3
35	28	19	3	2	1	2	43.3
48	25	15	4	4	1	–	43.4
71	65	26	8	9	2	1	43.5
92	79	31	20	6	5	3	42.7
83	53	25	14	10	2	1	43.4
89	51	27	12	8	4	–	42.9
192	136	74	44	21	13	4	41.2
186	131	73	35	15	8	3	41.4
471	314	145	46	29	20	15	41.1
258	163	80	26	21	9	3	40.7
98	52	16	7	3	1	1	42.1
81	55	24	8	5	4	1	48.0
82	40	22	10	6	2	1	44.4
39	37	17	11	6	2	–	45.6
46	26	11	4	1	1	1	43.9
112	59	35	11	5	2	3	43.3
82	66	36	16	9	3	3	43.5
135	83	53	21	9	5	5	43.1
271	176	91	39	25	10	3	42.0
70	53	25	9	7	6	1	43.4
72	28	10	7	4	–	1	41.6
123	101	49	18	9	7	4	41.9
384	287	135	46	42	13	11	42.0
265	162	89	45	13	11	5	42.6
75	45	31	11	4	2	1	44.2
67	55	35	10	6	1	–	45.0
25	19	6	2	3	1	1	42.7
24	32	21	10	1	1	1	44.5
82	56	41	12	7	2	2	41.3
111	95	54	21	12	6	3	42.7
75	52	38	12	6	5	1	44.1
72	63	25	11	3	2	–	45.5
66	41	12	7	6	4	–	43.2
84	51	32	11	8	2	2	44.5
67	59	31	12	13	1	–	47.1
198	139	83	24	10	7	–	40.9
34	29	16	8	1	1	–	42.6
57	51	32	11	6	2	2	43.5
86	71	53	10	7	5	2	42.8
56	48	32	13	13	2	2	45.1
36	32	19	9	2	1	1	43.4
82	51	34	10	5	4	–	42.1
36	27	23	11	1	1	–	41.7

第79表　薬局・医療施設従事薬剤師数、平均年齢，薬局－医療施設－病院・

医　療

	総　数	24 歳 以 下	25 ～ 29	30 ～ 34	35 ～ 39	40 ～ 44	45 ～ 49	50 ～ 54
指定都市・特別区（再掲）								
東 京 都 区 部	4 677	34	1 122	856	657	523	443	356
札 幌 市	1 370	14	338	239	207	147	113	78
仙 台 市	565	2	147	92	85	50	56	35
さ い た ま 市	404	1	96	66	46	43	41	30
千 葉 市	463	1	96	60	71	64	42	38
横 浜 市	1 407	16	329	253	187	173	145	98
川 崎 市	496	8	125	98	73	49	48	26
相 模 原 市	341	4	88	46	49	38	35	22
新 潟 市	387	3	90	69	50	60	22	27
静 岡 市	286	4	77	38	28	22	28	26
浜 松 市	377	3	88	62	40	46	24	37
名 古 屋 市	1 078	9	255	194	135	103	76	100
京 都 市	999	10	285	154	101	85	84	81
大 阪 市	1 625	11	415	261	203	138	150	137
堺 市	404	7	109	68	48	39	33	37
神 戸 市	898	10	215	142	103	95	93	74
岡 山 市	478	5	154	77	47	43	44	34
広 島 市	596	5	144	93	81	64	64	39
北 九 州 市	552	7	130	89	58	63	65	57
福 岡 市	877	13	208	176	134	108	59	59
熊 本 市	618	9	150	106	75	55	59	43
中核市（再掲）								
旭 川 市	221	2	47	33	35	22	25	20
函 館 市	162	1	36	18	26	16	8	17
青 森 市	125	2	29	30	10	12	6	9
盛 岡 市	205	3	73	27	17	18	16	13
秋 田 市	169	1	51	33	13	16	14	9
郡 山 市	164	2	52	23	23	13	9	8
い わ き 市	136	-	27	23	13	11	17	16
宇 都 宮 市	195	1	38	27	18	19	16	18
前 橋 市	213	1	61	44	23	24	17	16
高 崎 市	167	2	30	18	18	25	14	13
川 越 市	184	2	37	34	24	24	18	14
越 谷 市	112	1	25	12	13	15	16	4
船 橋 市	224	5	58	37	28	31	17	15
柏 市	240	2	62	42	43	30	16	16
八 王 子 市	243	-	52	31	33	32	23	13
横 須 賀 市	143	-	38	16	7	27	17	11
富 山 市	252	-	34	24	28	37	33	25
金 沢 市	332	2	67	51	39	36	40	26
長 野 市	177	2	33	30	17	25	23	14
岐 阜 市	284	4	63	42	35	31	20	26
豊 橋 市	183	-	35	27	14	20	10	14
豊 田 市	144	-	41	9	17	14	29	10
岡 崎 市	99	1	17	13	6	11	12	7
大 津 市	158	2	45	26	17	14	9	15
高 槻 市	236	2	62	37	39	21	22	16
東 大 阪 市	172	2	39	23	15	29	14	14
豊 中 市	171	-	20	27	18	32	23	13
枚 方 市	241	-	57	41	29	19	28	16
姫 路 市	283	6	74	39	28	32	24	24
西 宮 市	279	3	71	40	26	28	31	27
尼 崎 市	200	1	62	32	10	21	21	12
奈 良 市	185	-	32	25	16	25	16	14
和 歌 山 市	269	3	58	42	23	24	17	22
倉 敷 市	328	1	98	61	43	30	26	20
呉 市	154	1	38	25	14	20	15	16
福 山 市	250	1	37	46	27	23	29	23
下 関 市	143	-	30	18	10	16	16	17
高 松 市	232	-	39	47	28	20	22	20
松 山 市	289	-	64	40	33	31	33	24
高 知 市	305	4	50	37	20	30	32	26
久 留 米 市	282	2	81	49	45	21	31	18
長 崎 市	309	1	73	52	37	39	25	31
佐 世 保 市	122	-	21	18	16	14	7	13
大 分 市	234	2	39	31	33	35	19	18
宮 崎 市	211	1	43	46	27	22	14	25
鹿 児 島 市	480	3	122	89	67	51	28	28
那 覇 市	126	1	24	30	15	14	7	14

診療所（再掲）、従業地による都道府県－指定都市・特別区・中核市（再掲）、年齢階級別（10－6）

施　　設

平成28年12月31日現在

55 ～ 59	60 ～ 64	65 ～ 69	70 ～ 74	75 ～ 79	80 ～ 84	85 歳 以 上	平 均 年 齢
316	210	85	38	14	14	9	40.3
124	70	25	10	3	2	–	40.2
51	26	15	6	–	–	–	40.4
38	18	11	7	5	1	1	42.1
35	26	19	7	2	2	–	42.5
105	48	31	10	6	5	1	40.3
30	22	9	4	3	1	–	39.4
27	21	5	2	3	–	1	40.9
35	14	11	4	2	–	–	40.6
28	21	7	5	–	–	2	42.0
35	18	14	6	2	1	1	42.0
91	66	26	14	5	4	–	41.4
71	69	34	13	5	4	3	41.1
127	89	52	17	16	6	3	41.5
21	27	8	3	2	1	1	40.2
69	58	25	10	3	1	–	41.5
33	14	18	2	4	2	1	39.6
39	31	22	9	2	3	–	41.3
35	21	16	9	1	1	–	41.2
58	33	18	8	–	3	–	39.5
48	38	26	4	2	2	1	41.3
14	12	9	–	1	–	1	41.7
19	12	6	2	–	1	–	43.0
16	4	6	–	1	–	–	40.8
13	10	13	1	1	–	–	40.0
13	9	8	1	–	–	1	40.2
14	13	3	2	–	2	–	40.2
11	11	3	3	1	–	–	43.6
30	11	9	–	7	1	–	44.9
12	4	4	4	2	1	–	39.2
23	8	9	3	2	2	–	44.9
12	8	3	3	3	2	–	41.5
10	9	4	2	–	–	1	42.9
12	10	7	3	–	1	–	39.9
17	6	5	1	–	–	–	38.9
18	24	8	3	1	2	3	43.5
12	10	4	–	1	–	–	42.1
39	16	8	2	2	3	1	46.1
36	21	7	4	2	–	–	42.7
21	8	2	1	1	–	–	42.1
22	17	11	8	2	2	1	43.0
29	21	6	2	5	–	–	45.5
13	8	2	–	1	–	–	41.6
11	11	8	2	–	–	–	45.9
18	5	6	1	–	–	–	40.6
15	13	4	4	1	–	–	40.2
20	5	4	3	1	1	2	42.6
19	7	7	2	2	–	1	44.6
19	16	11	1	4	–	–	42.2
19	18	9	6	1	3	–	41.8
23	17	8	3	1	–	1	41.8
19	13	6	–	–	1	2	41.0
27	11	13	4	1	–	1	45.6
34	21	20	3	2	–	–	44.0
18	18	7	4	2	–	–	39.4
12	7	3	–	2	1	–	41.2
25	22	11	3	2	–	1	44.4
13	6	13	2	2	–	–	44.7
23	19	8	3	2	1	–	43.4
31	16	11	3	2	–	1	43.1
39	31	22	7	6	1	–	46.9
16	10	7	2	–	–	–	39.0
22	15	10	3	1	–	–	41.3
14	9	3	4	2	–	1	44.6
19	21	8	6	3	–	–	44.0
10	12	5	3	1	1	1	41.3
38	28	17	3	2	4	–	40.8
9	5	2	3	1	1	–	41.4

第79表　薬局・医療施設従事薬剤師数、平均年齢，薬局－医療施設－病院・

病　　院

	総　数	24 歳 以 下	25 ～ 29	30 ～ 34	35 ～ 39	40 ～ 44	45 ～ 49	50 ～ 54
全　　国	52 145	467	12 566	8 829	6 699	6 022	4 894	4 136
北　海　道	2 641	23	573	414	376	274	245	236
青　　森	436	4	98	80	44	42	40	35
岩　　手	457	7	138	58	35	38	48	48
宮　　城	872	4	250	143	117	83	83	65
秋　　田	350	4	78	56	44	29	34	32
山　　形	383	1	86	60	44	44	35	45
福　　島	649	3	155	102	74	75	57	55
茨　　城	995	10	226	184	130	113	91	89
栃　　木	694	4	169	111	97	59	64	67
群　　馬	776	3	181	118	113	103	82	57
埼　　玉	2 370	27	589	466	338	279	200	129
千　　葉	2 288	16	567	395	333	298	184	165
東　　京	5 584	49	1 397	1 045	826	635	535	394
神　奈　川	3 152	40	824	549	434	388	301	201
新　　潟	859	7	183	136	116	130	75	77
富　　山	469	－	53	45	45	76	64	58
石　　川	569	2	114	78	69	73	63	55
福　　井	349	2	67	46	38	52	38	32
山　　梨	303	3	65	55	28	35	32	26
長　　野	893	6	194	140	100	120	92	77
岐　　阜	700	8	195	102	83	75	65	53
静　　岡	1 270	15	296	180	155	158	130	119
愛　　知	2 621	25	712	456	298	276	232	214
三　　重	611	7	149	93	71	90	65	41
滋　　賀	486	6	146	80	62	47	36	33
京　　都	1 333	17	372	222	139	125	122	113
大　　阪	4 179	39	1 069	732	503	455	397	333
兵　　庫	2 521	25	617	398	286	323	272	206
奈　　良	595	5	142	74	58	74	73	55
和　歌　山	463	5	104	77	50	49	37	39
鳥　　取	247	1	51	41	40	25	20	21
島　　根	276	3	57	45	47	28	21	22
岡　　山	944	7	277	167	106	97	89	70
広　　島	1 289	12	305	218	170	148	134	107
山　　口	704	2	143	106	82	93	83	60
徳　　島	485	1	87	94	57	51	42	42
香　　川	455	－	107	92	61	45	34	35
愛　　媛	624	2	136	96	73	70	62	52
高　　知	463	6	71	65	46	48	50	39
福　　岡	2 569	39	618	470	348	296	224	207
佐　　賀	358	3	81	73	35	42	24	29
長　　崎	641	1	135	107	90	79	56	52
熊　　本	937	12	218	155	113	107	94	65
大　　分	537	3	98	82	73	69	40	38
宮　　崎	413	1	87	83	46	40	32	50
鹿　児　島	810	5	181	141	128	89	55	58
沖　　縄	525	2	105	99	78	77	42	40

診療所（再掲）、従業地による都道府県－指定都市・特別区・中核市（再掲）、年齢階級別（10－7）

（再　掲）

平成28年12月31日現在

55 ～ 59	60 ～ 64	65 ～ 69	70 ～ 74	75 ～ 79	80 ～ 84	85 歳 以 上	平 均 年 齢
4 086	2 559	1 214	387	185	80	21	40.7
259	148	62	16	9	5	1	41.6
49	20	19	2	2	-	1	41.9
48	19	13	2	1	2	-	41.1
75	32	12	2	3	2	1	39.6
32	25	15	1	-	-	-	42.0
39	17	6	3	3	-	-	41.8
52	46	18	5	5	1	1	41.8
63	50	17	14	3	4	1	40.9
59	40	12	6	4	1	1	41.2
62	30	15	5	4	3	-	40.9
157	103	44	24	11	3	-	39.6
148	100	53	19	6	3	1	40.1
360	221	90	19	8	2	3	39.4
207	122	58	17	6	5	-	39.4
86	34	11	3	1	-	-	40.9
68	34	14	4	3	4	1	46.5
68	29	12	5	1	-	-	42.5
32	23	9	5	4	1	-	43.3
38	14	6	1	-	-	-	41.5
88	42	26	5	2	1	-	41.7
54	38	16	7	3	1	-	40.5
106	57	32	13	5	3	1	41.4
198	125	47	22	11	4	1	40.1
45	29	13	3	3	1	1	40.6
52	17	5	1	1	-	-	39.2
98	79	30	9	2	4	1	40.3
310	214	87	19	15	5	1	40.3
208	109	49	21	6	-	1	40.7
56	32	17	7	2	-	-	42.1
41	37	19	3	2	-	-	42.1
23	17	5	1	1	1	-	41.6
18	19	10	5	1	-	-	41.6
62	39	25	5	-	-	-	39.3
81	68	29	10	5	2	-	40.7
57	32	30	8	3	4	1	42.6
48	46	13	3	-	1	-	42.9
43	26	5	3	3	1	-	40.6
65	36	21	6	4	1	-	42.6
58	45	18	8	9	-	-	45.4
161	108	67	18	9	4	-	40.1
28	23	13	6	-	1	-	41.4
45	36	25	7	6	1	1	42.0
57	56	42	9	6	3	-	41.5
46	40	27	11	7	2	1	43.9
30	23	11	7	1	1	1	41.9
73	37	28	9	4	2	-	41.3
33	22	18	8	-	1	-	41.0

第79表　薬局・医療施設従事薬剤師数、平均年齢，薬局−医療施設−病院・

病　院

	総数	24歳以下	25～29	30～34	35～39	40～44	45～49	50～54
指定都市・特別区（再掲）								
東京都区部	4 087	34	1 101	812	608	459	366	261
札幌市	1 309	14	333	235	204	140	109	72
仙台市	509	2	146	91	78	48	50	32
さいたま市	348	1	96	64	43	34	35	24
千葉市	415	1	94	60	70	61	35	34
横浜市	1 301	16	327	248	182	165	127	86
川崎市	455	8	124	97	72	43	43	20
相模原市	312	4	88	44	46	37	30	16
新潟市	357	3	90	66	48	59	20	24
静岡市	263	4	76	38	28	20	26	24
浜松市	325	3	87	62	37	42	23	30
名古屋市	992	9	255	193	132	96	63	90
京都市	899	10	283	152	98	77	75	69
大阪市	1 438	11	411	253	194	121	120	112
堺市	372	7	109	68	44	36	29	34
神戸市	800	10	212	139	95	89	83	61
岡山市	430	5	153	77	44	41	41	27
広島市	515	5	142	86	75	56	55	31
北九州市	529	7	130	89	58	61	64	54
福岡市	819	13	205	173	130	103	51	55
熊本市	563	9	149	104	72	54	54	38
中核市（再掲）								
旭川市	208	2	47	33	34	22	24	17
函館市	150	1	36	18	26	15	8	15
青森市	115	2	28	29	10	11	6	8
盛岡市	194	3	73	27	17	18	14	12
秋田市	155	1	50	31	11	15	14	6
郡山市	153	2	52	23	21	12	8	8
いわき市	117	-	26	22	13	8	16	14
宇都宮市	160	1	37	26	17	18	14	15
前橋市	189	1	61	44	20	24	15	12
高崎市	140	2	29	16	17	23	12	11
川越市	167	2	36	33	24	22	16	12
越谷市	96	1	25	9	12	15	15	4
船橋市	205	5	58	37	27	29	17	10
柏市	225	2	62	41	42	28	14	15
八王子市	220	-	52	31	32	29	20	11
横須賀市	132	-	38	16	7	26	16	11
富山市	224	-	33	22	28	35	30	23
金沢市	304	2	66	50	38	35	36	22
長野市	163	2	33	27	17	24	21	14
岐阜市	243	4	63	42	33	30	19	21
豊橋市	146	-	34	26	13	18	7	11
豊田市	129	-	41	9	14	14	25	8
岡崎市	85	1	17	13	6	10	12	7
大津市	147	2	45	26	17	14	8	14
高槻市	220	2	62	37	38	18	22	13
東大阪市	139	2	36	23	14	26	12	9
豊中市	146	-	20	27	17	30	21	11
枚方市	228	-	57	41	28	17	27	12
姫路市	244	6	74	37	26	29	21	16
西宮市	258	3	71	40	26	27	29	21
尼崎市	180	1	62	32	10	21	19	11
奈良市	165	-	32	25	15	22	16	13
和歌山市	222	3	57	38	21	23	15	21
倉敷市	303	1	98	60	42	29	23	19
呉市	139	1	38	24	13	20	13	14
福山市	219	1	37	46	27	21	27	14
下関市	126	-	30	18	10	14	13	14
高松市	194	-	38	45	25	18	20	17
松山市	249	-	61	40	30	29	28	18
高知市	263	4	49	37	20	28	28	22
久留米市	266	2	80	48	40	21	30	15
長崎市	275	1	72	50	37	37	25	23
佐世保市	108	-	21	18	16	14	4	11
大分市	209	2	39	30	32	31	18	15
宮崎市	188	1	43	46	26	21	12	19
鹿児島市	443	3	121	83	63	47	24	26
那覇市	118	1	24	29	15	13	7	14

診療所（再掲）、従業地による都道府県－指定都市・特別区・中核市（再掲）、年齢階級別（10－8）

（再　　　掲）

平成28年12月31日現在

55 ～ 59	60 ～ 64	65 ～ 69	70 ～ 74	75 ～ 79	80 ～ 84	85 歳 以 上	平 均 年 齢
236	141	47	15	5	1	1	38.6
112	62	17	8	2	1	－	39.6
42	12	7	1	－	－	－	38.7
29	13	6	2	1	－	－	39.7
29	18	11	2	－	－	－	40.6
85	32	22	5	3	3	－	39.1
23	17	6	2	－	－	－	38.0
21	18	5	2	1	－	－	39.7
29	10	7	－	1	－	－	39.2
25	14	4	4	－	－	－	40.5
19	11	7	2	1	1	－	39.4
75	50	19	8	2	－	－	40.0
52	51	19	7	2	3	1	39.3
99	69	33	6	6	3	－	39.6
20	18	6	－	1	－	－	38.7
54	39	13	4	1	－	－	39.8
24	7	10	1	－	－	－	37.3
28	18	14	3	1	1	－	39.4
26	19	13	7	1	－	－	40.4
48	22	12	6	－	1	－	38.5
32	27	19	3	1	1	－	39.7
12	11	5	－	1	－	－	40.5
18	9	2	1	－	1	－	41.5
15	1	5	－	－	－	－	39.7
12	5	11	1	1	－	－	38.9
11	9	7	－	－	－	－	39.2
13	11	1	1	－	1	－	38.9
7	6	3	2	－	－	－	41.9
21	7	3	－	1	－	－	41.5
8	2	－	1	－	1	－	36.7
18	4	5	1	1	1	－	42.7
11	6	3	1	1	－	－	39.8
8	3	2	2	－	－	－	40.8
9	6	7	－	－	－	－	38.3
13	4	4	－	－	－	－	37.9
13	20	7	2	－	1	2	42.0
10	6	2	－	－	－	－	40.5
32	8	7	1	1	3	1	45.0
31	17	4	2	1	－	－	41.3
18	4	2	1	－	－	－	41.1
14	8	4	3	2	－	－	39.8
20	14	1	2	－	－	－	42.2
9	5	－	－	1	－	－	39.8
9	7	3	－	－	－	－	42.9
14	5	2	－	－	－	－	39.0
13	12	3	－	－	－	－	38.8
11	3	2	1	－	－	－	39.3
14	5	1	－	－	－	－	41.7
16	16	10	1	3	－	－	41.6
16	9	6	3	1	－	－	39.3
19	16	5	1	－	－	－	40.4
11	8	5	－	－	－	－	38.6
21	11	7	2	1	－	－	43.7
21	12	10	1	－	－	－	41.1
13	11	6	1	－	－	－	37.8
9	6	1	－	－	－	－	39.4
19	18	7	1	1	－	－	42.3
11	2	11	2	1	－	－	43.1
15	11	3	1	1	－	－	40.8
22	12	8	1	－	－	－	41.2
34	24	11	3	3	－	－	44.6
14	8	7	1	－	－	－	38.4
13	8	6	2	1	－	－	39.5
12	5	3	2	2	－	－	42.5
15	17	6	4	－	－	－	42.4
8	7	1	2	－	1	1	39.3
33	23	14	3	1	2	－	39.9
8	3	2	1	－	1	－	40.1

第79表　薬局・医療施設従事薬剤師数、平均年齢，薬局－医療施設－病院・診療所

	総　数	24歳以下	25～29	30～34	35～39	40～44	45～49	50～54
全　国	5 899	1	135	217	274	409	560	746
北海道	161	-	10	5	4	16	17	16
青森	32	-	1	1	-	4	4	5
岩手	38	-	2	-	-	-	3	4
宮城	92	-	2	3	8	2	9	7
秋田	32	-	1	4	2	2	-	6
山形	37	-	1	-	-	-	3	4
福島	80	-	3	2	2	8	3	8
茨城	126	-	3	8	5	3	11	12
栃木	101	-	1	1	5	7	9	13
群馬	113	-	2	5	6	7	6	15
埼玉	250	-	5	13	12	25	25	28
千葉	234	-	18	12	9	21	26	27
東京	751	-	24	46	57	77	93	117
神奈川	278	1	10	14	12	21	41	34
新潟	61	-	1	3	2	1	3	8
富山	73	-	1	2	1	4	8	7
石川	77	-	3	2	2	2	10	10
福井	50	-	-	1	1	2	3	5
山梨	42	-	-	1	1	2	1	6
長野	96	-	-	4	3	6	8	12
岐阜	135	-	2	4	8	4	7	14
静岡	147	-	2	3	4	8	14	22
愛知	320	-	1	7	18	21	32	34
三重	103	-	-	2	2	8	7	8
滋賀	70	-	-	1	1	7	4	11
京都	136	-	2	3	5	11	12	15
大阪	465	-	9	14	21	39	55	60
兵庫	318	-	5	7	16	19	32	43
奈良	84	-	-	1	1	9	3	15
和歌山	99	-	2	5	3	2	5	10
鳥取	14	-	-	-	1	-	1	3
島根	49	-	1	1	1	2	3	4
岡山	103	-	1	2	5	4	9	11
広島	183	-	3	10	7	13	15	28
山口	84	-	2	2	4	3	6	13
徳島	92	-	-	-	2	3	9	13
香川	82	-	1	4	3	5	5	9
愛媛	100	-	4	-	7	4	11	17
高知	59	-	1	-	1	2	5	5
福岡	160	-	6	5	12	11	17	15
佐賀	35	-	-	1	4	1	3	8
長崎	68	-	1	3	1	2	5	16
熊本	91	-	1	4	5	5	7	8
大分	51	-	-	2	4	5	1	7
宮崎	41	-	-	1	1	1	3	9
鹿児島	62	-	3	7	4	7	5	3
沖縄	24	-	-	1	1	3	-	1

診療所（再掲）、従業地による都道府県－指定都市・特別区・中核市（再掲）、年齢階級別（10－9）

（再　　掲）

平成28年12月31日現在

55 ～ 59	60 ～ 64	65 ～ 69	70 ～ 74	75 ～ 79	80 ～ 84	85 歳 以 上	平 均 年 齢
1 111	1 027	684	330	218	114	73	56.8
26	30	26	6	2	2	1	55.3
3	10	2	-	1	1	-	55.2
6	15	4	2	2	-	-	59.7
13	26	14	8	-	-	-	56.8
3	3	4	2	2	1	2	57.2
9	8	9	1	1	1	-	60.4
19	19	8	3	4	1	-	56.8
29	29	14	6	3	1	2	56.8
24	13	13	8	6	1	-	58.1
27	21	12	7	4	1	-	56.4
35	33	30	20	10	10	4	56.9
38	31	20	16	9	5	2	54.2
111	93	55	27	21	18	12	53.4
51	41	22	9	15	4	3	54.9
12	18	5	4	2	1	1	58.7
13	21	10	4	2	-	-	57.8
14	11	10	5	5	2	1	58.2
7	14	8	6	2	1	-	61.3
8	12	5	3	1	1	1	60.7
24	17	9	6	3	1	3	58.1
28	28	20	9	6	2	3	59.1
29	26	21	8	4	2	4	58.3
73	51	44	17	14	6	2	57.7
25	24	12	6	4	5	-	59.7
20	11	5	6	3	-	1	58.0
25	22	19	9	7	3	3	58.3
74	73	48	27	27	8	10	57.1
57	53	40	24	7	11	4	57.8
19	13	14	4	2	2	1	58.7
26	18	16	7	4	1	-	58.3
2	2	1	1	2	-	1	61.3
6	13	11	5	-	1	1	61.0
20	17	16	7	7	2	2	59.7
30	27	25	11	7	4	3	56.9
18	20	8	4	3	1	-	56.8
24	17	12	8	3	1	-	59.5
23	15	7	4	3	3	-	57.3
19	15	11	5	4	1	2	56.6
9	14	13	4	4	1	-	60.8
37	31	16	6	1	3	-	54.5
6	6	3	2	1	-	-	55.5
12	15	7	4	-	1	1	57.1
29	15	11	1	1	2	2	56.5
10	8	5	2	6	-	1	58.0
6	9	8	2	1	-	-	58.0
9	14	6	1	1	2	-	52.4
3	5	5	3	1	-	-	58.9

第79表　薬局・医療施設従事薬剤師数、平均年齢，薬局－医療施設－病院・

診　療　所

	総　数	24歳以下	25～29	30～34	35～39	40～44	45～49	50～54
指定都市・特別区（再掲）								
東京都区部	590	-	21	44	49	64	77	95
札幌市	61	-	5	4	3	7	4	6
仙台市	56	-	1	2	7	2	6	3
さいたま市	56	-	2	2	1	9	6	6
千葉市	48	-	2	-	1	3	7	4
横浜市	106	-	2	5	5	8	18	12
川崎市	41	-	1	2	1	6	5	6
相模原市	29	-	-	2	3	1	5	3
新潟市	30	-	2	3	2	2	2	2
静岡市	23	-	1	-	-	-	2	2
浜松市	52	-	1	-	3	4	1	7
名古屋市	86	-	-	1	3	7	13	10
京都市	100	-	2	2	3	8	9	12
大阪市	187	-	4	8	9	17	30	25
堺市	32	-	-	-	4	3	4	3
神戸市	98	-	3	3	8	6	10	13
岡山市	48	-	1	-	3	2	3	7
広島市	81	-	2	7	6	8	9	8
北九州市	23	-	-	-	1	2	1	3
福岡市	58	-	3	3	4	5	8	4
熊本市	55	-	1	2	3	1	5	5
中核市（再掲）								
旭川市	13	-	-	-	1	-	1	3
函館市	12	-	-	-	-	1	-	2
青森市	10	-	1	1	-	1	-	1
盛岡市	11	-	-	-	-	1	2	1
秋田市	14	-	1	2	2	1	-	3
郡山市	11	-	-	-	2	1	1	-
いわき市	19	-	1	1	-	3	1	2
宇都宮市	35	-	1	1	1	1	2	3
前橋市	24	-	-	-	3	-	2	4
高崎市	27	-	1	2	1	-	2	2
川越市	17	-	1	1	-	2	2	2
越谷市	16	-	-	3	1	-	1	-
船橋市	19	-	-	1	1	2	-	5
柏市	15	-	-	1	1	2	3	1
八王子市	23	-	-	1	1	3	3	2
横須賀市	11	-	-	-	-	-	-	-
富山市	28	-	1	2	1	2	3	2
金沢市	28	-	1	1	1	1	4	4
長野市	14	-	-	3	2	1	2	-
岐阜市	41	-	-	-	2	1	1	5
豊田市	37	-	1	1	1	2	3	3
豊橋市	15	-	-	-	-	-	4	2
岡崎市	14	-	-	-	-	1	-	1
大津市	11	-	-	-	-	1	1	3
高槻市	16	-	-	-	1	3	-	3
東大阪市	33	-	3	-	1	3	2	5
豊中市	25	-	-	-	-	3	2	2
枚方市	13	-	-	-	1	2	1	4
姫路市	39	-	-	2	2	3	3	8
西宮市	21	-	-	-	-	1	2	6
尼崎市	20	-	-	-	-	-	2	1
奈良市	20	-	-	-	1	3	-	1
和歌山市	47	-	1	4	2	1	2	1
倉敷市	25	-	-	1	1	1	3	1
呉市	15	-	-	1	1	-	2	2
福山市	31	-	-	-	-	2	2	9
下関市	17	-	-	-	-	2	3	3
高松市	38	-	1	2	3	2	2	3
松山市	40	-	3	-	3	2	5	6
高知市	42	-	1	-	-	2	4	4
久留米市	16	-	-	1	5	-	1	3
長崎市	34	-	1	2	-	2	-	8
佐世保市	14	-	-	-	-	-	3	2
大分市	25	-	-	1	-	4	1	3
宮崎市	23	-	-	-	1	1	2	6
鹿児島市	37	-	1	6	4	4	4	2
那覇市	8	-	-	1	4	1	-	-

診療所（再掲）、従業地による都道府県－指定都市・特別区・中核市（再掲）、年齢階級別（10－10）

（再　　　掲）

平成28年12月31日現在

55 ～ 59	60 ～ 64	65 ～ 69	70 ～ 74	75 ～ 79	80 ～ 84	85 歳 以 上	平 均 年 齢
80	69	38	23	9	13	8	52.2
12	8	8	2	1	1	－	53.0
9	14	8	5	－	－	－	56.0
9	5	5	5	4	1	1	56.7
6	8	8	5	2	2	－	58.8
20	16	9	5	3	2	1	55.3
7	5	3	2	3	1	－	55.7
6	3	－	－	2	－	1	53.6
6	4	4	4	1	－	－	56.7
3	7	3	1	－	－	2	59.6
16	7	7	4	1	－	1	57.9
16	16	7	6	3	4	－	57.7
19	18	15	6	3	1	2	57.6
28	20	19	11	10	3	3	55.6
1	9	2	3	1	1	1	57.7
15	19	12	6	2	1	－	55.5
9	7	8	1	4	2	1	59.9
11	13	8	6	1	2	－	53.4
9	2	3	2	－	1	－	59.1
10	11	6	2	－	2	－	53.4
16	11	7	1	1	1	1	57.2
2	1	4	－	－	－	1	60.5
1	3	4	1	－	－	－	61.4
1	3	1	－	1	－	－	54.3
1	5	2	1	－	－	－	60.1
2	－	1	1	－	－	1	51.4
1	2	2	1	－	1	－	58.3
4	5	－	1	1	－	－	54.2
9	4	6	－	6	1	－	60.2
4	2	4	3	2	－	－	58.5
5	4	4	2	1	1	－	56.5
1	2	－	2	2	2	－	58.2
2	6	2	－	－	－	1	55.7
3	4	－	3	－	1	－	57.8
4	2	1	1	－	－	－	53.2
5	4	1	1	1	1	1	58.1
2	4	2	－	1	－	－	61.3
7	8	1	1	1	－	－	55.2
5	4	3	2	1	－	－	57.2
3	4	－	－	1	－	－	52.9
8	9	7	5	－	2	1	61.9
9	7	5	－	5	－	－	58.5
4	3	2	5	－	－	－	56.8
2	4	5	2	－	－	－	63.8
4	－	4	1	－	－	－	61.4
2	1	1	4	1	－	－	58.6
9	2	2	2	1	1	2	56.4
5	2	6	2	2	－	1	61.2
3	－	1	－	1	－	－	53.1
3	9	3	3	－	3	－	57.1
4	1	3	2	1	－	1	59.7
8	5	1	－	－	1	2	62.2
6	－	6	2	－	－	1	60.6
13	9	10	2	2	－	－	57.5
5	7	1	3	2	－	－	59.0
3	1	2	－	2	1	－	58.8
6	4	4	2	1	－	1	59.3
2	4	2	－	1	－	－	56.6
8	8	5	2	1	1	－	56.5
9	4	3	2	2	－	1	54.7
5	7	11	4	3	1	－	61.3
2	2	－	1	－	－	－	48.0
9	7	4	1	－	－	－	55.8
2	4	－	2	－	－	1	60.8
4	4	2	2	3	－	－	57.3
2	5	4	－	1	－	－	57.8
5	5	3	－	1	2	－	50.7
1	2	－	2	1	－	－	60.2

第80表　外国人薬剤師数，

	総数	薬局の従事者	開設者又は法人の代表者	勤務者	医療施設の従事者	調剤・病棟業務	その他（治験、検査等）	病院の従事者	調剤・病棟業務	その他（治験、検査等）
総数	921	581	68	513	149	142	7	122	120	2
男	331	215	47	168	34	33	1	30	30	-
女	590	366	21	345	115	109	6	92	90	2
24歳以下	2	2	-	2	-	-	-	-	-	-
男	-	-	-	-	-	-	-	-	-	-
女	2	2	-	2	-	-	-	-	-	-
25 ～ 29	124	64	-	64	36	36	-	36	36	-
男	42	20	-	20	12	12	-	12	12	-
女	82	44	-	44	24	24	-	24	24	-
30 ～ 34	121	70	-	70	20	19	1	20	19	1
男	42	27	-	27	3	3	-	3	3	-
女	79	43	-	43	17	16	1	17	16	1
35 ～ 39	108	63	3	60	15	15	-	15	15	-
男	34	20	3	17	2	2	-	2	2	-
女	74	43	-	43	13	13	-	13	13	-
40 ～ 44	91	55	4	51	14	14	-	9	9	-
男	34	23	3	20	5	5	-	2	2	-
女	57	32	1	31	9	9	-	7	7	-
45 ～ 49	95	68	4	64	10	10	-	8	8	-
男	28	19	3	16	1	1	-	1	1	-
女	67	49	1	48	9	9	-	7	7	-
50 ～ 54	104	71	10	61	16	15	1	14	14	-
男	29	22	6	16	2	2	-	2	2	-
女	75	49	4	45	14	13	1	12	12	-
55 ～ 59	100	68	12	56	16	14	2	8	8	-
男	41	27	8	19	5	5	-	5	5	-
女	59	41	4	37	11	9	2	3	3	-
60 ～ 64	85	56	16	40	13	12	1	8	8	-
男	42	29	13	16	2	2	-	2	2	-
女	43	27	3	24	11	10	1	6	6	-
65 ～ 69	56	40	10	30	7	5	2	3	2	1
男	26	20	7	13	1	-	1	-	-	-
女	30	20	3	17	6	5	1	3	2	1
70 ～ 74	18	14	3	11	1	1	-	-	-	-
男	8	5	1	4	-	-	-	-	-	-
女	10	9	2	7	1	1	-	-	-	-
75 ～ 79	13	8	5	3	1	1	-	1	1	-
男	5	3	3	-	1	1	-	1	1	-
女	8	5	2	3	-	-	-	-	-	-
80 ～ 84	3	2	1	1	-	-	-	-	-	-
男	-	-	-	-	-	-	-	-	-	-
女	3	2	1	1	-	-	-	-	-	-
85歳以上	1	-	-	-	-	-	-	-	-	-
男	-	-	-	-	-	-	-	-	-	-
女	1	-	-	-	-	-	-	-	-	-

年齢階級、性、業務の種別

平成28年12月31日現在

診療所の従事者	調剤・病棟業務	その他（治験、検査等）	大学の従事者	勤務者（研究・教育）	大学院生又は研究生	医薬品関係企業の従事者	医薬品製造販売業・製造業（研究・開発、営業、その他）	医薬品販売業	衛生行政機関又は保健衛生施設の従事者	その他の業務の従事者	無職の者	不詳
27	22	5	16	14	2	139	99	40	1	18	17	-
4	3	1	8	6	2	61	42	19	-	8	5	-
23	19	4	8	8	-	78	57	21	1	10	12	-
-	-	-	-	-	-	-	-	-	-	-	-	-
-	-	-	-	-	-	-	-	-	-	-	-	-
-	-	-	-	-	-	-	-	-	-	-	-	-
-	-	-	2	1	1	20	16	4	-	1	1	-
-	-	-	1	-	1	8	6	2	-	-	1	-
-	-	-	1	1	-	12	10	2	-	1	-	-
-	-	-	2	2	-	25	22	3	-	2	2	-
-	-	-	2	2	-	9	7	2	-	1	-	-
-	-	-	-	-	-	16	15	1	-	1	2	-
-	-	-	2	1	1	23	20	3	-	3	2	-
-	-	-	2	1	1	9	8	1	-	1	-	-
-	-	-	-	-	-	14	12	2	-	2	2	-
5	5	-	4	4	-	15	12	3	-	1	2	-
3	3	-	-	-	-	6	4	2	-	-	2	-
2	2	-	4	4	-	9	8	1	-	1	2	-
2	2	-	2	2	-	13	10	3	-	1	1	-
-	-	-	1	1	-	7	5	2	-	-	-	-
2	2	-	1	1	-	6	5	1	-	1	1	-
2	1	1	-	-	-	16	11	5	-	1	-	-
-	-	-	-	-	-	5	4	1	-	-	-	-
2	1	1	-	-	-	11	7	4	-	1	-	-
8	6	2	3	3	-	7	3	4	1	4	1	-
-	-	-	1	1	-	5	3	2	-	3	-	-
8	6	2	2	2	-	2	-	2	1	1	1	-
5	4	1	1	1	-	10	3	7	-	3	2	-
-	-	-	1	1	-	8	3	5	-	2	-	-
5	4	1	-	-	-	2	-	2	-	1	2	-
4	3	1	-	-	-	3	1	2	-	1	5	-
1	-	1	-	-	-	2	1	1	-	-	3	-
3	3	-	-	-	-	1	-	1	-	1	2	-
1	1	-	-	-	-	1	-	1	-	1	1	-
-	-	-	-	-	-	1	-	1	-	1	1	-
1	1	-	-	-	-	-	-	-	-	-	-	-
-	-	-	-	-	-	4	1	3	-	-	-	-
-	-	-	-	-	-	1	1	-	-	-	-	-
-	-	-	-	-	-	3	-	3	-	-	-	-
-	-	-	-	-	-	1	-	1	-	-	-	-
-	-	-	-	-	-	1	-	1	-	-	-	-
-	-	-	-	-	-	-	-	-	-	-	-	-
-	-	-	-	-	-	1	-	1	-	-	-	-
-	-	-	-	-	-	1	-	1	-	-	-	-
-	-	-	-	-	-	-	-	-	-	-	-	-

第81表　外国人薬剤師数，従業地による

	総数	薬局の 従事者	開設者又は法人の代表者	勤務者	医療施設の従事者	調剤・病棟業務	その他（治験、検査等）	病院の 従事者	調剤・病棟業務	その他（治験、検査等）
全　国	921	581	68	513	149	142	7	122	120	2
北　海　道	19	12	2	10	2	2	-	1	1	-
青　森	6	4	1	3	1	1	-	1	1	-
岩　手	4	3	-	3	-	-	-	-	-	-
宮　城	13	11	1	10	2	2	-	2	2	-
秋　田	3	1	-	1	-	-	-	-	-	-
山　形	3	3	1	2	-	-	-	-	-	-
福　島	1	1	-	1	-	-	-	-	-	-
茨　城	16	12	-	12	3	3	-	2	2	-
栃　木	7	6	1	5	-	-	-	-	-	-
群　馬	4	2	-	2	2	1	1	1	1	-
埼　玉	34	23	5	18	7	7	-	5	5	-
千　葉	31	18	1	17	7	7	-	5	5	-
東　京	183	93	10	83	19	18	1	15	14	1
神　奈　川	75	54	8	46	6	6	-	5	5	-
新　潟	3	3	-	3	-	-	-	-	-	-
富　山	4	1	-	1	-	-	-	-	-	-
石　川	3	1	-	1	-	-	-	-	-	-
福　井	1	-	-	-	-	-	-	-	-	-
山　梨	2	-	-	-	2	2	-	2	2	-
長　野	4	3	1	2	-	-	-	-	-	-
岐　阜	3	-	-	-	1	1	-	1	1	-
静　岡	8	3	-	3	2	2	-	2	2	-
愛　知	52	41	7	34	7	7	-	7	7	-
三　重	7	5	-	5	-	-	-	-	-	-
滋　賀	13	8	2	6	3	3	-	3	3	-
京　都	35	23	7	16	8	7	1	7	7	-
大　阪	194	110	10	100	40	39	1	33	33	-
兵　庫	90	68	5	63	19	17	2	14	13	1
奈　良	5	3	-	3	1	1	-	1	1	-
和　歌　山	6	4	-	4	1	1	-	-	-	-
鳥　取	4	4	1	3	-	-	-	-	-	-
島　根	4	4	-	4	-	-	-	-	-	-
岡　山	7	4	-	4	3	3	-	3	3	-
広　島	11	9	1	8	-	-	-	-	-	-
山　口	8	7	1	6	1	1	-	1	1	-
徳　島	5	2	1	1	-	-	-	-	-	-
香　川	1	1	-	1	-	-	-	-	-	-
愛　媛	1	1	-	1	-	-	-	-	-	-
高　知	6	5	-	5	-	-	-	-	-	-
福　岡	27	18	1	17	6	5	1	5	5	-
佐　賀	2	1	-	1	1	1	-	1	1	-
長　崎	7	5	1	4	2	2	-	2	2	-
熊　本	2	-	-	-	1	1	-	1	1	-
大　分	2	2	-	2	-	-	-	2	2	-
宮　崎	2	2	-	2	-	-	-	-	-	-
鹿　児　島	-	-	-	-	-	-	-	-	-	-
沖　縄	3	2	-	2	-	-	-	-	-	-

都道府県－指定都市・特別区・中核市（再掲）、業務の種別（２－１）

平成28年12月31日現在

診療所の従事者	調剤・病棟業務	その他（治験、検査等）	大学の従事者	勤務者（研究・教育）	大学院生又は研究生	企業の従事者	医薬品製造販売業・製造業（研究・開発、営業、その他）	医薬品販売業	衛生行政機関又は保健衛生施設の従事者	その他の業務の従事者	無職の者	不詳
27	22	5	16	14	2	139	99	40	1	18	17	－
1	1	－	1	1	－	4	3	1	－	－	－	－
－	－	－	－	－	－	1	－	1	－	－	－	－
－	－	－	－	－	－	1	1	－	－	－	－	－
－	－	－	－	－	－	－	－	－	－	－	－	－
－	－	－	－	－	－	1	－	1	－	1	－	－
1	1	－	－	－	－	－	－	－	－	1	－	－
－	－	－	1	－	1	－	－	－	－	－	－	－
1	－	1	－	－	－	－	－	－	－	－	－	－
2	2	－	－	－	－	3	1	2	－	1	－	－
2	2	－	－	－	－	4	2	2	－	－	2	－
4	4	－	6	5	1	56	44	12	－	5	4	－
1	1	－	1	1	－	9	3	6	－	3	2	－
－	－	－	－	－	－	－	－	－	－	－	－	－
－	－	－	－	－	－	3	3	－	－	－	－	－
－	－	－	1	1	－	1	－	1	－	－	－	－
－	－	－	－	－	－	－	－	－	－	－	1	－
－	－	－	－	－	－	－	－	－	－	－	－	－
－	－	－	－	－	－	1	1	－	－	－	－	－
－	－	－	1	1	－	1	－	1	－	－	－	－
－	－	－	－	－	－	3	－	3	－	－	－	－
－	－	－	－	－	－	4	3	1	－	－	－	－
－	－	－	－	－	－	1	1	－	－	－	1	－
－	－	－	－	－	－	－	－	－	－	1	－	－
1	－	1	－	－	－	3	3	－	－	－	1	－
7	6	1	3	3	－	31	26	5	－	4	6	－
5	4	1	－	－	－	3	1	2	－	－	－	－
－	－	－	－	－	－	1	1	－	－	－	－	－
1	1	－	－	－	－	1	1	－	－	－	－	－
－	－	－	－	－	－	－	－	－	－	－	－	－
－	－	－	－	－	－	－	－	－	－	－	－	－
－	－	－	－	－	－	1	1	－	－	1	－	－
－	－	－	－	－	－	－	－	－	－	－	－	－
－	－	－	1	1	－	2	2	－	－	－	－	－
－	－	－	－	－	－	－	－	－	－	－	－	－
－	－	－	－	－	－	1	－	1	－	－	－	－
1	－	1	－	－	－	2	1	1	1	－	－	－
－	－	－	1	1	－	－	－	－	－	－	－	－
－	－	－	－	－	－	－	－	－	－	1	－	－

第81表　外国人薬剤師数，従業地による

	総数	薬局の			医療施設			病院の		
		従事者	開設者又は法人の代表者	勤務者	の従事者	調剤・病棟業務	その他（治験、検査等）	従事者	調剤・病棟業務	その他（治験、検査等）
指定都市・特別区（再掲）										
東京都区部	153	70	5	65	17	17	-	13	13	-
札　幌　市	5	3	-	3	1	1	-	-	-	-
仙　台　市	11	9	1	8	2	2	-	2	2	-
さいたま市	6	3	-	3	1	1	-	-	-	-
千　葉　市	4	1	-	1	2	2	-	2	2	-
横　浜　市	41	30	4	26	2	2	-	1	1	-
川　崎　市	12	9	3	6	2	2	-	2	2	-
相模原市	4	2	-	2	1	1	-	1	1	-
新　潟　市	2	2	-	2	-	-	-	-	-	-
静　岡　市	-	-	-	-	-	-	-	-	-	-
浜　松　市	4	2	-	2	2	2	-	2	2	-
名古屋市	27	21	2	19	3	3	-	3	3	-
京　都　市	28	16	5	11	8	7	1	7	7	-
大　阪　市	119	64	5	59	26	26	-	21	21	-
堺　　市	3	3	-	3	-	-	-	-	-	-
神　戸　市	51	39	2	37	10	9	1	7	6	1
岡　山　市	4	3	-	3	1	1	-	1	1	-
広　島　市	6	5	1	4	-	-	-	-	-	-
北九州市	5	3	-	3	1	1	-	1	1	-
福　岡　市	11	8	-	8	2	2	-	2	2	-
熊　本　市	2	-	-	-	1	1	-	1	1	-
中核市（再掲）										
旭　川　市	2	1	1	-	-	-	-	-	-	-
函　館　市	1	1	1	-	-	-	-	-	-	-
青　森　市	-	-	-	-	-	-	-	-	-	-
盛　岡　市	-	-	-	-	-	-	-	-	-	-
秋　田　市	-	-	-	-	-	-	-	-	-	-
郡　山　市	-	-	-	-	-	-	-	-	-	-
い わ き 市	-	-	-	-	-	-	-	-	-	-
宇都宮市	-	-	-	-	-	-	-	-	-	-
前　橋　市	-	-	-	-	-	-	-	-	-	-
高　崎　市	2	1	-	1	1	-	1	-	-	-
川　越　市	2	1	-	1	-	-	-	-	-	-
越　谷　市	3	3	1	2	-	-	-	-	-	-
船　橋　市	3	3	-	3	-	-	-	-	-	-
柏　　市	6	4	-	4	2	2	-	1	1	-
八 王 子 市	4	2	-	2	1	1	-	1	1	-
横須賀市	3	2	-	2	1	1	-	1	1	-
富　山　市	3	1	-	2	-	-	-	-	-	-
金　沢　市	2	-	-	-	-	-	-	-	-	-
長　野　市	-	-	-	-	-	-	-	-	-	-
岐　阜　市	2	-	-	-	1	1	-	1	1	-
豊　橋　市	1	1	1	-	-	-	-	-	-	-
豊　田　市	1	1	1	-	-	-	-	-	-	-
岡　崎　市	2	2	1	1	-	-	-	-	-	-
大　津　市	6	3	-	3	3	3	-	3	3	-
高　槻　市	8	4	-	3	3	3	-	3	3	-
東大阪市	10	7	1	6	3	3	-	3	3	-
豊　中　市	9	3	1	2	2	1	1	1	1	1
枚　方　市	3	2	-	2	1	1	-	1	1	-
姫　路　市	4	3	-	3	1	1	-	1	1	-
西　宮　市	6	5	1	4	1	1	-	1	1	-
尼　崎　市	5	5	1	4	-	-	-	-	-	-
奈　良　市	5	3	-	3	-	-	-	-	-	-
和歌山市	1	-	-	-	1	1	-	1	1	-
倉　敷　市	2	-	-	-	2	2	-	2	2	-
呉　　市	-	-	-	-	-	-	-	-	-	-
福　山　市	3	2	-	2	-	-	-	-	-	-
下　関　市	1	1	1	-	-	-	-	-	-	-
高　松　市	1	1	1	-	-	-	-	-	-	-
松　山　市	1	1	1	-	-	-	-	-	-	-
高　知　市	4	3	-	3	-	-	-	-	-	-
久留米市	2	1	-	1	1	-	1	-	-	-
長　崎　市	4	2	1	1	2	2	-	2	2	-
佐世保市	-	-	-	-	-	-	-	-	-	-
大　分　市	1	-	-	-	1	1	-	1	1	-
宮　崎　市	-	-	-	-	-	-	-	-	-	-
鹿児島市	-	-	-	-	-	-	-	-	-	-
那　覇　市	-	-	-	-	-	-	-	-	-	-

都道府県－指定都市・特別区・中核市（再掲）、業務の種別（２－２）

平成28年12月31日現在

診療所の従事者	調剤・病棟業務	その他（治験、検査等）	大学の従事者	勤務者（研究・教育）	大学院生又は研究生	企業の従事者	医薬品製造販売業・製造業（研究・開発、営業、その他）	医薬品販売業	衛生行政機関又は保健衛生施設の従事者	その他の業務の従事者	無職の者	不詳
4	4	–	5	4	1	53	43	10	–	5	3	–
1	1	–	–	–	–	1	1	–	–	–	–	–
–	–	–	–	–	–	–	–	–	–	–	–	–
1	1	–	–	–	–	2	1	1	–	–	–	–
–	–	–	–	–	–	1	1	–	–	–	–	–
–	–	–	–	–	–	1	–	1	–	–	–	–
–	–	–	–	–	–	–	–	–	–	–	–	–
–	–	–	–	–	–	3	2	1	–	–	–	–
1	–	1	–	–	–	3	3	–	–	–	1	–
5	5	–	–	–	–	22	19	3	–	4	3	–
3	3	–	–	–	–	2	1	1	–	–	–	–
–	–	–	–	–	–	1	1	–	–	–	–	–
–	–	–	–	–	–	1	1	–	–	–	–	–
–	–	–	–	–	–	1	–	1	–	–	–	–
–	–	–	1	1	–	–	–	–	–	–	–	–
–	–	–	–	–	–	–	–	–	–	1	–	–
–	–	–	–	–	–	–	–	–	–	–	–	–
1	1	–	–	–	–	–	–	–	–	–	–	–
–	–	–	1	1	–	–	–	–	–	–	–	–
–	–	–	–	–	–	1	1	–	1	–	–	–
–	–	–	1	1	–	–	–	–	–	–	–	–
–	–	–	–	–	–	–	–	–	–	–	–	–
–	–	–	2	2	–	1	1	–	–	–	–	–
–	–	–	–	–	–	3	2	1	–	–	2	–
–	–	–	–	–	–	–	–	–	–	–	–	–
1	1	–	–	–	–	1	1	–	–	–	–	–
–	–	–	–	–	–	–	–	–	–	1	–	–
–	–	–	–	–	–	1	–	1	–	–	–	–
1	–	1	–	–	–	–	–	–	–	–	–	–
–	–	–	–	–	–	–	–	–	–	–	–	–
–	–	–	–	–	–	–	–	–	–	–	–	–

Ⅳ 参　　　考

1　用　語　の　解　説

従事している施設及び業務の種別
「主たる施設・業務の種別」
　　複数の施設に従事している場合の主たる施設・業務の種別と、1施設のみに従事している場合の施設・業務の種別である。
「従たる施設・業務の種別」（薬剤師を除く）
　　複数の施設に従事している場合で2番目に長時間従事している施設・業務の種別である。
病院
　　医師又は歯科医師が医業又は歯科医業を行う場所であって、患者20人以上の入院施設を有するものをいう。
医育機関
　　学校教育法に基づく大学等において、医学又は歯学の教育を行う機関をいう。
診療所
　　医師又は歯科医師が医業又は歯科医業を行う場所であって、患者の入院施設を有しないもの、又は患者19人以下の入院施設を有するものをいう。
介護老人保健施設
　　介護保険法による都道府県知事の開設許可を受けた施設であって、入所する要介護者に対し、施設サービス計画に基づいて、看護、医学的管理下における介護及び機能訓練その他必要な医療並びに日常生活上の世話を行うことを目的とする施設をいう。
従業地
　　各届出票の業務の種別中、「その他の業務の従事者」・「無職の者」（薬剤師は「無職の者」のみ）は住所地により計上している。
休業の取得
　　平成28年12月31日現在において産前・産後休業、育児休業、介護休業を取得中の者である。
診療科名（薬剤師を除く）
　　医療法において広告が認められている診療科名である。
「主たる診療科」
　　複数の診療科に従事している場合の主として従事する診療科と、1診療科のみに従事している場合の診療科である。
「診療科（複数回答）」
　　2つ以上の診療科に従事している場合、各々の科に重複計上している。
「全科」
　　診療科を限定することなく総合的に診療を行う場合、総合診療に従事している場合の診療科である。
「その他」
　　届出票の診療科以外に従事している場合、例えば健康管理等を行っている場合「その他」として計上している。
麻酔科標榜医
　　厚生労働大臣が個別に許可している麻酔科の標榜に関する資格である。
その他注意すべき事項
　　沖縄が調査の対象になったのは、昭和47年以降であり、また、外国人医師・歯科医師・薬剤師が調査の対象になったのは、昭和46年以降である。
平均年齢
　　平成14年から平均年齢算出に月数を含めた方法を用いた。

2　人口10万対比率算出に用いた人口

　総務省統計局発表「人口推計（平成28年10月1日現在）」の総人口を用いた。
　なお、指定都市、特別区及び中核市については、各指定都市、東京都及び各中核市が推計した平成28年10月1日現在の総人口である。

（単位：千人）

	総数	15歳未満人口	15～49歳女子人口
全　　国	126 933	15 780	26 012
北 海 道	5 352	600	1 045
青 森 県	1 293	145	234
岩 手 県	1 268	147	226
宮 城 県	2 330	285	476
秋 田 県	1 010	104	166
山 形 県	1 113	133	197
福 島 県	1 901	225	339
茨 城 県	2 905	361	560
栃 木 県	1 966	249	385
群 馬 県	1 967	247	381
埼 玉 県	7 289	907	1 541
千 葉 県	6 236	762	1 295
東 京 都	13 624	1 535	3 223
神 奈 川 県	9 145	1 135	1 989
新 潟 県	2 286	271	421
富 山 県	1 061	127	195
石 川 県	1 151	147	228
福 井 県	782	102	147
山 梨 県	830	101	156
長 野 県	2 088	265	384
岐 阜 県	2 022	263	395
静 岡 県	3 688	472	709
愛 知 県	7 507	1 018	1 608
三 重 県	1 808	231	354
滋 賀 県	1 413	202	296
京 都 府	2 605	312	555
大 阪 府	8 833	1 083	1 931
兵 庫 県	5 520	702	1 145
奈 良 県	1 356	166	273
和 歌 山 県	954	114	178
鳥 取 県	570	73	103
島 根 県	690	86	118
岡 山 県	1 915	247	383
広 島 県	2 837	372	566
山 口 県	1 394	167	254
徳 島 県	750	86	138
香 川 県	972	122	184
愛 媛 県	1 375	167	254
高 知 県	721	82	128
福 岡 県	5 104	677	1 081
佐 賀 県	828	115	159
長 崎 県	1 367	176	248
熊 本 県	1 774	239	336
大 分 県	1 160	145	214
宮 崎 県	1 096	148	202
鹿 児 島 県	1 637	220	302
沖 縄 県	1 439	248	310

（15歳未満人口及び15～49歳女子人口は再掲）

指定都市・特別区

指定都市・特別区	総数
東 京 都 区 部	9 375
札 幌 市	1 958
仙 台 市	1 085
さ い た ま 市	1 275
千 葉 市	974
横 浜 市	3 731
川 崎 市	1 489
相 模 原 市	722
新 潟 市	807
静 岡 市	702
浜 松 市	797
名 古 屋 市	2 305
京 都 市	1 475
大 阪 市	2 702
堺 市	838
神 戸 市	1 536
岡 山 市	721
広 島 市	1 196
北 九 州 市	956
福 岡 市	1 554
熊 本 市	740

中核市

中核市	総数
旭 川 市	343
函 館 市	266
青 森 市	285
盛 岡 市	297
秋 田 市	314
郡 山 市	336
い わ き 市	348
宇 都 宮 市	520
前 橋 市	339
高 崎 市	376
川 越 市	352
越 谷 市	340
船 橋 市	630
柏 市	417
八 王 子 市	563
横 須 賀 市	404
富 山 市	418
金 沢 市	466
長 野 市	382
岐 阜 市	406
豊 田 市	374
豊 橋 市	425
岡 崎 市	383
大 津 市	341
高 槻 市	354
東 大 阪 市	499
豊 中 市	396
枚 方 市	403
姫 路 市	534
西 宮 市	489
尼 崎 市	452
奈 良 市	359
和 歌 山 市	362
倉 敷 市	477
呉 市	232
福 山 市	465
下 関 市	266
高 松 市	421
松 山 市	514
高 知 市	335
久 留 米 市	307
長 崎 市	427
佐 世 保 市	254
大 分 市	479
宮 崎 市	400
鹿 児 島 市	599
那 覇 市	320

平成26年　医師・歯科医師・薬剤師調査　正誤表

報告書(60～61頁)　第5表　医療施設従事医師・歯科医師数の年次推移, 診療科(複数回答)別

【誤】

	外科	整形外科	形成外科			産婦人科	産科
昭和30年(1955)	・	19 204	4 461	~		・	12 710

【正】

	外科	整形外科	形成外科			産婦人科	産科
昭和30年(1955)	19 204	4 461	・	~		12 710	・

報告書(76～77頁)　第19表　人口10万対医療施設従事歯科医師数の年次推移, 従業地による都道府県－指定都市・特別区・中核市(再掲)別

【誤】

	10年('98)	12年(2000)	14年('02)	16年('04)	18年('06)	20年('08)	22年('10)
熊　本　市	…	…	…	…	…	…	…

【正】

	10年('98)	12年(2000)	14年('02)	16年('04)	18年('06)	20年('08)	22年('10)
熊　本　市	71.7	75.8	79.2	84.5	89.0	85.8	83.5

定価は表紙に表示してあります

平成30年3月15日　発行

平　成　28　年

医師・歯科医師・薬剤師調査

編　　集　　厚生労働省政策統括官（統計・情報政策担当）

発　　行　　一般財団法人　厚生労働統計協会
　　　　　　郵便番号　103-0001
　　　　　　東京都中央区日本橋小伝馬町４－９
　　　　　　小伝馬町新日本橋ビルディング３Ｆ
　　　　　　電　話　03－5623－4123（代表）

印　　刷　　統 計 印 刷 工 業 株 式 会 社